本研究获得国家自然科学基金项目“企业家的道德信仰对企业综合价值收益影响的实证研究”（项目批准号：71472093）资助

新管理哲学

道本管理

第二版

为天地立心，为生民立命，为往圣继绝学，为万世开太平。

——【北宋】张载

齐善鸿 等／著

New Management Philosophy

Management Based on the Taoism

东北财经大学出版社
Dongbei University of Finance & Economics Press
大连

图书在版编目（CIP）数据

新管理哲学：道本管理 / 齐善鸿等著. —2版. —大连：东北财经大学出版社，2016.1（2019.8重印）
ISBN 978-7-5654-2180-8

Ⅰ. 新… Ⅱ. 齐… Ⅲ. 管理学-哲学 Ⅳ. C93-02

中国版本图书馆CIP数据核字(2015)第300096号

东北财经大学出版社出版
（大连市黑石礁尖山街217号 邮政编码 116025）
教学支持：（0411）84710309
营 销 部：（0411）84710711
总 编 室：（0411）84710523
网 址：http://www.dufep.cn
读者信箱：dufep@dufe.edu.cn

大连图腾彩色印刷有限公司印刷 东北财经大学出版社发行

幅面尺寸：185mm×260mm 字数：570千字 印张：29 插页：1

2016年1月第2版 2019年8月第6次印刷

责任编辑：石真珍 杨紫旋 王芃南 王天华 责任校对：依 一

封面设计：冀贵收 版式设计：钟福建

定价：58.00元

卷首语

我是一个没有智慧的人，但我爱智慧！

于是，如饥似渴地学习了自己都数不清的知识，从医学、心理学、社会学、管理学、旅游学、哲学、军事、历史文化到宗教，有朋友夸我知识渊博，可我自己却越来越发现，无论如何学习，我所知道的依然是那般地微不足道！

为了生计，为了不虚度此生，我也绞尽脑汁地思考，于是，想明白了很多事，但越来越发现我所明白的与那些自己还不明白的相比，几乎完全可以忽略不计！

在我掌握了很多知识和技能之后，卑贱的心开始膨胀，于是乎，我开始变得让人讨厌，因为我太喜欢辩论，太喜欢在很多事情上去较真。当我看到圣贤说“智者不辩，辩者不善”时，我又被彻底打回了原形！

为了克服自卑心理，为了摆脱贫贱，我会刻意地去标新立异，专门去找主流思想的问题，有点像愤青，有点叛逆。可当我读到五千年前和两千五百年前老祖宗的教导时，突然发现，我还有什么可以去创新的。于是乎，找到了灵魂的回归之路！

我们这一代人在上学之初就赶上了对传统文化的批判，因此，心中对传统哲学和宗教等一直有负面情绪。在不了解时就开始下结论，在不理解时就开始批判：这几乎是在现实中挣扎的人们惯常的做法。因为一个偶然的机会，我尝试着去清空自己，让自己不再思考，让自己脱离欲望，甚至让大脑一片空白，无我也无念，渐渐地，一些启示甚至是答案却如天上的花朵飘飘而至……

如果说，我们感悟的一切都只是为了获得知识或者工作上的一点灵感，未免太过功利了。通过学习、修行过去自己所不了解、不能理解甚至反对的，但经过几百年乃至上千年来无数人检验的智慧，我的生命发生了变化，我的人生观、世界观、价值观、人格和行为方式都与过去的我有了本质的不同。也许这才是真正的我，也许我只是去掉了跟真正的生命没什么关系的东西。

这不是我们肉眼看到的宗教，也不是书本上的哲学，这是生命的本源，是生活与人生的智慧！

序言一

哲学的头脑

管理大师德鲁克说，根本没有成功这一回事，生命是一个过程，所有的成功不过是我们用以自鉴的镜像，直到有一天，我们看到的是沧桑和衰老。

神秘，探求未知

一个哲学的头脑，

是不断自我“折磨”的头脑，

是一个不断突破自己的头脑，是一个乐在其中的头脑，

是一个不断接近真相的头脑，是一个真正的人的头脑！

世间学哲学的人不少，但有哲学头脑的人不多！

即使没有学哲学，只要有一个哲学的头脑，就可以进行哲学的思考！

有人会问，一定要懂哲学吗？

下面我们来看看，一个哲学的头脑是如何思考的。

一念之转，反成思维

非哲学的头脑：这个人我不喜欢。每遇到他，我心中就不高兴。

哲学的头脑：我个人的喜好不能成为评价万物的标准。于是，学着去了解他，发现自己不喜欢他的理由是片面的，于是，渐渐地开始喜欢他。于是，痛苦减少了，渐渐消失了！

总结：人的很多错误认识常常是因为对事物或者人的信息掌握不全面，也就是不了解真相。哲学的头脑懂得这一点，因此不会被片面的信息左右自己的判断。越是接近真相的全貌，人就会越有理性和智慧！

非哲学的头脑：啊，我明白了！

哲学的头脑：实际上，人这种"明白了"的感觉常常会误人。一方面，我们自己明白的和真相常常有差距；另一方面，一旦认为明白了，我们就会停止思考。这就是真正的麻烦——停留在不完全明白的状态，却又以为明白了！实际上，真正的明白是知道自己还有什么不明白的！

总结：古人云，知人者智，自知者明。

非哲学的头脑：我的观点是……（紧跟着的是自己的一连串自我辩护）

哲学的头脑：请你尝试着对自己的观点进行批判！

总结：人们在自己的认识集中于一点时，常常会忽视其他方面，尤其是相反的方面。于是，敌人或者对手就会常常出现来弥补这样一种认识的偏差，当然，由敌人或者对手来完成这样一种弥补，当事人常常会付出代价。但是，当一个哲学的头脑能够对正反两个方面同时或者交替进行思考时，就不会给对手或者敌人留下机会。

非哲学的头脑：我信佛法！

哲学的头脑：佛就是觉悟与智慧，是要破一切法！

总结：我们平常人常常难以区分"信"与"迷"，信的同时极有可能陷入迷的状态，就会把任何道理变成僵死的教条，于是，这个道理就只有等着挨批的份了。

非哲学的头脑：常常用这样的思维："我以为、我认为、我想……"

哲学的头脑：我们个人的想法微不足道，关键是：在人间，别人怎么想？在世间，自然规律和真相是什么？如果父母总以为自己是正确的，那么孩子就多半是错误的。如果上级总以为自己是真理的代表，那么下级就多半会是错误的典型。试想一下，在这种情境下，亲子关系会好吗？上下级关系会和谐吗？

总结：哲学的头脑是一个善于冷静思考的头脑，是一个善于倾听的头脑。

非哲学的头脑：我追求完美，容不得瑕疵。

哲学的头脑：我用自己的努力去创造自己的完美，同时，接受着现实的不完美；我欣赏鲜花的美丽，也接受鲜花根部那泥土的芬芳。一个正常的人，有一份清醒的认识：我是不完美的，但我不懈地追求自身的完美，却又能够接受现实的不完美，因为一方面我不能改变那么多的现实，同时，我也知道，我的完美标准并不一定是绝对靠得住的；另一方面，我不完美，却要求别人必须完美，这是不讲道理的！

总结：一个简单接受现实的人，可能是个颓废的人，尽管看起来很洒脱。一个挑三拣四的人，实际上是不懂得完美的人，他常常会破坏一个完美的整体或者一个走向完美的进程。

非哲学的头脑：我去听讲座，把体会很深的地方记了下来。

哲学的头脑：我去听讲座，把自己不明白的地方记了下来。

总结：实际上，听明白的常常就是自己心中有的，而不明白的恰恰是要去学习的，不明白的经过学习搞明白了，这就是学习的价值和意义。

非哲学的头脑：红尘乱世我很厌倦，我要到山里去修行，去寻找我自己的快乐。

哲学的头脑：人在俗世中，眼前一件件事就是修行的题目。股神巴菲特对长期投资理论的信仰超越了他对金钱的追求，他的投资生涯，与其说是追逐财富，不如说是对价值投资到底灵不灵的求解。他拥有的数百亿资产只不过是破解这个问题的副产品，是组成这个答案的一部分。

总结：人的成长就是在问题的不断破解中完成的，回避了问题，还寻求什么解法呢？每个人自己的快乐，不是自私的快乐，而是在与人相处中为人贡献价值的快乐，是在冷眼观察世间纷繁现象后的觉悟。

非哲学的头脑：一个人做了坏事，所以是坏人！

哲学的头脑：他为什么要做坏事？他为什么不做好事？他原来就一直想做坏事吗？现在如何让他能够做好事？

总结：哲学，总是在对我们肉眼后面的世界发问，由肉眼所见之具象去探索背后的一般规律和隐藏的真相。当我们用肉眼所见的幻象作为思考的素材时，我们就会被眼前的现象所左右；当我们学会了发问时，我们就会透过现象去看本质。而一旦掌握了本质，就会改变肉眼所见的事物的格局和态势，否则，我们就会被纷繁的琐事牵着走。

非哲学的头脑：我得了奖，真是高兴。事情很顺利，我很高兴。

哲学的头脑：祸兮福之所倚，福兮祸之所伏。哲学的头脑，总是能够让人跳出眼前的现象和由现象所左右的情绪，看到与发生的事情连带在一起的相反的事情。正如人们看“危机”一样，有人把“危机”看成危机，而哲学的头脑却可以看到“危之机”，当然，也能看到“机之危”。世界上，凡是两种不同的东西的结合，都会产生奇妙的现象：相爱的男女结合，会生出另外一个生命；正负极通过灯泡连在一起，会产生光亮；种子放进泥土里，会生出禾苗……

总结：哲学能够让人超越世俗的情感而归于天下大道，从而能够创造出奇妙的人生。而没有哲学头脑的人，则常常因高兴引来悲伤，又在悲伤中走向沉沦。

非哲学的头脑：我不喜欢他，甚至恨他，最好让他离开或者消失。

哲学的头脑：走进我们生活视野的人和事，都是人生的一道题，只是表现形式不同罢了。你避开了一种形式的考题，还会有另外一种形式的考题出现。这就是矛盾论所揭示的“矛盾无处不在，无时不有”。一个你不喜欢的人离开了，还会出现另外一个让你不喜欢的人。

总结：当我们知道，那种不喜欢原来只是我们自己的一种心影时，就会静下心来，解开这道题，于是，眼前就是明朗的天空。

非哲学的头脑：我觉得现实生活实在太糟糕了，没有什么让我高兴的。

哲学的头脑：心有莲花，遍地鲜花。客观世界就是客观世界，无所谓好坏。而凡是好坏这样的主观判断，都是人给予外物的。也就是说，我们自以为让我们高兴或者痛苦的外物，本身并不具备这种能力，是我们先赋予了它这种能力，然后再因它而痛苦或者快乐，这就是人间的心灵游戏。当一个人有了“心魔”，他就会看到满世界的魔鬼；当一个人驱除了心魔，他就能看见满世界的天使。

总结：客观世界没有我们想象的意义，意义全是人赋予它的。有人总是心烦，本质上，是自己的心烦，所以才会觉得眼前的事烦人。有的人眼中的生活一团糟，他那混乱的心一定是根本的原因，生活的感觉只是心相的复制品。

非哲学的头脑：我是刀子嘴、豆腐心，你们别在意啊！

哲学的头脑：“刀子嘴”，图的是自己的痛快，却不顾别人的痛苦，是自私的！如果总是“刀子嘴”，却又总是声称“豆腐心”，岂不是为“刀子心”作欺人的辩护、为一种罪恶作粉饰？谁会相信呢？坚持原则，可以根据情况选择方式，平常时候要温柔着说硬气的话，或者说软话办硬事。总之，要看自己追求的真正的效果是什么。平常人，偶尔有不妥言辞也是难免的，可如果经常这样或者认为自己就是这种性格，还要求别人必须接受，那就是有心理疾病了。

总结：动机与效果的统一，是人类行为的基本问题。动机是内在的，要通过效果来验证。当二者不一致时，当事人要自己反思。当一个人频繁地为自己与别人感知的效果不一致的动机作辩护时，就是虚伪和狡诈。

非哲学的头脑：我有很多知识，尽管我无法解决很多问题。我会不少的拳法，尽管我难以打败对手。

哲学的头脑：非哲学的头脑迷恋于很多形式，迷恋于令很多外行喝彩的技巧。他们过于迷恋花拳绣腿，却不能真正地解决问题。据说，20世纪60年代，一个偶然的机会，华盛顿大学的武学教授、全美知名的武术大师看李小龙打了几下拳，然后听李小龙说了一通后，竟然住院了。原来，他发现李小龙的拳有哲学，而自己积累了大半辈子的那个武学体系却没有哲学基础，因此不会长久，一下子悲从心头来，就住院了。

实际上，搏击的本质，就是一下子把对方击倒，不要把事情想复杂了，更无须花拳绣腿，除非为了表演而要顾及观众的眼球。在真正的搏击中，重要的是将你的注意力锁定在真正的目标上。

总结：哲学让人明确目标，直指目标，省去烦琐，集中力量，直逼效果。

非哲学的头脑：捡了芝麻丢了西瓜，还认为自己得了便宜。于是，就有了继续干下去的理由，一次次改变自己的人格，而每占一次便宜，就出卖自己一次。

哲学的头脑：世上很多蠢事，都是自以为聪明的人干的。有的人，利字当头，只想自己的事，什么时候都想占点便宜。既然如此，那么得到便宜的人就一定会被没有得到的人看穿。同时，满心想着占小便宜的人，自然也就没有智力去顾及真正的大利益，这就是为什么“聪明反被聪明误”。

总结：聪明人知道得小不足以成大事，占多了就惹事，于是，就有了“舍得”的境界。如果人不被小利所惑，将有限的智力集中起来，也就成就了大智慧。聪明的人知道什么是蠢事，所以可以避开。愚蠢的人自以为蠢事就是聪明事，所以才会反复干。

非哲学的头脑：我要强，我要主宰，我要第一。很多人就是为了争一口气，最后常常把自己搞得没有气了。很多人想主宰别人的事情，本来是好意，最后却遭人恨。很多人要争第一，于是忽视了第一之外的很多重要的事情，最终，那个第一也失去了价值。

哲学的头脑：争强必伤，争主必险，争一无友。人要争一口气时，常常跟不冷静有关（极端情况例外）。在很多时候，忍让会让人拥有更大的空间。当明白了这一点时，忍让中的无奈也就消失了。去主宰别人的事情常常是件受累不讨好的事，如何让别人容易接受才是关键。老子（李耳）不敢为天下先，却真正成就了天下先。勇于敢则杀，勇于不敢则活。

总结：争一口气、逞一时之勇，大多缺乏理性思维，孤注一掷常常会丢掉很多东西。

序言二

用什么拯救管理

看到这个题目，也许你会产生疑问："管理需要拯救吗？管理不是在日新月异地发展吗？管理思想不是越来越丰富了吗？"

作为科学的管理，自诞生至今将近一百年，而管理的活动和演进已经经历了漫长的历史，应该说，自从有了人类的活动，管理就存在了。但作为科学的管理，如今很少有人质疑它，这就有点不符合科学的精神了，因为任何科学都不可能有最终的结果，而只能是质疑与探索。现实中人们一味地在加强管理，却很少反思管理的方向和究问管理的根基，很显然，这是与科学的精神不相符的！

如果你从一个冷静的旁观者的视角看管理，就会发现，管理一方面在解决问题，另一方面也在制造问题。至于说，到底是解决问题多还是制造问题多，就不好一概而论了，因为每个做管理的人的情况是千差万别的。但有一点是可以肯定的，不会有一项管理活动完美到只是解决问题而不会制造问题。

在近几十年的发展中，中国大量引进了西方的管理知识和技术，并被某些人视为管理现代化的必由之路。岂不知，西方的管理并不完全是靠着这些所谓的管理知识和技术来管理组织的。到过西方的人都知道，西方发达国家经历了近百年的现代化历程，社会总体文明程度在很多方面超过我们，小到自觉排队、吃饭前祷告和周末去教堂做礼拜（并非只限于教徒，也有很多非教徒参加），大到社会保障体系、人与环境的和谐关系等，这些也都是经历了长时间的实践所积累出来的人类文明成果。看起来，这些与组织管理似乎没有什么关系，但人们的这种精神和生活状态毫无疑问会带人组织活动中。由此可见，同样的管理方法在面对有信仰和没有信仰的人时，效果肯定是不一样的。

我们在组织中看到的问题，都是因为人而生出的问题；或者准确点来说，是因为人有问题而生出的问题。不管是西方管理还是东方管理，实际上，其真正的本质差别是十分有限的，更多的是因为发展阶段不同、人的文明状态不同而导致的相应管理策略不同。由此可见，管理若是不解决人的文明进化问题，只是按照眼前的目标来管理人，多半会把人引向邪路！君不见，那些只用业务指标考核员工的企业，不就培养了越来越多只认钱的人吗?！这些人挣了钱之后真的就幸福了、文明了?

一些著名的企业家在历尽沧桑之后深刻地感悟到，企业就是众人心性修炼的道场，管理的责任就是帮助人们觉悟，管理者与被管理者只是修行中的伙伴。我们知道，涉及人生价值问题就走进了哲学的领域，也只有借工作、管理和生活中的活动来不断提升自己的觉悟，才能真正解开管理的困局（越加强管理，问题似乎越多）。此可谓“借假修真”的功夫了！

想想人生，只不过是一个时间的区间。在之前，没有我们和我们现在拥有的一切；在之后，现在拥有的一切也将更换主人。我们所拥有的一切，并不具有永久的产权，只是暂时拥有部分的使用权（因为我们拥有的大部分是我们无法消费的）。我们努力地从无到有，也无非是要证明点什么：自己的长处与短处、优点与缺点。最终，我们仍将看破这一切，走向灵魂的自由！由此看来，在人生的这样一个历程中，每个人都是修行者，借我们所做的一切和所经历的一切，来观察自己和这个世界，在别人、事物和人生的这面镜子里，重新审视自己那已经衰老的容颜和蓬勃的心智！然后，就会有一张宠辱不惊的微笑的面庞，再去面对世间的一切！

哲学的本意是爱智慧，当我们学会了用哲学进行思考时，我们就能够透过现象发现真相，透过事物看到生命痛苦与快乐轮回中的生生不息，透过可恨之人背后的可怜而生出怜悯与慈悲，透过别人的不幸而重新拾起自己的幸运并感恩一切，透过生死的区间而看破拼命占有的滑稽可笑。

也许这一切是纯粹看哲学教科书的人无法做到的，也许这一切已经超越了世俗的哲学、那些俗人写的哲学（也包括我们自己在内，因为我们尚在修行），也许这一切无法用学院派的哲学来概括，也许这一切就是人类生存的真相，也许它根本就没有名字。说到这里，想起来两千多年前的圣人老聃的感慨：“有物混成，先天地生，寂兮寥兮，独立而不改，周行而不殆，可以为天地母。吾不知其名，强字之曰道，强为之名曰大。大曰逝，逝曰远，远曰反。故道大，天大，地大，王亦大。域中有四大，而人居其一焉。人法地，地法天，天法道，道法自然。”（《道德经》第二十五章）

越说越玄了，我们再回来看管理到底需要什么。实际上，管理需要什么，基本上也就是管理中的人需要什么：未开化的人需要人提点觉悟，不文明的人需要重新教化，可怜的人需要我们帮助，落后的人需要我们促其进步，贫穷的人需要我们激活他们内心深处高贵的基因。可现实中管理给予的可能恰恰相反：未开化的人得到的常常是训斥，不文明的人得到的常常是处罚，可怜的人得到的常常是抛弃，落后的人遭遇的常常是淘汰，贫穷的人得到的常常是鄙视……

有人说，企业不是慈善机构，无法去悲悯众生！这种论调似乎是在说悲悯众生就无法做管理了。把管理与悲悯情怀如此对立起来，这样的管理思想如何立足呢？管理中那些动人的话语还值得相信吗？我们在此只是补充一下现实中的世俗管理所欠缺的，也并不是要把悲悯变成唯一的规则，而是要使其成为人与人之间的一种思想价值基础，而不再是用动物界的尔虞我诈来换取发展，再用发展的成果去造福已经严重受伤的人类！一句话，我们想解决的是人类自我构筑的一个奇怪的悖论：伤害着自己，再用发展的成果去疗伤！当然，我们已经看到太多的人，就是将生命作为原始资本、把健康作为基本成本，再把辛辛苦苦挣来的钱送到医院去治病！难道这就是正常的生活吗？

德国哲学家黑格尔说："哲学认识的方式只是一种反思。"人类需要反思，不仅仅是对管理的反思，甚至应该包括对我们现在一直在追求的现代化的反思！在现代社会，很多人因为尿糖而不能吃糖了，因为肥胖而不敢吃肉了，因为孤独而不敢住大屋了，因为空气污染而跑到农村去了。

回首几千年的人类历史，我们发现：医院似乎发展很迅速，监狱和看守所也在增加；学校在扩建，教堂和寺庙也在增加。这几类不同组织的增长，似乎昭示着一种我们的科学知识无法解读的人类命运密码。

现代管理面临的困境需要管理哲学来拯救！

人类命运的悖论也呼唤管理哲学以智慧重塑管理！

繁星点点，彩云朵朵，天使掉落在地狱，一起携手从人间走过！

齐善鸿 博士

南开大学商学院教授 博士生导师

全国高校管理哲学研究会副会长

老子道学文化研究会副会长

"道本管理"和"精神管理"注册商标持有人

目　录

第一章 绪论

摘要

哲学是通过审视人类理性系统进而彰显人类灵性的智慧，正是因为有了哲学，人类的精神才会不断进化，才不至于被有限的理性所“绑架”，才会进入生命价值的无限疆域。从而，基于理性而又连续不断地超越理性，基于知识而又连续不断地超越知识，让有限的生命获得不断提升智慧的机会，让生命在智慧的自由天地里驰骋并享受自由的快乐！这就是哲学于人类的功能与价值。

管理，作为人类最重要的思想与活动之一，其智慧的本质就是解放人性并且在现实行动中不断提升生命的价值。然而，现实的管理却变成了对人的控制。在这样的管理当中，人性被压制，生命价值被局限，这样的管理进而使得管理中的人越来越远离管理所追求的真正目标。因此，在哲学智慧的指引下，从根本上反思管理，变革那些剥夺人的自由、压制人的发展的管理理念和方法，并提出管理科学与文明发展的新方向，这就是管理哲学肩负的历史使命。

本章逻辑框架图

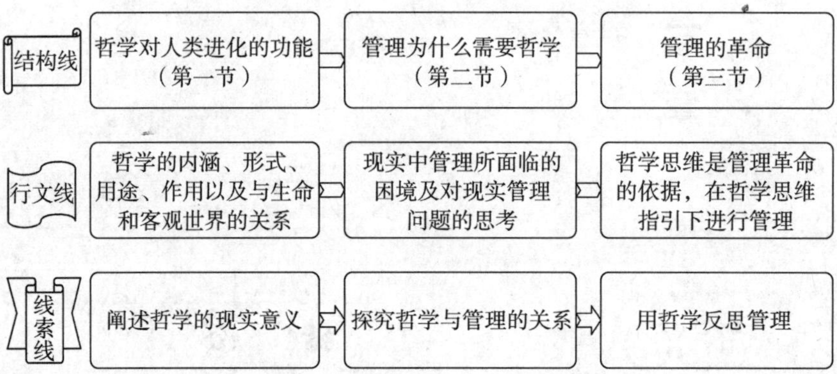

追求真理比占有真理更可贵。

——莱辛

我除了知道我的无知这个事实外一无所知。

——苏格拉底

第一节　哲学对人类进化的功能

哲学，是先于科学而存在的，哲学又贯穿于科学之中。对于这一点，即使是对科学知识很熟悉的人，其认识也常常是模糊的，或者也没有将此当做什么重要的问题来看待。在“科学主义”横行的时代，哲学几乎被很多人遗忘了。当对科学一时的发现让人们欣喜若狂甚至处于痴迷状态时，科学也就变成了一种迷信。而要破除科学与人之间这种奇怪的关系，避免使人陷入相对真理的泥潭，就必须引入哲学的思考。实际上，哲学不仅先于科学而存在，而且一直在指导着科学的进步，并在科学的进步中实现着哲学的发展。

一、哲学的内涵

在金钱财富占主导地位的现代经济社会，哲学被功利主义者视为无用之学，哲学教育与哲学普及受到挑战。其实哲学作为知识之母，对各门知识具有本源性，从根本上看，哲学是架通人的主观与客观规律之间的一座桥梁，这种引领主观向客观规律接近的哲学智慧是人之为人的基本素质。正是哲学对个体人生和社会发展具有的这种重要的指导作用，使得重视和加强哲学教育与学习、提高人的哲学修养成为人生整个过程中最为重要的活动。

哲学，是人类智慧的眼睛，它洞察了人与宇宙原本的关系——一种人类无法超越的关系。同时，它又察觉到了人类在现实中构建起的哲学困境：人类因为在进化中主观逐渐强大而与客观不断疏离和对立，以及由此产生孤独和恐惧，并为了摆脱这种状态而进行连续不断的自我求证，又因为是在对立和疏离中进行自我求证，所以注定了每一次求证出的答案都是错误的。哲学的智慧告诉我们，人只有回到生于斯、存于斯、归于斯的本体当中，才可以摆脱疏离与对立、孤独与恐惧，也才可以进入不需要自我求证与本体合一的状态。处在这种状态中的人，没有恐惧，没有分裂，没有挣扎，没有痛苦，与万物和谐、自在与圆融。也可以说，哲学犹如智慧的天使在引领着红尘中迷途的孩子回家。

换句话说，哲学给我们现实中的人提供了一种观察自己、审视自身和探问终极的能力：人是什么？人在干什么？人为什么这么干？人从哪里来？人到哪里去？**一方面，哲学提供了这种智慧的模式：一是在人与人、人与宇宙的关系中认识自己；二是在人的行动和变化中认识自己；三是根据人是什么、人在干什么来反观评价自己。另一方面，哲学指出了人在宇宙、人群和行动中所归属的本源和终极，并引领人们从分裂与对立走向和谐与统一。**

由此可见，哲学是人类至高的理性和灵性系统。正是因为有了哲学，人类的主观精神才会在不断地自我否定中得以进化，才不至于在偏离客观真理的主观意念驱动下不断地重复自己的错误，才会在现实的纠结与挣扎中找到人生的终极价值与意义。当然，如果一个人不会因为找不到人生意义而苦恼，就不需要哲学；如果一个人的精神不进化不会危及一个人的生存，也就不需要哲学。可是，我们要问的是：世间有这样的人吗？答案是：有，也没有。有，是因为找到了而不需要再去寻找；没有，是因为找不到的人都会被苦恼折磨，生存和发展都会受到影响。

人类的生活经验表明，任何脱离了客观规律、疏离了自我和本体之间关系的野心、理想、追求和欲望，不论是精神的或是物质的，都将导致痛苦和恐惧。在痛苦和恐惧中的思考和挣扎，只要脱离了客观规律和疏离了与本体的关系，就没有解脱的希望，也就失去了获得智慧的机会。一旦失去智慧而又要执意地行动，必然会铸成大错。而大错一旦铸成，对于没有哲学指引的人来说，就会产生错误的自辩体系并启动非理性的动力，下一步行动就会错上加错，从而陷入灾难的复制和循环。

二、哲学的呼唤

今天的人们，在追逐名利的竞技场上变得越来越浮躁，但很少有人求助于哲学。那些被世俗化潮流裹挟着争夺功名利禄的人们，心中越来越为精神意义的缺失而感到困惑和焦虑。而这正是哲学成长的土壤，尽管它本身不是哲学的花朵和果实。

尽管人类自以为是地球上最具灵性的动物，但我们依然无法排除或者确认其他生物是否有优于人类的心灵世界。当然，人类自视是有自知之明的高级动物，既然如此，那就可能首先要假定其他生物也可能有自己的心灵或者灵性世界，只是与人类的方式不同罢了，只是我们了解得很少罢了。

在生活中我们会看到这样的景象：即将被宰杀的牛羊，跪下来用乞求的目光（人类还是能够读出来的）、流着两行热泪看着对面的人类，此时，屠夫的心颤抖了，握刀的手软了，手中的刀不由自主地掉在地上……

曾有一则故事，说的是乾隆皇帝与爱臣纪晓岚往游江南，看着江中的船帆点点，皇帝突然问大才子纪晓岚："爱卿，江上人来人往者为何？"纪晓岚才思敏捷，答曰："名利！"

明朝大才子唐寅在其名作《一世歌》中写道：

人生七十古来少，前除幼年后除老。
中间光阴不多时，又有炎霜与烦恼。
花前月下得高歌，急需满把金樽倒。
世人钱多赚不尽，朝里官多做不了。
官大钱多心转忧，落得自家头白早。
春夏秋冬捻指间，钟送黄昏鸡报晓。
请君细点眼前人，一年一度埋荒草。
草里高低多少坟，一年一半无人扫。

先人对人生与名利的思考不可谓不深刻。千百年来，世上尽是前仆后继为追逐名利而丧命的人。看得清又看不透、放得开又放不下，人类在生生不息的历程中，被名利的魔爪与死神的微笑俘虏了。愚昧如同一个魔咒，主宰了人类心灵世界的黑暗与痛苦，如今的人们，该怎样破解这个魔咒，让心灵重归安宁与喜乐？

哲学贯通于呼吸之间、生命所及之处，推动着人类文明的进程。哲学的光明与力量也在帮助人类寻找解脱之路。

三、哲学的用途

网上有一个署名为小桥流水的作者发了这样一篇博文：有位哲学家被屡屡问及同一个问题：哲学有什么用？开始的时候，哲学家还能耐心地解释，问得多了，便有些不耐烦了。当一个世故而浅薄的家伙再次问他这一问题时，哲学家再也无法维持自己的绅士风度，愤怒地反问他：你有什么用？

难怪哲学家大光其火，因为今天的社会早已充斥着浮躁而功利的心态。在这种心态的支配下，人们再也没有闲情逸致去关注那些超越社会功利之外的东西。我们可以套用关于哲学的问话再设计许多话题，得出的结论往往能够反映当下一些人共同或相似的心态：入党有什么用？可以升官。升官有什么用？可以发财。发财有什么用？可以满足自己的种种欲望。然而，我们看到的是许许多多本来优秀的生命就在这样的错误逻辑中沦陷了。

曾经，电视台播出黄土高原上这么一个故事：

记者问一个放羊娃在干什么，放羊娃说在放羊；

记者接着问放羊干什么呢，放羊娃说娶婆；

记者再问娶婆干什么呢，放羊娃说生子；

记者最后问生子干什么呢，放羊娃说放羊。

……

我们在嘲笑放羊娃的同时，我们自己是不是也在变换着形态重复着同样的过程呢？

有位老师在课堂上与学生有了如下对话：好好学习有什么用？可以考大学。考大学有什么用？可以找到好工作。找到好工作有什么用？可以找个好老婆……当如此演绎下去时，我们能得出什么结论？难道我们会比那些“放羊、娶婆、生子、放羊”的循环更高级吗？

功利心态一旦控制人们的思想，必然会造就愚昧的行为。

曾经有人说，哲学没有什么用，哲学乃无用之学，好像追求学问无非是寻求真理，至于是否有什么实际的用处，似乎是俗人们的庸俗念头。然而，捍卫哲学的人常常会举出老祖宗泰勒斯的故事来反证。

西方有文字记载的第一位哲学家叫泰勒斯，尽管他博学多才，但并不富有，于是人们因为他贫穷而觉得哲学毫无用处。泰勒斯通过自己的知识，夜观天象，预见来年橄榄要大丰收，便在冬季以非常低的租金租赁了当地的全部榨油作坊。第二年橄榄果然大丰收，他便以比较高的租金出租榨油作坊，结果赚到了一大笔钱。在说完这个故事之后，人们就明白了：“泰勒斯想向人们证明，哲学家想富的话，是易如反掌的事情，不过他们志不在此，而在于用智慧去探求宇宙的奥秘。”

在中国，也不乏类似的哲学智慧。《庄子·逍遥游》中有一段与梁国惠施对话的故事：

惠子告诉庄子，他将国王赐给他的大葫芦种子埋在后院，结了一个很大的葫芦。他想找匠人加工成容器，但是容量可达到五石，太大了；想用来盛水，又担心容器底部太薄不坚固，容易破碎；想纵剖成瓢吧，仍然太大了，因为无论是舀水还是舀酒都用不着那么大的瓢。所以惠子的结论就是，大而无用，不中用的东西，干脆一锤子打破算了。（惠子很瞧不起庄子的学说，认为全是大话空话，太不务实，于国于民于己，没有半点用处。）

庄子听了笑而不气，对惠子说：“既然有大葫芦，容量五石，为什么不镂空内瓤，做成大腰舟，去漂游江湖，倒去担忧大而无用？可见，你只能用小器，而不善用大器！”

由此可以看出，哲学是探寻真理的，有什么用的问题，也不是可以回答给每一个人，而是要每一个人自己来回答。也许有那么一个时刻，人类看到小牛吃母牛的牛奶，就以为牛奶就是母牛用来喂小牛的，如同一个文盲问书有什么用一样。有人继续问，哲学探寻真理，探寻到了真理又有什么用？回答可以是：可以运用真理为我们的生存服务啊！接着问：我们生存又有什么用？这一切似乎已经走进了死胡同！实际上，没有哲学真理指引的生存才真正是个问题。

缺乏哲学的思考和行动对于人类来说是致命的。经济上没有人生哲学的指导，就会有尔虞我诈，就会突破道德良知的底线，就会因一心牟利而害人。这就走向了人类存在与发展的反面！文化上功利行为的直接后果就是导致文化的劫难。迅速推进的城市化也正破坏着那些人类精神与心灵所寄托的文化与历史！联合国教科文组织官员热纳维耶夫说：“传统的社区被破坏，普通百姓的利益和权利正在遭受侵犯。”一方面，古老的文物得不到保护；另一方面，新的仿古建筑被大量炮制出来。因此，有人甚至愤怒地说：“不开发才是最好的保护！”

人们关注哲学有什么用是可以理解的，因为没有用的东西人类又何必去花费气力关注呢？所以问题的本质不在于是否有用，而在于有什么用。当一个农民问哲学有什么用时，可能关注的是哲学能否让他地里的收成变得更好，企业家发问时也许含义是哲学能否让企业盈利，这些概括起来可以称为现实的直接利益。让人们脱离开现实的直接利益去谈论有无用处的问题是不现实的；否则，哲学只能成为无温饱之忧的人的孤独的游戏。

但是，把哲学简单地服务于现实利益是可怜的，因为哲学不仅仅是现实行动的智慧，同时，它本身就是人类的另类生活——精神生活的内容；它不仅仅是一种高级的智慧工具，同时，它也是人类用金钱难以买到的财富。这两个方面的哲学功能是不可偏废的；否则，要么会使哲学庸俗化，要么把哲学自己孤立起来。必须注意的是，学习一两门哲学课程和了解一些哲学知识，与掌握哲学的智慧还不是一回事。哲学是一门智慧的学问，在生活实践的修行中运用哲学的思维，才可能拥有智慧。在泰勒斯所在的古希腊，并没有像我们今天这样严格的学科划分。“哲学”的词源是“爱智慧”，其实包括了我们今天看来是“科学”的所有理性分析的知识，这和今天已经被无数次分化了的哲学几乎完全不同了。从某种意义上来说，今天的哲学，尤其是作为大学专业的哲学，有点像是一种“纯粹的哲学”，充斥的更多是哲学史的内容。从这一点来说，科学知识体系的分化，已经使得古代的哲学与今天的哲学变成了两个不同的东西。如果说历史上的哲学如同“超市”，那么今天的哲学就只能算是“专卖店”了。如果在超市中可以买到各种各样的东西，那么你就不能期望在专卖店里同样如此。于是，我们不得不发问：

今天的哲学还能够承担历史上爱智慧的使命吗？

今天与科学体系并存的哲学，到底还能够干什么？

在今天的教育模式下，还会有人成为真正的哲学家吗？

在蓬勃发展的知识体系面前，哲学还能有自己的思考和贡献吗？

“我们都是只有一只翅膀的天使，我们只有互相拥抱，才能飞翔。”

(Luciano de Crescenzo，1920）这位20世纪意大利诗人的隐喻并非为21世纪的企业而作，但是它却带给我们很多启示。在知识成分越来越多的当代，头脑因为知识越来越多而产生的焦虑，正在人们的心底发出绝望的呐喊！

实际上，有人学习了一辈子所谓的“哲学”，其实很有可能学的根本不是哲学，学的仅仅只是自己认为是“哲学”的历史知识而已。如果学的根本就不是真正的哲学，却扣上“哲学无用论”的帽子，哲学就比窦娥还冤啊！

其次，大部分人学习哲学，常常停留在“学”的阶段上，与“习”字连一点边都没沾上，学了一辈子哲学的人极有可能还是一个不会使用哲学的“哲盲”。难怪李瑞环同志写的一本哲学著作就叫《学哲学，用哲学》。再反过来看现实，不少打着哲学旗号的人却不会用哲学，侮辱了哲学的圣洁，哲学到头来却落下了无用的恶名，岂不冤哉？

四、哲学与生命

生命，有一个肉体，但绝不只是个肉体，这个问题无须再作过多的讨论。生命还有另外一个存在的形态，那就是心灵或者灵魂。即使是无神论者，也不敢宣称自己是个没有灵魂的人；相反，大家都在呼吁要有一个美好的心灵、高尚的灵魂，要建设一个美好的精神家园。

灵魂问题，吸引了很多人的关注，科学主义者曾经用各种科学手段去检验灵魂的形态。我们无法断然地驳斥这种充斥着美好向往的探索，但我们最起码应该知道，灵魂一定不是低级的感知手段所能够感知的，因此也就知道，灵魂的存在肯定不是现在我们所熟悉的物质形态，最起码，我们都知道生命离不开这个我们还没有搞清楚的所谓的灵魂。

我曾经向一位哲学大家请教：

我说：“当代哲学的基本命题是‘物质决定意识，意识对物质有反作用’，同时还有一个命题，就是‘量变到质变’的命题，相互作用的双方，能量积累到了一定的量的限度之后，就会发生质变。”

对方点头。

于是，我接着发问：“物质与意识反复作用无数次达到一定量的积累之后，会不会发生质变？”

对方继续点头。

我接着发问：“物质与意识的关系在发生质变之后是什么样的？”

对方摇头：“我不知道！”

我愕然！两个哲学命题联系到一起后却没有了答案！

在中国的古老历史中，先人们对生命的本质进行了不懈的思考与探索，提出了很多极富智慧的思想，其中“精、气、神”的思想最具有代表性。精、气、神本是古代哲学中的概念，指的是形成宇宙万物的原始物质，有现代意义上的元素的意思。中医认为精、气、神是人体生命活动的根本。在古代讲究养生的人，都把“精、气、神”作为人身的三宝，如人们常说的：“天有三宝日、月、星；地有三宝水、火、风；人有三宝神、气、精。”所以，保养精、气、神就成了健身、抗衰老的主要原则，尤其是当精、气、神逐渐衰退，人步入老年的时候，就更珍惜此“三宝”。荀子认为：“养备而动时，则天不能病……养略而动罕，则天不能使之全。”这里说明两个意思：一个是说要注重精、气、神的调养；二是强调不可滥耗“三宝”。

在人身上，人的气和神显得很玄妙，而这正是人的精神世界中最了不起的力量。意识可以杀人，这在历史中不乏事例。对于许多人来说，不良的意识正是身体疾病和悲惨命运的真正祸首，正所谓“万病由心而生”。我们知道，精给了人生命的基础，气和神则给了人一把命运的钥匙。哲学更多的是关注人类身体上的气和神的问题，也就是人类的精神世界以及与生命肉体的互动关系。如果一个人没有了气和神，也就如同行尸走肉，甚至已经死亡了。如果一个人还活着，其气和神却无从关照，那他的生命就会迷失方向。

中国的道家哲学一直关注生命问题，尤其是生命的本根问题。如果哲学关注到人生命的本根上，还会有人问哲学有什么用吗？

五、探寻“上帝”眼中的世界

在西方基督教的世界里，上帝是万能的，是唯一的，也就是无所不能的！上帝是完美无缺的，是无处不在的，是慈悲的，是友善的，是大爱的化身。

可是，人们不禁有了疑问：既然如此，上帝为什么不把人们全部变成上帝？上帝是完美的，为什么他所造的人是不完美的？好像到现在为止，还没有人自称见到过上帝。倒是有些故事在告诉人们：**上帝是一种精神、一种力量。**这种精神就在每个人的心灵中，于是就有了“上帝与我同在”的命题；这种力量就在每一个生命中，只是生命还没有觉醒，所以也就变不成上帝。如果有人开悟了，就会成为上帝——自己的上帝！

上帝是完美的，可人是有缺陷的！也许这就是上帝给人类最重要的启示：**完美只在心中，而现实则是不完美的！因为心中有上帝，人们不断地去趋近完美，而如果心中没有上帝，现实则如地狱一般！**

完美的上帝能够与不完美的子民和谐相处，却没有把子民全部变成自己，也许这就是上帝的胸怀和上帝的智慧，也是上帝给予人们最深刻的人生启迪。这不是宗教教义，而是我们很多人在现实生活中体会到的人生哲理！

看来，基督教关于上帝这样一个“超人”的思想与佛教中的“佛在心中”是很相似的。

上帝也好，佛也好，看起来都离不开人的心灵和心灵的力量。

也许这就是哲学，人们把自己理想中的期待全部集中起来，创造出一个让人类自己更容易理解的实体（也就是那个虚体），上帝也好，佛也罢，就算是一个人类运作自己的心灵世界的方便法门吧！

既然如此，我们不妨按照类似的逻辑往前进一步想象一下：上帝眼中的世界是什么样的？佛心中的世界是一幅什么样的图画？也许，一切都是必然，只是我们所寻找的必然是什么，这才是人类哲学所要解答的真正问题。

六、哲学“眼中”的客观世界

客观世界在人们面前都是一样的，可又是不一样的。

你也许会说，怎么这话听着很矛盾啊。

这就是我们要讲述的故事。

有人说，这个世界不公平：富人挣了那么多钱，享尽荣华富贵，而很多人一生都在过着拮据的生活！

也有人说，这个世界是公平的：富人挣了钱，但绝大多数也都吃尽了苦，这是苦乐平衡的世界。

天上传来一种声音：人生的一切都是一种平衡。

有人说：有些人实在令人生气，怎么能那样萎靡不振，年纪轻轻就是不上进？

旁边有人说：嗨，这些人实在是可怜，白白地把一天天的生命消耗掉。

还有人说：人间真是乱了，怎么有那么多人穷折腾——玩命挣钱，再把钱送到医院，自己却要躺在医院里受苦！

天上传来一种声音：人所做的一切是都在为自己的生命之果种因。

客观世界是客观的世界，而主观世界则是主观中的世界。于是，同样一个世界，在不同的人那里，就成了不同的世界。而这种不同，则是人们认知方式的不同所造就的。人们用眼睛看世界，眼睛后面连着大脑，而每个人的大脑装的东西是不相同的，于是，同一个世界在不同人眼里也是不同：有人见花心喜，有人见花落泪。花还是花，只是有的人心情好，所以见到花就欣喜；有的人心情郁闷，所以见到花就会落泪。

哲学的基本功能正是帮助人们思考人生的真相与意义、检讨和优化人类自己的生活。离开哲学的智慧，人类将会怎样？

第二节　管理为什么需要哲学

从人类结群而居开始，管理就进入了人类的世界。可以说，管理成为推动人类社会发展的主要动力。特别是从16世纪英国工业革命开始，随着企业组织在世界范围内的大量涌现，作为组织功能的管理从国家和社会组织普及到企业组织中。近一百年来，世界范围内现代企业组织与管理的丰富实践，极大地促进了人类物质文明的发展，也使人们越来越深刻地体会到管理对每个人自身的影响。

传统的以控制为导向的管理理念和对科学精神的推崇在工业化迅速发展的时代造就了物质文明的极大丰富，但是随着人的自主性的崛起和互联网信息时代的人类社会的又一次革命，现实管理面临着越来越多的挑战，其中最典型的是管理者们发现传统的科学管理和控制理念在解决现实问题的同时又制造出了种种难以解决的新问题。毫无疑问，人类的活动是需要管理的，管理技术的运用也确实会提高生产效率。但不可否认的是，管理所制造出的冲突与矛盾也成为组织与社会发展的绊脚石。现实的管理到底出现了什么问题？是该对现实管理的困境作出哲学反思的时候了。

一、现实中管理面临的问题

（一）管理就是控制吗？

过去和现实中的大部分管理活动，都是由组织中的少数精英们所掌控着，换句话说，管理就是少数人控制多数人的活动。但是，有人喜欢被别人控制吗？常识告诉我们，人可以一时被迫接受这种强制式的管理，但不会愿意永远被人控制。这是人性的规律，也是任何科学都必须尊重的人性基础，管理亦不例外。

在科学管理提出后的近百年里，管理思想与理论已经形成了茂密的“丛林”，管理思想与理论的发展可谓迅速而繁荣。“但是，让那些认识到改进管理能带来巨大社会潜力的实践家和观察家相当烦恼的是，管理理论中众多学派导致了一场混乱而带破坏性的丛林战。他们的主要兴趣，似乎是创立出一个不同的（因而是‘独创性的’）管理学派。”①

当我们重读泰勒于1911年撰写的《科学管理原理》一书时，就会吃惊地发现，泰勒当时所要解决的问题至今还依然存在着。“管理就是控制”似乎一直是人们对管理的普遍共识，基于“刺激-反应”原理的种种控制性手段也被视为管理中理所当然的工具。但这些认识和手段又伤害了管理所一直追求的真正目标——激活人们的自觉性、积极性和主动性。于是，管理进入了一个怪圈——越是加强控制，就越会伤害人们的自觉性；管理的刺激手段越是翻新，其对人们积极性激发的边际效应就越是递减；管理者所进行的管理力度越是加强，人们的主动性就越是减弱。

“今天，我们面临一个转变的时代——一切都在变，许多我们以前不敢想象的、不以为然的事情，现在都一一实现了。”②“经理们越来越感到，以前曾经灵验的办法，现在时灵时不灵，有些办法根本不再奏效。”③

迈克尔·哈默和詹姆斯·钱皮在1993年合著的《企业再造》一书的导论第一段就开宗明义，吹响了向巨人挑战的号角：“一整套两个多世纪之前拟定

① 孙耀君．管理学名著选读[M]．北京：中国对外翻译出版公司，1988：365．
② 帕拉斯克．企业革命[M]．台北：远流出版公司，1992．
③ 徐渊．公司再造[M]．上海：上海译文出版社，1997：19．

的原则在19世纪和20世纪的岁月里对美国企业结构、管理和实绩起到了塑造定型的作用。我们说，现在应该淘汰那些原则，另定一套新的了。”①

中国本土企业的管理实践也正在验证着哈默和钱皮的观点，特别是随着近几年来互联网信息技术的发展，涌现出了一大批管理创新型的企业，既包括以阿里巴巴、腾讯、百度、小米为代表的新兴互联网企业，也包括以海尔、联想、华为、格力等为代表的在互联网时代下正在进行管理模式和商业模式转型的企业。中国本土企业管理实践已经开始打破“管理就是控制”的传统共识，进入一个基于每一位个体的自觉性、积极性和主动性而进行组织系统生态建构与管理的时代。

管理已经到了问一问自己该怎么办的时候了！如今，工业已经进入4.0时代，与之相配合的管理的4.0时代也已经到来。突破固有的管理逻辑，跃出传统的组织边界，打造一个以组织作为基础平台的、实现与相关主体进行有机链接的和谐生态系统，已成为摆在当代管理研究者与实践者面前的迫在眉睫的命题。

（二）管理是剥夺人的自由吗?

人人都对所谓的自由充满渴望。

随便找人问问:“你希望自由吗?”几乎所有的人都会回答:“是的。”

如果你再问:“你希望的自由是什么样子?”一定会有人回答:“随心所欲，欲无所碍。”有人说得更加直白:“我不想管别人，别人也不要管我。”

天哪！你也许会被人类对这类自由的渴望所惊呆，但不可否认的事实是:现实组织与管理中的人们，很多都有类似对自由的渴望。

他们已经在组织中备受煎熬，许多人的心已经在挣扎中慢慢习惯了被控制的桎梏局面。即使管理者自身也没有那么潇洒和幸运，他们的内心深处也有着自己的苦恼。那么，我们不禁要问:管理就只能是剥夺人的自由吗?管理只能是用低级的手段通过对那些被物欲化的心灵的压制或满足来实现目标吗?还是努力提高智慧，激发人心灵中神圣的动力，让人自发而幸福地与组织共同前进呢?

你也许会说，这是不可能的！于是，你也就理解了截止到现在还可以被称为亘古不变的一些事情:教育在不断发展，专政机构也在不断地膨胀；人的聪明才智不断提升，相关的制度、法律也日益变得丰富、庞杂和眼花缭乱；许多人人前一个样，人后一个样；有的人在边界内备受折磨，于是，逃到另一个圈子里，去遭受另外一种折磨，或者一个人在圈子里遭受压抑，转而又把压抑的东西传递给比自己级别低的人；有的人失恋了，于是除了痛哭之外，可能会乱吃东西，尽管多长出来的肉无法替代感情；有的人童年受了委屈，于是就一生努力去发泄委屈，其方式是多种多样的，比如，疯狂购物——尽管买再多的东西也无法把委屈根除，玩命吃喝——尽管吃得越多损伤越重；有的人被人伤了

① 徐渊．公司再造[M]．上海：上海译文出版社，1997：1．

虚荣，但会错误地以为是自尊受了伤害；有的人被人伤了贞操，就用不再存在的贞操去伤害另外一类性别的人……说到这里，有人感叹：我们不能不对有特定对象的复仇者表达一点敬意，因为他们没有因为被伤害而把复仇对象盲目地扩大。

由此看来，人类何时自由过？即使奴隶社会的镣铐已经成为博物馆里的文物，人类还会制造出无形的镣铐自动地锁在自己的手腕上和脚踝上，当然也会锁在心灵上。

难道人类不追求自由了吗？为什么人类对于受虐那样耿耿于怀？为什么对于自虐这般执着？

也许有人会说，动物是自由的，它们可以无拘无束。多了解一点动物界的知识就会发现，动物界的弱肉强食极其残酷，半夜里睡觉也许会遭到天敌的攻击！这哪有自由？简直是提心吊胆！既然一般动物也没有自由，那么动物中的强者应该是有自由的吧？这是人类最喜欢提出的问题，因为很多人觉得大官有自由、富人有自由。可是，动物界再强壮的动物也都有天敌，况且，即使它们有力量，也不会有弱小的动物自动把自己当做食物送到它们的嘴边。动物界的狮子、老虎也是要自己捕食的，连大象这样的庞然大物，也要到处觅食。即使史上最庞大的动物恐龙，也莫名其妙地遭受了灭顶之灾。你看，动物还有哪一种是自由的？

既然动物界没有自由，人类追求动物般的自由也就不成立了！

是啊，当人类不知道这样的道理而选择了错误的追求方向时，自然是得不到自由的。

既然如此，难道人类所追求的自由是一种虚幻吗？

在这方面，人类的探索一直没有终止过。被誉为人类智慧巅峰的佛学思想，探得了“诸行无常，诸法无我，涅槃寂静”的三法印；道家证得了“天地一指、万物一马”，“万物刍狗、百姓刍狗”，“乘物以游心”的自在心灵和逍遥；儒家入世很深，却也懂得“心斋”的境界。

由此看来，脱离开心灵，我们是无法到外界找到自由的，因为外界都是规则的世界，只有心灵才可以穿越规则的荆棘丛林！正如小儿治平曾言：“自由在我心中!”（这是我的儿子齐治平在三岁的时候跟我说过的一句话）

由此看来，自由就有了一个客观的规律：你认为它是什么，又相应的如何对待它，它就会越来越倾向于变成你认为的样子。因此，作为激发人心灵性的管理者，与其不断关注下级的问题与过错，不如对他们已经做出的自主的、自觉的正确行为给予欣赏和鼓励，留出个体在正确方向上思想与行动的自由空间。只有人的心灵获得自由并感受到愉悦，行动才会拥有持续的动力。也许管理者更多地在关注工作中的事务与目标，但只有愉悦的心灵才会有效地实现这一切。也许这一切并不是最重要的，因为人类所从事的一切活动都是为了获得心灵的解放。与其说让心灵自由是实现管理目标的手段，不如说它本身同时就是目的。可见，剥夺人自由的管理，既不是实现管理目标的有效手段，也违背了管理所追求的最终目的。

（三）管理者需要被管理吗？

以往的管理，谈论的都是如何管理别人。在传统管理哲学当中，管理者被作为管理的唯一主体，他们的唯一任务似乎就是向部下下达命令和检查部下的过失。当然结果总是类似的：错误永远是部下的，正确永远属于管理者！即使出现责任问题，管理者似乎只知道处罚别人，从来不会对自己进行处罚！这种管理者给自己找到的借口是："下级素质低，我又能怎样？总不能都炒掉，再换一批！他们能力差，我一个人能干什么？"在他们这种看似合理的说法与做法的驱动下，就出现了组织中令广大员工绝望的现象：下级不管怎么干，错误都是自己的，成绩都是上级的；不管怎么干，总会有错误，总能被挑出错误。想想看，当管理执行着这样一种令人绝望的逻辑时，又有多少人会心甘情愿地为组织服务呢？

在现实中，我们常常见到因为缺乏对管理者的管理而导致组织中的管理者一人独大，搞一言堂，完全不考虑其他人的意见，以致给组织造成无法弥补的损失，严重的还走上了经济犯罪的道路。在国家层面，缺乏对管理者的管理所造成的损失更是无法想象。随着我国反腐工作的不断深入，一只只"大老虎"被调查、被处理。他们都曾经是我们眼中的精英，都在各自的工作岗位上作出过杰出的贡献。然而由于缺乏对管理者的有效管理，使得道德被利益绑架，责任被权力绑架，使命被私欲绑架。他们把民众授予的公共权力视为牟取私利的工具，滥用职权，贪污受贿，玩忽职守，营私舞弊，拉帮结伙，最终走向堕落和毁灭的深渊。时至今日，一切都来不及了。这既对他们自身和亲人造成了无法挽回的伤害，也给国家在投入巨大资源培养人才方面造成了损失。

再看企业层面，也是类似的管理情形。我们不禁要问，管理难道就是这些"精英们"的特权吗？他们又该由谁来管理呢？

（四）管理可以给自己治病吗？

人得病了，都要去看医生，那如果医生得病了该怎么办？有人说，他可以自己给自己看病啊！让我们先来看看下面一个小故事：

一个人来到一个小镇上理发，镇上只有两个理发师。他先来到第一家理发店。发现又脏又乱，理发师也衣着不整，头发凌乱。于是这个人又去了另一家理发店，结果发现店铺崭新，理发师的胡子刚刮过，头发也修理得很好。这个人稍作思考，便返回了第一家理发店，因为他明白一个道理：再好的理发师，也不能够为自己理发！

古人言，医不治已。说的就是再好的医生一旦得病，身体、精神都可能处于不正常的状态，再加上关心则乱的心理作用，会影响医生对病情的判断，进而影响治疗。所以当医生得病时，通常是去找一个自己信得过的医生看病，而不是自己给自己看病。

如人一样，组织也会生病。组织在运营一段时间后，管理上难免就会出问题，这个时候就需要有专业的人或者外部组织为其作一个"全身检查"。正如上面理发师的故事中提到的，再好的理发师也不能为自己理发，再优秀的企业也很难及时为自己“诊断”病情、发现问题、纠正问题、把问题消灭在萌芽阶段，以减少组织的损失。那么由谁来为组织作这个检查呢？是由组织内部的管理者来作吗？管理者能给自己“开药治病”吗？如果不可以，组织中的管理者又该如何为自己“看病”呢？

毫无疑问，对于每个组织的管理来说，立足于自身的反省和改进是基础，借用外部力量为自身组织提供反馈信息和专业指导意见也是不可缺少的。本来，任何一个组织都不是一个孤立的系统，要保持系统的活力和健康就必须拥有与外部系统进行有效信息与能量交换的渠道与机制。

二、对现实管理问题的思考

（一）管理的演变

“研究过去有助于更合理和更有条理地了解现在。不了解历史，个人只能依靠自己的有限经验作为思考和行动的依据。”“人的行为是过去和现在的文化力量的产物，管理学也是过去和现在的经济、社会和政治力量的一种产物”。[①]

“人类一直面临着比较严峻的环境，这个环境的特点是粮食供应紧张、住房不足，以及缺乏用来满足人的多方面需求的其他资源。”[②]人类的管理活动是从人类所面临的生活资源不足和匮乏的环境中开始的。当时，人类社会所面临的主要矛盾是人与自然的矛盾，是生存的需求与资源不足的矛盾，因此，人类必须集中自己的力量来与自然进行搏斗。在这场搏斗中，人人都是战士，都首先是劳动的工具，最终才是享用者。

管理，是伴随着人类的群体活动而产生的。在人类活动的初期，几个重要的变量决定了管理的出现：

一是人来自于自然，是自然的产物。因此，人一开始就处在“自然的管理”之下。但人的智能决定了人毕竟不是待宰的羔羊，他要探索自主的道路。可是，无论如何，人也逃不出自然的规律制约。这种“被管理”的宿命也是今天我们认识管理的一个前提。

二是自然界强大的力量与人类个体的渺小形成一对矛盾，这迫使人们必须集体行动才能在与自然的对抗中获得生存的基本条件。而人类个体的“自主性”决定了这一目标必须通过一种对个体的约束机制来实现。于是，在人类群体、组织与社会中达成集体的契约就成了一种必然。人类群体在履行这个契约的过程中需要委托监督人，于是，最原始的管理产生了。

三是人类家庭的诞生和家庭活动的特点，使得家庭成员中年龄较大、经验较丰富的成员成为许多活动的组织者，这也是原始管理者的基本形态。

四是宗教、军队、王朝等的建立，更加加大了人与人之间差异性所带来的

① 雷恩. 管理思想的演变[M]. 赵睿，等，译. 北京：中国社会科学出版社，1992：2-4.
② 雷恩. 管理思想的演变[M]. 赵睿，等，译. 北京：中国社会科学出版社，1992：2-4.

冲突。于是，更加强有力的控制手段也随之诞生：精神的、物质的和强制性的。管理，在此时已经几乎成了奴役的同义词。

五是随着工业革命的发展，人在组织中的重要性越来越让位于机器，渐渐地，人成了机器的“助手”。

六是近代的发展，一方面人性的自然需求不断地在对管理进行反弹，另一方面管理的技术发展越来越精细。渐渐地，管理变成了控制人的一种“艺术”。而那些属于技术范畴的计算和模型，也加入到管理混乱的队伍中，找到了自己的一席之地。

自从进入文明时代以来，财富的增长是如此巨大，它的形式是如此繁多，它的用途是如此广泛，为了所有者的利益而对它进行的管理又是如此巧妙，以致这种财富对于人民来说变成了一种无法控制的力量。此时，人类的智慧在自己的创造物面前感到迷惘而不知所措了。

（二）管理的源问题

科学管理、行为科学、目标管理、虚拟组织、价值链等，这一切看起来似乎还将无穷地变化下去的所谓的管理理论与思想方法，无非是在解决这样一个核心的问题——组织如何具有实现目标的动力和以有效率的方式实现目标。那么，组织的目标是什么？组织又如何具有实现目标的动力？这看起来是两个问题，实际上是一个问题，这就是组织的目标是为了人的发展——满足组织中和社会中人的生存与发展的需要，而发展的动力来源也恰恰在于此。因此，只要回到这样一个原点上来思考问题，管理发展就可以最大限度地避免偏差和形式化的倾向。

管理解决了这些问题吗？客观地说，应该是一直在努力解决，但解决得并不好，在试图解决这些问题的同时也制造了一些相应的问题——“管理源问题”。在技术方面，虽然技术的发展给管理提供了越来越多的提高效率的机会，但是在实现组织所追求的目标方面，人与人之间的关系也在重新进行新的组合。技术确实在帮助管理解决许多问题，技术在提高了劳动生产率的同时确实缓解了组织各利益主体的矛盾。但是，管理自身的定位也在悄悄地发生变化——管理中人们之间的关系的变化。说到底，技术在帮管理的忙，而管理中对人的认识的局限性和由此所确定的管理思想与方法的不完善，却在阻碍着管理的进步。我们这么说，并不是对管理进行不通人情的和脱离实际的责难，而是要首先对管理的发展和所发挥的作用多增加一份清醒，用一种较为冷静的眼光来分析管理发展中的经验和教训。

“不错，我们也随时在注意利润的下限，但我们绝不为了这一点而牺牲‘爱人’原则。对我而言，P和L的意义并不只是利润（profit）和损失（loss），它们同时也代表着人（people）和爱（love）。”“你们愿意人怎样待你们，你们也要怎样待人”应是“管理的黄金准则”。孔子说：“道之以政，齐之以刑，民免而无耻；道之以德，齐之以礼，有耻且格。”孟子说：“人皆可以为尧舜”。

管理就是解放生产力，提高劳动生产率，促进人的发展和提高人的尊严。仅有解放生产力是不够的，还要“解放思想”，更为重要的是要“解放和激发人的神圣性”。但是，我们必须注意到，在某个阶段看起来像是解放的状态，可能更多只是表面上的，而实质上却是一种更加严酷的压榨。管理中狭隘的人道主义，实际上是对人性反抗的一种暂时的屈服，并非彻底的改变，这样的一种暂时的改变也许是禁锢人性解放的一根无形的、看起来温柔了一些的枷锁。

管理在探索什么？是控制人的技术还是促进人发展的思想？是对人性的真正的解放还是换成了另外一种温柔的禁锢？是文字术语的游戏还是思想的革命？我们时常为一个新名词的诞生而欢呼雀跃，却忽略了这也许是一场无意中形成的骗局。

泰勒的真实思想并没有被当时持有短见的管理者完全地理解和付诸行动。但是，心理的革命为行为科学的诞生播下了种子。**泰勒的实际贡献是：用技术解放了生产力，用思想为行为科学的诞生提前放起了“喜炮”。**而行为科学也只是把人性的最表层展示了出来，并没有把“解放生产力与促进人的发展”两个目标同时实现。后来，人们所作的努力只是忽而在技术出现突破时，为技术欢呼，同时又为技术的地位提高与人的发展可能受到的忽视而担忧，忽而又在人性受到新的压抑时再为人呐喊一次，但却没有解决这样一个根本性问题：是什么导致了管理两个目标的“分裂症”？可以说，管理的革命曾经有机会出现过，但是，稚嫩的幼苗遇到了干旱的土地，它最终还是没有能够突破坚硬的土地。

管理的手段与目的一直处于一种分裂的境地——那被称为手段的时而成为目的，而那真正是目的的却常常沦为标榜人性未泯的“遮羞布”。如今，我们必须在手段与目的的统一中找寻管理的出路和真正的管理革命。这就需要对管理手段的技术性与管理终极目的的价值性统一起来——将传统观念中把管理视作达成现实事物目标的方法，转变为对一切活动目的进行的一种价值层面的思考。这就是对管理所进行的哲学反思。

三、哲学智慧对管理问题的指引

总而言之，管理的基本哲学问题就是：管理是什么（what），为什么管理（why），如何管理（how）。现在的研究大多集中在如何管理上面，却忽略了对前两个问题的研究。这种对管理中技术环节的过分追求，导致人们忽视了管理的终极目的，即管理的价值问题。类似这种二元对立的思维方式，是造成现实的管理中诸多困境的根本原因。那么，现实中的管理与哲学思维方式指引下的管理有哪些基本观点和表现形式上的不同呢？

第一，现实中的管理，多是基于现实问题的一种现实思考。也就是说，它是针对结果与目标的不一致性而进行的技术性思考。而针对现实问题的哲学思考则不同，它是一种价值性思考。也就是说，在价值的统领下，思考目标以及针对目标所提出的解决方案是否在服务价值目的。这种价值，当然就是人的价值，因为离开了人，这一切都无从谈起。因此，哲学就是把管理从对现实技术的改良提升到对终极价值的反思。

第二，现实中的管理经常把人、财、物三者并列作为管理控制的对象。在这一认识基础之上，管理将人与财、物同等对待，即要像考虑财、物数量和质量那样“控制”人的数量多少及质量高低。而针对这一问题的哲学思考则不同。哲学的观点认为，人不能与财、物等同看待。哲学把人看做所有行动空间里最重要的主导性的要素，而不是和其他要素并列或者混杂在一起的。

第三，现实中的管理，把利益的获取或者获得的状态，看成管理行动成败的决定性要素。也就是说，将个体利益的获得作为结果及评价管理行为效果的标准。这种做法忽视了对管理源头以及管理过程的监督，使得人们为了达到目的而不择手段。哲学的思维则是将人同时作为管理的起点、过程和终点的整体来看待。也就是说，一切管理由人而发，一切管理过程由人主导，最终的结果也是落脚在人的身上。

第四，现实中的管理者在解决组织中出现的问题时，主要是依据个人积累的知识和经验。尽管这种做法有时候也是基于客观的需要，和当时的情况相匹配，但是更多的是和个人的知识和经验有直接关系。因此，组织中强势个体的知识、经验、判断和价值观都对问题的解决产生重要影响。而哲学的观点则不同，它充分认识到了任何个体的知识和经验都是有限的，都不可能完全或者始终符合客观规律的要求，而且强势个体通过压迫众人意识而形成的管理决策，必然会导致众人的非理性反弹。哲学就是来警告现实中那些强势个体在解决问题的同时，也会造成管理中更多的问题。

第五，在我们解决现实管理中的问题时，我们思考问题的思路多半是我们在面临某个问题时头脑中涌现出来的念头。这些念头多是我们以往的知识储备或者经验积累。依靠这些念头，我们或许可以解决眼前的问题，但同时，我们也失去了一次反思问题背后原因的机会，因为在许多看似简单的问题背后，蕴藏着系统上的缺陷。而哲学的思维，就是让我们尽最大可能放弃最先冒出来的念头，即就问题谈问题的技术解决方案，去思考这些问题之所以产生的系统的过程，进而从根本上杜绝此类问题及其衍生问题的发生。

第六，现实的管理中，我们几乎每天都在解决问题，我们甚至将解决问题的数量作为考核工作成绩的标准之一。但是，哲学的思维告诉我们，所有这些被我们称为“问题”的问题，可能从一开始就不是问题。也就是说，问题只是有问题的人说的。这是哲学在提示我们，如果我们只是把问题当做“问题”来解决，而不是把我们这些人也放在问题当中系统地进行反思，很有可能，我们这些解决问题的人本身就是制造问题的主体。

可以看出，现实管理中的问题，几乎都是由于我们的主观认知与客观规律发生了偏差，进而用这种偏差的主观力量来解决现实中的问题时所产生的矛盾以及在解决问题的同时所制造出来的新问题。这也是管理在缺乏哲学的指引时所遇到问题的根本原因。

哲学的思考就是指引我们重新认识我们的主观认知与客观规律的关系，认知我们的主观是如何与客观规律相背离，进而通过这种背离制造了管理中的问题，从而将思想回归到问题发生的源头，从认识的根本上找到问题的原因，进而找到解决的方案。哲学的思考是透过现象看本质，而不是就现象论现象。

哲学是通过一个问题点，来窥视其背后的系统问题。通过一个点发现一个系统，进而调整该系统，并通过受该系统影响的点上问题的解决及效果来验证对该系统调整的效果。通过改变系统的运行来解决点上的问题，这是哲学解决问题的一种智慧。

哲学深信这个世界本身是没有问题的，有问题的是我们自己，问题只是我们的主观偏离了客观之后所制造出来的。因为，这个世界在人类产生之前就已经存在了，时至今日，它始终受到宇宙秩序客观规律的制约。哲学就像一只无形的手，在向人们展示那个神迹般的秩序系统。它让我们看到了我们自己与宇宙大系统之间的关系，引导我们的主观归于那个无限客观的、亘古不变的规律，并以此作为我们的信仰。

总之，针对现实中的管理问题，透过现象看本质，透过点看系统，透过问题看自己，透过眼前世界去看那个人类无法改变的规律，这就是哲学为管理开启的智慧之门。

第三节　管理的革命

回头再看看我们的管理吧！

如今的管理思想与理论可谓“繁花似锦”，这是繁荣还是衰败？管理是解决问题的，它能够解决自身的问题吗？通过一个多世纪的实践，管理是越来越有效呢还是越来越令人困惑？如果现在发现管理的根本思想有误，那么，不革新思想而进行的任何策略和技术的操作，只是一种搔痒式的把戏！今天的管理思想，与其说是一种管理思想，还不如说是一种操作的技术。

管理需要一场革命。正如社会的物质生产力发展到一定阶段，便同它们一直在其中活动的现存生产关系或财产关系（这只是生产关系的法律用语）发生矛盾。于是这些关系便由生产力的发展形式变成生产力的桎梏。那时，社会革命的时代就到来了。

一、管理革命的依据——哲学思维

管理革命则意味着要推翻过去的根本理念和方法论，从管理产生的本源上思考管理的本质、管理产生以来的功绩与过失。管理思想的革命意味着，从管理的目的到管理的方法进行一次彻底的再思考。那么，管理思想革命的依据又是什么呢？如果我们对现实中的管理问题进行审视的依据出现了问题，那么这样的思想革命一定是有问题的或者是不彻底的。什么样的思想才能为管理的革命提供正确的依据，并真正推动管理从根本上进行一场革命而不是用一个新的技术名词再一次地麻醉现实中的人呢？

哲学，作为人类至高的理性和灵性系统，给了我们一次机会，为我们提供了从人与宇宙关系本源出发来思考问题的方法，使我们能够从人类产生之前的宇宙源头来思考随着人类产生而发展起来的管理是如何一步一步脱离了其价值方向，从而制造了现实中如此繁多矛盾的问题，进而从根本上找到解决管理现实中存在的诸多问题的方案。

在人类产生之前和产生之后，人类所归属的这个客观世界就一直按照它自身的规律在运行着。人类至今似乎也无法用主观搞清楚这个秩序的全部规律。虽然，现代科学的发展已经让我们了解了很多宇宙的真相，但是一个不争的事实就是科学越是发达，我们越是发现自己根本无法掌握宇宙间所有的客观规律。

从时间上来看，这个宇宙先于人类很多年就已经存在了。但是，它并不是杂乱无章的，而是有自己的秩序，我们可以称之为“宇宙秩序”。那么，是什么力量安排了这种秩序呢？恐怕人类的主观所能想到的最多就只有“神”或者“上帝”了。但是对人类来讲，恐怕再也不可能想到究竟是谁创造了“神”或者“上帝”。也许人类无须寻找这样的答案，或许我们要寻找的这个问题的答案根本就不存在，或者这个存在的本身就是答案。人类就是在这样一种情况下诞生的。也许等到人类或者地球消失了，这个客观存在还是存在着。从这个角度看我们人类所作的所有的思考与挣扎，只不过是在人类存在的这段时间里所进行的一种活动。相对于宇宙时间来说，我们的这种思考与挣扎完全可以忽略不计。宇宙的秩序就是这么伟大，宇宙的力量就是这么强大，它比我们存在的时间长了很多，也比我们有力量。是否能够认识这一点，是我们能否建立正确的主观与客观关系的关键所在。离开了这一点认识，我们就会时常放大自己的主观，认为我们在这个客观世界中也很了不起，也非常强大，甚至于超过宇宙的力量。尽管目前我们对宇宙的了解还是那么少，但是并不影响我们很轻松地作出这样的结论，那就是人类所有的智慧、文明、思考、研究等活动，对于宇宙长河来说，都可以渺小到忽略不计。

明白了这一点，我们就有了一个哲学思维的起点，那就是我们的主观要合于客观。人类要消灭自己狂妄的主观，这就是解决主观与客观冲突的关键。基于这种理解，我们明白了自从有了人类以后，短暂的田园诗般的生活很快就消失了，之后人类就进入了自己的主观不断放大的过程。我们的主观放大了自己，把自己当做正确的标准，又用这种错误的标准作为推动力去制造了更多的错误。在制造错误的过程中，我们时而也会有反思，但是更多的时候只是在作一点技术上的改良。而这种改良又因为主观认识那么不彻底而在很多时候存在作秀和粉饰的嫌疑。结果，我们就把这些错误的标准以及由错误的标准所形成的认知建立成人类的制度、思想以及理论，于是乎我们就错得更有道理、更有依据。

由此我们可以看出，在宇宙产生的时候，人类是不存在的。人类在宇宙发展到某个阶段时产生、进化并繁荣起来，但最终也必将先于宇宙走向灭亡。所以，人类的存在只是宇宙秩序中短暂的一个过程，在这个过程中人类的主观意识创造了很多想法。尽管很多时候，这些主观的想法并不能解决实际的问题，也没有给人类自身带来幸福和快乐，但人类却不愿意怀疑自己主观的"正确性"，依然在不断地强化着自己的主观意识。于是乎人类便进入了相信主观，虽不能解决问题，却还要用主观去思考解决问题方法的怪圈。

这究竟是为什么呢?

在宗教中我们常常会碰到这样一个问题："你的心干净吗？清静吗?"让我们来看看圣人是如何回答这个问题的：

"老君曰：大道无形，生育天地；大道无情，运行日月；大道无名，长养万物；吾不知其名，强名曰道。夫道者：有清有浊，有动有静；天清地浊，天动地静。男清女浊，男动女静。降本流末，而生万物。清者浊之源，动者静之基。人能常清静，天地悉皆归。

夫人神好清，而心扰之；人心好静，而欲牵之。常能遣其欲，而心自静，澄其心而神自清。自然六欲不生，三毒消灭。所以不能者，为心未澄，欲未遣也。能遣之者，内观其心，心无其心；外观其形，形无其形；远观其物，物无其物。三者既悟，唯见於空；观空亦空，空无所空；所空既无，无无亦无；无无既无，湛然常寂；寂无所寂，欲岂能生？欲既不生，即是真静。真常应物，真常得性；常应常静，常清静矣。如此清静，渐入真道；既入真道，名为得道，虽名得道，实无所得；为化众生，名为得道；能悟之者，可传圣道。"①

千百年来倍受道家推崇的《清静经》，深入地思考了人与宇宙之间的关系，分析了人们主观背后的思维逻辑，并为主观合于客观提供了修行的方法，被视为道家哲学为人类主观寻找出路的经典文献之一。可见，当我们的欲望、念头出来干扰我们的时候，我们的主观就不可能干净，更不可能清静了。

既然在人出现之前宇宙已经存在，人类和人类所拥有的一切也只不过是宇宙秩序中完全可以忽略不计的一个过程，那么人类的出路在哪里呢？答案当然只能是回归。回归到宇宙与人类关系的原点，让我们的主观回归到在我们主观出现之前就早已存在并将一直主宰我们的客观规律上来，并以此作为自己的终身信仰。在这个过程中还要时时反思、审视自己的主观是不是背离了这个信仰，且以此作为修行中最为核心的准则。如此而已……

这就是哲学作为人类最高理性系统给予我们的思维方式，它让我们从本源上认识人类产生、发展的过程与宇宙秩序之间的关系，并重新审视伴随人类发展而形成的管理行为，从而找到现实中管理问题产生的根源以及背离客观规律

① 《清静经》，全称《太上老君说常清静经》，一卷。

的过程，并在此基础之上找到解决问题的方法。

下面就让我们在这种哲学思维的指引下，找回管理的本来面目吧！

二、哲学思维指引下的管理

首先，人类存在于客观自然环境中，就必然受到自然条件的约束。这一点是先天决定的。历史的发展以及现代人类的实践证明，人虽然具有改造世界的能力，具有主观能动性，但在天地自然面前，人首先是被改造的客体。只有认识到人类主观在自然面前的有限性，才有可能认知客观规律，才有可能进一步谈人类自身的生存与发展。与自然环境和谐共生，服从客观规律，是亘古不变的真理。

其次，人类不仅是聪明的人，而且也是创造者和有所作为的人；他们是积极的，而不是被动的，是有创造力的，而不是无所事事的；他们想改善自己和人类生活的要求是无止境的。这说明，在决定人的行为走向时，人的主体性是至关重要的。正如学者们所说的：主体性是人之为人的最宝贵特征，正如自由也是最宝贵的特征。因为主体性不是别的，正是自由的表现，而自由来自主体性。在管理中，管理者要充分认识到，所有的人都具有这种与生俱来的主体性，特别是被管理者。他们不是“奴隶”，不是类似财、物那样可以任意“控制”的对象。人是有自我意识的实践主体、认识主体、道德主体和价值主体，也是有自我意识的自由主体。每个人的主体性都应当得到尊重。只有在主体性得到满足的前提下，人才会感受到工作所带来的幸福和快乐，而这又是人发挥责任心、积极性和主动性的基础。再有，通过对管理本源的追溯，我们已经可以很容易地了解到：组织中的管理实质上是一种集体的委托，被委托人所承担的实质上是一种对委托人的服务。

再科学的管理也不能依靠少数人对多数人的监督和控制来实现管理的目标，这就是管理必须面对的一个事实。**组织的管理，只能也必须建立在组织中个人自我管理能力的基础上，并在扮演促进者角色的过程中，帮助传统意义上的“被管理者”不断接近自我管理的理想状态。而在这样的管理模式所留下的空间里，被委托人——管理者，就扮演补救者的角色。由此，“管理者”的角色将是帮助委托人实现对自身的管理，从而真正从根本上实现管理的目标。而要做到这一点，管理就必须让每个人成为真正意义上的社会人，在社会性的基础上做自己的主人，成为自己的精神主宰，自己为自己的行为负责。**

在以上对组织中的管理进行了重新界定之后，管理中权力的意义也就发生了变化：首先，管理中的权力不再是对他人的一种支配权，而应该是一种服务的责任。管理者的日常工作主要是指导、帮助委托人进行更加有效的工作，掌握更加娴熟的技术，把握自我的责任，建立起个人利益与集体利益的协调机制。

现代管理之父德鲁克倡导“权威非人格化思想”，主张管理人员应该由所要达到的目标而不是由他的上级来指挥和控制，要用“目标管理”来代替“驱使管理”，用“自我控制”来代替“上级控制”。可以做到这一点的唯一原则是目标管理和自我控制……它把来自外部的控制代之以更严格的、更精确的并更有效的内部的控制。它激励管理人员进行活动，但并不是由于有什么人告诉他去做什么事情……而是由于他的工作目标要求他那样做。①

科学管理学派的奠基人泰勒早在20世纪初就在其著作《科学管理原理》中指出，管理的进步在于实现两个革命。如今，我们能够看到的是，技术的革命飞速发展，而心理的革命却迟迟没有完成。劳资双方的对立依然存在，管理一直追求的责任、主动和自觉并没有变成许多人的行动。

当我们研究宗教时发现，管理应该感到惭愧。一直号称是科学（人们一直相信科学的力量）的管理，却在运用了许多组织资源（如金钱、福利、培训、感情关心等）之后，没有获得它所期望的那种调动积极性的结果。相反，这些手段的效力却在随着人们生活的不断改善而不断地降低。而那一直被科学所贬斥的宗教，却静悄悄地实现了管理的目标：自律、自觉和秩序。

通过使用哲学的分析方法，从人类与宇宙的关系出发，来认识人的主观与客观规律的关系，以及反思现实中的管理问题，让我们有了一个重大的发现：人世间的一切皆受规律的制约，这个规律也可以理解为中国传统文化中的“道”。现实中的人是千姿百态的，欲望和诉求也是各种各样的，但不管如何变化，都离不开天下大道的制约。只有以道为本，将人类的主观回归于那个先于人类出现而存在并时刻制约我们主观的客观规律上来，我们才会找到走出管理困境的正道。

人是主体，而不是可以被操纵的机器。每个人首先应该承认自己在客观规律面前被管理的身份，进而成为自我管理的主体。每个人应该成为组织管理的主体，而不仅仅是管理的对象。管理应该帮助人们成长并实现自我价值，管理中的所谓“上下级”关系也应该成为生命成长的伙伴关系。

以人的心灵为起点和中枢的精神管理理论和以客观规律为起点与核心的道本管理理论，都是用哲学基本观点及方法对现有的管理思想进行的一次质的创新。因为，绕开客观规律对人的制约谈人的主观能动性，就会使人的早已膨胀的主观继续制造新的管理问题；绕开管理的终极价值谈管理的方法，就会使管理失去方向，最终沦为“控制”的工具；绕开人的心灵的成长谈人的行为，就是在舍本逐末，缘木求鱼。

管理的理论研究，如果不是从管理的源头进行分析，从管理的过程加以控制，从管理的效果加以监督，并以人作为终极价值旨归及其与现实的矛盾为视角提出命题，就无异于隔靴搔痒。哲学恰恰为我们提供了这样的一种世界观与

① DRUCKER P. The practice of management[M]. New York：Harper & Row，1954：8，136.

方法论，使得我们始终将管理的初衷、管理的过程以及管理的效果作为一个整体来进行不断的审视，以确保管理的各个环节都在沿着符合客观规律及终极价值的方向进行。因此，以哲学思维对管理进行的“管理”就是管理哲学的核心内容。以道驭术，以“哲”行道，管理才能达到管理的目的，这也是管理的唯一出路。

第二章

“前世今生”：揭开管理哲学的华丽面纱

摘要

既然哲学是先于科学存在，并审视科学的实践，从而不断调整科学发展的方向，那么管理作为一门科学，也就必然受到哲学的“管理”。然而，无论是东方还是西方，人们对“管理的管理”即管理哲学这一问题的认识，并不是与生俱来的，而是随着人类生产实践过程的需求不断地清晰化、明确化。因此，从历史连续性的角度去了解管理哲学思想的产生及发展历程，有助于人们认清管理哲学的内涵以及对管理实践的指导意义。通过分析其发展现状以及对组织的实际应用价值，可以更加明确管理哲学对管理未来发展方向的指引作用。

本章逻辑框架图

结构线	管理哲学思想的形成（第一节）	东方管理思想中的哲学观（第二节）	西方管理思想中的哲学观（第三节）	“以道为本”的管理哲学观（第四节）
行文线	管理的产生 思想的孕育 哲学观的确立	治国中的“阴阳合一” 管理中的“刚柔并济” 经商中的“利义合一” 执政中的“服务为民” 现代组织“互联互通”	人性假设观 组织系统观 组织文化观 管理哲学观	名字谈管理哲学 “道本”说哲学 “道本”说管理哲学 “以道为本”是管理哲学的发展方向
线索线	确立正确思考管理哲学问题的标准	从东方管理思想中了解哲学思想的进化过程及其问题	从西方管理思想中了解哲学观的演变历程及存在的问题	明确“以道为本”的管理哲学的定义、框架及研究范围

有了人，我们就开始了历史。

——恩格斯

历史是一面镜子，可以帮我们审视过去，也可以帮我们正观当下，更可以帮我们展望未来。在历史演进的长河中去审视管理，我们可以进一步了解管理的本源，进而打破对管理问题认识的假象。

人类的思维之所以伟大的原因之一就在于，人类可以不断突破自身的有限主观认知，去认识和探求无限的未知世界。但与此同时，人类的认识又很容易受经验、权威等因素的限制，很多时候甚至很难突破，这就是诸多管理问题产生的重要原因。在这种基础上谈“认识管理问题”必然会造成许多假象。例如早在400多年以前，英国哲学家培根就提出了打破“四种假象”说，旨在超越人的思维局限以及由此形成的错误认识。

那么如何能够打破管理问题的“假象”，使人们看到其背后的“真相”呢？

第一节　管理哲学思想的形成

管理哲学思想的形成是随着管理思想的产生和发展逐步衍生出来的，而管理思想的发展又是伴随着人类管理活动的展开而形成的。因此，从管理本源问题入手，分析其产生和发展的过程，有助于我们了解管理的本来面目，看清管理是如何偏离其原有的方向，找到现实管理问题出现的根本原因，指明解决管理现实问题的方向，提供解决问题的参考方法，从而为管理哲学思想确立理论依据、价值方向和行为方法。正如雷恩所说：“研究过去有助于更合理和更有条理地了解现在。不了解历史，个人只能依靠自己的有限经验作为思考和行动的依据。”[①]

一、管理的产生

自从人类有了意识之后，人类的任何活动都受到思想的影响。人类的管理活动，尽管在那个时候未必被称为“管理”，但是毫无疑问这也是受到思想的驱动而产生并发展起来的。距今约200万年前，气候的变化导致森林大面积缩减，古猿为了生存开始在陆地上寻找新的资源。在不断的进化过程中，古猿学会了手脚分工以及直立行走，并逐渐进化为人类。在早期的原始生存状态中，人类抗拒自然的能力是非常脆弱的。人类不仅需要不断地获取食物以满足自身的生存需要，还要抵御天敌的威胁和伤害。在进化的过程中，人类逐步学会了使用天然工具并制造工具以保障人类的繁衍和发展。随着这种活动不断地进行，人类学会了共同劳动，也就是利用集体的力量来实现生产力的提高。

再到后来，随着氏族公社的产生，人类的生产活动越来越分工明确。以母系氏族公社为例，男人负责狩猎、捕鱼，女人负责采集果实、看守住所、加工食物、缝制衣服、管理杂物、养护老幼等；在产品分配上实行原始共产制和平均分配制。可见，在人类出现的早期，由于自然环境恶劣、生产资料匮乏以及劳动工具落后，人类若要生存繁衍下去，就必须依靠集体的力量，通过分工、协作来达到这一目的。这种分工也是一种原始的、初级的分工方式，也不一定是固定不变的。在这一分工协作的过程中，一部分人因为在某个方面所具有的特长优势而被推举到了“权威”的位置，例如家庭中的年长者，或者经验较为丰富的成员。他们就处在了“领导或管理”的位置，负责整个活动的计划、组织、实施以及结果。这种权威，不是由任何人宣布的，而是来自于他可以为众人奉献价值。而另一部分相对处于能力弱势的群体，则必须服从“权威”的指令，也就是处于“被领导或被管理”的地位。**这就是人类早期“集体契约”的产生。**

然而，这种“领导与被领导”、“管理与被管理”的关系并不是一成不变的。在“权威”行使权力、指导众人进行生产活动时，众人也会根据实际的效果来检验“权威”的管理能力；当“权威”由于某种原因，如年龄增大、技术落后、身体条件改变等，不能够再带领大家取得成果的时候，“被管理者”就不再服从“管理者”的指令，而推举另一位“权威”取而代之。

由此可见，人类早期的“管理”活动是在生活资源匮乏的环境中开始的。正如雷恩曾经说过的：“人类一直面临着比较严峻的环境，这个环境的特点是粮食供应紧张、住房不足，以及缺乏用来满足人的多方面需求的其他资源。”[②]在当时，人类所面临的主要矛盾是人与自然的矛盾，是生存与发展的需求与资

① 雷恩．管理思想的演变[M]．赵睿，等，译．北京：中国社会科学出版社，1992：2-4．
② 雷恩．管理思想的演变[M]．赵睿，等，译．北京：中国社会科学出版社，1992：8．

源严重匮乏的矛盾。因此，人类必须首先集中集体的力量来与自然进行搏斗。在这场搏斗中，人人都是战士，都首先是劳动的工具，然后才有可能最终成为劳动成果的享用者。可以说，**管理是伴随着人类的群体活动而产生的，其目标就是要服务全体成员的生存和发展。**

然而，随着分工的不断进行，人类对工具的使用技能不断完善、生产力不断提高、人类自身不断进化，以及生产活动不断丰富，自然对人类的威胁不断减小，从而使人类得以不断发展。

伴随着人口的增长、部落的扩张，人们为了满足生存的需要开始对资源、财富展开的激烈的争夺。战败一方的资源将被掠夺，人民也将沦为奴隶，被战胜一方所奴役。随着战争的不断进行和加剧，贫富差距越来越悬殊，阶级差距越来越明显，人与人之间的差异性也越来越明显，冲突也越来越激烈。于是乎更加强有力的控制手段也随之诞生，如军队、王朝、国家，都是统治阶级（“管理者”）在精神和物质上对被统治阶级（“被管理者”）使用的一种强制工具。在具体的人类管理活动中，受到阶级、贫富、权力等政治和经济因素的影响，管理不再是众人的契约，管理者也不再是众人依据其能力推举出来的“权威”，被管理者也不再是监督的主体。管理，似乎成为“奴役”的代名词。

18世纪60年代，随着科技的进步和工业革命的发展，人类完成了从工厂手工业向机器大工业过渡的阶段。以机器取代人力，以大规模工业化生产取代个体手工作坊的生产方式成为主流。机器在生产过程中的作用越来越重要，人在组织中的重要性逐渐让位于机器，人成了机器的“助手”。到了近现代，随着管理技术的不断发展，特别是计算机的大量使用，管理成为一个个规范化的模型。管理，似乎成为一种控制人的“艺术”。

可以看出，管理在人类不断走向文明、财富不断增长的同时，被人类自己给“异化”了。管理不再是“众人的契约”，而是少数人统治多数人的工具；管理的目的也不再是为众人服务，而是控制人的手段。人性在这种工具思想指引下的管理中逐渐变得扭曲和压制，因此，也就不断地对管理进行着反抗。可见，人们为了统治者的利益，越是将管理包装得巧妙，越是难以控制人性反抗的力量。人类真的在自己智慧的创造物面前有些不知所措了。于是，为了改变这种局面，人类运用了自己的主观能动性，形成了许多管理思想和理论来尝试解决这个难题。

二、管理思想的孕育和哲学观的建立

人类社会形成以后，为了抵御自然界的威胁，人类形成了“集体”这一概念。这个集体有具体的分工和共同的目标——群体的生存和发展。尽管在人类活动的早期，未必有文字记载，但是人类所取得的任何重大成就，都离不开人类思想的智慧。正是这种智慧照耀了人类的发展历史，使得人们从原始的野蛮社会逐步走向有组织、有纪律、有道德的文明社会。“从人类的产生到有意识的管理行为的出现，应该说是人类发展史上的一次质的飞跃”[①]。

无论是在东方还是在西方，管理一直都是人类文明的产物，人类管理思想总是伴随着管理实践活动进行的。一方面，管理活动推动了管理思想的形成和发展；另一方面，管理思想又对管理活动起指导和促进作用。可以说，管理思想的每一步发展，都促进了人类社会的发展。

（一）东方管理思想的哲学渊源

中国的管理思想最早可以追溯到原始社会，当时的“管理”主要体现在氏族部落的内部事务上。当时主张的“明明”、“扬侧陋”，就是要选拔贤明的人担任“管理者”，而不论其出身的高低。这就是古代社会早期“任人唯贤”的管理思想。到了奴隶社会和封建社会，管理突出表现为国家治理。如孔子主张的“仁爱”的管理思想，强调“施仁政”以及“己所不欲，勿施于人”，还提出“重义轻利”的“利义观”，提倡“见利思义”的思想。再如道家主张的“无为而治”等，都孕育了独具中国文化特色的早期管理思想。

中国古代诸子百家之中也蕴含了丰富的管理哲学思想，其中最具代表性的有六个学派。司马谈[②]的《论六家要旨》中有详细的记载[③]：第一是阴阳家，讲的是宇宙生成论，一阴一阳，相互作用形成了宇宙中的一切现象。第二是儒家，以孔孟为代表人物，强调“仁、义、礼、智、信”的处世哲学。第三是墨家，以孔子的第一个反对者墨子为代表，强调组织的严密性和纪律的严格性。第四是名家，又作诡辩家，重点关注“名”与“实”的哲学辩证关系。第五是法家，主张国家必须建立在法治的基础上而不是儒家所倡导的道德。第六是道德家，简称道家，主张无为而治，人要合与天地间的规律即道（详见表2-1）。

表2-1 **中国古代管理哲学学派**

学派	主要思想	代表著作	代表人物
阴阳家	阴阳五行学说	《易传》、《洪范》、《月令》	箕子、邹衍
儒家	仁、义、礼、智、信	《论语》、《孟子》、《荀子》	孔子、孟子、荀子
墨家	兼相爱，交相利	《墨子》	墨翟
名家	以辩论名实问题为中心：“合同异”、“离坚白”	《公孙龙子》	邓析、惠施、公孙龙、桓团
法家	以法治国	《韩非子》	韩非、李斯
道德家	道法自然	《道德经》、《庄子》、《列子》	老子、庄子、列子

总之，东方的管理思想自创立之初就有着深厚的朴素的哲学渊源，随着国家、社会所处的不同时期的具体发展情况，体现在了国家治理、经商贸易以及组织管理当中。

① 郭咸纲. 西方管理思想史[M]. 北京：经济管理出版社，2010：14.
② 《史记》作者司马迁的父亲。司马迁在《史记》最后一篇中引用了这篇文章。
③ 冯友兰. 中国哲学简史[M]. 北京：北京大学出版社，2013：8.

（二）西方管理思想的哲学渊源以及哲学观的建立

西方的文明，可以追溯到古希腊时期。古希腊是欧洲文明的摇篮，正如恩格斯所说："只有奴隶制才使农业和工业之间的更大规模的分工成为可能，从而为古代文化的繁荣，即为希腊文化创造了条件。没有奴隶制，就没有罗马帝国。没有希腊文化和罗马帝国所奠定的基础，也就没有现代的欧洲。"①

著名的历史学家希罗多德曾经说过："埃及是尼罗河的赠礼。"

古代的埃及王朝建造了世界上不可思议的建筑——金字塔，成就了人类历史上的壮举。应该说，埃及人很早就懂得了分权。法老作为"太阳神阿蒙-赖神之子"统治国家并掌握军权，宰相则掌管全国的司法和经济事务。正如雷恩所说的："用来说明'职业'管理角色的最古老的一词是宰相。"②在法老的陪葬品中，人们发现了奴仆的雕像，并推测出"每一个监管者大约管理10名奴仆"③。

在这一时期，管理思想发端于部落管理体制，广泛存在于政治、经济和文化当中，并产生了一批杰出的思想家及其著作。如色诺芬在其代表著作《家庭经济管理理论》中提出了分工理论、对领导和管理方式的思考、合理秩序等早期管理思想。柏拉图的《城邦治理理论》提出了早期的"分工思想"，主张"管理者应是哲学家"，"除非是哲学家们当上了王，或者是那些现今号称君主的人像真正的哲学家一样研究哲学，集权力和智慧于一身，否则任何法律制度都只能是空中楼阁"④。再比如，亚里士多德的城邦政治和家庭管理理论、穆勒的社会改良理论，以及阿奎那从神学观点出发提出的社会分工管理理论等，都为管理思想的发展奠定了基础。

公元5世纪末，古罗马帝国灭亡，欧洲进入了封建主义时代，人们从封建社会的政治管理体制、城市的兴起与贸易的发展等实践活动，特别是威尼斯造船厂的管理实践中，获得了大量的管理思想，其中最具代表性的有阿奎那、马基雅维利和莫尔。

托马斯·阿奎那被誉为中世纪的"神学之父"。他的《神学大全》被誉为中世纪经院哲学的百科全书。他认为，宇宙秩序是按照等级安排的，上帝是整个系统的最终目的，整个系统都是按照上帝的旨意在运行。阿奎那以宗教伦理思想为基础，对社会中的经济问题进行了讨论，影响了人们关于社会和人的地位的理解，并构成了管理思想中人性的某些基本假设的基础。马基雅维利通过对罗马史的研究得出，人们冲突的根本原因是物质利益，他是较早认识到"物质利益"在管理中的重要性的思想家⑤。莫尔通过敏锐的观察发现了私有制是一切罪恶的根源，并在《乌托邦》中描述了自己对理想中的国家治理的理解，并提出产品的丰富和人类道德水平的提高是实现更高一级社会组织形式的前提

① 马克思，恩格斯．马克思恩格斯选集：第三卷[M]．中共中央马克思恩格斯列宁斯大林著作编译局，编译．北京：人民出版社，1995：220．
② WREN D．The evolution of management thought[M]．New York：John Wiley，1994：13．
③ WREN D．The evolution of management thought[M]．New York：John Wiley，1994：17．
④ 柏拉图．理想国[M]．郭斌和，张竹明，译．北京：商务印书馆，1986：215．
⑤ 马基雅维里．君主论[M]．潘汉典，译．北京：商务印书馆，1985．

的大胆论断。而这一点对现代企业管理有着启迪作用。

进入18世纪，西方通过纺织业的发展、圈地运动和蒸汽机的发明等工业革命进入了大工业时代，机器逐步代替了工场手工，资本主义生产规模不断扩大，分工和专业化也有了很大发展。这期间的管理，逐渐为人们所重视并发展起来，其中蕴含了丰富的管理思想。

这一时期的代表人物和理论包括1766年英国古典政治经济学家亚当·斯密提出的经济分工、经济自由与政府有限管理思想，亚当·斯密和大卫·李嘉图提出的“自由放任”的经济管理观点。1866年美国汤恩在《作为经济学家的工程师》一书中提出：“管理问题同工程技术一样重要。管理应当作为一门专门学问，从工程技术中独立出来。”

也有一些专家从经济学的角度给出了自己的看法，如萨伊的“分配论”，西尼耳的“节欲论”，巴斯夏的“经济和谐论”等。这些理论都体现了这一时期的管理思想观点。

这一阶段的特点是管理与科学相结合，并借助科学的方法去研究管理活动，最具代表性的是1911年美国人泰勒（F.W.Taylor）发表的《科学管理原理》一书，提出用科学管理代替传统的经验管理，标志着古典科学管理理论的诞生，同时也为管理哲学的诞生提供了条件。泰勒的科学管理理论中包含了朴素的管理哲学思想。也就是说，他的理论涉及管理哲学的某些内容，潜意识地使用哲学的观点来指导管理实践。正如他在美国众议院成立的一个特别调查委员会专门负责调查泰勒及其管理系统事宜的听证会上给出的证词中所说的那样：

“科学管理不是任何一种效率措施，不是一种取得效率的措施，也不是一批或一组取得效率的措施；不是一种新的成本核算制度；不是一种新的工资制度；不是一种计件工资制度；不是一种分红制度；不是一种奖金制度；不是一种报酬职工的方式；不是时间研究；不是动作研究，也不是对工人动作的分析；不是印刷大量的工作文件交给工人说‘这是你的制度，你必须执行’；不是工长分工制，也不是职能工长制；也不是普通工人在提到科学管理时就会想到的各种措施。”①

尽管我们可以看出，当时的泰勒对管理哲学的理解并不是非常清晰，也与我们现在的认识有很大区别，但是泰勒的科学管理理论对管理哲学的发展起到了至关重要的作用。在泰勒之后，出现了一大批研究管理科学理论的人物，其中最具代表性的是法约尔，他提出了“一般管理理论”。他在1916年发表的《工业管理与一般管理》一书中，首次把经营与管理区分开，并分析了管理的基本要素，提出了管理的一般原则，进一步丰富和发展了泰勒的科学管理理论。应该说，泰勒的“科学管理原理”使人们对管理的思考从科学层面上升到了哲学层面，并为后来管理中对人性问题、组织系统问题、文化问题以及哲学

---

① TAYLOR F W. Scientific management: comprising shop management, the principles of scientific management and testimony before the special house committee[M]. New York: Greenwood Press, 1947.

问题的思考奠定了理论基础。

第二节　东方管理思想中的哲学观

无论是东方哲学，还是西方哲学，都认为事物是普遍联系和发展的。二者的一个重要区别是，西方哲学强调主体与客体之间的二元性，而东方哲学，尤其是中国哲学强调主客一元。《周易》的“天人合一”思想，儒家的“天命之谓性，率性之谓道”思想，道家的“天地一指，万物一马”的思想等，都是主客（心物）一元思想的体现。

《周易》把相互联系的万事万物划分为两类：一类为阳，代表着刚性、光明、积极向上的事物；另一类为阴，代表着柔弱、幽暗、消极向下的事物。两者总是相互依存或者相互转化，“阳儒阴法（外为阳，内为阴）”就是阴阳思想的体现。按照中国哲学的理念，阴阳应该是统一的，统一在同一事物之中，不可分开，这就形成了中国哲学中的“阴阳合一”理念。

一、治国中的“阴阳合一”

从中国先秦哲学派别看，“儒墨”属于阴柔哲学，“法兵”属于阳刚哲学。按照阴阳合一思想，儒墨、法兵如果统一在一个哲学思想里，那应该更符合中国哲学思维。然而，无论是儒家和墨家，还是法家和兵家，或刚或柔都各取其一，因而也就都面临着一些无法解决的矛盾。这也正是历代帝王不得不“儒法并用”的原因，因为只有这样才能够实现阴阳、刚柔的统一。

在诸子百家中，道家思想与其他派别不同。它以阴阳统一的“道”[①]为核心思想，阐述了“无为而治”的管理哲学思想，被历代帝王所推崇，被当做治国之道。那么，为什么要“无为而治”？如何做到呢？

（一）道家的“无为而治”

有人问抱朴子（《抱朴子》一书的作者葛洪，自号抱朴子），儒家和道家谁在先谁在后？抱朴子答道：“道是儒的根本，儒是道的枝末。先前的阴阳家提倡阴阳术数，为大家所忌讳，让人感到拘束而惧怕。儒家的学说虽然博大，但没有抓住根本，耗费很多而功效却不明显；墨家的学说过于主张节俭，难以遵循，不能够普遍推行；法家的学说太过严厉，缺少人情，伤害仁义。只有道家的教义，使人的精神专注于‘一’，使人的行为符合于道，包容了儒、墨两家涵盖面广的优点，总括了名、法两家要领突出的长处，与时俱进，适应自然，要旨简洁而明了，做得少而收效多，目的完全在于保全事物本质的淳朴，守卫真正的本原。”

---

① 《周易》，一阴一阳之谓道。阴阳按其自有规律运行，相互依存，相互转化，影响着万物的运行。

葛洪的一段话道出了道家思想在诸子百家思想中的地位。道家思想自黄帝以降，经尧舜禹至老庄，再到魏晋玄学、宋明时期儒释道三教合一，可以说在中国思想体系中占有重要地位，对儒学和佛学的发展也都发挥了重要作用。

据《庄子·在宥》记载，黄帝治理天下有十九年的时间，但是遇到很多问题需要解决，于是就去崆峒山向广成子问道。第一次，广成子没有告诉他答案，因为他问了一些如何管理别人的问题。后来，黄帝放弃了治理天下的权力，在一间小屋中静坐了三个月，又去问广成子，这次他问的是“如何修身才能长久”。广成子见他问到了根本，于是告诉他“治理天下必须先治理好自己”，“智巧太多必将衰败”，“天地都有自己的主宰，阴和阳都有自己的居所，你只要谨慎地守护好自己的身体，万物自然就会壮大”。这是道家管理哲学的最早体现。

尧舜禹时期，也主张以“道”治理天下。有一天，舜问尧：“天子，您治理天下的用心之处是什么呢？”尧说：“我尊重百姓，即使是顽愚之辈；我不抛弃百姓，即使是穷困之人；我悲悯死者，爱护孩童，怜惜好人。这就是我用心的地方。”舜说：“好是好，就是还不够伟大。与天地合德，而不去有意地做什么，就像日月照耀、四季运行一样强健，像昼夜更替一样恒常，这才是治理天下的最高境界。”尧说：“你与天道相合，我与人事相合。”

庄子据此给出了如下评论：天地是古人所推崇的，黄帝、尧、舜共同赞美它。所以，古代治理天下的人都做些什么呢？德合天地而已。什么是德呢？庄子说：“顺其自然去做就叫做德。”因此，古代养育天下的君主，没有建功的欲望而天下自足，不去作为而万物自行变化，境内清静而百姓安宁。这就是“无为而治”。

春秋战国时期，道家代表人物老子和庄子等总结并发展上古以来的道学思想，创立了“道家”学派，并明确提出了“无为而治”的管理哲学思想。“无为而治”主张管理者要去除自己的主观意志，使其服从于客观规律，使人道合于天道。为什么呢？因为人的认识是有限的，局限于有限认知或夸大主观认识，都可能会偏离事物的本质，远离客观事物的事实真相。因此，人要不断破除主观意志，使自己的思想和行为尽可能接近万物自身存在和发展的规律，让万物按其自身规律存在和发展。

无论是老子还是庄子，都主张“人要随顺自然”，“无为而治”，例如，老子的“人法地、地法天、天法道、道法自然”的思想，庄子的“知天之所为，知人之所为，至矣”的思想，《阴符经》讲的“观天之道，执天之行，尽矣”。单就老子著《道德经》一书而言，其中就讲了大量“随顺自然”、“无为而治”的思想，如“我无为，而民自化”（第五十七章）；“不尚贤，使民不争”（第三章）；“圣人无常心，以百姓之心为心”（第四十九章）；“以道佐人者，不以兵强天下”（第三十章）。道家的这些思想影响了很多帝王治理国家时的价值观。例如，刘邦取天下之后，儒生陆贾劝告他说：“乃公居天下马上得之，宁可以马上治之乎？"[1]刘邦深以为然，借鉴秦灭国的教训，废弃严刑峻法，仅仅使用简单的法律；采用无为而治、休养生息的黄老之道，形成了王霸兼用的治国方针。以后帝王将相治理国家多采用"内用黄老，外示儒术"的治国战略。

历史上有很多名将，也都因为其思想和言行符合道家思想而名垂青史。汉代张良辅佐刘邦建功立业后，自己却功成身退。郭子仪平定"安史之乱"，联合回纥吓跑吐蕃，功盖天下而主不疑，位极人臣而众不疾。吴越之战的功臣范蠡，不贪恋功名飘然而去，经商成功又三次聚财、三次散财，功成名就。

道家"无为而治"的管理哲学是"阴阳合一"思想的体现。这一思想对中国，乃至世界的哲学思想都产生了深远的影响。例如，孔子曾向老子问礼，黑格尔曾学习《道德经》；西方的很多管理者也受益于《道德经》，如华尔街英语创始人李文昊（英文名字为Luigi T. Peccenini）自称受益于《道德经》的管理智慧。

孔子行年五十有一而不闻道，于是向老子去求道。老子曰："子来乎？吾闻子，北方之贤者也，子亦得道乎？"孔子曰："未得也。"老子曰："子恶乎求之哉？"孔子曰："吾求之于度数，五年而未得也。"老子曰："子又恶乎求之哉？"曰："吾求之于阴阳，十有二年而未得。"（《庄子·天运》）老子道："当今之世，聪明而深察者，其所以遇难而几至于死，在于好讥人之非也；善辩而通达者，其所以招祸而屡至于身，在于好扬人之恶也。为人之子，勿以己为高；为人之臣，勿以己为上，望汝切记。功名存于心，则焦虑之情生；利欲留于心，则烦恼之情增。"孔丘顿首道："弟子一定谨记在心！"

老子手指浩浩黄河，对孔子说："汝何不学水之大德欤？"孔子曰："水有何德？"老子说：**"上善若水：水善利万物而不争，处众人之所恶，此乃谦下之德也；故江海所以能为百谷王者，以其善下之，则能为百谷王。天下莫柔弱于水，而攻坚强者莫之能胜，此乃柔德也；故柔之胜刚，弱之胜强。因其无有，故能入于无间，由此可知不言之教、无为之益也。"**孔子闻言，恍然大悟道："先生此言，使我顿开茅塞也：众人处上，水独处下；众人处易，水独处险；众人处洁，水独处秽。所处尽人之所恶，夫谁与之争乎？此所以为上善也。"老子点头说："汝可教也！"我们虽不一定能成为孔、老二圣，但是至少可以仿其而行之。

综上可见，道家思想克服了儒法、墨兵阴阳分离的弊端，实现了阴阳的统一，其正确性在实践中已经得到了检验。道家思想在本质上是一种自然主义哲学，它以人类灵性之心解读自然，指出"人类作为自然的一部分，必须让自己的主观意志和智慧服从于自然规律，同时要将自己与自然放在一起进行观察。"道家的自然主义哲学，既不要求人绝对地臣服自然而无所作为，也不教人脱离自然规律而肆意妄为，它系统整合了自然哲学和生命哲学，形成了系统辩证的自然主义哲学。这样，就纠正了将人的生命属性归于绝对自然主义和偏

① 司马迁．史记[M]．长沙：岳麓书社，2004：787．

离了起点与终点的生命哲学的偏差。

管理作为一个典型的人类行为，其人为性是与生俱来的，但管理的这种人为性，又不可剥夺其自然性。从老子系统辩证的自然主义哲理来看，管理应该可以找到本源并获得新的生命力。

（二）管仲的“道法合一”

管仲，字敬仲，名夷武，今安徽颍上人。根据《史记·管晏列传》记载，他曾经与鲍叔牙一起经商，或替鲍叔牙办事，但经常做不好，可鲍叔牙看重他的大才，从来不会因为小事而责怪他，甚至还举荐他任齐桓公的宰相，自己甘居其后。管仲不负鲍叔牙的信任，辅佐齐桓公“九合诸侯，一匡天下”，使齐桓公成为春秋第一霸主。在他辅佐齐桓公期间，齐国经济繁荣、军事强大，人民安居乐业，其治国思想惠泽后世。鲍叔牙为什么如此信任管仲，甚至甘愿将宰相一职让给他？管仲凭什么辅佐齐桓公成就了霸主地位？先请看管鲍之交的故事：

管仲年轻时不得志，生活窘迫，曾经与鲍叔牙一起经商。每次两人分财利时，管仲都会自己多拿一些。在我们世俗之人看来，这可能是一种自私行为，然而鲍叔牙并不这样认为。鲍叔牙认为，这是管仲家境贫困不得已而为之，并非贪图财利的自私行为。

管仲在与鲍叔牙交往的过程中，曾多次接受鲍叔牙的委托为其处理事情，但每每以失败而告终，导致鲍叔牙财利受损，然而鲍叔牙并不认为他愚笨，知道那是因为时机不利所致。管仲曾经三次做官，三次都被君主免职，但鲍叔牙并不认为他没有才干，而是知道那是由于他没有遇到好的时机。管仲曾三次作战，三次都战败逃跑，但鲍叔牙并不认为他胆小，知道那是由于他有老母在世的缘故。

在齐国，鲍叔牙与管仲分别辅佐齐襄公的两个儿子公子小白（齐桓公）和公子纠。齐襄公被推翻后，公子纠与公子小白争夺王位，结果以公子纠失败、公子小白继承王位而告终。公子纠失败后，家臣召忽为他殉死，按照君臣之义管仲理应从主而死，但是他没有那样选择，结果被齐桓公囚禁起来。鲍叔牙知道后，并没有因此认为管仲不知羞耻，而是知道他不拘泥于小节、以功名不显扬于天下为耻辱。后来鲍叔牙将管仲推荐给齐桓公任齐国宰相，自己则甘居其后。

从鲍叔牙与管仲的交往可以看出，鲍叔牙不是仅仅凭借自己的主观感受认识问题，而是善于把握事物的根本。管仲也是如此，他兼具道家和法家思想于一身，为人处世不凭自己的主观意志或感情，而是事事从客观实际出发全面考虑问题。他胸怀大志，为老母战败逃跑，不从主死节，都是不拘于小仁而从大道之举。正是因为如此，两人才志同道合，成为莫逆之交。

孔子的弟子子路曾向孔子请教说，齐桓公杀死了公子纠，家臣召忽为主殉死，而管仲却保存了自己的性命，没有殉死，他是不是一个不仁之人？孔子告诉他说，齐桓公九合诸侯，没有用一兵一卒，避免发生战争、生灵涂炭，这是管仲的功劳，他是一个真正的仁者，是从大道之仁。

在管仲身上，体现了道法一体的思想特征，即以客观规律为依据的法治思想，主要体现在以下几个方面：

1.事物运行各有其规律

管仲认为，“天不变其常、地不易其则，春秋冬夏不更其节，古今一也”，“毋先物动，以观其则”①。在管仲看来，天地运行有其内在规律，我们在作决策之前，要先观察事物的规律，了解事物的本质，而不能草率行动。正是出于对客观事物规律的认识和尊重，管仲才可以在齐国成功开展改革，并取得卓越的建树。

为证明齐国实力，齐桓公欲攻打鲁国。管仲深谙人心之道，知道人一旦形成了某种决策，在没有失败之前很难改变，所以没有对齐桓公进行强加阻拦。结果齐桓公在长勺之战中失败。随后，管仲把握时机，建议齐桓公集中精力发展经济，壮大齐国实力。

齐桓公因长勺之战失败的教训，欣然接受了管仲的建议，从此齐国走上了富国强兵的道路。如果管仲在长勺之战之前就劝阻齐桓公发展经济，可能他的建议很难被接受，而且很可能遭到齐桓公的指责。然而他没有那样做，而是遵循人心规律，在长勺之战失败后齐桓公正渴望寻求帮助之时提出改革的建议，恰恰把握住了时机，改革的建议因此被采纳并取得成功。这也正体现了道家的“无为而治”思想。

2.赏罚诚信合乎人心规律

管仲认为，管理者要深谙各种符合人心活动规律的管理方法，其中赏罚诚信则是人们习惯运用的方法之一。他说：“言是而不能立，言非而不能废，有功而不能赏，有罪而不能诛，若是而能治民者，未之有也。是必立，非必废，有功必赏，有罪必诛。”②

除赏罚外，管仲还重视教育疏导，对教化的作用推崇备至。他认为，治国只靠赏罚不行，还必须有教育辅助。赏罚带有强制性，对人只谈赏罚会显得无情，因此要配合教育。这一阴一阳的管理思想，恰恰体现了道家的管理哲学。

3.顺民心是政兴的前提

管仲认为，“民之情，莫不欲利而恶害”，“政之所兴，在顺民心，政之所废，在逆民心；民恶忧劳，我佚乐之；民恶贫贱，我富贵之；民恶危坠，我存安之；民恶灭绝，我生育之”③。趋利避害是人的本性，管理要顺应人心，顺从民意，以民为本才可成功。这是管仲在治理国家时对人心规律的认识。君与民，一阴一阳，君顺民心，民必拥君。

有一天，齐桓公问管仲：“王者何贵?”管仲说：“贵天，所谓天者，非苍苍莽莽之天也。君人者，以百姓为天。”（《管子·说苑》）在改革过程中，管

① 管仲．管子[M]．沈阳：沈阳出版社，1997：3．
② 管仲．管子[M]．沈阳：沈阳出版社，1997：16．
③ 管仲．管子[M]．沈阳：沈阳出版社，1997：1-3．

仲顺应百姓之心，开展了有条不紊的改革。

为了管理百姓，管仲实行了“四民分业定居”的管理政策，即将农、工、商、士四大社会阶层按照职业的不同划分居住区域，不允许杂居。这一政策实施的结果是，不同阶层的人不因相互羡慕而内心不安，百姓间形成了学习气氛，相互之间切磋技艺和交流经验，从而提高了劳动生产率和产品质量。百姓子弟，从小生活在专业氛围中，耳濡目染之中增长了知识和才干，为成人后工作打下了良好基础。最重要的是，四民分业定居的政策稳住了人心，避免了不同阶层之间的艳羡和冲突，为齐国改革和经济发展奠定了坚实的基础。

4.人生要利用规律

管仲认为，“彼道自来，可借与谋”。存在于客观世界的“道”（规律）是自然而然起作用的，人们应该认识并利用规律。如果人们能够认识和利用它，就可以用它来指导自己的人生，利用它来谋划策略。

在对“道”的认识上，管仲深信老子的“反者道之动”的思想，即道总是表现为事物向相反的方面转化。他说：“凡国之亡也，以其长者也；人之自失也，以其所长者也。故善游者死于梁池，善射者死于中野。”因而，做人要尊重规律，了解事物之间的矛盾转化，那样才能免受灾祸之苦。

《管子·枢言》篇记载：“贵之所以能成其贵者，以其贵而事贱也。贤之所以能成其贤者，以其贤而事不肖也。恶者，美之充也，卑者，尊之充也，贱者，贵之充也。”其内涵是要告诉我们，人生要懂得把握事物矛盾双方之间对立统一和相互转化的关系，要学会利用规律。人生不懂得认识和利用规律，不知道事物矛盾双方的对立、转化，就会陷入偏执，最后自尝苦果。

5.用则者安，不用则者危

“道”适用于一切事物，管仲说：“道之所言者一也，而用之者异。有闻道而好为之家者，一家之人也。有闻道而好为之乡者，一乡之人也。有闻道而好为之国者，一国之人也。有闻道而好为之天下者，天下之人也。有闻道而好定万物者，天地之配也。”[①]道可以用来管理一家、一乡、一国，乃至天下、万物。人生不能远离规律，如果远离规律就会陷入危险境地，所以管仲说：“用则者安，不用则者危。”历史上有大量的例子可以佐证。

通过对老庄、管仲等人的道家管理哲学思想的分析，我们可以发现：道家思想摆脱了儒家和法家、墨家和兵家阴阳分离的思想弊端，以辩证的自然主义哲学实现了阴阳的统一，从而使管理走出了夸大人类主观意志，将人类的意志凌驾于客观规律之上的误区，实现了人与自然、人心规律与自然规律、主观认识与客观规律之间的有机统一。对于管理而言，我们只要把握住人为的主观不至于滥用，将生命、自然、宇宙的规律放在心灵文化的基石上，管理才会上不违天道、中不违人道、下不违地道，这是理想的管理模式的基础，也应该成为人类管理未来的发展方向。

① 管仲. 管子[M]. 沈阳：沈阳出版社，1997：3.

二、管理中的"刚柔并济"

在西方哲学史上，自然哲学和生命哲学的对立与统一，促进了西方思想体系的发展。以古希腊哲学家泰勒斯、德谟克利特和毕达哥拉斯等为代表的自然哲学学派开创了西方自然哲学的研究，并由此促进了科学主义在西方的发展；以苏格拉底、亚里士多德等人为代表的生命哲学学派开创了对人性的研究，并由此促进了人文主义在西方的发展。二者交互作用，共同渗透于西方自然和社会科学的发展过程。这样一种哲学演化的过程，如同思想的魂魄一般，在西方管理思想发展的过程中也同样可以看到。

苏格拉底面对浩瀚的自然界，曾经感慨地说："我的朋友不是城外的树木，而是城内的居民。"他对人的认识与对人之外的自然的认识是分离开的。然而，中国哲学并非如此。中国哲学家的自然哲学和生命哲学并非截然分开，而是我中有你，你中有我，各自立论，又彼此补充，这就是中国哲学中最具代表性的思维方式。

（一）儒家与法家

据历史记载，公元前134年，汉武帝采纳董仲舒的意见，实行"罢黜百家，独尊儒术"的思想统治政策，对中国历史产生了深远的影响。儒家管理思想以孔子和孟子为代表，主张仁爱，倡导仁、义、礼、智、信。与儒家相反，法家管理思想以韩非和李斯为代表，主张法治，倡导法、术、势并用，在历史上也产生了很大影响。二者一柔一刚，各有利弊，既为历代帝王治国安邦所用，又留下很多争议。

1.孔子的"人性论"与儒家"施政以德"的管理思想

儒家的代表人物孔子提出了"性相近，习相远"（《论语·阳货》）的说法，这是从哲学的高度对人性的认知。然而，对人性本善还是本恶的问题，孔子并没有作深入的探讨。于是，便有了人性善恶问题的争论。这其中最有代表性的就是孟子的性善论。

孟子认为人生来就有善性，提出"广土众民，君子欲之，所乐不存焉；中天下而立，定四海之民，君子乐之，所性不存焉。君子所性，虽大行不加焉，虽穷居不损焉，分定故也。君子所性，仁义礼智根于心，其生色也睟然，见于面，盎于背，施于四体，四体不言而喻"（《孟子·尽心上》）。而人之所以有恶性就是因为后天影响所致，是由"耳目之官不思而蔽于物"所造成的。基于这种对人性的认识，孟子提出了"仁政"的观点，指出："以力服人者，非心服也，力不赡也。以德服人者，中心悦而诚服也。"（《孟子·公孙丑》）也就是说，从管理的角度上讲，管理者不要以"力"治人，要以"德"服人。如何做到这一点？管理者首先还必须"寡欲"才有可能不被物所"蔽"，主张"其为人也寡欲，虽有不存焉者，寡矣"（《孟子·尽心下》）。只有寡去物欲，才能回归本心（即善性），才可能修德、正己、施仁政。

为了宣扬仁政思想，孔子周游列国，但又处处碰壁，这与战乱时代人们的关注重心不在于此有关。然而，自汉代“文景之治”以后，儒家思想日益受到重视，成为帝王治国安邦、教化民众的基本指导思想。后至宋明理学以至近代熊十力、徐复观和唐君毅等新儒学的兴起，儒家思想对中国历史产生了深远影响。

然而，儒家思想有其固有局限：第一，重德行，偏重强调个人的承受性。这容易让人变得软弱无能，近代中国的软弱与儒家思想的长期影响似乎也有一定的关系。第二，儒家近乎教条的思想容易被管理者当做教化民众、束缚人性的工具，这也是历朝历代文人墨客抨击儒家思想的原因之一。第三，儒家管理思想多可用于“治平”，而难以“治乱”，甚至在和平时期，儒家思想也需要与其他思想相结合才可以发挥更好的作用。

汉武帝“罢黜百家，独尊儒术”，儒家思想表面上被放到了至高的地位，但事实却并非完全如此。《汉书·元帝纪》中汉宣帝道破了“独尊儒术”的天机，他说：“汉家自有制度，本以霸王道杂之，奈何纯任德教，用周政乎！”[①]曹操的治国思想也是如此，他主张“治平尚德行，有事赏功能”，即在天下安定时用儒家思想，教化民众，而在战乱时期用法家思想，严刑峻法，奖励有功者。这样的例子不胜枚举。

儒家的“人性善”思想以及由此阐发的仁政管理有其合理性，但由于过于重视个人德行，强调个人的承受性太多，忽视了制度和体制性的很多因素，自然也就产生了很多不足。而法家则站在了儒家思想的另一面，弥补了儒家的一些不足。

2.法家：人性恶与法治管理

中国历史上出了个秦始皇，又有几次重要的变法，如商鞅变法、王安石变法、张居正变法等，这些变法既确立了法家的历史地位，同时又扩大了法家的影响。回顾这些变法，我们可以对法家思想窥见一斑。

从中国2 000多年的王朝发展史看，似乎各朝统治者追捧的都是“儒”，但是实际上用的却是“法”，所谓“阳儒阴法”或“儒表法里”就是这个含义。由此可见，法家思想在中国管理思想史上占有非常重要的地位。

早在战国后期，荀子就已经对孟子的性善论表示了不同看法，提出“人之性恶，其善者伪也”（《荀子·性恶》）的论断，即人性本恶。在荀子看来，所谓“性”就是人天生就有的不经过任何后天学习的生理素质，正如他在《荀子·正名》中提到的“性之和所生，精合感应，不事而自然谓之性”。而“人性”则是人受后天的影响作出的理性选择的结果。从这个观点出发，荀子认为孟子的“性善论”是人受后天的影响而作出的“从善”的理性选择，而非人的“本性”，并对此进行了批评：“孟子曰：‘人之学者，其性善。’曰：‘是不然！是不及知人之性，而不察乎人之性伪之分者也。凡性者，天之就也，不可学，

① 班固. 汉书[M]. 颜师古，注. 北京：中华书局，2000.

不可事。礼义者，圣人之所生也，人之所学而能，所事而成者也。不可学、不可事之在人者，谓之性；可学而能，可事而成之在人者，谓之伪；是性伪之分也。'"（《荀子·性恶》）正是基于性恶论这个人性假设，荀子特别强调教化在人弃恶从善过程中的重要作用。他认为"干、越、夷、貉之子，生而同声，长而异俗，教使之然也"，肯定了后天的教育可以使人由恶变善，改变人性，并由此提出了"礼法并举"、"王霸合一"的治国理念。

韩非的"自为"人性论是对荀子性恶论的一种极端描述[①]，认为人性非后天习得而是先天就有的，"夫智，性也；寿，命也。性命者，非所学于人也"（《韩非子·显学》）。在他看来，人们的"智"，就是"自为"的本性，是天赋的。从这一观点出发，韩非子认为无论是家庭成员之间、朋友之间还是君王与大臣之间，都"以计算之心相待"，丝毫没有任何"仁爱、信用"可言。他说："今上下之接，无子父之泽，而欲以行义禁下，则交必有郄矣。且父母之于子也，产男则相贺，产女则杀之。此俱出父母之怀衽，然男子受贺，女子杀之者，虑其后便，计之长利也。故父母之于子也，犹用计算之心以相待也，而况无父子之泽乎?"（《韩非子·六反》）基于自为论的观点，韩非子主张治国必须以"法"为纲才符合圣人之道，提出"圣人之治也，审于法禁，法禁明著，则官法；必于赏罚，赏罚不阿，则民用。官治则国富，国富则兵强，而霸王之业成矣"（《韩非子·六反》）的治国观点。

法家的基本主张是以法律、规章和权力来治理国家。以法家思想治理国家的历代王朝，都达到了国富民强的目的。战国时期，吴起在楚国变法，商鞅在秦国变法，李悝在魏国变法，申不害在韩国变法。变法之后，楚国、秦国、魏国、韩国都变得强大了起来。秦以后的历代变法，包括宋朝的王安石变法、明朝的张居正变法等，都使国家的经济得到了恢复和发展。这些变法使法家的思想逐渐得到认可，甚至追捧。

然而，这些变法者皆因推行法制触动了相关阶层的利益而以悲剧告终。吴起在支持他变法的楚悼王刚离世时就被人杀害；商鞅死后尸身被车裂；张居正死后被清算，他的家人也遭受牵连；王安石的结局在这些变法者中算最好的，但最终也是不得不退隐金陵，不问世事。

这是什么原因？是法家思想完全错了吗？对一个国家、一个组织而言，如果没有法律、规章制度的约束，必然会陷入腐败和无秩序的状态。从中外各国治理国家和组织的历史看，法家思想有其存在的现实价值。但是，那些变法者为什么皆以悲剧告终？据史学家孙立群分析，原因有两个：

一是他们有个人失误。吴起和商鞅等都有失误之处，除了变法过于严苛，或者超越了当时人们的理解之外，还有就是他们自身都不善于保护自己。他们把自己的一切交给了变法，或者说把自己的一切交给了君主，而这个君主一离世，他们自己就成了众矢之的。

① 葛荣晋. 中国管理哲学导论[M]. 2版. 北京：中国人民大学出版社，2013.

二是严刑酷法，缺少人情味儿。他们的变法只可行一时而不可长用。如果他们有大智慧的话，把儒家思想加进来可能就会好一些。他们忽视了变法所必然引起的矛盾冲突，更没有注意缓和变法产生的矛盾，结果激化了同既得利益者之间的冲突，最终遭到报复。

秦孝公去世后，被商鞅侮辱过的太子继承王位。一直对商鞅恨之入骨的贵族们群起而攻之，商鞅招兵买马与秦国前来捉拿他的军队对抗。他自己没有想到的是，经过他改革的秦国军队战斗力是如此之强，结果自己的军队瞬间被击败，然后不得不逃跑。他准备逃出秦国，但在半路上投宿的时候，店主不接纳他。商鞅大怒，说道："我自己有钱，为什么不让我住？"店主告诉他，国家有法律，住店必须出示证明，否则，被国家知道了，要受连坐。商鞅这时长叹一声，说道："嗟乎，为法之敝一至此哉！"然而，法之"弊"还不仅限于此，商鞅在逃亡路上发现秦军始终在他后面跟着，他费了九牛二虎之力也没有摆脱。让他没有想到的是，这恰恰是"告密法"起了作用，所有见到他的人都会向秦军告密，这样，他的一举一动等于是在被所有人监视着。

法家这种法律、规章的苛刻、严厉及固有的刚性特征，使其很容易制造不同群体之间的冲突、对立。这也正是历代变法失败以及法家思想不能成为主流的原因。

众所周知，西方以法治而闻名，公民把法律看得很神圣。那么，这种法治为何没有制造出那种冲突呢？实际上，西方历史上那种不平等的制度也曾经引发大规模的反抗，每一次反抗也都在修正着制度的缺陷。同时，西方社会的宗教信仰在支持着人们的精神，与法治可谓相得益彰。如今我们又看到，当西方人的信仰变得脆弱时，践踏法律尊严的现象就会频发。2008年美国宗教信仰调查结果显示，美国人的宗教信仰人数比10年以前下降了10%，这也是近些年企业频发道德丑闻和金融危机爆发的原因之一。可见，法律如果没有道德、信仰等的支撑，就会减弱甚至丧失效力。

综上可见，儒家和法家刚柔相济、相辅相成，不能偏废任何一方。历代帝王之所以采取"外儒内法"的策略治理国家，正是看到了二者各自的不足。这一点，很值得现代管理研究者和实践者重视。

（二）墨家与兵家

墨家创始人墨翟，著有《墨子》一书，其弟子禽滑厘等人是墨家思想的代表人物。在战国时期，墨家思想与儒家思想一样，具有同等重要的社会地位，二者并称为"显学"。在战国时期，儒墨之辩揭开了先秦百家争鸣的序幕，在当时对社会产生了很大的影响。那么，墨家有哪些思想？为什么它与儒家思想一样具有同样重要的历史地位，却没有被流传下来，而是走向了没落呢？我们可以从墨家思想领悟到什么？

1.墨家：兼爱、非攻

据史料记载，与儒家一样，墨家弟子在当时"充满天下"，墨翟之言也是"盈天下"。然而，与儒家和法家等不同的是，墨家是一个有严密的组织和严肃的纪律的团体，成员多出身于小生产者。小生产者作为社会下层，其特点是生活俭朴、安于现状、追求稳定、经历过生活的艰辛，因此又多乐于助人。小生产者的这一特点也体现在他们的思想当中。

第一，作为受压迫的阶层，墨家人物大多生活艰辛，过着饥不得食、寒不得衣、劳不得息的生活，而统治阶级则骄奢淫逸、挥霍浪费，因此，墨家主张当政者应该节俭，减少一切不必要的开支。然而，墨家的节俭标准过于严格，很多人难以做到，这是墨家思想不能够推行、后来走向没落的原因之一。

第二，墨家主张兼爱、非攻。战国时期，各诸侯国相互征战，民不聊生。作为小生产者的墨家弟子目睹人民遭受战争的灾难，表现出了强烈的同情心，并积极探索使人民摆脱苦难的方法，提出了“兼爱、非攻”的思想。

墨家并非不懂战争，如墨子曾说服公输般和楚王放弃攻打宋国，避免了一次战争，但是他们反对战争，主张人与人之间应该平等相爱，不能相互屠戮。这是墨家在战国时期得到诸家认可的一个重要原因。

第三，墨家主张“兼相爱、交相利”。这使得墨家的兼爱思想带有一定的功利主义色彩，它们主张人与人之间相互关爱，是因为具有一定的利。儒家思想是一种舍利取义的义利观，而墨家则主张义利统一，义可以生利，是一种将道德资本化了的义利观。

墨家主张兼爱、非攻，反对发动战争，这无论是在当时还是在现今都具有积极的意义。然而，他们的兼爱思想具有某种博爱的色彩，忽略了现实矛盾，因而很难推行下去。同时，由于他们大多是小生产者，自身能力和理想之间存在很大差距，没有人能够去实现自己的理想，因而随着秦国统一、法家受到重视以及汉朝“罢黜百家、独尊儒术”之后，墨家便逐渐走向了没落。

2.兵家：上兵伐谋，其次伐攻

兵家与儒家、道家等一起，是最早出现的诸子百家学说，是先秦至汉初以研究军事为主，同时又有独特的世界观、方法论和价值观的思想流派。据《汉书·艺文志》记载，兵家书目分“兵权谋、兵形势、兵阴阳和兵技巧”四家。四家中，兵阴阳、兵技巧已经亡佚，兵形势仅存《尉缭子》等5种，而传世最多、影响最大的是“兵权谋”。《孙子兵法》就是“兵权谋”中最典型的著作，在中国乃至世界军事史上都占有非常重要的地位。

《孙子兵法》为春秋时期孙武所著。孙武出生在齐国，他的父亲和祖父对兵法都有一定的研究。他耳濡目染，受前辈的影响，对兵法也有一定的研究和积累。齐国在齐景公统治时期，昏庸腐化、贪婪剥削，贵族之间残酷斗争。公元前532年，齐国发生内乱，孙武于是毅然离开齐国去了吴国。在那里，他潜心研究兵法，写成了旷世著作《孙子兵法》。后经伍子胥举荐，凭《孙子兵法》得到吴王阖闾的重用，为吴国立下了汗马功劳。《孙子兵法》的主要思想体现在以下几个方面：

第一，提出了军事战略的五项原则。孙武认为，兵者，国之大事，死生之地，存亡之道，不可不察。那么如何对待战争呢？孙武说：“经之以五事，校之以计，而索其情：一曰道，二曰天，三曰地，四曰将，五曰法。”

第二，提出了“兵者诡道”的思想。用兵要认识和利用军事规律，“兵无常势，水无常形”（《谋攻篇》），战争不能仅凭主观经验，而是要客观地认识战争规律。在战争决策问题上，他主张战争应该力避主观，力求客观，如《孙子兵法·火攻篇》说：“主不可以怒而兴师，将不可以愠而致战。”

第三，在军事问题上，孙武主张把握战争问题的根本，用智谋取胜而不能轻易用兵。他提出了“上兵伐谋，其次伐交，其次伐兵，其下攻城”的思想，认为用兵的上策是用谋略挫败敌人，与用兵、攻城相比，运用谋略是用兵的上策。这实际上与利用军事规律来管理军事的思想是一致的，抓住了军事规律，也就抓住了战争的根本。

自从人类社会产生以来，战争就从来没有停止过。在战争中，遭受损失最大的往往是生活在社会底层的黎民百姓。战争所带来的损失，无论是物质的还是精神的，甚至于生命的，最后都会压在他们的头上。因此，作为社会的下层，墨家提出了“兼爱、非攻”的思想，然而兵家则面对战争不可避免的事实，着手去探索战争的规律和策略。

从以孙武为代表的兵家思想来看，他们在军事哲学上受到了儒家、道家和法家思想的影响，提出了慎重对待战争、利用战争规律、把握战争时机、讲求战争谋略的军事理念。虽然他们看到了战争的危害，提出了不可不察的“慎战”思想，但是他们的战争理论最后还是成为统治者开展战争的工具。从历史的角度看，战争虽然是难以避免的，我们不该对兵家思想求全责备，但是因为战争总是伴随破坏甚至死亡，所以我们必须像墨家一样，站在战争的反面，审慎地看待战争。

兵家与墨家，如同法家与儒家一样，也是一刚一柔。刚者虽然有其存在的必要，但是如果缺少了柔性，自然会面临困境，法家人物的归宿和兵家大量著作的失传就是见证。柔者也是一样，过于强调仁爱，忽视了法令、制度，也会面临困难，儒家被批判、墨家成为绝学是历史给出的最好评判。看来，柔性与刚性天生就是一枚硬币的两面，只强调一方面而忽视另一方面并不符合事物自身存在和发展的规律。

《周易》提出“天人合一”的思想，认为天道与人道相结合。道家老子则主张“人法地、地法天、天法道、道法自然”，还有庄子提出了“知天之所为，而知人之所为者，至矣”的思想。他们主张由自然规律去推导人事规律，但现实中人们却总是喜欢以主观意志代替客观规律，在认识上偏执于事物的一方，而忽视另一方，结果往往违背客观事实或事物自身的内在规律。与此相反，道家则主张去除自己的主观意志，使人事服从自然规律的要求，从而开辟了人类认识的新视野。

三、经商中的“利义合一”

明朝中叶以后，由于国家政府统治的衰弱、思想家的减少以及“西学东渐”的影响，人们开始打破“右儒左贾”的思想壁垒，从“重农抑商”的价值观向“工商皆本”的价值观转变[①]。一些优秀的民营企业家从实践层面大胆创新，转变价值观念，将传统文化的智慧与商业相结合，丰富了管理思想，形成了具有时代特色的管理艺术。例如明中期以后，随着资本主义萌芽的产生，许多商人把“儒”与“商”结合在了一起，形成了儒商及其帮派，如徽商、晋商、宁波帮、潮汕帮等。他们在追求经济利益的同时，还十分看重职业操守及将组织和员工的利益捆绑到一起。其中比较有特点的应算山西的票号[②]。

明清时期纵横海内的山西商人，创造出中国商业的奇迹。“日升昌”票号就是晋商发展到顶峰的标志之一。当时的山西票号，建立了令世人瞠目的金融帝国。其中“顶身股”就是晋商的发明创造，即管理者控股，但身股的获得渠道不是购买，而是服务年资和表现。这是当时特有的企业激励体制，也是协调东伙利益关系的基本举措。具体做法是：东家的出资为银股，是票号的真实资本；掌柜和伙计以人力入股，是为身股，俗称“顶生意”。身股与银股相对应，不交银子，但是需要对东家投入的资本负责，是票号里的“虚拟”股本。身股与银股一样，都享有同等分红的权利。掌柜和伙计，都可以按照自己的表现取得一定的股份，如果服务年限增长及表现优异，则会追加股份；反之则会降职。**这种顶身股制度，使票号在组织体系上利益一体化，形成了很强的向心力。**

晋商有言：“薪金百两是外人，身股一厘自己人。”身股的作用在这一俗语中表露无遗。既然身股如此重要，想获得也需要经过重重考验。首先要从学徒开始，经过至少十年的磨炼并由与票号有业务关系的店铺作担保，一旦出事，店铺也要承当一定的责任。在学徒进入票号的三年学徒期间，要经过一系列的品德、业务和技能的考验，如干繁重的杂活，各种文化、珠算和外语的培训，以及各地跑生意积累经验等。而且这期间还不准请假，不许抱怨。这些事情也许在现代企业管理中被认为是不符合科学和人性的，但是正是这种近乎“苛刻”的训练，使学徒们养成了经商所需的基本技能。当学徒期满的时候，学徒也就变成票号的伙友，但是还要经过七年班期做事，业绩可观，无错无误，才能取得身股。

这十年期间，许多学徒能够坚持下来靠的就是对身股的预期。这十年，也是掌柜观察伙计、辨识人才的过程。民国初年，山西票号的最后一代大掌柜李宏龄，曾用这样一段话概括了这种职业训练：“票号以道德信义树立营业之声

① 葛荣晋. 中国管理哲学导论[M]. 2版. 北京：中国人民大学出版社，2013.
② 佚名. 日升昌：银行“祖父”的盛衰史[EB/OL]. [2015-12-10]. http: //www. sxwbs. com/wh/923126. html.

誉，故遴选职员，培养学徒非常慎重，人心险于山川，故用人之法非实验无以知其究竟。”在具体的考察人才方法上，他还提出了一整套准则：“远则易欺，远使以观其忠；近则易狎，近使以观其敬；烦则难理，烦使以观其能；卒则难办，卒使以观其智；急则易夹，急使以观其信；财则易贪，委财以观其仁；危则易变，告危以观其节；久则易惰，班期二年而观其则；杂处易淫，派往繁华以观其色。如测验其人确实可用，由总号分派各分号任事。”票号内的许多中高层管理人员，都是这样一步步走出来的。这种身股所起到的激励作用是显著的，伙计的利益与票号的利益紧密绑在一起，取得了“一荣俱荣，一损俱损”的效果，从而能更有效地激发伙计们的工作热情。

除了李宏龄之外，还有主张“宽厚仁德”的程维宗，主张“以诚取胜”的汪通保，“讲道义守信用”的左文升等著名的商人，他们的共同特点之一就是把儒家文化的伦理观与哲学智慧巧妙地运用于商业管理及运营中，提出商人应该是“贾为厚利，儒为高明”的商人，也就是“义利合一”的“儒贾”[①]。

1840年以后，中国进入了半殖民地半封建社会，在实业救国思想的影响下，中国涌现了一大批民族企业家，“红顶商人”胡雪岩就是其中最具代表性的人物之一，还有航运救国的企业家卢作孚，化学家范旭东，近代民族工业开山鼻祖陈启源等。“以义生利，以利彰义，义利互证”是儒家所倡导的义利观，也是其哲学思想的重要体现。这些企业家们一方面在经营理念上凸显儒家道德观和人生价值追求，重视管理中人际关系的和谐，提倡个人自律与道德修养；另一方面又大胆地将道德观与人生价值追求同组织与个人利益的统一融合在一起，并在实际运营之中积累了宝贵的成功经验。这些中国近代史上的商人、民营企业家在管理实践中突破与创新，将哲学运用于管理实践中，丰富了管理哲学思想的内容。

四、执政中的“服务为民”

新中国成立以来，无论是海外华人企业家，还是国内新兴的企业家，都不同程度地从中国传统文化中吸取了人生智慧和管理思想，继续从企业实践的角度探索中国管理哲学。除此之外，管理哲学思想在国家治理层面也得到了充分体现。早在建设新中国的过程中，毛泽东同志以马克思主义为指导，结合中国革命的实际情况，确立了“实事求是”的思想路线，强调一切从实际出发，“没有调查就没有发言权”。1937年，他又在《实践论》中，从哲学的高度总结反对教条主义和经验主义，并指出：“我们的结论是主观和客观、理论和实践、知和行的具体的历史统一，反对一切离开具体历史的‘左’的和‘右’的错误思想。”（《毛泽东选集》第1卷，第296页）。他同时指出：“指导一个伟大的革命运动的政党，如果没有革命理论，没有历史知识，没有对实际运动的

① 葛荣晋. 中国管理哲学导论[M]. 2版. 北京：中国人民大学出版社，2013.

深刻了解，要取得胜利是不可能的。”（《毛泽东选集》第2卷，第533页）1940年在《新民主主义论》中谈到“中国向何处去”时说：“科学的态度是‘实事求是’，‘自以为是’和‘好为人师’那样狂妄的态度是决不能解决问题的。”（《毛泽东选集》第2卷，第663页）新中国成立以后，邓小平同志也反复强调“解放思想，实事求是”的思想路线，胡锦涛同志也提出“求真务实”，习近平同志主张“空谈误国，实干兴邦”的治国之道，都是对“实事求是”这一哲学思想的具体实践。

关于个人与集体的关系问题，《中国共产党党章》第二章“党的组织制度”中进行了具体阐述，“中国共产党实行民主集中制原则，党员个人服从党的组织，少数服从多数，下级组织服从上级组织，全党各个组织和全体党员服从党的全国代表大会和中央委员会”，“党的上级组织要经常听取下级组织和党员群众的意见，及时解决他们提出的问题。党的下级组织既要向上级组织请示和报告工作，又要独立负责地解决自己职责范围内的问题。上下级组织之间要互通情报、互相支持和互相监督”，“党的各级委员会实行集体领导和个人分工负责相结合的制度。凡属重大问题都要按照集体领导、民主集中、个别酝酿、会议决定的原则，由党的委员会集体讨论，作出决定”，“党禁止任何形式的个人崇拜。要保证党的领导人的活动处于党和人民的监督之下”等。

在物质与精神关系方面，共产党提出“共产党是全国各族人民利益的忠实代表，除了无产阶级和广大人民群众的利益外，没有自己的特殊利益。克己奉公的奉献精神理所当然地成为党性的基本要求，是每个党员必备的素质”。在现实条件下，面对物质生活和精神生活等各方面的基本需求，特别是在商品经济高速发展的今天，在理想、信念都受到严重冲击的情况下，如何保持党员的先进性问题，就显得尤为突出。

五、现代组织的“互联互通”

从1986年第一封电子邮件发送成功至今，互联网已经走过了30个年头。在这30年的时间里，人们无论是对传统企业的功能定位，还是对企业内部管理机制或者市场营销战略的认识，都发生了翻天覆地的变化。应该说，在互联网的影响之下，总体上使得企业的产品更加人性化，服务更加贴心化，销售更加便捷化，信誉更加重要化，成本更加透明化，研发更加体验化。这一切都是人类活动更加智慧化的结果。

如果倒退10年，向那个年代的人描述现在的世界，恐怕很多人会不相信。2015年两会期间，李克强总理将“互联网+”这个词写进了政府工作报告，从而向人们传递了一个信息，那就是互联网已经走入千家万户，并将继续发挥主导作用。互联网思维也必将随之影响大多数人或者组织的思维方式。《第四次革命》作者扎克·林奇说：“互联网是一切技术的基础，它帮助我们真正理解我们是谁，我们身在何方。”就像鲁迅先生说的：“无穷的远方，无数的人们，都和我有关。”

互联网+，就是指将互联网与医疗、教育、物流、金融等传统行业领域对接，为行业的发展提供更大的生存空间，发挥更加广泛和重要的作用。其实，在“互联网+”的世界，很多大咖们的畅想已经穷尽了大部分人的想象，但或许这仍旧低估了“互联网+”的作用。前不久，世界著名未来学家约翰·奈斯比特又来到中国，这已是他第73次访华。约翰·奈斯比特27年前的著作《大趋势》里的大部分预言，据《金融时报》证实，在今天都一一实现。他曾经对人们说：“你们以为我预言的都是未来，其实我只是把现状写下来，20年来我所写的都是已经发生了的事情，我所要分析的就是哪些事情会长久地影响社会。”奈斯比特坚定地认为“未来构筑于现在”，所以你需要关注现在发生的事情，并知道现在正在发生的改变，而且还要判断这些变化的趋势、方向及重要性。只要能了解现在，就可以知道将来会发生什么事情。那么，今天的世界正在发生着什么？明天呢？[①]

据统计[②]，截至2014年6月，中国网民规模达6.32亿人，较2013年年底增加1 442万人，互联网普及率为46.9%。互联网发展重心从“广泛”向“深入”转换，各项网络应用深刻改变网民生活。移动金融、移动医疗等新兴领域的移动应用多方位满足了用户的上网需求，推动网民生活迈向全面“网络化”。

截至2014年6月，中国手机网民规模达到5.27亿人，较2013年年底增加2 699万人。手机上网的网民比例为83.4%，相比2013年年底上升2.4个百分点，首次超越80.9%的传统PC上网比例，手机作为第一大上网终端设备的地位更加巩固。网民在手机电子商务类、休闲娱乐类、信息获取类、交流沟通类等应用方面的使用率都在快速增长，移动互联网带动了整体互联网各类应用的发展。

2014年上半年，支付应用在整体层面及手机端都成为增长最快的应用。手机支付用户规模半年增长率达63.4%，使用率由2013年年底的25.1%增至38.9%。移动网上支付与消费者生活的紧密结合催生了众多应用场景和数据服务功能，也带动了手机端商务应用的迅速发展。相比2013年年底，手机购物、手机团购和手机旅行预订的用户规模增长率分别达到了42.0%、25.5%和65.4%。

互联网的本质就是对传统企业价值链的一种重新思考，将企业的战略、管理、产品、服务以及流程在互联网思维的指引下全部统一到客户体验这一终极价值目标上来。这种价值目标的重新定位，就是以用户为中心来制定组织战略以及相应的商业模式，业务的开展、组织的设计以及企业文化的建设都必须围绕用户需求和用户体验来进行。这就是互联网时代的组织价值链。

在这种价值理念的影响下，很多新兴企业得以在短时间内迅速成长，如小米、聚美优品、京东商城、1号店、唯品会等，也使得很多传统企业转型电

① 曹磊，陈灿，郭勤贵，等. 互联网+：跨界与融合[M]. 北京：机械工业出版社，2015.
② 中国互联网络信息中心. 第34次中国互联网络发展状况统计报告[R]. 2014-07-21.

商，并获得了新的发展机会，如苏宁易购、戴尔、海尔、七匹狼等。2015年4月22日，蚂蚁金服、阿里巴巴和微博共同宣布了其在11个城市的服务业务，市民通过支付宝钱包APP，用手机就可以完成挂号预约、车辆违章查询、生活缴费等。这让人们不禁感叹，此前像IBM、英特尔这类国际大牌IT公司都没能干成的事儿，却由蚂蚁金服、腾讯这类本土互联网公司实现了。

今天，随着互联网技术的不断成熟、新互联网企业的蓬勃发展，年轻一代的中国人正从消费者转变为生产者和消费者，他们在新兴的协同共享机制中以接近于零的边际成本，制作和共享音乐、视频、新闻、知识、汽车、房屋、工具、3D打印产品，他们很快还会生产和分享可再生能源。在未来几年，几乎所有的经济领域都将引进零成本模式，“互联互通，一切共创共享”[①]。

爱因斯坦曾经说过：“我从不去想未来，因为它来得已经够快了。”新的时代已经来临，我们每个人都置身其中。“互联网+”的思维，留给人们的不仅仅是想象，它正实实在在地一步步成为现实。

综上分析，中国的管理哲学思想具有非常浓厚的传统文化特色。早在春秋战国时期就形成了以孔孟为代表的儒家，以老庄为代表的道家，以孙武、孙膑为代表的兵家，以韩非为代表的法家等“百家争鸣”的局面。在他们的主张中，含有极其丰富的管理哲学思想以及治国管理理念。除了诸子百家，中国历代文人学者、政治家的作品中，也蕴含了大量的管理之道和哲学思想，如《水浒传》、《三国演义》等。这些都极大丰富了中国古代管理理论的内容。在实践方面，从明清时期的商贾到如今的中华老字号，如全聚德、同仁堂等，从经商到国家治理，从“义利相生”再到如今的“互联网+”思维等，这些都是将中国传统文化中的智慧运用到实际的管理当中并在实践中总结出了新的管理思想的典范，**可以说，由理论和实践共同构成的中国管理哲学思想的内涵是很丰富的。对于这些资源，我们要站在时代的前沿和高度，进行现代化的整理，注入时代的精神，才能为构建中国式管理学派提供帮助。**

第三节　西方管理思想中的哲学观

西方管理思想的产生可以追溯到古希腊时期，尽管在当时，人们的这种活动并不被称为“管理”。现代西方管理思想中的哲学观的确立应该是由泰勒的科学管理发端的[②]。泰勒所创立的科学管理理论，第一次将管理者和被管理者的利益统一了起来，并通过科学的手段使雇佣双方的利益达到最大化。泰勒科学管理思想的哲学意义就在于，从劳资双方对立中找到了问题的关键点，通过利益的纽带将双方从冲突和矛盾中解脱出来，形成利益共同体，并通过科学实验的手段，让劳资双方认识到其相互依存、相互发展、互利互惠的关系本质。

① 曹磊，陈灿，郭勤贵，等. 互联网+：跨界与融合[M]. 北京：机械工业出版社，2015.
② 刘敬鲁，等. 西方管理哲学[M]. 北京：人民出版社，2010.

这是符合哲学辩证法的基本观点。在泰勒之后，人们更多地运用哲学的观点去看待管理及其过程中产生的问题，并在泰勒科学管理原理的基础上，对人性观、组织系统、组织文化以及管理哲学等方面进行了努力探索。

一、人性假设观

泰勒的科学管理理论形成以后，人们意识到金钱可以用来刺激人，从而获得提高生产率的效果，因此，“经济人”假设就成为时代的主流，从而激发了一大批管理学家、社会学家、经济学家对这一假设进行深入探究，丰富了古典管理理论。

例如，1927年，梅奥通过著名的“霍桑实验”，发现了工人的行为不仅受到经济因素的支配，还受到心理因素的影响，从而提出了“社会人”的假设，即人们不只是单纯追求经济收入，还有社会心理方面的需求。这一发现为“人际关系理论”奠定了基础，该理论最终发展成为“行为科学理论”。

1943年，马斯洛在“社会人”的“人性假设”基础上进一步对人的需要和动机进行系统研究，并在《人类激励理论》中提出了“需要等级论”。他认为:“人的低一级需要得到满足以后，就不再成为促进其进一步努力的刺激因素，必须满足高一级需要，才能进一步提高其积极性。”

20世纪50年代，麦克雷戈在《企业的人性面》[①]一书中又提出了“X-Y理论”。“X理论”是关于“惰性人”的“人性假设”，主张“人是不能信任的”，认为人天生厌恶工作，逃避工作，志向不大，愿意受别人的支配，这些都是工人效率低下的主要原因。而与其相对的“Y理论”是“自觉人”的“人性假设”，认为工作是一种满足的来源，不是完全被动的；控制和惩罚不是唯一的管理手段；人们愿意在一定条件下承担责任，只要满足了工人的需要，他们就会努力工作，发挥创造性，达到确定的目标。可见，社会人的“人性假设”考虑了人际关系对工人的影响，克服了古典管理理论片面强调经济因素对人的影响的缺点，这是对古典管理理论的完善和发展。

后来，随着管理科学理论的发展，又涌现了一批基于不同“人性假设”的哲学思想，如巴纳德的基于“个人化”的“人性假设”的整体视野组织理论，西蒙的基于“决策人”的“人性假设”的决策理论，大内的Z理论组织哲学思想，沙因的基于“复杂人”假设的组织文化理论，彼得·圣吉的组织学习理论，霍金森的人文主义管理哲学理论，科克比的纯粹的规范的管理哲学理论等。

由此可见，西方管理哲学思想是伴随着古典管理理论和生产实践而产生和发展的，有着深厚的理论基础以及实践经验。每一个阶段都有各自的人性假设、思想内容、研究视角以及研究方法，这也促使西方管理哲学产生、发展、

① MCGREGOR D. The human side of enterprise[M]. Middlesex: Penguin Books Ltd, 1987.

深入、自觉。然而，对于哲学不能从某个思想或者门派去理解，应该从整体的角度去把控，正如“管理学先知”芙丽特所说的那样：“我们不能将自己的思想分门别类……我们不会想到这是经济学原理而那是伦理学原理……在我们所有的思想背后，必然有一些根本的基础的东西，而我们正是用这些原理来解决一切难题的。”[①]与此同时，在我们研究西方管理哲学时，也不应该忽视西方文化及本土情境的影响。

情境化研究内容总括“对象”、“地点”、“时间”和“为何”等具体情境元素，要么总括任务情境、社会情境和物质情境等具体情境类别[②]。西方学者在研究管理哲学时往往忽视了西方哲学、宗教对于人与自然、人的自由意志的影响。也就是说，西方管理哲学不仅是随着管理理论的丰富而发展，还受到其本土文化情境的影响。这些在企业之外的影响因素，对于帮助他们理解、认识和实践人生价值都起到了同等重要的作用。

同时，西方的管理哲学也尝试从人性角度展开管理的思想及相应的活动，但是其对人的假设，无论是“经济人”假设，还是“复杂人”假设，更多的是基于人性在现实生活中的表现，而非人性的本质。这样的前提假设，不免有片面之嫌。

二、组织系统观

巴纳德是西方著名的管理学思想家之一，被誉为管理理论的社会系统学派的创始人。他对组织理论的阐述至今仍无人超越。巴纳德在1938年出版的《经理人员的职能》(The Functions of the Executive，又译为《经理的职能》)被誉为美国现代管理科学的经典著作、管理思想的丰碑。

巴纳德认为组织是一个复杂的社会系统，应从社会学的观点来分析和研究管理的问题。由于他把各类组织都作为协作的社会系统来研究，后人把由他开创的管理理论体系称作社会系统学派[③]。巴纳德的主要观点可以归结为以下几点[④]：

(1) 组织是一个由个人组成的协作系统，个人只有在一定的相互作用的社会关系下同他人协作才能发挥作用。

(2) 组织作为一个协作系统包含三个基本要素：能够互相进行信息交流的人们；这些人愿意作出贡献；实现一个共同目的。

(3) 组织是两个或两个以上的人所组成的协作系统，管理者应在这个系统中处于相互联系的中心，并致力于获得有效协作所必需的协调，因此，经理人员要招募和选择那些能为组织目标的实现作出最好贡献并能协调地工作在一起

① 芙丽特. 管理学的先知[M]. 向桢，译. 北京：经济日报出版社，1998.

② JOHNS G. The essential impact of context on organizational behavior[J]. Academy of Management Review，2006，31 (2)：386-408.

③ 马仁杰，王荣科，左雪梅. 管理学原理[M]. 北京：人民邮电出版社，2013.

④ 巴纳德. 经理人员的职能[M]. 孙耀君，译. 北京：中国社会科学出版社，1997.

的人员。为了使组织的成员能为组织目标的实现作出贡献和进行有效的协调，巴纳德认为应该采用“维持”的方法，包括“诱因”方案的维持和“威慑”方案的维持。“诱因”方案的维持是指采用各种报酬奖励的方式来鼓励组织成员为组织目标的实现作出他们的贡献；“威慑”方案的维持是指采用监督、控制、检验、教育和训练的方法来促使组织成员为组织目标的实现作出他们的贡献。

（4）经理人员的作用就是在一个正式组织中充当系统运转的中心，并对组织成员的活动进行协调，指导组织的运转，实现组织的目标。根据组织的要素，巴纳德认为，经理人员的主要职能有三个方面：提供信息交流的体系，促成必要的个人努力，提出、制定目标。

由此可见，巴纳德的组织理论与传统的组织理论不同，其主要的哲学意义可以体现在以下几点：

第一，巴纳德将人作为组织的核心展开研究，将“人是什么”，“人意味着什么”等话题作为管理者应当关注的内容，通过研究人的行为、心理因素和有限的自由意志等方面的内容，探索如何激发人的协作意愿，以便更加有效地沟通并作出贡献。这种做法有助于帮助管理回归到服务人的成长、提升人的价值的终极目的上来。

第二，巴纳德认为人的心理因素是导致其行为的直接原因，而非外部的物质刺激。这一观点的提出为探索人的主体性及其实现的路径提供了依据。

第三，巴纳德将管理者放在一个系统纽带的位置来看待，其主要责任是进行协调和有效沟通，而非单纯的指挥、命令，并且将“促成员工的个人努力”作为经理人员的主要职能之一，在一定程度上，使管理为下属的成长服务。

第四，巴纳德将经理人员与组织成员看做一个整体，而没有过分强调任何一方的优越性。这也是哲学系统论的具体应用。

第五，巴纳德将人的自由意志与组织利益相结合，认为人的自由意志是有限的，必须符合组织的要求。这也是个人自由意志与集体契约、个人利益与集体利益的辩证统一关系。

总体上来说，巴纳德的组织理论具有相当丰富的哲学内涵和广泛的社会视野，他将管理者的职能作用同组织的要素、生存和发展联系起来，并且从组织的要素及其相互关系来分析管理的职能，这是其他学派所没有的，也为大内的Z理论组织哲学思想、彼得·圣吉的系统辩证的组织学习理论和沙因的组织文化理论打下了思想基础。

三、组织文化观

沙因是组织文化与组织心理学领域的开创者，也是世界著名的心理学家与行为学家、享有国际声誉的管理咨询专家[1]。在20世纪80年代，随着日本企业竞争力的快速增强，许多学者开始对日本企业的管理进行研究，结果表明，日本企业的文化特征是促进日本企业发展的重要原因。由此，管理学家开始对企业文化或组织文化展开研究，并将研究发现综合为人与人之间相互作用的行为准则，群体的规范性、一致性、思维习惯等。然而，沙因认为这些都不是组织文化的本质。他认为："文化是一个群体在解决其外部适应性问题以及内部整合问题时习得的一种共享的基本假设模式，它在解决此类问题时被证明很有效，因此对于新成员来说，在涉及此类问题时这种假设模式是一种正确的感知、思考和感受的方式。"[2]以上那些内容都是文化的具体表象而已。

沙因首先在综合前人对人性的假设基础上，提出了"复杂人假设"理论[3]。第一，人的需要是有许多种类的，并且会随着人的发展阶段和整个生活处境而变化。第二，人的价值观、目标、动机模式是由需要与动机彼此作用而组合成的，是复杂多样的。第三，通过在组织中的经历，人们会更新原来的需要，获得新的动机。第四，人们在不同的组织中、在同一组织中的不同时期或不同情况下，也会有不同的需要和动机。第五，人们可以在许多不同类型的动机的基础上，全心全意地参与到组织中去，成为组织中高效的一员。第六，既然多种因素促使人们形成不尽相同的需求、动机，这决定了人们会对不同的管理政策作出不同反应，因此，不存在在一切时间对一切都能起作用的管理政策。

在这一人性假设的基础上，沙因将文化分成三个层次，即人工成分、信奉的信念和价值观以及基本的潜在假设[4]，并将文化的本质分成以下五个维度[5]：第一个维度，是对人类与自然即被认识到的整个环境之间的关系、组织与环境的关系的假定。第二个维度，是对现实和真理的性质的假定。第三个维度，是对人性的本质的假定。第四个维度，是对人的活动的本质的假定。第五个维度，是对人际关系本质的假定。

沙因的组织文化理论，是在梅奥、麦格雷戈等对人性的假设，以及巴纳德的组织理论、大内的组织理论等基础之上发展起来的，具有历史的进步性。其主要哲学意义体现在以下几个方面：

（1）复杂人的假设，相比理性经济人假设、社会人假设和自我实现人假设来讲，更加符合实际情况，是更加合理的一种人性假设。

（2）基于复杂人的假设，沙因对人在组织中的不同需求进行了研究，包括价值观、目的、动机等。这对全面了解人的主体性提供了更加准确的信息。

（3）沙因将价值观作为文化的层次之一，有助于了解员工的思想和心理活

① 刘敬鲁，等. 西方管理哲学[M]. 北京：人民出版社，2010.
② 沙因. 组织文化与领导力[M]. 章凯，罗文豪，朱超威，等，译. 4版. 北京：中国人民大学出版社，2014.
③ 沙因. 组织心理学[M]. 余凯成，等，译. 北京：经济管理出版社，1987：88-89.
④ 沙因. 组织文化与领导力[M]. 章凯，罗文豪，朱超威，等，译. 4版. 北京：中国人民大学出版社，2014.
⑤ 刘敬鲁，等. 西方管理哲学[M]. 北京：人民出版社，2010.

动，并使统一员工的思想成为一种可能的管理行为，并为实现组织价值提供了保证。

（4）将文化变成可以操作的程序，并用文化的力量来影响组织中人的思想和行为。为个人与集体、个人与组织之间的融合探索了可操作的方法。

如何适应组织内部和外部环境的变化是企业组织经营过程中永恒的话题，特别是在环境迅速变化的今天尤为重要。为了适应这种变化，企业需要不断探索新方法、新思路。沙因的组织文化理论，为我们认识自己思想深层的活动提供了工具。

四、管理哲学观

1924年，英国管理学家谢尔登（O. Sheldon）出版了《管理哲学》（The Philosophy of Management）一书，这是第一本以“管理哲学”命名正式出版的专著。该书首次阐述了管理的整体性及其在社会中的作用和地位。谢尔登将管理哲学作为管理实践的指导工具和一般原则，使得管理哲学的对象和内容具体化。他还从工业背景、管理的社会责任以及劳动力管理等方面入手，提出了“管理不应该只注重效率，还要关注精神成长”，“管理的艺术与管理的科学之间的区别在于前者包含了人的因素”，“服务是管理与劳动的新观念”，以及“工业合作新关系——伙伴关系”等哲学观点[①]。

雷恩对谢尔登的管理哲学思想的评价是：“谢尔登对管理的进步作出了多项贡献，其中最重要的一项贡献是他强调管理的社会责任的哲学。这种新的哲学把注意力放在上面提到的各种社会的方面，并最终导致重新确定管理思想的方向，以至现代的管理把社会责任放在优先考虑的地位。”[②]

20世纪七八十年代，以保罗·希尔的《走向新的管理哲学——英国壳牌石油公司发展纲要》（1976），克里斯托弗·霍金森（Christopher Hodgkinson）的《走向管理哲学》（1978）和《领导哲学》（1983）为代表的一大批西方管理哲学著作问世，将管理哲学从理论探索阶段带入了企业实践阶段，也标志着管理哲学进入新的发展阶段。

2000年，科克比在其《管理哲学》一书中提出的超越的、彻底的规范视角，使管理哲学研究向更深的领域转变，具有重要意义。其主要的观点概括为以下几点[③]：

（1）科克比认为科学研究的方式不适合研究管理现象。

（2）管理行为是人的行为，任何技术的解释都不能把握管理行为的本质。

（3）管理行为具有社会行为一般性，但也有其特殊性的理论。

（4）传统经典学科与分散的学科对管理研究的分析发生重叠，并且有些

① 谢尔登．管理哲学[M]．刘敬鲁，译．北京：商务局印书馆，2013．
② 雷恩．管理思想的演变[M]．赵睿，等，译．北京：中国社会科学出版社，2004．
③ 刘敬鲁，等．西方管理哲学[M]．北京：人民出版社，2010．

随意。

因此，科克比在《管理哲学》中提出[①]："本书采取一种明确立场：任何关于管理现象的反思，任何关于管理主题的元讨论，都必须是彻底规范性的。"

科克比的观点是对传统管理理论的一次重大突破。首先，他将人从传统的管理对象的位置放到了管理的主体位置，进一步明确了管理服务人的宗旨。其次，科克比将管理者对管理行为的理解和认识与管理现象联系了起来，将管理看做一种动态的过程，因此不能完全将其作为理论问题进行静态研究。再次，科克比明确了管理活动不同于一般学科研究，因为管理面对的对象是人而不是其他物体，因此需要对管理的本质进行探索。最后，科克比认识到了管理是一门多学科交叉的学科，任何理论都只能从一个片面了解管理但不能把握其整体面貌。

通过以上分析，我们可以看出，西方管理思想中的哲学观点是随着管理活动的不断深入而逐渐产生并发展起来的。从简单人性假设到复杂人性假设，从将组织作为系统研究的对象到管理哲学的明确提出，应该说西方管理思想在管理实践不断发展的过程中，逐步探索着管理的真相，其发展的方向是一种对管理本质的回归。但是，由于西方管理思想是以管理实践为基础的，这也给它的发展带来局限性。纵观西方管理思想的发展历程，基本上比较偏重于管理行为以及行为层面的改良。从整体上看，还是将管理作为追求企业效益的工具，而没有将焦点锁定在工具手段与价值方向统一、组织活动与人类终极价值实现的问题上来。

第四节　"以道为本"的管理哲学观

管理哲学自20世纪20年代英国学者谢尔登首次提出[②]，至今已过去90年的时间。这期间，西方的管理哲学随着其管理思想和理论研究的不断成熟而逐步走进了企业，指导生产实践。在中国，管理哲学尽管起步较晚[③]，但是也伴随着中国特色社会主义市场经济的建设走过了30多年的发展历程。中国管理的实践证明，照搬照抄西方的管理思想、理论和方法是行不通的，中国管理亟须构建一个与中国社会主义市场经济相适应的、符合中国文化特点的现代管理体系。1986年崔绪治教授的《现代管理哲学概论》正式出版，拉开了国内学者对"管理哲学"这一专题研究的序幕[④]。在这以后，大批的专家、学者、企业家对管理哲学这一概念进行了深入的思考，并出版了大量符合中国国情及时

① KIRKEBY O F. Management philosophy：a radical-normative perspective[M]. Berlin：Springger-Verlag，2000：7.

② SHLEDON O. The philosophy of management[M]. London：Isaac Pitman & Sons，1923：14-15.

③ 备注：尽管早在1980年台湾哈佛企业管理顾问公司出版的《企业管理百科全书》中就已经提到了管理哲学的概念，1981年台湾的曾仕强先生就出版了以"中国管理哲学"命名的著作，但目前国内学界普遍认为管理哲学在中国的研究起始于1986年崔绪治教授发表的《现代管理哲学概论》。

④ 李培挺，张守莲．破"科学管理"，立"管理哲学"——"科学管理"背景下谢尔登管理哲学基本定位初探[J]．管理学报，2011（10）．

代背景的著作（参见本书最后的附录），对管理哲学本土化的发展起到了积极的促进作用。然而，时至今日，无论在东方还是西方，管理哲学的发展都遇到了一些困难以及发展的瓶颈，亟待我们解决。

一、名家谈管理哲学

纵观管理哲学在中国产生发展的30年时间，的确涌现了一批学者专门针对管理哲学问题进行讨论并形成了“管理哲学”的“综述丛林”，对管理哲学在中国的发展起到了推动作用。在这些综述中，学者们针对管理哲学的学科定位、概念、研究对象及方法等问题进行了深入讨论，并较为广泛地认同“管理哲学是管理与哲学的交叉学科”①。尽管也有学者对此提出了不同意见，认为这种说法“过于模糊”，并不能“将管理学、管理哲学和哲学区分开”②，但是学者们仍然按照这个分类提出了各自的观点。例如，以崔绪治、徐厚德（1986, 1991）为代表的学者③，提出“管理哲学是马克思主义的哲学”。这种将管理哲学归类于哲学分支的观点得到了很多专家的支持。再如，黎红雷认为“管理哲学就是管理人世界观的理论化和系统化。管理哲学是元管理学（meta-management)，即管理理论和管理学科的出发点，回答管理的一般性问题”④；肖明认为“管理哲学吸取和概括管理科学的成果，研究管理活动的性质、一般规律及其与自然和社会的本质关系”⑤；齐振海认为“管理哲学不是一般的世界观、认识论和方法论，而是管理中的世界观、认识论和方法论，是从思维和存在关系的角度，对管理的本质及发展规律所作的哲学概括”⑥。管理哲学的研究对象应该是主体性、人性、价值性等哲学研究的核心内容，研究方法主要以思辨研究为主。

针对这一从哲学角度出发对管理哲学进行阐述的观点，也有很多学者从管理学的角度提出了不同看法，认为管理哲学应该是管理学的分支学科。如霍金斯认为，管理是一种行动的哲学，管理哲学是对管理与组织的元价值——逻辑和理性的一般性理解⑦；菲利（Filley）认为“管理哲学指管理者所选择的价值准则，它决定管理的手段，指导管理的行为，进而实现管理的目标”⑧；以谭晓军（2009）⑨为代表的国内学者，主张管理哲学是从管理实践中产生，并最终服务于管理实践的学问，对管理哲学的研究必须考虑其“实证性和可操作性”。与此同时，还有学者提出了国内管理哲学研究应参考“西方研究范式”

① 周可真，张薇．论管理哲学的产生及其学科性质[J]．江海学刊，2010（1）．
② 王建斌．管理哲学的学科属性探析[J]．玉溪师范学院学报，2013（1）．
③ 崔绪治，徐厚德．现代管理哲学概论[M]．合肥：安徽人民出版社，1986．
④ 黎红雷．儒家管理哲学[M]．广州：广东高等教育出版社，1993：4-9．
⑤ 肖明．管理哲学纲要[M]．北京：红旗出版社，1987．
⑥ 齐振海．管理哲学[M]．北京：中国社会科学出版社，1988．
⑦ HODGKINSON C．Towards a philosophy of administration[M]．Oxford：Basil Blackwell Published Limited，1978：108．
⑧ FILLEY A C，HOUSE R J．Managerial process and organizational behavior[M]．Glenview，IL：Scott，Foresman& Co.，1969：25．
⑨ 谭晓军．构建中国管理哲学的若干问题与反思[J]．湖北行政学院学报，2009（2）．

的观点。基于这一观点，大家对管理哲学概念又有了新的认识，如程宇宏认为“管理哲学在管理学体系中的定位应当是一门功能服务性的基础学科，即通过对现有管理思想与理论的反思，服务于管理学理论的发展与创新。从这个意义上说，管理哲学还具备或应当具备管理学前瞻性研究的功能，即通过梳理管理学理论发展的特点、趋势和热点问题，分析管理学理论要解决的根本矛盾和问题，关注管理学前沿领域问题，开展前瞻性和探索性理论的研究”[①]；官鸣认为“所谓管理哲学是科学管理的理论基础，是管理中具有普遍意义的必须遵循的一些主要原则或原理，而且这些原则或原理具有方法论的意义”[②]；曾仕强认为“简言之，管理哲学是对管理经验作反省的活动”[③]。根据这一理解，管理哲学的主要研究应该是管理中的具体问题，研究方法以应用、实证为主。

通过以上分析，我们可以看出，对于管理哲学概念的讨论由来已久，至今也未有统一的认识。管理哲学是应该姓“哲”还是应该姓“管”，或者还有其他姓氏，目前尚未有定论。那么，如何才能对管理哲学进行客观的认识呢？

二、“道本”说哲学

“道也者，不可须臾离也；可离，非道也。是故君子戒慎乎其所不睹，恐惧乎其所不闻。”

——《礼记·中庸》

这里的道，讲的就是万事万物自身的客观规律，也是事物发展的根本。人们在认识事物时，一定要从根本入手，才能了解事物的本质，把握其规律，进而才有可能运用规律为人类造福。同理，对管理哲学的认知，也应该从根本上入手，把握其规律才可以用来为人类造福。

管理哲学，顾名思义，就是以哲学的世界观和方法论来看管理，那么我们首先应该从哲学系统的角度去理解哲学解决的一些基本问题。

第一，从本体论的角度，哲学就是要解决人与本体的分离与对立问题，使人重新回归本体的状态。

第二，从主体论的角度，哲学就是要消除主观与客观的对立，让人的主观认识回归到客观真理的轨道上。

第三，从系统论的角度，哲学就是要建构人自身的精神与肉体，人与人，人与群体或组织，群体或组织与社会、自然环境之间的良性互动关系。

第四，从认识论的角度，哲学就是使人首先明确客观意志所决定的人的客体性，并通过皈依、修行法门获得一种洞穿现象见本质、看破对立达成统一和“见果溯因—改因变果”的能力与智慧。

---

① 程宇宏．“管理哲学”何为[J]．科学学研究，2006（24）：364．
② 官鸣．管理哲学[M]．北京：知识出版社，1993：1．
③ 曾仕强．中国管理哲学[M]．台北：台湾东大图书有限公司，1981：30．

第五，从价值论的角度，哲学就是要将物质与精神、现实与未来、人与客观世界形成价值统一体，使人从对自身的异化中走出来，让一切行动不偏离客观真理和生命终极价值，并以至善信仰作为统整一切行为和关系的最高准则。

第六，从目的论的角度，哲学就是要使人的一切主观意识与行为服从于终极目的。

第七，从方法论的角度，哲学方法论就是基于本体论的外在决定性、价值论的方向指引性、认识论揭示的内在规律性、目的论所决定的工具性，在此边界内发挥主体能动性，并以系统地解决问题为目标导向的一套操作体系。它涉及对问题本源、本质、变化规律、阶段性特点、指向目的的行动目标，以及符合终极价值标准的工具、方法的选择与运用的技巧与艺术。

搞清楚哲学系统的基本问题和方法论，对我们了解目前专家、学者针对管理哲学概念的不同理解、分歧所在，以及树立正确的管理哲学观具有重要的指导意义。

首先，哲学的主旨就是要消除人与人之间的对立，使每一个人的主体性都能得到充分的发挥，将人及人的发展、自我价值的实现以及主体性的发挥作为一切活动的根本出发点和终极价值旨归。

其次，哲学将目的与方法看做一个统一的整体，是一个统一体的两个方面，不可偏废任何一方。目的指向价值，方法确保目的实现，二者缺一不可。忽视方法而强调目的，就把哲学变成了空中楼阁般的“形而上之学”；忽略目的而追求方法就把哲学变成了无头苍蝇般的“形而下之学”。

最后，哲学的观点，是站在终点看过程，而不是就事论事地解决问题；是站在外部审视内部，而不是只考虑内部的发展忽视与外部环境的和谐共生；是站在系统上看局部问题，而不是就单个问题提出解决方案，忽视该问题对整体系统的影响，进而失去一次通过对系统的调节来预防更大问题发生的机会。

在管理实践中，作为管理活动的参与者，特别是管理者，树立正确的哲学观，用哲学的基本世界观和方法论来看待、处理、评估管理的活动，对实现管理的目的和企业的价值具有非常重要的意义。

三、“道本”说管理哲学

在本章第一节中，我们对管理的产生进行了阐述。从管理活动的起源上看，人类早期的管理活动实际上是一种众人的契约，并为众人的生存和发展服务。后来随着人类生产力的发展和科学技术的不断进步，人类的主观逐渐脱离了客观的规律，将管理变成了统治阶级的特权，变成了控制人的工具。“以道为本”，就是要回到管理本源上来认识管理，将人的主观回归到客观的规律上来，找到管理本质的所在，从而使管理回归其本应具有的属性及本身存在的价值。通过对哲学系统的分析，我们找到了这种对管理回归本源、人类主观合于客观等问题的分析方法以及实现的工具。

（一）“以道为本”的管理哲学的基本原则

下面，就让我们看一看，在哲学系统观指引下的管理哲学思想的基本原则，进而推出管理哲学的概念、研究的对象及范围。

第一，从本体论的角度，“以道为本”的管理哲学思想就是要解决因为人的管理意志所导致的人与本体的分离与对立问题，使人的管理意志回归到本体的客观意志之中。

第二，从主体论的角度，“以道为本”的管理哲学思想就是要消除管理与管理者的主观意志与客观规律，尤其是管理对象的主体意志的对立，让管理与管理者的主观意志回归到客观真理与管理对象意志之中。

第三，从系统论的角度，“以道为本”的管理哲学思想就是要消除传统管理对人自身的精神与肉体，人与人，人与群体或组织，群体或组织与社会、自然环境之间互动关系的对立与分裂，达成以上要素之间的和谐、有机与良性互动关系。

第四，从认识论的角度，“以道为本”的管理哲学思想就是使管理中的人立足于客观意志，明确主观有限性，超越管理现象层面的对立思维，运用见果溯因的方法，呈现管理中人与事物完整的因果链条，以智慧的方式达成管理的目的与价值。

第五，从价值论的角度，“以道为本”的管理哲学思想就是以至善信仰作为价值的方向和最高准则，消除管理将人的物质与精神、个人与集体、人与环境、现实与未来、手段与目的分裂与对立所形成的价值异化现象，将其回归到价值的统一体中，使管理走上共生、共存、幸福发展的终极价值大道。

第六，从目的论的角度，“以道为本”的管理哲学思想就是要使管理中人的一切主观意识与行为服从于管理的终极目的，并以终极目的性作为裁定上述管理过程的价值标准。

第七，从方法论的角度，“以道为本”的管理哲学思想方法论就是基于本体论对管理主体的外在决定性、价值论对管理的方向指引性、认识论所揭示的管理内在规律性、目的论所决定的管理工具的选择性，在此边界内发挥管理主体能动性，并以系统性和根本性解决管理中的实践问题为目标导向的一套操作体系。它涉及对实践中的管理问题之本源、本质、变化规律、阶段性特点、指向管理目的的行动目标，以及符合管理终极价值标准的工具、方法的选择与运用的技巧与艺术。

由此我们可以得出，**管理哲学，就是运用哲学原理引领管理思想与行动的智慧，就是“管理的管理”。具体来说，管理哲学就是基于哲学的智慧指引，运用本体论、主体论、系统论、认识论、价值论、目的论和方法论的哲学思维与方法，审视现实管理的行动，引领现实管理走向智慧的境界。**

（二）管理哲学研究的对象及范畴

管理哲学作为一个系统的知识体系，需要在确立其基本概念和功能的基础上，界定其研究的范畴、对象和基本框架。

一般来说，管理是人的一种主动有意识的指向目标和目的的，建构主体与周围相关客体关系秩序，达成关系效率，并使其处在不断适应、调整和优化中，从而实现主体与客体持续、良性、综合、价值最优的系统活动。

管理哲学研究的范畴与对象就是针对管理相关要素进行的哲学关系的构建和管理的哲学性目的的设定，具体表现为以下八个方面：

第一，管理中人的有意识的、指向目标的活动与目的和终极价值的一致性。

第二，在管理中主体与相关客体的关系秩序建构中，相关多主体意志和客观意志的有机统一性。

第三，管理中主体与相关客体的关系模式对过程效率与终极价值的贡献。

第四，在管理行动的适应、调整和优化动态过程中，对以上三个方面的提升与创新。

第五，管理中设定的目标、秩序与效率及模式对主体与客体共同价值实现的促进与保障。

第六，管理在以上价值互动和推进的过程中，建立持续、良性和综合的价值协调模式。

第七，管理在复杂系统中实现价值最优的效率及优越性。

第八，在完成上述管理活动的过程中，不断提升管理自身的系统性、有机性和活力。

可见，“以道为本”的管理哲学思想，就是运用哲学的系统观，从本体论、主体论、系统论、认识论、价值论、目的论和方法论等角度对组织中的管理进行全方位的审视，实现了组织的目的与具体的管理方法，组织的内部发展与外部协调，组织个人与集体的利益实现，组织中管理者与被管理关系等的辩证统一。管理应当符合组织发展阶段客观规律的、贯穿组织发展始终的人类主观活动，它既要保证组织的前进方向，又要对前进过程中出现的偏差作出及时的调整；既要满足组织利益的实现以确保前进的方向，又要顾及组织中个体利益的满足以激发人的创造性和积极性；既要发挥管理者的特长，使组织中最有经验、能力的人施展其特长，又要考虑权力的使用范围及对管理者自身的要求和监督；既要树立领导者的权威以确保阶段管理目标的实现，也要兼顾被管理者的主体性，使每个生命都受到其应有的尊重。

总之，组织是因人而生，由人组成，用人管理，并为人服务的，管理就是要认清这一基本客观规律，将管理的目标、手段和价值方向等回归到服务人的成长、实现人的价值这一根本目的上来。这样的管理，才是符合人心的管理，才是组织实现终极价值的保证，才是“以道为本”的管理哲学观的核心内容。

四、“以道为本”——管理哲学的方向

今天的我们正处在一个变革的时代，一切都在变。许多我们以前不敢想象的、不以为然的事情，现在都实现了。随着科技的发展和物质生活水平的不断提高，人们对企业的产品和服务的要求也在不断提高，这就给企业提出了更高

的要求。20世纪80年代以来，中国一直致力于建设有社会主义特色的市场经济，它既不同于西方的资本主义市场经济，也不同于以往的计划经济。在这种大的时代背景下，企业只有不断地满足目标顾客的市场需求，满足高速发展的时代要求，才能在激烈的市场竞争中立于不败之地。

改革开放近40年的经济发展经验、企业事实告诉我们，照搬照抄西方的管理方法是行不通的，中国企业必须以中国本土的管理实践为背景，探索出一条属于自己的管理思想和方法。正如德鲁克先生所说："因为管理涉及人们在共同事业中的整合问题，所以它应深深地植入文化之中。因此，发展中国家的管理者所面临的一个基本挑战就是，如何发现和确定本国的传统、历史与文化中哪些内容可以用来构建管理、确定管理的方式。"因此，管理的本土化工作是非常有必要的，而这就要求企业从业者以及专家学者对管理进行反思，这种反思不是简单的批判或者补充，而是以哲学的视角对管理进行一种审视，这也是管理哲学的精髓所在。然而据统计，欧美企业的平均寿命是12.5年，日本企业的平均寿命是30年，而我们中国企业的平均寿命只有3.5年，远远低于日本。是什么造成了中国企业的短命？原因是多样的，但管理肯定是其中之一。[①]

对于管理问题的关注已经持续了一个多世纪，在理论丛林不断丰富、茂密的同时，管理中的问题似乎并没有得到有效的改善和解决。尽管人们也尝试了从哲学的角度重新认识管理的问题，期望哲学可以为管理摆脱现实的困境提供解决的方案，但是由于种种原因，似乎并没有达到预期的效果。有人可能会质疑哲学的力量，怀疑哲学并不能解决生活中的所有问题，特别是在随着科技进步而日益发展的人类社会面前，哲学似乎也只能"望而却步"。

在我国现阶段管理哲学的研究中，存在着对管理哲学学科划分的争议。事实上，对管理哲学学科归属问题的讨论恰恰暴露了另一个重要问题，即理论化、学术化情节偏重，对管理哲学在实践中的应用问题关注不足。西方管理哲学是伴随管理理论的不断完善而发展起来的，而管理理论的完善必然离不开管理活动的丰富。因此，西方管理哲学对管理实践就具有很强的指导性。比如，泰勒的科学管理原理，是泰勒本人用一生的实践所提炼的管理理论，开创了科学管理的先河，为西方管理理论丛林的建立作出了杰出的贡献。再比如梅奥也是在著名的"霍桑试验"中证明了员工不仅对物质刺激有反应，而且对社会关系也有需求。也就是说，西方管理理论和思想的创始人都有着实际的工作经历，并用亲身的"实证"来检验理论的可行性。

反观我国管理哲学的发展，尽管也不乏一批学者从实践出发，尝试创立具有中国特色的管理理论以及管理哲学思想，如成中英的《C理论：中国管理哲学》[②]以及曾仕强的《中国管理哲学》[③]等，但是与西方管理哲学研究相比，还是略显单薄。这里既有国情的原因，也有学者们主观上脱离实践进行理论研究的现实原

① 葛荣晋. 中国管理哲学导论[M]. 北京：中国人民大学出版社，2007.
② 成中英. C理论：中国管理哲学[M]. 修订版. 北京：东方出版社，2011.
③ 曾仕强. 中国管理哲学[M]. 北京：商务印书馆国际有限公司，2013.

因。应该说，缺乏哲学基础谈管理，管理就纯粹变成了“术”（即方法），而脱离管理的实践认识去谈管理哲学，就将管理哲学变成了书本上的概念，就成了“无用之学”，也就无法指导人们的生产实践。无论哪一种认识都是片面的，都会给管理带来灾难性的后果，也就不能创造任何价值。尽管自新中国成立以来，中国也涌现了一大批优秀的企业和杰出的企业家，如海尔的张瑞敏、联想的柳传志、万达的王健林等，他们都是站在时代的高度，实践出了一条符合中国文化、时代背景的管理之路，但从整体上来看，管理理论的研究往往滞后于实践的脚步，尚未形成具有现实指导意义和创新价值的中国式管理理论和哲学思想。

此外，中国管理哲学学科建设落后，也是造成管理哲学研究滞后的另一个主要原因。目前可以查到的在研究生学习阶段设立管理哲学的院校只有5所[①]，分别是中国人民大学（10002）、吉林师范大学（10203）、黑龙江大学（10212）、广西大学（10593）和西安建筑科技大学（10703）。另有一些大学的商学和哲学院系，会在学科下设立这个研究方向，如中山大学在“中国哲学”专业下设立“中国管理哲学”研究方向；或者开设管理哲学课程，如南开大学、北京大学等。可见，管理哲学学科建设在国内还没有得到与之地位相匹配的重视，这也阻碍了中国管理哲学研究发展的步伐。

“以道为本”的观点就是从中国优秀文化中吸取能量，从宇宙之本源去思考人类的现实问题，从人类与宇宙之间的关系入手，将人放在宇宙大系统中去看待，并以此作为思考人类一切活动的思想基础和基本原则。

“以道为本”的哲学观，就是将哲学的系统论与客观规律相结合，以哲学作为现实中人类思考和行动的工具，纠正人们主观的认识错误，为人类的主观回归客观提供有效的工具。

“以道为本”的管理哲学观，就是将组织中的管理活动作为研究对象，运用哲学的系统论对其进行分析，找到问题产生的原因，提出解决问题的方法，指明管理前进的方向，并不断对这一过程进行审视，以确保组织终极目的的实现。

太月浮想

踏着历史的足迹，我们似乎能够触及历史上那些伟大的管理哲学家的思想脉搏。他们书写的历史告诉我们，管理活动应该合于自然大道，任何偏执于一方面的管理都不是完整的管理。管理思想史上出现的儒法分离、制度管理与文化管理分离等都是违背管理之道的，而管理的本质要求是实现它们的有机统一，就像道家管理哲学那样，实现管理上的“无为而治”——依“道”进行管理，这就是以道为本的管理哲学的核心。认识万物阴阳相合的运行规律，并依据它进行管理，达到万物自化、人与自然和谐的管理境地，或许就是管理的未来。

---

① 通过中国研究生招生信息网的“硕士目录”查询。

小　结

无论是管理科学，还是管理哲学，无论是制度管理，还是文化管理，虽然它们有各自的名称，但是正如“道生一、一生二、二生三，三生万物”，万物虽各不相同，但终归于一样，它们在本质上应该是相通的，都应该统合于“管理规律”——“道”之下。这应该是管理的本质要求，也应该是管理学未来的发展趋势。当我们在哲学的认识上实现自然哲学和生命哲学握手的时候，一定会发现：原来管理是那么美妙和令人感动。

思考题

1.研究管理的本源对管理思想的意义是什么?

2.从中国古代的“阴阳合一”发展到今天的“互联网+”思维，这中间的过程体现了怎样的哲学观点?

3.中西方管理哲学思想有哪些可以互相借鉴的内容?

4.“以道为本”的管理哲学思想的突破和创新在哪里?

第三章

创新世纪："上帝"死了，管理的拯救

摘要

现实中的人，没有谁喜欢被控制，但是有些人却偏偏想通过控制人达到管理的目的，于是管理变成了控制人的工具。其结果是，这样的管理不仅压制了人的主动性，阻碍了人的发展，而且往往会遭遇被管理者的反抗，带来管理者与被管理者之间无休止的冲突。管理就是控制人，这样的管理理念长期成为管理学中所谓的“上帝”，牢牢占据人们的头脑，使人不再对其进行质疑和反思。但是，人性的规律告诉我们，它正在压抑人的灵性、阻碍生产力的发展、阻碍人的健康全面发展，也在背离管理所追求的基本宗旨。

本章逻辑框架图

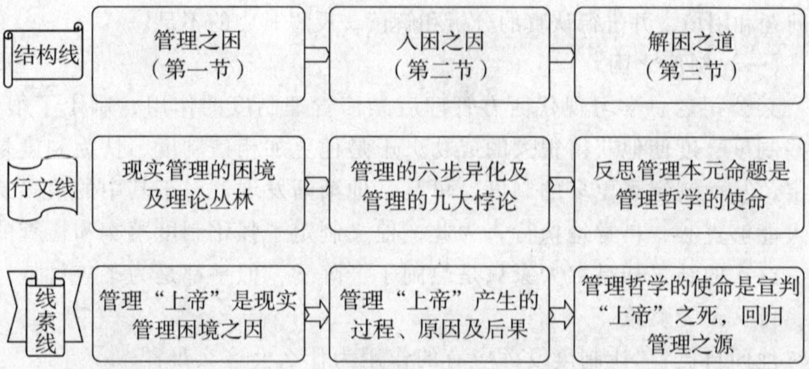

> 横看成岭侧成峰，远近高低各不同。
> 不识庐山真面目，只缘身在此山中。
>
> ——苏轼

第一节　管理之困——索问与沉思

自20世纪60年代以来，现代管理的思想、方法、理论和工具已呈茂密的丛林之态，并仍在不断生长和发展。但是，现实中的管理问题因此减少了吗？答案显然是否定的。在给企业家们授课、做咨询和自己做管理工作的过程中，随着我们对企业家和管理了解得越多，越能感受到企业家们内心的困惑越来越多。大多数企业家并非像普通人想象的那样因为事业的成功、物质的富有而感到轻松；相反，管理越做越累，而在外名声很大的企业也并不像人们想象的那样充满活力、和谐快乐、欣欣向荣。这到底是为什么呢？

一、管理实践的迷茫和困境

貌似繁荣的管理丛林时代，为什么还有诸多管理问题和困境不能得到解决？一种答案是，因为理论发展得还不够多、不够好。如果按这个思路发展下去，可以预想，如果不加干涉，管理理论将无限地膨胀下去。到那时，结果将是怎样也是不言而喻的，也许，理论制造业会成为社会中的一种特殊的行业。看来，这样的理论发展并不是问题的答案。另一种答案是，我们已有的管理理念出了问题，或者说其还可以被进一步优化。如果是这样的话，就需要我们去认真反思自己的管理理念，或者去优化现在的管理，从而找到解决现实问题的路径。从一般的科学精神出发，大多数人会认可这种观点。那么，下面就让我们把目光转向实践中的问题和困境，并进行认真的分析和解读，反思其中的不足。

(一) 制度之困

某公司老总学习现代西方管理后崇信管理制度的作用，制定了很多制度。这些制度一度使他获得很大的成功，于是他更加相信制度，认为制度是成功的法宝，从而制定了更多的制度。可是，他渐渐发现，对于其中的很多制度，没有人能够真心、自觉地执行。为此，他又制定了强化制度落实和检查的专门制度。这次的结果却是，大家只是热闹了一阵子，似乎都是为了应付他。他很苦恼，可又苦无良策。

他问自己："让制度发挥应有的作用为什么会这么难?"

大家都知道，管理离不开制度，而制度是为人而定的，其目的是实现目标。没有制度肯定不行，但仅靠制度并不能解决所有问题，有时甚至会引起意想不到的新问题。案例中看似"完备"的管理制度不但没起到预期的作用，还降低了效率，影响了员工的积极性。

现实中，很多企业家都面对着与案例中的主角一样的苦恼。

【管理者的苦恼】

改革开放后，中国一直在加强制度建设，企业也一直在向西方国家学习先进的企业制度。开始时效果很好，可好景不长，在西方国家用得好好的政策在中国却出现了很多"漏洞"，基本上形成"上有政策、下有对策"及"道高一尺、魔高一丈"的局面。有些制度甚至出现了"水土不服"，其中最为典型的就是独立董事制度。

关于制度，很多相互矛盾的看法也让人无所适从。有些学者认为，全面、严格的制度是企业成功的基本保障；同时，也有学者认为，企业在刚成立时并没有多少制度，但那时企业的发展是最快、最好的，大家感到那时的管理是"最好"的，可见制度的全面与严格与否并不能完全决定企业的成败。

这真应了那句话——"制度不是万能的，没有制度是万万不能的"。"没有"不行，"有"也解决不了问题。那么，如何制定最佳的制度？制度解决不了的问题用什么来弥补？……问题的根源在哪里？难道只有作为管理者的企业家因此而苦恼吗？作为被管理者的制度践行者又是如何看待这个问题？

【被管理者的苦恼】

我们理解"没有规矩、不成方圆"和"国有国法、家有家规"，企业应该有制度。既然制度是约束大家的，就应该由大家一起商量着制定，但为什么制定制度时从不征求我们的意见和看法呢？总是领导或者专家把制度定好了后丢给我们，这还不是为了加强对我们的控制和约束？既然这样，那我们就严格"按制度办"，有空子就钻，看领导怎么办。

再说了，制度其实就像法律一样，并不能解决所有问题。制度应该是为没有责任心、没有监督就浑水摸鱼的人准备的，对于有责任心、上进心，一心想干好工作的人来说其实可有可无。现在企业和领导这么重视制度，一切按制度来，其实是根本不相信我们的自制力和上进心。既然这么不信任我们，那我们就按制度上说的办，少干不行，但不多干总是可以的吧。

问题是，总这样和制度“逗着玩”，自己的抱负将如何施展？人生的意义又在哪里？难道制度只能在控制坏人的同时也抑制好人的积极性？为什么没有促进人积极、主动的好制度？……制度如篮，人心如水，制度之篮难道只能“一场空”？

（二）考核激励之困

某企业实行绩效考核末位淘汰制，准备将排在最后的和一些上了年纪的效率不高的员工淘汰掉，同时重奖业绩领先的员工，以促进企业发展。

制度实施后，排在末位的员工找领导诉说自己的困难，并表决心今后一定干好工作，请求领导再给他一次机会，这使得领导也很无奈。这些员工的困难是客观的，但公司又必须采取有效的措施让员工们能够不断进取，所以，领导一狠心，还是执行了制度，导致能力相对弱的员工变得惶惶不可终日，因为他们知道，没准儿下次就轮到自己被淘汰了。

与此同时，奖励也出现了问题。一方面，未获奖的人认为获奖的人是因为运气好，并不是能力突出，认为评奖对自己不公平，因此工作积极性受到影响。另一方面，获奖的人为了和大家保持和谐的氛围，又是请客，又是赔笑脸，搞得也很狼狈。总之，结果并没有起到激励大家共同向前的作用。

【管理者的苦恼】

有了目标和制度，就需要有考核，有考核就有压力。压力小了不行，起不到奖优罚劣的效果。压力太大也不行，不但会使后进崩溃，也会使先进担忧焦虑，因为人的能力不同，考核结果总会有人落在最后，而一轮淘汰过后，在没被淘汰的人中下次还会有人成为新的淘汰对象。心理学的研究成果已经证明，压力大时，短期内可以促进业绩增长，但从长期来看，员工业绩反而会下降，并导致创造力下降、人际关系紧张等现象产生。现实中还易出现考核人员和领导贪污腐败、员工流失率增加等问题。看来压力太大也不行。

应该如何确定（考核压力）大和小之间的那个最合适的点（度）？时紧时松并不是一个良策。到底该不该实行末位淘汰制呢？如何使企业保持一个适度的压力？

奖励的目的是肯定先进，为大家树立榜样，可实际效果却是“树起一个，打倒一片”。最后树起来的也立不住，激励没有起到应有的效果。

另外，考核不公平不行，但哪里有那种让所有人都满意的绝对公平呢？

……

【被管理者的苦恼】

适当的竞争和淘汰是应该的，不能干好干坏一个样。人都有惰性和自尊心，竞争有利于我们的成长。那些能力差、品德不好的就应该被淘汰，要不谁还好好干。但问题是，现在的淘汰制度是，只要是末位就淘汰，所以干得再好，也总有是最后一名的时候。老百姓都知道，五个手指还不一样长呢！开始淘汰的人是应该被淘汰的，但指标年年都会提高，新人不断涌进，淘汰几次后说不定就轮到自己了。现在淘汰的是年龄大的，可过几年我的年龄也大了……

再说，考核的指标根本就不公平，考核的办法和人员也不公正……

说起奖励就更让人伤心了。成绩本来是大家相互配合、共同努力获得的，可获奖的却只有几个人。既然他们是先进，那他们就应该多干。如果今后他们对我的态度好，那我就配合一下；如果他们很骄傲，那就让他们唱独角戏去，看他们怎么再先进。

先好好干，跟领导和考核人员搞好关系，再到外面看看有没有更合适的机会。不能等到年龄大了再被淘汰，那就太惨了。唉！一直这样下去，非疯了不可。

……

胡萝卜加大棒是人类驯化动物时用的方法，对人类也只能这样吗？

（三）领导风格之困

陈总创业前干过狱警，在公司对待员工也像对待犯人一样，不管走到哪里，只要看着不顺眼，就对下属劈头盖脸地一顿臭骂。

一段时间过后，他感到员工的工作积极性不高，自己管理的效果不佳，身心都很疲惫。员工见了陈总就像老鼠见了猫，但他们的心里对他并不服气。

陈总喜欢到现场巡视，但当陈总在场时，员工们提心吊胆，工作效率反而更低了。

【管理者的苦恼】

应如何对待下属？

太严厉不行，员工会离你很远，大家怕你，就不能同心同德；太和蔼也不行，员工虽离自己近了，可自己的权威感降低了，员工的执行力会下降。

应如何掌握这个远近之间最合适的度？现实中有不少铁腕、严厉的成功管理者，也有不少温和、平易近人的成功管理者。看来问题的症结不在于是严厉还是温和。

那成功的要素到底是什么？"该硬就硬，该软则软"？请问这个"该"应如何定义？

……

【被管理者的苦恼】

我们喜欢和气、关心自己的领导。但如果长期不能给我们带来经济或成长方面的利益，光和气有什么用？管他是不是和蔼可亲，只要能给我们带来经济或其他方面的利益，我们就拥护他。

"有本事"的领导一般脾气都大，但能让我们挣到钱，在家人和朋友面前有面子、有地位就行。可是，一段时间后，虽然经济上富裕了，物质上不缺了，但感觉在领导面前一点尊严都没有，为什么领导就不能和蔼点呢？我们又不是你们家的奴隶，再这样下去，我们非离开不可！

……

和蔼和严厉这两张面孔真的水火不容吗？成功管理者背后的秘密到底是什么？

（四）事业与家庭之困

一个奋斗多年、已小有成就的企业家自己总结道：“金钱越来越多，空闲越来越少；吃喝越来越好，体质越来越糟；房子越来越大，亲情越来越少；遗产越来越多，子女越来越垮。”

【企业家心灵独白】

创业时，为了企业生存顾不上家。家里知道自己在为事业、为理想、为改善家庭经济状况而奋斗，所以他们可以理解。但成功后还这么忙，还没时间和家人在一起，他们就开始不理解了。刚成功时，经济上的改善让他们很有满足感，但时间长了，消费欲望逐渐减弱，一些暴发户的恶行让他们开始担心、怀疑我会不会也不务正业，于是他们要求我多花时间陪伴他们来证明我还爱他们。

可是，创业难，守业更难。企业越来越大，需要的精力也越来越多，时间真的不够用。关注家庭的时间多了，对企业事务考虑不周全了，企业就会出问题。一家人怎么都好说，所以我觉得还是先以事业为主吧，但家人认为我变了，只爱钱不爱他们了……

最让我担心的是孩子们的成长。由于没有时间与孩子们进行沟通交流，所以我不了解他们的成长和烦恼，而正处在青春期的他们又受到了网络和不良朋友的负面影响，这让我越来越不能接受，我为了表示爱而给孩子的钱却成了害他们的“凶手”……

感情、亲情都开始出现危机。难道事业和家庭只能像跷跷板一样没法平衡吗？

为什么不聘用职业经理人把自己解放出来？从理论上来说比较容易，可真正实践起来难啊！企业里有几个能力很强的年轻人是我一直很信任的，重用他们，给他们高薪，就是想培养他们，希望他们成长起来后能把我从繁忙的事务中解脱出来。可是，这些人在可以独当一面的时候却出了状况。年龄最小的要走，原因是企业职位有限，在外面有更好的发展机会。没过多久，另一个人被竞争对手挖走了，说我对他不公正，他认为自己能力最强，但待遇却不如另外两个一同应聘来的。最让我伤心的是，我最看好的那个人最后也离开了，因为他要自己创业，虽在另一个领域，没带走我的资源，但我多年的心血白费了。

既然自己培养不行，那就吸取教训从外面空降，不用培养可以直接用。好不容易通过猎头找到一个合适的人，而其在来之前也是雄才伟略、豪情万丈，但真到了企业，其认可度很低，老员工因升职机会减少也产生了负面情绪。时间长了，经理人的热情也没有了，提出的新思想都没法落实，业绩也没上去，但职务消费却比往年大幅上升。让人哭笑不得的是，表面上看我的具体事务减少了，可实际上却更加操心。

最后只能考虑亲戚朋友。可是，他们忠诚度虽高，但能力不行，同样影响了其他员工的积极性。所以，这也不是解决问题的好办法。

……

如何解放自己？授权是必须的，可是如何才能保证被授权人能像自己一样全心全意地为企业服务呢？

（五）理想与实现手段之困

一位有宗教信仰的人，通过努力进取走上了领导岗位，他的理想是在企业内为员工创造一个理想的工作环境，在外可以帮助更多的人。可是，他渐渐发现，现实并非想象得那般简单。白天，他在公司里和市场上面临着激烈的竞争和恶战，创造和谐的环境只是他一厢情愿的想法。晚上，潜心修行时，他越来越无法进入状态。他时常感到很疲惫，感觉自己就像生活在冰火两重天的世界里一样，理想已面目全非，不知道自己还能来回折腾几遭。他自问："这是我想要的吗？"

【企业家心灵独白】

赶上了改革开放的好时代，想着要好好地施展才华，实现自己的梦想。为了走上领导岗位，我工作努力、成绩显著，可提拔时一直没有我。开始时觉得可能是自己还不成熟，领导还在考验自己。但一次次无果后，一个已退休的老领导才给我揭开了谜团，原来是自己一直不知道"潜规则"。

这个做起来并不难，于是我终于如愿以偿。但我已没有心思追求自己的理想了，只剩下应对现实的压力。市场竞争越来越激烈，竞争对手几乎是在用嘲笑来回应我提出的合作共赢的理念。企业内部的压力更大，几位副总也总是皮笑肉不笑的，谁知道他们什么时候会潜规则我，不可不防啊！……每天晚上，我都感到很疲惫。

……

争到了职位，但在职位上的所作所为是自己想要的吗？能创造出和谐的环境吗？

（六）特殊员工之困

某国企有一位难缠的中层干部，遇事爱胡搅蛮缠，对人粗言秽语，对利益分毫不让，据说还有很硬的"后台"——他是直接分管企业的一位领导介绍来的。大家都拿他没办法。有些人见他能这样，于是也学他的样子。企业被搞得乌烟瘴气，而领导们只能睁一只眼闭一只眼。

令领导更为头疼的是庞大的特殊员工群体——80后、90后员工。领导本身大多是60后、70后，而使用管理60后、70后员工的方法去管理这些新生代员工却总是让他们屡屡受挫。80后、90后员工个性更加张扬，不喜欢按部就班的工作方式。领导管得死，他们就认为企业刻板、严苛、无聊、限制个性；领导管得松，惯于养尊处优的他们在面对工作中的棘手问题时就会不知所措或心不在焉，反而认为企业松散、无序、冷漠、缺乏传帮带……面对这些"特殊"员工，领导常常是哭笑不得，好不容易让员工情绪稳定了，结果他们却很可能因为个人兴趣转移等原因辞职了。

【企业家心灵独白】

有些单位对企业的发展非常重要，如主管政府部门、银行、主要合作伙伴等主要利益相关单位。有时，这些单位的领导会向企业“推荐”一些人，而这些人就成为了企业的“特殊员工”。由于这些人知道自己的特殊之处，所以他们往往不服从管理，经常破坏企业制度。更糟糕的是，其他员工看领导不管他们也跟着学，受到处理时就大嚷不公平。领导有时也就睁一只眼闭一只眼，时间一长，企业的风气越来越差。很多优秀员工因此离职。

……

对这些特殊员工，不要不行，要也不行，什么管理理论能帮我处理好这个问题呢？

现在的年轻员工越来越难管理，但是企没有年轻的血液又不可能发展，到底怎么样管理他们才能有效呢？

（七）上下同心之困

在企业中，似乎每个人都有自己的想法，每个人都认为自己的想法是有道理的，每个人也都在用自己的想法去理解和考虑别人的想法。于是，在企业中，上下级之间、部门之间乃至员工之间各自为战，自以为是的现象比比皆是。在企业这样一个群体中，每个人都想着自己个人的目标和利益，又不太情愿地去服务别人，使得每个人的目标和利益的实现都遇到了困难。也就是说，每个人都想为自己好，但又很难实现这样一个目标。

【企业家心灵独白】

上述问题令我非常苦恼。是啊，我们都知道“上下同欲者胜”的道理，可又怎么样才能做到上下同心呢？上下不能一条心，工作又怎么能做得好呢？一位企业领导带着苦恼去问智者，智者回答：“你不能要求别人跟你一条心，你需要做的是从你自己出发去跟大家一条心。”这位领导似乎有所领悟，但又不知道如何去操作……

上述制度、考核、领导风格等七个问题是当代管理者共同面临的普遍性问题。为什么众多不断学习、实践先进管理理论的企业家无法从根本上解决这些问题？为什么层出不穷、品类繁多的现代管理理论不能从根本上提出解决这些问题的方案？

二、管理理论从林与管理学“上帝”的诞生

面对管理实践中的这些困惑，作为一名管理学研究者，每当被问及“什么样的管理模式最好？”“如何提高员工的积极性？”“怎样事业、生活两不误？”等问题时，看着询问人虔诚、渴望的眼神，我总觉得如果只给出“没有最好，只有适合”“不同的人要用不同的方法，必须权变”这样的答案是不够的。我深知，回答好这些问题是学者的责任。于是，我开始用新的视角思索为什么现有的管理理论不能给企业家满意的答案，为什么管理者不能轻松地做管理，以

及为什么几乎所有的企业家都感到身心疲惫却又欲罢不能。

（一）在丛林中跋涉——从历史演进角度看管理理论之困

现实中的实践者鲜有提出理论的能力。在对现代管理理论进行学习的过程中，当面对价值方向模糊，甚至理念与方法相冲突的众多理论时，这些实际使用和学习现代管理思想的人常常感到无所适从，难以选择。而管理学者的理论研究往往滞后于实践者的现实脚步，或是理论思考和研究脱离实践，致使理论研究不能精准地为实践提供指导，实践也不能为理论思考提供认知素材。这就形成了令理论界和实践界同时面临的一种特殊的尴尬。

在100年前的泰勒科学管理时代，管理理论和企业实践还可以说是紧密结合的，这些管理理论的提出者通常就是管理活动的实践者。但现在的问题发生在哪里？是我们在堆积论文数量的同时，研究质量发生了问题吗？如果是，那又是什么问题呢？从管理的历史演进过程中，或许能找到我们想要的答案。

在原始社会，人类与自然之间呈现出一种原始、和谐的关系。人来源于自然，生活于自然，生活资料也取源于自然。随着人口的增加、生活资料需要量的增加，以及人类对于自然界规律的发现，人类开始组织起来，与自然进入一种崭新的关系状态。一方面，人类利用自然规律来增加生活所需要的资料，其获取方式从采集和狩猎演变到种植和养殖；另一方面，人类从单纯地获取生活资料，演变到为了争夺有限的资源，而保卫自己、不断征战，从家庭、氏族、部落发展到国家，建立起了具备组织属性的人类社会。人类与自然、自身、同类的关系发生了巨大的变化。由这两大变化发端，人类开始了几千年对管理进行探索的历程。人类为了自己的生存利用自然规律和征服自然的过程，也就是管理人类和自然关系的过程。

人类从生产、生活活动的家庭管理到各国内部、各国之间的管理活动，在上述历史演进过程中不断进行和发展着。在这其中，国家统治、群体管理、家庭管理、个人管理的组织与行为模式，都有一个体现人类定位人与自然、人与人、组织与组织、现实与未来之间精神关系的文化认知体系与其相伴随，诸如原始的崇拜、民间的信仰、宗教、国家文化制度对人的思想、精神的管理。这两个过程相互交织，推动了人类历史几千年的进程。

到了工业社会，随着机器化大生产和自动化生产线的出现，再加上泰勒、法约尔等管理理论先驱者的不懈努力，管理在20世纪初开始被视做一门科学。在这之后，管理一直是沿着两条路线向前发展——一条是管理实践者对管理的思考、实践和总结，另一条是学者对管理现象的理论思考和研究。一方面，以目标和效率为导向的组织管理思想从生产领域扩展到全社会；另一方面，宗教对民众思想、精神的引导和影响也进入了管理活动的过程，以马克斯·韦伯为代表的管理学者在这方面进行了具有开创性的探索。

此后，管理丛林随着管理科学的发展也开始逐渐形成。1961年，美国学者哈罗德·孔茨在《管理理论的丛林》一文中，首次提出了“管理丛林”的概念。孔茨发出感叹：“使那些认识到改进管理能带来巨大社会潜力的实践家和观察家相当烦恼的是，管理理论中学派的众多导致了一场混乱且带破坏性的丛林战……他们的主要兴趣似乎是创立出一个不同的（因而是独创性的）管理学派。”[①]

近几十年，绝大部分管理理论出自脱离管理实践、不在实践中检验理论的学者。时至今日，管理理论研究界也还在丛林中探索跋涉，难以找到丛林的出路。

丛林，顾名思义，这里有很多的理论之树，但却没有参天大树。学术界研究具体问题的看法、方法和思想的人比较多，每年发表的论文不计其数，但是缺乏那种参天大树式的思想和理论体系。这些理论似乎都有自身的道理，甚至在两种结论有些冲突的理论中都包含着各自的道理，这形成了管理思想、理论在现象层面上繁荣，但在本质层面上淡化、在价值层面上弱化的局面。

从以上历史演进过程中我们可以发现，以管理活动为研究对象的管理学是在20世纪诞生的，其目的是提高人群活动的效率，并能够更好地满足人类生存与发展的需要。不幸的是，后来，相较于蓬勃发展的数理化生等以自然规律为研究对象的理工学科，以社会规律为研究对象的管理学在理论研究上出现了价值弱化和思维多元化的丛林现象。在与之对应的管理实践中，效率提高与人类自身生活品质的提升越来越呈现出一种冲突和对立的状态，而管理则直接推动和加剧了这样一种矛盾，管理的异化又进入了一种新的形态。

很显然，上述发展趋势绝不符合人类发展的最终目的。管理是为了什么而出现的呢？管理理论又是为了推动和达到什么目的呢？这是值得管理实践者和理论研究者共同思考的问题。

（二）超越丛林——从朱元璋治贪失败看目前管理的问题

明朝开国皇帝朱元璋出身贫寒，他的父母是饿死的，原因是本该发给他们的赈灾粮食被官吏贪污，所以他对贪污腐败行为一向深恶痛绝。成为皇帝后，他立志要建设一个官员人人清廉、百姓安居乐业的王朝。

明朝建立后的第二年（1369年），朱元璋就颁布了中国有史以来最为严厉的肃贪法令：贪污六十两银子以上者，立杀！杀后还要剥皮示众。但是，贪污仍然不断。于是，他颁布了更严厉的法令：贪污受贿的，不必以六十两为限，全部杀掉！甚至还下令普通百姓只要发现贪官污吏，就可以把他们绑起来送京治罪，而且路上各检查站必须放行，如有人阻挡，会被处死并株连九族！

朱元璋治贪不但发动群众，还把其作为全国各地检校（直接向朱元璋报告的特务）的重要任务。这些人遍布全国，且对朱元璋忠心耿耿。据说有些贪官收红包后，第二天就会被抓。

据统计，明朝因贪污受贿被杀的官员多达几万人。洪武十九年（1386年），当时全国十三个省从府到县的官员很少能做到任满，大部分都被杀。史料记载：该年同批发榜派官三百六十四人，一年后杀六人，“戴死罪、徒流

① 孙耀君．管理学名著选读[M]．北京：中国对外翻译出版公司，1988：365．

罪”办事者[1]三百五十八人。也就是说，三百多人无一幸免！

一般来说，在封建朝代开国时期，官吏是比较廉洁的，而朱元璋在位期间如此多的官员因贪污被杀，是很不寻常的。[2]可以说，其治贪措施的严厉程度在中国治贪史上是绝无仅有的。

但我们知道，朱元璋大力肃贪，效果却并不好。明朝虽然出现了像海瑞一样清正廉洁的官员，但贪污现象并不比历史上的其他朝代少。朱元璋在位时，雷厉风行的反贪行动，在某种程度上扼制了贪污腐败。但是，贪污受贿还是“朝杀而暮犯”，终究无法从根本上铲除。等到他死后，腐败之风重新反弹，使明朝中、后期成为中国历史上最黑暗、腐败的时期之一。

用现代管理理论分析，朱元璋的治贪管理从战略到制度都没有问题，管理者的决心和执行力也没有任何问题，但预期的目的没有达到（从长期来看，甚至还起了反作用），管理者本人身心憔悴，对自己产生了怀疑（问下属“奈何朝杀而暮犯”）。朱元璋治贪的困局对当代管理现实的困境来说是一个很好的写照，其中原因值得我们深思。

公务员贪腐一直是政府的毒瘤、人民不满的要因。为什么贪腐一直不能绝迹？很多人认为是因为惩治腐败的法律不健全、执行法律不严、处罚力度不够。朱元璋用实践告诉我们，这些并不能从根本上解决贪腐问题。贪腐现象是人类文明中的一种顽疾，虽然人人痛恨，但贪腐行为也有其自身的规律：

贪腐行为是受自己内在扭曲的、错误的价值观、思想和精神决定的；

贪腐行为是追求个人利益最大化并伤害群体利益，进而受到群体制裁的行为；

贪腐行为是人类心智进化过程中还没有超越和觉悟的低级行为。

我们不能简单地谴责人在某个时期的行为，任何人的行为均由其内在价值观和精神追求所决定。任何一个单独的个体，都很难在人生开始和以后的历程中确定和一直坚守正确的价值观。这也是组织与社会需要承担的责任——引领、教育并用制度保障社会中的个体在正确的价值观指导下发生正确的行为。

回到现实的管理中，我们要对不断加大力度的贪腐治理和贪腐难以根绝的现象进行反思，要对不断加强管理措施和难以达到管理的目的这样的矛盾进行反思，要对管理理论越来越多并形成茂密的理论丛林，却一直没能从根本上解决现实管理的困境和问题进行反思。

（三）北风和太阳的竞赛——从北风的自负看目前管理困境产生的原因

《伊索寓言》中有一个太阳和北风比赛的故事：

太阳和北风争论谁的威力大。它们商定，谁能剥去行人的衣裳，就算谁胜利。

北风开始猛烈地刮，行人把衣裳裹紧，北风刮得更猛。后来，行人冷得厉害，又加上了更多的衣裳。北风终于刮累了，就让位给太阳。

① 由于被杀的官员过多，为了保证政府工作的正常进行，朱元璋又创造了“戴死罪、徒流罪”办事的制度。官员犯法，被判死罪时，如有公务需要处理，这些官员又会被押到衙门去处理公务。处理完公务，再处理这些官员。

② 当年明月．明朝那些事：朱元璋卷[M]．北京：中国友谊出版公司，2006．

太阳先温和地晒，行人脱掉了添加的衣裳；太阳越晒越猛，行人热得难受，就把衣裳脱光，跳到附近的河里洗澡去了。①

失败的北风为何如此自负?

可以设想，这种自负来自于以往很多次成功的反复强化。北风可以轻易刮走巨石、拔起大树，让人感到害怕。无数次对石头和树的成功，强化了北风对于“用力量可以征服一切”的理念，最终成为北风信奉的准则。于是，当遇到问题时，它总会选择这一准则。而当使用效果不好时，它也不会对这一准则产生怀疑。由于在以往与人无数次的较量中，自己从未失手，它理所当然地认为，把人的衣服刮走这样的“小事”，自己必胜无疑!

北风可以征服巨石和大树这一认识本身没有错，它可以让人害怕也没有错，但认为靠力量可以完成一切就有问题了，把这一认识当做信条就使信条变成了教条。北风败在不知道也有力量办不到的事，而且如果一定要办，结果只有失败！北风不知道衣服是人用来保暖的，人与石头和树木不同，人是有主体性的，人只有感到热时才会把衣服脱掉，在寒冷中，人们只会把衣服裹得更紧。

北风只是寓言中的虚拟，现实中的朱元璋不也犯了北风的错误吗?

作为开国皇帝，打天下靠的是武力、威慑和铁的纪律，无数次的成功让朱元璋不再怀疑这些准则。于是，打天下时的成功经验成了治理天下时的桎梏。由于太信任这些经验，即使使用的效果不好，他也绝不怀疑这些经验会有问题，而是怀疑准则没被很好地执行，或者执行得还不到位。效果越不好，他越加强经验准则的执行力度，而从不考虑改变经验准则。就像寓言中的北风一样，打天下的成功经验已成为他管理思维的“上帝”！这些经验本身无所谓对错，但使用的背景变了，针对的对象不同了，这些被尊为“上帝”的信条还能正确地发挥作用吗?

朱元璋的治贪如北风，现在的管理又何尝不是呢?

管理北风真正自负的伊始也许是使生产力得到了巨大解放的工业革命。马克思和恩格斯在《共产党宣言》中指出：“资产阶级争得自己的阶级地位还不到一百年，它所造成的生产力却比世世代代总共造成的生产力还要大，还要多，自然力的征服、机器的采用、化学在工农业中的应用、轮船的行驶、铁路的运行、电报的往返、大陆一洲一洲的垦殖、河川的通航、仿佛用法术从地下呼唤出来的大量的人口——试问在哪一个世纪能够料想到竟有这样大的生产力潜伏在社会劳动里呢?”②工业革命之所以产生如此大的生产力，原因是科学技术的发展和科学思潮的兴起。正如恩格斯所说：“分工、动力（特别是蒸汽力的利用）、机器的应用，这就是18世纪中叶起工业用来摇撼旧世界基础的三个伟大的杠杆。”③恩格斯简要而深刻地说明了英国工业革命三个主要的过程：以

① 伊索．伊索寓言[M]．万亭，等，译．北京：中国戏剧出版社，2007：34．

② 马克思，恩格斯．马克思恩格斯全集：4卷[M]．中共中央马克思恩格斯列宁斯大林著作编译局，编译．北京：人民出版社，1957．

③ 马克思，恩格斯．马克思恩格斯全集：2卷[M]．中共中央马克思恩格斯列宁斯大林著作编译局，编译．北京：人民出版社，1957：300．

纺织机为代表的工具上的革命、以蒸汽机为代表的动力上的革命和以工厂制度为代表的生产组织方式上的革命。现代管理理论正是在这种背景下产生并迅速发展起来的。

在科学技术推动下，现代西方管理思想和理论逐渐形成。它们“在相当程度上提高了人们组织行为的效率，为人类经济目标的实现作出了巨大的贡献”[①]。成功的同时，科学技术和其思想的“无往不胜”使人们无比兴奋。一次次的成功使人类不再怀疑现代科学技术的力量，并逐渐让人类体会到成为宇宙主宰的快感。这种感受是诱人和疯狂的，人们开始自以为凭借科学和理性，通过分解可以掌握任何的知识领域，征服宇宙只是迟早的事。就这样，在创造新世界的同时，西方传统管理思想不再遭到质疑。管理的“上帝”就这样诞生了！

第二节　入围之困——异化与悖论

由于在机器生产中少数精英和机器处于绝对的主导地位，一般的人只是从属于机器的“会说话的机器”。因而，企业管理理论就自然而然地形成了自己的理论假设：管理是少数人控制多数人的理论，管理的目的就是使企业获得更多的利润。

由于强大的生产力功能，企业很快成为人类社会中最重要、最庞大的组织，企业管理理论的地位也随之迅速提升，加上大学管理专业的教育，一批批管理专业人员成为组织的精英。

但是，这种在特定时代背景下形成的理论假设和思想基础是正确的吗？是符合人类文明发展方向的吗？

一、管理繁荣的背后：管理的异化

人类文明产生之初，面对的是恶劣的自然环境和严酷的生存条件。在自然界强大的力量面前，人类只有通过集体行动才能在与自然的竞争中获得基本的生存条件。为了实现集体目标，需要个体遵守某种约束。要实现这种约束就需要委托共同的组织者和监督人。于是，最原始的管理由此产生。

可以设想，原始管理中的组织者和监督人应是受大家信任、身体强壮、经验丰富的人，他们成为集体活动的领导者。随着人类智力的发展，智力经验开始取代肉体的强壮成为主导的力量，拥有丰富经验的组织者可以较长时间地行使监督权，组织和原始的管理趋于稳定，原始管理的基本形态逐渐形成。由此可见，最初的管理实质上是一种基于群体信任的委托（可以看做一种集体契约），这时的管理是管理者对集体的服务，这样的管理近乎人类的理想状态。

---

① 郭咸纲．西方管理思想史[M]．2版．北京：经济管理出版社，2002：1．

试想，如果真正的管理理论是建立在这种假设之上的，那目前的所谓现代管理理论又有多少是符合这一条件的呢？

（一）管理第一次异化：对立化

人类之初，与自然处在一种和谐相处的状态，但人类后来的一切努力似乎都是要摆脱被自然制约的局面，所有的努力几乎都指向了对自然的征服。直至今日，人类想战胜自然的欲望依然没有停止。实际上，人来源于自然，是自然中的一部分。因此，人只能在尊重自然的基础上与自然和谐相处，运用自然的规律来满足自己的生存需要。而这一切，都要求人首先要尊重自然规律，然后才能运用规律来服务于人自身。那些违背自然规律的或者试图与自然相对抗的行动，注定是要失败的。时至今日，人类的许多问题都来源于人类自身能力的增长、欲望的膨胀和由此形成的与自然和规律的对立。这是人类面对的最根本的第一次异化——与自然和规律的对立。

（二）管理第二次异化：变质化

人类之初的管理是基于众人信任的委托，此时的管理也是服务众人利益的行动。但是，随着生产力的发展，人的活动范围增大，征服自然的能力增强，人口又不断增多，家庭、氏族、宗教、军队、国家等组织相继形成。尤其是随着私有财产的出现，人的社会地位也出现了差异，强势者开始控制弱势者。于是，管理出现了第二次异化：管理不再是基于众人信任的委托，而变成了强势者控制弱势者的手段和工具，管理也就此变成了奴役的同义词。

（三）管理第三次异化：制度化

没有人喜欢被控制，但是异化的管理就是一部分人（一般是少数）想通过管理控制另一部分人（一般是多数）。于是，引发了管理与被管理的无穷尽的恶性博弈，管理目的与实现目的的手段形成了悖论。

在漫长的封建社会中，这种博弈从未停止过。博弈的结果是管理者与被管理者的相互信任越来越少。管理者利用强权和财富的力量将管理强化为奴役，被管理者成为会说话的牛马和工具。同时，强权者还将这种做法规定成了一种基本的社会制度。此时的管理已被异化为人类的一种奴役制度，这就是人类管理的第三次异化——用强势者制定的所谓制度奴役弱势者。

（四）管理第四次异化：法理化

人性中有着对神圣和正义的渴望，这种力量驱动着人们对奴役人性的管理进行不屈的抵抗。于是，管理者开始通过制定与制度配套的思想体系来使自己的控制和奴役合理化，并通过这种思想的灌输使被管理者的精神逐渐屈服。于是，管理进入了新的异化状态——将控制与奴役法理化。

近代科学技术的出现和发展，促发了工业革命。工业革命催生了一个新的组织形式——企业。由于机器的强大动力和高效率，人在组织中的重要性地位越来越让位于机器，并很快变成了机器的助手，变成了与生产资料类似的一种生产要素，成为生产成本的一部分。劳动被分成体力劳动和脑力劳动，管理者与被管理者的差距再一次加大。被管理者的主体性被逐渐淡化，对人的管理也开始像机器一样被标准化、程序化。进入20世纪，企业管理从国家管理和军事管理中单独分离出来，形成了自己的理论，并很快长成茂密的理论丛林。至此，管理完成了法理化的形态，形成了更高形式的异化——“管理就是这样的，这样的管理是正确的！”

（五）管理第五次异化：文化化

计算机的出现使科学技术的发展大大加速，人类开始征服自己一直臣服的天空和大地。科学的巨大成功开始使人类的自信不断放大，于是人不再把从前敬畏的自然（包括人类自己）放在眼里。科学使人变得日益狂妄，自认为似乎可以改变和控制一切，相信只有自己才是宇宙的主宰。当然，管理作为人类意志的一种典型表现，也将对物和人的控制日益科学化。但是，历史规律表明，有压迫就有反抗，具有自主性的人当然会对这种不考虑人性的管理进行反抗。于是，管理不得不将人的心理纳入考虑之中，开始把人的思想作为研究对象，心理学和行为科学的很多思想开始在管理中被应用。这样，管理就获得了一种新的控制手段，强制性的控制被嫁接上“柔性艺术”，并假借文化的外衣加强管理。这时的管理，已经借助文化将异化柔性化，但其控制人，把人物化、工具化的本质没有改变。这就是管理的第五次异化——用柔性的文化进行思想的控制，以此遮掩传统管理控制人、奴役人的真相。

（六）管理第六次异化：潜默化

随着经济的发展和进步，管理中人的主体性问题越来越凸显出来。对人在管理中的地位表述也由工具论转变成要素论，再转变成资源论（人力资源之说），每一次演进都反映出一次人的主体性的突围。于是，有了管理对人的主体地位的不断修正，每一次修正所形成的众多管理理论也使得管理的丛林更加茂盛。许多人就是从学习这样的管理理论来认识管理的，于是乎，这样的唯“科学”的现代管理思想在人们思维中被最先植入。当人们在现实管理中遭遇痛苦时，很少有人去怀疑是自己所学的管理理论出了问题。至此，管理的“上帝”已然牢牢控制住了管理实践者和研究者的头脑。

在管理被异化（“上帝化”）的过程中，也不乏有识之士对问题的洞察。重读《科学管理原理》，我们吃惊地发现：泰勒对当时管理背后问题的发现和发出的呼吁，并没有引起人们足够的关注，那些管理背后隐藏的问题（劳资双方要共同完成的精神革命），至今还一直存在着。问题非但没有得到很好的解决，相反，似乎有增无减。[①]

① 泰勒在《国会听证会上的证词》中明确表示：“科学管理不是任何一种效率措施，不是一种取得效率的措施，也不是一批或一组取得效率的措施;它不是一种新的成本核算制度；它不是一种新的工资制度；它不是一种计件工资制度；它不是一种分红制度；它不是一种奖金制度；它不是一种报酬职工的方式;它不是工时研究；它不是动作研究或对工人动作的分析;它不是印制一大批工作文件交给工人说：‘这是你的制度，你必须执行’；它不是工长分工制，也不是职能工长制;它也不是普通工人在提到科学管理时就会想到的各种措施。科学管理不是上述那些措施，但我不轻视成本核算的方法、工时研究和职能工长制，不轻视任何一种新的工资方法，也不轻视任何效率措施——如果它们的确是可以提高效率的措施。但是我强调指出，这些措施都不是科学管理，它们是科学管理的有用附件，因而也是其他管理制度的有用附件。”(资料来源：泰勒．科学管理原理[M]．胡隆昶，等，译．北京：中国社会科学出版社，1984：237-238．)现在看来，目前的管理理论仍在泰勒强调的“附件”范围内运转。

"上帝化"的管理让管理者以为管理就是这样，即使管理出了问题，也不会对管理理论自身进行深刻反思，只是对其进行简单的修修补补。不断变换"思路"和名词的新理论虽都打着新理论的旗号，实则是头痛医头，脚痛医脚，花样翻新，本质未变，如同在丛林的某个枯树上长出一条新枝。很显然，在传统管理思路框架中，除了增加同质概念和在同质之下方法的变换之外，似乎已找不到出路。

于是，现实中的管理者们学了很多这样的理论，并按理论去做，却发现又出现了更多的问题，最后还是不知道如何做管理。于是，他们再去学习更多的新理论……如此循环，就像饥渴的人不断喝盐水一样——越喝越渴。这就是管理的第六次异化——管理的"上帝"已然牢牢控制住了管理实践者和研究者的头脑，人们在日益茂密的管理理论丛林中迷失，找不到走出的方向。

二、悖论与管理"上帝"之死

屡次被异化的管理，不可能从根本上解决实践中的管理问题。也正是因为如此，产生了现代管理理论无法解决的悖论。

悖论一：主观智能与客观规律

到目前，人类自恃为最高智能的动物，所发明的工具也是其他生物所无法比拟的。但人类这样的文明成果可以使人类成为凌驾于真理、自然力量之上的统治者吗？人类是被规律统治，还是要统治真理？人类的这种自大和追求真理的愿望越来越呈现出相互背离的趋势。

悖论二：控制与反控制

没有人喜欢被控制，但管理就是要控制人。于是，引发了管理者与被管理者的对立和无穷尽的恶性博弈。难道管理就是制造人之间的对立吗？为了个人利益的最大化，将众人置于工具地位的管理会有出路吗？在与众人的对立中，能找到实现个人利益最大化的方法吗？

悖论三：人性恶与被压抑的神圣性

大部分管理理论基本上是建立在"人性恶"假设的基础之上。于是，众人在管理者对其人性恶的认知和相应的措施面前变得越来越"恶性"化，这是人性在低级阶段对外界简单回应的表现。在这一过程中，人性中的神圣性因子一直受到压制而无法成长。于是，被侮辱的人性一直在挣扎和抵抗中。这样的管理能够成功吗？

悖论四：精英者制度与人心契约

管理一直寄希望于制度，用制度管理人心，但这样的制度又是背离人心的。于是，制度的效力又被削弱了。管理者为了有效地进行管理，就又制造了更多的制度。很多管理者不明白的是，制度是众人的契约，而如今的制度却成了精英者意志的反映，众人只是制度制约的对象。当少数精英的意志与大多数员工的意志相对立时，管理还可能有效和得到拥护吗？

悖论五：主体性与工具性

哲学早已经断言，人的主体性是不可剥夺的，每个人都会自主自动地思考、选择和行动。现实中的管理又将人变成了客体，管理者期待并要求人们只是听从指令，最好没有自己的思想。将人变成了客体，又去呼吁人的主动性、积极性、创造性和责任性，这不是自相矛盾吗？脱离每个生命自身价值体系的优化和由此开启的智慧道路，组织对人们的管理能够成功吗？

悖论六：少数人管控与全员自我管理

传统管理，一直是少数人管控多数人。当多数人被剥夺了自我管理的责任，而由少数管理者来承担所有人管理的责任时，管理将不堪重负，被管理的多数人也不会愉快，并丧失了积极性、主动性和自我成长性。于是，管理的效率就会越来越低。管理者为了保证组织的效率，就会加强管控的强度和力度，管理与被管理者的冲突与对立就会进一步加剧，这是提升组织效率的有效方式吗？

悖论七：物质利益和精神利益

管理一直以物质利益的诱惑作为主要的管理手段，可没有人因此而得到终极的满足，相反变得越来越贪婪，但组织又没有办法满足人们的这种贪婪。于是，人们就会在失望、希望和不断的正反两个方面的物质刺激之下蹒跚前行。对于大部分人来说，他们普遍以小我和眼前利益、物质利益为自己追求的核心目标，但背后依然隐藏着对尊严、情感、幸福、自我成长和长期综合收益保障的渴望。组织的管理能够真正地将人们呈现出的对物质利益的追求与隐含的对精神利益的渴望有效地统一起来吗？如果管理是在不断地刺激人们的物质欲望，却又不能完全地满足人们不断膨胀的物质欲望，忽视或者没有找到有效方法满足人们的精神需求，无法将物质与精神的两个需求有机统一起来，如此管理下去，管理能实现帮助众人成长和服务众人幸福的目标吗？

悖论八：个人利益与集体利益

管理一直教育人们要为集体利益而奋斗，而人们始终关注的却是个人利益的实现。组织，本来就是设计用来帮助众人实现目标的。如果管理忽视人们的追求而只关注所谓的集体利益，置每一个人的目标与利益于不顾，集体利益就成了一句空话，也无法对众人形成号召力。这样的管理与追求集体利益的教育会令人信服吗？组织管理能实现集体利益与个人利益的有机统一吗？纯粹为了集体利益或个体独自追求个人利益都无法使群体和个体同时受益，这是组织中集体与个体利益关系的基本理性。革命者为天下人福祉而献身，于是赢得了天下。这不就是关于集体与个人利益有机统一、结合的最好诠释吗?!

悖论九：学术研究与管理实践

管理教育和科研活动是为管理实践服务的，其有效性也是要通过现实中的管理实践活动来验证的。但是，现实中管理学科对研究者的考核大都是以发表学术论文为导向的，许多学术研究活动和论文不是在企业实践中进行的，因而也就难以发现和解决企业实践所面临的问题，加之这类研究又制定了专门的语言和行文规范，令现实中的企业管理实践者面对晦涩难懂的学术论文望而却步。论文写作变成了仅仅在研究者之间相互参评、难以落地的文字游戏。这种脱离管理实践也难以运用于管理实践中的学术研究，其价值和意义就要大打折扣了，于是就形成了学术圈和实践界两种相互隔离的、无法顺畅有效沟通的生态圈。在此基础上，学术育人和企业实践用人也构成了矛盾。这样的过程何时能够终结？

上述现实管理中悖论的存在，呈现给我们的是这样一种管理的景象：管理者和研究者不断强化着固有的经验和对管理的认识，凭借个人在实践、研究中积累形成的有限认知模式，衍生出了管理中的思想、理论、制度和行为模式，并将其视为管理中至高无上的真理，将其作为遵从和膜拜的管理中的“上帝”。不幸的是，这个看似代表着真理的“上帝”却没有发挥出其解决管理问题的那种众人期盼的万能的作用；相反，它制造了人的主观认知与客观真理的对立，管理者与被管理者的对立，管理手段与管理目的的对立，人心与制度的对立，个人与集体的对立，等等。这种背离了规律、制造了人与人之间对立的管理，还能够被称为管理中的真理吗？这样的管理还值得人们像对待上帝那样去膜拜吗？

1882年1月，尼采借疯子之口大声疾呼：“上帝死了！”

你们是否听说有个“疯子”，他在大白天手提灯笼，跑到市场上，一个劲儿呼喊：“我找上帝！我找上帝！”那里恰巧聚集着一群不信上帝的人，于是他招来一阵哄笑。

其中一个人问；“上帝失踪了吗？”另一个人问：“上帝像小孩迷路了吗？或者他躲起来了？他害怕我们？乘船走了？流亡了？”那拨人就如此这般又嚷又笑，乱作一团。

“疯子”跃入他们之中，瞪着两眼，死死地盯着他们，嚷道：“上帝哪儿去了？让我告诉你们吧！是我们把他杀了！是你们和我杀的！咱们大伙儿全是凶手！……我们还没有听到埋葬上帝的掘墓人的吵闹吗？我们难道还没有闻到上帝的腐臭吗？上帝也会腐臭啊！上帝死了！永远死了！是咱们把他杀死的！我们，最残忍的凶手，如何自慰呢？那个至今拥有整个世界的至圣至强者竟在我们的刀下流血！谁能揩掉我们身上的血迹？用什么水可以清洗我们自身？我们必须发明什么样的赎罪庆典和神圣游戏呢？这伟大的业绩对于我们是否过于伟大？我们自己是否必须变成上帝？以便显出上帝的尊严而抛头露面？从未有过比这更伟大的业绩，因此，我们的后代将生活在比至今一切历史都要高尚的历史中！”①

自文艺复兴以来，欧洲人的基督教信仰似乎正在逐渐解体，哲学家们从本

① 尼采．快乐的知识[M]．黄明嘉，译．北京：中央编译出版社，1999：126-127．

体论、认识论、科学知识、历史考证等各个角度对基督教原理进行了批判。哥白尼的日心说（1543年）动摇了地心说这一长期以来为教会所固守的信条，宣告了上帝创世说的破产；达尔文的进化论（1859年）则突破了人由神造的藩篱，表明了上帝造人说的失败；康德在哲学领域的革命，宣布了上帝存在为理性所不能证实的形而上学命题，从而将上帝驱逐出了理性殿堂，宣告了理性上帝的死亡；尼采在“重估一切价值”的呐喊下，宣布上帝所承载的传统价值的崩溃和死亡，价值上帝也被宣告死亡。作为真理最后保证和认识原动力的上帝于是不复存在。

陈鼓应认为，尼采所说的“上帝”是指一般人（尤其是基督徒）心中的上帝。这个“上帝”是人类根据自己，再加上丰富的想象创造出来的。虽然“上帝”无始无形、不可定义，但在信徒眼中，它是完满、觉知、极乐和活生生的。尼采在著作中批判基督教的上帝是怯懦者和病弱者的上帝，也是颓废的上帝。上帝不再是生命的变形和永恒的存在，而是颓废生命之矛盾体。所以尼采认为基督教的上帝是“这地球上所有最败坏的神的概念”。尼采坚决地认为这种败坏的神的概念应予铲除。陈鼓应认为，“上帝死了”意指人类生命不再有一个“永恒的背景”，也不再受绝对的信仰所约束，超自然的境界已经消逝，意指恢复人类自我的责任，恢复人类自我的决定。陈鼓应认为，尼采反对崇拜、牺牲、独断、教条、仪式、教会组织以及属灵思想，呼吁大家忠实于生命，重视人类生命自身所具有的价值。因此，**“上帝的死亡”只是个象征语言，他意示着古老中心价值的腐朽。**[①]

周国平认为，犹太教和基督教本来是反抗的宗教，后来蜕变为顺从和怜悯的宗教。上帝的柔弱化必然导致它的死亡。[②]

原来，“上帝”的死是规律被认识后的一种必然。在蒙昧时代，“上帝”是人们解除痛苦的精神“止痛剂”，对人类社会的发展起过重要的作用。但当理性和文明的光芒照耀和指引人类后，它必将因违背规律而死去。

历史的规律告诉我们，一个理论进步了，似乎会缓解一个矛盾的激化程度，但却为一次更加激烈的爆发积蓄着能量。一个理论成长了，另外一个消灭它的力量也在悄悄地壮大。此长彼消，此消彼长。只有超越了个人的有限认识，最大限度接近客观真理的理论才有可能超越这样的“生死轮回”。

哲人发出了“上帝死了”的论断，引发了人类对自身价值的思索，吹响了建设新文明的号角！历经千年的演变，管理在促进人类文明进步的同时，也制造了埋葬自己的力量。在面对重重悖论的困境当中，那个曾经和正在耀武扬威的管理的“上帝”，必然在文明的发展中走向死亡！

“管理的上帝死了！”期待着管理在涅槃中重生！

正如宗萨蒋扬钦哲仁波切所说，佛性是超越因果的，无明消失就是佛性，

① 陈鼓应．尼采新论[M]．上海：上海人民出版社，2006：29-30．
② 周国平．尼采：在世纪的转折点上[M]．上海：上海人民出版社，1986：165．

而我们又不是无明，所以我们必然就是佛性——这就是我们的真实本性。[①]

第三节　解困之道——管理哲学的使命

宣布管理学“上帝”的死亡，意味着那种控制人、约束人的管理的结束，也预示着对现有管理的根本反思。管理将向何处去？管理要进行怎样的自身变革？谁来承担拯救管理的使命？

一、心里的锁与虚掩的门

英国魔术师胡汀尼有一手绝活，他能在极短的时间内打开无论多么复杂的锁，从未失手。他曾为自己定下一个富有挑战性的目标：在60分钟内，从任何锁中挣脱出来，条件是让他带着他那套特制的开锁工具，并且不能有人在旁边观看。一个小镇的居民，决定向他发起挑战，有意给他难堪。他们特制了一个坚固的铁牢，配上了一把看上去非常复杂的锁，向胡汀尼发出了挑战。胡汀尼接受了这个挑战。他带上工具，走进铁牢中，牢门“哐”一声关上了，大家遵守规则转过身去不看他工作。胡汀尼取出自己特制的工具开始工作。30分钟过去了，他用耳朵紧贴着锁，专注地工作着；45分钟、1个小时过去了，他头上开始冒汗。2个小时过去了，胡汀尼始终听不到期待中的锁簧弹开的声音。当无奈而绝望的他筋疲力尽地靠着门坐下来时，“奇迹”发生了——牢门顺势而开。原来，牢门根本没有上锁，那把看似很厉害的锁只是个摆设。小镇的居民成功地捉弄了这位逃生专家。[②]

门没有上锁，自然也就无法开锁，但大师心中的门却上了锁。

胡汀尼的失败，在于他太专注这把具有象征意义的锁了。他的目标从“逃生”不知不觉地转换成了“开锁”。更可悲的是，先入为主的概念告诉他：考验他能力的锁，一定是锁上的。

公司总经理叮嘱全体员工：“谁也不要进八楼那个没挂牌的房间。”但他没解释为什么。

在这家效益不错的公司里，员工们都习惯了服从，大家牢牢记住了领导的吩咐，谁也不去那个房间。

一个月后，公司又招聘了一批年轻人，同样的话，总经理又向新员工重复了一遍。这时，有个年轻人在下面小声嘀咕了一句：“为什么？”总经理看了他一眼，满脸严肃地回答：“不为什么。”

回到岗位上，那个年轻人的脑子里还在不停地闪现着那个神秘的房间：又

① 宗萨蒋扬钦哲仁波切．佛教的见地与修道[J]．马君美，杨忆祖，陈冠中，译．北京：新星出版社，2012：47．

② 张健鹏，等．心里的锁[M]．北京：当代世界出版社，2001：231-232．

不是公司部门的办公用房，也不是什么重要机密的存放地，为什么要有这样的吩咐呢？年轻人想去敲门看看到底是怎么回事。同事们纷纷劝他：“冒这个险干嘛？不听经理的话没什么好果子吃，这份工作来之不易呀！”小伙子来了牛脾气，执意要去看个究竟。他轻轻地叩门，没有人应声。他随手一推，门开了，不大的房间里只是一张桌子，桌子上放着一张纸条，上面用红铅笔写着几个字——“拿这张条子给总经理”。

小伙子很失望，但既然做了，就做到底，他拿着纸条去了总经理办公室。当他从经理办公室出来时，不但没有被解雇，反而被任命为销售部经理。“销售是最需要创造力的工作，只有不被条条框框限制的人才能胜任”，经理给了大家这样一个解释。到最后，那个小伙子果然没让经理失望。[①]

故事集的编者评论：“有些条条框框所设置的禁区，其实正是留给勇敢者开拓的处女地。”

故事启示我们：解答目前的管理问题，需要我们打开心中的成见之锁，回归起点，挑战好像已无须质疑的理念，重新思考管理的本源和终极价值。看似艰巨的使命，可能只是一扇虚掩的门。

二、拯救管理的运动：管理哲学的使命

从已有的研究成果看，管理研究可以分为三类：第一类是对具体管理问题解决方法的研究，即处理实际管理问题的步骤、技术手段等，如6σ、SWOT分析；第二类是对管理学研究方法的研究，即对管理研究者处理研究对象的程序的研究，如获得作为管理研究对象的数据、资料的方法，处理这些资料的方法（即常说的研究工具）；第三类是对管理理论建构方法的研究。第三类研究解决的是第二类研究中具体的工作程序基于何种理论“范式”。西蒙在著作中专门强调他采用了逻辑实证主义的理论建构范式，以解释自己的理论思路与其他研究者的不同。[②]

在三类研究中，第三类至关重要，因为构建理论的逻辑是否正确决定了其研究方法是否正确，进而决定理论在解释或解决某种实际管理问题的价值。但由于各种原因，很多管理学者在发表其管理学观点或理论时，常常不明确说明自己理论建构的逻辑。如泰勒虽在《科学管理原理》中指出，“科学管理包括某种主要的普遍原则，是一种能以各种方法运用的哲学观”[③]，但这种“哲学观”究竟是什么，他没有明说。法约尔在他的《工业管理与一般管理》中从未提及自己的理论建构逻辑。

随着管理理论的“成熟”和体系化，现代的管理学者很少论及自己的理

① 张健鹏，等．虚掩的门[M]．北京：当代世界出版社，2000：151-152．

② 参阅：西蒙．管理行为[M]．詹正茂，译．4版．北京：机械工业出版社，2004：50．西蒙说，我们需要的观点倒是很容易在哲学文献中找到。所以，可以把某个特定的现代哲学流派——逻辑实证主义的结论当成起点，来考察它们对于决策理论的意义。

③ 泰罗．科学管理原理[M]．胡隆昶，等，译．北京：中国社会科学出版社，1984．

论基于何种逻辑范式。其中，有些是因为大家熟知而不必说。例如，通过对当时社会和哲学研究背景的了解可以知道，泰勒提到的“哲学观”应是美国当时流行的“实用主义”哲学思潮；通过法约尔将“管理活动”从六种企业经营活动中分离出来，再进一步分析其五个具体的职能，可以判断他的研究应基于“功能主义”的理论范式。[①]但有相当一部分是因为研究者本人忽略了对这一根本研究问题的思考。这种情况下的研究很容易出现隐含假设前提错误或基于错误假设前提的理论繁衍，如管理理论关于“人性”假设的演变过程等。

管理哲学正是要在某种指导原则下，对管理理论中隐含的逻辑及哲学方法论特征进行系统的分析，帮助人们了解每一种管理理念背后的研究思路和逻辑关系。

伊·拉卡托斯认为科学哲学要研究一种科学理论何以能够取代另一种科学理论的逻辑关系。类似地，管理哲学要做的也是**通过揭示一种管理理论（思想）取代另一种管理理论（思想）的内在逻辑，厘清管理知识之间的哲学线索，发现一种管理理论可能存在的内蕴性缺失或偏颇，为后继理论对其超越、发展提供线索。**

管理活动古已有之，企业管理的出现只是近代的事件。那么，如果大胆追问：“企业能在人类社会中存在多久？是否永远存在？”恐怕无人能下断言。但我们可以肯定的是，只要人类存在并需要集体活动，管理就会存在。至于我们现在所说的企业管理，难道就不可能像恐龙一样成为历史事件吗？[②]

这样分析不是为了危言耸听、哗众取宠，而是想启发大家思考：没有什么可以成为管理理论的教条。我们不必对管理“上帝”死后会不会出现可怕的后果而担心。我们应该做的是放弃“既成之见”，试着打开一扇新的“门”——**用新的管理哲学思想换一个视角反思管理问题，重建新的大厦。**我们，就是这样的探索者；本书，就是这个探索之旅的阶段成果。

根据我们的探索和众多优秀企业家的践行，我们可以很有信心地告诉大家：管理可以不是现在的样子；有些企业家运用一种神奇、有效的管理方法，不但解决了现实管理中的问题，还让管理变得越来越轻松。本书正是要将这种成功的管理思想背后的哲学体系奉献给大家。

为了让大家更好地理解目前管理在哲学层面存在的问题，我们引入了管理学“上帝”的概念，并宣告了管理学“上帝”的死亡。如果不考虑宗教教义（上帝概念的出现早于宗教的出现），把上帝看做完美人类的化身、人类理想中的自己和人类为自己树立的榜样，那么，这个代表着人类梦想的“上帝”是不会死去的。

---

① 谢庆绵．西方古典管理哲学评析[J]．管理与效益，1998(1)：9-11．

② 马克思认为人类进入共产主义后国家将不复存在，因此，现代意义上企业的最终消亡也并非天方夜谭。

太月浮想

人类需要上帝，于是创造了上帝。

上帝束缚了人类的发展和自身价值的体现，于是人类宣判了上帝的死亡。

似乎上帝并没有错，错在人类对目标与实现目标手段上的错误认识。世界最确定的规则就是不确定，僵化预示着死亡，死亡也预示着新生。

本章的创新点是借用尼采“上帝死了”的哲学命题，用哲学思维和反思的语言分析了现实管理中的问题和困境。本章不像一般管理哲学书籍那样抽象、深奥和生涩，而是循序渐进地阐明了西方现代管理理论一步步被异化的过程，自然导出管理的“上帝”被宣判死亡的必然性，为以后各章的论述提供了基础。

小　结

管理的本质是什么？管理的根本目的是什么？实现管理目的的最佳方式应是怎样的？

现实中的管理困境促使我们对上述问题进行系统的反思。这就是管理哲学的使命。通过反思，我们发现，无法解决现实管理困境的原有的西方管理理论已经由于异化而产生了自身无法解决的悖论，并在这个过程中将自己“上帝化”而走向末路。

思考题

1.结合周围实例，你认为应如何解决现实的管理困境？

2.你理想中的管理是怎样的？

3.你如何看待和评价目前管理理论的发展现状？

4.你认为什么是现代管理的“上帝”？

第四章

“人脑与猪脑”：深入管理真相的头脑

摘　要

没有管理哲学思维的大脑，面对管理问题时一定会疲于应对，面对管理困境时一定会一筹莫展，面对管理异化时一定会无能为力，面对一切管理中的“压力”时一定会痛苦不堪。这样的头脑，猪也是会嘲笑的吧?!

在认识客观世界的主观活动过程中，只有具备了基于已知人类实践水平的，对于客观事物和活动的要素、要素与要素之间的关系及其变化与发展规律最近似于客观的主观认识，人脑才能真正被称为人脑，才能真正被称为强大！而这种强大，本质上就是强大的哲学思维能力！

在管理活动中，对哲学思维的运用就可以总结为管理哲学思维。管理哲学思维首先不是对管理要素、要素和要素之间的关系及其发展规律的认识，而是充满灵性的人对人自身和自身之外的事物与人的洞察。与其说它是一种逻辑，不如说它是一种灵性——这种灵性体现的是管理者的一种心境和一颗爱心。它的最终目的是要化解人的痛苦、提高人的理性和解决现实的问题。

本章逻辑框架图

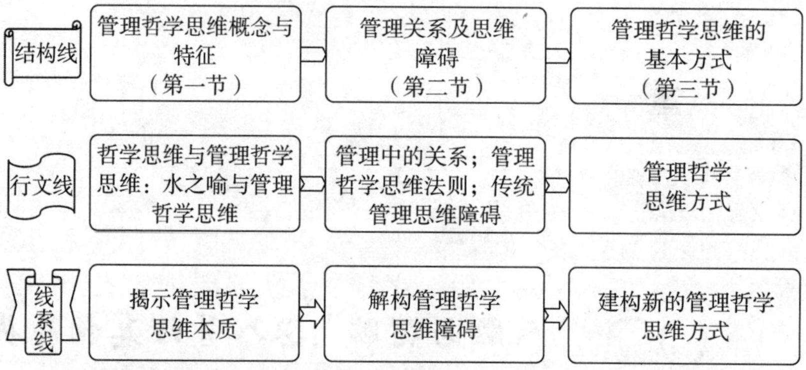

知人者智，自知者明。
真正的智者，他们的心会伴随着感动汇入自然的律动之中！
真正的智者，因为没有了自我的重量，于是拥有了智慧的翅膀！

“瞧你这猪脑子！”经常听人这样开玩笑。好像猪脑子是蠢笨的象征，而人脑一定比猪脑聪明！现实中绝大多数的人都不会怀疑这个论断。当我们深入了解管理实践之后，会惊讶地发现，人类中很多个体每天都在制造的问题，恐怕无法证明人一定是很聪明的。有朋友又开玩笑说：“当我们说猪很笨时，连猪都可能会笑话我们。”

玩笑毕竟只是玩笑，它只是提醒人们不要认为自己一定是最聪明的。我们在本书前面的章节列举了管理中的大量问题与困境，本章重点在于探索这些问题背后的思维原因。

如果说管理哲学思维的本质是对管理中各种关系进行深层次思考，那么，管理中所涵盖的关系又有哪些呢？传统管理在思维上是怎样处理这些关系的？管理哲学思维在处理这些关系上与传统的管理思维又有何不同？

第一节　管理哲学思维的概念与特征

如前面章节所述，管理实践面临着诸多的困境与误区，管理理论中还充斥着许多的悖论。管理哲学虽然承载着解决这些问题的责任，但时至今日，很难说已有的管理哲学已经走出了传统管理的圈子。因此，管理需要一种新的哲学思考，这样才能实现对传统管理哲学的超越，才能避免自身成为落后管理思维的辩护者。从理论上来说，管理哲学是给管理思想指引方向的，管理哲学是对诸多管理问题进行“根本性”思考的，而不是纠缠于管理中具体问题的解决。换句话说，如2010年几十位中国管理学教授与学者在其联名发表的一篇倡议性文章中所指出的：“未来管理研究的重大成果，一定会在管理的根本性问题上实现突破，而不是就枝梢末节所进行的原有理论的阐发。”①

对管理真正的哲学思考一定是从管理的“根目录”和“源问题”上开始的，如此这般，才能找到管理问题的源头，才能找到管理哲学在管理学体系中的功能和地位。那么，**管理的“根目录”或“源问题”又是什么？**

一、“根目录”上的管理哲学思维

恩格斯讲过：“一个民族要想站在科学的最高峰，就一刻也不能没有理论思维。”国学大师南怀瑾先生也讲道：“我们正在进入‘新认知科学’的时代，必须对人类如何观察世界有新的理解，对观察结果所进一步产生的行为有新的理解。”②

一般认为，人是擅长思维的动物，思维是人的认识活动过程的最高水平。人每前进一步都是由其内在的思维方式牵引着进行的，思维方式的变革与创新推动着人类的进步。在管理领域中，有什么样的管理思维，就会有什么样的管理行为和管理态度。现实中管理的诸多异化问题，从根本上还不是源于管理思维？可以说，管理思维是管理系统中的根本性因素。可是，放眼管理的发展历史，人们一直都很重视管理行为、管理态度，却往往忽略了隐藏在管理行为、管理态度背后的管理思维。正因为管理态度与管理行为是管理思维的产物，管理思维理论才是我们思考管理“源问题”的一个关键。由此可见，掌握正确的思维方式对管理的创新与拯救是非常重要的。从管理思维进行突破，是建构新的管理哲学与创新管理理论的第一步，也是关键的一步。

以上是从理论上推理管理哲学思维在管理中的重要地位，下面从企业管理的现实来进行考察。

考察企业发展史，可以发现：一方面，在管理学没有诞生之前，世界上已经有了很多成功的管理者；另一方面，松下幸之助、稻盛和夫、李嘉诚、王永庆等很多卓有成就的企业家在从事企业经营管理的很长时间内并没有学过管理学，但却掌握了管理的绝妙智慧。由此可见，许多成功者对管理的掌握似乎是无师自通的。换句话说，用心的实践和对实践的哲学思考造就了这些成功的管理者。

但是，话说到这里，一定会有人问：“没有学过管理学知识，他们怎么管理？”这个问题问得十分合理，细细思考起来也不免让人感叹：“那么多没有学过管理学的人成了企业家，而那么多学过管理学的人却在他们的管理之下，更

① 齐善鸿，白长虹，陈春花，等. 出路与展望：直面中国管理实践[J]. 管理学报，2010(11): 1685-1691.

② 圣吉. 第五项修炼：学习型组织的艺术与实践[M]. 张成林，译. 北京：中信出版社，2009.

多的管理学毕业生正在给那些没有学历的老板们打工！”面对此情此景，面对这样巨大的反差，越来越多的人开始对管理学教育进行反思，更为管理这样一种独特的智慧而赞叹！

考察现实的管理，我们发现，像松下幸之助这样的经营管理大家，他们虽不是管理专业的毕业生，但他们会用心思考，用最朴素的生活常识思考管理中的基本问题。换言之，他们能够用哲学思维来思考管理问题。拥有这种管理哲学思维的人，才是本书开篇所讲的有哲学头脑的人，是完成了从大脑思维到心灵感悟历程的人！

管理哲学思维是管理思想、理论、知识、技巧、工具背后的价值逻辑。从实际效用来看，一大堆管理知识若是缺少了管理哲学思维的统领，本身就可能成为把管理问题复杂化的一部分。或者说，很多成功的管理者的经验表明，拥有能够进行哲学思维的头脑远胜过一大堆纯粹的管理知识。

常规情况下，人们“想的逻辑”一般要先于“做的逻辑”，而“做的逻辑”也表达了“想的逻辑”。所以，作为人类复杂活动的管理，其任何一种管理行为与现象都是管理思维的产物。管理绩效与管理行为的质量取决于管理思维的水平[①]。而管理哲学思维则是对管理和管理活动所进行的终极发问与反思，管理哲学思维是对位于管理“根目录”上的问题进行思考并触动和发现“元理论”的思维。

从这个角度而言，企业之间、团体之间以及人与人之间的竞争，实质上都是管理哲学思维的较量。因此，管理哲学思维的研究，也就成了管理哲学中一种对管理本源性的研究，也是管理哲学研究中的一个较为核心的部分。

正因为管理哲学思维有着独特的功能与作用，所以要想厘清现实管理中的乱象、挽救管理的败局，就必须学会运用管理哲学的思维，向管理的本源发问。

二、从哲学思维到管理哲学思维

大科学家爱因斯坦早就宣称：“如果人类要生存下去，就需要一个崭新的思维方式。”管理也是这样。当我们对管理与管理思维所存在的问题进行深入追问时，当我们跳出狭隘的管理现象本身而对管理本源与本质进行思考时，管理哲学思维就开始发挥作用了。

鉴于人们对管理哲学思维的认识还很不一致，我们首先要做的工作就是对管理哲学思维的概念进行一些解释。其实，哲学本身就是一把犀利而贵重的大刀，而哲学思维是削铁如泥的刀刃，要用这把屠龙宝刀来认识和驾驭管理，就必须超越管理原理、管理方法和管理知识这些基本的概念范畴，深入管理的本源与本质层面。

---

① 如曾仕强等认为，管理思维决定管理成效。参阅曾仕强，刘君政. 管理思维[M]. 上海：东方出版社，2005.

有史以来，作为智慧生物的人类从未停止过对生命价值和意义的探求与追问，人们试图借助哲学思维的翅膀让心灵飞得更高、更远。从形式上说，哲学是思辨的艺术；从本质上讲，哲学是拥有社会责任感而又“爱智慧”的人们对终极价值的思索。亚里士多德把人类的知识分为三部分，他用大树作比喻：第一部分是形而上学，它是最基础的部分，好比树根，是一切知识的奠基；第二部分是物理学，好比树干；第三部分是其他自然科学，好比树枝。大道是天地自然自身拥有的，但智慧却不是被天生赋予的，也不是凭空出现的，而是基于自然大道再经过人类严谨的思维所获得的。

那么，什么是哲学思维呢？大部分教科书对思维的概念进行了一般性的阐述，在此，我们要直接楔入哲学思维的本质：哲学思维是人类在认识客观世界的主观活动过程中，首先摒弃主观上已有的知识和经验，对于客观事物和活动的要素、要素与要素之间的关系及其变化与发展规律所进行的最近似于客观的主观认识。哲学思维是心灵之路，是此岸（现实）通向彼岸（理想与目标）之桥，是贯通“道”和“器”的连线。

从实际运行的层面来说，人类基本上是通过两种思维方式来认识与把握世界的：一是哲学思维；二是科学思维。从历史上看，科学思维是哲学思维在一定时空条件下的产物，但是当科学思维在近二三百年得到空前发展、受到空前推崇时，哲学思维却被人们渐渐地淡忘了。但是，哲学思维并没有消失，它只是悄悄地暂时潜伏在充满喧嚣的大脑一角，时而又在人们头顶的星空里露出慈悲的微笑。

在人们对科学主义的认识逐渐深入，科学思维慢慢褪去了人们强行赋予它的重负和光环之后，人们开始抬头仰望星空，渴望从哲学思维那里获得科学思维的灵感。

哲学思维专注于对真相的彻底发问，而且是不断地拷问，竭尽所能地放下主观，依照事物本身的规律去思考问题，探究真相。哲学思维所要思考与解答的总是宇宙人生中最高、最大、最真、最善的问题。事实上，人类的思维可能永远都达不到事物真相的终极，但是哲学思维比其他类型的思维对终极价值有着更加执着的追求，表现着更深邃和透彻的思维穿透力，它是人类得以冲向价值终极的“先锋”。从这个角度看，哲学思维犹如一个战士，他不断地冲破禁锢，又不断地让新的思想再生。哲学思维本身不同于实证，但它总是以新的实证为基础，又会不断突破实证的局限。

管理，是人类的一种群体性活动，即确定了有价值的目标后，寻找相关的资源进行组合，按照一定的流程去实现目标的过程。管理就是协调众人的关系，发挥众人的长处。那么，管理哲学思维就是用哲学之刀去解剖管理，理清管理现实脉络，把握关键要素及其特征，发现问题症结，再把这些信息放到思维程序中进行加工，从而得到解决问题的方法，实现管理最初和最终所要实现的价值，并协调实现目标的手段与价值的关系。

我国理论界从20世纪90年代开始关注管理思维并进行了一系列的研究，尽管人们对于管理思维的概念认识还存在着很大的差异，但一般而言，“管理思维是一种建立在逻辑思维、形象思维和灵感思维综合活动基础上的，以组织管理这一专业活动为基本内容的思维类型”[①]。我们还可以结合管理的本质特征，运用哲学的思维来给管理哲学思维明确一个清晰的概念，即**管理哲学思维就是紧紧围绕管理的终极价值追求，对管理现实中的各大要素与变量之间的关系以及这些关系的运动规律进行认识的过程**。结合前述可知，管理哲学思维是管理思维的本质，没有哲学的引领，管理思维就难以对管理的问题进行更加深入、全面和辩证的认识。

三、“水之喻”与管理哲学思维的基本特征

自然本身就是哲学的母体，人类的哲学思维也只是接续自然本来就有的客观规律。只要人类放弃因知识和科学发展而导致的盲目自大，我们就不难发现，很多自然界的物质和现象的存在与运动都能够给我们很好的哲学启示。在中国传统文化中，有“智者乐水”之说，即自然之水能够启迪人类的智慧。很多哲学家也从对水的认知中得到了哲学的灵感。

水是一种很奇妙的物质，有许多思想家对它赞赏有加。

春秋时齐国宰相管仲说：“水万物之本源也”。

孔子称：“智者乐水。”他又说：“夫水，偏与诸生而无为也，似德。其流也埤下，裾拘必循其理，似义。其洸洸乎不屈尽，似道。若有决行之，其应佚若声响，其赴百仞之谷不惧，似勇。主量必平，似法，盈不求概，似正。淖约微达，似察。以出以入，以就鲜洁，似善化。其万折也必东，似志。是故君子见大水必观焉。”

到了汉代，刘安等编著的《淮南子·原道训》在论水之特征时更是奉水为“至德”：“天下之物，莫柔弱于水。然而大不可及，深不可测；修极于无穷，远沦于无涯；息耗减益，通于不訾；上天则为雨露，下地则为润泽；万物弗得不生，百事不得不成；大包群生而无好憎，泽及蚑蛲而不求报，富赡天下而不既，德施百姓而不费；行而不可得穷极也，微而不可得把握也；击之无创，刺之不伤，斩之不断，焚之不然（燃）；淖溺流遁，错缪相纷而不可靡散；利贯金石，强济天下；动溶无形之域，而翱翔忽区之上，邅回川谷之间，而滔腾大荒之野；有余不足，与天地取与，授万物而无所前后。是故无所私而无所公，靡滥振荡，与天地鸿洞……与万物始终。是谓至德。”

宋代史学家、政治家司马光也对水推崇有加，他说：“是水也，有清明之性，温厚之德，常一之操，润泽之功。”

松下幸之助也说：“水具有清浊并吞、随方亦圆、上波下静、变化无穷、渗透扩散、久储必臭、急流澄清、生存至宝等生命及经营管理的道理。”

对于水的特性，老子给予了最高评价：“上善若水。水善利万物而不争，

① 王毅. 管理思维的理论与应用[M]. 昆明：云南科技出版社，2009：17-18.

处众人之所恶，故几于道。”[①]

水之所以能被用来比喻至高无上的道，是因为水的品行合乎道的特征，而这些品行无一不体现在水与其他要素的关系之上。可以说，正是由于水正确地处理了与其他要素的关系，保持了“善利万物而不争”进而“为万物所必需”的特性，它才被称为“几于道”的。

有人借水来比喻人生的七重境界：

冰虽为水，却比水强硬百倍。

越在寒冷恶劣的环境下，它越能体现出坚如钢铁的特性。

这是成功人生的**第一种**境界——**百折不挠**。

水化成气，气看似无形，若气在一定的范围内聚集在一起形成聚力，便会变得力大无穷，动力无比。

这是成功人生的**第二种**境界——**聚气生财**。

水净化万物，无论世间万物有多脏，它都敞开胸怀，无怨无悔地一一接纳，然后再慢慢净化自己。

这是成功人生的**第三种**境界——**包容接纳**。

水看似无力，自高处往下流淌，遇阻挡之物，耐心无限，若遇棱角磐石，既可把棱角磨圆，亦可水滴石穿。

这是成功人生的**第四种**境界——**以柔克刚**。

水能上能下，上化为云雾，下化作雨露，汇涓涓细流聚多成河，从高处往低处流，高至云端，低入大海。

这是成功人生的**第五种**境界——**能屈能伸**。

水虽为寒物，却有着一颗善良的心。它从不参与争斗，哺育了世间万物，却从不向万物索取。

这是成功人生的**第六种**境界——**周济天下**。

雾似缥缈，却有着最为自由的本身。

聚可云结雨，化为有形之水。散可无影无踪，飘忽于天地之内。

这是成功人生的**第七种**境界——**功成身退**。

“水之喻”为我们说明了管理哲学思维在处理管理基本关系时的总原则，即“无我合道”。由“水之喻”的启示开始，结合管理、管理思维和哲学思维的内涵与特点，可以总结出管理哲学思维的基本特征，也是管理哲学思维区别于传统一般性的管理思维的基本点。

（一）管理哲学思维是用来化解管理中人的痛苦的

“利万物”就是让万物离苦得乐；协调各个部分的关系也是让自身各要素以及环境要素都得到利益和发展。这是所有自然之物的一大特性。人的痛苦总是在主观世界与客观世界之间的相互作用中产生，“通则不痛，痛则不通”，人的主观世界与客观世界的关系不顺，就会产生各种痛苦。因为哲学的基本使命

① 《道德经》第八章。

是要借助于现实来解决人类终极价值问题，因此，作为对事物本质进行深入思考的哲学思维，首先要着眼于化解人的诸多痛苦。相对于一般意义上的宗教而言，哲学思维的内在体系具有很强的科学逻辑性，不需要超自然的"神"去中和甚至掩盖事物间的相互关系。

哲学思维是用来化解人的痛苦的。同理，管理哲学思维也是用来化解管理中人的痛苦的。管理哲学思维的基础是管理中各种事物及其关系的客观现实，最基本的作用是要使管理中人的主观想法更加切合客观世界，从而能够化解主观想法和管理中客观世界相矛盾所造成的痛苦，使管理中的人变得豁达、智慧，能坦然面对现实世界中的挫折与种种不如意，并能从中转化负面能量、吸收正面价值，体悟出人生的真谛。

（二）管理哲学思维是管理中人的理性与情感的高度统一

大自然有情感吗？道是无情却有情。老子讲："天道无亲，常予善人。"在老子看来，天道是至真至善的，是至高理性与至高情感的有机统一。情感所指向的是人与人、人与世界之间的心灵感受，是哲学思维的基本关注对象之一。一般的情感常常是有明确的前提和范围的，比如血缘关系中的亲情、工作关系中的感情、朋友之间的友情等，跃出这个范畴，情感就会发生变化，而"天道无亲"背后的至真情感，则超越了这些世俗的关系，是一种至高理性下的情感。

人都是有感情的，而管理者的情感高度必须建立在至高理性基础之上，而不能以世俗关系作为依据。大爱无疆、真情无别，拥有健康的理性才会拥有健康的情感，拥有了健康的情感，人的事业、创造性都会得到极大的激发，否则，也会受到极大的挫伤。由此可见，管理哲学思维是深刻理性与热切情感的有机结合体。

（三）管理哲学思维是对管理现实的不断追问

自然之物不会发出人类的语言，但是它们时刻都在用它们自己的方式告诉人类最高的"道"。先贤指示我们"格物致知"，只有不断"格物"的人才能得到自然的启示。哲学思维要求人们彻底地放下自我，让主观不断地逼近客观现实。管理者也要不断地追问："这是真的吗？这真的是真的吗？"对于原本已经被认为是正确的结论，尤其需要进行这种追问。大无畏的、不停止的质疑与批判，是哲学思维，也是管理哲学思维的基本精神。这种质疑与批判的精神能够使管理哲学思维透过各种管理的现象看到管理的本质，"去粗取精、去伪存真"，获得正见。

（四）管理哲学思维是引领管理知识走向智慧的力量

知识告诉我们"是什么"，智慧告诉我们"为什么"和"将会怎么样"、"还会怎么样"。管理哲学思维，是引领人们从管理知识思维到智慧思维的力量，也是实现这种思维提升的一个通道。

读书如果把知识读成了教条，就会让知识失去正面的价值；尊圣贤如果把圣贤的话语当成了教条，没有领悟圣贤的思维和博大的悲悯众生的情怀，就会背离圣贤的思想之魂。老子在《道德经》第一章中开头即言“道可道，非常道”，也是在启迪人们要从知识的窠臼之中跳出来，避免把知识教条化，充分认识“真正的规律常常是语言难以完整真实表述的”这一客观事实。爱因斯坦在提倡改变思维方式的时候提到，他的桌上总是摆着一部《道德经》，这部薄薄的小册子指出了思辨逻辑的源头和操作指南。从知识到智慧的提升，能使管理者在更大的范围内、在更广泛的联系中审视与剖析管理现实问题。由此可推论，管理哲学思维也具有系统性和动态性的特点。系统性是由此及彼的，注意到普遍联系，避免从单一角度看待问题；动态性则重点关注思维链、思维环，注意到主客体的相互印证、相互影响，以及在变化中的相互促进。

第二节　管理哲学思维的基本法则与障碍

一位企业家说过：追求自由的过程就是被奴役和摆脱奴役的较量。

李嘉诚讲过：“造就自我，追求无我。”

一位著名的哲学家说过：“我们是同谋，正在犯一项共同的错误。我们自认为是清白的，只是觉得很无奈，因为这不是我们的错误。”

“繁星点点，彩云朵朵，天使掉落地狱，一起携手从人间走过。”这种美妙的意境却又揭示了人的本质，昭示了人生的真相。

这些都是美丽的管理哲学思维之花。

这些思维之花之所以美丽，其原因都在于它们对管理中的一些关键要素以及这些要素之间的关系和背后的本质进行了妥善的把握与处理。

如果对于具体情境下管理关键要素的关系及其背后的本质把握、处理得当，那么管理就会变得芳香四溢、魅力无限。反之，如果对管理中的各种关系和本质处理不当，即管理思维出现了障碍，管理就会变得枯燥乏味、充满痛苦，不仅仅是管理者痛苦，被管理者也将感受到管理者那里传递过来的痛苦。

一、树之喻：管理中的关系

现实管理中都有哪些关键要素？哪些基本的关系和背后的本质需要用管理思维来加以观照呢？

老子讲道：“人法地，地法天，天法道，道法自然。”为更方便地说明上述问题，不妨取自然之物来做比喻。

在哲学思维的“观照”之下，我们得以将管理作为对象来进行观察。在哲学的视野中，管理是鲜活的、有机的、发展的，犹如一棵枝繁叶茂的大树，有着内在的、独特的运动机制。不仅如此，它也在与外界环境时刻进行着互动。

具体描述如下：

土壤：这是管理哲学思维主体所处的社会文化、文明规则、历史、习俗、潜规则、法制政策、技术以及家庭背景等。

根：这是管理哲学思维主体的信仰、价值观、使命、责任感、知识结构和心性模式（包括人格、智慧和意志）等。

干：管理哲学思维主体——企业的全体员工。

树干下部：高层领导。

树干中部：中基层管理者。

树干上部：基层员工。

枝：企业员工构建的企业实体，如组织架构，职能部门等。

叶：企业的软实力，如企业文化、核心价值观、品牌等。

花果：企业的产品与服务。

树心：全体员工的心理状态与价值追求。

虫：社会世俗中的风气对员工干部的熏染。

旁边的树木：争夺阳光、水分和土壤，即竞争者。

水源：企业所处人类社会，包括家庭、朋友和客户。

阳光、空气：人间的正义、圣贤的智慧、社会的期待。

白天进行光合作用：企业的正常运作，生产产品与服务的过程。

夜晚休整与仰望星空：组织的反思、反观，有时需要专家的诊断与咨询。

……

我们还可以对管理这棵树进行更为细致的解剖，但这并不是最重要的，在这里最为关键的是通过这棵“管理之树”能够让我们看到哲学思维的光芒，从而对管理所面对的一些基本问题能够有一个更清晰的把握。“管理之树”把管理的下列问题重新换了一个方式展示给了我们：

（一）树的生存问题

1.树的整体生存问题

——间接涉及人的问题

资源在管理系统的各个组成部分之间的分配问题；

各个部分或子系统的分工与协作问题；

各个管理职能与部门的横向协调问题；

总部与分部、管理部门与业务部门的关系问题；

单一产业风险与多元化关系问题；

本土化与跨文化的关系问题；

……

——直接涉及人的问题

授权与集权、民主与集中的关系问题；

外部成败与内心态度调适的关系问题；

管理控制与人心对抗的关系问题；

文化价值与管理技术的关系问题；

管人与管物、管事的关系问题；

管理层级与干部发展的关系问题；

……

2. 树干与树枝的生存问题

领导者的意志与心理契约问题；

领导的权力与被监督的关系问题；

企业家做企业与个人人生归宿的关系问题；

管理者做好管理的德与能力的关系问题；

家属的角色定位问题；

组织目标与个人目标的关系问题；

团队目标、工作目标与个人及家属的目标的关系问题；

不同员工在组织中的个性、偏好不同的协调问题；

正式组织与非正式组织的关系问题；

员工道德品行与业务能力的关系问题；

员工的薪酬与贡献的关系问题；

领导的权力发挥与每个人日常工作的权力发挥的关系问题；

不同时代员工的管理关系问题；

……

（二）树的成长问题

企业的信仰和企业发展目标如何协调的问题；

发展速度与质量的关系问题；

效率与公平的关系问题；

个人成长与激励程度的关系问题；

对员工的管控与他们各自的发展追求的关系处理问题；

每一个部门或员工的成长与企业这棵大树整体成长的关系问题；

……

（三）树与环境的共生问题

治企与治家的关系问题；

企业（树）的自身成长目标与对环境的贡献的关系处理问题；

“虫”这类“世俗熏染”的消化问题；

外部性整体成长与内功修炼的关系问题；

企业与企业（树与树）的竞争关系问题；

利润目标与社会责任的关系问题；

上下游合作者的目标与关系问题；

企业发展与外部咨询诊断问题；

……

人类本来就是自然的一部分，我们还可以做进一步的遐想与类比。这将帮助我们发现，即使是一棵很幼弱的树，它在涉及这些基本的要素关系问题时，也是那样地丰富多彩，而处理好这些关系的人，彰显的则是“自然之道”的卓越智慧。

二、树之魂：管理哲学思维的基本法则

“格物致知”是中国文化传统中的一个重要概念，源于《礼记·大学》之八目——格物、致知、诚意、正心、修身、齐家、治国、平天下。这八目既是个人修身次第，也是儒家管理思想的精要。我们知道，万物都有其本质和运行法则，如果我们想不断接近它，就需要不断去探究，也就是通过“格物”达到“致知”。《现代汉语词典》（第五版）将“格物致知”解释为：“推究事物的原理法则并总结为理性知识。”如果我们对自然界中的万事万物进行“格致”，自然可以从中得到很多非常有意义的管理启示。例如，一棵树、一棵小草、一窝蚂蚁、一行雁阵和一群狼，如果我们用自己真诚的心去体察，就会发现很多深刻的自然主义辩证思想，也会看到最令人感动的生命哲学。自然界中的每个生命都在向我们昭示着宇宙和生命最深刻的法则，当然，其中也包括管理的法则和管理哲学思维的法则。

（一）自然性法则

自然界生长的树木无处不体现着自然性。如果我们到了树林，那种自然性气息就会扑面而来。树木不正像《荀子·天论》所描述的那样，在按照“不为尧存，不为桀亡。应之以治则吉，应之以乱则凶。强本而节用，则天不能贫；养备而动时，则天不能病；修道而不贰，则天不能祸”的法则存在和发展着吗？这种不以人类意志为转移的法则就是自然大道。发现并顺应这种自然性，将之贯彻到管理中去，管理才能做到真正的有效，这样治理的企业才能长治久安。

管理哲学思维要遵循的自然性法则是要求管理者一定要首先明白：

客观的自然性是大于人类主观意志的，但人类的主观意志是无法大于宇宙真相的；客观世界是独立于人类意志而存在的，人类的意志只能决定客观对于人的意义和价值，这不是客观决定主义，也不是主观决定主义，而是主客观的统一和二者的辩证结合。当然，人的生命和人生的规律也必然受制于自然规律。因此，管理的主体意志也必然来源于人所依赖的自然规律和基于对规律认知的人类集体的诉求。

每个企业家都希望自己的企业能够基业长青，但是如何能够实现超越呢？老子给出了答案：“复归于婴儿。”[①]婴儿是最接近自然性的，如果在管理思维中也能够做到“专气致柔”[②]、“常德不离”[③]，即突破思维主体个人的意志和

① 《道德经》第二十八章。
② 《道德经》第十章。
③ 《道德经》第二十八章。

思维惯性，就可以突破管理中惯常的藩篱，实现对一般管理的超越。

（二）主体性法则

每一棵树都按照自己的本性和与周围要素的关系自然地生长着；每一条树枝也都在尽力地伸展；每一片叶子不管多大多小，或者叶圆叶缺，也都在张扬着自己的生命活力……从树木这里，我们看不到践踏、扭曲和压制主体性的丝毫痕迹，只看到主体性法则时时刻刻地自由展现！

每一棵树和它的每一个部分都在告诉人类，主体性法则是无处不在的。管理哲学思维更是要以尊重主体性、依靠主体性、发展主体性作为基本的法则。关于主体性的意义及它在管理中的重要性，将在后面章节中作进一步详细论述。

（三）道德性法则

树木有道德吗？

人类会说："树木没有道德。"可是它为自然界，也为人类奉献出了一切！这一点，孰可比之？

说树木讲道德，可是谁也没有听到树木宣讲自己德行的声音。这一点，人啊，岂可比之？

尽管人们对于道德的解释众说纷纭，但就合道重德而言，就"利他"、"善良"这些道德的基本品质而言，哪个人敢说自己能比得上一棵树？

《淮南子·主术训》上说："遍知万物而不知人道，不可谓智；遍爱群生而不爱人类，不可谓仁。仁者爱其类也，智者不可惑也。"管理的文明使命是为全人类谋福利，企业的使命并非只是创造利润，其真正目的应该是通过提供产品和服务而为社会作贡献，而利润只是附带的价值。因此，一个很有趣的现象是：拼命想赚钱的企业往往赚不到钱，或者赚了钱却赔了命；不以利润为目的而专注于产品质量和服务的企业，利润往往滚滚而来。

作为管理元理论指向的管理思维，应该明了这样的价值逻辑和关系，紧紧把握住合道重德这一基本法则。

（四）心性法则

树木无心吗？

可是，孩子们却称大树为爷爷，称小树为妹妹。孩子们能发现并体会树木的心和感受。

如果我们闭上肉眼，放下俗心，用真心去体味，树木岂是无心?!

每一根树枝、每一片树叶都有一颗鲜活跳动的心啊！

管理如果只是一种基于肉眼思维的行动科学，就毫无智慧可言。如果基于管理者个人的意志，那也只是封建统治的一种翻版。能够了悟生命的本质和自然的大道，才是管理的唯一出路。

心性法则，就是要求管理者要聆听自己内心深处的声音，那应该是良知和良心的律动之音。

心性法则，就是要求管理者要聆听员工们内心深处的声音，其中包括每一个鲜活的生命最真切的主体之声。

心性法则，就是要求管理哲学思维的主体努力提升自己的心性质量，将心法和自然、人生大道融为一体，如此御风而行，把管理引向人生的桃花源。

这难道不是管理者的快乐人生吗?

(五) 辩证法则

我们能从一棵树、一片叶乃至一粒微尘上发现辩证法吗?

事实上，辩证法无处不在。我们从自然之树到这棵管理之树，可以发现整套的辩证哲学!

辩证法三大规律，即对立统一规律、量变质变规律、否定之否定规律，是黑格尔在《逻辑学》一书中首先提出来的，恩格斯将它从《逻辑学》中总结和提炼出来，从而使辩证法的规律变得更加清晰。这三个规律在哲学上的普遍性已经达到了极限的程度。

我们怎样从一棵树、一棵小草身上发现这三大规律呢?一棵树由不同的部分组成，这些组成部分在形态上都是各不相同的，但正因为它们形态不同，才形成了一棵树的多姿多彩，这体现了统一规律；种子和长出地面的大树也是不同的，小树长大之后就能成材，这也是量变到质变的规律；一棵树会死亡，但它的种子又会接续生长，这体现的又是否定之否定的规律。

树木在处理内外部的各种关系时所体现的辩证法则是任何一个人为的组织所难以企及的。因此，我们还是放下自己的知见，向自然学习吧!

这里不再继续解释辩证法的原理，但有必要重温马克思的几段教诲。马克思强调人与自然融为一体的和谐统一。他说："在共产主义社会，它是人与自然之间、人与人之间的矛盾的真正解决，是存在和本质、对象化和自我确证、自由和必然、个体和同类之间的真正的解决。因此，共产主义社会是人同自然界的完成了的本质的统一，是自然界的真正复活。"①

马克思还指出："一切僵硬的东西溶化了，一切固定的东西消散了，一切被当做恒久存在的特殊东西变成了转瞬即逝的东西，整个自然界被证明是在永恒的流动和循环中运动着。"②

(六) 生命伙伴法则

一棵树，不管多么高大，它那笔直粗壮的枝干会轻视小小的树叶吗?

美丽的树叶会讥笑泥土中丑陋的树根吗?

不会的!它们天然地互为生命伙伴，并和谐地生活在一起。

它们会拒绝虫子、鸟儿、狗熊和风雨吗?

不会的!因为树早就把这一切视做自己的生命伙伴，每一样事物都是自己生长的契机。

于是，树创造了奇迹，生命的奇迹!

① 马克思，恩格斯. 马克思恩格斯全集：第42卷[M]. 中共中央马克思恩格斯列宁斯大林著作编译局，编译. 北京：人民出版社，1979.

② 马克思，恩格斯. 马克思恩格斯全集：第42卷[M]. 中共中央马克思恩格斯列宁斯大林著作编译局，编译. 北京：人民出版社，1971.

老子道："圣人无常心，以百姓心为心。"[1]

管理是众人的委托，每一个管理中的人都互为生命伙伴，每个人都要为别人负责、作贡献，而国家的管理者更要承担起为全民谋幸福的主要责任，一个组织的管理者自然要承担起为自己的员工和客户谋幸福的使命。

在一些真正超越了国家、种族和时代的圣哲们那里，这种理念早已是心中的公理。卢梭在《社会契约论》中指出，主权者要代表公共意志，这个意志必须有益于全社会。能够从全民角度考虑问题的领导者最终会得到大众的支持，美国前总统林肯在1963年11月19日葛底斯堡演说中强调，"(The government) of the people, by the people, for the people (will never die)"，即（这个）民有、民治、民享（的政府永不会消失）。

（七）社会性法则

企业是整个社会系统的一个组成部分，任何企业都无法脱离社会发展而追求自身的发展。这就是企业固有的社会性。因此，企业的社会责任也是企业社会性的一个表现方面。由于这一问题对于当前企业管理来说具有十分特别的道德性意义，故将其单列专述。

管理哲学思维为什么要以社会责任为基本法则？

树木、花草以及各种动植物都在告诉人类，作为自然界的一分子，必须为自然界和其他物种作出贡献，这样才能得到自身和种族的延续与发展。

可惜的是，人类忘记了这条基本的法则，为自己的贪婪和狂妄所主宰。这不但伤害了大自然，还在人类社会和组织内部造成各种人为的痛苦，这些问题都与企业不重视社会责任的思维方式有着极大的关系。

在2005年，美国两家大公司的掌门人就企业的目的进行了公开辩论。这次辩论以书面方式进行，刊登在2005年10月的Reason杂志上。罗杰斯（T. J. Rodgers）是赛普拉斯半导体公司的创始人和CEO，麦基（John Mackey）是Whole Foods公司的创始人和CEO。同时参加辩论的还有主张"企业的社会责任就是增加利润"的著名经济学家米尔顿·弗里德曼。麦基提到，Whole Foods的目的是通过提供高品质和高营养的食品来促进人类的健康和幸福。而罗杰斯则认为利润是第一位的。但事实是，麦基的公司是财富500强中业绩最好的食品零售商，27年来创造了巨大的股东价值；相反，罗杰斯的公司23年来累计是亏损的。

这跟管理大师柯林斯的发现是一致的。

在《基业长青》一书中，柯林斯和合作者研究了索尼、默克、IBM等18家"高瞻远瞩"的公司，发现"高瞻远瞩的公司能够奋勇前进，根本因素在于指引、激励公司上下的核心理念，亦即核心价值观和超越利润的目的感"，而且，"高瞻远瞩的公司同时也是高效率的赚钱企业"。例如，迪士尼公司定位自己的使命是"使人们过得快活"；IBM公司的使命是"无论是一小步，还是一

① 《道德经》第四十九章。

大步，都要带动人类的进步”；索尼公司希望“体验发展技术、造福大众的快乐”；惠普公司将自己的使命定为“为人类的幸福和发展作出技术贡献”。

古往今来，无数有识之士将张载的名言——“为天地立心，为生民立命，为往圣继绝学，为万世开太平”作为自己的座右铭。只有“先天下之忧而忧，后天下之乐而乐”的企业才能得到大众的认同与尊重，在人类的发展进步中实现自身价值与意义。

思维的高度决定思维的价值，怀着为人类作贡献的崇高信仰的管理者才会受到社会公众的支持和拥护。

（八）共同发展法则

一棵树，本身就是共生共存共荣的系统。

树木的各个组成部分之间是和谐发展的，而且是共同发展的。

企业或者组织，就是人类的一个联合体。企业和企业、企业和社会更是人类的一个功能不同但共生共存的联合体。

管理，即我们所说的组织管理，就是在这样的联合体中存在和促进不同主体共同成长的。

在我们的心灵世界中，所要管理的首先是我们自己，然后表现为我们自己与他人、人类和自然的关系；当在我们的心灵空间里完成了这种系统共生的关系构筑时，我们才能在自己的行动中完成主客观的最大统一。

在1949年的一个研讨会上，惠普公司的创始人之一帕卡德谈道：“我认为企业对自己的员工、客户、供应商以及广大社会的公益事业，都负有重大的责任。结果令我惊讶而且失望的是，居然大部分的人都不同意我的看法。他们认为自己唯一的责任便是为股东谋取利润。”在1960年，帕卡德依然坚持原有的观点，在一次对员工的演讲中明确说出了企业的目的：“我首先想探讨一家公司存在的原因，换句话说，我们为什么会在一起？我想，很多人误以为公司存在的目的只是为了赚钱。这一点其实只是一家公司存在的一种重要结果，我们必须深入地发现我们存在的真正原因。在探讨时，我们不可避免地会得出一个结论：一群人结合在一起，以我们称之为公司的机构存在，是为了能够合力完成一己之力无法做到的事情——对社会作出贡献。这个名词听起来平凡，却是根本因素……你随处（整个企业界）可以看到有人只对金钱有兴趣，对其他一切事情都没有兴趣。但是，根本动力大部分来自能在其他方面做出成果的意愿。例如，制造一种产品，提供一种服务，大致上就是做一些有价值的事情。”

这可以说是体现了共同发展法则的管理哲学思维，惠普公司强大而优秀的企业文化也得益于此。

（九）内求法则

树木从来没有向外界苛求过什么。水分少时，就把自己的根扎得再深一些；需要阳光时，就把自己的心胸敞开去拥抱阳光，把自己的枝干挺得再直一些，以便让自己更接近阳光……

飓风来了，刮走了不少枝叶，它也不抱怨，反而把根扎得更深，把枝干长得更壮。

冰雹和暴雨来了，树冠被打得七零八落，它也不抱怨、不伤感，反而以最快的速度长出新芽。

闪电来了，害虫来了，长颈鹿来了，淘气的孩子来了……

它吸纳了周围的能量壮大自己，最终再将自己奉献，把自己再交给养育自己的大地和人类。

怨天尤人的只有人，尽管人从这个世界上攫取得最多、最狠。

古代圣贤告诫我们：行由不得，反求诸己！

这一来自自然和圣贤的真理，成为中国传统文化的一种精髓。可是，又有多少人把它作为思维的法则来遵循呢？

在管理实践中，人们总是给别人作价值评判，而忘记了管理自己才是管理的根本。

1999年，管理大师德鲁克发表了《管理你自己》一文[①]，文中他希望“每个知识工作者都要像一个CEO那样思考和行动”。他深刻而务实地向经理人阐述了如何认识自己，而且把“认识”上升到了“管理”的高度。德鲁克建议人们问自己五个问题：我的长处是什么？我做事的方式是什么？我的价值观是什么？我该去哪里工作？我该贡献什么？

德鲁克在认识自我管理问题的过程中，对人生的感悟和管理的心得进行了总结，最终在他人生的黄金时期重新走回了自己的内心，找到了管理永恒的起点——对自己的管理，从而完成了从外到内的一个伟大的转折。

中国古代特别强调管理者的自我修养，即“内圣外王”[②]、“立己达人”之道。在“内圣”方面，孔子主张“为仁由己”。子曰：“克己复礼为仁。一日克己复礼，天下归仁焉。为仁由己，而由人乎哉？”一个人能不能成为品德高尚的仁人，关键在于自己。正所谓“我欲仁，斯仁至矣”。在“外王”方面，儒家以“修己”为起点，又以“安人”为终点。子曰，“修己以敬”，“修己以安人”，“修己以安百姓”。在孔子的思想中，“内圣”和“外王”是相互统一的。

内求法则，就是思维者首先要反求自己，要内省，要反思，因为自己是一切的因，这才是一个最积极的生命状态。

内求法则，就是要求管理者首先从自身做起，修理自己，正己化人，行不言之教，从而缔造出管理的辐射源地——一个积极的、不朽的管理灵魂。

（十）无极性法则

对自然之物的“格物致知”是没有穷尽的。思维也是如此。

永远不能给自己的思维限定顶点和终点，甚至都不要指望思维有终极的结论。因为，世间一切都在发展变化，正如释迦牟尼所证得的“诸行无常、诸法无我、涅槃寂静”，因此，思维特别是哲学思维也就没有顶点和终极。这也就

① 德鲁克的《管理你自己》，最初发表在Harvard Business Review杂志1999年3、4月的合刊上，节选自著作《21世纪的管理挑战》，并作为经典文章在该杂志2005年1月号上重新刊载。

② 《庄子·天下》：“是故内圣外王之道，暗而不明，郁而不发，天下之人，各为其所欲焉，以自为方。”

是管理哲学思维的无极性法则。

无极是中国传统哲学的重要范畴之一。无极，本来是老子用以指称道的终极性的概念，也是派生万物的本体。以其无味、无臭、无声、无色、无始、无终，无可指名，故曰无极。老子道："知其白，守其黑，为天下式，常德不忒，复归于无极。"[1]这里的无极即为道，是比太极更加原始、更加终极的状态，这一范畴着重指出道的不可穷尽性。庄子在《逍遥游》中说："无极之外，复无极也。"

无极即道。管理哲学思维的无极性法则就是让思维与道相合，不要设定起点，不要设定终点，而要"破一切法，成一切法，破一切成法"，让自己的心灵向着无限升腾，如庄子在逍遥游中所说的四种境界"待风而起，乘风而飞，背风而上，弃风逍遥"。这样的管理哲学思维才能引领人们去不断创新，不断实现自我的突破，不断接近客观的真相，这才是管理造就无穷力量的根本所在。

传统文化认为，无极生太极，从太极可以逐步演化出万物。管理哲学思维如果自觉遵守无极性法则，也就可能达到"与道合一"的状态，不但能够解决问题，还能够滋养万物。岂不美哉！

三、树之殇：传统管理思维的障碍

基于以上分析，我们再放眼管理的现实，考察现实中的管理者们是如何处理管理中的那些关系，并看看管理之树在众多管理者手中的状态如何。走笔至此，我们仿佛感受到了在本书序言和第一、三章中所揭示的管理的各种痛苦，听到了管理者心中的冲突、煎熬和口中的呐喊与呼唤！

管理解决问题的功能似乎越来越弱，相反，却在解决问题的旗号之下，正在为自己制造越来越多、越来越难以解决的问题。管理之树已经枯萎。

是什么正在埋葬管理？实际上，答案很简单，就是管理者的心性迷茫和扭曲，从而让自己成了制造问题的祸首。换句话说，这些管理者的哲学思维模式出现了诸多的障碍。用哲学的眼光去仔细观察传统管理思维之后，发现其中的问题与障碍让我们感到十分忧虑，甚至惊恐。

（一）管理的心奴思维障碍

违反内求思维法则的人就会怨天尤人，丧失了自己的主体性，成为外界事物的奴隶，在扭曲了自己之后，又会成为自己不良心性的奴隶。于是，错误的心结越系越紧，最终成为一个让人看不见希望的"死疙瘩"。

丢失了自己本心的人，常常会在现实中被周围所发生的人和事左右，尤其是不喜欢的人对自身情绪的影响更大，突发的不喜欢的事情会急剧恶化自身情绪。于是，没有本心的生命就成了那个自己不喜欢的人、那件不喜欢的事和由

---

① 《道德经》第二十八章。

此产生的不良情绪的奴隶。当我们扮演一个旁观者时，我们可以对这个貌似人的生命发问："你是这些事情的主人吗？你是自己情绪的主人吗？你还是自己的主人吗？"

很显然，此时这个貌似人的生命，不是以一种主体的状态去观察和感受周围的人和事，而是变成了一个口袋或者垃圾桶，外界来什么，自己直接就变成了什么。

如果一个人与生俱来的主体性处于一种休眠状态，那么，当他遇到事情时，就会启动奴性思维，就丧失独立思考能力，就会产生消极的情绪，就会丧失理性、降低智力。人的这种失控状态很容易被别有用心的人所利用，从而造成悲剧。

如果一个人的主体性已经被奴性所置换，那么他做的事越多、思考的东西越多，犯的错误就会越多，自己就会在自己和他人的生活中制造越来越多的痛苦和悲剧。一般来说，人们把这样的人称为"魔鬼"。

（二）管理的直观思维障碍

在思维方式这个问题上，中国人不同程度地受到了古代圣贤的影响。圣人的思维是"致虚极、守静笃"之后的灵感思维，是完全放下个人意志（涤除玄鉴）之后同于大道的思维。很显然，这种灵感或直觉思维并不是人人都能掌握的，同时，中国传统文化又少有分析思维和逻辑思维的传统和工具。所以，在现实中我们看到了这样一种景象：直觉思维被俗人搞成了直观思维。

所谓"拍脑袋"就是这种直观思维的典型做派。拍的如果是圣人的脑袋，出来的是圣人的思想和决策；拍的如果是俗人的脑袋，即使把脑袋拍肿了，出来的也只是俗知俗见；如果拍的是猪脑袋，那还会出来什么呢？

很多时候，人们都是孤立地、片面地看待一个个走进我们视野和感知范围的事件，并没有借此探究所发生的事情的真相或本质规律。

从根本上来看，人的心性质量决定了人们从事物中发现本质和规律的可能性。当心性质量不高时，就只能看到事物的表面，无法识别事物的因果和本质，更看不到事物与心性之间的相互映射关系。

（三）管理的"老大"思维障碍

几千年来，我们这个民族总是把希望寄托在少数几个明君或清官身上。长期以来，我们经常在报刊上看到，当介绍某某企业的成功经验时，往往主要归功于该企业有一个英明、充满智慧、富于创造的经理或厂长。我们已经习惯了对精英人物的信任、顺从，在他们面前甚至放弃了自己的人格和思考能力。

在这种社会氛围和文化熏陶之下，领导们也更加容易产生唯我独尊的"老大"思维。尽管在理性上人们都知道拍脑袋决策的巨大风险，但"老大"的状态实在太能迷惑人的感觉，在"老大"这种思维惯性之下，人们依然会不自觉地使用拍脑袋决策的方式。

我们并不否认也不想降低精英人物的个人作用，但也要看到个人作用的有限性和个人作用被持续放大后的致命性。人们需要明白，将整个企业的经营发展完全寄托在一个人或极少数的几个人身上，是企业最大的冒险。领导者个人更要明白，自己的“老大”思维，是经营管理中最大的风险。

这么多年来，多少企业家在这种思维的驱动之下前赴后继地“死去”？

3 000年来，又有多少曾经英明的领袖在这种思维的引领之下像项羽一样自刎乌江，让芸芸众生陷于水深火热之中？

即使死得很惨，他们也还要在死前挺直了脖颈，宣言：“这不是我的过错，是天亡我！”

你瞧瞧，他们最后在死的时候依然是如此糊涂！

（四）管理的惯性思维障碍

成也萧何，败也萧何。

投机成就了大批的企业家，但很快就把他们引向穷途末路；某种市场需求成就了无数的企业家，但不久就残酷地抛弃了他们；广告成就了很多企业家，但转眼又会让他们血本无归……

有人说，中国企业家群体在短短的30年就走过了西方企业家300年的历史。这是一种幸运，因为他们可以最快速地积累经验；这也是一种不幸，因为他们必须从中品尝挫折与失败的酸苦。无论如何，我们都会发现，惯性思维在其中推波助澜。

横观纵览，总结众多企业家和管理者的胜败经验后可以发现，他们的某种思维方式在最初做企业的时候是有效的，但是随着环境的变化，这些旧的思维方式带来的负效应越来越多，可是此时企业已经做大，企业家的“教主”地位已经形成，思维惯性已经掌控了自己，加上周围很少出现“魏征式人物”，于是思维惯性渐渐也就成了习惯。

经营管理中的很多习惯与规则，当初是在一定的条件下提出来的，如果后人不假思索地延续使用，就可能会背离当初制定这些管理原则的目的。可惜的是，很多公司总是把原则与目的，传统习惯与环境变化分离开来，抱着一些传统过时的理念不放，并泛化使用这些有前提条件的原则。例如，科层制本意是为了建立组织秩序和提高工作效率的，但现在我们看到的是，层级越来越复杂，官僚主义越来越盛行，可又有多少人会想到改造组织呢？试想，如果不打破这种惯性思维，管理效率又如何提升？

（五）管理的功利思维障碍

“企业是一种经济性组织。”

“企业经营管理的目的是利润最大化和效率最大化。”

后来学者们发现，“最大化”是个美丽的梦想，于是将其改成“满意化”或“适度化”。它们的道理差不多，因为根本的思维方式没有改变。

基于这样的功利思维，生产商会为了赚取高额利润而不惜在食品中添加有害的化学物质；广告商会绞尽脑汁激发人们的欲望；经销商会巧言令色地劝说人们购买也许自己根本不需要的东西；聪明的商家不会在客户购买的土地被淹没的时候进行退款，反而会劝说他们再买一条船……

这就是几百年来一代又一代的管理者们的基本思维方式。

于是，管理便在异化的轮回中跌跌撞撞地前行，一些问题被暂时解决了，另外一些问题又出现了。其原因是，自以为聪明的管理者构筑了一个与员工和客户冲突的关系，在这种关系中，他们只想谋取自己的利益，却还要在这种关系中寻找和谐。这可能吗？

于是，总会有一些人在挖坑而另一些人在填坑，一些人在致病而另一些人在治病，一些人把大家逼疯而另外一些人负责治疗……他们都会收到钱，因为这些工作都是需要的。管理者本来是想解决问题的，却又在不由自主地制造问题。何苦呢？

当功利思维充斥人心的时候，良知就会消失，人就会被异化成动物，甚至连禽兽都不如。功利思维极容易杀伤人自己那颗本来善良但不一定很坚定的心，并且，一旦在功利思维中浸泡久了，人心就可能变成连兽心都不如的魔心。此时，还是人在做管理吗？人的管理死了，魔的管理在大行其道。

（六）管理的本位思维障碍

“各人自扫门前雪，不管他人瓦上霜。”

“不在其位，不谋其政。”

这些明贤的隽语名言深深地影响着国人的思维。其实，古圣先贤的话都有其特定的语境和针对性，一旦脱离了具体的语境，不加分析地随便引用和盲目信服，也就糟蹋了圣贤的思想。

可不幸的是，我们经常看到的就是对圣贤思想的盲目使用。

于是，在现实中，“自扫门前雪”这种本位思维在企业管理者中变得十分常见，有的还拿“岗位职责”做借口，甚至拿圣贤的话做理由。振振有词！理由充足！理直气壮！最终只有一个目的：只为自己，不管别人！

具有本位思维的管理者，一切以本位利益、部门利益、地区利益为准则，并以这种局部的眼光和尺度去理解上级指示，去剪裁政策法规，结果不仅给全局工作造成混乱与麻烦，而且最终也损害了本部门、本单位的长远利益。彼得·德鲁克说过：“一个组织只能在其价值观内成长，一个企业的成长被所达到的价值观所限制。”

（七）管理的对立思维障碍

按道理来讲，中国人最应该拥有同一思维，而不应该让对立思维主导自己，因为圣人们“阴阳互根”、“推己及人”和“不二法门”等的教诲已经影响了我们上千年。但现实却不然，很多人对别人的财富有同一思维，即所谓的杀富济贫、均贫富，即“你的就是我的”，对自己的痛苦也有同一思维，即“我的就是你的”，而一旦涉及自己的利益时，对立思维就会蹦出来，“我的利益就是我的，绝对不是你的”，“你的痛苦就是你的，与我无关”，“你的多了，我的就少了”……

这也是一种悖论，或者是“酱缸文化”的一种体现吧！

在企业管理实践中，很多时候人们习惯于非此即彼的选择，界定出黑白、对错、好坏等二元矛盾。这就像思维大师德·波诺在《我对你错》一书中提到过的“岩石逻辑”：

“岩石是生硬的、固定的、永恒不变的，象征着传统思维的绝对性……岩石棱角分明，有固定的形状，传统思维总的定义分类就是这样，我们判断事物时，都是看它是否符合哪种类别。”

传统管理思维习惯于制造出对立面，非此即彼、非黑即白，是非对错就像是白天和黑夜不能同时存在。依据这种对立性的岩石思维就易于产生矛盾与争端，例如，从人与自然的矛盾到劳资冲突，从企业的市场竞争到生产者与消费者之间的利益分割，从种族之战、意识形态之争到家庭矛盾、两性不和……这种对立思维带来的这一系列的问题把管理者彻底弄晕了，有限的资源和宝贵的时间就这样在对立冲突中被消耗了。

（八）管理的控制性思维障碍

一个区域销售经理到职时，从公司人事部门拿到的第一本公司资料是公司职员手册，其中主要内容是：职员道德行为训条22项；出差须知18项；业绩考核规范5大项40余小项；岗位职责28项。这位经理第二天就没有来上班，问其原因，他说，感觉像进了监狱一样。

监狱管理的特点就是控制和约束。所以，正常人谁都不愿意去监狱。

那么，哪个正常人愿意在企业被控制呢？

可是，我们看到太多的管理者就是在用控制思维实行管理。

前面用胡萝卜，后面用鞭子。有时连胡萝卜也拿走了，干脆只用鞭子，来得更快！

把下属当成了驴子！有的管理者说：“他们连驴子都不如！因为驴子吃饱了还知道干活呢！他们吃得越饱越懒惰！”

有些管理者搬来“人性化管理”手段，连拉带哄，还不是让人们多干活为他们挣钱？员工们用脚反抗，用命抗争，于是，控制性管理的狰狞面目就又出现了。在十几名员工跳楼之后，管理者还要自我辩解，还不深刻反省内心的控制性思维，此时即使请来了和尚念经，不也是依旧无济于事吗？

这种控制性思维所导致的悲剧不单单体现于近几年频频发生的员工跳楼、“反水”等事件的少数几个企业之中。只要对企业管理现实稍加留意，就会发现控制性思维已经成为很多管理者心目中带有普遍性的、主导性的思维形态。

总之，传统管理思维在工业时代曾经促进了生产力的提升和企业发展，但是在如今的信息时代、知识经济情境下，随着人的主体性的不断觉醒，过去的那种忽视人性需求的控制性管理显然不再适用了。

（九）管理的心魔思维障碍

长期以来，人们都说有些虫子是树或庄稼的害虫，有那么几年，国人还把麻雀定为“四害”之一而格杀勿论。

可是科学家却说，麻雀吃的更多的是虫子而不是庄稼，而很多所谓的“害虫”与植物本来就是共生的，完全没有“害虫”的植物，其生命活力却下降了。

当人们给树捉害虫的时候，其实他们听不到树在叹息："可怜的人们啊，还是去捉你们自己心里的害虫吧!"

是的，害虫，不在外面，而是在人们自己的心里。或者说，当我们看别人或外在事物不顺眼的时候，就表明我们自己有了心魔。

心魔是一种严重的思维障碍。当人们内心缺乏对正觉信仰的皈依意志的时候，他们就会咒骂世俗之俗，怨恨外界条件差，抱怨员工素质低，此时的他们，自己的内心已经被"心魔"占据。

在金庸小说里，常怀仇恨和好胜心的人，比如任我行、东方不败、岳不群、丁春秋等，武功再高，也难得善终，因为他们被心魔控制了，而像令狐冲、虚竹、张无忌、老顽童等懂得放下个人虚妄之心的人才会获得真正的快乐与成就。

西方文化传统认为，人的心中有一个天使和一个恶魔，即善恶两面。"心魔"就是人心里的恶魔，也可以理解为精神和心灵上的缺陷。

心魔可能一直存在，可能突然产生，可能隐匿，也可能成长；心魔可能吞噬人，也可能历练人。人们常说的"战胜自己"、"人最大的敌人就是自己"，其实都是在指心魔。不战胜自己的心魔，就不会取得实质性进步!

修行者认为，心魔是进步的瓶颈，同时也是进步的阶梯。人最可悲的是发现不了自己的心魔。觉察心魔、突破心魔才可使人的修为突飞猛进。

对于管理者而言，当他抱怨外界事物的时候，当他受困于所感受到的痛苦的时候，就是需要进行自我觉察的时候：自己是不是已经被心魔控制了?

第三节　管理哲学思维的主要形式

深参管理哲学思维之树，结合管理哲学思维的基本法则，我们可以总结出下面的管理哲学思维的主要方式。这些方式基本上可以与前面所述的一般管理的思维障碍相对应。例如，主体性思维是对心奴思维障碍的突破；心性思维是对主观思维障碍的突破；客体思维是对"老大"思维和本位思维障碍的突破。其实，将每一种管理哲学思维方式运用得当，都会突破一般性的管理思维障碍。在实际运用之中，各项思维法则如果有一项通透则可一通百通，一项不通则会对其他思维的理解造成障碍。每一种管理哲学思维方式都是全部思维法则综合运用的结果，只不过是在具体运用之中，侧重点不同而已。

一、无我思维

东方文化讲求无我，无我是中国传统文化中的至高境界，也是一种修行的思维法则。在佛学思想中，觉悟是对层层境界的突破，小觉觉自己，大觉觉究竟。所谓觉究竟，就是察觉事物的本质和真相，而不再是将人赋予事物的概念与意义当成真相。没有达到觉究竟的境界时，人的意志总是很强，人的主观世界似乎就是真相。主观发挥的作用越大，客观真理就越是受到遮盖，时间久了，客观世界规律的力量就会以问题、灾难的方式来教训自负的人类。

管理者如果没有心性的修炼，就不会察觉客观规律的巨大能量，也就无法意识到自己往往就是衍生错误的原因。自己心中满满，张口闭口都是“我”、“我认为”、“我以为”这样一些以“我”为中心的主观思维，就难以接近客观真理，难以体会道家所说的“为学日益，为道日损，损之又损，以至于无为，无为而无不为”境界之玄妙。听一个人说话，留意一下他的“我”出现的频率，也就对他的心性状态知道个大概了。

佛家主张要放下“贪嗔痴慢疑”和“妄想、分别、执着”，其中最难放下的是执着，执着一破，其他问题常常就会迎刃而解。中国化的佛学禅宗中更是强调“无我无欲无念无求无执”。所谓执着，就是执着于我，固守于我，“这是我的道理、我的理想、我的精神、我的法！”这样的执着是自我锁定的状态，完全无视外界与他人的真实状况，因此必定会出现痴和愚的状态。所以，智慧思维就是要破除执着，不再是“我认为、我以为”，而是讲客观的道理，讲他人的道理。有时，我们想去批判那些自己不同意的观点，而哲学思维告诉我们，要把这样的念头暂时放下，因为你要批判的，可能就是你不懂的。此时，不如去向对方请教来得更加明智。思维就是人的思维，没有人就没有思维。传统的科学说，思维的主体是“我”。那么，无我谁来思维？老子在《道德经》中说：“致虚极，守静笃，万物并作，吾以观复。”思维，只是人类接近真理的一座小桥，而不是真理本身，真正的真理在桥的对岸。当我们没有了俗人的思维时，就出现了“虚极”的状态，如同我们平时所说的“空杯心态”，天下大道的力量就会灌入人的心灵，这就是思维之外的妙处。

很多人一辈子都在为我忙碌，都在为我的观点辩护，若是在人的一生中没有机会体会“无我”的玄妙感觉，那无疑将是生命的一种重大缺憾。

二、客体思维

思维是思维主体所进行的一种分析、认识事物的思考过程，也就是辨别真伪，透过现象看本质，透过过程看结果的心理运作机制。一般认为，思维是主体进行的思维，也就是说，思维是思维主体的活动，怎么会有客体思维呢？我们在这里所讲的客体思维，是一个哲学式的隐喻，是指由思维主体进行的，但却十分接近被思维的对象正在进行的思维方式，简单来说，就是像客体那样思考与做事。修行功夫好的人（如“他心通”）则可不仅知道对方的想法，也会按照对方想法的道理去思维。从这样一个角度上看，“客体思维”才是真正体现哲学智慧的思维。例如，与人谈话，能够像谈话对象一样来思考问题，而不是以我为中心来思考问题。人与人之间的高度默契、心有灵犀一点通、心灵感应之类的现象，都是思维主体将自己的思维置于思维对象的思维中所完成和达到的境界。

客体思维是主体思维的一种特殊形态，是认识了一般主体思维的局限之后的突破，是对自我中心主义的彻底超越，是在主体的基础上尽可能贴近客体的思维。这种客体思维，常常最能代表和体现一个人的灵性。对于人来说，受教育和未受教育、文明与非文明的一个根本性的区别就是能否理解别人，能否像对方一样进行思考。也许，这种走出了自我“硬壳”的客体思维，才是真正的哲学意义上的思维。

在历史和社会中，军事上能算敌方所算才有胜利的把握，即所谓的“知己知彼，百战不殆”。现实管理中，想别人心中所想，就容易与人沟通，也容易贯彻管理意图，取得管理绩效。如果管理者只顾表达个人的想法而不考虑别人的想法，不考虑别人对自己想法感知的结果，这种表达就常常会失去正面的意义，相反，这样的表达越多，常常越是让人反感。但若是自己张嘴在说别人心里的话，说别人的理，那效果就会很神奇。这些，都是客体思维的妙用。如果还没有领会客体思维的智慧，没关系，那就照着“全心全意为人民服务”的宗旨去做吧，或者再简单一点，起心动念只有一念——我可以帮他做点什么?

三、主体思维

人在自己思考时，只是自我思考的主体，而不是别人的主体，也不是世界的主体，这是主体思维中主体的真正含义。主体和主体思维，来自于客观，存在于客观，成长于客观。

自然之物，比如树，它既是它自己的主人，同时也是天地间大家族中的一名成员。如果它离开了周围的环境条件，这棵树就会死亡，当然也就失去了自己。若是大树有理性，它一定懂得向着阳光才能成长，吸收水分才能茁壮，根扎得深才能决定它成长的高度。而对这一切条件与大树成长关系的理解就是大树之“主体性”的内涵。当然，主体性只是人类发明出来的对于自身属性的一种描述，对于大树而言，似乎只有自然性，而这种自然性也是天地宇宙整体性的表现。理解了这一点，也就理解了人在社会中的社会性对主体性的决定作用。主体性不是讲人的独立性，它强调的是思维的主体对自己和周围环境、环境中所发生的一切人和事与自己关系的一种系统和整体性的理解。因此，真正的主体思维，必然能够在天地间完成思维上的贯通，能够在自我与他人之间完成贯通，能够在自我所思、所想、所行和对他人的观察之间完成贯通。

任何一个人的存在都离不开环境，但完全受环境左右的生命就是一个主体性处在幼稚阶段的生命。不管处在什么环境中，人一定会有对环境影响的解读方式，并会用自己的经验赋予这种解读以合理性的逻辑。但是，这只是生命在特定阶段中自辩状态的一种体现，只是主观的合理性，而不是客观的合道性。人来自于客观世界的造化，人承接着客观世界的规律，最终人又将回归到客观世界的整体中。由此可见，人的主体性根植于生命所隶属的客观系统，人的主观得以不断突破从而最终实现与客观性的统一，这就是主体性的来源与归宿，也是主体性成熟的基本标志。

与此同时，人在天地间万物中是具有主观能动性的高级生命，具有一定程度的主导作用，不是完全任由客观决定和主宰的。人的主观能动性和主导性作用都是在对客观规律认知与把握基础上、在具体事物层面对总体规律的具体运用与呈现上，离不开客观规律的外在决定性。

以上论述包含了主体性的四个要点：

一是，**独立相对性**。主体性在脱离不开的环境影响中的独立是相对的。

二是，**合理有限性**。主体性在环境影响中的自我合理是有限的。

对这两点及其关系的理解，在这种影响中如何辨别主体性的真伪，从而达到与环境的和谐关系是人主体性成长、成熟的关键。

三是，**连续合道性**。在生命连续不断的成长中将自己的主观合于客观大道，这就是主体性的成熟。

四是，**客观决定性**。人的主观在这其中所发挥的能动性，皆在客观规律的总体范畴内发展与成长，一切都是客观规律的体现。

对于思维的主体来说，主观之外的一切皆为客观。这里不仅仅是指客观的物质世界，也包括其他生命之思维、行动及一切结果。在我们的感知模式中，对于客观的物质世界，我们没有用自己的理性和语言去与其对话的能力。因此，我们会选择用接纳和承认去建构与客观世界的关系。但对于我们主观之外的其他生命所表现出来的心智形态，我们却常常选择了分析、评判，并因此产生了接纳或拒绝的关于关系的心智判断模式。认识我们在认知客观世界和人类生命这两种不同对象的认知差别，对于我们主体性的形成至关重要。

当我们能够像对待客观物质世界那样来对待其他生命的主观与客观状态时，就踏上了悟道的历程。当我们把其他生命的主观和客观都当做我们的客观世界并放弃用主观去分析、评判时，当找到了其他生命形态的存在规律并运用这样的规律来思维和行动时，我们就拥有了智慧的主体性。当人领悟了主体性的真正内涵时，就会身处外界影响而不被左右，身陷外界的污浊中而能保持清净，活跃发挥主观能动性中而能不失根本。当然，在做到上述这一切的时候，我们可能会获得一种跟纯粹客观世界之固有能量和信息进行拟人化沟通的能力，那就是我们灵性的呈现！

真正的主体思维，会将一切事物都看做自己生命场的一部分，理解一切事物对自身的使命，感恩一切事件对自己的帮助和提升，能够接收一切人和事带来的积极能量，并让自己的心性得到滋养和成长。

具有真正主体思维的管理者能够做自己的主人，不为外在的人和事所影响而失去理智，时刻保持一颗清净、善良和智慧的心，那么他不仅不会被伤害，也不会去伤害别人，同时还会去主动地让大家受益。这种思维能让人构筑起强大的能量接收与消化系统，能接收到外界所传递来的一切能量并全部转化为积极正面的能量。

在生命的发展历程当中，主体思维也会有阶段性的特点，比如在年少时处在有主体性的渴望却没有主休性能力的阶段。如果只是心中有愿望、有想法，却没有相应的能力和方法，就很难具有完整的主体性能力。只有人的能力、品性和心性皆趋于成熟并协调的时候，主体思维才会趋于成熟。

四、至善思维

《大学》开篇第一句就讲道：“大学之道，在明明德，在亲民，在止于至善。”至善之道，是中国传统哲学对于人生终极价值追求的最为简练、精妙的概括。至善思维则是主体思维的延伸，从儒家的至善到道家的“上善若水”，再到佛家的“阿耨多罗三藐三菩提”，在终极追求这个最为核心的价值命题上，传统哲学各门各派达到了一个完美的同一。

老子在《道德经》第八章中提出了上善，也即至善的思维，明确了至善的五个要点与层次。第一，生活中普遍提及的所谓的善通常是一种利益的交换，不是真善，也不是上善，更不是至善。第二，至善能无分别心地去利万物，而不会根据万物的形态去作善与不善的取舍。第三，至善有善法，能够将善的愿望通过灵活并具有针对性的有效方法达成善的结果。第四，能够做到以上三点且不争名、不争功、不自恃，看淡自己收获的一切。第五，做到了以上四点，还能选择将自己放置在“众人之所恶”的境地。

至善思维首先就是要端正人生的坐标。“蚓无爪牙之利，筋骨之强，上食埃土，下饮黄泉，用心一也”，连最微不足道的蚯蚓都在专心致志于生存之道，人就更应该如此。管理者只有将人生的终极追求锁在对至善的追求之上，才能感受到人生的妙谛所在，在企业的管理中才能不至于被外界藩篱所困，为着一个终极的目标而奋斗。

其次，至善思维在人间的运用逻辑就是要时刻思善、行善、不以善为善。

如同水一样，具有至善思维的管理者，能时刻洗涤人间一切污垢，知他人之所想，解员工之所忧，供社会之所需，即使做到这一切也不居功，认为一切都是自然而然的。

具有至善思维的管理者，本身就是社会中正能量的源泉。他的存在就如同每个生命都需要的水源一样，给人以给养，但又能懂得适可而止，别人需要就如涓涓溪流一样，解人饥渴；别人不需要时，就顺势而流，充分尊重人的主体性，以服务代替控制。

从至善思维的高度向下俯瞰，可以推理出人间一切美德，一切智慧，一切生存、完美之法则。只有具有至善思维的管理者，才能达到理性与德行的完美统一！

五、中庸思维

“无过无不及”，“过犹不及”。中庸思想，是中国儒家文化所主张的典型思维法则。但是大家都知道，中庸的实现是非常难的，即使是“国家可均、爵禄可辞、白刃可蹈”，依然是“中庸不可能也”。现实中存在最普遍的是比较极端的思考方式：赞成或反对、黑或白、对或错……至于中庸所强调的“无过无不及”或者“过而不过，不及而及”，确实很少有人能够做到，由此也可以反证中庸境界的高妙。中庸思维是对系统各要素关系微妙的把握，是对于自己与周围各种人、各种环境等相关因素综合计算之后找到最恰当的方法和途径的思维。换言之，中庸思维就是把各种不同于自己的变量、各种影响因素放在一起找到一个最佳点。中庸之难就在于思维的主体必须要有一个优良的心性和高超的“计算”能力，这种能力也就是智慧。

很多人也是精于计算的，但中庸之妙却在于一个字——“诚”。“诚”是解读中庸极致的一把钥匙，是打开智慧之门的钥匙，所谓“百术难敌一诚”，只有至诚才有机会了悟事物的真相和背后的玄机，这正是“至诚通天”的妙处。诚在何处？“诚”是一种客体思维，是最大限度地无我，最大限度地把别人放在自己心里。

十分有趣的是，不仅中国古代圣贤崇尚中庸，就连古希腊哲学家亚里士多德也对中庸之道推崇备至。关于如何来获得美德，可以由下面对于美德的特性的考察来弄清楚。

在每一种连续而可分的事物里面，都能够多取、少取或取一相等的量，并且这样做可以就该事物本身而言，也可以就其相对于我们而言；所谓相等，就是过多和不足之间的居间者，我的意思是指那些与两极端距离相等的，对于一切人都是相同的东西；所谓相对于我们的居间者，我是指那些既不太多也不太少的东西，而其不只是一个，也不是对一切人都相同的。

例如，如果10是太多而2是太少，那么，就物本身而言，6就是居间者；因为6以相等的数量多于2和少于10，这是按算术比例选取的居间者。但是相对于我们而言的居间者则不是这样来选取的。如果吃10磅东西对于某个人来说太多，而2磅则太少，那么教练员不一定就因此吩咐其吃6磅。因为这对于要吃东西的人来说也许仍会太多或太少。所以，任何一种技艺的大师，都避免过多或不足，而寻求居间者并选取了它——不是就事物本身而言的，而是相对于我们而言的居间者。①

有人总结出了这样的段子：“世间有两件事情最难，一是把别人的钱放进自己的腰包，二是把自己的思想放进别人的头脑。做到第一点的是老婆，做到

---

① 亚里士多德．尼各马可伦理学[M]．廖申白，注．北京：商务印书馆，2003．

第二点的是老师。”但是，圣人则不同，圣人是“把别人的苦恼放进自己的头脑，把金钱放进别人腰包的人”。于是，圣人在世间行走的是中道，故而是不需要自己带钱包的！

六、柔性思维

“天下莫柔弱于水，而攻坚强者莫之能胜，其无以易之。弱之胜强，柔之胜刚，天下莫不知，莫能行。”①

与水的柔性相类似，人的柔性思维是一种多视角、多层次、多模式、变动的复杂性思维方式。人们在思考的过程中发现，一般的线性或刚性思维对于处理模仿性、静态性、简单性的问题还可以做到应付自如，但当遇到动态性、复杂性、创造性的问题时头脑就会常常陷入思维茫然无措的状态。究其根源就在于，后者的问题涉及更多的思维要素、更复杂的思维规则、更模糊的思维坐标、更动态的思维界面、更开放的思维交流，而所有这一切是简单性思维的狭小封闭空间所无法包容的，也是静态单维的头脑无法处理的。这就像一台内存空间小、软件功能单一的电脑，如果面对大信息量、要求复杂的问题，即使投入的时间再长也无济于事，功能的局限性决定了有些东西是它无法处理和运算的。

柔性思维更注重于找关键、使巧劲而达到四两拨千斤的效果。

著名的质量管理专家戴明博士提出了“不要依赖检验来达成品质，应重视过程完善”的原则，这条原则现在看起来平淡无奇，但是当时几乎所有的工厂都把质检放在最后一个环节。戴明博士强调要在生产过程中对质量进行监控，于是简单的一个思维的柔性转变提高了产品合格率。

在员工激励方面，大多数企业通过金钱和职位来吸引员工，但是在很多创新企业，对人们最有吸引力的是能否完成任务。Tracey Kidder（特蕾西·基德尔）在《新式机器的灵魂》（Soul of a New Machine）一书中总结出了“弹球规则”，即通过逐步增加自由进行奖励，就像弹球手取胜后，会再奖励一个球。据此观点，提高员工激情的方式是给他们提供软福利，如给予更多的时间和资源。这种观点是由全球性制造公司3M发掘出来的。他们给员工的额外奖励就是更多的自由时间，工程技术可以用15%的工作时间来玩味新点子，试着打破框架考虑问题。这一系统非常奏效。

七、心性思维

客观事物的本身只是一种存在，并不具备如人一样的主体思维，其各种各样的意义都是人赋予其上的，因此在不同的心性下同样的事物就有了不同的意

① 《道德经》第七十八章。

义。正如一位哲人所说："世界是客观的，对于人的意义是主观的！"

按照哲学的思维来判断，我们遇到的事情以及事情对我们自身的意义，实际上都是对我们自己心性的一种映射。人生会遇到很多事情，能够感知到的事物也很多。一般而言，心中存有什么样的图画，人生当中就会遇到、感知到什么样的事物。人们选择性感知的部分往往都是心中渴望的、需要的和重点关注的。

还有一些事物虽然有意义，但是被人们忽视了。忽视也是一种选择，一种心理程式。比如，因为恐惧，人会有意识地忽视、排斥某些事物。所以，没被感知的不等于没有感知，而是以另外一种形态出现，透露的是另外一种信息。

心性思维不是就事论事，而是就事论我、就事论心。如果没有心性思维，那么遇到不喜欢的事情就会烦恼，自己想得到而没有得到时就会去抱怨，不符合自己期望的就认为是错误的，等等。这就是很多管理问题产生的心理原因。

在管理与工作中，如果不掌握心性思维，就无法知道思考的主体是谁，就无法察觉思考主体的状态，就搞不清楚为什么会有那样的人和事出现在自己身边，更不会知道这些人和事出现的意义是什么，也不知道思考者与正在思考的对象是一种什么样的关系。

如果不掌握心性思维，管理者就难以了解管理的真相，也无法将自己和自己的行为作为对象进行观察，更不会在出现问题时借问题反观自己的系统。没有心性思维，管理者就无法具有反思、反观的能力，也就同时失去了主体性的思维，自己也就变成了真正的对象。

如果要实现思维的突破和建立心性的思维，就需要在学习知识的过程中，把自己的心性加进去，在使用知识、运用思维的过程中不断地反观自己，这样就可以避免将知识变成教条，就可以避免自己成为知识的奴隶。

八、突破性思维

突破性思维，是创造性思维的一种表现形式。一般情况下，当我们的想法遭遇到别人的反对时，会激发我们想得更加全面，从而实现对自己原有想法的突破。但是，如果我们在自己的心灵中建立起了自我批判的程序，时常对自己已经形成的观点进行反驳和创新，也就是自己一个人在心里扮演两种不同的角色，把对方或者敌方的想法同时纳入进行思考，与自己的想法进行比照和较量，这就是突破性思维了。

人的整个生命历程就是一个不断突破自己的过程。当我们认为自己已经明白了一些事情时，其实是自己受过去的不明白的影响所作出的判断，此时，实际上是还没有明白。甚至这种明白比以往的不明白还可怕，因为人在不明白时会持有探究的倾向和动力，一旦认为明白了，常常就会停滞。所以哲人们常说："我只知道自己不明白！"因此，对一个具体的人来说，明白是相对的，如果把明白变成了绝对，就等于限制了自己上升和成长的空间。任何事物的表现形态是不断变化的，人明白之后，事物的状态还在不断变化中，可人的思维已经停滞了，这就是最可怕的。到此，我们就了解了一些关于明白的道理：有了进步还要不停地突破，这才叫进步。人一旦掌握了突破性思维，就拥有了持续进步的空间和动力。如果没有突破性思维，知识学得越多，经验越多，自己所受的制约反倒会越多。

在终极真理面前，没有人是老师，也没有人能够成为老师，世界上唯一的老师就是规律和终极真理本身。永恒的突破性思维就是让我们追求终极真理，避免陷入经验主义和以知识为基础的教条主义。在不断变换的竞争市场中，为了能够驾驭一个在变动市场上不断漂泊的企业之船，突破性思维就是管理者所必备的。否则，做出点成绩就沾沾自喜，很难有大的成长和突破。所谓的“成功是失败之父”正是此理，企业决策者因为短暂的成功而自己构筑了坚硬的思维堡垒，并丧失了对这种堡垒的突破能力。

管理者要把突破自己当成快乐的源泉！要不断地提醒自己：我一定正在拿着过时的思维程序研究新的经营管理问题！我对过去那些处理问题的思路和方法有什么重大的突破吗？对事情和问题的看法有什么大的转变吗？我自己还停滞在很多年以前吧？怎么证明自己的思维、大脑是在一直突破呢？

管理哲学思维绝不墨守成规，而是着眼于创新与突破。美国运通公司（American Express）的CEO切诺特（Kenneth Chenault）说：“本土的和世界范围内的竞争将会变成关于创意和非传统思维方式的竞争，我们必须把整个全球市场看成它们的竞技场。”

九、动态思维

“水因地而制流，兵因敌而制胜。故兵无常势，水无常形，能因敌变化而取胜者，谓之神。”[①]

德·波诺先生在《我对你错》中认为：“水可以装满一个碗或一个湖，水的逻辑就意味着根据条件和情况的改变而改变。”水可以任意改变形态乃至状态，但其本质没有变。《易经》中的三易之一就是变易。王弼在《周易略例》中说：“是故用无常道，事无轨度，动静屈伸，唯变所适。”

一位著名企业家讲道：“经济发生结构性改变时，太阳可能不是从早上而是从晚上出来，也可能不是从东边而是从西边升起，过去的经验不能作为你现在的参考，你所面临的问题不是你过去的经验可以告诉你怎么来解决的。在全球经济结构酝酿大的变局的背景下，过去的、固有的思维已经不合时宜了，必须摒弃和改变。”

当今世界瞬息万变，只有随之变化才能生存和发展。与其在危机的时候被迫改变，不如具有前瞻性地主动顺势而变，正所谓“与时俱进”是也。

---

① 《孙子兵法·虚实篇》。

十、反成思维

老子讲道："江海所以能为百谷王者，以其善下之，故能为百谷王。"[①]他还讲道："不自见，故明；不自是，故彰；不自伐，故有功；不自矜，故长。夫唯不争，故天下莫能与之争。"[②]

是啊，为什么表现得非常卑下的水却最后做了百谷王？为什么不争的人却谁也争不过他？就是老子自己也反问，难道是他们无私心吗？正是因为无私才成就了他们的大私！[③]

在商业世界里，这种现象也不少见。例如，李嘉诚先生的一条经商秘诀就是：让所有跟他做生意的人都能够占到便宜！正因为这样，他不用招商，世界上很多人争着抢着来跟他做生意。于是，让别人占便宜的人最终让自己占了大便宜——李嘉诚成了华人首富！

这就是反成思维的力量和效能。反成思维也是中华传统文化中的高级竞争智慧，不争而达不可争之境界，其机理是：从目标上，不争俗（不争一城一池，不争小利）；从对象上，不与俗（人）争；从方式上，不俗争（不用俗常的方式来争）。这在平常人眼中就是不争、无为，掌握了这种思维的管理者可以得清净心，可以思高远而道自动。在这个层面上，平常人根本无意来争，所以此时争的成本最低，而资源、能量皆为他所用，成就不可争之优势，到最后即使大家都明白了，也已经晚了，但至此他依然不居功、不骄傲，还可能功成身退，还利于天下，故无害而长久。

反成思维就是：

顺他而治：众人的一切皆有他们自己的道理。人心不可逆，人情不可拂！

利他而治：上善若水，万物作焉！

罪己而治：行由不得，反求诸己。一切皆是自我的映射！

贱下而治：你能守下，众人向上！

无为而治：己无为众有为！

无欲而治：无欲可成大欲！

十一、包容思维

大树从来不拒绝鸟儿、虫子、风雨甚至砍柴人；水从来不排斥任何物体和地形；智者从来不排斥不同的观点；有大成就的领导从来不拒绝与自己不同的人或者观点。管理时时处处都存在着矛盾、问题、异己和悖论，但管理的目的不是简单地消除它们，而是要在正确认识它们的本质的基础上，恰当地处理好

---

① 《道德经》第六十六章。
② 《道德经》第二十二章。
③ "非以其无私邪?故能成其私"见《道德经》第七章。

它们之间的关系，把一切力量都整合到实现组织发展的方向上来。很多时候，正是因为这些问题、矛盾和不同力量的存在，组织才更有活力或者能够保持平衡。

人重要还是钱重要？其实都重要。在管理中，经理人经常遇到一些两难选择，看似对立的两种观点似乎都正确。著名战略管理专家亨利·明茨伯格说过："采用和不采用战略以及战略管理过程对组织都很重要。"[①]商学院的教授们常说战略对组织有多么重要，其实，从某种意义上来说，不运用战略也有好处，因为与战略相关的每一种优势总是伴随着一种缺陷：战略固然确定了方向，但也会像眼罩一样遮住潜在的危险；战略强调了集体的行动，但行动的过度集体化将导致"群体思维"；战略定义了组织，却易使组织陷于模式化而丧失整个组织体系的丰富性；战略提供了一致性与有序性，而非一致性却是创造力的源泉。

汤姆·彼得斯说："商业中的一切都构成悖论。要做到出色，你必须保持一致性。而当你保持一致的时候，却又很容易受到攻击。"是否能够驾驭悖论就是管理的艺术。复杂科学和混沌理论都说明，动荡是产生创造性和某种新秩序的必要前奏。利益和风险共存，任何有雄心壮志的企业在发展、运行以及持续改造中都会面临许多悖论，管理者只有巧妙平衡由悖论产生的各种相互矛盾的需求或"张力"，才能获得好的业绩。

阴阳互根，善恶相伴，福祸相依；走钢丝时，人只有在两种相反力量的作用下，才能保持平衡；真正的智者都是爱好悖论的。这些，都是包容思维的体现。

克尔凯郭尔称："悖论是思想者热情的源泉，没有悖论的思想者就像没有感觉的爱人，是毫无价值的平庸之人。"哲学的魅力也在于此，每一个悖论都是锻炼哲学思维的机会。斯科特·菲茨杰拉德可谓一语中的："对一流头脑的检验是看它在同时装载两种对立的思想时运转的能力。"运用包容思维，处理管理中的问题与悖论，这为很多有智慧的现代管理学家所倡导。

英国商业经济学家查尔斯·汉迪在他1994年的著作《空雨衣》中号召管理者学会和对立物相处："为了在各个方面都能生存得更好，我们必须学会利用悖论平衡矛盾及不一致性，并将矛盾和不一致性当做寻找更好道路的门票。"

法国Insead学院的管理学教授保罗·埃文斯在《二元的领袖：在悖论中生存》一书中提到，"一个组织要想富于效率，就必须拥有互相矛盾甚至是彼此排斥的特性"。

美国普华永道变革整合小组1996年出版了一部专著《悖论的原则》，专门探讨处理悖论和在复杂性激增的环境中进行管理之间的关系。通过研究，他们提出了经理们面临的五大悖论：

①积极地变革需要稳定的基础；

---

① 明茨伯格. 战略历程：纵览战略管理学派[M]. 刘瑞红，等，译. 北京：机械工业出版社，2002.

②要搞好企业就必须从个人入手；

③改造企业文化既要单刀直入，又要以迂为直；

④真正的授权需要强势的领导；

⑤不破不立，对待矛盾和冲突不一定要消除，看似对立的并非真的水火不容。

太月浮想

因为每个人头脑中的思维程式不同，所以同样的世界就有了不同的意义。当代人，只要头脑稍微清醒一些，就再也不会那么简单地批判和诋毁“吾心即是宇宙”、“万法唯心所变，唯识所现”这类所谓的唯心主义哲学思想了。相反，我们应该更多地静下心来，聆听大自然和那些大师给我们的教诲。

康德曾经说过：“有两样东西，我们愈经常愈持久地加以思索，它们就愈使心灵充满始终新鲜、不断增长的景仰和敬畏：在我之上的星空和居我心中的道德法则。”[①]管理者们要想获得管理的智慧，不也应该让“头上的星空”和“心中的道德”成为最基本的思维法则吗?

哲学头脑很宝贵，而哲学头脑和道德法则的合一，更是世间的无价珍宝!

小　结

在当前西方语境主导的管理学领域引入东方智慧，可以从本质上更清楚地探寻管理的内在规律，和谐、平衡、反成、合一等思想都有助于处理管理中纷繁复杂的诸多关系，优化管理过程，利用管理中的矛盾而不是消灭差异。总之，借助中国传统文化中的哲学思维思考管理问题，可以清除思维障碍，取得心性的进步，并顺便收获一些外部的成果。

思考题

1.如果把组织比做一棵大树，你如何解读大树的生态系统？

2.请对管理思维、哲学思维和管理哲学思维进行辨析。

3.如何用管理哲学思维来消除传统管理思维障碍?

① 康德. 实践理性批判[M]. 韩永法，译. 北京：商务印书馆，1999. 该句被刻入康德的墓志铭。

第五章

天性指引：人性与管理的复归

摘　要

管理，主要就是对人的管理，因为对一切事和物的管理都是由人并通过人来进行的。因此，你如何看待人性，你就会有什么样的管理。当然，如果看错了人性，就会错误一生！真正的人性，是来自天地大道、承载着天地大道的特质和规律的，道性是人类灵魂的旗帜，是人类挣脱兽性向着神圣性前进的动力！人性若偏离了大道的方向，失去了对神圣性的向往和追求，人类和所谓的人性就将被兽性纠缠。

我们平时所思所想、所作所为，都是我们观察自己的一面镜子，敢于真实地、勇敢地面对自己，才有可能发现自己真实的道性，否则，就只能看到一个“生病”的自我。我们的有限理性、主观偏见、静态认知，甚至是胆怯，都会诱导我们偏离本真的道性。当我们勇敢地面对现实中真实的、已经被扭曲的、生病的自我时，才有可能认识自己，并拯救自己——回归道性。此时，才会领悟圣人所言“天命之谓性，率性之谓道”的哲理。到那时，所有的人性善恶争辩，都将被人性觉然和超越世俗的神圣所替代。

本章逻辑框架图

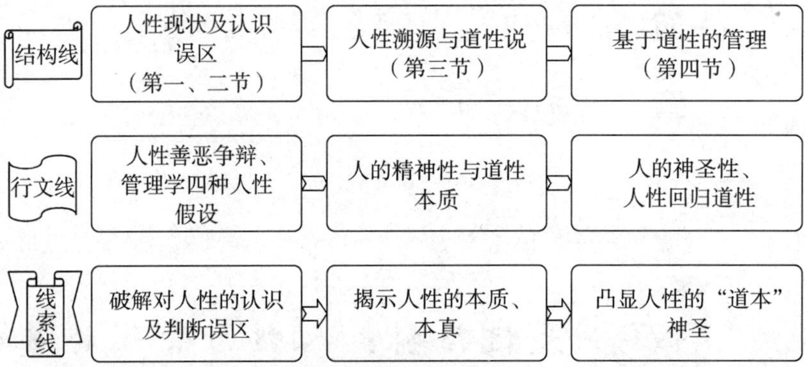

从宇宙外太空向银河系远远望去，会发现一颗闪闪发亮且充满灵性的星球。由远及近，在眺望者的视野中，有一个蔚蓝色的星球变得越来越清晰，在这个星球上有大约70%的水域和30%的陆地，各种各样的生物在这里繁衍生息。

这个星球，就是地球。

最初的地球如宇宙中其他所知的星球一样，并无生命存在，在漫长的地球演化过程中，在众多条件的相互作用下，生命诞生了，从初级的单细胞形态逐渐进化为高级形态。大约在400万～500万年前，在动物中有一个种群从类人猿中分化出来，以直立行走为标志，并拥有了与其他类型动物不同的本质——精神与智慧。

这个种群，就是人类。

从此，人类渐渐地从蒙昧逐渐走向开化。从狩猎到养殖，从采集到种植，从手工生产到机器生产再到人工智能，等等，人类的生产能力以一种加速度的方式向前发展，并同时在地球上创造了体现人类文明的两个奇迹：一个是“物质文明”，一个是“精神文明”。然而，在我们不断为物质文明的飞速发展而欢呼的时候，精神文明的滞后和扭曲却一直折磨着人类的良知：在国际争端中，我们并没有远离野蛮；在人和人面对利益冲突时，我们似乎丧失了良知与情义；在强势与弱势的关系中，“弱肉强食”似乎还与低级动物无异；在人类自以为是文明的管理中，似乎还能够看到已经远去的奴隶社会和封建社会的影子。进化了几百万年，人类一直在人性与兽性的搏斗中挣扎。现实中的很多现象一再告诉我们，许多长得像人的动物似乎根本没有人性。

众所周知，我们的一切行为都与我们的人性状态和对人性的认识有关。如果我们自己的人性出现问题或者我们对人性的认识本身就存在问题，那我们的行动就几乎不可能有利于人类。回到现实管理中来，我们已经熟悉的管理似乎就是上级对下级的管理。如果管理者的人性出现问题或者管理者人性的认识出现错误，那他所从事的管理会是什么样的呢？如果上级的人性是正常的，但下级的人性却出现了问题，这样的下级又该如何管理呢？如果上级和下级的人性同时出现了问题，这样的管理与被管理又会是什么样的呢？最终又会有什么样的结果呢？

毫无疑问，管理中所采取的任何行动，其背后都由其自身的人性状态和对人性的认知所决定。要改进管理或者找到符合人性的管理，就要从人性的源头上进行追溯和思考！

第一节　现实人性与管理的忧思

一个世纪前，哲学家尼采为纪念伏尔泰逝世100周年而写了一本格言体的书——《人性的，太人性的》。受其启发，我们先来对历史和现实中那些非人性的、人性的和太人性的现象进行一番观察。[①]

一、时代的人性

2008年9月11日，一个名叫简光洲的记者在上海《东方早报》上发表了一篇题为“甘肃十四名婴儿疑喝三鹿奶粉致肾病”的新闻报道，中国乳品行业地震了，波及面之广，震级之高，让人惊惶不已。而三鹿集团多年来塑造的价值150亿元人民币的品牌资产顷刻间化为乌有，同时牵涉其中的中国乳品企业的“领头羊”蒙牛、伊利两家企业也提前迎来了“冬天”。大量的中国人此时如梦方醒，原来在医院里备受折磨的亲人与孩子们的病因来源于一种名为“三聚氰胺”的化学物质，这种物质被那些为了节约成本、提高所谓的蛋白质含量而不顾消费者生命健康的企业掺进了奶粉、液态奶和雪糕之中。

现代科学技术促进了生产力的发展，但是人类的道德水准却与生产力的发展失衡。在我国，企业界、教育界、医疗界出现了太多因追求金钱利益而丧心病狂的、非人道的、让人扼腕叹息的行为。这时的人性在哪里？

2001年6月15日和22日，《第一财经日报》先后刊发了两篇报道，揭露台湾首富郭台铭在大陆投资的富士康科技集团在深圳的工厂普遍存在工人“超时加班”问题。富士康认为报道不实，侵害其名誉权，其法人公司鸿富锦公司次月初在深圳市中级人民法院起诉写稿记者王佑和编委翁宝，要求索赔3 000万元，其中王佑2 000万元、翁宝1 000万元，并提出财产保全请求，法院查封了两人的房产、汽车和存款，就此引发了人们对“血汗工厂”的关注。不可否

① 这里我们暂不讨论何为人性的问题，仅从常识去理解何为人性的、非人性的，而严格的人性讨论将在后面的内容中展开。

认，今天企业依然存在每天工作10小时以上、超低工资、不缴保险费、加班不给钱、请病假要罚款、上班被严格监控、员工被随意辞退等现象，很多人为了生存，忍气吞声地活着，过着一种机器般非人的生活。

有人说，爱的反面不是恨，而是冷漠。如果一位企业家一边在散财捐赠，一边却对那些可怜的基层员工的苦难熟视无睹，那么这位企业家的善在哪里？请再看下面的例子。

一名大学毕业生，毕业后进入一家正在筹办中的企业。几个月后，他却因不堪重负而辞职回家。辞职的原因是他的女上司拼命地使唤他，每天如上满弦的发条，几乎得不到休息，尽管这样，他还是经常遭受斥责。据说，他的上司还经常去庙里烧香拜佛。这位女上司如此之大的两面反差，究竟哪一面属于她的人性呢？在各种类型的组织中，类似这种冠冕堂皇地宣扬仁义道德却又在行动上背道而驰的人岂止是个别？

通过这样一个真实的故事，我们了解到：有这样一类管理者，其行为中已存在明显的人格分裂状态。一方面，他在行动上做着违背人性的事儿；另一方面，他却又似乎很虔诚地信仰所谓的神灵。

在这些组织里，人的生命、尊严、价值被忽略了，员工成了不折不扣的机器，消费者也要用生命的代价为企业的盈利买单。实际上，此时此刻，管理者依然还在呼喊的人性化管理，已经成了愚弄员工的谎言。此时此刻，企业家所谓的慈善行为，到底是“良心发现”，还是内心有愧后的忏悔，抑或是其不断持续的非人性的行为的“遮羞布”？

我们必须反思自问：在经济发展与企业管理的过程中，人到底应被置于何处？答案是不言而喻的——人是发展的首要目的。但是，面对着这样一个正常人都能理解的常识，一些唯利是图的人却在管理中实施着“非人性”和“反人性”的实践（正如前面章节所言，管理中的“异化”现象）。

二、现实中的管理

（一）管理的实践现状

现实中很多在做管理的人是没有学过管理的，他们依赖于自己的想法、生活中有限的经验。还有一部分人是从教科书上学了管理，书上的管理思想，一部分是从实践中总结出来的，但也有很多是由那些脱离实践的理论工作者们思考出来的。学管理的人几乎没有办法分清楚到底哪个是真的、哪个是假的。因为，在一般人看来，只要能写书就都属于学者和相关领域的专家，他们不知道这些专家的背景，所以学管理的人也不知道该信谁以及该信什么，他们缺乏这种甄别的能力。

从现实管理角度看，管理者们一直在加强管理，但好像又找不到管理的尽头，所以做管理的人做得非常累、做得非常痛苦。被管理的人似乎也没有感到快乐，当然没有快乐就没有做好工作的那种心理基础和心理状态，而这种基础又恰恰决定了人的自觉性、积极性和创造性的发挥。如果管理者的人性出了问题，那么，由他所掌控的资源和权利就会将他的这种“病态”的人性放大，他所作的恶就会远远超出普通人。最典型的例子就是贪官，不管是情商还是智商，他们可能远远地高于普通人。尽管他们有些人可能没有考上什么真正的名牌大学，但这丝毫不影响他们在现实的政治丛林中披荆斩棘、爬上高位。他们拥有另外一种朴素的但也非常有效的认知能力以及处理问题的能力，但唯独在人类的价值方面，或者说是人性方面，他们却变得非常的弱智。

我们常常听到这样的说法，作为管理者，要德才兼备，没有德作为引领控制，才能越高的人可能最终作恶的程度越大，产生的危害越多。这样的人又会如何引领自己呢？这样的人如何管理别人呢？管理若是这个样子，还能算是什么科学？

（二）管理的理论现状

从现象来说，我们用现在所谓的管理思想、管理理论、管理方法，努力地解决着管理实践中的各种问题。理论在不断地产生，越来越多，但是我们的问题似乎也没有减少。也就是说，任何一个理论，在解决问题方面都是不彻底的，我们也很难期待下一个理论在解决问题上能够彻底。我们一群聪明的人不断地在提出新的理论，但却无法真正地解决所要解决的问题，甚至这个过程也已经成了一个新的问题。也许，我们可能还在这个制造问题的过程中扮演着一个特定的角色。

哲学，从某种意义来讲，是对现实中人们不断进行的那种非但不能解决问题，还会不断制造问题的畸形主观思维进行反思和宣判。如果不是这样，哲学也就不能称其为哲学。而在没有哲学指导下的所谓的理论，也许只是理论家们自以为是的一种说法，他们所创造的理论，更多只是在自己的职业圈子里自娱自乐、供自己圈内消费的一种特殊的消费品。

我们创造出那么多的思想和理论，却不能有效地解决问题，于是就需要新的理论……于是就步入了一个奇怪的循环：理论越是低效，新的理论就越是涌现，看起来，理论就越是繁荣，犹如理论的丛林。

看来，任何“发展”都有其两面性：看起来我们是在发展，在这些发展当中我们看到了很多我们期待的，有些甚至超出我们的期待。但是，相反的东西也伴随着产生：并不是在发展中我们得到了所期待的全部，因为发展中既有我们没有期待的惊喜，也有我们没有期待的灾难。

第二节　人性探索与判断

人性范畴大概是在哲学研究中最具有歧义性的概念之一，人们可以从各个角度给人性下一个属于自己理解的概念。且看以下有关对人性的认识：

食色，性也。——告子

《人性的优点》与《人性的弱点》——人们耳熟能详的戴尔·卡耐基的巨著

人性就是人的个性表现。——经常听人们这么说

人是社会动物。[①]——亚里士多德

符号：人的本性之提示。——卡西尔

人是一个对理性问题给予理性回答的存在物。——卡西尔对苏格拉底人性观的总结

以上关于人性的认识既包括了大众语言系统中对人性的一些典型理解，也包括了著名哲学家对人性的看法，从中可以看出人性从多个角度加以理解的表面性。

纵观人类思想史也可以发现，人性概念具有很大的歧义性，即使是苏格拉底，其对此问题也“从未冒昧地提出一个关于人的定义，而是有意地采取了一种兜圈子的方法……”[②]，只是分析了人的一些重要品质，如善、公正、节制、勇敢等，采取了一种启发的方式。可见，“人，要认识你自己”是多么难啊！

但还是有人大胆地进行了探索，如大卫·休谟曾经写了一部长达50万字的《人性论》。但王海明说：“然而很遗憾，全书恐怕只有一章‘论爱与恨’讲的是人性论的东西，而其余都是人性论之外的哲学、认识论和伦理学。能说这样的《人性论》建立了什么人性论体系吗？”[③]王海明从伦理学角度来探讨人性问题，主要解决关于人性实际上如何与人性应该如何以及二者之间的关系的问题。其实，这也仅仅是研究人性的一个视角而已。心理学同样对人性的认识作出了自己的贡献。我们绝不能否认20世纪心理学的三大思潮——行为主义、弗洛伊德主义和人本主义对人性认识作出的贡献。从研究的根本目的来说，它们无不是在探索“人性为何”的问题，甚至心理学家阿尔弗雷德·阿德勒还专门写过一本书，叫《理解人性》[④]，而马斯洛的需求层次理论，还被一位哲学学者高度赞扬。他是这样评价的：“美国著名人本主义心理学家马斯洛关于人性问题的辉煌思想，必将为21世纪的人类指明前进的方向。21世纪，马斯洛必将‘复活’、‘显灵’！马斯洛将是不朽的！”[⑤]

这样看来，人性研究浩如烟海，只要和人有关的学术研究，都会和人性沾上一点儿边儿。于是，在这种对人性认识混乱的背景之下，保持清晰的头脑和冷静的判断就显得尤为重要。先让我们对曾经的或普遍的人性研究和理论有个初步的了解吧。

一、中国传统文化中的“人性观”及其分析

提起人性，马上会有人想到“人之初，性本善”这句古训。我们先从这个“常识”来考察一下那些古圣先贤对人性是如何看待的。

---

① 亚里士多德. 形而上学[M]. 吴寿彭，译. 北京：商务印书馆，1981.
② 卡西尔. 人论[M]. 甘阳，译. 上海：上海译文出版社，1985：7.
③ 王海明. 人性论[M]. 北京：商务印书馆，2006：2.
④ 阿德勒. 理解人性[M]. 陈太胜，译. 北京：国际文化出版公司，2000.
⑤ 朱鲁子. 人的宣言——人，要认识你自己[M]. 北京：清华大学出版社，北京交通大学出版社，2007：100.

在被雅斯贝尔斯称为“轴心时代”的历史发展阶段，中国古代的思想家（尤其是儒家）也在人性认识方面阐发了大量的观点。他们多以“善”与“恶”作为思考的维度来讨论人性，如孟子的“性善论”、荀子的“性恶论”、告子的“性无善恶论”，以及世硕的“性有善有恶论”等。后来汉代扬雄提出“善恶混杂说”，宋代苏轼提出“性无善恶论”等。

下面，我们就对几种典型的人性观点进行综述和评论。

（一）性善论

“性善论”是中国古代的一种主张人性本善的理论，由战国时的孟子首先提出。孟子认为，“人之性善也，犹水之就下也。人无有不善，水无有不下”[①]。在孟子看来，性善的根源在于人有善心，“仁、义、礼、智”是人之所以为人的根本标志。“无恻隐之心，非人也；无羞恶之心，非人也；无辞让之心，非人也；无是非之心，非人也。恻隐之心，仁之端也；羞恶之心，义之端也；辞让之心，礼之端也；是非之心，智之端也。人之有四端，犹其有四体也。”[②]“四心”即“四端”，是仁、义、礼、智的萌芽，人之具有“四心”，就像具有手足四肢一样，是自然而然的，而仁、义、礼、智乃道德上的善，所以人的本性是善的。

（二）性恶论

“性恶论”的典型代表是战国时期的荀子。荀子认为：“人之性恶，其善者伪也。”[③]他将人生下来就有的本能当做人性。他举例说到，人生下来眼睛就喜欢看好看的，耳朵喜欢听好听的，嘴巴喜欢吃好吃的，心好贪图利益，身体喜欢安逸舒服，顺着这些本能发展下去，就会生出争夺、残贼、淫乱等丑恶行为。所以，荀子认为作为人的本能，人性是一切恶的根源，并得出结论：善不是人的自然属性，而是人的社会属性，是人在后天习得的。所以，荀子强调后天教化的重要作用。

（三）性无善恶论

“性无善恶论”是战国时期告子的人性观。他从“生之谓性”立论，认为人的自然属性本不具有道德意义，善恶的产生乃后天习俗所致。“性犹湍水也，决诸东方则东流，决诸西方则西流。人性之无分于善不善也，犹水之无分于东西也。”[④]他反对孟子把仁义（善）当成人性的观点，认为人性与仁义是两个迥然不同的概念。

（四）性亦善亦恶论

“性亦善亦恶论”的观点始于战国时的儒家世硕，发展于汉儒董仲舒，至东汉扬雄则提出“善恶混杂”的著名论断：“人之性也，善恶混。修其善则为善人，修其恶则为恶人。”[⑤]这种观点指出，善人、恶人之分决定于后天的修

---

① 《孟子·告子上》。
② 《孟子·公孙丑上》。
③ 《荀子·性恶》。
④ 《孟子·告子上》。
⑤ 《法言·修身》。

养，发扬善的因素则为善人，发扬恶的因素则为恶人。人的气质，就是向善或向恶的依凭。

在中国传统文化人性观的历史中，上述几派观点是十分有代表性的。应该看到，如果从现实的现象层面上观察，每一派对于人性的认识都有其合理的一面，它们发现并强调了人性的某个方面。但在思维方式上，其问题也很多。拿孟子和荀子来说，他们的人性观点在如下方面存在问题：

首先，人性本来是多元的，既固有同情心而能利他，又固有自爱心而必利己。可是，孟子、荀子对于人性的界定都是片面的。孟子以为人性仅仅是同情利他；荀子则以为人性仅仅是自爱利己。

其次，孟子、荀子都是道义论者，都误以为道德目的在于完善每个人的品德，因而便把品德的完善境界——无私利他亦即所谓的“仁”奉为评价行为善恶的终极标准。

最后，他们是根据自己所观察到的有限的事实得出结论的：看到一些人做“善”事，人性就是“善”的；看到一些人做“恶”事，人性就是“恶”的。如果一个人既做“善”事也做“恶”事，就有点说不清楚了。这只是就现象而论现象，却没有搞清楚这些现象背后的原因和真正的动机，是一种基于现象观察的初级概括。

告子的“性无善恶论”，强调人性的社会决定性，从研究方法来看，属于环境决定论的人性观。告子的思想中有一些唯物主义的成分，如强调后天教育的作用。但是，他同时又过分强调人的自然属性，把人性这种人生而固有的自然本性当做自然界之事物，抹杀了社会的人与自然的动物的区别。

“性亦善亦恶论”的观点与“性善论”、“性恶论”犯了同样的错误：片面地把“仁”、无私利他奉为评价行为是否道德的唯一准则。这样，它便与“性善论”和“性恶论”一样，认为自爱利己是恶，而同情利他是善，只不过它把二者均看做人性罢了。

当然，中国古代的人性观点还远不止上述几类。例如，老庄学派的人性观点被有的学者称为“性超善恶论”，还有王充等的“性三品论”、朱熹的“性二元论”、戴震等的“性一元论”等。我们以朱熹“性二元论”为例，来说明人性论在理论上的演进。

以朱熹为代表的宋代的“性二元论”认为，人有“天地之性”与“气质之性”，其中前者是纯善的，而后者则是有善有恶的。朱熹认为，宇宙由理与气二者构成，理即属于“天地之性”，属于事物的规定性，气则是事物的物质基础，理与气结合即是“气质之性”。其中，“天地之性”是事物的共性，“气质之性”则是事物的个性。气有清有浊，清浊之气分别与理结合则表现为事物之善恶。正如其所言：“性譬之水，本皆清也。以净器盛之，则清；以不净器盛之，则臭；以污泥之器盛之，则浊。”[①]

① 《朱子语类》卷四。

从人的角度来说，当清气与人的规定性结合时，人表现为善性，当浊气和人的规定性结合时，人表现为恶性。人想要向善，就要不断去认识和穷尽人的共性，以人的共性，亦即人的规定性来要求自己，当人的个性与共性相符合时，人就达到了至善的状态。朱熹以"性二元论"思想对孟子等的人性观点进行了分析，认为孟子"论性不论气……不备"，荀子、扬雄则是"论气不论性……不明"[1]。从中可以看出，到了朱熹时代，人们对人性的认识还在深化中，同时，其人性论中也包含了这样的观点：人性是一个成长过程。

二、西方管理理论中典型人性假设及其分析

任何一种理论的产生都是特定历史条件下人们对自身或客观事物认识的一种总结，同时，任何一种理论的发展又总是以相关思想作为基础的。理论的建立，要么是对已有现实的一种概括，要么是对未来的一种假设。在评价一种理论时，应该以其"解释和预测"的"有效性"作为基本标准。西方管理中的每一种人性理论均在不同的历史与社会现实中找到了支持的证据，这在当时的环境下是一个十分有效的分析和解决问题的工具。当然，由于条件限制，这些理论各自又都存在着不合理性和历史局限性。认识这两个方面的问题，对于更深刻地认识人性无疑是具有重要意义的。

（一）"经济人"假设及其分析

"经济人"假设产生于早期科学管理时期，其理论来源是亚当·斯密（Adam Smith）的劳动交换经济理论。该理论认为，大多数人的本性都是贪图享乐、唯利是图，不愿承担任何责任，并且懒惰自私，工作只是为了获取经济报酬。正是基于此，许多管理者设计了"以提高劳动生产率为中心和目的、只满足'经济人'的利益最大化要求、管理者与被管理者处于对立的两极、人与人之间完全变成了金钱关系"的管理模式。

首先，亚当·斯密提到的人性善恶只是基于伦理学和经济学的观点，不能将伦理学、经济学中所观察到的人性表现当做人性（需要格外注意的是，他不仅仅撰写了《国富论》这样的经济学奠基之作，同时也倾注了后半生撰写了《道德情操论》）；其次，"经济人"假设认定人天生懒惰，实质上是一种遗传决定论；再次，人们在作出"经济人"假设时，是出于理论建构的考虑，简化了对人的认识；最后，"经济人"忽视了人的社会层面、精神层面的因素，以为只要将管理诉诸科学理性，只要简单地满足人们的物质需求，就可以实现高效率。然而，随着社会物质文明的不断丰富以及人们对理性主义的深刻反思，"见物不见人"、背离真实人性的管理理论终于不可避免地被新的人性假设所取代。

---

① 《朱子语类》卷六十二。

（二）“社会人”假设及其分析

“社会人”假设是由梅奥（Elton Mayo）提出的，其主要内容是：人工作的主要动机是社会需要。该假设发现了人的社会和心理需求，认识到了人的思想和行动更多的是由情感而不是由逻辑来引导的特性，以及组织中人际关系的重要性，因而，以梅奥为代表的管理学家们设计了一种试图“注意关心人、满足人的需要，建立比较和谐的人群关系，注意培养和形成被管理者对所属组织的归属感和整体感，提倡集体奖励制度，从一定程度上体现被管理者在组织中的民主、平等要求”的管理模式。

“社会人”假设无疑在对人性的全面认识方面向前跨进了一步。但是，其理论本身的问题也不容忽视。首先，“社会人”假设是在资本家按照“经济人”假设进行管理而陷入困境时，基于行为科学家的专题研究提出的。这里要明确的是，“社会人”假设是行为科学家对资本家的一种建议与期望，并非资本家自己对劳动者的态度的自动转变。其次，它也并不意味着资本家与劳动者之间的关系有任何实质性的改变。再次，“社会人”的假设依然是行为科学家在制度“失效”的情况下提出的一种期望与设想。从这一点上说，依据“经济人”假设进行管理是资本家较为原始的方式，而依据“社会人”假设进行管理，如“参与管理”，虽然并非资本家原本的愿望，但它若能克服抵抗，并最终仍能满足资本家的个人目标，那么，它就是能达到同样目的的更为有效的手段。这是西方“社会人”假设的客观效果上的实质所在。最后，“社会人”假设也在一定程度上存在着过分否认经济利益对人的激励作用，过分关注职工的情绪和完全归属的满足问题，具有矫枉过正的倾向，有一定片面性。

（三）“自我实现人”假设及其分析

“自我实现人”的概念是由心理学家马斯洛（A. H. Maslow）提出来的。他认为，人的动机可归结为由多种动机组成的一个层次系统，有高低之别，尤其是发现了人都有爱的需要、受到尊重的需要和自我发展、自我实现的需要。自我实现是最高层次的需要，它是指实现个人理想、抱负，最大程度地发挥个人能力，达到自我实现境界，接受自己也接受他人，解决问题能力增强，自觉性提高，善于独立处事，要求不受打扰地独处，完成与自己的能力相称的一切事情的需要。借此，希望可以促使管理者与被管理者相互信任、相互关爱，调动被管理者的工作积极性，使其增长才干、发挥潜力、充分实现自我。

“自我实现人”假设，从其提出的历史背景来看，同样也是在现存的生产方式与管理模式严重挫伤了人们的精神需求，并影响到了直接关系资本家利益的生产效率的情况下提出的。管理科学家们这样做的直接动力是缓解生产中的矛盾，以提高劳动生产率；同时，也体现出了在现代工业社会中科学家对人性不断遭受压抑与摧残的理解、同情与忧虑。然而，只要资本家与管理者不从根本上改变对人性的全面认识，而仅仅把这种人性假设当做一种工具，就不可能从根本上解决劳动者在组织中的真正地位问题和各种冲突问题。

（四）“复杂人”假设及其分析

“复杂人”假设认识到了人是复杂人这样一个事实，管理学家们据此设计出了一种根据具体情况采取相应管理措施，既能突出管理方式的灵活性，又能体现被管理者个性的差异性的权变管理模式。

然而，“复杂人”假设的科学性仍然存在着许多问题，突出表现在其方法论方面的一些不足：“复杂人”假设仍然是以现实生活中的人性表现作为人性的内容，这本身就把本属哲学层次的人性问题降低到了日常生活层次，其结果必然导致只看见人们在现象层面上的差异，而忽略了人类不同于一般动物的最根本的属性。从方法论上说，该理论所倡导的一些管理原则，虽然在管理实践中具有重要的指导意义，但以方法的灵活代替了对人管理的总策略。从这一点上说，“复杂人”的人性假设与科学的人性理论之间还有相当大的差距。

管理学有关人性的理论基本上经历了“经济人假设——社会人假设——自我实现人假设——复杂人假设”的演进过程，并被多数人作为成熟的理论而不假思索地接受了下来。其实，运用逻辑思维和现实观察进行一番思考后，你就不难发现，这些人性假设存在着诸多局限，甚至可以说并未抓住人性的真正本质。

然而，我们也必须看到，上述理论侧重于对现实中许多问题的解决，所以，其对于具体的管理工作还是具有一定意义的。

基于以上的分析，下面来归纳一下人们对人性认识的一些典型误区。

一直以来，很多人认为人性问题太过抽象，也许只能是哲学讨论的话题。实际上，人性不仅仅是每个生命固有的，对其他生命人性的认识，也是每个生命每天生活的“日常消费品”。

三、认识人性的误区与条件

对于很多人来说，人性问题似乎显得过于高深。于是，很多人只是在简单地接受专家们关于人性的看法，而很少再去分析。实际上，自古以来关于人性问题的认识，显而易见的问题还是蛮多的。也许只有对人性的认识论进行再认识，才可以帮助我们更深刻、准确地认识人性。

（一）人性认识误区的剖析

总体来看，对人性认识的误区主要包括以下几个方面：

第一种误区，将人的生物形态等同于人。从人的组成部分与进化角度，可以将人分成生物人、社会人与精神人。生物人只是成为人的物质条件，是人口统计学意义上的人头，而不是真正意义上的完整的人。

第二种误区，将各种生物形态人的表现概括为人性。实际上，人的很多表现只能说是一种还没有脱离动物的动物性，有时甚至是兽性。如此演绎下去，人性必然包括了极端的动物性和兽性，这是十分滑稽可笑的。

第三种误区，将人的较低阶段的行为概括为人性。实际上，人的进化是一个动态、发展的过程，如果把一个较低阶段的行为总括为人性，那是违背历史辩证法思想的。

下面，再从人性研究方法方面对常见的错误作如下总结：

1.低级归纳错误

归纳是人类认识事物的基本方法之一。归纳的质量，将取决于归纳所依据的现象之代表性、典型性和体现本质的程度，归纳也是透过现象对本质的一种透视。我们所熟悉的管理中的人性假设和对人性的一般性论断，不管是“经济人”、“社会人”假设，还是“性善论”、“性恶论”、“无善无恶论”的道德命题，都犯了低级的归纳错误。这种错误基本上都是由于提出者根据自己所观察到的有限事实所得出的结论：人穷时，主要追求金钱，结论就是“经济人”；生活好些了，就会寻求交往和尊重，于是就变成了“社会人”；再进一步发展，人的需求多了，并且不断地产生更多需求，就成为了“复杂人”。看到一些人做善事，人性就是善的；看到一些人做恶事，人性就是恶的；对于一个人既做善事又做恶事，自己贫穷时却还要帮助别人，甚至完全不顾自己的安危去救助他人等，又该如何归纳人性呢？用简单的归纳方法是不是就有点说不清楚了呢？这种方法所产生的一个困局就是：相互对立的观点却都是有道理的！这直接告诉我们：归纳的逻辑过于表面化、过于低级！

2.静态认知错误

人类在漫长的发展历程中，不断更新着自己的状态，一直向着一个终极的美好目标前进——成为真正的人。可见，人是动态的，人的状态和对自我的认知也是动态的。孔子说：“吾，十有五，而志于学，三十而立，四十而不惑，五十而知天命，六十而耳顺，七十而从心所欲，不逾矩。”若是完全不管人的动态发展性，而将某种状态下的表现概括为人性，将人性说成是静态不变的，岂不是犯了逻辑性错误？对人性的静态认知错误，关键在于把人性发展历程中的一种状态、某一片段静止化、绝对化了，这是违背人性动态发展规律的。这种人性认知错误的典型例子就是管理学中人性假设的演进过程：当人发展了，又出现了新的状态，已有的假说就显得不合时宜了，就又根据一种新的暂时状态提出一种新的假设。于是，人性在这种随着现象进行概括的过程中就失去了其本质的规定性。当然，有一点需要特别注意：当某一种人性观的提出者自己还没有真正觉悟时，其又能提出什么样的人性呢？一定是受制于自己人性状态的人性认知结果。

3.现实反推错误

现实是人的本性的一种表现方式，但表现方式常常因为一些条件的制约而出现一些假象。因此，简单地通过现实去反推人性，就会因为用假象作为判断依据而得出荒谬的“假说”。错把荒谬当成本质，这是人性假设中最低级的错误。在人们的日常话语系统中，经常听到这样的话：“人性使然！”其实，人性一词在很多时候是被滥用的，而与人性的本质规定性没有什么关系。一个强奸犯的所作所为绝对不是人性使然，而是兽性。照这样的逻辑去推论人性，只能得出一个荒谬的结论：兽性也是人性的表现，人性与兽性是一体的。

4.不可知论错误

当研究者看到人的行为复杂多变而无法找到一个标准答案时，就会从低级而武断的认知错误走向另外一个极端——实在太复杂，实在说不清，干脆不说罢了，或者干脆将“复杂人”也作为一个假说。至此，对人性的认识就走入了一个死胡同，这就是认识论上的“不可知论”的错误，是与科学精神相违背的。

5.过度推论错误

以个别现象作为推导人性的依据，常常会犯“过度推论错误”。不管是基于道德价值的“善恶论”，还是基于现实需求特点的“需求论”，所犯逻辑错误都是雷同的。少数坏人不能代表人性的本质，也许说明的只能是出了问题的人性——人性生病的状态。一个人在某些时候的不完美，也并不能代表人的全貌，若是用对负面信息的“偏好选择”作为人性认知的基础，也是不公道的。民间就有这种典型的问题——“好事不出门，坏事传千里”，“穷在闹市无人问，富在深山有远亲”。将这种“生病”的人性状态视为人性的本质，当然是错误的。

6.“善恶”二元对立错误

一直以来，对人性的认识都在“善恶”中纠缠。有人认为人性是善的，有人认为人性是恶的，还有人认为人性是“善恶兼并”的，总之一直没能突破“二元”去认识这个问题，自然所能想到的解决办法也很难超出这个层次。二分法是认识、分析问题的方法，如果把方法等同于事物的“本体、本质”，那就是错误的。

看看那些作“恶”的人，他们就想成为“恶”人吗？让自己甚至是自己的后代都被人唾骂吗？那些伤害了别人的人，他们就是为了“伤害”而伤害吗？有人能从自己的“恶”行中得到幸福吗？即使是那些罪恶滔天的杀人犯，也会有“人之将死，其言也善”的悔恨和泪水。

试问，世间有几人不想在短暂的生命里能够“不白活”，做好人、做对事、做有价值的人？

人的“初衷”总是好的，只是因为种种“不得已”的原因，才出现了这些并不想出现的“恶果”。

或者可以说，从人性本质上来讲，并没有什么“善恶”之分，而现实中我们看到的所谓的“善恶”行为和状态，不过是人性处在“健康”、“生病”两种状态中导致的不同结果而已。

由此可见，只有避免犯以上这些典型错误，对人性的认识才会更加接近人性的规律。

（二）人性认识——科学抑或是哲学

哲学是一种对事物寻根究底的过程，一种对那些在大部分时间里被认为是理所当然、从未有过疑问或从未明确表达出来的想法提出根本质疑的过程。[1]

---

① 所罗门．大问题：简明哲学导论[M]．张卜天，译．桂林：广西师范大学出版社，2008：42．

从哲学发展史中，我们可以清晰地发现，人类认识世界的侧重点经常发生变化，我们经常看到的景象是：要么侧重对宇宙宏观世界的探索，要么又转向对人类自身存在的观照。这样的一种跳跃和变化，是和当时的时代背景有着直接联系，并与那个时期的时代精神相符合的。通过对历史的简单回顾可以看到：当技术、经济、和平、发展等成为时代的主题时，诸如科学主义、实证主义、实用主义等思潮大行其道时，哲学与科学领域的人文关怀就会严重缺失，对人类自身存在意义的观照让位于对宇宙、自然的探索。而在社会动荡、战争频繁、民不聊生之际，哲学往往转向关注人的内心世界，展开对人类、对自身生存状态与意义的思考。很显然，以上这两个方面对人类知识与智慧的增长都是需要的，只是人类在这两个极端间不断地跳跃着，似乎很难找到一个均衡点。

由此可见，我们不可迷信于任何一种哲学及科学对自身的鼓吹，因为那都是昙花一现。过不多久，人类的认识重点又会转向另外一个方面，但也只是暂时的某一个方面，而不是客观真理本身。众所周知，在人类的认识过程中，存在着多种对客观世界和人类自身认识的角度，但也只是个角度，而绝对真理永远在那个角度的前方，在一个指向终极目标的方向上，而我们始终只能在路上。

之所以会出现上述现象，有一个非常重要的原因，就是随着人类认识的深化，学术研究领域开始出现分工，表现为各学科及专业的分立，人类的整体性视野在这种制度化设计中开始断裂，“隧道视野”也在这种教育与研究的专业分工中成为必然，后果自然就是导致夜郎自大现象的出现。曾有学者指出，目前很多所谓“经济学家”堂而皇之地成了大型企业的管理顾问，问题是，经济学的假设与管理学的假设相同吗？有几个经济学家真正懂得企业管理实践？又如，曾有经济学者写出了“爱情经济学”，但是，经济学的核心思维乃是“成本-收益”模式，试问：把这样神圣的主题用“成本-收益”模式来衡量、分析，爱如何能称之为爱？爱情不在于索取，而重在奉献——这样的思维方式在经济学领域是不会得到承认的。但因此我们就可以全面否定经济学吗？不可以。我们只能谨慎地接受某个学科或者专业学者的观点——只是作为一个认识角度来参考。在学术分工多元化的时代，学者需要清醒地认识到自己及其研究成果的真理有限性，以对人类负责的精神，以谦卑虔诚的态度，在知识大厦的建设中，贡献自己的微薄之力，而不是将自己专业角度的认识当做客观真理。

“人性是什么”、“人性应为何”等问题应该是一个哲学问题。哲学不仅具有质疑常识的特征，同时其考察问题、注重整体认识和本源性思考，不会把对象从世界整体联系中抽取出来。它关注大自然的整体关联，体现终极关怀，即人自身存在的意义。

在目前的哲学研究中，占主导地位的研究范式是逻辑实证主义，这种研究的最大不利之处就是与哲学本来的应有之义——“爱智慧”相冲突，它不能充分提供滋养心灵所需要的养分。正如T.S.艾略特所言：“逻辑实证主义除了带给我们生活上和思想上某种新颖的模式之外，在艺术创作上实在无想象力可言。那么哲学上的逻辑实证论除了提供另一种新颖的哲学思考模式之外，有关哲学的洞见和智慧则一概摒除在外。”①

这就给我们提出了这样的问题：到底以什么样的哲学思维去指导关于人性问题的认识呢？

（三）认识人性的几个条件

认识人性，不能陷入空谈。人性，这一看起来很典型的主观问题，实际上既离不开客观世界，也离不开人类社会的实践。

1.人性的研究不能脱离客观存在

对人性的研究一直以哲学为主。哲学本就是人探求客观世界的一门终极学科，哲学思维是对主观认知与客观存在关系的一种思维。所谓的思辨性，不过是人的头脑中的价值活动而已，并没有脱离人主观的范畴。

若脱离了这个认知，认为哲学就是人头脑中的一种思辨，仅是在这些有限的思辨的过程中作一些“循环论证”，这是无助于人认识客观世界的，且人本身就是一个无法脱离客观的存在。人性问题，不能够成为一个纯粹的脱离了客观存在的哲学问题。

2.人性的理论不能离开实践

理论不是凭空从头脑中想出来的，任何理论都是基于人类实践的总结与提升。理论来源于实践，最终也要回到实践中去。

从某种角度上来说，理论研究可能根本就不存在发明、创造，因为一切都是在发现真相、运用规律，都是在对“发现”进行整理而已，进而通过理论的总结、推演、提升改变自己认识规律、使用规律的能力。

人性的研究也不过如此。人类通过自己的实践活动增加对客观世界的认识，人性也往往是通过人的社会实践活动得以展现。

管理行为是人类实践活动的重要组成部分。自从有了人类，管理实践就出现了，随着人类的进步，管理实践的内容也越来越丰富。理论来源于实践，而“实践”又是马克思主义哲学认识论中最重要的范畴之一。探索人性问题离不开历史与现实的人类实践。

“实践”范畴不只是解决了思维与存在统一的基础问题，更重要的是改变了哲学看待问题的基本观念，为人们提供了一种崭新的思维方式。从实践性思维方式出发，在一切观念变革，特别是居于各种观念变革之首要地位的哲学观念变革中，转变“人”的观念则具有根本性的意义。人存在的特殊性在于人与“物”、“低级动物”的本质属性不同，人因其生物性与社会性的融合而创造出了不同于两种本性中的任何一种性质的新性质，即人的生命通过几万年的演化发展出了自身的“神圣性”。人要“成为人”，就必须超越原始的动物性，超越个体自我，超越物种界限，如此才能获得人的神圣性的精神本质。

① 皮珀. 闲暇：文化的基础[M]. 刘森尧，译. 北京：新星出版社，2005：2.

3. 人性的理论要有效地服务于人

人性无法假设，假设"人是绝对理性的"，假设"人是经济性的"等，只能是将人性的全貌或者真相进行肢解，这不但不会帮助人们认识人性，相反还会误导现实中的人们对人性的认识。人不是一部简单的机器，人不仅有一个肉体的物质存在，还有非物质的精神、心灵、情绪、关系等无形的存在，正是这些无形的力量主导着人的主观认识和肉体行为。

理论的研究，最终要以服务人的发展为主旨。理论研究若是建立在一个错误的前提假设的基础上进行的，即使这个过程再严谨、再"有效"，得出的结果也难以在现实的人性中得以应用，甚至会起到错误的引导作用。

人是一个复杂的生命"综合体"，任何将人性"肢解"的研究方法，都将会严重地偏离人性的本质。

四、人性之判——"生病"的人性

真正的人性是美丽的，现实中的人性常态是"生病"和"受到污染"的。只有以这样的人性判断为前提，人性的复归才有可以讨论的空间。

（一）人性的病态与异化

1. 人类的欲望与自残式病态发展

人类发展了文化与科技，但是同类之间却没有建立起信任的关系。人很多时候像对敌人一样防备着他人，甚至为了争夺有限的资源不惜毁灭别人。在人与人的这种现实关系中，似乎让人们看到了如野兽一般的病态行为。一些惨无人道的事实告诉我们，人的很多行为甚至不如野兽。我们知道，对于野兽来说，在获取能够满足自己和幼崽的食物之后，便不再继续捕食、伤害其他动物。而且很多动物自己吃不完的食物，是不在乎其他的动物或者同类分享的。

人类在这方面似乎病得更厉害。人类在生理上的需求是有限的，但因为人的欲望常常是要追求更多的占有，以至于几乎没有满足的时候。而且，即使自己占有的已经远远超过自己所能使用的，也不愿意分享给其他人。于是，在人的这种贪欲和占有下，再富足的资源也会变得短缺，人与人之间的问题，人与资源、环境之间的问题就会层出不穷，人与人之间的关系也会因为这种资源的短缺而产生各种矛盾、冲突，甚至是战争。当然，毋庸置疑，人类战争的残酷程度早已远高于一般动物界的争斗和厮杀。

"病态"的人性所创造、发展出来的任何东西都会被"病态"地使用。打着人类发展的旗号，科技让武器的杀伤力越来越强。从防身狩猎使用的棍棒已发展到核武器这类极具毁灭性的武器，这一切都是为了维护利益、资源、权力。在这些武器被使用时，被迫害的是越来越多无辜民众的生命。更严重的情况是，世界上的核武器一旦被触动，不需要全部使用，人类和地球上的其他生命都会遭受灭顶之灾。

人主观上都在做着自认为对自己有利的事情，但结果往往都是伤害着自己，伤害着家人、同类，伤害着自己赖以生存的环境。人，为什么会病得如此之重?

2.异化之病

文明的发展意味着人类从野蛮走向开化。文明意味着人类从受制于自然和自己走向与自然的统一。由于物质文明的进步，这个目标似乎基本实现了。但是，一个不可忽略的现实是，随着物质文明的进步，人类精神状况却遭遇了前所未有的危机，真是验证了老子的那句话——“祸兮福之所倚，福兮祸之所伏”。

一个好的艺术作品，在其背后总有一个明确的主题，《上帝也疯狂》[①]就是这样一部电影作品。它的剧情简介如下：

虽然距离现代化的大都市只有6 000千米，但居住在非洲卡拉哈里地区的人对于现代化的事物却一无所知。卡拉哈里是个看上去像沙漠却又不是沙漠的地方，在这里，每年有9个月的时间是干旱无雨的，许多动物都因为无法适应这里的环境而纷纷离开。可在卡拉哈里人看来，这里却像天堂一样美好，他们可以收集清晨树叶上的露珠来解渴，可以靠打猎来维持生命，他们之间没有矛盾、没有纷争、没有嫉妒、没有仇恨，过着和谐自然的生活。在他们的心目中，上天每天都在默默地注视并保佑着他们。如果哪天听到天空中飞机飞过的轰隆声，他们会以为那是上天吃得太饱在打嗝。这样一个与世无争、生活得单纯而快乐的部落却因为一只从天而降的可乐瓶子发生了改变。那天，基走在打猎回来的路上，从空中一架飞机上坠落的一个可口可乐瓶子正好掉在他的面前。基把瓶子拿回部落，他们从没看到过这么漂亮的东西，像水一样透明却又很坚硬，他们把它当做上天送来的礼物。渐渐地，他们发现，它可以吹出美妙的声音，还可以用来磨蛇皮。总之，几乎每天人们都能发现它有新的用途。可瓶子只有一个，人们第一次有了不愿意与人分享的感觉，一种莫名的情感出现在所有人的心中。很多人想到要独占它，人们开始为之争吵，甚至大打出手。基决定把“邪恶的东西”还给上天，于是他带着瓶子上路了……

这是一部让人捧腹大笑的影片，很少有人能感受到影片背后所要表达的深刻主题。这是一个关于现代文明悖论的隐喻——文明进步了，人类痛苦反而增加了！影片选择卡拉哈里沙漠中的原始部族作为故事发生的背景，通过那种自然单纯的生活与现代物质文明的强烈视觉反差，恰恰揭示了一个巨大的问题——生病的人性，如何能够实现自身、群体的和谐发展?

在人类生活中，主体在满足自身需要的实践中所创造的客体，又反过来反对或扼杀主体的需要，甚至会摧毁主体本身，这就是通常所谓的“异化”模式。

人的社会生活，本是人们满足自身需要的方式，但在现实社会中，尤其是市场经济中，人却沦为需要乃至贪欲的工具。这种需要与存在的病态异化，表

① 1980年由南非Mimosa电影公司制作，美国Jensen Farley Pictures公司发行。

现为人沦为金钱的工具，进而道德败坏、精神生活空虚、人与人之间关系疏离、对物质极度贪婪、虚无主义人生理念等。

在当今世界上，资本主义制度下剥削关系存在的普遍性使得异化成了阶级冲突和人性扭曲的一个基本原因。在社会主义国家中，虽然从制度上作了消除异化的努力，但是，社会主义制度也处在完善过程中，因此，异化现象依然存在。

马克思在《1844年经济学哲学手稿》中对异化的表现形态进行了阐释。需要与劳动的对立，即劳动异化，是在剥削制度下异化的突出表现。

首先是劳动产品的异化。“劳动者同自己的产品的关系就像同一个异己的对象的关系一样”——不属于他，独立于他，并且同他相对立。“劳动者生产的越多，他能够消费的就越少”。生产过剩导致生产者失业，资本积累导致贫困面扩大。

其次是劳动过程的异化。劳动不属于劳动者自己，而是别人的。“自我活动表现为别人的活动，似乎就是别人的。”

最后是人的自我异化。人如机器，他作为完整的人的需要，他的劳动目的、自主性，都被控制了，被扼杀了。[①]

马克思谈到的异化现象归结到一点，那就是人成了工具，人成了异己的他者，人失去了自己。

当今，这种病态的异化现象越来越普遍，在生产、消费、管理等领域中均可见到。弗洛姆对此曾论述说：“消费的过程与生产的过程一样被异化了……（本来）消费是达到快乐的手段，但是现在消费却成了自己的目的。”[②]管理领域的异化现象，其各种表现（现实中各种管理困境的出现，理论上归纳出来的管理异化与悖论）已经在第二章有过归纳与总结，在此不需要赘述。

异化是一种现象，它表现为人与人之间情感关系的冷漠、自杀率上升、普遍的神经症症状、对金钱无止境的信仰等，但它背后深藏的却是人性的“病”态。

（二）人性的“病”因

人类技术、文明的发展催生了令人眼花缭乱的各种“工具”，这些工具本应为人类的福祉而服务，但人却在创造这些“工具”的过程中沉浸于工具其中，忘记了生命的方向和目标。“自进入文明时代以来，财富的增长是如此巨大，它的形式是如此繁多，它的用途是如此广泛，为了所有者的利益而对它进行的管理又是如此巧妙，以致这种财富对于人民来说变成了一种无法控制的力量。人类的智慧在自己的创造物面前感到迷惘而不知所措了。[③]”还有人为自己创造了无尽的物质财富，随着财富的积累和物质生活水平的提高，人却越来越沉迷于对有形的物质财富和利益的追逐，失去了对无形天地大道的信仰，心

---

① 马克思．1844年经济学哲学手稿[M]．中共中央马克思恩格斯列宁斯大林著作编译局，编译．北京：人民出版社，2002：52-61．

② 弗洛姆．健全的社会[M]．蒋重跃，等，译．北京：国际文化出版公司，2003：113，117．

③ 摩尔根．古代社会[M]．杨东，等，译．北京：商务印书馆，1977：552．

灵失去了归属，没有了方向、没有了滋养，由此生命中出现各种各样的痛苦和问题。不仅如此，如果没有正确的方法来化解这些痛苦和问题，那么就会滋生出越来越多的痛苦和问题，远离“道”、没有信仰的现代人就在这样的模式中度过一生。

人对自己主观的依赖、对主观的强化，让自己的主观与客观之间的墙越来越厚。而且，人主观意识的强大甚至狂妄，使人的行为开始背离客观及客观规律。在这种背离的状态中，人类给自己带来了无尽的麻烦和痛苦。

1. 人之贪欲

无数理论与实践都在证明一个事实：人类的贪欲是造成苦难的源头之一。正如佛家所云，影响人生幸福的“三重障”分别是“贪”、“嗔”、“痴”，其中“贪”即人的“贪欲”。儒家也提到“存天理，灭人欲”，这一概念在《礼记·乐记》中最早出现：“人化物也者，灭天理而穷人欲者也。于是有悖逆诈伪之心，有淫泆作乱之事。”“灭天理而穷人欲者”就是指泯灭天理而为所欲为者。宋代大儒程颢、程颐曰：“人心私欲，故危殆。道心天理，故精微。灭私欲则天理明矣。”这里所谓“灭私欲则天理明”就是要“存天理、灭人欲”。后来，朱熹说：“孔子所谓‘克己复礼’，《中庸》所谓‘致中和’、‘尊德性’、‘道问学’，《大学》所谓‘明明德’，《书》曰‘人心惟危，道心惟微，惟精惟一，允执厥中’，圣贤千言万语，只是教人明天理、灭人欲。”

曾经有三位优秀人士对此话题有过深刻的讨论，现拿以抛砖引玉，个中玄机每个人自有不同体会。

甲：人的正常轨迹，应该是无欲—有欲—无欲的升华。

乙：常常是小欲，然后邪欲，如果有幸或不死，会回归正欲，再次大欲，最后无欲而无虞。

丙：第一层面，看见看得见的；第二层面，看见看不见的；第三层面，看不见看见的。

三人讨论的共性在于，其背后有一个人性成长的逻辑支撑。片面强调人不应有欲望是脱离现实的，只强调精神需求而忽略人的物质需求也是虚伪的。欲望作为生命的基本动力，也会随着人性成长逐渐走向高级阶段，到了此时，人性的质量与内涵同最初的欲望相比，已有了质的飞跃。

2. 人际冲突

人们在考虑问题的时候，太过于以自我为中心来想问题。在人们的语言系统里，更多时候是“我以为”、“我认为”、“他不是个好人”、“他这个人不理解人”等。

冲突理论认为，只要人与人之间存在差异，必然产生冲突。于是，人性成长处于正常状态的人会寻求化解冲突，而人性成长处于低级或者扭曲状态的人则会逐渐使冲突升级。那么，如何看待人与人之间的差异呢？差异的存在是客观的，是不以人类的主观意志为转移的。下面，看看古代圣贤是怎么说的。

儒家有云，“见贤思齐焉，见不贤而内自省也”[1]。道家有云，“善者，吾善之；不善者，吾亦善之；德善”[2]、“故善人者，不善人之师；不善人者，善人之资。不贵其师，不爱其资，虽智大迷”[3]。老子的话真精彩，意思是说善人可以作为不善人的老师，不善人可以作为善人的借镜。不尊重他的老师，不珍惜他的借镜，虽然自以为聪明，其实是个大迷糊。

人之所以为人，就在于能够将负面的东西转化成正面的东西，而实现这个过程只是一念之间的事儿，往前一步，进入美好的天堂，向后一步，堕入地狱的深渊。思维方式的转换，其神奇之处就在于此，所谓“苦海无边，回头是岸”。

3.痛恨邪恶

大概每个人对邪恶之人都是深恶痛绝的吧！但是你知道邪恶之人的背后到底有什么吗？人间的邪恶之人，往往都是不幸之人、绝望之人，找不到出路的人才会去做邪恶的事。一个邪恶的行为往往是前面一连串条件与事实引发的结果。懂得这个道理，你还会简单地恨那些“坏人”吗？让我们看一个具体的实例：有这么一个人，从来到人间开始，就遭受苦难。他是个早产儿，出生以后，不知道父亲是谁，母亲还早逝了。受尽了人间冷眼与折磨，最终社会抛弃了他，他也抛弃了社会，走上了犯罪的道路。试问，当你了解了他的遭遇之后，对他还只是一种简单的恨吗？其实，某个人身上出现的问题，背后往往是社会网络中各种负面能量的集中汇聚所导致的。人的劣迹往往是其在社会化过程中习得而成的，作为有限理性的个体，他之所以成为当前的他，不是因为他天生恶劣，而是由生活环境和人生经历等因素所致。

我们往往对大量的负面事件给予极端关注并进行放大，但对背后的原因往往不去深究或者置若罔闻。此时，人的理性、人的灵性都处于休眠状态，人被现象蒙蔽了双眼。

究其原因，这往往是人不能最大限度地深入事物的背后去寻找真正的原因或者因果链，常常只是用一己的成见替代了理性的思考。实际上，我们所痛恨的那些邪恶的背后可能隐藏着太多的灾难和一个脆弱生命的无奈。

（三）冯友兰先生人生境界之说

大哲学家冯友兰先生认为，人生在于追求意义。何谓“意义”？意义发生于自觉及了解；任何事物，如果我们对它能够了解，便有意义，否则便无意义；了解越多，越有意义，了解得少，便没有多大的意义。何谓“自觉”？我们知道自己在做一种事情，便是自觉。人类与禽兽所不同的地方，就是人类能够了解，能够自觉，而禽兽则不能。

假如我们能够了解人生，人生便有意义，倘使我们不能了解人生，人生便无意义。每个人对于人生的了解多不相同，因此，人生的境界便有了分别。境

① 《论语·里仁》。
② 《道德经》第四十九章。
③ 《道德经》第二十七章。

界的不同，是由于认识的互异。这犹如游山一样，地质学家与诗人虽同往游山，可是地质学家的观感和诗人的观感却大不相同。

人生的境界，大体上可分为四类：

①自然境界——最低级的，了解的程度最少。

②功利境界——较高级的，需要进一步的了解。

③道德境界——更高级的，需要更高深的理解。

④天地境界——最高级的，需要最彻底的了解。

在自然境界中的人，不论干什么事情，不是依照社会习惯，便是依照其本性去做，他们从来未曾了解做某种事情的意义。往好处说，这就是“天真烂漫”，往差处说便是“糊里糊涂”。他们既不懂得为什么要这样做，又不明白做某种事情有什么意义，所以可以说他们是没有自觉的。有时他们纵然是整天笑嘻嘻的，可是却不觉得快乐。这如天真的婴孩，他虽然笑逐颜开，可是却一点都不觉得自己快乐。这一类人，对于“生”和“死”皆不了解，而且亦没有“真我”的观念，只是随波逐流。

功利境界中的人，对于人生的了解又进了一步。他们有“我”的观念，不论做什么事，都是为着功利，为着自己的利益打算。这一批人，大抵贪生怕死、唯利是图。有时他们亦会为社会服务，为国家做点事，可是他们做事的动机是想换取更高的收益。表面上，他们虽在服务，但其最后的目的还是为着小我。

在道德境界中的人，不论所做何事，皆以服务社会为目的。这一类人既不贪生，也不怕死。他们知道除“我”以外，还有一个社会，一个整体。他们了解个人是社会的一部分，个人与社会是部分与整体的关系。就普通常识来说，部分的存在似乎先于整体，可是从哲学来说，应该先有整体，然后始有个体。例如，房子中的支“柱”，是有了房子以后，始有所谓的“柱”，假使没有房子，则柱不成为柱，它只是一件大木料而已。同样，人类在有了人伦的关系以后，始有所谓的“人”，如没有人伦关系，则人便不能成为人，只是一团血肉。不错，在没有社会组织以前，每个人确已先具有一团血肉，可是我们之所以成为人，是因为有了社会组织的缘故。道德境界中的人，很清楚地了解这一点。

天地境界中的人，一切皆以服务天地真理为目的。他们超越了生死的见解，既无所谓生，复无所谓死。科学家探索宇宙的真理，哲学家探索包括人在内的宇宙真理。人绝对不能离开宇宙和真理而存在。天地境界的人能够彻底了解这些道理，所以他们所做的事，便是为了探索宇宙真理，服务人类和宇宙的。

中国所谓的“圣贤”二字，实际上指的是不同的人。“贤”是指道德境界的人，“圣”是指天地境界的人。至于一般的芸芸众生，不是属于自然境界，便是属于功利境界。要达到自然境界或功利境界非常容易，要想进入道德境界或天地境界却需要努力。

《中庸》里有一句话：“可以赞天地之化育，则可以与天地参矣。”所谓“赞天地之化育”，并不是帮助天地刮风或下雨。“化育”是什么？能够在天地间生长的都是化育。如果能够了解这一点，则我们的生活行动都可以说是“赞天地之化育”。如果不明白这一点，那么我们的生活行动只能说是“为天地所化育”。所谓圣人，他们能够了解天地的化育，所以始能顶天立地，与天地参。草木无知，所以草木只能为天地所化育。

由此看来，可以说做圣人很容易，亦可以说做圣人很难。正所谓“迷则为凡，悟则为圣”。

在客观一次次为人的主观纠错的情况下，在人的主观不断超越以往主观的背景下，人先天的道性和后天的主观性一次次冲撞，构成了人生的主要矛盾。

在这种冲撞过程当中，有两条线：一条线是人与自然规律之间的冲撞所形成的矛盾；另一条线是人与人之间、自我的主观与作为客观的他人之间的主观与客观发生的冲突。在烦恼和痛苦中，一些人开始反思自己，重新认识客观世界，让自己又与客观世界有了正确的连接，不断突破自我的桎梏，向客观接近；认识规律，在客观规律的基础上去思考、行动——“找到心灵回家的路”。

第三节　人性溯源与“道性”说

人的出路不是靠自己的头脑想出来的和创造出来的。人的主观意识反而会局限人找到自己的出路。其实出路一直就在那里——道。

2007年度CCTV最佳雇主评选获奖企业之一，福建福耀玻璃集团，在企业管理中大幅提高员工薪酬和福利待遇，让员工分享企业发展的财富，提高了职工薪酬在成本中的比例。同时，在全公司内开展“反浪费”运动，通过企业的精益化管理，实行节能减排，降低生产成本，保证产品的总体成本不提高。最让人感动的是董事长曹德旺的很多人性化措施。其中，有这样一个事例：公司招聘的一位员工刚刚上岗就发现身患重病，公司不仅花钱为其治疗，曹董事长还制定了一项制度，那就是如果公司员工及其直系亲属患重病，公司将负担全部医疗费用。

类似这样的企业家在这个世界上还有很多很多，他们用超出常人的责任和胆识，通过成就千百万人的幸福来成就自己伟大的事业。从这些企业家的实践中不难看到，人的成功似乎还有另一个逻辑可循，这也许是那些唯利是图的人所想不到的，也许即使他们听说了，恐怕一下子也想不明白。

让我们将目光转向国外。

空想社会主义的先驱之一，英国的罗伯特·欧文，充分认识到工业主义的罪恶。他在其有生之年所作的所有努力就是改变以往工厂管理中对人的忽视的状况。欧文于1800—1828年在苏格兰自己的几个纺织厂内进行了前所未有的试验。人们称他为“现代人事管理之父”。他摒弃了过去那种把工人当做工具的做法，着力改善工人的劳动条件。例如，提高童工参加劳动的最低年龄，缩短雇员的劳动时间，为雇员提供厂内膳食，设立按成本向雇员出售生活必需品的模式，从而改善了当地整个社会状况。欧文认为，良好的人事管理会给雇主带来收益，因而这是每个主管人员的一项重要工作。欧文在给其属下的一个指示中宣称："你们中有许多人从长期的生产经营中体验到了结构坚固且设计精致、制造完美的机器的好处。如果说，对无生命的机器给予细心照顾尚能产生有利的效果，那么如果你们以同样的精力去关心构造奇妙得多的有生命的机器，还会有什么事办不成呢？"这在那个时代是非常具有进步意义和前瞻性的。他将其早期管理工厂的成功经验归结为"严谨的习惯"和他对人的本性的了解。①

一个真正的伟人必然是有着强烈人文关怀的人，是对人类的苦难有着深刻的理解与同情的人。他视人类同胞的痛苦为自己的痛苦，他超越了自身的既得利益，为人类文明的前行披荆斩棘。欧文如此，释迦牟尼如此，爱因斯坦也是如此！我们看到的是什么呢？原来，真正的宗教情怀、哲学智慧、科学智慧是如此的统一！

施韦泽用尽了他后半生的时间义务地在非洲救助那些黑人苦难者，为了实践他"敬畏生命"的伦理哲学，为了实现为人类服务的志愿，他30岁开始学医，在获得医学博士学位之后，前往非洲丛林建立诊所，义务为当地居民行医治疗。②

"她创建的仁爱传教修女会有4亿多美金的资产，世界上最有钱的公司都乐意无偿地捐钱给她；她的组织有7 000多名正式成员，组织外还有数不清的追随者和义工；她与众多的总统、国王、传媒巨头和企业巨子关系友善，并受到他们的敬仰和爱戴……但是，她住的地方，除了电灯外，唯一的电器是一部电话，还是1994年才安装的。她没有秘书，所有的信件她都亲笔回复。她没有会客室，她在教堂外的走廊里接待所有的来访者。她穿的衣服，一共只有3套，而且自己换洗；她只穿凉鞋，没有袜子。"③这就是德兰修女，她用一生的时间去拯救世界上最穷苦的人，而自己却过着最简单的生活。

上述两位伟人分别于1952年和1979年获得诺贝尔和平奖，赢得了全世界的尊敬。

太人性了！啊，不！这是神性！他们是神之子，是引领人类走向光明的天使。从他们的卓越行为中我们可以窥见人性的伟大！

通过我们前面所作的基于历史事实的理论推导和对现实中这种状态的分类，我们似乎又可以得出一个结论——从理想上说，我们的人性有一种状态，我们爱自然、爱所有的生命，不为自己，甚至会奉献自己，我们把这些叫做理想的人性。这种理想的人性从理论上来说，就是从认知和价值方面的完全的

---

① 雷恩．管理思想的演变[M]．赵睿，等，译．北京：中国社会科学出版社，1997：75．

② 施韦泽．敬畏生命：五十年来的基本论述[M]．陈泽环，译．上海：上海社会科学院出版社，2003．施韦泽．对生命的敬畏：阿尔贝特·施韦泽自述[M]．陈泽环，译．上海：上海人民出版社，2007．

③ 华姿．德兰修女传——在爱中行走[M]．济南：山东画报出版社，2005：2．

道性。

另外一个结论就是我们能够用肉眼看到的大量的现实，即所谓的现实中的人性，出了很多的问题。如果说把人类理想的人性看成应该是这样的，那么现实中的人性就是理想人性的一种病态表现，一种生了病的人性。

一、人性与人性表现

人性，是人的精神本质，是人通达天地客观世界规律的天然能力。人性表现，则是在现实条件下，人性的不同发育状态。若是将表现出来的暂时状态视为人的本质，就犯了认知逻辑的错误。

于是，研究人性问题，要先做好奠基工作，即要明确：人性的本质是什么？什么是人性的内涵？什么是人性的外延？为什么我们要关注人性？人性的发展规律是什么？

卡西尔说："如果'人性'这个词意味着任何什么东西的话，那么它就意味着：尽管在它的各种形式中存在着一切的差别与对立，然而这些形式都是在向着一个共同目标而努力。从长远的观点看，一定能发现一个突出的特征，一个普遍的特性——在这种特征和特性之中所有的形式全都互相一致而和谐起来。如果我们能规定这个特性的话，发散开的射线就可以被集合到一个思想的焦点之中。"①

人性，就是那个突出的特征、普遍的特性。它是什么呢？

（一）人性无法脱离的精神性

人，是物质存在和精神存在的矛盾统一体。在生命活着期间，精神无疑主导着人的肉体和对外部世界的反应方式。显然，在生命区间里，人的精神起着主导性的作用，而人的本质就应该由人这一矛盾体的矛盾主要方面——精神来决定。同样是人，为何有人成为富翁而有人却是穷人？为什么有人奋发努力而有人懒散萎靡？为什么有人会成为英雄而有人成为叛徒？为什么有人成为清官而有人成为贪官？难道是这些人的肉体有什么本质的区别吗？管仲在《管子·牧民》里说："仓廪实而知礼节，衣食足而知荣辱。"管仲此言，是教育君主要爱民，要关注人民的生活。后来，这句话被理解成了人间的一个普遍真理。实际上，对于大部分百姓而言，首先关注的是生存。但对于精神力量强大一些的人来说，这话就要倒过来说了——"知荣辱而衣食足"。再进一步，对于精神力量强大到信仰层面的人来说，他们可以为信仰而奉献生命。显而易见，人类从类人猿进化而来以后，人获得了比动物界处于最高发展阶段的动物更高级的本质，而这个本质绝不是体现在其生理结构与其他哺乳类动物的巨大区别之上，只能从人的精神存在上寻找答案。于是，人的本质规定性，亦即人性，就其内涵来说，就是人区别于物和其他动物的根本属性，即通达人性本质的精神性。这是对人的本质的一种抽象描述，具体到不同个体身上，由于精神性的发

① 卡西尔. 人论[M]. 甘阳，译. 上海：上海译文出版社，1985：90.

育处在不同的阶段，这种人性本质的表现就会有所不同。同时，精神性作为一个统摄生命全部的方向与纲领，在不同生命身上，其内容也会有不同的表现。

下面继续就人性的内涵——“精神性”作进一步阐释。

有人可能要问：“既然你说人的精神性是通达人的本质之桥属性，那么难道诸如大猩猩等高等动物就没有精神吗？”这就涉及需要界定的重要范畴——“精神”。瑞士著名心理学家丹尼什认为，人的存在有三个不同的层面，分别是肉体、心理和精神，三者不是割裂的，而是“整体”的。“人与动物在本质上的不同，正是在于人有其特别的精神本质这一天赋。”[①]而动物界所表现出的很多高级的举动至多可以称为一种心理现象而已。

那么精神到底是什么呢？

先看阿尔贝特·施韦泽在其自述中的一句话：

“我日益明白，我没有内在的权利，把我幸运的青少年时代、我的健康和我的才能当做理所当然的东西接受下来。出于最深刻的幸福感，我日益理解了耶稣的话：‘我们不可以把生命留给自己。获得了生活中许多美好东西的人，必须为此作出相应的奉献。幸运的人被召唤来感受、帮助和缓解别人的痛苦，我们大家都必须承担起世界上痛苦的重负。’”[②]

施韦泽在年轻的时候就已经成为一个有声望的管风琴演奏家和巴赫研究者，同时他又是哲学博士、神学博士、医学博士，他完全可以过上一种无忧无虑且富足的生活。但是，让人感动的是，他没有选择那样的生活，而是选择了为地球上最苦难的那群人奉献自己的后半生。他没有把上天所赋予他的各种幸运理所当然地接受下来，而是利用他所拥有的幸运去帮助更多苦难之人。他用行动彻底地实践了“博爱”理念，深刻地诠释了人的精神性。

卡西尔的话很好地解释了施韦泽的行为动力——“人的本质不依赖于外部的环境，而只依赖于人给予他的价值。财富、地位、社会差别，甚至健康和智慧的天资——所有这些都成了无关紧要的。唯一要紧的就是灵魂的意向、灵魂的内在态度。这种内在本性是不容扰乱的”[③]。从“灵魂的意向”、“内在态度”可以探知人的精神性的端倪。

有人说，这样的人生活得不是太亏了吗？那我们要反问，为金钱名利而活就真的幸福了吗？看看我们周围的世界吧，随着经济发展水平的逐渐提高，自杀率逐渐提高，人的幸福感下降，充斥于大众生活中的日常用语不断变迁，今天我“郁闷”了，明天我又“纠结”了，网络游戏与电视成了很多人工作场所与业余生活的全部，“偷菜”[④]成了很多人的业余习惯和谈资。至于那些担惊受怕的贪官，除了为其可怜和悲叹之外，最终往往免不了被绳之以法，人生仅仅过了几十年，因一己贪欲，断送了自己的前程！这样的人幸福吗？

---

① 丹尼什．精神心理学[M]．陈一筠，译．北京：社会科学文献出版社，1996：4．

② 施韦泽．对生命的敬畏：阿尔贝特·施韦泽自述[M]．陈泽环，译．上海：上海人民出版社，2007：26．

③ 卡西尔．人论[M]．甘阳，译．上海：上海译文出版社，1985：10．

④ 一种流行于网络中的游戏。

经济学家何清涟对此也有过一段非常精辟的阐述：“人的一生其实是在路上。那终极目标指向何方，其实与一个人自己决定一生到底要什么密切相关。人生为自己设定的物质性目标不外是金钱、权势、名位而已，这些目标不管多么遥不可及，到底是有限的。对有限目标之追求，最终难逃恺撒之悲——恺撒在登上梦寐以求的皇帝宝座以后，曾经说过一句著名的话：这一切原来是如此空虚与无聊。说到底，人的尊严在于人的创造性，在于人能够‘精神地生活’，在于人的心灵所享有的那种无边无垠的自由。”[①]这是对人性内涵最深刻的洞见，是对人生终极目标的确认。在这段话的背后，可以依稀看到历代圣贤典籍的智慧和古今中外每一位伟人的影子。可那无边无垠的自由又在哪里呢？佛家讲到了“虚空”，道家讲到了“有生于无”，那么“虚空”和“无”又是什么呢？

通达人的本质之桥——精神性，展开来讲，就是人所特有的基于人之来源的本体性的、超越其物质（生理）存在、心理存在而获得的完全属于人的特殊属性，体现为主观对客观意义的赋予和内化，表现为对意义的追求，主体性的积极发挥，对本能自我、物种界限及私欲的超越，运用理性思维又超越理性的有限性，以及对神圣性的不懈追求等。

归根结底，人要想“成为人”，就要培育其健康的、灵性的精神性，从而通达人之本质，否则就不能“成为人”，而只能是“人形之动物”。孔子提出了做人的最低标准：“饱食终日，无所用心，难矣哉！不有博弈者乎，为之，犹贤乎已。”[②]作为一个人，一天吃饱之后什么也不做，什么都不想，真是难办啊！即使下下围棋娱乐一下也比“饱食终日，无所用心”好啊！对此，有学者解释说：“人之所以能与天、地并称三才（三才指三种能量），就是因为人有一颗能觉解万物的心，如果连这颗心都不用，那还叫人吗？那就与禽兽无异了。”[③]

（二）人性现状的外化

处于历史与社会中的具体的人是具有丰富性、微妙性、多样性和多面性特征的。这就引出了与人性范畴相关的另一个范畴——人性表现。它是人性的外化，从不同侧面反映着人性的本质。

前面曾经谈及的中国传统文化中儒家人性观的“善恶”之争，其实只是人性表现的一个侧面而已，而人性表现在现实生活中远不是用善恶所能概括的。

“食色，性也。”这种说法也是人之存在的生物性特征的体现。其存在是合理的，但不是人所独有的，因此，也只能是现实生活中人的表现而已。它能从人的自然属性与社会属性的对立统一中反映人性。

至于卡西尔、苏格拉底、阿德勒等人有关人性的认识，都可以认为是他们认识到了人性中非常重要的表现方面。人是这个世界上最复杂的存在物，就人

① 何清涟. 我们仍然在仰望星空[M]. 桂林：漓江出版社，2001.
② 《论语·阳货》。
③ 李里. 论语讲义[M]. 桂林：广西师范大学出版社，2007：276.

的行为表现而言，必然表现为多方面的特征。如果单纯强调人性而忽视现实中人的真实存在，则这种理论是没有任何价值的。片面强调人的精神性而让人不食人间烟火，也是不可能的，是违背马克思主义人学的实践观点和辩证法思想的。

必须反对把人性表现中的某一方面、某一维度当做唯一的人的本质的倾向。正是由于人们强调人的某一些属性，而排斥或忽视人的另一些属性，才产生了各种片面的人性观。例如，欧洲早期唯物主义者把人的本质归结为某种自然属性，类似于一种自然主义的人性观；德国古典唯心主义哲学家把人的理性（思维属性）抬到至高无上的地位，提出一种理性主义的人性观；更有一些哲学流派把人的非理性因素（无意识、情绪和情感体验）提升到重要层面，提出非理性主义人性观；甚至还有一些学者把人完全看成是被社会环境所支配的消极的存在物。这些对人性的认识都是片面强调了人性表现的某一方面，故意加以放大并忽视另一些人性表现。从根本上来讲，其错误在于忽视了人与其自身以及人与其周围世界的联系，而只有在这种联系中，才能识别出人性形成和发展的基础。

人性表现是多个维度的矛盾统一体。它是人的若干对立面的和谐与统一，是对立的一方对另一方的牵制甚至超越，尤其是对那些负面价值，如贪婪、放纵、自私、邪恶等的超越和否定。下面，我们从五个方面举例加以说明。

1.生物性与社会性的对立统一

生物性是人的自然属性，人首先是一个生理存在、自然存在，是一个需要满足生理需要、安全需要的存在，因此，人需要先生存下去，在此基础上才能谈人性。但生存的欲望是一切生命所共有的，它并不只属于人，而是属于更广泛的生物。人的生存是一种生物学意义上的生命延续，它可以延续种族的生命，可以使人类世世代代生生不息。但人只限于生命的物质层面是创造不出文明的，人的生存将是非常具有局限性的。

人作为一个特殊种属，更是一种社会性存在。人出生以后的虚弱以及人类身体成长的缓慢性，决定了人一出生就具有了社会性。人的生存必须是在集体中的生存，单个人几乎是无法生存下去的。社会性不是指集体，而是人的一种关系，是人的生存必须依赖的关系。因而，马克思说："人是一切社会关系的总和。"于是，人的生物性便和社会性发生了关联，即使一个普通的生物性表现，比如排泄，也具有了社会性的特征。正常情况下，一个人不会在人群中排便，而猪则不同，它在猪群中是不会顾及同类的感受的。只谈人的生物性，就是在谈兽性，而不是人性。单论人的社会性，则人性就没有了基础。真正的人性必然是生物性和社会性的统一。

2.物质性和精神性的对立统一

人生存于这个世界，创造了物质财富和精神财富，人的需求也体现为物质需求与精神需求，所以物质性需要与精神性需要也是人性表现的两个重要方面。两者统一于人的生命存在，缺一不可。但就本质而言，人的精神存在要高于物质存在。

在现实中，我们经常看到人类进化的一种悖论。物质文明的丰富、科技的进步、经济的发展、生活的舒适可能伴随着人的退化：汽车和各类交通工具的发达使人行走的能力退化；电脑的普及使人的计算能力和书写能力退化；通信工具的发达使人类无意识传感的能力退化……科技为人类创造了舒适的环境，但人类在情感与意志等方面却发生了退化。

进化不是物质文明成果的展现，而是人的生命向精神层面的迈进。进化是克服生命物质惰性，使生命进入超常稳定状态，使人的生命能够超越自身。人的精神存在又给自身的物质生存创造了更好的条件。只谈人性的物质性，人就是个肉体；只谈人性的物质决定性，人就是个傀儡；只有在人类文明性基础上的精神性制导下通达人的本质的人性，才是真正的人性。

3.理性与情欲的对立统一

卡西尔把苏格拉底的人学思想概括为："人是一个对理性问题能给予理性回答的存在物。"理性是人性的一部分，是人的精神存在的一种基本形式。所以，有人说："人是理性动物。"情欲也是人性表现中的一种。没有理性的人，其人性是残缺的。同样，没有情欲的要求和实现，其人性也是缺乏现实基础的。

但是，理性是什么？它是生物本能和盲目冲动的对立面。人必须理性地生存，而不能只靠盲目冲动支配自己；人必须保持理性的行为和活动，而不能只靠生物本能适应环境。这就是人之所以为人的标志，也是人性存在的标志。任何时代，人都应该理性地活动，不能放弃理性对自己的约束，更不应该自暴自弃。理性，是一种自觉，是一种自我克制、自我约束，只有动物和低级生命，才不需要理性的思考而只听凭生物本能的驱动。人性，不是对情欲的简单克制和忍耐，而是在理性基础上对情欲的升华与超越。

4.利己与利他的对立统一

从人的行为倾向及表现来看，有明显的利己和利他两种行为表现。利己，并不是通常意义上的自私，而是对自己生命的热爱，是人与生俱来的趋利避害的本能。利己的表现形式可以有多种。当它作为目的和手段的时候，可以组合为以下七种行为类型：完全利己、为己利他、害己以利己、损他而利己、为他利己、利己以害己、利己以害他等[①]。同样，作为手段和目的，利他也可以分为为己利他、完全利他、利他以害他、利他以害己、为他利己、自我牺牲、害他以利他[②]等七种形式。

可以看出，实际上，在人的行为中，利己与利他是可以相互联系、相互转化的。看似利他的行为实际上可能主观目的在于利己，而完全强调利己往往会导致害己而利他。这样的例子在日常生活中很常见，利己与利他依然是人性表现中的对立统一。在一个人认识到利己与利他这种相互联系、相互转化的客观

① 王海明．人性论[M]．北京：商务印书馆，2006：49-52．
② 王海明．人性论[M]．北京：商务印书馆，2006：49-52．

规律以后，他就可以运用理性来作出合理的行为选择。

5.人性与神性的对立统一

人类不仅需要有目的的活动，而且需要无目的的活动；人类不仅需要功利性的活动，而且需要非功利性的活动；人类不仅需要谋生，还需要超越谋生，而只有超越谋生，人才能够超越生物性局限，人的精神性的本质才能得以发挥，此时人也就成了人。

人的精神追求不等于人的神性，但神性却导源于人的精神性。

神性，即神圣性，它就在人性之中，就是引导人自身不断向上提升自我，使自我的生命价值不断向上升华的力量，是使人在世俗生活中，超越生物性局限和社会性的局限，不断走向精神自由的力量。

拥有神性的人往往能超越小我的约束，而一心为他人和世界的福祉贡献自己的一生。有人认为，人的神性不具有普遍性和长久性，它是属于人类社会的少数人的。这话对了一半，能够将神性内化至自己的人生的人确实不多。但在普通人的生命中，偶然也会出现神圣性的行为或者体验，那是一种“高峰体验”。实际上，此处所谈的神性问题，不是说有多少人能够达到，而是说所有生命发展的向往与人性成长的动力源问题。

上面所谈到的是人性表现的几种典型矛盾体的范例，诸如此类的矛盾统一，还有很多，如善行与恶行、人性与兽性、道德与自由等。这些矛盾，大多是人们在社会中形成的主观意志和人性本质相互作用的表现。人性的本质应该是破除后天主观意志，而使自己的心灵回归于自然后的状态。在这种状态下，人的对立冲突、利己自私等就会减少，而奉献、关爱、宽容等就会增加，这时人的精神性和人性的神圣就会彰显。

（三）人性与人性表现的关系

作为具体的人，其本质属性主要体现在人在实践中所面对的各种关系之中，如人与自身、人与社会、人与自然的关系。这些关系包括两大类——“自身联系”和“他物联系”。人与周围世界的联系取决于人与自身的联系，只有具体分析这两类联系的具体关系，才可以洞见人的本质与本质表现的关系，即人性（内涵）与人性表现（外延）的关系。

人性是内容，人性表现是形式。有什么样的人性，即人的精神性发挥到何种程度，人就会有什么样的行为表现，也就是说人的精神性的成长对人的行为有制导作用。反之，人性表现因其产生于与外界的关系之中，会接收到外界的反馈，从而通过教育、强化、自省等机制反过来影响人的精神发展，亦即人性的成长或者退化。

人性能够反映出心灵和谐的程度，也就是人与自身的关系的和谐，属于“自身联系”，而人性表现则通过与外界发生关系，体现为外部的和谐，属于“他物联系”。人因具有精神性，而能在自身内部实现灵魂与肉体的和谐。人能够与自身对话，能够反观自己，通过这种自我反思和自我认识，人逐渐获得精神性成长，心灵和谐程度也会逐渐提高。这势必会影响到人的行为表现，从而实现与自然的、社会的和他人的和谐关系。

只有觉悟的眼睛，才会看穿人性表现背后之人性的真相！

只有觉悟的心，才会越过现实人性的表现而直达人性那神圣的本源！

二、人性成长路径

人性，从先天的角度说，道家说是“道性”，佛家说是“佛性”。在人成长的过程中，先天的“道性”与“佛性”遇到了世俗的干扰，唯有修行才能将自己的本性呈现。

（一）从现实“生病”的人性到理想的人性

通过对人性内涵和人性表现的分析，可以得到如下结论：人，是“成为人”的动态过程，而不是一种静止状态。

通过对现象的观察和反观自身，人自出生开始就进入一个社会化过程，并具有了社会性的属性，而人的社会性是后天的。同时，社会性又是一个开放概念，也就是一个有下限而无上限的概念。人的本质——精神性，正是在社会化过程中随着主体意识从萌芽到不断发展而成长起来的。

人的初始状态，只是一个特别的生物个体，一个具备发展成为人的可能性的生物个体，并不代表就完备了人性本质。人性的本真就像一颗深藏的种子，只有在后天不断的自我突破、自我成长、社会实践中才能不断发展、提升，从而慢慢达到理想的人性状态。

人是处在不断接近心目中理想的人性要求的状态，如果把现实中人的“病态性”当做人的本性，那将是一种错误。同样，忽而用理想中人性的标准，忽而用现实中人性的标准，也是错误的。

从分析方法来讲，我们可以将人性分为“理想的人性”和“现实的人性”。

理想的人性说的是人性的发展与其外在的行为都已达到了完全成熟的水平。那么，人性将是自由的、自然的。这在管理领域中将表现为人们自觉的劳动，劳动将是劳动者自我价值实现和享受的过程。

所谓现实的人性，是指人性的发育成熟水平尚未达到理想的要求时所呈现的状态。

现实中的个体在社会群体当中基本上可以被分成四种类型。

第一类人：损人利己，不择手段

这类人心灵被纯粹的利益驱动，对生命没有任何的怜惜与慈悲，为了自己的私利，不惜损害他人和众人的利益。他们执行的标准甚至比动物界的兽性准则还要过。

第二类人：向善学习精进型

此类人虽然也有上述唯利是图的过程，但是心中也有另外一种力量对自己进行自我认识与反思，可以对自己进行约束和调节，并寻求改变。

这些人和组织在现实中的数量最多。

第三类人：无私奉献型

这类人就属于那种脱离红尘而又面对红尘的修行者。他们在社会的人群中扮演了一种特殊的角色，具备了一种非常独到的功能。

他们在物质上使用消耗得很少，他们已经把个人的欲望和需求降到了最低，但是却为社会贡献了丰厚的精神价值。

第四类人：罪犯（失去自由的人）

这类人也可以被放在第一类当中，将他们单独划分出来，是为了更清晰地认识现实人性中的这几种类型。

这类人的唯利是图、不择手段已经超出了社会的底线，他们为此付出的代价就是自由。这就是我们所说的罪犯。这些人的生活、言行都被限制在特殊的环境中，甚至是思想都要被控制与限制，用以保证一旦其回到社会环境中，其思维和行为方式不会再带来伤害。

现实与理想的差别仅仅是指我们今天的社会和今天的人的心理成熟水平均未达到理想的标准，因而，今天的人性也就难以出现理想假设下的人性表现形态。

理想的人性是人自我完善的最高标准，而我们每个人都只生活在现实的环境中。这样说并不意味着理想仅仅是理想，与现实无关；相反，只有我们知道了什么是理想的境界，才能使自我的完善有一个明确的目标。无论是理想假设下的人性，还是现实条件下的人性，都是社会与个人双方相互作用的结果。社会的大前提决定了某一种社会形态下人性的最基本的表现形态，个人的心理成熟程度则决定了在某一特定社会形态下个人的人性表现形态的差异。

人性成长正是人在生命历程中逐渐由现实的人性表现向理想的人性进发的过程。

（二）人性成长的关键

由上述可见，现实中的人性是人在现实环境中不断成长和认识深化的过程，而在这样的一个过程中，下面的这些方面成为人性成长的关键点。

1. 自由意志的人性起点

人与动物的区别之一在于人的自由意志。动物的行为出于自然进化的本能，是缺乏自由、没有选择的。它无法摆脱大自然给其设定的命运而去自主选择成为什么、该做什么；它不知道如何用另一种方式去应对所需要面对的情境；它的行为多是被动的。

与世界上的无生命物质及有生命现象的动植物相比，人是唯一有精神性的种属，而自由意志是精神性现象存在的逻辑起点，这是人生而具有的人类本能，它使多数人的行为成为自由选择的行为。

而人，虽然从出生以后在某种程度上也被大自然所设定，如我们注定要喝水而不是硫酸，我们的思想被语言给定的形式所限制，我们从出生之后就是在某种传统、习俗、行为习惯和传说中受教育长大，我们因被教导一些规范而使得行为可以预见，但是，当这些事情发生在人的身上时，与动物和其他自然物相反，人可以将这些设定与塑造全部打破，不管有多么强大的生理和文化程序，人类总是可以选择做出程序之外的事情，这就是人类的自由。

与其他生命或无生命的物体不同，人类可以发明和选择生活方式和行为表现，选择我们觉得好的，也就是从不适合中挑选出适合的。

人性成长越向前发展，人的自由选择的行为将会越多，自由意志发挥的作用也就越大。而一般动物所表现出来的行为则更多的是本能性质。

因此，人的存在是一种基于自由意志、自由选择的主体性[①]存在，他（她）既可以选择这样行动，也可以选择那样行动；既可以选择这种思维方式，也可以选择那种思维方式；既可以选择破坏性行为，也可以选择创造性行为；既可以选择善，也可以选择恶。这一切都取决于人自身所处的发展水平。

2.趋利避害的原动力

作为有自由意志的正常人，其行为的选择是受潜意识与意识支配的，行为表现的背后存在着根本原动力问题，这个原动力就是趋利避害。

人的生存发展是需要一定的资源基础和必要的前提条件的，在围绕生存这个最基本的需求所产生的吃、穿、住等行为，可以说是人最基本的趋利避害。王海明曾得出结论：“（人）一切行为的目的都是为了自己得到愉快，都是为了利己。”[②]多数人也会不假思索地承认这个显而易见的结论。

但是，当解决了基本的生存问题后，趋利避害的表现会显得愈加复杂。一般人都会选择追求“更好”、“更多”，但有些人却愿意放弃舒适的生活条件和有利于自身发展的权力和财富，去进行“清修”、“苦修”。例如，对于佛教的释迦牟尼出家的故事，许多人表示不理解：“释迦牟尼多傻啊！放着荣华富贵不要，而去出家苦行，对夫人和孩子没有丝毫责任感！”

殊不知，这种特殊的选择恰恰是人性本质中精神需求的表现。人类的灵性就在于，他在创造着一个物质世界的同时，也在体验着一个精神世界。在计算自己的得失之时，有人计算的是世俗的、有形的收获，如对金钱、权势的拥有量，而有的人则将精神收获也计算进来。先知先觉者，如释迦牟尼等圣人，他们把自己有限的个体生命与无限的众生之命相连接，将自己与众生融为一体，“同体大悲”，在度化众生、助众生脱离苦海的过程中，他们的精神力量得到了最大程度的提升，他们的精神也得以世代传承。对于这些已经早已没有“我、他”分别的佛、圣来说，这就是无以伦比的、无上的“自私”。

所以，人性成长的过程表现在，在趋利避害的过程中，人如何让自己的幸福总值实现最大化，而这种幸福总值不仅仅体现在物质能够带来的满足，更是在心灵和精神层面的愉悦。对于人性成长处于初级阶段的人而言，其幸福总值会很小，基本停留于物质刺激的幸福度上。其人生境界与获得的意义也相对有限，表现为虚假自由或者是部分自由状态。而人性成长处于高级阶段的人则是充分和完全自由的人，他们可以自由地选择放下俗世利益的诱惑，在心灵和精

① 主体性问题将在下章做详细解读。
② 王海明．人性论[M]．北京：商务印书馆，2005：94．

神的世界中寻找能够给有限生命带来无限"价值"的力量。

3. 人性成长的阶段性

前已述及，人性体现为一个过程，是从现实人性向理想人性发展、趋近的过程。当然，这个过程可以展现为逐级递进的过程，也可以是"顿悟"的过程，也可能因各种因素的影响而出现倒退的情形。

把人性的发展分为若干阶段，在理论上早已有之。例如，国学大师钱穆提到，全部儒家哲学的核心就是将自然人变成理想人；哲学家冯友兰则表示，人生境界可依次分为自然境界、功利境界、道德境界、天地境界[①]；丹麦哲学家克尔凯郭尔[②]也提出著名的人生三阶段理论，即审美阶段、伦理阶段和宗教阶段[③]。

学者朱鲁子将人性的发展分为"自发性形态"、"自觉性形态"和"自然性形态"[④]。他认为，现代社会绝大多数人在"自觉性形态"的早期就"夭折"了。很少有人能进入"自然性阶段"，"自然性阶段"是"自我实现"阶段，是属于自由的阶段、幸福的阶段。

常言道，"人生而具有无限可能，具有无限的可塑性"，"人人皆可为尧舜"。这些都在告诉我们，人在一定条件下，通过教育、引导、自我管理等手段，是可以逐渐靠近理想的人性境界的。在现实生活中同样可以发现，即使那些罪大恶极的囚徒也可能在改造之后成为造福社会的精英。马斯洛的"自我实现"理论也向我们展示了成长为理想人性的可能性。

我们先从一般意义出发，来探讨人性成长的阶段性问题。

(1) 人性成长的初级阶段

人类进化的历史体现为一个人逐渐摆脱兽性的过程。

从人的生理意义来说，由于进化为人的一个内在要求就是精神成长，而精神成长需要漫长的过程，因此，人在出生以后的婴儿时期显得非常虚弱，不像牛犊、羊羔那样，出生以后不久就能站起来，并通过自然的本能去寻找母亲的乳房。大自然的平衡规律要求，人必须要经过一个很长的过程，才能从本能行为进化为有意识的行为，进而继续在精神方面获得成长。人在婴儿时期并未出现自主意识，人的自主意识是在出生以后的社会化过程中逐渐形成的。

因此，婴儿的行为是自然而然的行为，是无意识支配的行为，此时没有造作，没有智巧，没有主见，更没有成见，一切是自然而然的。这时候的小孩子不会因为母亲的劳累而同情母亲，也不会发展出这样的意志——妈妈你太累啦，也该歇歇啦！他饿了必然会啼哭。

处于此阶段的人，最初并未获得人的本质，但其蕴含了人性成长的无限可能。此阶段的特征除了处于低级的"自然而然"的状态之外，人没有发展出理

① 冯友兰．哲学的精神[M]．西安：陕西师范大学出版社，2008：179-183．

② 索伦·克尔凯郭尔(Soren Aabye Kierkegaard，1813—1855)，丹麦宗教哲学心理学家、诗人、现代存在主义哲学的创始人、后现代主义的先驱，也是现代人本心理学的先驱。他出生于丹麦首府哥本哈根一个笃信基督教的富裕的牧师家庭，病逝于丹麦哥本哈根。

③ 克尔凯郭尔．非此即彼[M]．陈俊松，黄德先，译．北京：光明日报出版社，2007．

④ 朱鲁子．人的宣言——人，要认识你自己[M]．北京：清华大学出版社，北京交通大学出版社，2007．

性，因此也没产生出精神，处于一种混沌状态，需要成年人的庇佑。此阶段的人拥有更多的生物属性，而社会属性处于刚刚萌芽的阶段，其主体意识还没有成长起来，简单地对这个阶段的人进行善与恶等价值判断是不适当的，因为此时的人还没有成为真正意义上的人。

（2）人性成长的中级阶段

从个体来看，人的意识的产生有其自己的规律，人性的萌芽必然会随着时间的推移而逐渐生发。社会化过程中，个体的自我意识发展了，其行为表现开始体现出精神内容，从小孩儿的小智慧、小聪明，一直到成人以后的大智慧、大聪明。在环境及各种教育的影响下，人获得了主观性并不断成长，而主观也可以说是精神的一部分。

主观的运用是把双刃剑。人既可以因其主观的需求而增强其求真、求善、求美的能力，也可以因主观的有限性造成对大自然、社会、他人以及自己的伤害。由于对名与利的追求和其他过度的欲望，人在精神上的苦难也在这个阶段发生了，多数人的人性成长也常常滞留在这个阶段，难以突破到更高的层面。

在此阶段中，人开始建立起自己的价值观体系，且越来越多的社会活动也在逐步地影响和强化着自我价值观。

在社会生活中，一些关于人伦道德、社会正义、尽善尽美等方面的正面价值开始成为人价值判断的尺度。但这些价值、信条往往会在现实生活中遇到来自外部的挑战。有人选择了容忍但同时坚定了自己的信念；有人可能通过主动与外界进行互动来影响并改善外部系统；还有人则可能意志不那么坚定而选择适应，时常还出现动摇与自我怀疑等心理状态。这些都是人性成长中期阶段所表现出来的特征。

（3）人性成长的高级阶段

社会中的少数人因其理性的成长、生活的阅历、接受的教育，再加上某种神秘的慧根等因素，终于突破了自我心性的桎梏，从前一个人性成长阶段超越出来，通过不断对自身否定，进入人性成长的更高境界。

他们认识到，人并不是完全属于人自己及人类自身的独有的一个存在。人是天地自然之子，人的生命、能量的源泉皆来源于天地。人真正的自由只有在天地规律中才能够被自然和全然地获得。人的行为应该与大自然的规律相统一，也就是人之行为应与天地自然之道相符合。

这个阶段的人性表现从复杂回归简单，由智巧回归质朴的智慧，其行为少了一己私欲的羁绊，以自身心灵的和谐促进了其与周围世界的和谐，最终达到中国古人所崇尚的“天人合一”的境界，其行为也是“法道自然”。但这个阶段的人性和初生的婴儿还是不一样的，这是更高阶段的自然而然，是随心所欲不逾矩，是在了悟和坚持人间“真、善、美”原则的基础上的自然而然。在此阶段，人获得真正的快乐与幸福，在物质上、精神上达到了真正的自由。

从现实表现层面来看，此阶段克服了上一阶段的一些弊端，如价值方向的偏差、价值观的摇摆不定，方式、方法运用不成熟等。此阶段的人能够不为外物所奴役，所遇人与事物，都成了他修身成己的机遇和能量，并通过这些收获去度人、救人。此时的他已成了自然中的一个破除了世俗杂念的高级动物，以纯阳之体、纯净之心而归于天道。

当然，最高阶段的实现不是可以轻易获得的，具有较高慧根的人可能会实现“顿悟”，而对于多数普通人来说，则需要一个极为艰苦的修行过程。在此阶段，最需要注意的是要有意识地将环境中的能量（所遭遇的人与事）转化为修行的机遇与动力。

4.外部性依赖与自主性成熟

在人性的成长历程中，犹如一棵小树的成长，在幼小的时候，自身还不够强大，在狂风暴雨中容易受伤，这就需要成年人或者组织提供一定的帮助和扶持。这个阶段也是人性成长很脆弱的阶段，如果没有外部正面力量的有效帮助，很有可能会让人性的成长出现重大偏差。家庭和家长、学校和老师、组织与领导、社会与政府是这个阶段人性成长中的主要责任群体，也是社会中的优势群体，故而在这个阶段承担着非常重要的责任。如果不问优势群体的责任而只问弱势群体的问题与错误，社会中人和人之间的关系就会错乱。孩子出了问题，家庭和家长的责任是什么？学生出了问题，学校和老师的责任是什么？下属出了问题，组织和上级领导的责任是什么？社会出了问题，政府和官员的责任是什么？如果不按照这样的顺序进行反问，只是父母在责骂孩子，父母永远是正确的，甚至还要求孩子孝顺，这就是歪理了！如果学校和老师只是在指责学生，好像学校和老师永远是免责的，人间公道还在哪里？如果领导和上级只是在处罚下属，却不检讨自己的过错并改正，似乎上级和领导永远都是正确和没有责任的，仅仅处罚下属就能够做好管理吗？这样就能够让下属心悦诚服吗？如果政府和领导不进行自我反思，只是在用法律法规和政策处罚民众，可怜的民众又到哪里去说理呢？可以肯定地说，如果照这样的方式做管理，那就一定是封建的管理、落后的管理、不得人心的管理、不能让人信服的管理，最终，也一定会是一个失败的管理！

假如以上过程处在最佳状态，人们能够各负其责，形成良性互动关系，人性的成长就趋于健康，渐渐地就会进入自主性的成熟状态，也就是对外界的依赖性越来越小，直至形成完全的内在自主性——一种外部无涉性的状态、一种信仰者的状态——方向清晰、意志坚定、方法娴熟、毫不动摇、不被诱惑、无怨无悔的心灵清澈状态。这是人性的皈依状态，是一种对人性本质——道性的回归状态。

三、人性之本——道性

人类在漫长的历史中，一直有两种典型的心态：要么觉得自己很渺小，因而产生自卑；要么觉得自己很强大，因而产生自负。实际上，这两种心态来自同一种错误：我们一直没有很稳定地给自己定位。

（一）人之道性

几千年来，人类大部分时候已经习惯了在现实中寻找人性的答案，但各家学说均无法说服对立的观点。实际上，人性问题既是主观认识问题，也是客观存在问题。其答案就在主观转化客观的意志与智慧之中。

1. 人类无法超越的客观

人类产生之前和人类产生之后，我们所归属的、隶属的这个客观世界一直按着它自己的秩序和规则在运行着。从时间上来说，这个世界、宇宙，早于人类太多年就出现了。这个世界并不是杂乱无章的，它有自己运行的秩序，我们可以将其称为宇宙秩序。

我们至今似乎也没有办法彻底地用我们的主观来认清这种秩序、规律。科学越是发达，我们越是能够惊讶地发现：我们仍旧没有彻底地掌握和了解这个世界。

那么，是什么力量安排了这种宇宙秩序？人类的主观意识，最多能想到神或者上帝。若连续追问"是谁造的上帝，谁造的神……"，不管是宗教、哲学还是科学，似乎都已经无法解答这个问题。

也许，我们要寻找的这个问题的答案根本就不存在，也许这个存在本身就是答案。而我们人类就是在这样一种情况下诞生了。未来，也许人类、地球在几十亿年后就会消失，但宇宙、人主观之外的客观还是会继续存在、运行。

所以，我们人类所作的一切思考和挣扎，也不过是在人类还存在的时候所进行的一种挣扎。我们的挣扎在宇宙当中完全可以被忽略不计。宇宙秩序就是这么宏大，它存在的时间比我们长得多，力量比我们所能想象得更强大。

是否能够认识到这些，是人能否建立主观与客观之间正常关系的关键。离开了这一点，我们就会时常将自己的主观放大，以为我们在这个客观世界中很强大、很了不起。

明白了这一点，我们就有了一个哲学思维的起点——主观要归于客观。消灭狂妄的主观，就是解决主观与客观冲突的关键。

2. 人性之道性的推导

人性来源于何处？与其所依赖的天地自然有着怎样的关系？人性的道性本质是如何被赋予的？

（1）人性来源——天地之性

人类生存的地球要用"亿年"来计算它存在的单位。而地球存在的这个宇宙，人类至今还无法测出它的准确年龄。人类考古学有记载发现，人类存在的痕迹约在140万年前。到目前为止，还没有证据证明人类是地球之外、从宇宙的其他星球移民来的生命，人还是土生土长的地球人。

天与人的关系是古人长期探讨的话题。麦克斯·缪勒认为，古人在不知自己何来何去、心中无所寄托的时候，总是寄希望于一种能够为其提供精神支撑的东西，结果他们都把天作为寄托，"世界上的各个民族在不同的时候几乎都选中‘明朗的天空’这个名称”[①]。可见，这里的天是人的一种精神寄托。中国人自古信天，天是一个古老的概念。《说文解字》解释道：“天，颠也。”“颠”就是指在人头顶之上的天空，后来逐渐引申为具体背后的、形而上的终极根据。冯友兰认为：“天有五义：曰物质之天，即与天地相对之天。曰主宰之天，即所谓皇天上帝，有人格的天帝。曰命运之天，乃指人生中吾人所无可奈何者，……曰自然之天，乃指自然之运行……曰义理之天，乃谓宇宙之最高原理。”[②]

人是天地的产物，自然而成，人的生生死死与地球上其他生命的起落、生灭并没有本质的区别。若说有区别的话，也可能就是一些形式上的区别。就像基因组中所发现的那样，我们和一些看起来差异非常大的动物，如鸡、猪、海豚等，在基因上有着非常高的相似度，与灵长类动物的相似度都能达到99%以上。

人与这个赖以生存的天地，与这个天地间其他的物种、生命形式的相关性，远远高于人所认识的。若脱离人之源头以及生命之间的联系来思考人的性质，就如无本之木、无源之水，再丰富的主观认识也不过是人自己的妄想和臆断。

(2) 根据来源决定其组成与基本性质

组成人生命的元素来自地球。人赖以生存的水、食物都是地球上的物质。呼吸的空气，是在地球的对流层中能呼吸的气体。人死亡之后的物质也要回归地球，“尘归尘、土归土”。

组成人的这些最基本的物质也决定了人的“属性”。这些基本物质的特质、物质之间的关系，不仅能影响人自己，也能影响人与这个世界的关系。

在人类存在之前，天地大道已经存在。它先于人存在，它造就了人，人携带了“道”的基因。也正是因为自然的强迫性，客观的不可超越性，规定了人会面对道的所有规律。

(3) 人类与地球、宇宙存在着“血缘”关系

在人类的发展过程中，人不停地在用五官以及五官“延伸”的各种工具感知、认识自己，以及认识自身以外的世界。

在这个探索的过程中，人们发现，人与天地的规律是如此相像。其实，人是自然万千物种中的一部分，是自然天道的一部分，是“道”的产物，就像儿女携带着父母的基因一样，天地大道的规律也蕴藏在人的自身中。就人在天地中的角色而言，其心中也蕴藏着回归天地、贴合大道的渴求。从主观到客观，人类了解世界、追求真理的孜孜不倦之路，正是这种渴望的体现。当人能够将自己的身心与大道相合的时候，就会体会到一种无上的幸福和快乐。在人类历史中，各个民族都有这样的描述。

人与天地的这种关系也就决定了人类追求福祉的至高方向和唯一的路

① 缪勒．宗教学导论[M]．陈观，等，译．上海：上海人民出版社，2010：119-120．
② 冯友兰．中国哲学史[M]．北京：中华书局：1961：55．

径——“道”。而这种对“道”无条件的归属与臣服，生命最终的、根本的、唯一的朝向这个目标的状态，就成了人类的“信仰”。

先人根据这些体悟和发现，著书立说，形成了众多的经典。例如，《易经》用简简单单的八个符号就解读了天地人间的各种规律；根据河洛，人们还能够测算出地势、地址的变动；《道德经》是中国最早的一部哲学经典，里面蕴藏的“大道”使人至今还对它痴迷；《黄帝内经》更是阐述天、地、人的规律以及相互之间关系的一部“系统大论”……

(4) 从客观道性到主观道性

人类从我们所知道的有文明思想以来，就在认知世界、价值方向等方面提出了很多的准则。在中国文化中，把人对天地的认知、价值准则等主观与客观的天地自然及其规律联系在一起。“一阴一阳之谓道，继之者善也，成之者性也。”（《周易·系辞》）“观天之道，执天之行，尽矣！”（《黄帝阴符经》）道性从道家思想演绎下来有两种：一种是客观道性；另一种是我们人所说的人文道性。

客观的道性，讲的就是天地的自在、没有偏爱任何一方。“天地不仁，以万物为刍狗”（《道德经》），不会因为任何事情的发生而变化其规律。

但客观道性不能等同于人文道性。人的主观认识来源于客观。人主观真理的获得，就是用人的主观能动性接近客观得到的结果。主观真理必在客观真理之内。

通过对客观真理的梳理，总结出其人文属性、规律，并为人类的发展服务。

这就是把客观真理变成主观真理的过程。主观之人文道性就是从客观之道性衍生出的，作为一种人文的准则用在人间，用在人和人之间、人和物之间、人和自然之间。从大道客观衍生出人的本质、终极的人文观，就是中国道家的典型思维方式。

（二）道性的核心——至善

大道本身是无情的，没有善恶，没有人间的各种情怀，只是纯粹的客观存在。大道的特质、运行的规律能够让人了解这样一个事实：作为大道中的人，在被赋予道性的本性之后，应当在主观上以一种什么样的模式去领悟成为人的价值，以及如何运用这种价值去度过自己短暂的生命。大道无情，作为能够领悟大道的人类，首先要领悟和选择的就是价值性方向！

1.道性之善

“有物混成，先天地生，寂兮寥兮，独立而不改，周行而不殆，可以为天下母。”天地自然创造了天地间万物，这是我们的主观意志所无法超越的，以至于我们将其视为是万能的，甚至神话了这种能力。“天之道，利而不害”，“道生之，德畜之，物形之，势成之”。人类的主观能动性，使我们赋予客观一种人文的意义。于是，按照人间秩序的需要，提出了诸如“博爱、至善、无私”等词。客观真理本身是没有善与恶的，而是因为我们需要一个价值准则，所以才把客观真理那种博爱、无私、公平、没有分别、普遍性，说成是在人的主观之上，这就变成了主观真理，这就是提出“大道至善”的缘由。

“至善”说的是主观的道性，就是人的主观对大道领悟之后的人性和价值方向，就是从大道那种不偏不倚、公平公正、没有分别、大度无私等特性中衍生出来的、在人间人应该遵从的规则，人们将它称为至善。

“孰能有馀以奉天下？唯有道者。”至善，是与天地众生同体，利己与利他成为一体，无条件的悦纳一切。“是以圣人常善救人，故无弃人；常善救物，故无弃物，是谓袭明。”“圣人无常心，以百姓心为心。善者，吾善之；不善者，吾亦善之，德善。信者，吾信之；不信者，吾亦信之，德信。”因为没有偏私和狭隘，才能够有真正的理性作出正确的决策，产生正确的行为。用自己的所能去帮助所有来到身边的人和事情，将自己的心完全融入天地的运作中(人事互动都是天地之现)。当能够与周围的一切融为一体，无我、无他时，烦恼、痛苦自然消解。这对每个生命体来说是最有利、最有价值的活法。

人能够认知规律、运用规律，能够运用规律调整自己，然后再调整我们自己与客观之间的关系。人在这个过程中认知自己，突破自己，在突破中建构更高级的人与客观之间的关系——这是作为人的核心属性，在中国文化中，人们把它叫做道性。

2.至善价值

人们经常言善，但只有超越了外求和交易的善念、善行，只有没有任何分别的善念、善行，只有将善念、善行和一切善果不再视为个人功德并甘愿“处众人之所恶”，才能将其称为至善。正如老子在《道德经》中所说的：“上善若水。水善利万物而不争，处众人之所恶，故几于道。”

(1) 至善的“品牌”收获

“至善”是善在人间的一种极端状态，就是别人对自己不好，但自己仍能够坚持对别人好。A对B好，B对A不好→A的反应是仍旧对B好；B总是不领情，A不管B的态度如何，总是变着方法地对B好。一般人的判断是觉得A不值，觉得A很傻。

人是生活在人群当中的，不是做完一件事后就马上死掉的。所以，一般从放大的人群和延伸的时间来看A的价值在哪里得到了体现和升值。

A没有用“冤冤相报、以牙还牙”的一般低级反应的方式来处理与B互动之间的关系。A和B周围见证了这个过程的人，会觉得A这个人太好了。如果自己要交朋友，就要交A这样的人——A有了人品的鉴证和认可。

能够做到像A这样的人是极少的，大家会把A与B的互动过程，当做故事去讲述、传播——等于给A的优秀品质作了免费的宣传。

A通过一个人，向一群人证明了自己的人性、品质。通过这件事，大家都有了共识——A是一个值得信赖的人；如果我有重大的事情，是可以托付给他的；若有重大的合作，他是一定不会坑骗我的。人人都在寻求一种无害的合作关系，在现实当中很难找到像A这样的人，于是A就有了很多的机会。

（2）至善的自我心灵收益

对于至善的人来说，其整个生命的感受都处在一个非常美好的状态。因为心中有善，所以行为向善，身心是统一的，而且行善不仅能够帮助他人，自己的价值也能够得到体现、提升。

即使遇到了那些被定义为“恶”的人，至善的人心中也会想：其实他们都是可怜的人、生病的人。在生命的历程中，我很幸运，得到了很多，而他们是不幸的，所以才变成了那样的人。他们需要的不是惩罚和鄙视，而是同情和帮助。我能够去帮助他们，是我的荣幸，是我得到了那么多之后应有的责任。对方能接受我的帮助，我就会很感谢他们，也感谢能够给我一个补偿他们的机会。这就是至善的人对于“恶人”的逻辑。

在信仰至善的人的心中，是不会出现负能量来侵蚀心灵、让心灵遭受折磨的。其自己就形成了价值循环，不需要别人和额外的利益作为正面的回报。

至善还能够帮助人避开危险，赢得正面能量，并能够自给自足。这样的生命极其和谐，不容易生病；心里干净，没有苦恼，不纠结。更重要的是，这三个力量会相互推动，促进形成支撑和能量的相互补充、增加，进而走向一个更高的正面的状态。

（3）至善的社会收益

让至善的信仰稳住自己的心和方向，让自己的生命得到最大的收获，然后又在人群当中获得广泛的认可，而对自己正面的认可还能够避开身边可能出现的危险。

稳定不住自己的心和方向的人，看见别人做了错事，自己也跟着做；别人行凶，自己也学着去害人……这不就是人间最愚蠢的方式吗？

若帮助别人，别人收获了“好”，激发“善行”，有了好的回应，同时，自己因帮助别人而收获了“善果”。慢慢地，这就会形成一种善性的加乘关系、形成一个“善的循环”。难道这不是一个人人心中都憧憬的美好状态吗？

对于社会来讲，至善能够激发人心的正能量，推动更多的人性回到“至善”的大道上。世间还有什么样的行为能够达成这么好的效果呢？

3.至善信仰

与其他动物相比，人有价值性的认知。人类信仰至善，因为这样的善已经超越了血缘，超越了母亲对下一代那种近乎本能般的爱。

在人类看来，其他的动物也会有关于“善”、“爱”的价值判断，但这种价值判断基本都是和血脉、血缘连接在一起的。所以，人类就能够在“善”的程度和高度上有区分和不同。

不论东西方，人们共同追求、祈向的内容都是“善”，希冀“善”能够流行于世。也就是说，不论东方哲学还是西方哲学，都有着共同的主题——至善，但基于东西方历史背景、思维模式的不同，“善”趋于不同的践行方式。东方之践行依赖于内心的修养，将幸福道德化；西方之践行依赖于渊博的知识，将道德幸福化。换言之，作为哲学的研究主题——至善，是东西方人们共同憧憬的。

在人类的历史上，至善的人性品质不仅仅存在于理论和人的理想中，也不仅仅存在于宗教中，在世俗中，也有人能够达到这样的状态，只不过，具有这样高尚品质的人的数量一直很少。他们把自己对名利、生理的欲望降到了最低，愿意为了其他生命的健康成长与发展以及其他生命的幸福作出贡献，甚至将自己的生命奉献出来。人的善若能够达到至善的水平，其最大的价值将是能够化解一切恶，因为至善能够唤醒人心中的“道性”,“治愈”病态的人性，从而让人性恢复到健康的状态。

如果从至善所能达到的最后的结果来看，用佛家的话来说，至善就是究竟性和圆满性。如果从人追求的目标来说，至善能够体验生命存在的价值和幸福感，体验生命与天地万物的和谐、合一，以及对生死的超越。

所以，至善是在人生命终极价值的基础上的理性选择；是基于自然与人文价值的、超越情境与具象行为的一种方向选择，然后统一自己的心智与行为，并能够依此达到自身人格价值的长期同一性。

由此，降低心智运作、运行中的内在成本及行为互动中的外在成本，最终达到个体内在综合价值最大化，以及与外部互动关系的价值收益最优化。这时候，至善才能够在个体的生命中形成一种“信仰”的能量。这种能量既是对那些良知欠缺的人的一场心理较量，也能够影响周围的人，通过一种身心合一的状态，影响他人的世界观和价值观，让人相信道德、真诚、善良的品质和价值。跃出了这个层面，能够使人从内心往外发力——我要去帮助别人，在相互的心灵较量中，让对方、周围的人相信“至善信仰”的力量与影响。

(三) 人性正途:“我”皈大道

让生命回到原点，让主观归于客观，让自己的生命践行在追求真理的路上，并以此作为唯一的信仰。在皈依、践行信仰的过程中，用至善信仰作为衡量的核心准则，时时反思、反省自己，看看自己是否偏离了方向、背离了真理。

1.回归心“主”

在人类进化的过程中，发达的大脑本来有希望实现这一点。但当人的头脑越来越发达、科技日益进步时，人没有看到未知世界的无限性，而是沉迷在自我的世界里难以自拔。随着各种成就的取得，人变得越来越傲慢，不再敬畏真理，不再尊重客观，只相信自己。但那些相信自己的人并没有获得预期的幸福和快乐。好像除了这条路就没有别的路可以走，所以只能在这条路上痛苦而迷茫地前行。

是人类聪明的大脑选错了方向吗？那应该走什么方向才是正确的呢？

人的头脑进化得再发达，也不过是宇宙秩序中的一个微小的可以忽略不计的部分。这是每一个生命无法逃脱的宿命。

因为，再发达的大脑也只能以规律作为准则，而不能够以自己主观制造出来的想法和念头作为准则。在这个方面，许多能够长时间成功的人的谦卑证明了这一点。他们尊重弱小的力量；他们与自己的狂妄进行战斗，从而确保了他们的成功能够持续。而能够看清这些问题的人，他们几乎有一个共同的特点：他们不管形式表现为什么样，都在修正着自己的主观。从本质上来讲，他们算是修行者。而修行者就是将自己膨胀的主观，不管是经验还是欲望，重新领回到生命的大限和生命所皈依的客观真理的世界中。

所以，进化的聪明的大脑只有回归，对所谓的发达和聪明的有限性有个清晰的认识，然后放弃头脑的机巧和聪明，用全然开放的心去省思自我、认识客观规律的无限性，认识大道制约的普遍性，人才有可能把大脑从不断犯错的道路上领回到正确的道路上。

人能够给自己的心做主，就是"禅定"。如六祖所言："外不着相之谓禅，内心不动之谓定。"也就是说，见一切相而破一切相，从而见一切真相，不被幻象、假象所迷惑；见一切相动而心不动，从而心定不被扰动。正如孔子所言，"君子不器"，一个觉悟了的人，不会像一个木偶被外事牵动而失去自主。

2.人心道"器"

心有多大，就能够对接到多大的能量；心中装着什么，就会成为什么人。能够悟道，使道在生命中运行，人就成了道器，成为道的载体、道的代言人、道的表现形态。

圣者先贤们在生命的历程中参透了天机，了解了天地大道的运行规律，并把它们总结出来，自身也按照天地大道的规律去做，将自己的生命融合到"大道"中。圣人们悟了道，他们的生命状态、言行以及依据"大道"在人间的落实，不仅证明"大道"可以在人间落地，而且更给人以信心。先圣先贤们在提升自己生命价值的同时也为这个世间贡献了无上的价值。

所以，个体若想谋求自身稳定、健康的发展，提升自己的生命价值，就要顺应这个规律。正如俗语所说："付出本身就是真正的富有，奉献本身就是最大的收获。"

而且，至善信仰的本质实现只能在人心灵的疆域中完成，当人不仅能够理性、清醒地驾驭自己的心性，最后还能脱离世俗名利万物的羁绊时，才可能与"大道"相接。

人心如器，装什么进去，人就会成为什么。若是装进了正能量，就会成为正能量的人；反之亦然。崇尚圣贤和天地大道，走人间正道，就是在自己生命这个特殊的"容器"中装进了智慧的力量。否则，崇尚人间名利，就会陷入名利的漩涡而无法自拔。

在人性还没有达到觉悟和自主成熟的状态时，选择什么样的环境居住，选择与什么样的人交往，选择什么知识学习，选择什么样的人作为榜样，将会成为人性成长的关键。正如老子所说："居善地，心善渊，与善仁，言善信，政善治，事善能，动善时。"做到如此七善，人命之"器"的内容就有了保障。

3.遵道而行、心道一体

“孔德之容，唯道是从。”[1]遵“道”而行，不是要放弃人类所特有的主观能动性，而是要使主观能动作用在遵循天地人所固有的客观规律的前提下展开改造世界的实践活动。人类不是世界的上帝，不能为所欲为，只能不断地认识世界，认识自然规律，并不断否定自己前期的主观认知。

也就是说，通过不断否定自己的主观局限，进而不断地向客观的无限接近。这个“求真”的过程，就是人能够客观地认知自己所属的本体，回归本源，认识到自己是“天地大道”的一部分。不要让主观意识影响了对客观世界的认识，让有限的认知替代了无限世界的本质。要让自己在“道”的规律中谋求发展之路。

“求真”也是辩证唯物主义和历史唯物主义“一以贯之”的科学精神。道家的“返本归真”就是要突破人因为自己的局限而造成对这个世界真相的误解的状态，而这恰恰是人类一切正确认知的基础和前提。

更为重要的是，在认识自身局限性的同时，要对天地大道产生敬畏，使自己获得“理性的谦虚”。

这是一种通过对自我能力的认知产生出来的敬畏。若没有敬畏，没有这种客观的认知，人就不会产生敬畏和谦虚的美德。

由此来看，在认识与运用自然规律的过程当中，人类不断地调整自己主观的认知，通过主观上的突破，构建一个新的主观与客观的关系。

只有将客观世界的天地之律、人世间的规律、他人的心理状态都放进自己的心中，摒除自己主观意愿和想法，顺应事情的规律和人心的规律去做事，才能够与天地大道相连接，才能够具备感受真正的世界及万物的能力。

将个人身心合一、与众生一体、与万物一体、与天地一体，就是圣贤们所描述的“天人合一”的境界。此时，个体的心灵如同回到生命本源，实现了自我生命的彻底回归，而这也是古往今来圣贤智者所一直追求并以此启迪后人的智慧的至高之境——合一！

人的生命短暂，并不是所有人都能够在有生之年找到信仰这架“生命的天梯”。虽然孔子言“朝闻道，夕死可矣”，但这样也未免有些悲哀。其实，在人类发展的历史上，各个民族都有很多圣者先贤在用生命实践着这条信仰的“生命升级”之路，然后将他们的经验和感悟留给后人。所以，我们要在继承、发扬圣贤思想的基础上，与时俱进，将这些智慧接引到今天的时代，让今天的人们可以充分借鉴前人的经验和智慧，让自己的人生不走弯路。

第四节　管理大道：基于“道性”的管理

前面我们对人性及其规律的探讨是从人性的一般意义上来谈的。下面，就

① 《道德经》第二十一章。

让我们再回到管理情境中，来看看这一新的人性理论是如何在管理中得以体现的。

管理作为人类重要的实践活动之一，离不开对人性的探讨。人的因素相对于管理中其他因素而言，是最具能动性的，是最核心的力量。

人具有自主意识，具有主观感受，有积极和消极的情感，这些会导致人的主体性朝着不同方向发挥[①]，因此，人的因素是最复杂的因素。只有对人有了正确的管理，才可能实现管理中其他要素的最大价值。实现对人的正确管理的前提则是对人性的正确认识，如此才能实现将管理文明提升到一个更高的水准和境界。

正如曾经提出著名的“X理论”和“Y理论”的美国行为科学家道格拉斯·麦格雷戈（Douglas McGregor）在《企业的人性方面》中所说的：“在每一个管理决策或每一项管理措施的背后，都必有某些关于人性本质及人性行为的假定。”[②]

在管理实践中，管理者与其下属之间的行为互动也是一种基于人性认识的互动，在任何一种管理行为的背后，都隐含着对被管理者的人性假设。对人性认识的正确与深刻程度，将直接影响管理行为及最终的管理效果。

管理的核心是人，其他的生产物资等都是通过人的操作从而转换为其他类型的价值。而管理中的人，不论是管理者还是被管理者，做出的都是人的一种主动、有意识的活动。人的行为受其意识形态控制，意识形态中的价值观等选择与其“人性”有着密切的关系。

人性的本质属性是道性，从其现实层面来说，主要表现为人对神圣性的渴望与追求。这是道性管理中的基本假设，也是所有管理者思考管理问题的出发点。

一、管理者的人性观与被管理者的行为

对人性不同的理解和认识，直接会影响一个人的行为。对于管理者来说，对人性持有的不同理解，就直接决定了其对被管理者所采用的态度与行为。

对于一个持有“人性恶”观点的管理者来说，即使被管理者做的是件无私的事情，他也会认为被管理者带有私心，是为自己谋利。相反，对于一个持有“人性善”观点的领导者来说，即使被管理者做了错事，做了不利于大家的事情，他也能够为其找到“善”的理由。基于不同的前提假设，形成的判断标准也不同。即使对待同样一个行为，不同的观点也会形成差异很大的判断结果，也会直接影响下一步的行为方式。

对于这种人性的判断。管理者首先是在自己心中预存了一个脱离现象的、对人性的认知和定位，然后再用这个的认识和定位去解释所发生的现象和人的

① 关于“主体性”管理哲学中的相关内容将在下一章探讨。
② 麦格雷戈. 企业的人性面[M]. 台北：台湾中华企业管理发展中心，1979：40.

行为。

在解释现象之后，根据那个预设的认知、定位，即会产生一套相应的处理方案。是责备、惩罚，还是包容、帮助？这些欲采取的措施和使用的方法，全部与之前管理者所持有的人性价值判断相关。所以，管理中的一切行为，都可以追溯到源头的人和背后隐藏的人性价值判断。

所以，管理与人性的关系也因为这样一个基本的人性定位和行为逻辑结果而紧密地联系在了一起。

二、管理者与被管理者的道性博弈

在管理的现实中，我们可以将管理者与被管理者的道性博弈分成以下四种情况：

（一）管理者和被管理者都是健康的状态

有道性的成熟的管理者做的事情就是看方向、定格局、建机制、定保养、做升级，激活要素，建立要素之间良性的联系。

管理者会将个人目标的实现和企业目标的实现达成统一；完成被管理者自我成长和企业成长的对接；把被管理者的成长和管理者自身的服务目标、考核连接在一起。

管理者在完成这些之后还会退后一步，把机制变成平台，把格局变成人和人之间的机制性关系，把契约变成自动化的流程。

而有道性的被管理者，会在每一个平台上珍惜机会，不断地让自己成长，让自己的成长和结果为企业的成长作贡献，不断地让自己的生命迈上新的台阶。

最终，企业形成一个管理者“无为管理”、被管理者“自我管理”的良性动态循环。

（二）管理者是健康的状态，被管理者是“生病”的状态

正常来讲，管理者在面对一个总是捣蛋、不好好工作、消极怠工、有问题的员工是，都是批评、责备、教育，或者直接根据他犯的错误进行处分和惩罚。

有道性的管理者就不会作这种简单的处分、惩罚，或者采取斥责的处理方式，也不会因被管理者的错误而产生情绪化的认知和判断。他们会理性而客观地分析现象背后的原因，然后在原因的层面上思考自己能够帮助些什么。

一个有道性的管理者，在面对被管理者的错误时，会思考：一定是下级没有发现工作的价值；没有发现工作的价值可能是因为我发掘的工作价值不够，或者对于这个下级来讲，这些价值还不足以引起其在工作上的积极性。

他会反思这个现象背后的一系列问题：为什么会有人这么不懂事，做这类不好的事情？对他自己有什么好处吗？如果做的这些事对他自己和大家都没有什么好处，那他为什么还要这么做呢？或许是他没有找到好好工作的价值，或者没有找到好的工作目标，或者没有更好的方法？

以被管理者有限的个人能力来讲，找不到价值、目标和方法是正常的，但现在是在组织中，组织中应该有相关的制度和方法。如果组织中的制度设置未能帮助其找到价值、目标和方法，那么组织的制度设置是有问题的。

于是，有道性的管理者会反思自己、反思制度，并在体系的构建层面着手去补救、解决问题，通过改善制度建设，改善他自己，来解决这个员工带来的问题。他借一件小事，认识到了系统的问题，获得了成长，改善了组织，还帮助了问题员工。

（三）管理者是“生病”的状态，被管理者是健康的状态

一些管理者因自己的职位、权力、资源、经验等原因，总觉得自己高高在上，骄傲狂妄，从不把被管理者放在眼里。遇到这样的管理者，有道性的被管理者总能够积极地应对，并作出正面的转化处理，不会因为管理者的负面行为、情绪而受到影响，不会作出相应的或更强的负面解读和行为。

对于管理者安排的很多工作，他会认为这是管理者对其能力的认可；对于管理者情绪化的批评，他会反过来想领导的工作有多么不容易；对于管理者的责难批评，他会认为这是领导对他的成长负责，对他严格要求；对于管理者安排的很难的工作，他会看做上级给他的一种额外机会，等等。不管管理者采用什么方式和态度，有道性的被管理者都会作出一种善性的、正面的转化与回应。

一种完美的人性，是可以拥有这种转化能力的。只不过在下级、员工当中，这样的人很少。

（四）管理者和被管理者都是“生病”的状态

如果管理者和被管理者都是“生病”的状态，那么一个小错误就会被无限的放大，管理者的苛责和情绪化的语言就会激发出被管理者心中的怨恨。

被管理者对管理者无计可施，就会把不满和怨气发泄在自己的工作上、企业的产品中，甚至是社会上。

管理者会因为被管理者的消极怠工、质量不好的产品和恶劣的服务态度等，对被管理者更加苛刻和责骂……负能量的循环就会一直恶化下去。这就是“生病”管理的互动模式和结果。

通常在企业里，在管理者与被管理者的博弈中，双方都生病的现象是比较普遍的。一方生病、另外一方不生病的可能性也存在。双方都不生病的理想状况也存在，但这在社会现实中并不普遍。

其实，管理中的任何一方只要不是“病态”的，这个关系就能够产生良性互动，在互动中出现的问题，最终都能够被正面影响和转化。在双方都不生病的情况下，其一定是善性相乘的。在双方都生病的情况下，其一定是恶性博弈的循环关系。当然，我们期望管理者最好是所有的人都能够达成这种理想的“道性状态”，组织也能如一个万能的“道性转换器”一样。不管什么样的“病人”进入，都会向好的方向转化、发展。在这种氛围下，大家的人性都会向着正确的方向自动地纠偏、调整并加速成长。

三、道性管理的路径

有一个人在路上走着，突然一个陌生人走到跟前对他指着鼻子大骂。这个人非常生气，于是也对骂回去。过了一会儿，路边走过来一个人把这个人拉过去，并在他耳边悄悄地说了一句话，于是这个被骂的人什么都没说就马上离开了。走过来的这个人跟他说了什么呢？他说：“别跟他吵，他是神经病。如果你还不走，继续跟他吵，人家会认为这是两个神经病。”

所以，对待一个生病的人，不是跟他争执和计较，而是包容、帮助和怜悯。如果你不认为他生病了，那么你就会计较他的行为、他的言语，会对他的错误耿耿于怀、心含怨愤。

基于道性的管理，关注的核心主题是如何促进组织中人性的成长和成熟。在管理实践中，诸如培训、制度建设等措施，更多呈现出的是约束、强制甚至惩罚的特征，而常见的文化建设往往也只是一种口头的说教，有时甚至成了一种装点门面的摆设。当管理不能直指人心，并满足一个正常员工趋利避害的本能的需要时，这样的管理最终只会制造越来越多的“病人”。

那么，应该如何在管理中实现道性管理呢？

（一）道性自然——道本管理的认识论

老子在《道德经》中说：“人法地，地法天，天法道，道法自然。”人性，即是道性。道性也遵循着自然的法则。自然，不是人为主观的，而是客观规律驱动的。在思维主体之外的任何个人和事物，均属于自然的范畴。因此，运用道性思维思考管理时，就要运用“道性自然”的法则。

在现实的管理中，不管你看到的人和事是否合你的意，其都有其自身必然性和因果关系。作为管理者（不管是对自身还是对他人或者对事务），你只有找到客观对象发生和存续的因果关系与规律，从因入手，才能捋清其思想与行为的链条，找到解决问题的方法和切入点。任何忽视或者忽略管理对象的客观规律的思想和做法，都无法真正地解决所面对的问题。

（二）道性管理的关键支点——管理者

在管理的关系当中，可能首要的问题就是做管理的人该怎么办？因为管理者在组织当中的位置、角色都是很重要的。若管理者的心智缺陷得不到纠正，除了他们自身会制造问题之外，还会因为自身人性的病态缺陷，在与“生病”的被管理者互动的过程中引发和制造出更大的系统性问题。

企业壮大了，环境却受到了伤害；企业产品质量提高了，员工却因为持续加班而晕倒；企业为了自己的发展不培养新人，招来的员工没有培训与成长计划，把员工的精力榨干之后又把人淘汰……还美其名曰“科学的高效管理”。

当把人性的缺陷和权力、资源等捆绑在一起的时候，在这种管理形式的背后，更多的是作恶和伤害。

生病的管理者和生病的普通员工，他们造成恶果的程度是不一样的。普通个体无所作为最多可能影响他们自己的生活水平，而领导和管理者的任何想法、言行在企业、社会的平台上都会被无限地放大。即使他们什么都不做，由于其无能和权力与资源捆绑在一起，他们也会给被管理者带来负面影响，而这种无形影响对于企业来讲也是很麻烦的。

所以，在企业中，如果管理者“生病”的问题不解决，那么他要管理的人、管理的对象的问题能解决吗？管理者的管理对象包括资源、事务等，一个生病的管理者能够让这些都运行在健康的轨道上吗？

于是，管理者的道性回归及道性提升就成为企业管理的关键。

（三）认识人性成长的阶段性

孔子在《论语·为政》中有这样一句话：“吾十有五而志于学，三十而立，四十而不惑，五十而知天命，六十而耳顺，七十而从心所欲，不逾矩。”圣人的成长也不是“生而知之”的，其实现精神自由和人格完善也是具有阶段性的。这个过程的最终实现，对于每个人而言，都需要在人生及社会的实践中完成。从少年时的立志开始，历经三十岁人格自我的建立，四十岁不惑之智的获得，五十岁贯通天道与人道，六十岁进入精神自由的本体境界，七十岁道与身合，随心所欲，生命的局限不断被突破，精神境界逐层提升，最终进入与终极存在、终极意义合一的圆善境界。关于人性成长的阶段性，前面曾经论及，在此基础上，通过观察现实中的人，至少可以发现以下六种形态的人性状态：

第一种形态，不知而错，谓之“过”；

第二种形态，明知自己错，却一错再错，此为“罪”；

第三种形态，不小心做错，却自我辩护，此为“孽”；

第四种形态，做错了想改，却认为自己改不了，此为“障”；

第五种形态，有错能改，主动寻求自我超越，此为“人”；

第六种状态，从心所欲不逾矩，且能常善救人，此为“圣”。

归根结底，一个人归于哪一种形态，是由其心性所决定的。管理的目的就在于“造人”与“成圣”，通过改善人的心性，来实现心灵和谐，进而促进系统和谐。

认识到以上这些形态的意义在于：

第一，人不是不可以改变的，而是可以教化的，可以通过组织人格、组织社会化及其他手段来塑造个体人格。

第二，实现最大限度的宽容。通常，管理者在看待下属的时候，总是以自己为标准来要求下属和他人，由此导致矛盾发生。如果能认识到人性成长的阶段性规律，就能以宽容之心来对待他人的不足与错误。

第三，为管理文明的提升给予方向性的指导。管理不是以利润的获得为唯一目的，而是更应该注重人格的塑造。在逻辑上，优质产品与服务的塑造取决于人格的塑造。由此可见，最具价值的管理就是有利于人性成长的管理。

（四）对终极价值的坚守

在过去的学习中，我们所知道的管理就是计划、组织、指挥、控制、激励等各种各样的管理职能。各种职能在“解决管理问题”的同时，变得越来越“丰富”。实际上，这些职能本身说的都是一种行为准则、工具职能，而没有说到价值选择与价值准则。离开了价值准则的管理职能，就成为掩盖人类价值缺失的工具，是无法成为管理的核心的。

管理的核心是价值方向，是处理基于价值方向所生出来的自我与客观，自我与他人，自我与事情，自我与自身的欲望、理想、内在的这些关系。以此为核心，才能够在这样一个价值方向的指引下，再通过管理的各种职能、方法实现管理应该具有的功能，最终实现管理目标。同时，必须要保证这个过程的持续和健康。

无数成功的管理实践已经证明，解放人的心灵才是实现组织和谐的法门。人的本质属性是精神性，这一命题就决定了必须从精神层面去寻找解放人性的答案。其实，几千年的中华文明已经能够给出这一问题的答案，我们需要做的就是从中提取一些在管理操作层面能够加以运用的价值要素。

1.信仰

所谓信仰，是一种崇高目标的内化及对其不懈的坚持，是将自己的生命和一切利益皈依于这一崇高目标的无我境界，而绝对不是诸如对上帝或神的恐惧。孔子有云：“人无远虑，必有近忧。”[①]这里的“远虑”其实就是指一个人应该有一个长远的眼光与崇高的理想，否则，人将会为眼前的一些小事所纠缠并生出烦恼。在《企业家的信仰》一文中，有这样几个例子：“一手创办了两家世界500强企业奇迹的日本‘经营之圣’稻盛和夫，信仰‘善恶’背后的道义；能在官商博弈、物欲横流的地产业独出清莲的王石，信仰‘规律’背后的理性；曾借酒买醉、备受焦虑折磨的胡小林[②]，信仰‘佛法’背后的因果……他们的信仰侧重不同，但最终他们都在‘坚信’中获得了方向，获得了解脱，获得了境界。”信仰给人提供了方向感，信仰让人意志坚定，信仰可以让人舍生取义。信仰发自内心，比任何外部的强制力量都要大得多。在组织情境中，信仰的作用从优秀企业的组织文化的成功案例中得以窥见。

2.无我

无我，就是无小我，就是将我与众生融为一体，体现为利他、给予、客观、无我执等精神要素。如果想使自己的行为最大限度地接近“道”，或者“天道”，则必须克服一己私欲，尽可能达到“无我”状态。首先，要最大限度

---

① 《论语·卫灵公》。

② 胡小林，北京汇通汇利公司董事长，从接触传统文化开始学习《弟子规》，并在企业中落实推广《弟子规》，按照《弟子规》来管理经营企业。短短两年时间，不但他自己本人洗心易行，完全变了一个样，而且带动公司所有员工落实《弟子规》，帮助许多员工家庭重新找回和谐与幸福。

地放弃自己的主观想法，主观意念、想法越多，越有可能偏离问题的本质；其次，尽可能从对方的角度、对方的利益考虑问题，遇事应顺势发力，不能强力而为，即要“道法自然”；最后，就是与众人共同发展。

身居管理岗位上的人，一般情况下基本已经衣食无忧，如果为满足一己私欲而危害下属，这样的人就不会实现更大价值。让一个人完全超越功利，那是不现实的，关键是自己的功利与他人的功利是不是一种良性的互动和促进关系，更重要的是自己的功利除了物质性之外，精神性的成分能占到多少。最终，更要看功利是服务于人的心性自由，还是束缚人的自由。人到了一个至高的境界，就能做到心不被外物所累，从而获得心灵的解放与自由。如果在生活、学习、工作、交往中一门心思为了获取名利，那么名利可能离你很远，你也不可能成为“得道之人”。如果一个人能超越名利使内心之真善显现，则他往往会因其健全而高尚的人格和通达的智慧，以及利他、给予的实际行动，在客观结果上获得意想不到的名与利，而获得了“名与利”以后，他还不能驻留。“是以圣人不积，既以为人，己愈有，既以与人，己愈多”[①]，这种思想正是那些拥有成就的人背后的真正力量。

3.修己

修己，就是自省自律和自我修正，体现为诚意、正心、罪己等价值要素。《大学》提出了儒家为学的次第，所谓“格物，致知，诚意，正心，修身，齐家，治国，平天下”。“齐家”前的所有环节都是关乎个人的内容，其核心在于通过参透宇宙自然之道，以获知人生大道，从而在人生大道的指导之下塑造自身的人格。“修己”包含知识、技艺、道德等多个方面，而道德在儒家看来是很重要的。正如曾子所言：“夫子之道，忠恕而已矣。”[②]“修己”的结果就在于塑造了一个完善的人格，这样无论在乱世还是治世，其都能做到“慎独”，能够具有如“申申如也，夭夭如也”般坦荡悠然的人生状态。

“修己”的好处还在于能够在险恶的环境中得以生存。为什么呢？“盖闻善摄生者，陆行不遇兕虎，入军不被甲兵；兕无所投其角，虎无所用其爪，兵无所容其刃。夫何故？以其无死地。”[③]“以其无死地”，通俗来讲，就是避免了导致进入“死地”的因，而这“因”便是因为人有良好的道德人格，少私寡欲，过着清静质朴的生活。人一旦被各种欲望吞噬，则必然会陷入大到伤天害理、小到做苟且之事而恐被人知的境地。这个时候，人的“死地”就出现了：一则因作孽太深而在因果归律的作用下遭受报应；二则“死地”太多而让敌人受益，最后受制于人而苦不堪言。一个成功者，必然是身正而无畏，如此才可在压力之下做成大事。前国家总理朱镕基曾经说了很多让贪官汗颜的话，也因其直率坦白得罪了很多人，但为什么他敢说别人不敢说的话呢？无私是也。

在管理情境中，很多管理者在面临不好的结果时，往往指责下属。但是，

① 《道德经》第八十一章。
② 《论语·里仁》。
③ 《道德经》第五十章。

善于“修己”的人则会运用“行有不得，反求诸已”的思维方式。这种“罪己”的精神也是“修己”的组成部分。怎样才能做到呢？需要设身处地从对方角度想问题，所谓“己所不欲，勿施于人”，创造一个“外我”来反观自己，由己推及他人，可能更理解他人。

4.善群

“修己”之后则是“善群”，“善群”的通俗解释就是与人为善。关于“修己”与“善群”的关系，在《论语》中也有精彩描述。子路问孔子什么是君子，孔子的回答是“修己以敬”、“修己以安人”、“修己以安百姓”，最后说“修己以安百姓，尧舜其犹病诸”[①]。在佛教中，这样的人不仅能自觉而且能觉他，觉行圆满，属于“菩萨”。自己完成了，还要使他人都安乐，还要使天下的苍生都觉悟安乐，这件事谈何容易，连尧舜这样的圣人都没有完全做到。孔子是用这句话来警醒子路：真正要行仁，要成为君子，就要从自己做起，从身边做起。首先要自己做好，不要自己还没有做好，就想普度众生。先把自己修炼好，然后再去救人、帮人、安人。“己欲立而立人，己欲达而达人，能近取譬，可谓仁之方也已”，也就是：自己要先站得住，然后才能使别人站得住。能够将眼下的事情一步步做好，就可以说是实践仁道了。

上述这些传统思想对当今的管理具有重要的指引意义。只有在崇高的信仰指导下排除私欲、自我完善，才能以自己的才干去造福更多的人。

那么，为什么要“从善”呢？在佛家讲，“断恶修善”在于福报，世间万物无不是因果而成。就现实层面而言，管理者和员工如果具有善心，行善事，那么同样会创造有形和无形的收获。对于“上善若水”[②]一词，很多人很熟悉，其内在的意思就在于水能利万物而有不争，因此有了造化万物之德；水能“处众人之所恶”，与众人不争利，别人不愿意去的地方，它愿意去，别人不愿意做的苦差事，它愿意做。“他具有骆驼般的精神，坚忍负重，居卑忍辱。他能尽其所能地贡献自己的力量去帮助别人，但不和别人争功、争名、争利，这就是老子‘善利万物而不争’的思想。”[③]

台湾旅游饭店业著名人士严长寿在《总裁狮子心》中讲述了这样的故事：他最初在美国运通公司做传达小弟的时候，别人经常在下班后扔下一堆活儿给他做。他从没有怨言，反而乐在其中。因为，帮助别人做事情一方面获得了好的人缘，更重要的是学会了很多技能，各个部门都去帮忙，反而能全面了解整个公司的运作。正是由于他有这种“善利万物”、“不争”及“处众人之所恶”的精神，所以才有了之后的巨大成就。王石在创业初期和民工一起扛麻袋，因此才有了货运主任主动给车皮的机遇。

5.无为

无为者，不妄为也，人人各安其分，所谓“君君、臣臣、父父、子子”[④]

---

① 《论语·宪问》。
② 《道德经》第八章。
③ 陈鼓应．老子今注今译[M]．北京：商务印书馆，2007：104．
④ 《论语·颜渊》。

是也。“无为而治”的思想对于任何一个管理者都适用。孔子说：“无为而治者，其舜也与？夫何为哉，恭己而正南面而已矣。”[①]老子又云：“我无为，而民自化；我好静，而民自正；我无事，而民自富；我无欲，而民自朴。”[②]这种思想被司马迁概括为“清静自正，无为自化”[③]。这句话是老子基于对当时的社会现实的观察，而对当时的统治者提出的警示，“以无事取天下”就是“无为而治”。老子分析了当时的社会之所以出现“民贫、滋昏、盗贼”等现象，是因为“多忌讳、多利器、多伎巧、多法令”，解决措施就是“无为”、“好静”、“无事”、“无欲”，如此老百姓才能“自化”、“自正”、“自富”、“自朴”。注意，这里连续用了四个“自”，表示此结果的出现绝对不是外界强力而为的，而是自然而然的结果。再看如今的各个组织的管理，往往出现这样一种奇怪的结果：管理措施越多，制造的问题也就越多。其原因在于，管理制度的出台可能违背了系统中各个主体自身运行的规律，没有充分让员工自动发挥其积极的主体性。

通常情况下，组织中的制度与文化的确立是由组织管理层制定的，并被自上而下地发布以约束员工或下属的行为。其基本假设是：员工或下属的目标、利益、价值与组织不一致，员工或下属是非理性的，其行为应被约束、被监督甚至被惩罚。但是，被监督者、被惩罚者极少有真心顺从并感恩戴德的，不仅如此，还会生出对抗性行为（隐性或显性），这也是导致制度失效的最重要的原因之一。制度本应是众人的契约，是由所有员工认可并承诺在日后遵循的行为规范。在这种契约中，每个人都是主体，对于契约中的规定，员工是愿意遵守和执行的，这是对自己和他人的承诺。只有这种制度才是具有合理性的制度，才能得到拥护和支持；否则，没有员工或下属参与制定的制度，必将受到抵制与排斥，因为其违背了制度真正的契约本质。涉及员工切身利益的劳动规章制度尤其需要员工的参与，只有这样才能让他们发挥主体性的正面行为，即“创造性冲动”而不是“破坏性冲动”。

以上的价值要素是人性成长中必不可少的组成部分。在管理中，在各种措施、手段、制度等出台之前，以及在日常的组织运行过程中，无不应充分考虑到这些价值在组织中的落实。虽然人性在现实中的表现是丰富的，但人性的本质却是不变的。因此，在管理中不可忽视人们的正常需求，同时更应认识到人性的高级层面，那就是人性如何在组织中成长，如何通过塑造人的内心和谐以促进组织、社会、全人类的和谐。这一切的背后，有一个重要的动力保障，那就是：人是一个受内在神圣性驱动的、具有主体性的高级动物，在信仰的驱动下，人将勇往直前。

只有人的心性开明了，理解了生命的意义，找到了最高的追求，并把这种追求内化成为“使命”或“信仰”之类的信念时，生命的肉体（硬件）才能实

---

① 《论语·卫灵公》。
② 《道德经》第五十七章。
③ 《史记·太史公自序》。

现与灵魂（软件）的有机统一。这才是文明与智慧推动人所能达到的至高境界。

太月浮想

人性问题是任何人文社会科学研究不可回避的基本理论前提。回避这个问题，将犯舍本逐末的错误，而重视这个问题，则将为我们理解各种社会现象提供一把钥匙。

在不同时期，各个学科对人性的研究具有不同的特征。中国传统文化对人性问题的研究着重于善恶之辨；伦理学对人性的研究则以利己与利他以及二者的关系为研究的核心；管理学在100多年的发展历史中，对人性也有了一个基本的判断，但在应用中依然存在诸多问题。

本书的人性论紧紧围绕人的最本质属性，也就是精神性，来建立对人性现象的理解。人性之所以区别于兽性，就在于其精神性、神圣性。当然，从现实层面来看，人的表现千差万别，这是由人性成长规律所决定的：人，是一个“成为人”的过程。管理中对人性规律的把握，就在于如何激发并释放人内在的神圣性，进而达到个人人性成长与组织目标实现的双重目的。

与以往管理人性假设的不同之处在于，新人性理论重在从纷繁复杂的人性表现中，找到人性最本质的部分——道性，即对神圣性的向往，进而为管理实践找到那把通向心性自由的钥匙。

小　结

本章以对人类当前和历史上各种人性状况的回顾与观察作为逻辑起点，引出了人性这个人类研究的不可回避的主题。通过对中国传统文化，主要是儒家文化中各家各派人性论的回顾与分析，以及对管理学中典型人性假设学说的批判，我们认识到，需要从哲学角度来研究人性的内涵、外延及规律性。基于此认识，本章认为，人性区别于物性、兽性的本质规定性是精神性——是属于人类的、架通主观世界与客观世界的智慧之桥。人性即是道性，这是我们经过推导所得出的一个重要的判断。从现实来看，发展进化过程中的人性，表现为各种维度的矛盾统一体，具有各种表现形式，这是由人性发展规律所决定的——人性体现为一个动态成长的过程。正是由于这一规律的存在，才使得“成为人”成为可能，才有可能在管理中通过激发人的神圣性、引导人的行为来实现组织的目标。

思考题

1.伦理学、心理学、管理学等学科对人性的探讨有何异同？
2.通过学习本章的人性论，对你自己的人生哲学有何启示？
3.人性即道性的理论判断对于基于人性的认识和生活有何影响？
4.组织的文化建设与制度设计如何实现与人性规律的统一？

第六章

谁主沉浮：管理世界大战中的主角

摘　要

人在天地自然规律和真理面前，是被管理者。人处在天地自然的大系统中，规律和真理才是真正的“第一主体”。在人间具体的管理活动中，每个人都是管理的主体。总括起来，可以将管理主体分成这样五个层次和类别：第一主体是客观规律与真理；第二主体是每个人自己，即每个人都必须进行自我管理；第三主体是通常意义上的管理者，既然每个人都必须进行自我管理，那么管理者在实践中也就变成了服务者，任务就是辅助下属成长和进步；第四主体是通常意义上的被管理者，他们除了进行自我管理之外，还要发挥对管理者的监督和评价作用；第五主体是组织外部的第三方利益相关者，在专业方面发挥监督和咨询等功能。

本章逻辑框架图

结构线	揭开主体性的面纱（第一节）	触摸主体性的脉博（第二节）	主体性花朵的绽放（第三节）
行文线	人的自在性、人的自主权利、主体的自主权利	主体的成长、主体性的互动规律	五类管理主体
线索线	揭示主体性的特征	解剖主体的成长规律	管理中五大主体

任何人都无法做别人的主人！
任何人都只能做自己的主人！
你可以为自己做主，但不能剥夺别人的权利！
每个人必须为自己做主，但不能脱离客观规律的大道！
这就是人的自然性与社会性的统一，也是人的主体性的根！

管理者对被管理者说："我整装待发，你却昏昏欲睡；我振臂高呼，你却拖沓不前。"——无奈，为什么你总是和我作对？

被管理者对管理者说："我辛辛苦苦，又有几个人看见？我积极负责，又多得到什么？"——伤心，为什么你总是和我作对？

管理哲学家说："因为你们都在和对方的主体性作对！你们都太想成为对方的主宰，于是共同陷入了被动和尴尬！"

第一节　揭开主体性的面纱

人类的一切问题，都先产生自我们与客观规律的冲突，而这种冲突的本质就是因为我们有了一个与真实的客观相脱离的主观。一方面，我们对客观无法做到完全了解；另一方面，我们也无法真正全面地认识自己的主观。于是，这两方面叠加起来就构成了人类问题生成的核心逻辑。而这还不是问题的全部，更麻烦的是我们又会用这种自我的糊涂状态去解决问题，于是问题变得更加复杂。此时，与其说是在解决问题，不如说是在制造问题。但这还不是问题的全部，更要命的是我们以为这样的做法是正确的。更加令人绝望的是，我们以为事情就是这样的，是合理的。

如果不能认识到主观对客观的背离这一错误，我们的所有行动都将持续荒谬下去！

一、人的自在性

在澳大利亚西南部有一个沙漠花园，这里也许是世界上条件最恶劣的沙漠了，但这里却有3 600多种植物繁荣共生，这些植物开的花不仅硕大无比，而且惊艳异常，它们能分泌出超乎想象的芬芳花蜜。为什么这些植物能在环境恶劣的沙漠中如此妖娆美丽呢？一方面，由于它们对水和养料的需求很少，它们能够适应沙漠干燥的气候；另一方面，由于这里的昆虫和鸟类非常稀少，它们必须开出最大最艳丽的花朵，分泌出最多最芬芳的花蜜，才能吸引授粉者的注意，从而使自己繁衍生存下去。

对于人类来说，徒步穿越沙漠简直是天方夜谭，但骆驼却有着“沙漠之舟”的美称，它在特殊的生存环境中进化出了特殊的器官。一方面，它有抗干旱的特殊身体构造：驼峰里贮存着脂肪，在骆驼得不到食物的时候，其能够分解骆驼身体所需要的养分；胃里有许多瓶子形状的小泡泡，这些“瓶子”里的水使骆驼即使几天不喝水，也不会有生命危险。另一方面，它有防风沙的特殊身体特征：骆驼的耳朵里有毛，鼻翼能自由关闭，有双重眼睑和浓密的长睫，这些都能阻挡风沙进入；骆驼的脚掌扁平，脚下有又厚又软的肉垫子，这样的脚掌使骆驼在沙地上行走自如，不会陷入沙里。

作为一种生命形态，和所有生命一样，人是自在存在的。早在人类萌芽的远古时期，人类为了保护自己，或构木为巢，栖身树上，以避风雨和野兽，或选择干燥、向阳和背风的天然洞穴作为栖息之所。当人的生命还处在婴儿阶段的时候，虽然没接受过任何培训，但是他饿了、身体不舒服时就会啼哭，当有东西送到嘴边时便会吮吸，吃饱了就继续睡觉，所有这些行为都是自然而然的。随着人渐渐长大，这种自在性依然存在，但在成长过程中，自主意识也在不断增强，社会和群体的约束也来到了他的生活中（由于阶段文明的局限性，很多是压抑人性的）。因此，自在性不再只是生命的本能，而更多地表现为对自主权利的追求。

二、人的自主权利

人有自主的权利，但自主又是有限度的，人的自主是在天地、自然、人间的规则与规律中进行的。这就是自然性、社会性与灵性的统一。

（一）行为的自主决策性

1938年，陶行知先生到武汉大学演讲。演讲前，他不慌不忙地从皮包里拿出一只大公鸡，台下的听众全愣住了，不知道陶先生要干什么。陶先生从容不迫地又掏出一袋米，放在桌上，然后按住公鸡的头，强迫它吃米，可是大公鸡只摇头，就是不吃。他又掰开鸡的嘴，把米硬往鸡嘴里灌，大公鸡用力挣扎，还是不肯吃。陶先生就轻轻地松开手，把鸡放到桌子上，自己后退了几步。这时，大公鸡自己就吃起米来。于是，陶先生开始演讲："各位，你们都看到了吧，你逼鸡吃米，或者把米硬塞到它的嘴里，它都不肯吃，但是如果换一种方式，让它自由自在，它就会主动地自己去吃米。"然后，陶先生向会场扫视一圈，加重语气说："我认为，教育就跟喂鸡一样，先生强迫学生去学习，把知识硬灌给他，他是不情愿学的。即使学了，也是食而不化，过不了多久，他还会把知识还给先生。但是，如果让他自由地学习，充分发挥他的主观能动性，那效果一定会好得多。"

为什么面对美食，公鸡会产生抵触？它是真的在抵触美食吗？为什么面对有益于自己成长的知识，学生会产生厌烦的情绪？他是真的很厌恶学习知识吗？如果答案是肯定的，那为什么当自由行为取代强迫行为时，美食和知识就不会再被排斥呢？可见，问题的关键不在于美食和知识，而在于获取美食和知识时自己对行为的自主决策权利。事实上，在每个人的内心，没有谁会真正愿意放弃这种权利。即使是在被迫的条件下，某种行为的自主权利被剥夺，人们也会主动用下一种行为来夺回失去的自由，无论表面是服从、妥协还是对抗，那种捍卫自主权利的本质从未消失，只是变换了表现方法。

（二）行为的目标驱动性

有一个富翁要为一所学校投资建造一座漂亮的图书馆，好让更多的孩子在更好的环境里读书，于是他请了一家建筑公司来工作。一天，富翁没有什么事情可做，就独自一人来到工地上，看看工程进展如何。他看到三个工人正在砌墙，而脸上流露出的表情却截然不同：一个唉声叹气；一个严肃认真；另外一个却兴高采烈，嘴中还哼着小曲。富翁看到这种情况后，感到很奇怪，便走过去问他们："老兄啊，你们在做什么？""你没有看到吗？我们正在砌一堵墙。这种工作我已经干了七年了，实在是无聊透顶！每天都这样机械乏味，而且永远没有尽头。我早厌倦这样的生活了，如果不是还要养家糊口，我早不干了！"第一个工人哭丧着脸说。第二个工人则平静地说："我在建造一所宏伟的高楼，这座楼有八层高，我们将采用最先进、最环保的材料来建造，完工后，它肯定是这座城市最棒的图书馆。"第三个工人愉快地说："我正在建造一座城市。因为这里将是孩子们读书的地方，孩子们长大后又将为这座城市的美好未来添砖加瓦，所以，我满怀期待！"十年过去了。第一个工人仍旧穿着又脏又旧的工作服在工地上砌墙；第二个工人则坐在宽敞明亮的办公室里画图纸，他成了工程师；第三个工人呢，他已经成为前面那两个人的老板了。①

事实上，在社会生活中，每个人的行为都不是无意识的，都有着某种目标的指向，这已为社会心理学的众多研究所证实。不管一个人的行为多么离奇古

① 卡洛琳·李. 剑桥家训[M]. 南京：江苏文艺出版社，2008.

怪、不合常理，也不管在别人看来他的行为是如何荒唐可笑、不可理解，所有行为都是受行为人自己的目标驱动的，只不过这种目标有时容易被外部洞察，有时则不易被发现。

（三）目标的自我实现性

1978年，安徽凤阳小岗村创造性地运用了“包产到户”的“土办法”，当年就解决了村民的温饱问题。1980年，全国各地开始试点小岗村的“大包干”模式。1982年全国全面推广“联产承包责任制”（也称“大包干”）。农民家庭获得了组织农业生产和经营剩余农产品的自主权，劳动生产率显著提高，粮食单产由亩产400斤增长到了600多斤。农民在“交足国家、留足集体”——大约50斤/亩谷物，并完成200多斤/亩的粮食定购任务之后，剩下的农产品全部是自己的。

同样的土地，同样的耕种者，为什么却出现完全不同的产值？虽然影响因素有很多，但是家庭联产承包责任制所带来的农民自主性的空前释放却成为这一奇迹的决定性因素。那么，到底是什么禁锢了农民的自主性，又是什么释放了农民的自主性呢？很显然，就是农民所从事的劳动与自身利益、自我实现的关系。家庭联产承包责任制改变了“人民公社”的“大锅饭”体制，把为别人干活变成了为自己干活，在劳动与自我实现之间建立了最适当的联系。

从行为的自主决策，到行为的目标驱动，再到目标的自我实现，原来，每个人的行为都有着不以他人意志为转移、渴望能够完全支配自己的自主性。

人的行为是自由的有意识的自觉的活动，不是单纯维持肉体生存的适应自然的活动，而是具有自主独立性和自觉目的性的对自然具有创造性的活动。人能够把对象、活动以及人本身都作为对象来看待。而且，作为一种客观规律、被天生赋予的能力，人的自主性始终存在，并且相对外界处于一种自我保护的状态。纵观人类历史，无论自主性所接受的能量是正面的顺应还是负面的对立，人的自主性都不曾消失，而是根据所接受的能量的性质、大小不同，出现了不同的表现形式，如图6-1所示。

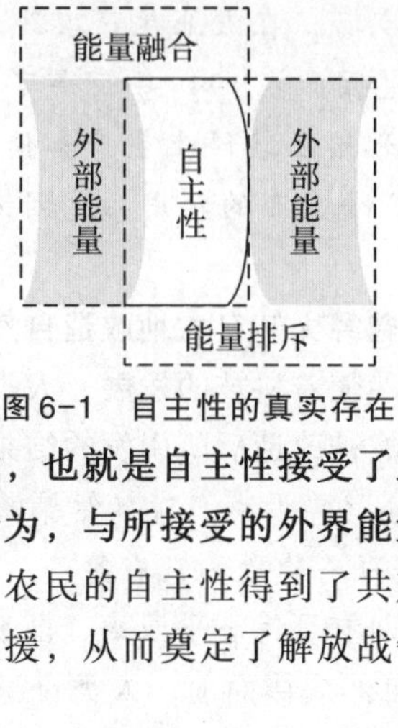

图6-1　自主性的真实存在

当自主性被尊重和激励，也就是自主性接受了正面的能量时，人的自主性也会反馈以正面的意识与行为，与所接受的外界能量融合为更大的能动性。例如，在中国解放战争时期，农民的自主性得到了共产党的尊重，农民因而表现出对共产党极大的拥护和支援，从而奠定了解放战争胜利的基石。**当自主性感**

受到了对立（如责骂、批判、强制等），也就是自主性接受到负面的能量时，出于直觉的自我保护，其自主性会产生相当的或者更强的对抗性，排斥这种与之相对的负面的能量。例如，奴隶反抗奴隶主的暴戾统治；农民反抗地主的压迫；工人反抗资本家的剥削；孩子反抗父母的专制。

被管理者对管理者说："你能理解吗？不是我和你作对，是因为你将自己的意志强加给了我，违背了我的意愿，就算让我做的事情会使我受益，我仍旧感觉非常不舒服！在这种心境下，还谈什么提高效率？谈什么创新？"

管理者对被管理者说："不！你就是在消极怠工，就是在和我作对！你懂什么，不了解全局，也没有规划，实际问题你遇见过多少？我站得高、看得远，你就应该听我的，就应该无条件服从！"

二者都有自主性，当二者的自主性相冲突时，到底该实现谁的自主呢？

三、人的自由追求

有人说，人的自由就是"在笼子里跳舞"，这个"笼子"就是天地、自然、人间的规律和规定性，"跳舞"就是人生的一切动作与精彩。

（一）当自主性碰到自然——是放任幻觉还是了解真相

尧帝时期，尧派鲧（gǔn，禹的父亲）带领人们治水。他采取"水来土挡"的办法保护部落领地，筑堤造坝与洪水抗衡，结果造成洪水横流、江河泛滥、民不聊生。鲧治河九年，财物人力耗尽，并招来杀身之祸。舜帝时，禹接替父亲鲧继续治水，他接受父亲的教训，不再与洪水抗衡，采取"开"、"疏"、"凿"、"引"的办法，"人顺水势，水遂人引"，利用十几年的时间，一直把水引入东海，治水成功。

20世纪前叶，当价廉物美的氯氟烃被广泛应用于工业领域时，人们无不感到人类科学技术的伟大。结果60年后，人们在头顶的天空中发现了一个北美洲大小的臭氧层空洞。

1942年，DDT被投放市场，在农业生产实践、医疗卫生实践中显示出巨大的效力，DDT的发现者也因此在1948年获得了诺贝尔医学奖。然而，到了20世纪60年代，各国各地开始陆续停止生产和使用DDT。到了20世纪70年代，DDT已变成世界各国明令宣布的禁用品，因为人们终于认识到了DDT对生物和人体的危害性。

人类曾经畏惧自然，也曾经无知自大地改造自然，遗憾的是，人类似乎总难以走出自然规律的制约。虽然随着科技的发展，人类按照自己的意愿去改造自然的实践变得越来越多，但自然被改造后所引发的结果却总是让人难以预期。正如恩格斯所言："我们不要过分陶醉于我们对自然界的胜利，对于每一次这样的胜利，自然界都报复了我们。每一次胜利，在第一步都确实取得了我们预期的结果，但是在第二步和第三步却有了完全不同的、出乎预料的影响，常常把第一个结果又取消了。"为什么在自然规律面前，人类自身的特性却在很多结果上给人类带来了伤害呢？到底是自主性欺骗了我们，还是我们误解了自主性？

自然是客观的存在，有其内在客观存在的规律。人的自主性来源于人的本质属性，即人的精神性，其直接表现为主观的能动性、对神圣性的追求和对真相的探求。

人的自主性也是自然系统中的一部分，与自然有着必然的联系和相互作用。由于人类自身认知的有限性，也就造就了理性的有限性。在有限理性的影响下，客观自然在每个主体身上就会有不同的意义与影响。如果人类认识不到这种局限，片面地将自己的主观意识无限放大，就会与客观产生严重的冲突，不仅无法认识客观真相，还可能产生种种的幻觉和臆想。如果人的主观能够清晰地明白自己的有限和客观的无限，就会秉承一颗谦卑的心去认识周围，了解发展，探索未知，并遵从客观自然的种种规律，其中也包含人本体自主性的规律，这样才能在人类自身主体性的进程中寻得一条和谐的发展之路，也只有这样，人的主体性才能在规律的引导下找到真正的自由之路。

（二）当自主性碰到自主性——是复制自己还是关注他人

“文景之治”的开创者、高祖刘邦的第四子——汉文帝刘恒，自幼忠实厚道，对其母薄姬甚是敬爱。刘恒继承帝位后，尊薄后为皇太后。薄太后卧病3年，文帝下朝后便衣不解带地陪伴在薄太后病床前，母亲喝的汤药，他总是亲口尝试，确定药的热度和甘苦后再亲自给母亲喂药。如此坚持3年，薄太后的身体终于康复。

曾国藩是一个手无缚鸡之力、对军事所知甚少的文人，却打造出了战斗力强劲的湘军。有人曾经对曾国藩的幕府人才作了总结，将他幕府中的人才分为：谋略人才（郭嵩焘、李鸿章、陈士杰、李鸿裔、薛福成等）；作战人才（彭玉麟、杨载福、唐训方、黄润昌等）；军需人才（李瀚章、甘晋、李兴锐等）；文书人才（罗萱、程鸿诏、向师棣、黎庶昌等）；吏治人才（李宗羲、洪汝奎、赵烈文、倪文蔚、方宗诚等）；文教人才（吴敏树、莫友芝、陆艾、俞樾、戴望、吴汝纶、张裕钊、刘寿曾等）；制造人才（李善兰、徐寿、华蘅芳、冯浚光、陈兰彬、容闳等）。

邓小平8岁时，一个和他很要好的同学因为妹妹生病又没钱看病，在他面前急得哭了起来。邓小平从父亲的钱箱里偷偷拿出5块银元给了同学，在当时这笔钱可以买到500斤谷子，也算是一笔巨款了。过了好几天，邓小平的父亲邓文明发现钱箱里莫名其妙地少了5块银元，非常生气。他把全家人包括佣人都叫了过来，打算彻查此事。父亲还没开口，邓小平很自觉地站了出来，并主动地把一根棍子递给父亲。邓文明以为儿子把钱乱花掉了，一生气顺手接过棍子就把邓小平打了一顿。邓小平一声没吭地挨完了打，父亲见状，也渐渐消了气，并觉得事情很蹊跷。他把邓小平找来，想把事情弄个水落石出。邓小平这才把事情原委详细地告诉父亲，父亲把他拥在怀中，高兴地说：“儿子，你做得对，父亲错怪你了。我不应该不分青红皂白地就打你一顿。但是为什么我惩罚你的时候，你不把事情的原委早点告诉我呢？”邓小平说：“我的行为还是属于偷窃，您告诉过我，小偷是应当受到惩罚的，所以我应该挨打。”父亲摇摇头说：“儿子，你能主动帮助别人，而且很诚实，这是对的。但是，遇到了急难的事情而不信任自己的父亲，那就不对了。你要拿钱帮助同学，应该先跟父亲说。”邓小平点点头，父子俩相视而笑。[①]

汉文帝贵为天子，却能时刻体察母亲之需，贴心侍奉母亲，是因为汉文帝知道，在母亲面前自己只是儿子；曾文正公位高权重，却不吝啬对部属的欣赏和赞美之辞，而且对部属总是“扬善于公庭，归过于私室”，择其才能委以重任，是因为曾文正公知道，在这些人面前，自己首先是个学生；邓文明先生是一家之长，却能诚恳地向年幼的儿子道歉，是因为邓先生知道，在儿子面前，自己首先是一个与儿子平等的生命体。因为放下了“皇帝”、“大臣”、“父亲”这些先在的“自己”，别人的感觉才得以真正进入他们的内心，于是汉文帝、曾文正公、邓先生做到了“想人之所想，急人之所急”，营造了人与人之间的和谐。

虽然人人向往和谐，但也有很多人因为无法放下那个自恋的“自己”，结果：

董事长在父母面前还要呼三喝四；

女老板在丈夫面前还那般颐指气使；

教师在家人面前还沿袭着说教和训斥；

……

董事长“忘记”了眼前的那对老人是自己的父母，而不是下属；女老板“忘记”了眼前的那个人是自己的丈夫，而不是员工；教师“忘记”了眼前的那些人是自己的家人，而不是学生。于是，董事长的威严取代了令父母暖心的柔声怡色；女老板的强势取代了令丈夫怜惜的柔美可爱；教师的咄咄逼人取代了令家人愉悦的亲切沟通。

对于大部分人来说，也许“自己”并没有多么华丽的世俗外衣，但他们却紧紧抱住“自己”，不愿放下，致使家人不喜欢他，朋友不愿与其来往，客户不愿与其合作……由于自己的“个性、自我”，在自己与别人之间竖起了一道高高的“心墙”。

每个人都有自主性，它并不是某个人的特权。但是，在社会关系中，人们往往以自己为主体，把行为的对象当做受动的客体，希望能够自由地任意发挥自己的自主权利。但事实上，这种主客体的归位只是这个“所谓主体”的自我感知，对于相应的那个被定位于“客体”的人来说，他也有自己的自主性，他很难因对方的需要变成丧失自主性的受动的客体，相反，他可能也会把对方视作受动的客体。因此，只有在每一个认识和实践活动中相对的主客体角色之分，而没有绝对的主客体地位之分，每个人都应该是主体与客体的统一。如果社会中每个人只有自己的自主性，而无法在自己身上实现主体和客体的统一，那就意味着，在这个社会，每个人都在强调自己的想法，都希望将自己的想法

① 曾知寒．世界名人家教智慧[M]．北京：新世界出版社，2005．

强加于人，而不去思考自己作为他人的上级（或下级）、作为他人的儿女（或父母）、作为他人的朋友，对方有什么样的需求，自己应该去做些什么，更不会去思考除了自己的意愿之外，在哪些方面应该服从他人、和他人一致。结果，他人会因为自主性被排斥而进行反抗，自己的自主性也遭遇了对立，捍卫自主性权利却最终丧失了自主性权利，追求自由却最终被永久禁锢，于是自主性因为自己的主观认识偏差和基于此的不懈努力而被异化了。

只有如汉文帝、曾文正公、邓文明同志那样的人，才会在面对他人时，懂得放下自己，用心关注他人，学会欣赏他人，在自己身上实现主体与客体的统一，从而能够在自己与他人之间实现个人自主性权利与他人自主性权利的统一，在人与人交往的社会中创造和谐、自由的生活。

（三）当自由成为现实——全面感知人的主体性

人类发展至今，自然所赋予生命的自在性似乎只存在于婴孩时代。从起初被人类的其他意志所影响、左右的阶段开始，人的自主性就在不停地给自己构建的精神牢笼添砖加瓦。在这种“自主性”的驱使下，其他生命阶段的人类所能享受到的似乎只有无尽的冲突。因为在现实生活中，人的自主性的发挥往往不是自言自语似的独角戏，而总是会直接或间接地指向其他客观存在，包括人以及人之外的一切客观存在。当某个人（甲）的自主性与其他人（乙）的自主性相冲突时，乙的自主性就会启动自我保护程序，进而与甲的自主性发生冲突，又进而使甲的自我保护程序启动，结果，甲乙进入冲突加剧的循环中，不仅二者的自主性被破坏，而且二者都陷入了自己与其他客观存在的人为冲突中。

甲乙都以捍卫自主性为初衷，结果却使自主性不断被破坏，这不正是自主性的异化吗？难道自主性是不可实现的吗？

马克思说：“自由是对必然的认识和世界的改造。”必然就是存在于客观世界的规律，对于人类而言，只有在人类认识、认可主观意识之外的世界的客观性，了解到人类认知的有限性，并能依照客观规律的作用不断突破自我的局限性，才能慢慢走向自由的世界。

对于个体来说，只有在实践的过程中认识到他人、他物不以自身意志为转移的客观性，以及自身对他人、他物客观规律认识的有限性，才能够在客观世界体会到主观精神的自由境界。因为这份自由，被异化的自主性得以解脱；也因为这份自由，在追逐自主性的过程中，人们又会感受到婴儿所拥有的那份滋养生命的自在。

可见，人的自在性、自主性需要自由性的呵护才能被彻底释放，三性合一才能使以人自己为主体去观察、认识、改造世界的实践活动不断趋近世界万物的运行规律，使人与人之间、人与非人世界之间得以和谐相处。因此，人的自在性、自主性、自由性是主体性的三要素，共同构成了人的主体性（如图6-2所示）。主体性的本质就是通过不断认识以我为中心的有限性和外在的客观性，通过不断突破已有的认识，使我与非我不断趋于统一。

图6-2　主体性的三要素

被管理者自语道：“哦，我知道了！我需要学会察言观色，需要投其所好，这样管理者就会接受我、信任我，进而委以我重任。呵呵，就这么办！”

管理者自语道：“哦，我知道了！我只要给他们多点利益、分点股份，他们就会像干自己的事业一样卖命。哈哈，就这么办！”

管理者和被管理者在自以为是地笑，主体性却在笑他们的自以为是，究竟谁能笑到最后呢？

四、主体性的真伪之辨

主体性是自在的、自然的，还是人为的？这涉及主体性的真伪之辨。

（一）虚幻的主体性

个人无法脱离自然环境与社会关系而生存，而且个人实践活动的对象都是现实的客观存在。因此，虽然主体性权利是被天生赋予的，但是如果将这种权利凌驾于自然环境的自身规律和其他个人的主体性权利之上，无异于掩耳盗铃。铃声并不会因为捂住耳朵而停止，自然的客观规律、他人的主体性并不会因为某个人的忽略而消失，相反，它们会因为被无视而作出反抗，而这种反抗完全是背离人主体性的初衷的。可见，由于这种主体性不是建立在真实世界的基础之上，而是建立在自己臆想的环境之上的，是虚幻的，因此，它并非真的主体性，是伪主体性，如图6-3所示。

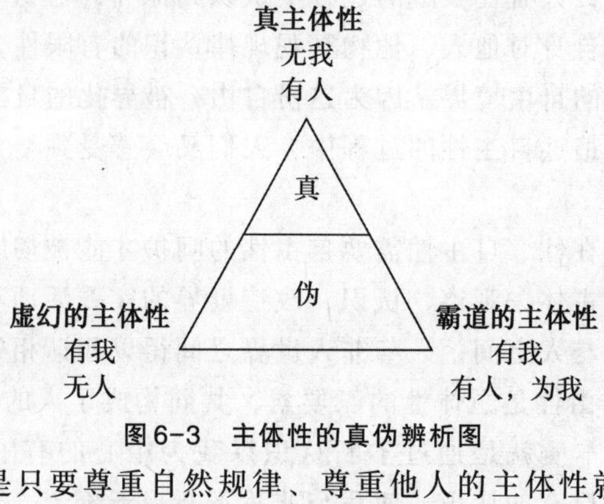

图6-3　主体性的真伪辨析图

那么，是不是只要尊重自然规律、尊重他人的主体性就是真正的主体性呢？那还得问问尊重的程度和主体性本身的目的。

（二）霸道的主体性

有一位教徒每天都会虔诚地向上帝祈祷，他相信上帝是爱他的，当他有需要的时候一定会拯救他。

有一天，村子里发大水了，水位很快涨高，所有人都开始逃生，但是这个教徒没有，他相信他的上帝一定会来拯救他的。于是他爬到屋顶上，继续祈祷。这时，一条小船划过来，船上的人大声地对他说："快上来吧，水还要涨的，快逃生吧。"他说："我在等上帝来救我，他一定会来的。"船上的人劝说了半天，见说不动他，只能先去救别人了。

又过了一会儿，水位越涨越高，连他的屋子都淹没了，只有高一些的教堂的屋顶还能看见。他游到旁边的教堂，坐在屋顶上，继续祈祷。这时，又一条小船划过来，船上的人大声地对他说："快上来吧，人都走光了。"他说："我在等上帝来救我，他一定会来的。"船上的人劝说了半天，见水越来越猛，只能走了。

又过了一小会儿，水把教堂的屋顶也淹了，只有一个十字架的尖尖露在水面上，他就抱住这个尖尖，继续祈祷。这时，一架直升机飞了过来，机上的人放下软梯，拼命地叫他："快上来吧，再不上来你就真的淹死了。"他努力地从水里抬高头，说："我在等上帝来救我，他一定会来的。"直升机上的人大声地呼喊他，但是他说什么也不伸手。

很快，水淹没了他，他死了。

他死后，看到接待他的天使，他非常愤怒地对他们说："你们言而无信，你们说上帝一定会来救我的，但是你们没有！"

天使看了一眼愤怒的教徒，然后看了看手中的记事本，说："但是，根据我们的记录，我们曾经派了两条小船和一架直升机去救你的！"

也许人们会嘲笑教徒的迂腐，但是在现实生活中，这样的人却并非少数，只是表现形式不同而已。"善有善报，恶有恶报，为什么我帮他那么多次，也没见他报答我一次？"；"舍得，舍得，为什么我舍了那么多还是什么都没得到？"；"付出就有回报，为什么我这么努力工作，老板就是看不到？"……人们问这些问题时是那么理直气壮，因为他们太自信于自己观念中形成的所谓"规律"。然而，他们不明白，上帝的智慧怎么能等同于教徒，客观规律更不可能被个人的主体性操控。在舍得、善报这些人为的规律面前，人们所能操控的只有自己的舍、自己的善，至于对方对舍和善的感知，以及得和报的有无、形式、程度，则完全是由客体的权利决定的。那种舍后必要得、行善必求报的主体性看似是遵循客观规律、尊重他人的主体性，实则是欲霸道地操控规律、操控他人，这种霸道的主体性的初衷与虚幻的主体性一样，都是为了满足自我，只是霸道的主体性较虚幻的主体性要"狡猾"，增加了对相应客体的尊重，但是却难掩臆想的本质，还是将自己摆在核心位置，试图左右客观，用自我取代他人，结果背离了真实的世界，其同样是伪主体性的。

那么，到底什么才是真正的主体性呢？

（三）真主体性

1955年亚非会议，周恩来总理通过两次求同存异的发言，缓和了矛盾，端正了会议方向。在最后达成会议协议的问题上，周总理提出把和平共处五项原则作为大家共同遵守的原则。当有的代表认为和平共处是共产党的名词时，他当即改用联合国宪章中“和平相处”的提法；当有的代表不同意和平共处五项原则的措辞和数目时，他表示：“五项原则的写法可以加以修改，数目也可以增减，因为我们所寻求的是把我们共同的愿望肯定下来，以利于保障集体和平。”在很大程度上，正是由于周总理的多方协调，会议终于达成了在和平共处五项原则基础上扩展起来的“亚非会议十项原则”。

在国务面前，周总理走出自己的观点，走出一己之国的私利，寻找与他人的共同语言，进而营造出之后的积极发展的和谐局面。那么，周总理何以能够走出那困扰着人们的私欲呢？因为总理能够在他人身上看到自己，能够在他人的世界中认知自己，他的眼中和心中不再是一个孤零零的自己，而是一个热闹的真实的群体，与自己相关的一切只是这个群体运动的必然结果。所以，周总理心中有人而无我，心中装着他人的主体性需求，而没有仅仅追逐一己之利。那么，又是什么使周总理超越了一般人所倾力维护的主体性权利呢？因为周总理拥有的是真主体性，是一种达到无我的主体境界的成熟主体性。

真主体性既懂得自己主体性权利的存在，又认识到自己主体性权利在自然面前、在无数具有主体性的人形成的客观世界面前所具有的有限性，同时还认识到本我的主体性规律在客观规律中的地位和作用，因此能够将自己的主体性回归自然，进而实现与外部世界的通融以及和谐共处。当主体的能力、品格和心性都成熟并协调一致时，成熟的真主体性就会自然显现，就会理解一切事物对自身的使命，并将一切人和事都看做自己生命的一部分，主动地包容和有利于所有人。

子曰：“君子和而不同，小人同而不和。”即使是在竞争激烈的比赛中，君子也能够求同存异，“揖让而升，下而饮，其争也君子”。可君子在人群中毕竟是少数，周总理似的人物更是凤毛麟角。作为人被天生赋予的权利，为什么不是所有的人都释放真主体性呢？

管理者和被管理者都很沮丧：原来我们都只有伪主体性，我们是否能够获得真主体性呢？真主体性又会给我们带来什么好处呢？

第二节　触摸主体性的脉动

主体性是人性中非常重要的部分，也是在后天成长历程中发展变化、不断成熟的。

一、主体性的成长过程

恩格斯曾经这样赞叹原始社会的氏族制度：“这种十分单纯质朴的氏族制度是一种多么美妙的制度啊！没有军队、宪兵和警察，没有贵族、国王、总督、地方官和法官，没有监狱，没有诉讼，而一切都是有条有理的。”①

约2 500年前，老子曾经如此告诫国之精英：“不尚贤，使民不争；不贵难得之货，使民不为盗；不见可欲，使民心不乱。”②“绝圣弃智，民利百倍；绝仁弃义，民复孝慈；绝巧弃利，盗贼无有。”③

1800—1829年，在罗伯特·欧文的管理下，新拉纳克的人口逐渐增加到2 500人。这些人的成分原来是极其复杂的，而且多半是堕落分子，可是欧文把这个地方变成了一个让同代人惊诧、让后代人仰望的模范社区，酗酒、警察、刑事法庭、诉讼、贫困救济和慈善事业都绝迹了。

2004年9月19日，中国共产党第十六届中央委员会第四次全体会议正式提出了“构建社会主义和谐社会”的概念。“民主法治、公平正义、诚信友爱、充满活力、安定有序、人与自然和谐相处”是和谐社会的主要内容和总要求。

上述这些历史画面无疑是令人类向往的。俯瞰人类的历史进程，这些画面因为稀少而弥足珍贵，而又因为稀少让人倍感唏嘘。难道，这种罕见的美好是在宣告一种不期而遇吗？还是在向人类暗示某种规律的存在？

（一）人类主体性的成长过程

人类在实践中增加着对自己和世界的认识，也因此使自己的主体性处在不断变化和成长中。

1.主体萌芽

从当初通过采集和狩猎等方式来获取简单的生存资源，发展到利用自然界的规律（如种植和饲养）来发展壮大自己的种族，人类在大自然面前脆弱的状况得以改善。但是，人类的这种主体性仍旧处在原始和低级的萌芽状态。面对自然界那些强大的、震撼的、神秘的现象，人类无法了解其背后推动的力量，因而出现了关于神和上帝以及一切对超自然力量的人为解释。原始社会的崇拜与图腾，反映的就是人类对自然力量的恐惧和膜拜。也正是这种敬畏，使人有意识地遵从着这些规律，并在一定程度上达到了和谐的状态。

同时，在原始社会体系中，不存在专门管理社会的特殊权力机关，“公共联系、社会本身、纪律以及劳动规则全靠习惯和传统的力量来维持，全靠族长或妇女享有的威信或尊敬（当时妇女不仅与男子处于平等地位，而且往往占有

① 马克思，恩格斯．马克思恩格斯选集：第4卷[M]．中共中央马克思恩格斯列宁斯大林著作编译局，编译．北京：人民出版社，1972：92-93．
② 《道德经》第三章。
③ 《道德经》第十九章。

更高地位）来维持，没有专门从事管理的人的特殊等级”[①]，在部落之内实现了人与人的和谐相处。

2.主体膨胀及异化

随着劳动工具的发明和对世界认识的不断深化，人类的智慧成果不断涌现，人类的自我膨胀也开始出现，最典型的就是“唯灵论”与“人类中心主义”的诞生。

随着人类对自身智慧的证明，“人类是独具灵魂或思想的，因而被认为是属于与自然界其他事物完全不同的一类”的思想开始出现。自然界被视为依据人的意志可以任意改造的世界，所有自然界的其他生物都被看做满足人类意志、为人类生存而存在的工具。于是，也就自然而然地衍生出了“人类中心主义伦理学”：在决定对待自然的方式时，人类的欲望及其满足是唯一的标准。同时，伴随着人类科学和技术的发展，在增强人类对自然的能动能力的同时，也不断强化着工具理性主义。科学与理性成了人类价值的中心，人类不仅否定了那曾经代表自然界超然力量的上帝，导致了人在自然面前的狂妄，而且也导致了人在自己人面前的狂妄。人类不仅仅试图奴役自然，也经常性地奴役着自己的同类。结果，这种自以为是的强权意志，由于违背了人的主体性规律，最终因滥用了自己的主体性而异化了自己，制造了人与人之间的不和谐。在奴隶社会，这种奴役是赤裸裸的；到了近代社会，许多奴役观念转型为科学理念，甚至成为某种科学理论，其隐蔽性和欺骗性进一步加强了。

3.主体的反思与重构

近代兴起的以反现代性而闻名的后现代主义思潮，对人类发展的进程作了较为深刻的反思，并对科技带来的现代化的生存模式所导致的各种问题进行了无情的批判。其反对“那种体现统治关系的占有性主体和以自我为中心的专横性主体”，以及在这个过程中被工具异化的主体。后现代主义给人类主体性现状敲响了警钟。虽然它没有找到积极的出路，但却昭示了人类对真正主体性的呼唤，即回归天地、自然、人间的规律的超主体性。

4.人之主体性的超越

超主体性不是要放弃人类所持有的精神与意志，而是要在遵循天地和人所固有的客观规律的前提下进行所有的实践活动。“人类不是世界的上帝，不能为所欲为，只能不断地认识规律，认识自然的规律，也包括对自己前期认识的否定。更为重要的是，在认识人类自身以及其局限性的同时，使自己获得‘理性的谦虚’——一种真正接近科学精神的理念和能力。”[②]人类发现自己之外的“主体”，知道自己的客体性，将是人类自我的一次重大超越。

（二）个人主体性的成长

人类主体性是在人类历史发展的过程中不断演变的，个人主体性也是在个

---

① 列宁. 列宁选集[M]. 4卷. 中共中央马克思恩格斯列宁斯大林著作编译局，编译. 北京：人民出版社，1995：28.

② 齐善鸿. 道本管理：精神管理学说与操作模式[M]. 北京：中国经济出版社，2007：71.

体的成长中不断发展的。一方面，个体在不同的发展阶段，其主体性会呈现出不同的成长状态；另一方面，即使在同一个历史阶段，也会同时出现处于主体性的不同成长状态的个人。也就是说，在被天生赋予的主体性权利下，由于主客观条件的时空变化，个人主体性的成熟度不完全相同，而且处于动态变化之中。当然，其变化和差异并不是不可认知的，根据个人主体性的成长规律，可以将个人主体性的成长归纳为以下几个阶段：

1.可爱的赤子之态

我们都听说过野兽抚养人类婴儿长大的故事，却未曾听说过哪个成人与野兽如此共处的（驯兽师除外）。这是什么原因呢？从生理上来说，《黄帝内经》开篇讲到，只有精足才不善恐，小孩子肾精足，所以不害怕。从心理上来说，在婴儿的心里，由于没有对野兽善恶、美丑的概念性判断标准，也就无所谓恐惧和嫌恶。也许在婴儿的眼中，老虎不过是一个温暖的大玩具，因为婴儿不害怕，所以他甚至会冲着老虎亲切地依呀说话和咯咯发笑。老虎感觉不到任何的威胁，反而因为婴儿的某些特点唤起了它的母性和保护欲。所以，有虎狼之类与人类婴儿戏耍，甚至抚养人类弃婴也就不足为怪了。但是对于成人来说，且不论肾精是否足以支持其保持镇定，不管其是否真的见过老虎吃人，其内心所预知的“老虎一定会伤人”的事实就会让他心生恐惧、神色惊慌，要么拔腿而逃，要么攻击对抗。老虎也是害怕人类的，所以为了自己的生存也会引发自身血腥的本能。可见，虽然婴儿只是每个人生命的初始形态，但由于他不会将主观意志外加于客观，因此在他的眼里，一切都是可爱的，所以一切看他也是可爱的。

2.可悲的自我维护

随着人生命的发展，婴儿逐渐长成大人，头脑里塞满了知识的碎片，却丢掉了那份珍贵的“无分别”和初始的“无害”与“可爱”，曾经融于自然的天性被伪主体性所替代。当个人主体性与客观规律或者他人主体性发生矛盾与冲突时，不管对错，人们多数会先捍卫自己，寻找为自己辩护的理由，而不会去发现和肯定对方的合理性。这个阶段的人往往以自己的主观意愿和主观判断为行动准则，即使从客观事实来讲他是错误的，他也会努力寻找为自己开脱的理由。

3.可喜的自我反省

一些人在经历了一些挫折或得到他人的反面教训后，能够静下心来反观自身、反思自己。在这个过程中，他们不再为自己的错误和无知辩护，能够深刻地反省并能坚定地放弃自己错误的过去，能够调整自己的思维与意识，遵循一些规律，找到一个新的自我发展之路。这样的人无疑在人生之路上又给自己开辟了一方新天地，但不可否认，这种自我否定所指向的主观目标还是“我”。

4.可贵的无我而有我

随着一些主体对客观规律的认识和遵从，其自主性越来越能够在发展中游刃有余地施展自己的能量。拥有这样主体性的人，他们的行为中很难看到“我执”的影子，很难看到因为“我”的标准和要求与客观和他人发生矛盾和冲突。拥有这样主体性的人，他们总是在想他人的意愿，总是在办他人的事，总是在为他人作嫁衣裳……而且这一切都是发自肺腑，都做得那么顺其自然、乐在其中。于是，他们满意了别人，也完善了自己；帮助别人完成了目标，自己的目标同时也可以顺利实现。处于这一阶段主体性的人，在他们自己看来，“我”、“主体”早已与大众、自然融为一体。对待处于客体地位的对象时，他们心中没有“主体”欲望，眼中没有“客体”标识，心中想的是客体对象，眼中看到的都是客体对象的主体性需求。所谓“万般即我，我即万般”，正是个人主体性的最高境界。

（三）人类主体性成长与个人主体性成长的交互并行

从主体性的发展来看，无论是人类主体性还是个人主体性，都要经历本真、偏离、复归、升华四个阶段（见表6-1）。个人主体性的成长会受到其所处的人类主体性阶段的影响，但并非是绝对的影响。因此，在人类主体性出现膨胀和异化的阶段，还是不乏老子、欧文这些拥有成熟主体性的个人；在当代所处的主体反思与重构阶段，也还有若干自我维护的个人。每个人必然经历婴儿阶段，也必将进入自我维护阶段，大部分人会不同程度地走入自我否定阶段，还有一些人会继续向“无我而有我”的阶段前进。但是从时间截面来看，人群中必然同时存在着处于不同主体阶段的人，虽然无我而有我是社会渴望的成熟主体性，但是在当今社会，真正进入这个阶段的人还只是凤毛麟角。

表6-1 **主体性成长阶段表**

成长阶段	人类主体性	个人主体性
本真	主体萌芽	赤子
偏离	主体膨胀及异化	自我维护
复归	主体反思与重构	自我反省
升华	主体超越	无我而有我

管理者与被管理者同时发出感慨：“虽然无我的境界是可贵的，可那么多人都和我一样处在同样低水平的伪主体性阶段，我能怎么办呢？指望我自己实现主体性的进化，在俗人的圈子中可能吗？我能改变别人吗？”

二、主体性的互动规律

主体性就犹如舞台上的一个演员，他会遇到真真假假的很多角色。在这种真真假假的互动中，主体性要么得以成长，要么扭曲，甚至走向邪恶。

（一）伪主体性包围下的全盘阴霾

有人说，蒋介石失败的关键原因是他有电话和飞机。电话让他越过战区总指挥官，直接指挥军级甚至师级长官；飞机则让他成了救火队员，哪里的局势紧张，委员长就从天而降，把当地的指挥系统推到一边，亲自披挂上阵。不同的是，毛泽东这边没有先进的设施，一般只有电报，而电报讲究惜字如金，自然不能在战术和细节上部署太多，因此给了刘伯承、粟裕这些军事指挥官纵横驰骋的空间，成就了共产党军队在解放战争中摧枯拉朽般的惊人战绩。

虽然这段评论带有打趣的成分，但是其所折射的真知却是耐人寻味的。在管理中，一方面，由于管理者是组织的关键责任人，管理者理所当然认为，与下属相比，自己对组织更忠心、掌握信息更全面、工作决策更准确；另一方面，由于效益、效率等压力，管理者没有办法在每个决策之前都与下属商量和征得每个人的同意。更为重要的是，管理者对下属主体性的认知还相对匮乏。因此，管理者往往希望被管理者能够接受和服从，甚至在某些极端的情况下，管理者希望被管理者没有太多想法，只要有一个想法——服从领导，即可。结果，不管是管理者有意为之，还是无奈之举，对于主体性不成熟的被管理者来说，他所感知到的就是自己主体性被排斥的真切事实，是自己自由意志被不定期干扰的客观现实，而不会去思考管理者的主体性需求（当能够思考对方的主体性需求时，主体性就达到了相当成熟的阶段）。于是，被管理者以自己的方式进行反抗，而这种反抗行为对于那些主体性同样也不成熟的管理者来说，并不能激发其进行反思，但却很容易成为复仇的把柄。于是，管理在伪主体性的包围下陷入一片阴霾。

1.伪主体性包围下的积极对抗局面

在“摩登时代”[①]，工人会因为在工作中丧失主体性、变成机器的奴隶而罢工，今天由于工作环境的改善、工人福利待遇的提高和国家的强制规定，已经鲜有这样的事情出现。但是，越来越多的人正在因为才干被压抑、得不到领导的重视、只能做一个没有异议的执行者而选择辞职。

这些人的心中有抱负，他们希望在工作中证明自己、展现自己，可周围的声音却在告诉他们，“要学会执行”，“执行力才是衡量才华的标准”。于是，他们茫然了，他们不知道执行与自己能力的发展和发挥怎么会形成如此冲撞的关系。他们自己没看明白，也没有人告诉他们。他们倔强地尝试着去表达自己的思想，可遭遇到的却是无数的或软或硬的“钉子”。人性在压抑中要么选择沉默、麻木，要么选择爆发。于是，在一次次的争取、一次次的对抗、一次次的失败后，他们带着委屈与愤恨选择了离开，并带走了在这个组织中积累的知识财富、经验财富、人脉财富，甚至还有重要的情报财富。

领导说他们忘恩负义，说他们没有定力。于是，领导对新下属则更加警觉、更加不信任，甚至实施更多限制下属行为的管理，却唯独没有反省自己。结果，人才流失、人才培养效率低下、重要组织资源流失成了组织的常态，甚至愈演愈烈。

那些满怀抱负寻找舞台的人们在走过无数个舞台之后，也许才会发现：原

① 《摩登时代》(Charles Chaplin in Modern Times)是卓别林的一部非常优秀的影片。该片以美国工业因使用机器而大量解雇工人从而造成失业浪潮为历史背景,生动刻画了人和机器的冲突。

来，每一个舞台都不是为自己量身搭建的，每一个舞台都有导演在“发号施令”；原来，导演本身也需要展现自己、证明自己，与此同时，演员的伪主体性的释放更会让导演感到压抑。

2.伪主体性包围下的消极对抗局面

在“摩登时代”，有的工人罢工，有的工人则会选择消极怠工。今天也一样，当主体性受到压抑时，有的人会因为无法施展才华选择离职，而有的人则会选择委曲求全的生存方式留在组织中。他们不满组织管理者的发号施令，但在就业压力之下又暂时不愿放弃已有的工作机会，于是他们“痛快”地应允着管理者的要求，表面上没有反抗，但是内心的不满影响着他们执行任务时的态度和投入的精力，这些都影响着他们的工作效率。甚至当管理者的决策有明显失误时，他们也会故意不作提醒，或者用错误的方式来执行好的决策，最终导致项目的失败，给组织带来很大的损失。在管理者看来，这样的下属不仅没有工作激情，对企业也缺乏忠诚，再加上管理者缺乏正确的沟通渠道，甚至不屑于沟通，于是，更严格、更细化的管理制度出现了。这些新的措施更加剧了被管理者主体性被压制的程度，结果只能是进一步加剧其与下属内心主体性渴望的冲突，引发新的管理问题。管理者很无奈，觉得这些下属已经无药可救，却从不曾想过是自己一手造就了这样的局面。于是，在对下属无奈的同时，自己也在不断地创造着更加无奈的无奈。

对于那些下属来说，他们本来是主体性的捍卫者，可没想到拿起的是一把双刃剑，使用武器的同时也伤害了自己，在与管理者对抗的时候也损害了自己的利益。

3.伪主体性包围下的低效协同局面

在“摩登时代”，还有很多工人是“听话”的，他们安于现实。今天也有类似的令组织“放心”的人，他们似乎天生就有很好的接纳别人意见、听从别人安排的修养，总是能够认真地接受管理者的意见，很好地执行管理者的决策。相比实现抱负，这些人更加追求工作的稳定。在他们看来，无须质疑管理者，也无须在意决策对错，只要按管理者说的认真去做就好。可以说，在这种被管理者身上，管理者的主体性是被充分发挥的。因此，越是喜欢揽权、喜欢表现的管理者就越喜欢这样的下属，因为他们在一起非常和谐，少了管理者与被管理者的冲突和矛盾。可遗憾的是，这样的高和谐并不代表着高效率。

就在管理者沾沾自喜，用“离了我，他们什么事都办不好”来佐证自己的工作能力时，却没有注意到这句话也同时证明了自己管理能力的有限。也许只有当管理者被事无巨细的工作压得喘不过气时，他才会想，“怎么我身边没有一个得力的助手可以帮我分担”；只有当管理者在一项抉择面前拿不定主意时，他才会想，“怎么没有一个人能给出建设性的意见”；只有当管理者因为决策失败招致窘迫时，他才会想，“为什么当初我身边没有一个人提出反对意见”。于是，他责问下属，批评下属的无能，却不曾反省其实正是他自己的专业强势一点点助长了下属的平庸。等到下一项任务来临时，或者是习惯使然，或者是对下属的无能心有余悸，管理者又一次首先冲了上去，下属们刚刚开动的脑细胞立刻停了下来，投身到了“按图索骥”的工作中，他们心里窃喜：“没有压力、不扛责任、不担风险，何乐不为?!”可见，管理就是在主客体关系扭曲——强化管理——扭曲关系凸现——进一步强化管理——扭曲加剧的过程中进入了一波又一波的恶性循环。

（二）真主体性突围后的鲜花绽放

人生最大的快乐莫过于成长，人生最大的惊喜莫过于灵魂的一次次新生。

1.管理者释放真主体性后的格局变化

许多公司常发生下列状况：当搬到一间新的大楼时，为了安全起见，公司要求每个人佩戴徽章。然后，某一天，在布告栏里就会看到洋洋洒洒的一大堆规定。公司似乎把员工当成低能儿或准囚犯，难怪员工会大感愤怒。这些公司似乎相信，只要立下各种规范和条例，就可使最笨的人也不会犯错，同时使所有人都有所遵循，这种防弊重于兴利的方式处处可见。但比尔·盖茨从来不这样做，而是把繁事简化，因为他认为自己的员工都很聪明，应该信任员工，让员工自行作决策。如果有员工不守法，他会单独针对这个员工进行处理，而不是把所有员工都一概而论。

盖茨还注重吸收员工参与管理，及时听取一线员工的声音，使企业一线的员工也能在微软的生产经营活动中发表意见，避免了由于决策的高度集权而造成对市场反应迟钝。有了最先了解市场变化的一线员工的积极参与，即使在过度饱和的市场上，微软这头“大象”也能翩翩起舞。当公司有重大的策略调整和重要事件发生时，盖茨和鲍尔默除了征求高级经理的意见外，还会通过电子邮件来和全体员工沟通。他们在总部举行的相关会议也会在网上直播，全球的员工可以通过这种方式参与和沟通。在20世纪80年代末，微软与IBM达成了共同开发OS/2的计划，但两位普通的工程师对此持有异议，他们直接给比尔·盖茨发电子邮件反映自己的意见，要求公司放弃OS/2，继续其WINDOWS计划，这个意见最终得到了公司的支持，才有了今天的WINDOWS。①

微软公司用实际行动为员工搭建了发挥主体性的舞台，让所有员工找到了“主人翁”的感觉，因此员工也毫无保留、无怨无悔地将自己的智慧和才干贡献给了微软。事实上，这种良性的互动不只属于微软，它属于任何给人的主体性以尊重和发展的组织。

主体性是每个人天生被赋予的能力，它不会因为强压、控制、约束而消失。是否遵守组织的制度规范是组织成员自主的选择，如何理解组织的决策规定是组织成员自主的判断。任何外部规定和命令都不可能越过个人的主体性对其形成约束力和控制力；相反，只能换来充满正义色彩的反抗。如果组织能够积极地承认个人处在任何一个阶段的主体性，并给以充分的尊重，将组织使命实现与个人主体性发挥紧密联系起来，充分放大其主体性发挥的积

① 于成龙. 比尔·盖茨全传[M]，北京：新世界出版社，2008.

极一面，那么，组织成员就会在自己的主体性本能驱动下进行积极的创造性活动。

当然，不可否认，没有人是完美的人，工作中难免有错误和失败，可大部分处在主体性发展初级阶段的人又总是不愿承认自己的不足，不接受别人的意见。因此，如果组织在发现每个人的长处、发挥主体性的积极面的同时，能够在尊重其主体性的前提下用适宜的方式改正其消极面，那么不仅个人的主体性权利得到了尊重和保护，而且在个人的工作能力提升的同时，主体性也将得到不断的发展。松下幸之助曾经对一名管理人员说：“我个人要作很多决定，并要批准他人的很多决定。实际上，只有40%的决策是我真正认同的，余下的60%是我有所保留的，或我觉得过得去的。你不可以对任何事都说‘不’，对于那些你认为过得去的计划，你大可在实际过程中指导他们，使他们重新回到你所预期的轨迹。我想一个领导人有时应该接受他不喜欢的事，因为任何人都不喜欢被否定。”

这里要特别强调的是，尊重主体性不等于放任主体性，虽然主体性权利是不容置疑的，但是不成熟的主体性却是需要进化的。尊重主体性是管理工作的方法，促进主体性成长也是管理工作指向的一个重要目标。

2.被管理者释放真主体性后的格局变化

清同治三年（1864年）六月十六日，曾国藩率领湘军攻克太平天国首都天京，洪秀全病死，忠王李秀成被俘，幼主洪天贵福被杀。历经咸丰和同治两任皇帝、长达14年的“剿灭”太平天国的战争，清廷终于获得了最后的胜利。值此欢庆时刻，曾国藩以“湘军作战年久、暮气已深”为由，主动向朝廷请旨裁减湘军，以此来向皇帝和朝廷表示：我曾某人不是吴三桂，无意拥军自立，不是个谋私利的野心家，而是位忠于清廷的卫士。曾国藩在奏折中虽然大声请求遣散湘军，却对他个人的去留问题只字不提。最终的结果是，朝廷仍然委任他为握有实权的两江总督。

曾国藩因为深虑自己上级的担心和需求，所以在功勋卓著之际能够主动削弱自己的力量，而且不向上级提任何要求。正是因为他满足了上级的主体性需求，曾国藩解除了上级对他的猜忌，并获得了位极人臣的官位。相反，很多具有优秀业务能力的下级却因为执着于自己的低层次主体性，忽略了上级的主体性存在，进而引发了上级为维护自己主体性而进行的反抗，激发了彼此的矛盾。面对最终的矛盾局面，人们经常会出于对“弱势群体”的保护而将责任推给上级。但责任应该如此判定吗？例如，对于中国古代人物杨修[①]之死，很多人将其归咎于曹操的疑心和妒才，且不论曹操是否真有这样的性格缺陷，难道杨修本人就没有责任吗？曹操麾下战将谋士如云，但这些人知道曹操本人猜忌心重，很多事不便说破，有些事心知肚明即可，不能随便说出曹操的心思。杨

---

① 关于杨修，目前也有个别文学评论家认为，杨修是“人在曹营心在汉”，杨修的所为均是为了帮助刘备，甚至对自己最后的结局也早有心理准备。由于对此历史，目前史学界尚无定论，本书选取的是目前被普遍接受的观点。

修却不同，聪明总是写在脸上、挂在嘴边，似乎生怕自己的领导看不出来、意识不到，而完全不考虑身为臣相的曹操也有隐私，也需在部下面前展现自己的才华、树立自己的威信。因为心中只有自己，没有领导，所以杨修最终的下场悲凉。相信如果他能像郭嘉那般放下自己，把曹操装进心中，即便未必能成为曹操心腹，其前途也必将是另外一番光景。

总之，人的主体性权利是被天生赋予的，是无法被剥夺的，人根据自己对外部感知的判断作出相应的反应。但同时，又因为人的主体性在客观上有真伪之别，主体性成熟程度不同的人对于外部的感知和继而作出的反应都是不同的，进而所带动的他人主体性的反应也将是不同的。在**伪主体性面前，只有真主体性似一道耀眼的光芒，能够穿透阴霾，改变格局！**

管理者：回首我的无奈，原来我可以改变，只要诚心锻造自己的真主体性！

被管理者：回首我的伤心，原来我可以改变，只要诚心锻造自己的真主体性！

第三节　管理荆棘中主体性花朵的绽放

人的主体性决定了完全性外部管理的局限性，管理的目标只有依靠人的主体性的发挥才能得以实现。传统的管理哲学将组织分工中的管理者作为针对被管理者的唯一合法的管理主体，忽略了被管理者主体性的客观存在，违背了被管理者的主体性，也同时扭曲了管理者自己的主体性。既然主体性是每个人都享有的权利，那么对于任何一个人来说，无论社会角色如何分工，无论处在什么样的情境下，在客观自然规律这第一管理主体的基础上，自己就成为自己的第二管理主体。这既是自己无法推卸的责任，也是不容他人剥夺的权利。

同样，与每个人的主体性客观存在一样，人与人之间的个体差异也是一种客观存在，是不容回避的。每个人天生都有自己独特的主体性，那些在某方面优异的人可以在尊重别人主体性的基础上，用自己的长处帮助别人成长。因此，一部分主体性成熟度较高的人被组织选出成为第三管理主体，服务于第三管理客体，帮助其实现主体性的成长。于是，这部分人成为受组织中众人委托的受委托者，而作为委托人的众人构成了组织中的第四管理主体，对受委托人进行监督。

可见，在管理这个舞台上，组织中的每个人既是管理者，也是被管理者；既是监督者，也是被监督者。每个人首先要做好自我管理，在自我管理的同时完成自己对别人的责任；同时，为了弥补自我管理的有限性，众人的监督就成为必要的保障。至此，每个人的自我管理，成熟者对不成熟者的帮助，委托人对受委托人的监督，形成了第二、第三、第四管理主体之间的一个封闭循环圈，也是组织管理的一个严密的系统。

然而，系统内部的封闭循环并不意味着系统自身的封闭。封闭的系统不但会丢失信息，时间久了还会失去活力。一方面，第一主体——客观自然与大道，时时刻刻制约着所有生命的活动，离开了这一点，人类就会胡作非为。另一方面，一个组织在其内部的任何努力都无法保持自己最优的状态，于是，为了获得外部的能量支持，独立于组织之外的第五管理主体出现，与其他四个主体共同组成了一个开放的组织管理系统（如图6-4所示）。这样，在组织外部力量第一和第五管理主体的支持下，组织得以吸收能量，形成对组织的滋养，对组织中第二、第三、第四管理主体的行为产生重要的影响，直接影响着组织内部管理循环的加速度。

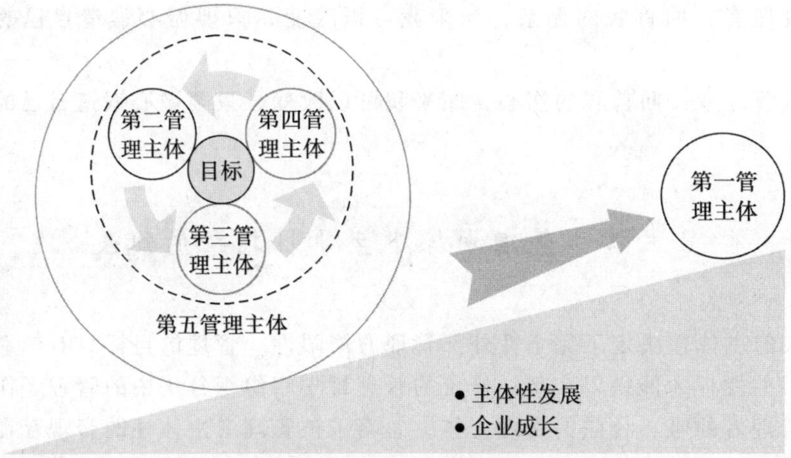

图6-4　组织中管理主体的系统运行图

一、第一管理主体：我们都是“被管理者”

在人类层面上，第一管理主体是客观自然规律和人伦规律，也是人的思考与行动必须接受和遵从的力量。以往，讨论管理主体问题只是在人和人之间的小系统中进行的，将人与环境自然的关系割裂开来，管理的纵向系统被肢解了。因此，一方面，管理的法力性变得十分薄弱；另一方面，管理也失去了对自己的管理。被儒家尊为五经之首的《易经》乾卦象曰“天行健，君子以自强不息”，坤卦象曰“地势坤，君子以厚德载物”，这是古代先圣循天理以正人伦的基本精髓。老子将此浓缩为“人法地，地法天，天法道，道法自然”。于此而言，管理的第一本质也就变得很清楚了：人在这样一个天地自然和人群的复杂系统中是不可能为所欲为的，人首先要解决的问题不是如何管理他人，而是如何接受管理。也就是说，管理的智慧必然来自对人自身的“被管理”的角色定位。用中国文化的语言来说，就是首先一定要合于道，因为在人这个主体之上还有一个客观意志制约着人类的一切，这个在人之上的第一主体就是自然和规律。在这个绝对的客观面前，人类首先要明白的就是：自己也是规律中的一部分，也是规律制约的对象，是规律的永恒的客体。我们所熟知的修行界的静心、静极生慧、无我生智等，都是这一思想的体现。

明确了上述认识（我们将其称为人类第一理性）之后，管理者顺延出来的第二理性就是：你所面对的自然有自身的规律，你所面对的人群也有他们的自身规律。也就是说，组织是由一群具有独立意志的主体所组成的。管理者要明白的是：你所面对的人群不是玩偶，他们的自主意志是不能被越过或者被忽略的，只有尊重了人群生命意志的规律，管理者才可以进行管理的职业思维与行动。换句话说，管理的职能设定必须考虑管理的对象也是鲜活的生命（无论是自己企业的员工还是外在的客户或者其他利益相关者），他们也有自主的意志，不是可以随着管理者的意志而随意摆弄的纯粹的物质形态（况且，即使是纯粹的物质形态，也有其自身规律）。因此，民意民心是从古至今政治统治者的最高精神指令，企业的管理也不可能例外，更是管理的依据所在。

二、第二管理主体：自己管理自己

人是高级灵性动物，也是社会中的成员，自然具有自我管理的责任。因此，每个人首先应该是自己的管理主体，自己也同时是自己的管理对象。

（一）每个人都是自己持续工作动力的来源

人的主体性决定了人很难在他人的监控下持久而稳定地发挥其积极性和创造性。只有人们认同了工作的意义和价值，工作和工作的过程与目标能够满足自己的需求，才能够激励人的主体性，个体的主动性和创造性才可能得到发挥。此时，工作只是个人自身需求的一部分，工作的动力来源于自己而不是外部，人们是自己激励着自己，而不是出于对外部威逼利诱的恐惧而被迫工作。可见，只有进入这样的状态，人们才会获得提高工作积极性和创造性的动力。

（二）每个人都是自己行为的责任人

每个人都要认识到，自己是自己行为的主人，即使是在企业或其他组织中，这也是每个人的第一角色。每个人首先要为自己负责，并依此作出自己的选择。虽然他们进入组织工作时要按照社会化分工协作的原则听从管理者的指挥，但是这种指挥只是一种临时的分工，而不是人格的划等。在工作中，人们必须接受这样一种分工，并努力把自己的责任完成，否则，就不能去分享与他人共同劳动的成果。尤其是当自己没有完成组织的分工而给组织中的其他人带来损失时，他自己必须承担责任。

（三）每个人都需要发展自我管理能力

人的主体性赋予了每个人自我管理的义务，也构建了每个人的内在动力系统。由于个体的差异和主体性的成熟度不同影响了每个人的自我管理意识和自我管理能力，因此每个人在工作中会有不同的表现。作为外部管理来讲，它想要通过外部机制来提升人们的工作表现本身是合情合理的。但是，如果这种外部机制是以替代人们自我管理的内在动力机制、另立动力门户为目标，那么管理注定是要失败的，因为它违背了人的主体性，将管理置于人的对立面。相反，如果外部管理将启发人的自我管理意识、提升人的自我管理能力作为工作目标，通过启示、引导和激发人们的内在动力功能帮助人们很好地去利用自己的内在动力系统实现自我管理，那么管理将是真正符合发展规律、与人的主体性诉求相一致的。

管理，首先是基于客观自然规律的自我管理，每个人都是自己自我管理的主体。帮助组织中的每个人实现自我管理、让众人学会管理自己是组织管理者的责任，也是组织管理的本质所在。

三、第三管理主体：上级服务下级

一般的管理哲学理论通常都将组织中的管理者作为唯一的管理主体，其下属就是管理客体。这一定位进一步误导了人们对管理主体的理解和认识。若是完全照此去做，将使管理者根本没有机会去领悟作为大道的第一管理主体和组织中每个人的主体性。毫无疑问，这样的理论观点是要误人害人的。

可想而知，理论认识上的错误会造成多么严重的问题。追本溯源，管理产生于众人的委托，被委托人所承担的实质上是一种对委托人的服务。随着人类文明的发展、社会的变迁，管理也走过了漫长的历史并发展出了自己的系统，但在这个过程中也产生了越来越多的问题和矛盾，甚至是对抗和冲突。于是，我们不得不再次回溯那段和谐的管理时光，思索其中的规律。结果，人的主体性帮助我们找到了问题的根源：原来，每个人都是自己的主人，无论能力大小，都有不可为外界剥夺的主体性权利，很难接受自己在组织中成为别人的客体、成为受人控制的对象！管理的服务目标是要满足下属的需求，给他们带去利益，而且不会伤害他们的主体性权利。同时，从现代组织管理的目标来看，也是要帮助组织中的每个人实现自我管理。这个目标的实现恰恰就是要求组织管理成为面向组织成员的服务。可见，管理也是服务，管理者也是服务者，管理者是服务的主体，这个主体是在自我管理的基础上，以促进自我管理提升和成熟为目标。

在一个组织中，处于管理岗位的人不是第一主体，更不是别人的主体。由于每个人的家庭、受教育程度、人生经历和年龄都不同，因此，其个人的成熟性也是有差异的。于是，组织选择出一部分成熟度高的人组成第三管理主体，也就是现代组织中所谓的“管理者”，来帮助第三管理客体唤醒其主体性，促进其主体性的成长和正确发挥。

（一）为自我管理寻找方向

一个正常人的基本标志，就是他能够管理自己。我们每个人在平常的生活中也一直在管理着自己。每个人都有自我管理的巨大潜力，只是可能没有找到开发的正确方法。

但是，现代组织中的情景却不是那么让人满意：多数人都像木偶一样被工作和任务驱动着前行，个人的人生发展之路很难与组织的发展之路相融合，更难以体会实现企业的目标对自己人生的发展有怎样的意义。带着这种被迫与无奈，工作根本无法启动他们自我奋斗的内在动力机制。在这种心理模式下，企业所有正当的规范和要求都可能被他们视做对自己主体性的剥夺。面对这种局面，企业的管理者有责任用心地去为每个成员谋划发展方向，并通过正确的启示和引导来帮助员工洞悉和理解这一方向，从而开启内在的工作动力系统，使工作成为员工积极生活的一部分，使工作的意义和价值成为其人生意义的一种表现，以此来焕发员工自我管理的动力。

（二）为自我管理搭建舞台

鲍尔默在担任微软的CEO之前，就像个果断的老板，凡事喜欢一手抓，而且总是站在最前台鼓舞士气。但是做了CEO后，他放权给公司7大部门的负责人，不再做每件大事的最后决定人，而更支持7个部门负责人的成长。他不再做最有煽动力的拉拉队员，而是做幕后的教练。他把自己对竞争对手的研究转换成对人才的研究。[①]

动力和方向可以点燃人们心中的热情，如果没有释放的舞台，被压抑的热情就会通过另外的渠道释放。管理者要懂得根据被管理者的需求和能力为他们搭建适合其表现的舞台，让人们在舞台上的喜悦和奔放来启动他们自我激励的内在机制。鲍尔默是聪明的，他知道部门负责人与部门成员的不同舞台需求，因此他为被管理者创造了适宜的舞台；鲍尔默也是成熟的，他舍得将舞台让给被管理者，自己甘愿做一位幕后教练。管理者们应该向鲍尔默学习，学习如何为别人创造舞台，同时也为自己开辟新的舞台。当然，舞台的表演不是绝对随意的，那不符合企业的初衷，也不符合被管理者的工作目标。于是，管理者要与被管理者签订一份契约，一份被管理者自愿执行、无碍于而且是更有利于被管理者舞台表演的契约。

（三）为自我管理提供帮助

每当碰到不称职的员工，我会先和他商谈，看看他能否有所改善。我给予建议并定下合理的目标和日期，这样他才能立即体会到成功的兴奋。但如果这种努力失败，我必须考虑什么方式对这位雇员和公司都适用。根据我的经验，当那位员工失败时，他自己会是最难过的人。

例如，假设我有一名公关人员，她无法在大庭广众之下说话——她缺乏一种鼓舞别人的活力。我也许会对她说："珍妮，你已经在公司待了两年了，我知道你在公共场合会觉得不自在，我也注意到你参加活动好像接受酷刑一般。我衷心希望这些都不是事实。但是，珍妮，我认为这个职位不适合你。我们关

① 于成龙．比尔·盖茨全传[M]．北京：新世界出版社，2008．

心你，也希望你能成功，但你是否想要试试其他职位呢?”如果公司中没有适合她的职位，我们会主动为她在工厂寻找一个适合她才干的工作。我不会像丢弃一份昨日的报纸一般抛弃一位员工。[①]

并不是每个人都喜欢舞台炫目的灯光，也并不是每个人都有能力驾驭舞台随机的变化。尤其对于那些初登舞台的人来说，舞台在给他们带去兴奋的同时也有不安和紧张。管理者不仅要为被管理者搭建舞台，还要帮助他们树立信心，锻炼他们在舞台上掌控现场的能力。其实，组织中处处都是舞台，但是为适宜的人找到适宜的舞台则很不容易。管理者提供服务就是不仅要满足被管理者的需求，而且要引导这种需求与组织的目标相促进、相融合，不能简单地为了服务而服务，否则就会走向另一个极端，更不能让服务成为侵害被管理者主体性的工具。管理者要真正帮助被管理者找到他们能够发挥的舞台，并为他们提供需要的道具和老师，使他们成为舞台的明星。

（四）为自我管理加足马力

台上的众星们竭尽全力地演出，如果没有认可的赞美与掌声，慢慢地，他们就会失去前进的激情和动力。所以，管理者不仅要搭建这种展示的平台，还要不吝于喝彩与掌声，而权威、公开的认可更可以让明星们倍感欣慰与鼓舞。管理者的威信在被管理者心中往往投下的都是阴影与恐惧，如果管理者能够使用更多的赞美与肯定，那么就会慢慢扫除威信形成的负面影响，给被管理者以更多的信心和激励。这一切，对于构建管理者与被管理者和谐发展的环境、提高组织目标的完成效率来说，都是非常有意义的。所以，管理者要不吝惜自己的溢美之词，在关键时刻给予被管理者由衷的赞美和鼓励。

（五）对被管理者表示感激

现代的管理体制没有绝对、完全的管理者。组织中最多的角色就是被管理者。之所以要给予被管理者由衷的赞美与感谢，不仅是因为管理者的工作离不开被管理者出色的工作业绩，更表示对自己部分角色的肯定。虽然管理者的服务给予了被管理者帮助，但是服务是管理者的工作职责所在，管理者不能因此而要求被管理者感激自己，相反，管理者由于被管理者的努力工作而顺利地完成了自己服务工作以外的其他业务工作，而且耀眼的荣誉很多时候都被冠于管理者头上，使他们得到企业的嘉奖。因此，管理者要对被管理者表示最真诚的感激，同时也要使被管理者感到分工差异之外的人格平等。

在组织中，人与人之间的关系是相互依赖的，是人生和事业的伙伴，应该共同促进与发展，为实现人生的价值而共同努力。

四、第四管理主体：委托人监督受委托人

在人类异化的管理实践中，大部分人类管理主体被认为是没有自我管理能

① 艾施. 玫琳凯谈人的管理[M]. 陈淑琴，范丽娟，译. 北京：中信出版社，2006.

力的人，因此在对人性不信任的基础上，监督与控制是管理的工作重点。然而，人的主体性否定了这个前提。人天生具有自我管理能力，只是在主体性被压抑或者主体性欠成熟时，会将这种能力扭曲，引向伤害自己甚至伤害他人的方向。这就需要组织帮助第二管理主体唤醒其主体性，促进其主体性正确发挥，引导其主体性不断成长。于是，组织首先选择了一部分优异的人组成第三管理主体，也就是现在组织中所谓的“管理者”，来帮助第三管理客体。由于管理者是组织中众人的受委托者，而众人是作为受委托人的管理者的监督者，组织中的管理者会分成很多层级，于是，委托人监督受委托人就成了下级监督上级的法理基础。

可见，在管理这个舞台上，组织中的每个人既是管理者，也是被管理者；既是监督者，也是被监督者。每个人首先要做好自我管理，在自我管理的同时完成自己对别人的责任；同时，为了弥补自我管理的有限性，众人的监督就成为了必要的保障。因此，众人作为委托人，形成了第四管理主体，依据组织内成员共同签订的以保证组织中所有成员利益的集体性契约，对受委托人进行监督。

五、第五管理主体：外部滋养内部

每个人的人体自身就是一个医生，能够对自身进行调解和呵护。但是，如果这种机能的发挥出现了问题，就需要求助于医院和医生。同理，第五管理主体就是独立于组织之外的监督群体，是由组织外部专业的或有关的个人、机构、非正式团体、专门委员会等组成的一个管理主体，如受聘专家顾问的定期指导、顾客制度化的监督、政府相关部门的监督、公众的监督、专业机构的定期“体检”和指导等。一方面，由于第五管理主体与组织其他管理主体具有相对独立性，因此对组织内部各环节的评价与指导更为公正和客观。另一方面，由于第五管理主体并不局限于某个组织本身，而且在各自领域有较强的专业性和权威性，因此第五管理主体能够给组织内部带来更专业、更全面、更开放的滋养。当然，设置第五管理主体的用意还基于一个基本的常识：当局者迷，旁观者清！即使其提供的意见不够准确或者全面，但最起码是来自于外部的评价，是对组织信息输出部分的感受，对于一个组织来说，这恰恰是极其宝贵的！

综上所述，如果把管理比做一辆自动挡的汽车，那么，接受自然规律和人心规律的引导就是方向，自我管理就是发动机，管理服务就是油门和刹车，内部监督就是方向盘，外部监督就是汽车修理厂。离开任何一个部分，这辆汽车都无法驶向理想的目的地。

管理者/被管理者：原来我们都只是自己的主人，我们需要一起缔造和谐管理！

太月浮想

人是自然系统中的一员，人的存在不仅要依赖于自然资源，更要尊重客观规律。若是忽略了大道规律的“第一主体”性地位，人类就容易落入“人类中心主义”的陷阱。每个生命都具有被天生赋予的主体性权利，可管理却往往忽视人的主体性权利，给人以“非人”的假设；人的主体性发展存在着差异，可管理却很少分析差异背后的能量互动，忽视了由主体性本身所焕发出的管理力量。在对主体性进行深入分析的过程中，主体性的面纱被层层揭开，它在管理中的能量得以逐步释放。管理中不再有主体与客体在个体之间的绝对分隔，在第一管理主体即客观自然规律和人伦规律的基础上，每个人都需要自我管理。组织中的管理就是为了发展这一主体力量，为了保证管理主体力量得以发展，几个主体共同组成了组织内部及其与外部世界的管理循环。

小　结

真正的主体性觉悟，是人明白了“被管理”的现实，是人知道了我们必须跟随规律和遵从真理。否则，任何主观思考和努力都将是滑稽可笑的。

主体性权利是每个人被天生赋予的权利，权利本身在个体之间没有等级差异。但是，由于每个人的先天禀赋和后天给养不同，对于这种权利的运用会导致个体之间的差异。既然主体性权利体现在人的一切行为中，那么对于以人为中心的管理来说，首先必须正视和尊重这种先天性的主体性权利，并将这种权利的行使和组织目标协同起来。其次，要认可不同主体之间能力的差异，帮助不同的主体发挥其自有的优势，促进其成长并融入组织目标的实现。依循这种途径，不仅可以协调主体间的个性差异，而且也解决了主体性发展和组织成长之间的矛盾。在对规律的遵从和对主体正确的帮助、引导下，和谐的管理必定悄然而至。否则，主体能力的差异只会在组织中制造越来越多的矛盾，管理又会重新走向压制—反抗—更强的压制—更强的反抗的恶性循环中，痛苦的阴霾将始终笼罩管理世界，管理永远走不出鹿死谁手的无谓较量。究竟是危言耸听还是杜鹃啼血，且看下章精彩内容。

思考题

1.为什么将规律与真理设定成“管理第一主体”?

2.提出“被管理”作为人的“第一理性”有什么特殊价值?

3.什么是主体性?主体性的本质是什么?对主体性的一般定义会带来什么样的问题?

4.个体主体性的成长要经历哪些阶段?其与人类主体性的发展有怎样的关系?

5.管理五个主体的哲学依据是什么?以企业管理为例,阐明五个管理主体之间的关系。

第七章

鹿死谁手：谁能在管理矛盾中实现统一

摘 要

管理哲学，最起码要对管理中的四个基本矛盾寻找答案：一是基于人的主观认识所产生的管理意志与客观规律之间的矛盾；二是基于个人和组织目标追求的不同所导致的“个人与组织”之间的矛盾；三是基于管理过程追求效率导致的有关人的“工具性和主体性”的矛盾；四是基于组织的经济性和社会性而产生的“企业利润和社会责任”的矛盾。这些问题的根源，在于个人与组织在主体性方面所存在的缺陷。这些矛盾的解决之道，在于主体人的“心理革命”，在于培育人的成熟主体性和主体间性，在于培育人的健康人格。

本章逻辑框架图

你即使放弃规则与控制，还是能建立一家有效率的公司。

你大可放轻松，发挥创意，而不必牺牲利润。

只有对人有信心，这一切才能水到渠成。

——著名管理哲学大师查尔斯·汉迪

人们不讲道理，思想谬误，以自我为中心，不管怎样，还是要爱他们。

如果你做善事，人们说你自私自利、别有用心，不管怎样，还是要做善事。

即使你是诚实的和率直的，人们可能还是会欺骗你，不管怎样，你还是要诚实和率直。

你今天做的善事，人们往往明天就会忘记，不管怎样，你还是要做善事。

即使把你最好的东西给了这个世界，也许这些东西永远都不够，不管怎样，把你最好的东西给这个世界。

——诺贝尔和平奖获得者德兰修女

仰望苍天，回首人类漫长的管理历程，浓浓的血腥味似乎扑鼻而来！奴隶社会管理中的皮鞭和镣铐、封建社会管理中人对人的奴役、早期资本主义社会管理中的血汗工厂自不必说，即便人类已经进入21世纪，管理的理论和现实依然像个战场，一片火海，硝烟滚滚，管理的矛盾和冲突依然惊心动魄！

国务院发展研究中心中国企业家调查系统在2003年以“中国企业家队伍

成长现状与环境评价”为主题的《中国企业经营者成长与发展专题调查报告》显示：中国的企业家“有时出现”或“经常出现”“压力很大”的占87.4%，“烦躁易怒”症状的占70.5%，“疲惫不堪”的占62.7%。

这是一份中国企业家自杀的死亡档案：

1993年3月9日，上海大众汽车有限公司总经理方宏跳楼自杀；

1997年7月28日，贵州习酒老总陈星国在遵义湖山宾馆门前开枪自杀；

1998年9月22日，四川航空公司总经理杜定欢因涉嫌卷入牟其中走私飞机案，在被立案侦查阶段，自缢身亡；

2000年8月9日，重庆药房老板陈华因先后大幅度降低有关药品价格，连连接到恐吓电话，由此精神恍惚，跳江自尽；

2003年6月22日，温州最大的国有企业浙江东方集团副总裁朱云龙在自己的办公室以“上吊”的方式结束了生命；

2003年9月7日，拥有超过10亿元资产的“河南首富”——黄河集团老总乔金岭因债务纠纷自杀身亡；

2005年1月1日，山西鑫龙稀土磁业（集团）有限公司董事长赵恩龙从第4层楼跳下死亡，年仅52岁；

2005年1月3日，陕西金花集团副总裁、金花股份副董事长徐凯在西安某酒店上吊自杀，终年56岁；

2006年10月31日，安徽华源生物药业有限公司总经理裘祖贻在家中上吊自杀；

2007年8月11日，广东佛山利达玩具有限公司老板张树鸿因所产玩具在美国检出含铅超标而被召回，在自己工厂的仓库一角自缢身亡；

2008年3月13日，华县知名企业家——陕西华乾工贸有限公司董事长段民乾自杀身亡，疑因心理压力过大所致；

2008年4月29日下午，九芝堂集团董事、湖南涌金董事长魏东在其北京居所坠楼身亡；

2011年5月23日，万昌科技刚刚上市仅3天，就传出董事长高庆昌跳楼身亡的消息；

2013年11月12日下午，湘潭市恒盾集团有限公司董事长王检忠从湘潭市政府办公楼第15层楼跳下身亡。

一份来自北京心理危机研究与干预中心的数据表明：自1980年以来，中国已有1200多名企业家自杀，而这仅仅是有文字记录的一部分。

面对这残酷的现实，除了扼腕叹惜，我们迫切要做的就是用哲学的智慧去开启理性的反思：管理何以会面临如此大的矛盾以致产生让人无法承受的压力呢？

辩证法指出，矛盾是事物内部不同要素或不同事物之间的对立统一，矛盾的两个方面既有同一性又有斗争性；任何事物的基本矛盾构成了事物运动和发展变化的内在根源和动力，并贯穿于事物运动、发展过程的始终，决定事物的基本性质和未来演化趋向。

基于哲学的视角，我们从管理的思想发端及其内外部环境中可以发现，管理的基本矛盾主要包括以下四对：一是管理意志与客观规律之间的差距所导致的矛盾，其间的差距越大，产生的矛盾就越大；二是组织内部基于个人和组织目标追求不同所导致的“个人与组织”的矛盾；三是基于管理过程追求效率所遇到的“人是手段又是目的”导致的有关人的“工具性和主体性”的矛盾；四是组织外部基于组织的经济性和社会性而产生的“企业利润和社会责任”的矛盾。正是这四对基本矛盾的冲突演变，推动着管理理论和实践的不断演化和提升，也正是这四对矛盾演绎着管理中无数悲欢离合的故事。

管理哲学所关注的这些基本矛盾，贯穿于企业管理活动过程的始终，决定了企业基本性质和未来发展演化趋向。一方面，这些矛盾在企业组织中会产生积极的、建设性的力量，不断推动企业组织的创新和发展；另一方面，这些矛盾如果不能很好地调节、处理和化解，就将演变成企业组织发展的消极力量，将严重阻碍企业的可持续发展。本章的研究主要从这些基本矛盾所产生的影响出发，来探索这些基本矛盾形成的根源、在管理实践中的具体表现以及解决之道。现在，就让我们带上哲学这把利剑去探寻化解这些矛盾的奥秘吧！

第一节　管理意志与客观规律之间的矛盾

从哲学矛盾运动的角度来说，管理哲学研究的核心内容之一就是管理中主客体的矛盾运动规律，而管理则是设计并保持一种良好环境，使人在群体里高效率地完成既定目标，并借助这样的过程完成个人的全面健康发展。从管理的要素角度来看，环境、人、群体（组织）、功能（计划、组织、领导、控制）和目标等构成了管理的全景。

一、管理意志与客观规律之间矛盾的根源

哲学的基本问题是思维与存在的关系问题，思维与存在的矛盾运动构成了哲学的基本矛盾。思维是人作为主体的主观认识，存在则是认识的对象即客体。思维与存在的矛盾也就是主观和客观、主体与客体的矛盾。因此，哲学的使命就是驱动思维与存在、主观和客观、主体与客体从对立走向统一。

（一）主观认识是对客观规律的不断趋近

思维与存在的矛盾表现在管理领域中，就是管理意志与客观规律之间的矛盾，这也是本章所要揭示的第一对管理中的基本矛盾。管理是一种基于主观目的的社会实践活动，但成功的管理也必须符合社会的客观规律，只有在正确认知客观规律的基础上形成管理意志，才能作出正确的管理决策，最终通过管理行为达成管理的目标。

人们对客观规律的认识（不论正确与否）也只是一种主观对客观的认知，而主观认识的对象——客观事物及其规律却是自在的；这两者之间必然存在着

差距，而这种主客观差距的一般性存在，导致了人类主观认识与客观规律的矛盾。这一矛盾也就成了人类哲学思考的基本命题，落实在管理领域中，即成为管理的基本矛盾之一。

在思维与存在、主观和客观、主体与客体的基本矛盾里面，似乎是作为主体的人的主观认识居于主动地位，而认识的对象（即客观事物及其规律）处于被动地位，但以哲学视角看，其实不然！因为追本溯源，人是客观世界的产物，即客观世界是产生者、人是被产生的（人的被动性）；并且相对于目前已知的宇宙时空的长度、广度而言，人类的历史及其认知范围是相当有限的（人的有限性）。即使是在有记载的人类几千年历史中，人们也常发觉自己以及前人对客观事物及其规律的主观认识是有错误的，或者只是在有限条件下才可以成立。例如，物理学的演进历程就说明了这个问题。

在欧洲，中世纪之前，亚里士多德的自然哲学始终一统天下。2世纪的希腊天文学家托勒密（Ptolemy）以他深具说服力的数学系统支持了地球为中心的宇宙观。经过一千多年，直到1543年，哥白尼在其临终著作《天体的革命》中提出："地球带着月球循着周年的大轨道在群星之间绕着太阳旋转。"这一颠覆性的宇宙观虽然并不完整，但从此开启了哥白尼革命，之后加上伽利略及开普勒等人的努力，终于使托勒密系统崩溃，并带动了现代天文学的发展。

依照旧的宇宙科学，天体的外形应该是完美无瑕的。1609年伽利略发明了望远镜并用来观察月球，结果发现这颗地球的卫星有许多麻点。他通过望远镜还观察到了太阳黑子，并发现了绕着木星旋转的卫星。伽利略公开承认哥白尼的日心说，导致1616年罗马教廷发布反对他的正式教令，禁止宣扬哥白尼的日心说。但最终，在伽利略死后三个半世纪的1992年，教宗约翰保罗二世承认了"哥白尼法规"的错误，为此，《纽约时报》给予了一个讽刺的标题："350年后梵蒂冈才表明伽利略是正确的：他们终于行动了"。

1687年，依萨克·牛顿出版了著名的《自然哲学的数学原理》，创立了一个地面力学和天体力学相统一的严密体系，建立起牛顿力学（也称经典力学或古典力学）的完整理论体系。之后，经过物理学家们200年的努力，到1895年，物理学的几个主要部门（牛顿力学、热力学和分子运动论、电磁学和光学）都已经建立起完整的理论，并在应用上也取得了巨大成果。这时的物理学家普遍认为，物理学已经发展到顶了，以后的任务无非是在细节上作些补充和修正而已，没有太多的事好做了。

开尔文在19世纪最后一个除夕夜的新年祝词中说："物理大厦已经落成……动力理论确定了热和光是运动的两种方式，现在它的美丽而晴朗的天空出现两朵乌云，一朵出现在光的波动理论，另一朵出现在麦克斯韦和玻耳兹曼的能量均分理论。"恰恰是这两个基本问题和开尔文所忽略的放射性，孕育了20世纪的物理学革命，狭义相对论和量子力学应运而生，为当代物理学的发展叩开了大门。相对论力学和经典力学在动体或动系的速度远小于光速上的结论是一致的；也就是说，经典力学是相对论力学在运动速度较低的条件下的一种"特例"——这也正是上文所说在有限条件下才可以成立的主观对局部客观的认知。

由以上物理学的简略发展史可以发现，人们对客观事物及其规律的认知是一个不断发展的过程，原有的主观认知或者被否定或者被扩展，从而整体上不断地接近客观规律。人们对客观事物及其规律的主观认识是由不知到知，由知之不多、不深刻，到知之更多、更深刻的无止境的运动过程。所以，现在人们也越来越有意识地主动反思、修正自己的主观认识，以期越来越接近远远大于人类主观的客观事实及其规律。

任何人的主观认识都来自对客观规律的认识，并且人的主观认识必须依赖于客观规律，无法摆脱客观规律的制约。物理规律代表了自然事物之间相互作用的一种秩序。相应地，人类社会的运行也需要秩序，而管理的根本职责正是为了建立一种合理的人间秩序，这种秩序是大家共同意志作用的结果。建立这种秩序的前提是以人对自然和社会规律的正确认识为基础的，所以为了实现这种秩序，管理意志不仅要体现和遵循规律，而且应该是对客观规律的有效表达和运用。相反，任何脱离以上认识的管理意志及其主导的管理行为都将造成更多的问题、加深管理意志与客观规律之间的矛盾。

（二）管理意志是对客观规律的操作性表达

基于以上的认识，在管理中，对于人的主观认识所产生的管理意志也需要不断进行审视和反思。管理意志必须依据、顺应客观规律，并且是客观规律在管理具象中的操作性表达，因为一个根本原则或抽象的总规律必须变成针对具象的操作性规律才能体现出其正确性和客观性。

从哲学的视角看，一方面，主观服从客观是一个总的规律；在另一方面，人又是客观中的一部分，并且是其中很能动的部分，人可以在根本规律的基础上创造性地运用规律。因为人不是一般的物质，而是高智能的生物，具有发现客观规律，在实践中动态地运用规律，并且创造性地践行规律的能力。同时，客观规律是始终运动变化着的，即虽然本质规律没有改变，但是会不断出现新的表现形态；所以，在总规律的基础上，需要更有针对性、创造性地运用规律，形成新的操作性的规律。这就好像一个同心圆，圆心就是高度抽象的、原则性的总规律，在这个圆心的基础上，由里层的规律扩展到实践，再从实践中发现、创新外层的操作性的规律。这里，同心圆的圆心（总规律）始终不动，而圆圈（操作性的规律）可以不断扩大，但它们又都服从于总规律。

指导中国革命取得伟大胜利的毛泽东思想就是创造性地运用马克思列宁主义的基本原理，把基本原理同中国革命和建设的具体实践结合起来，并对这一结合过程中的一系列成功的经验进行理论概括而形成的适合中国情况的科学的指导思想。第一次提出“毛泽东思想”概念的是王稼祥。1943年7月5日，他在为纪念党的22周年诞辰而作的《中国共产党与中国民族解放的道路》一文中指出：“毛泽东思想与中国共产党的民族解放的正确道路是在与国外国内敌人的斗争中，同时又与共产党内部错误思想的斗争中生长、发展与成熟起来的。”“以毛泽东思想为代表的中国共产主义，是以马克思列宁主义的理论为基础，研究了中国的现实，积蓄了中共二十二年的实际经验，经过党内党外曲折斗争而形成起来的……它是创造的马克思列宁主义，它是马克思列宁主义在中国的发展，它是中国的共产主义，中国布尔什维主义。”至此，毛泽东思想作为一个概念首次被提出。

在中国共产党第七次全国代表大会上，刘少奇在向大会作的《关于修改党章的报告》中指出，中国共产党“以马克思列宁主义的理论与中国革命实践之统一的思想——毛泽东思想，作为自己一切工作的指针，反对任何教条主义的或经验主义的偏向”。刘少奇在“七大”关于修改党章的报告中对毛泽东思想作了科学的概括和全面的论述。他说：“毛泽东思想，就是马克思列宁主义的理论与中国革命的实践之统一的思想，就是中国的共产主义，中国的马克思主义。”“毛泽东思想，就是马克思主义在目前时代的殖民地、半殖民地、半封建国家民族民主革命中的继续发展，就是马克思主义民族化的优秀典型……它是中国的东西，又是完全马克思主义的东西。”“是我们党的唯一正确的指导思想，唯一正确的总路线。”毛泽东思想是以毛泽东的名字来命名中国化了的马克思主义，“是中国人民完整的革命建国理论”。1945年6月中共七大通过的党章正式规定：“中国共产党，以马克思列宁主义的理论与中国革命的实践之统一的思想——毛泽东思想，作为自己一切工作的指针。”从此，毛泽东思想被正式确认为中国共产党的指导思想，并写入党章。

1982年9月1日邓小平在《中国共产党第十二次全国代表大会开幕词》中提出：“把马克思主义的普遍真理同中国的具体实际结合起来，走自己的道路，建设有中国特色的社会主义，这就是我们总结长期历史经验得出的基本结论。”在改革开放的历史实践中，中国特色社会主义形成了顺应人类社会发展潮流、符合时代发展要求的新的发展格局，这也进一步证明了理论紧密结合实践、创造性地发现和运用规律的必要性和正确性。

总而言之，不论组织的大小，要确立符合当时当地实际情况的方针政策，并具体化为管理意志，就必须尊重、依循客观世界的发展规律，把组织的指导思想和理论与实践紧密结合，才能走上正确的发展道路、不断壮大。相反，如果只是依据抽象的原则教条地运用总规律，而无视事物运动变化中不断出现的新形态和新现象，不能因地制宜、创造性地发现和创新规律，就很难把规律落到实处，也不能体现出客观规律的正确性和适用性，从而表现为管理意志与客观规律之间的冲突。同理，在企业管理的实践中，照搬国外的理论、照抄书本上的知识和模仿其他企业的经验都可能是错误的。

（三）管理的职责是要形成集体的意志、激发各方的主观能动性

有效的管理必须是按照人的客观规律、社会与环境的客观规律、与管理相关的各种事务的客观规律、人与组织的终极价值诉求，来确定管理的方针与方法。

所谓的客观，一般认为就是相对于个人的主观认识之外的“存在”。但从真正的哲学思维来看，这种客观存在既包括自然事物和其他人，也包括认识主

体的主观与客观。也就是说，真正的哲学不能脱离对思维主体的客观性认识而完成对主观之外客观规律的认识。因为对客观规律认识的质量受制于认知主体的自身质量，若是认知主体不能同时被作为认知对象进行认识，也就无法保障对客观规律认识的质量。

人的认识是主观的，认识主体之外的众多人的认识相对于这一主体而言，都属于客观。同时，哲学的智慧告诉我们，认识主体也必须被作为客观进行认知。可见，管理意志首先应该是管理者对个人意志的反观，而且还应该反映众人的意志，因为众人的意志比一个人的意志更加接近客观现实一些，所以也更可能是客观规律的反映。

当然，一群人的共同意志也可能是错误的，这种现象在人类历史上也不少见；相应的另一种情况是，少数人的认识有可能比多数人的认识更接近客观规律，所以才有那句“真理往往掌握在少数人的手里”的名言。我们在这里所要强调的是人（不论是个人还是集体）的认识和意志的主观有限性，而不是通过比较人数，来确定哪种认识和意志更接近客观。其实，凡是人的认识与意志，不论多少人，都是主观的，只不过因为众多人各自角度、环境等基础信息的不同，可能会比一个人的认识减少一些主观性偏差。

还是以上文提到的毛泽东思想为例，毛泽东本人从一开始就坚持毛泽东思想“不是我一个人的思想，是千百万先烈用鲜血写出来的，是党和人民的集体智慧”。毛泽东的这个观点后来也逐渐被全党所接受。1944年年底，毛泽东在同英国新闻纪事报记者G.斯坦因谈话时说：“我也是一个小学生，一个群众的小学生，如果我们要取得战争的胜利与和平的话，则群众的观念和经验，必须成为我们政策的基础，因为老百姓可以教导我们很多东西。我们的任务便是倾听他们的意见，学习他们的经验，洞悉他们的愿望和批评，把他们所要的东西的总体规定下来，并把它作为政策交给他们。”经过延安整风运动，全党对毛泽东思想的认识也趋于一致，不再把它作为单纯一个人的思想，而是作为党的指导思想。所以，毛泽东思想这样的科学体系，虽然是以“毛泽东”冠名，但其实是以毛泽东为主要代表的中国共产党人这一集体的思想意志。

此外，中国共产党在领导中国革命、建设和改革事业中，还把马克思列宁主义的统一战线理论同中国实际相结合，成功地发挥了统一战线在革命、建设和改革中的重要法宝作用，并在实践中进一步发展了统一战线的内涵。中国统一战线经历了国民革命时期的民主联合战线、工农民主统一战线、抗日民族统一战线、人民民主统一战线、革命统一战线，直到爱国统一战线几个重要历史阶段。统一战线是在一定条件下，尽可能把不同的社会政治力量联合起来，为了一个大家共同的目标追求而互相协作、共同奋斗，毛泽东以及后来的历任领导核心都非常重视统一战线工作，并把它作为中国共产党的一大重要制胜法宝。

落实到现实的管理中，这些做法也具有重要的借鉴意义。首先，管理意志不能仅仅是管理者个人的意志，因为那毕竟只是一个人的主观认识。不管这个管理者有多么英明，他的个人主观认识与客观规律之间总还存在着差距。而通过更多人思想的碰撞、包容更多人的意志，形成一个共同的集体意志，通常会更加接近客观规律。其次，有效管理的关键是要调动管理者和相关利益方的主观能动性，充分体现不同利益相关方的意志，求同存异形成共同的意志，使大家为了共同的目标都能把各自的力量发挥出来，而不是互相掣肘或者各自为战。

根据利益相关者理论，与一个企业有利益关联的相关者应该包括：企业内部的员工、顾客、供应商、母公司或附属公司、合作伙伴、投资者或股东，政府、社区团体以及生态环境等。他们各自的利益虽然不完全与企业自身的利益相同，但是他们的利益都与企业的发展绑在一起，企业的发展依靠他们、反过来也就要造福他们；而造福他们的结果也会更加激发他们各自的主观能动性，这样就可以形成一个良性循环的回路，从而保证企业的长期健康、可持续地发展。

相反，如果管理者以自己的意志作为管理意志，在组织内部实施上级对下级的控制或压制，在组织外部与相关利益主体或社会与自然环境形成对立与冲突，就很难超越管理者个人权力与经验的局限，难以形成和谐的内外部关系，也无法调动和发挥各相关利益方的主观能动性。这样的组织，常常内外部矛盾重重，不仅很难得到发展，甚至有崩溃之虞。

二、管理意志与客观规律之间矛盾的表现

管理意志与客观规律之间矛盾的表现是多方面的，从主客体范围的视角来看，主要有三个层面：

（一）人的主观认识脱离了客观规律

回顾历史，就在几十年前，在中国的大地上曾经流传着这样一句口号：“人有多大胆，地有多大产；不怕办不到，就怕想不到；只要想得到，就能办得到。”当时，人们以极大的热情战天斗地，坚信“人定胜天”；随后不久，甚至发展到不顾客观实际，说大话、放卫星，甚至弄虚作假提高产量。这之后的种种严酷现实，对人们单方面的主观意愿，是迎头棒喝，使人们不得不反思：人有多大胆，地真就能有多大产吗？这句“大跃进”时期的标语，如今看来显然是错误的，是一种严重脱离客观规律的主观浮夸，违背了科学发展观。

同样，教条化的学习、运用某种理论，并不是对客观规律的坚持，反而是人的主观性的偏执与对客观实际及其规律的背离。这种思想和行为在现实中也是要碰壁的，这种事例在历史和现实中并不罕见。例如中国共产党历史上就纠正过多次的“左”倾错误，大多与教条化地学习理论、照搬他国经验有关；现实中，不时有企业家感叹，没学时尚可管理企业，学完MBA和管理理论，反而把企业搞垮了。

可见，人的主观认识一旦僵化于某种观念或理论，脱离了客观规律，其在

思想意识上就是虚妄的，如果再落实到行为结果上，就必然带来损失和破坏。从人的主观角度，我们可以说那是“受到了大自然的报复”，其实是“种什么因，得什么果”，是人的虚妄所带来的必然结果，大自然只是按照客观规律行事罢了。所以，在客观规律面前，来不得半点的虚假、不敬或自以为是，人的主观永远都该老实谦虚，时刻反省、警惕人的主观性错误。

（二）过分张扬管理者的个人意志

在现实的管理中，我们常常看到“一言堂”的局面，也就是把主要管理者个人的意志作为组织意志，组织中其余的人都只是被动执行，大多是默不作声或者随声附和。在这样的工作氛围中，员工很难积极主动，大多把“能不出错就不错了”作为工作标准；相应地，在这样的组织里，我们可能常常看到管理者严厉批评甚至痛骂下属的情形。

其实，根据上一章的主体性理论，我们也知道，符合客观规律的管理必须是以尊重并激发各类主体的主体性为基础的。因为人的主体性是天然存在的、是不可剥夺的，所以任何对主体性的忽视或剥夺必然导致这一类主体的有声或无声的反抗。这种反抗的积聚，轻则影响组织中管理者与被管理者的工作情绪（管理者因剥夺其他人的主体性，而自我膨胀和倨傲自满；被管理者因自身主体性的被剥夺感，而情绪低落或仇视反抗），重则导致管理中主客体双方的各种冲突。工作中的不良情绪不仅会影响工作的效率，也会影响人的生活质量，所以，其造成的损失不仅仅是一点经济上的损失，还可能有社会和谐关系以及人的身心健康的损失；而严重的冲突对于管理关系的双方以及整个组织系统所造成的损失可能是非常巨大和深远的。

所以，为了达成现实中的有效管理，必须尊重企业员工的主体性，摆脱上级对下级的控制或压制，不能过分张扬管理者个人的意志，反而应该以极大的耐心和诚意，征求、凝聚众人的意志，体现、提炼成为组织的集体意志。

（三）无视相关利益方的主观能动性

在具体的管理环境中，管理者往往处于强势地位，而被管理者往往处于弱势地位，如果某些管理者缺少自我修行、又不自我克制，就容易形成以强凌弱的局面——在企业内部对员工发号施令，甚至是颐指气使；在企业外部，无视其他利益相关方的感受，为了追求自身利益的最大化而损害其他利益相关方的利益。例如近些年来不断出现的有毒食品，损害了消费者的利益甚至健康，又如各种肆意排放三废、污染环境的企业，破坏自然环境损人不利己，甚至祸及子孙。那么，即使做到不违法乱纪，只是无视其他利益相关方的需求，其结果也是难以激发其他利益相关方的主观能动性，从而得不到其他利益相关方的全力支持和配合——从管理哲学的角度可以说，这样的企业管理没有充分挖掘和发挥出各方面资源环境的潜力或能量，是一种低效的经营管理。

深入分析这类企业及其管理者的心理动机，就会发现他们大多是看重了眼前的一些小利，而没有一种长远的战略眼光；其实，这种自私自利并不利于自身的长期发展，因为你损害了其他利益相关方的利益，其他利益相关方还会与你合作吗？有些利益相关方甚至可能采取制裁行动，比如针对污染环境的企业，社区居民会抗议甚至采取法律行动，而政府也可能根据相关政策或法律的要求对其进行处罚。

现实中，反而是那些常常照顾其他利益相关方的利益，通过各种合作共赢的方式激发、调动其他利益相关方的主观能动性的企业，可以整合各利益相关方的资源和能力，得到更多的发展机会，从而发展得更好也更长久，甚至成为基业长青的标杆企业。

三、管理意志与客观规律之间矛盾的解决对策

管理意志与客观规律之间的矛盾是企业管理的根本矛盾之一，使这对矛盾从对立走向统一的解决对策主要有以下三个方面：

（一）把探索、遵循客观规律作为首要原则

在开展管理工作前，应该把探索、遵循客观规律作为首要原则，因为只有不断深入发现、理解和遵循客观规律，才能找到更好地解决当前问题的方法或是未来的发展方向。

20世纪60年代初期米丘林、李森科遗传学说盛行，干一行、爱一行、钻一行的袁隆平院士，在通读外文资料的基础上，了解到孟德尔、摩尔根现代遗传学理论研究的新动向，于是通过理论与实践相结合的研究，经过多年努力终于开发出高产超级稻。袁隆平院士以开阔的视野，长期不懈地探索高产杂交稻的规律，他尊重客观规律，在实践中运用规律解决遇到的问题，终于打开了杂交水稻"王国"的大门，造福了亿万人。

客观规律是一切事物存在、运动的根本原则，袁隆平院士对于杂交水稻之客观规律的不懈探索与追求，是我们从事任何活动的榜样；管理活动作为人类活动的一种，当然也要遵循这样的规律，以探求、依循管理中的客观规律为第一原则。

（二）形成可操作的集体管理意志

众所周知，无论多么伟大的人都存在着主观认识上的局限性，而随着事物不断地运动变化，新的形态、新的组合会不断出现，所以不能把已有的成功经验当做固定不变的规律。

具体到企业管理的环境中，企业中的一线员工是最先接触客户、了解企业内外最新需求的人，而坐在办公室里的管理者不通过努力如何能够获得这些第一手信息呢？由此推论，缺少这些第一手信息的管理决策怎么可能是符合客观事实和客观规律的呢？

仅凭远离一线员工的管理者的个人判断和个人喜好，或者只是依据某种管理理论的若干教条，就形成关乎企业所有人的管理意志，并从上到下地强力推行，是一种非常主观的"长官意志"，其结果的危害性与这种意志偏离客观规律的程度成正比。

相反，有些管理者十分尊重一线员工、虚心向他们学习，发掘他们的潜力，想方设法调动员工的积极性、主动性，鼓励他们为企业的发展建言献策，最终在吸收更多人的想法的基础上形成集体管理意志的科学决策，由于这种管理更接近客观需求及其背后的客观规律，常常会取得更好的效果。由此可见，管理意志的形成既不是教条的简单罗列，也不应该是主要管理者的个人意志，而应该通过民主管理，集思广益，在理论紧密结合实践的基础上，形成具有可操作性的集体管理意志。

（三）充分调动相关利益方的主观能动性

在实践中把主要管理者个人的管理意志变成多主体的共同意志，是有效管理的关键。因为作为共创价值的伙伴，各利益相关主体理应受到尊重和善待，因为大家的整体利益是一致的，也只有在实现整体的共同利益的基础上，才能更好地实现各自的利益。同时，各利益相关方有各自的资源和能力，谁能把这些分散的资源和能力整合得更好，谁就能取得更好的结果。所以，这不仅仅是一个伦理问题，也是一个利益问题。激发各方的主观能动性，形成合力，把共同的利益蛋糕做大，对各利益相关方都是有好处的。

越是充分地调动和发挥出各利益相关方的积极性和主动性，越是可以把分散在各利益相关方的资源和能力解放出来，从而有利于集中分散的力量办大事、有效应对激烈市场竞争的各种风险和挑战。这样有利于维护和促进各利益相关方的团结和共同利益，并在此基础上实现各方的自身利益；所以，充分调动利益相关方的主观能动性对于管理而言是十分必要的。

简言之，调动并激活各利益相关主体的主观能动性和创造性，有利于激活各方的潜力和活力，并形成合力，依据客观规律把各自资源和能力的价值发挥出来，共同发展、合作共赢，以更丰硕的成果回馈所有利益相关方，并造福整个社会。这也是解决管理意志与客观规律之间矛盾的目标价值之一。

第二节　个人与组织之间的矛盾

一条猎狗满山遍野地追逐兔子，追了很久，一只也没有捉到。牧羊犬看到这种情景，嘲笑猎狗说：“你真没用，兔子比你小，反而跑得快得多。”猎狗回答说：“你不知道我们两个的跑是完全不同的！我仅仅为了一顿饭而跑，它却是为了性命而跑呀！”猎人听到了猎狗与牧羊犬的对话，他想：“猎狗说得对啊。如果我想得到更多的猎物，就得想个好法子。”灵感像闪电一样从猎人脑海里划过，管理的火苗被点燃了。

于是，猎人从狗市又带回来几条猎狗。然后，他为猎狗们拟定了新的制度，凡是能够在打猎中捉到兔子的，就可以得到以几根骨头为内容的“工资”，捉不到的则没有饭吃。

这一招果然有效，猎狗们个个奋勇争先，抓获了许多兔子，因为谁都不愿意看着别人有骨头吃，自己饿着肚子干瞪眼。

就这样过了一段时间，问题又出现了。猎狗们发现，大兔子往往比小兔子更难捉到，可是，无论捉到大兔子还是小兔子，得到的奖赏都一样。善于观察的猎狗发现了这个窍门，专门去捉小兔子。慢慢地，大家都发现了这个窍门。猎人问："最近你们捉的兔子越来越小了，为什么？"猎狗们回答："反正没有什么区别，谁愿意费那么大的劲去捉大的呢？"猎人经过思考后，决定不再将猎获兔子的数量与奖励猎狗的骨头挂钩，而是采用绩效考评的方法进行奖励，即每过一段时间，就统计每只猎狗捉到兔子的总重量，按照重量来评价猎狗的绩效，决定一段时间内的待遇。绩效管理很快就取得了成效，猎狗们捉到兔子的数量和重量都增加了，猎人非常得意。可是，好景不长，猎人发现猎狗们捕捉的兔子数量又明显减少了，而且越有经验的猎狗，捕捉兔子的数量下降得就越厉害。

猎人又去问猎狗，猎狗说："我们把最好的时间都奉献给了您呀，主人。但是，随着时间的推移我们会逐渐老去，当我们捉不到兔子的时候，您还会给我们骨头吃吗？"于是猎人对所有猎狗捉到的兔子数量与重量进行汇总、分析，作出了论功行赏的规定：如果捉到的兔子超过了一定的数量，年老时每顿饭都可以享受到相应数量的骨头。

猎狗们很高兴，大家都奋勇向前，努力去完成猎人规定的任务。一段时间过后，有一些猎狗终于按猎人规定的数量达成了目标。

这时，其中一只猎狗说："我们这么努力，只得到几根骨头，而我们捕捉的猎物远远超过了这几根骨头，我们为什么不能捉兔子给自己呢？"于是，有些猎狗离开了猎人，自己另立门户捉兔子去了。

假如猎人代表的是资方即组织，猎狗是被雇用的劳动者个体，不难看出，组织无论采取什么妙招都难以满足个人的愿望。"猎狗离开了猎人，自己另立门户捉兔子去了。"难道猎人和猎狗之间的矛盾就解决了吗？猎狗也许又转变成了第二个"猎人"，又去雇用新的"猎狗"，原先固有的矛盾又开始循环往复了……

据报载，1988年7月26日，这是一个天空没有云彩的日子。那天下午，沈阳市人民旅社装卸工李丹酒后找经理王淑琴（辽宁省著名女企业家）要求调换工种，王淑琴见他酒醉，拒绝和他谈话。李丹拍案而起，手持水果刀，直指王经理，摆出一副杀人架势。被称为改革家的王经理也不示弱，立即报警叫来了公安。根据《治安管理处罚条例》，李丹要被公安机关拘留10天。处罚决定下达的当天晚上，李丹借回旅社写申诉之机窜至经理室，手持菜刀向王淑琴砍去……

由于厂长、经理被害事件在各地时有发生，人们把此称为"王淑琴现象"——1994年，辽宁发生这类事件267起，上海100多起，江苏34起，四川25起……

2003年1月22日，山西首富李海仓在办公室被枪杀；

2003年2月12日，温州富商周祖豹被刺14刀后，悄然倒在自家门口；

2003年4月18日，亿万富豪陈世贤在澳门葡京酒店被湖南赌徒持刀伤命；

2003年8月17日，兰州地产亿万富豪刘恩谦被人持枪杀害。

短短7个月，就有4个大富豪被杀，老百姓戏称2003年为"杀富"年。

2009年7月24日，吉林省通化钢铁公司因为国企改制问题爆发工人抗议行动。在这次事件中，代表民营企业建龙集团入主通钢、仅仅上任一天的通钢公司总经理陈国君在厂区内被抗议者重重围困不得脱身，最终被殴打致死。

2013年8月6日，柳州市柳南区原政协委员王逸环在得知该城区人大代表、知名企业家叶建纯召开大鹏公司股东会并作出撤销王珊霞（王逸环的妻子）法定代表人职务的决议后，察觉到其妻子的行为将败露，用尖刀故意杀害了叶建纯。

可见，"个人与组织的矛盾"是管理最基本也是影响组织绩效最根本的矛盾之一。管理的最大难点和痛点也正在于此。那么，个人与组织矛盾的根源究竟在哪里？如何使组织与个人的需要、目标、行动保持一致？如何有效化解这对矛盾，使组织与个人由对立走向统一呢？

一、个人与组织之间矛盾的根源

个人与组织之间有必然的矛盾吗？如果现实中我们看到了太多的矛盾，那这些矛盾的本质与根源又是什么呢？

（一）个体、组织与主体间性

个人与组织的矛盾意味着双方是对立的而不是和谐的，双方或任何一方都不具有吸纳或化解对方反向能量的能力。换言之，个人与组织的矛盾意味着双方都有其固有的缺陷，而这些缺陷又隐含在个人与组织自身的特性之中。

个人与组织各自不同的特性将影响各自的需要、动机、目标追求和活动方式，只有经过科学合理的调节、匹配才能使其趋向一致；否则，二者的矛盾就不可避免。所以，要寻找个人与组织矛盾的最终根源，首先应该探究和揭示个人与组织各自的本质特性。

个人与组织的特性究竟是什么呢？

相对于一般动物，人的本质属性在于人的主体性，不是简单的主观意念，更重要的是那种自主的创造性。"人是自我创造、自我规定的生命存在，这也就是作为主体的人所具有的'自由'性质。"[①]美国管理学家雷恩在其《管理思想的演变》中就揭示了有关人的主体性思想，"人类不仅是智人，而且也是创造者，是制造者，也是有所作为的人；他们是积极的而不是被动的，是有创造力的而不是无所事事的；他们想改善自已和人类生活的要求是无止境的"。[②]据

① 高清海. 高清海哲学文存[M]. 长春：吉林人民出版社，1996：10.
② 雷恩. 管理思想的演变[M]. 赵睿，等，译. 北京：中国社会科学出版社，1986：10.

此，我们可以认为，人的主体性表现为创造性，而不是一般动物以主体方式的存在性，这可以视为人与动物不同的、体现人的质的规定性。

问题是，人的主体性生成是一个历史发展的过程，是由初级到高级，或者说是由不成熟走向成熟的过程。而在现实性层面上，人的主体性大致有两种基本的情形：

一是不够成熟的个体主体性。这种主体性以“自我”为中心和主体，视他人、组织、世界为客体，追求个人利益的最大化。其思维方式是对象化的、二元对立的逻辑思维；其隐含的主客体关系是“主客对立”的，主客体地位也是不平等的；其实质是主体凌驾于客体之上，且居于一种相对主导、统治的地位。从管理实践的层面来看，个体主体性走向极端就意味着管理就是集权、统治甚至是暴力，对组织释放的能量往往是消极、负面的。

二是趋向成熟的类主体性，或者称之为内含了交互主体性的个人主体性。这种类主体性已由个体具有的单纯的“主体性”上升到“主体间性”，也可称为“交互主体性”。主体间性体现了自我与他我、主体与客体之间的合作和融合，体现了主体间的相互交往、沟通、承认、对话与理解，是自我与对象内在和谐统一的生存境界。主体间性消除了主体性片面的“为我论”的局限，并使得关注的对象从“自我”走向“他人”，从单数的“我”走向复数的“我们”，从个体走向组织。

主体间性思想认为，在主体间的相互关系中，人们相互之间既是目的又是手段，而不纯粹是目的或纯粹是手段。因此，这种成熟的个人主体性对组织的作用就会表现为一种积极的能量。主体间性的哲学思想为企业打造“个人与组织”的同心圆、解决个人与组织的矛盾提供了理论基础。

从上述人的本性即主体性的分析来看，很显然，正是人的不成熟的个人主体性为其“个人”与组织的未来冲突预埋了种子，留下了隐患。因为一个具有不成熟主体性的个体，无论面对什么样的组织，不论是健康的还是病态的，都意味着对立和冲突。

（二）组织与主体的和谐

组织是指完成特定使命的人们，为了实现共同的目标而组合成的有机整体。组织的前提假设就是组织中的每个人的目标追求都是一致的，并指向组织整体目标。企业组织理论经历了从古典到现代的发展过程，其中包括组织中的人性假设，组织的结构、流程以及使命等，历经近百年的沧桑，其间的内涵和形式都在不断地发生变化。

从组织理论形态的演化到企业管理实践的历史可以看出，早已经有一些虽非主流但又代表着人类文明方向的组织，从设计的理念、使命、目标到组织结构、职能、流程等都体现出组织与个人和谐统一的美好状态。18世纪的罗伯特·欧文，用他自己的管理实践昭示至今大部分组织还没有意识到或者没有办法做到的一种境界：个人与组织的矛盾完全可以通过文明的管理使二者由对立走向统一。

欧文于1771年5月14日出生于北威尔士蒙哥马利郡的牛顿城，是全家七个孩子中的第六个。他的父亲是马具师和小五金商，母亲是邮政员。因为这七个孩子中有两个早夭，年少时的欧文很受父母的疼爱。欧文小时候酷爱读书，他们住的小镇上，有学问者的书房基本上都向他开放。童年的欧文通读了所有他能找到的感兴趣的书籍。

小时候的欧文非常活跃，各类比赛都名列前茅，而且爱好广泛，喜欢广交好友。9岁时的欧文已经读了很多书籍，且对外面的世界憧憬不已。家庭的贫穷、从小开始的"家庭童工"经历，使他过早地步入社会。10岁时，欧文离开了家，只身前往伦敦的哥哥那里去谋生。几个星期后，欧文又被送到斯坦福德的一家服装厂去做缝衣工学徒。3年的时光使他学会了很多东西。后来他又尝试过多种职业，积累了丰富的经验。

18岁那年，欧文拿着借来的100英镑，在曼彻斯特创办了自己的工厂。20岁的时候，他为了求得更好的发展，把他的小工厂卖给了一个叫德林科沃特的人，自己则受雇于他成为一个更大工厂的经理。在这个工厂，欧文的细致观察起到了很大的作用，他先是花了6周的时间仔细地观察工人的各种活动，然后再推行自己的管理举措。工厂管理的实践，使欧文觉察到环境对自己和别人所产生的影响，并着力改善工人的工作环境。由于他的出色管理，德林科沃特把自己的股份分给了他一些，这使他又成为股东。在这里积累的经验，为欧文以后在新拉纳克工厂的实验打下了基础。

去格拉斯哥的旅行是欧文个人历史上的一个转折标志，因为他在旅行的时候遇到了大卫·戴尔（David Dale）的女儿——圣安妮·卡罗琳。1800年，欧文和圣安妮·卡罗琳结婚，同时接管了新拉纳克厂，从此也就有了他实践自己理想的场所。在新拉纳克进行实验的那段时间是欧文一生最辉煌的时期。

欧文的管理思想基于"人是环境的产物"这一法国唯物主义观点，他在新拉纳克所进行的一切实验都是为了证明"用优良的环境代替不良的环境，是否可以使人由此洗心革面，清除邪恶，变成明智的、有理性的、善良的人；从出生到死亡，始终苦难重重，是否能够使其一生仅为善良和优良的环境所包围，从而把苦难变成幸福的优越生活"。正是基于这样一个充满希望和想象的伟大理念，才形成了他超越当时现实生活的管理思想。

欧文在新拉纳克的管理独具特色。首先，他在工厂内推行了**一种新的管理制度**，其核心是**废除惩罚**，强调人性化管理。欧文根据工人在工厂的表现，将工人的品行分为恶劣、怠惰、良好和优质四个等级，用一个木块的四面涂上黑、蓝、黄、白四色分别表示。每个工人的前面都有一块。部门主管根据工人的表现进行考核，厂长再根据部门主管的表现对部门主管进行考核。考核结果摆放在工厂里的显眼位置，所属的员工一眼就可以看到各人木块的不同颜色。这样，每人目光一扫，就可以知道对应的员工表现如何。刚开始实行这项制度的时候，工人表现恶劣的很多，而表现良好的却很少。但是，在众人目光的注视中和自尊心理的驱使下，表现恶劣的次数和人数逐渐减少，而表现良好的工人却不断增多。为了保证这种考核的公正，欧文还规定，无论是谁，只要认为考核不公，都可以直接向他申诉。这种无惩罚的人性化管理，在当时几乎是一个奇迹。同时，部门主管考核员工、经理考核部门主管，同时辅之以越级申诉制度，开创了层级管理的先河，也有利于劳资双方的平等沟通和矛盾化解。

欧文认为，**好的环境可以使人形成良好的品行，坏的环境则使人形成不好的品行**。他对当时很多资本家过分注重机器而轻视人的做法提出了强烈批评，并采用多种办法致力于改善工人的工作环境和生活环境。在工厂里，欧文通过改善工厂设备的摆设和搞好清洁卫生等方法，为工人创造出一个在当时看来尽可能舒适的工作场所。他还主动把工人的工作时间从13～14小时缩短到10.5小时。在新拉纳克厂区，人们看到的是一排排整齐的工人宿舍，每个家庭有两居室。欧文很注重绿化环境，在工人住宅的周围，树木成荫，花草成行，这对工人的身心健康有着十分积极的影响。为了使工人的闲暇时间有正当向上的娱乐和学习，消除酗酒、斗殴等不良风气，欧文还专门为工人建造了供他们娱乐的地方——晚间文娱中心。这种娱乐中心就是现在俱乐部、夜总会的雏形。

在欧文的管理思想中，教育制度占很大比重。为了普及教育，他**主张建立教育制度**，实行教育立法。欧文认为，“教育下一代是最最重大的课题”，“是每一个国家的最高利益所在”，“是世界各国政府的一项压倒一切的紧要任务”。他的教育理念是：“人们在幼儿时期和儿童时期被培养成什么样的人，成年后也就是什么样的人。现在如此，将来也是如此。”在这一理念的指导下，欧文非常重视儿童教育。他禁止他的工厂雇用10岁以下的童工，并于1816年耗资1万英镑在他的厂区建立了第一所相当接近现代标准的公共学校——“性格陶冶馆”。这所学校是新拉纳克的中心建筑，为2～14岁的少年儿童提供良好的教育，另外还附设成人教育班。欧文制订的教学计划，侧重于儿童性格的培养以及儿童职业能力的提高。他的宗旨是“为了培养儿童的优良情操和实用技能，使他们能够成为有用的幸福的人而对他们进行教导”。他把“读、写、算、说”当做学生们必需的学习项目。欧文的教学思想、教学理念和教学计划在新拉纳克取得了巨大的成功，公共学校同时也成为对公众开放的社交和休闲中心。除了学校外，欧文还举办劳工食堂，创建工人消费合作社，设立工人医疗和养老金制度等。新拉纳克由此成为英国的模范社区，没有流浪汉，没有小偷小摸，几乎是资本主义“罪恶泛滥”中冒出来的一方净土。

欧文的管理思想和教育思想，都是为了他的最高目标——建立新的和谐社会而作准备的。他在新拉纳克取得的巨大成就，赢得了当时许多国家上层人士的关注和尊重，每年都会有成千上万的人来参观欧文的工厂和他的“性格陶冶馆”。就连当时的俄国沙皇也专程来拜访欧文的工厂。他的四篇《论性格的形成》文章和《新社会观》一书在社会上广为流传，同时也得到了一些社会名流的支持。

尽管欧文后来把他的人本管理移植到他的“政治理想”时遭遇了失败，但在管理学中，他是以人为本、实行人性化管理并取得成功的第一人。新拉纳克的棉磨坊和公共学校，记录着这位先驱的昔日辉煌。2001年，新拉纳克被批准为世界文化遗产。专家们认为，新拉纳克的社区模式是19世纪至20世纪的样板，代表着欧文实施的进步教育、工厂改革、人道工作实践、国际合作，以及花园式城市建设等，对社会进步产生了深远的影响。世界文化遗产委员会对这一遗产的评价是："新拉纳克是18世纪坐落在苏格兰风景最优美的地方的一个小村庄。19世纪早期，正是在那里，慈善家、乌托邦理想主义者罗伯特·欧文创建了工业化社区的最早模型。令人难以忘记的棉磨坊、宽敞且装备齐全的工人社区、严谨的教育机构和良好的学校教育，这一切都成为欧文人文主义的明证。"①

欧文的人本管理开启了"组织与个人"和谐统一的先例，对企业组织理论和实践的发展均具有重要的启示。

但毋庸置疑，现行的组织管理以控制为主导、以效率为目标的基本范式并没有发生根本的改变。

尽管当代组织形态呈现出"扁平化、虚拟化、人性化"的趋势，部分企业组织管理人性假设由经济人提升到文化人的高度，但现行正式组织遵循的原则依然是"工作专业化原则、命令链原则、统一指挥原则、控制幅度原则"。基于这些原则，组织的结构和功能特征客观上要求个体服从组织的领导和控制。从现有的管理理论和实践来看，现行的企业管理大都是组织主导型的管理，其隐含的"经济人"人性假设、科层组织性质、"管理效率至上"的管理思维、基于分工的职能管理手段等与人的主体性的自主、自为、创造和超越特性显然是相悖的。

当企业组织自身客观存在的痼疾与不成熟的、缺少主体间性的，即缺少与组织理性对话的个体主体性狭路相逢时，个人与组织的冲突就会愈演愈烈。

美国著名组织行为学家阿基里斯在《个性与组织》一书中深刻揭示了个人与组织冲突的根源。一方面，人性恒久不变的基本趋向是"自我实现"，而且具有"心理能量"。另一方面，正式的组织有四种基本特性构成了对人的主体性的损害："劳动的专业化"使得个体只能使用其无须应对挑战性的部分能力；"指挥链"使得个体依赖、屈从于领导并变得被动；"统一指挥"意味着通向目标的路是受领导指挥和控制的；"控制幅度"规律的前提就是下属的不成熟，因此鼓励更为严密的控制。组织自身站在阻碍人们发挥其潜能的立场上。②此外，组织的缺陷还有主观方面的原因：视人为工具人或经济人，片面追求效率而忽视人的自由发展的组织设计的理念，上下尊卑、等级森严的金字塔权力结构，代表组织的管理人员权力滥用，如组织内部人为造成的不公平，包括"结果（分配）不公、程序不公和交往不公（人际和信息）"，也将导致个人对组织的报复，使个人与组织的矛盾进一步加剧。总之，客观上组织的固有缺陷和主观上人为造成的组织不公平使组织成员产生心理上的挫折感。根据

① 王丽芳，闻华．人本管理的先驱：罗伯特·欧文[J]．管理学家，2007（3）．
② 阿基里斯．个性与组织[M]．郭旭力，鲜红霞，译．北京：中国人民大学出版社，2007：69-76．

心理学家Dollard等人的“挫折-攻击理论”，攻击行为是攻击者产生挫折感的结果，二者之间存在必然的因果关系。也就是说，个体在其希望实现的目标受到阻碍时，产生一种心理紧张状态，即挫折，这种状态聚集的心理能量只有通过宣泄才能缓解心理紧张和不适。组织中个体宣泄的诉求，如权益的争取、需求的满足等，即构成了个人与组织的博弈。其博弈的机理如图7-1所示。

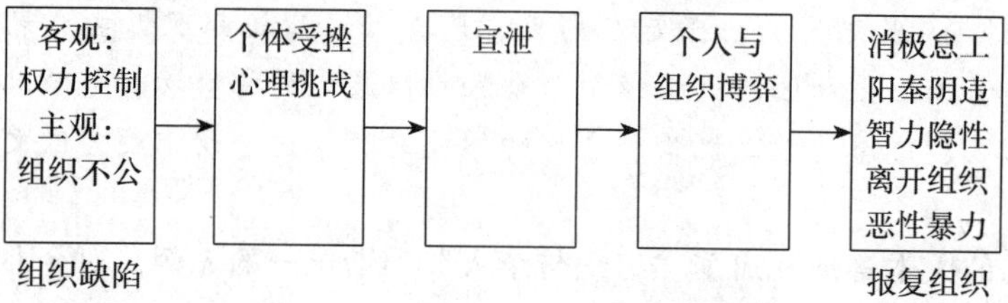

图7-1　个人与组织博弈机理模型

从整个管理思想史的演变来看，个人与组织矛盾的根源的主要方面在于组织自身客观和主观的缺陷，次要方面在于个人主体性的偏执。组织自身的局限常常迫使人的主体性遭到异化，而不成熟的个体主体性因缺少“交互主体性”盲目地向组织展开报复，而不是积极地建设和改善其与组织的关系。

早期管理可追溯到人类的远古时期以及漫长的奴隶社会和中世纪封建社会，管理主要通过“君权神授、教义号召和军队纪律”来实现，人的工具化和依附性使人的主体性遭到漠视和剥夺。科学管理时期“经济人”人性假设、作业的标准化、“效率至上”管理目标的追求使人变成了“会动作的机器”，人的主体地位并没有获得应有的位置。“早在1911年，有组织的工人就开始对泰勒制发动全面的斗争”[①]，泰勒本人也受到国会听证会的质询。实际上，此时的人们并没有真正了解泰勒的科学管理思想。行为科学管理时期，梅奥提出了“社会人”假说。美国企业哲学家玛丽·帕克·福莱特在《创造性的经验》中提出了用“共享权力”来代替“统治权力”，用“共同行动”代替“同意和强制”，并认为“权威的非人称化和对情景规律的服从肯定会敲响暴君和专制的丧钟”[②]。

现当代管理时期，知识工作者的大量涌现、自我实现的需要已处于最首要的位置。彼得·圣吉学习型组织的提出、科特的领导理论、沙因的组织文化理论、查尔斯·汉迪有关“智慧员工”的思想理论都包含了人的主体性思想，并有力地促进了管理活动中人的主体性的生成和发展，从而缓解了个人与组织的矛盾。尽管如此，组织的力量在管理实践中相对于人的主体性来说依然居于控制地位，对人本管理思想的呼唤并未能消除组织管理对人的主体性的异化。正如现代管理大师迈克尔·哈默所言，已经使用了长达200年之久的组织模式就是“命令和控制”模式。[③]加拿大多伦多约克大学杰出教授加雷思·摩根在其所著的《组织》一书中曾指出，“组织是机械，是心灵的监狱，是统治的工具”[④]。特别是在发展中国家，血汗工厂远未消失，主体性常常遭到组织管理

① 雷恩. 管理思想的演变[M]. 赵睿，等，译. 北京：中国社会科学出版社，1986：346.
② 雷恩. 管理思想的演变[M]. 赵睿，等，译. 北京：中国社会科学出版社，1986：564.
③ 吉布森. 现代管理大师思想精粹[M]. 杨世伟，译. 北京：经济管理出版社，2002：145.
④ 摩根. 组织[M]. 金马，译. 北京：清华大学出版社，2005：15.

的践踏和异化。与此同时，由于个体主体性上升到成熟的、具有主体间性的"类主体性"依然需要相当长的历史过程，因此，个体主体性面对组织的异化力量往往不是建设性地去对话而是报复与对抗，那么，这就意味着个人与组织的矛盾和冲突依然会持续下去。

总之，个人的主体性对于组织的发展是一把双刃剑。如果个人的主体性提升到"类主体性"，组织自身具有健康人格，个人和组织就能和谐共生，就能有力地促进组织乃至自身的进步和发展。反之，个人和组织就会进行无休无止的恶性博弈，组织会成为个人主体性的异化力量，而不成熟的主体性将变成组织发展的最大障碍。

二、个人与组织之间矛盾的表现

个人与组织之间的矛盾是多方面的，从哲学主客体的视角来看，主要有三个层面：

（一）个人主体和组织主体之间的矛盾

个人主体和组织主体之间的矛盾主要表现在以下几个方面：

第一，上下级之间的矛盾（上级领导与普通员工）。上级管理人员往往以代表组织意志（实际上肯定有他个人的意志）的身份行使管理权力，这些意志只要违背了组织原有之道，而作为下级的被管理者又不能积极地沟通、应对与化解，上下级之间就会爆发各种冲突，具体的表现有：上级对下级实施非正当的限制和打击，诸如"穿小鞋"；借绩效考核之名对下级进行不正当的惩治等。同时，下级则采取非正常的理性行为对上级进行恶性报复。现实中上下级之间的矛盾大多源于彼此利益、价值观相左，但多数情况是因各自的主体性不成熟，一些近乎本能性或者动物性的情绪性、狭隘性反应常常成为主导的力量。上级作为主体人，有他的主体性，但并不是完人，他也有自己的七情六欲；下级若不熟悉上级的心理特征，就无法进行良好的情感交流，就免不了要发生心理碰撞，影响工作关系。

《战国策》中"触龙说赵太后"一段能很好地说明这个问题。赵太后刚刚当政时，秦国发兵进犯，形势危急。赵国向齐国求救，而齐国却要赵太后最疼爱的小儿子长安君作人质才肯出兵。太后舍不得让长安君去，大臣们纷纷劝太后以国事为重，结果君臣关系闹翻了。太后说："有复言令长安君为质者，老妇必唾其面！"君臣关系形成了僵局。这时候，触龙求见，他避而不谈长安君之事，先从饮食起居等有关老年人健康的问题谈起，来缓解紧张气氛，继而托太后关心一下他的小儿子舒祺，引起太后感情上的共鸣。太后不仅应允，而且破颜为笑，主动谈起了怜子问题，君臣关系变得和谐、融洽起来。这时，触龙因势利导，指出君侯的子孙如果"位尊而无功，俸厚而无劳"是很危险的，太后如果真疼爱长安君，应该让他到齐国做人质，以解赵国之危，为国立功。只有这样，日后长安君才能在赵国自立。这番入情入理的劝导使太后幡然醒悟，终于同意长安君人齐为质。

可见，如果触龙不掌握太后怜子的心理，劝说不仅不能够成功，还可能遭受“唾其面”之辱。作为下级，不对上级采取抗拒、排斥态度，注意尊重和顺应上级，是起码的个人修养。特别是对于那些能力胜过上级的下级来说，无论何时都不能忘记自己的角色。顶牛、抗拒、排斥、不愿被领导都是违背人的社会性要求和组织之道的。上级作决策、领导指挥，囿于各种限制，难免会出现失误。在此情形下，既不能为讨上级欢心而投其所好，沉默不语；也不一定要用逆耳之言提出自己的反对意见。作为一个具有成熟主体性的下级，应做到向上级提意见时确保“良言顺耳”。对上级的失误，应提倡“补台”精神，帮助上级弥补缺陷。同样，作为上级，应恪守组织的公正原则，对下级要帮扶、关爱，否则就会引起下级的不满。

第二，职业经理人与老板（出资人）之间的矛盾。在企业组织中，老板或出资人是组织法人人格的代表。老板的需求、意志、目标追求往往体现了组织的意志、目标和使命。职业经理人原本应代表组织法人的意志行使经营管理权，但由于个人不成熟的主体性，致使其常常一味追求个人的利益最大化，因此，我们常常看到，职业经理人和老板之间往往斗得难解难分。从总体上看，职业经理人与老板的矛盾依然是围绕“物质和精神”两个层面展开的。

一是经济利益的冲突。企业所有者希望职业经理人付出更多的努力，得到适量的利益回报，特别是企业所有者往往只考虑职业经理人的劳动价值，而忽视了其人力资本价值；职业经理人则往往会高看自己专业性努力的价值，期望得到更多的经济利益。

二是文化价值观的冲突。企业老板尤其是民营企业老板形成的极具中国特色的思维方式、行为模式、价值取向。由于种种原因，一些老板自身的问题很突出，正如郎咸平所言，存在“浮躁、投机取巧的心态和僵化的思维模式”[①]。而中国的职业经理人，他们的理论体系、分析工具以及思维方式大多来自西方发达国家。就一般情况而言，中国的职业经理人受的是“显规则”的训练，而相当一部分民营企业及其所有者在大多数情况下则是按“潜规则”运转或行动的。职业经理人的个人价值观与组织的文化，尤其是企业所有者的价值观因教育背景、生活经验以及个人的目标和对组织使命理解的差异而发生冲突。这种冲突是深层次的，更具有持久性和破坏性。这种认知观念的不同又导致职业经理人和企业老板在实际工作能力上的差异：一是企业老板常常不具备领导和驾驭职业经理人的足够能力，也不愿意轻易放权，结果处处给职业经理人的经营管理和自身发展设限；二是所有者放权或部分放权，而职业经理人的经营管理能力不足以驾驭整个企业，结果导致企业发展受挫。

（二）个人与组织相对应的客体之间的矛盾

这集中体现在个人与组织目标追求的差异上。个人与组织矛盾的预设前提

---

① 郎咸平．谁在谋杀中国经济：附身中国人的文化魔咒[M]．北京：东方出版社，2009：4．

是：由于个人主体性大多缺少主体间性，这类个体的人性符合“经济人”人性假设，倾向于追求个人利益的最大化。个体的主体性决定了人的活动不是自在的而是自为的，即自我设计、自我创生的自觉自由的活动，因此，组织中的个体首先关心的是如何实现个人的价值。与此同时，作为企业组织，它遵循的依然是古典经济学的企业理论假设，企业追求的目标是自身利润的最大化。因此，个人与组织的矛盾焦点是：究竟是个人的利益最大化，还是组织的利润最大化？

根据马斯洛的需求层次理论，以及个体在企业组织中的职业生涯成功的标准——客观职位晋升、收入和主观职业满意，个人与组织的矛盾具体体现在以下几个方面：

1.薪酬待遇

薪酬是个人与组织最基本的矛盾内容。一些企业组织为了追求利润最大化，总是设法降低经营管理成本，通常惯用的手法就是擅自降低员工工资、超时加班、拒发加班工资，甚至随意减员增效等。此外，很多企业组织违反法律，降低员工的劳保标准，有的甚至拒绝为员工依法办理劳动保险。

2.企业文化认同

期待组织公平、爱与尊重是个体文化和情感上的重要需求。很多组织任人唯亲、择亲分配或者“吃大锅饭”，有的组织还存在制度、政策歧视。例如，同一家企业的员工身份、地位却不同：对正式工、聘用工、临时工和农民工等用不同的态度对待、同工不同酬，使得组织缺乏最起码的公平；上下级存在不合理的“权力距离”；绩效考核不是帮助员工进步，而是惩罚和控制等。

3.职位晋升

职位晋升是大多数知识工作者或组织精英与组织矛盾冲突的主要内容。组织发展通常只有自己的经济利润指标，很少会设置员工个体的职业生涯发展指标。对于知识型员工，组织常常设置天花板陷阱，甚至因任人唯亲而导致人力资源管理逆向选择——优汰劣胜。

上述组织对个人欲求和正当权益的剥夺和异化，不可避免会遭到个人的反抗。个人通常会围绕上述三方面内容与组织进行博弈。

（三）组织管理和自我管理之间的矛盾

从现有的管理理论和实践来看，企业管理组织虽然伴随着新经济时代环境的急剧变化，组织结构、性质、文化等有了新的转变，但现行的企业管理范式大都是组织管理范式，其隐含的“经济人”人性假设、科层组织性质、“管理效率至上”的管理思维、基于分工的职能管理手段等并没有发生根本性改变。这种以科层组织为主导的组织管理范式与主体性的个人的矛盾冲突在所难免。组织管理范式中的“科层制”实质上是把组织中的人当做客体，视人为达到组织目标的手段和工具，这无疑是与人的主体性不相容的。可见，传统的组织管理范式客观上与个人的发展存在矛盾对立的倾向，面对组织的要求，个体要么离开组织，要么变得好斗、厌倦，形成非正式团体，抑制产出以及出现其他一系列的抵制反应。

自我管理就是组织首先承认员工主体，即便是普通员工，组织也应尊重其人的主体性及特性——自主、自为、创造、超越性。为此，组织应根据员工自身的个性、专长和发展需求并结合组织的目标，最大限度地充分授权，让每个人自由自觉地通过自我学习、协调、激励、控制、评价来完成工作任务并承担相应的责任，并在组织平台上为其提供了解组织和参与组织层面活动的机会，从而最大限度地激发人的潜能，在个人自我实现的同时达到组织的目标，最终使个人与组织由对立走向统一。

自我管理新范式，指的是由自我管理主导的新管理模式，但这并不意味着完全取消组织管理，而是重新形成一个“五主体”并行的管理体系，正如拉卡托斯认为的仅仅是“进步的科学研究纲领取代退化的研究纲领”，只是将自我管理作为组织设计的新要求和新原则。管理者和被管理者共同成为自我管理的主体，减少个体对组织的依赖。组织的结构和功能以及管理者的角色、任务都应根据“五主体”理论（前面章节已有详述）作出根本性的变革。

总之，**从管理的最高境界来看，管理应是组织目标和个人目标的对立统一。**个人对组织制度体系的认同与尊重（以肯定人的精神自由、健康发展为前提），自动自发、自觉自愿地通过最大限度的自我管理，为组织创造价值，继而实现组织目标，其本身也是个人目标的实现。个人不再仅仅是组织实现目标的手段和工具，而且还是组织的目的；组织应为个人创造个性自由发展的环境和空间，防止人格异化。个人在组织中应该享受工作的激情和快乐，而不是被奴役，最终个人与组织合二为一，精神理念和物质追求同一。组织目标的实现是个人内心深处的渴望，同时，个人价值的实现也是组织义不容辞的追求。

三、个人与组织之间矛盾的解决对策

个人与组织的矛盾是企业组织与管理最根本的矛盾。使个人与组织由对立走向统一需要一系列行之有效的对策。

（一）精神管理范式创新

精神管理是从行为管理前推到决定行为的精神而出现的新管理理论。该理论主要是针对以往基于“经济人”人性假设的旧管理范式所导致的管理弊端而提出的。

传统管理一直纠缠于人的行为控制，实际上，每个人的行为都是由自己的精神体系所驱动和制导的。表面上看起来的服从行为，也是经过了人的精神体系加工和计算之后的反应。如果仅仅停留在行为层面，肯定就是“舍本求末”了。精神管理，就是基于人的精神规律，在尊重人的主体性的前提下，帮助其精神不断完善和自主，不断追求精神的至善至美，从而释放巨大的精神潜力，同时实现人的精神完善、工作与生活质量的提高，并建立起二者之间的良性互动的管理。精神管理的要旨追求让每个人承担自我管理的第一责任，让组织变成每个人成长与发展的平台，让制度变成众人的契约，让人人成为自我激励的主体，让工作变成成长的媒介，让劳动变成一种人生的快乐。

精神管理的目标就是培育人的健康人格和心理，旨在解决现实管理中一直难以解决的顽疾——缺乏责任心、主动性，消极怠工，双败博弈，管理者与被管理者的对立关系——这样一些历史性、世界性问题。①

精神管理在管理实践中要求雇主和雇员、上级和下级、管理者和被管理者实现下列转变：在管理认知上由“自利”转向“互利”，实现个人与组织的双赢；在管理情感上由“对立和仇恨”转向“合作和关爱”。精神管理目标的实现，意味着个人不再是组织实现目标的工具，而是目的。组织应为个人创造全面发展的环境和空间，防止个人的主体性异化。同时，个人自觉自愿地为组织的发展竭尽全力而不是“磨洋工”，组织目标的实现成为个人内心深处的渴望而不是外在的强制。最终个人与组织由对立走向统一，从而达到管理的理想境界。

科学管理之父泰勒早就指出，科学管理的精髓就在于资方和工人亲密合作。劳资双方在思想上要进行一场伟大革命：“当他们用友谊合作、互相帮助来代替敌对情绪时，通过共同努力，就能创造出比过去大得多的盈余。完全可以做到既增加个人工资也增加资方的利润。”

（二）建立“民主互助型”组织

传统组织必须变革，除了组织形式如结构扁平化、边界柔性化外，最根本的是组织的性质必须改变：以对人的主体性的认知和民主思想为基础的组织价值观，取代漠视人的主体性的官僚价值体系；以平等、合作和互助，自主决策为基础的新权力观取代以权威和胁迫为基础的旧体制，即建立新的“民主互助型”组织。这种组织是对“学习型组织”的进一步超越和发展，因为“学习型组织”的缺陷在于它并没有撼动和消除传统官僚组织“集权和专制”痼疾。新的“民主互助型”组织职能与传统组织相比有着根本的不同：计划决策取决于集体共识和众人意志而不是少数高管“拍脑袋”；组织是雇员学习探索、知识共享、行动创造的过程而不是“管理者思考、雇员执行和服从”的结果；领导是经民主程序选拔而不是“高层指定”，权威来自专家而不是职位；控制职能将由“反思总结、持续创新和不断优化”所取代。

（三）建立公平的用人和分配制度

这是化解个人与组织恶性博弈、确保组织发展的根本保障，也是管理实践走向成功的基石。“用人制度”和“分配制度”是企业组织中最重要和最敏感的焦点问题，它与组织“程序、结果（分配）、交往公平”有最直接、密切的联系，是牵动企业发展的主神经。哪里有公平，哪里就有正义，哪里就有和谐和发展。根据制度经济学的相关理论，契约式的制度具有最基本的激励和约束作用，规范着人们行为方式的选择。“用人制度”和“分配制度”必须具有能

① 齐善鸿. 精神管理[M]. 北京：中国经济出版社，2007：139.

够伸张正义、“抑恶扬善——优者上劣者下”、“奖勤罚懒——择优分配”的功能和运行机制。只有契约式的制度，才能让人人成为制度的主人，才能确保人的主体性与组织发展的要求相一致，组织因此才会有凝聚力、创造力和战斗力。否则，制度就会产生“负激励”，产生劣币驱逐良币的“逆向选择”机制：在一个组织中，当精通权术的小人、庸人大行其道，而德才兼备的正人君子走投无路时，组织实际上就等于走上了一条自我消亡的不归路！从古及今，任何组织的命运莫不如此！

第三节 工具性和主体性之间的矛盾

为了实现组织目标，一方面要遵从科学规律，追求管理的精确性以提高管理效率，但要同时注意，这可能在客观上会导致管理过程视人为“工具”，“工具”只能是每个人自己对承诺的态度——承诺一旦作出，我就是它的“奴隶”和“工具”；另一方面，管理也离不开组织中人的嵌入，人的主体性，即人的自主、自为、创造性又决定了在管理实践中不能视人为工具。因此，管理自身的科学性和人文性的双重特性决定了“契约后的工具性和永恒的主体性”将成为哲学视角下管理中的一对基本的矛盾。

2006年，在富士康深圳龙华工业园生产一线作业的，大都是一些20岁上下的青年。他们学历不高，辛苦一个月的报酬有1 000多元。生产线上没有凳子，除了少数员工之外，一般操作工都必须站立工作，连续12个小时不停干活，曾有三个女孩因此倒下。工作完毕后，操作工还需要留下来开夜会。遇到晚上倒班，有些小姑娘吃完饭只能在楼梯上坐一下，然后进入生产车间直至第二天清晨。如果谁在楼梯上躺着睡，将被管理人员记过。车间里不允许说话。在公司流传着一种说法：假设在车间里放置凳子并允许说话，将影响员工的工作效率。12个小时啊，就像罚站一样。我一个男人都受不了，何况她们呢？①

一、工具性和主体性之间矛盾的根源

（一）源于管理学科属性自身的矛盾性

管理学介于自然科学和人文社会科学之间的学科属性，客观上使管理具备了“科学与人文”的二重性。管理的科学性要求管理应优化处理组织管理中的确定性要素，并把握相对确定性关系的基本规则，推而言之，“科学的效率机制”具体可理解为活动安排与资源配置的规范化与结构化过程，其目的就在于对组织中的确定性要素（包括资源与活动等）及其相对确定的关系进行合理安排和调整优化，使之配合合理、运作有序，促进组织的顺畅运转。这在客观上会将人视为一种工具，但同时，一旦这种制度成为契约，人人都是主体时，这

① 王佑．富士康员工，机器罚你站12小时[N]．第一财经日报，2006-06-15．

个工具就是“自认的”了。管理的人文性要求管理应把握对组织中人的行为进行教化诱导的基本规则——**人是管理的核心，管理的主要目的是激发人的主体性，让人能自动自发地投身于管理实践活动。**

管理自身的这种特殊属性使过去的管理研究基本上沿着两条路线向前发展：一是以泰勒等提出的“科学管理”为起点，经由管理过程学派、数理学派等的发展，逐渐融入现代管理理论丛林之中。该路线主张在管理过程中利用理性思维，通过科学化、精细化的设计和计算，寻求管理问题的最优解，其管理特征主要是标准化、规范化和精确化，管理目标是追求效率最大化。二是以梅奥等进行的“霍桑实验”为起点，经由人际关系学派、组织行为学派等的发展，逐渐融入现代管理理论丛林之中。该路线的基本主张是“把工人的满足和较高的生产率结合起来”，通过对人的行为的考察和关注，达到提高生产效率的目的，[①]其管理特征是充分考虑人的社会性和主体性[②]。这两条路线代表了不同的管理哲学。

第一种管理范式可概括为“科学管理范式”。它在提高管理效率的同时，又容易让人夸大制度、工具和技术的作用，使人变成工具和技术的奴隶，这样人更多的是被动地执行和服从，而少有主动权利。久而久之，管理必将遭到人的反抗，出现人与人、人与物之间的冲突和对立。

第二种管理范式可称为“人本管理范式”。它改变了科学管理将人视为工具、对人进行约束和控制的弊端，转向将人视为目的，尊重人、理解人和关心人。这是管理科学的一大进步。然而，人本管理范式存在的问题是，容易夸大人的主观能动性，从而陷入人类中心主义的误区，最终造成人与人、人与自然的对立。

由此可见，“科学和人本”两种管理范式都有其存在的客观依据，但都有其片面性，这就为管理范式的创新提供了理论依据和方向。

（二）源于工具理性的膨胀和价值理性的衰萎

所谓工具理性，是指能够以数学形式进行量化和预测后果以实现目的的行为。所谓价值理性，是指主观上坚信某种价值，并且无论如何都要实现。工具理性体现了主体对思维客体规律性的认知和驾驭，它主“真”，回答人与世界的关系“是如何”的问题。价值理性体现一个人对价值问题的理性思考，它主“善”，用来对人类自身与世界关系“应如何”和“应当是什么”的问题进行判断。价值理性重在关怀人性的世界，指向人类的终极关怀。价值理性视野中的世界是一个人文的世界、一个事关人的主体性生成和发展的世界。[③]

工具理性和价值理性的源头，可以追溯到“希腊理性”时代。当时的价值理性追求的是人的价值，认为人活在世界上，首先要认识自己。价值理性追问

---

① 席西民，井辉，曾宪聚，等. 和谐管理双规则机制的探索性分析与验证[J]. 管理学报，2006（5）.

② 齐善鸿，王鉴忠. 从组织管理到自我管理——主体性视角的管理范式演化趋向[J]. 科技管理研究，2007（7）.

③ 张永青，李允华. 浅析工具理性和价值理性的分野与整合[J]. 东南大学学报：哲学社会科学版，2008（12）.

的最基本的问题莫过于“人是什么以及人的尺度”。在希腊德尔斐神庙上的铭文就是“认识你自己”。普罗泰戈拉则说：“人是万物的尺度”。这样“希腊理性”就高高举起了人文主义的旗帜，铸就了古希腊价值理性的丰碑。工具理性同样源于古希腊，19世纪中叶以来，科学技术的突飞猛进使它成为经济增长的第一推动力，而且广泛渗透到社会的各个领域。

工具理性的急速膨胀严重漠视和吞噬着价值理性。马尔库塞认为，技术业已将人变成物化的重要工具，注重功能和操作，关心使用目的，它已成为社会的统治工具，具有意识形态性。这种工具理性没有古典理性（希腊理性）的整体和谐，也没有近代启蒙理性的人性关爱，科技成了衡量一切的尺度，技术的进步就是文明的进步，技术的自由和满足构成了文明社会的发展目标，技术本身成了一种普遍的控制工具。工具理性有了崇尚“功利”、追求“效用”的倾向。这种“功利”和“效用”的追求是对古希腊哲学崇尚“纯自由”哲学思想的背离，也与古希腊的价值理性渐行渐远。

工具理性在使管理效率大大提高、经济快速增长和财富迅速增加的同时，也使人的主体性走向了异化的黄昏。首先，它带给我们的是人的危机，主要表现在人性的异化、人性自由的丧失等，如劳动过程的奴役性、枯燥性和强制性；现实生活的功利性和荒诞性等。其次，工具理性主导的管理，其结果大大抑制了人的潜能的发挥，从而又影响了管理的效率。总之，正如马尔库塞所认为的那样，在工具理性时代，首先是组织内部主体性的人逐渐被异化为“单向度的人”，只追求科技，忽略了人的自由和全面发展；其次是组织外部加剧了人与自然的矛盾，企业对于社会和自然只是一味地索取、盲目地征服与近似疯狂地利用，导致的后果就是气候变暖、臭氧层破坏、生物多样性锐减、土地荒漠化等环境问题。

二、工具性和主体性之间矛盾的表现

在管理过程中，工具性和主体性之间的矛盾反映了人既是手段也是目的。说人是手段，是指人在管理的过程中必须服从客观规律的支配，遵循因果规律的反应机制，不能有个体自身的超越规律的过多意志，这也是管理科学性的客观要求。这意味着，在管理实践中，个体应为了实现组织目标，发扬献身精神，做到服从组织领导、坚决执行组织的各项指令。说人是目的，是指管理的过程和结果都不能忽视人本身作为主体的种种诉求，人的主体性客观上要求管理不能把人当成冷冰冰的工具，人的主观情感、意志和创造性是不容忽视的，并且人的主体性的生成和发展也应该成为组织追求的目标之一。这就需要掌握管理的本质：契约性、主体性和服务性，从而把握管理实践的艺术性。这说明，管理工具性和主体性的矛盾实际上也就表现为管理科学性和艺术性的矛盾，只有突破传统的管理认知，才可能真正达到二者的统一。

科学是经过整理的知识，具备明确的概念、理论。管理的科学性，是指管理已经有了自己明确的概念领域、范畴、普遍原理和原则，并且相互依存，形成了独特的知识体系，人们可以运用管理的概念与原理对事实和现象进行分类和分析，探求它们之间的因果关系，并经过客观实践的检验，来预测事物的发展。因此，管理属于科学是毫无疑问的。管理活动是一种程序性活动，是有章可循、照章运作便可取得预想效果的活动。作为管理活动的重要因素，人的工具性的表现往往在于人在特定的管理流程中必须遵循既定的操作规程和具体规定，人的行为表现为机械性和简单重复性，此时，人作为主体更多的表现为人作为主体的受动性而不是主动性。这犹如泰勒对操作工人行为动作的标准化设计一样，人的动作和行为要确保规范性、精确性和效率性。但是，管理的实践不断地证明，工具性客观上会导致人的主体性的异化，这也就是"泰勒制"（与"科学管理原理"是两回事）遭到人们质疑甚至否定的原因所在。特别是对于制造业企业流水线上的操作工人来说，管理的科学性也即工具性表现得淋漓尽致，导致人的主体性遭到漠视、抑制，甚至扭曲，最终严重抑制了基层工人的创造性。

企业组织是人的系统、物的系统和社会环境系统相结合的社会技术系统，而人是其中的主导和核心。组织通过分工和合作把人、财、物和信息资源，在一定的时间和空间内进行组合配置。同时，组织中的人又必须是具有一定的需要动机、情感和进取心的团体意识和精神的结合体，其行为指向人的目的。随着管理实践中问题的发生，管理学者逐渐认识到，在处理"有人参与"的复杂系统管理问题时，必须在设计控制的基础上，激发组织成员的能动性和创造性，即必须顺应人的主体性，应对系统的复杂性和不确定性，提高组织的适应性。此外，由于管理对象分别处于不同环境、不同行业、不同的资源供给条件下，这就导致了对每一具体管理对象的管理没有一个唯一的、完全有章可循的模式或定律，特别是对那些非程序性的、全新的管理对象，更需要管理主体性的发挥，这就成了管理中不可逾越的一个规则和定律。

在管理中，人的主体性一旦得到激发，个体就会发挥自主性、自为性、创造性和超越性。所谓创新，在一般意义上是指在前人基础上的一种超越。只要能在前人或他人已有成果上有新的发现，提出新的见解，开拓新的领域，解决新的问题，创造新的事物，或者对既有成果创造性地运用，都是创新。此处的创新，主要强调的是主体行为的结果，例如，科学创新、技术创新、管理创新、制度创新、企业创新，乃至通过社会变革产生的社会体制的创新。在管理主体性意义上理解创新，就是指主体身份得到确认和尊重之后，自觉按照企业生产经营的某种目的性重新组合生产要素。由于这种重新组合是企业家为获取潜在利润所采取的一种行动，而这种行动或新组合能够较旧组合生产出成本更低或利润更高的产品，故而称其为创新。经济学家熊彼特将这种创新具体区分为五个方面：①创造新的产品；②采用新的生产方法；③开辟新的市场；④控制新的原材料来源；⑤采用新的产业组织形式。

此外，管理创新还包括经营思想和经营理念的创新等。这些创新都离不开管理中人的主体性的发挥。显然，管理的工具性特征对管理的创新具有严重的负面影响。在新经济时代，知识和创意、超强竞争的需要、知识管理和知识工作者的地位往往决定了企业的可持续竞争优势。这表明，管理活动的成效与管理主体的主体性发挥成正比。

但是，现实的管理却没有这般美好，工具性和主体性在管理实践中呈现出很多的矛盾，具体表现为以下几方面：

（一）管理如同“猫捉老鼠”游戏

猫把老鼠追得到处跑，猫也吃掉了不少老鼠，可是，老鼠获得了一种更加强大的生殖力：越来越多，永不消逝。管理的办法多，对付管理的办法更多。管理者认为部下不好，部下认为管理者不好。管理者无不渴望能找到“把信送给加西亚”[①]的人：忠于上级的托付，迅速地采取行动，全力以赴地完成任务。而被管理者却总在寻找伯乐：此处不留爷，自有留爷处。

（二）管理控制技术、方法越来越先进，越来越精确，可被管理者的反抗却越来越激烈，越来越巧妙

360度考核法、关键事件考核法，再加上风靡全球的卡普兰“平衡计分卡”全方位考核，实在不行就挥刀宰人——“末位淘汰”，把“恨”武装到牙齿，把“爱”消灭干净。可是，上有政策，下有对策：被管理者怠工阳奉阴违司空见惯，30%的能力保住饭碗，其余的聪明才智用来干私活。管理的结果是，组织的“先天精神分裂症”（众人的价值观分裂）加剧恶化。企业也是生命体，组织中的每一个个体的人格特质、价值取向、思维方式、职业生涯发展均不相同，原本就有“精神分裂症”趋向。传统的管理不但没能通过人的灵性，即主体性的管理来整治组织的病症，反而使组织变成了几何拼图，没有灵魂，没有集体人格。其结果是“每个成员的智商都在120以上，而整体智商却只有62”。总之，管理者大多相信管理制度万能，却不知忽视心理契约的制度管理，以及制度先天的不完备性和人的主体智慧的无限性，常会导致制度管理的荒诞性：制度如篮，人心如水，就像互联网杀毒软件总是滞后于黑客病毒的侵袭一样。

（三）管理者在组织资源运用上成了“睁眼瞎”：只知盯着“死”的物的资本，忽视了“活”的人心资本

管理常常在有限的资源中挣扎，却忽视了无限的人的主体潜能。以沃纳菲尔德、巴尼等为代表的战略管理资源学派认为，有价值、稀缺性、难以模仿、不可替代的战略资源是持续竞争优势的来源。[②]美国人力资源管理学家Wright和McMahan在《战略人力资源管理理论基础》一文中提出，人力资源因其具有上述四种特质而使企业具有持续竞争优势。

美国心理学家奥托在《人类潜在能力的新启示》中揭示：“一个人所能发

① “把信送给加西亚”是美国作家阿尔伯特·哈伯德写的发行8亿册、畅销全球的一部小说的书名。这部小说写的是罗文中尉如何经历艰难曲折把信送给加西亚将军的传奇故事。它倡导对工作勤勉敬业的精神，蕴含着企业成功和个人发展双赢的真谛。

② 李玉刚. 战略管理研究[M]. 上海：华东理工大学出版社，2005：77.

挥出来的能力只占他全部能力的百分之四。”[①]换言之，人96%的潜能尚待开发。美国著名心理学家和哲学家威廉詹姆斯断定：普通人只用了他们全部潜力的极小部分。与我们应该成为的人相比，我们只苏醒了一半。我们的热情受到打击，我们的蓝图没有展开，我们只运用了我们头脑和身体资源中极小的一部分。可见，人作为主体，作为组织资源中的人力资本，是以其特有的属性区别于金融、实物等资源的。在现实管理中，人仍然被视为一种成本、一种类似于物的资源，即便人们已经认识到人力资本的重要价值，如经济学家舒尔茨认为人力资本是经济增长的重要来源之一，但没能对尚待开发的、巨大的人的主体性潜能给予足够的重视。

通过对上述管理现实中的“怪象”进行剖析，不难看出，传统管理实质上是把人当成客体、一种管理的工具和手段，是在人为地制造管理者与被管理者之间的主客体对立，极大地漠视了人的主体性。然而，人毕竟是人，是一种以主体的方式而存在的自由的人。当人的尊严、价值遭到蔑视和颠覆时，人报之以反抗和对立也就在所难免了。这也正是现实管理困境的根源所在。从管理学的学科定位而言，管理学是介于人文科学和社会科学之间，不同于自然科学的一门学科。国内学者罗珉也认为，“站在库恩范式学说的角度上看，管理学更符合艺术模式而非科学模式”，“管理学是‘非常规科学’和历史科学”。[②]新自由主义的代表人物哈耶克更是强调指出，社会科学根本不同于自然科学。人们并不像遵循物理学规律那样遵循心理规律或经济规律，因此采取像科学控制环境那样的方式来控制社会一切的企图都是错误的。无疑，这一切都昭示我们：在管理实践中，管理工具性和主体性的矛盾不容忽视，并且需要用新思想和新方法去处理。

三、工具性和主体性之间矛盾的解决对策

从以上的阐述可知，管理的工具性和主体性之间常常是互相对立的，如何使它们相互统一就成了管理理论和实践亟待解决的问题。针对其产生的原因，解决的对策主要有两个：一是宏观上的管理范式变革；二是微观上采取相应的具体措施。

（一）管理范式转变：从组织管理为主走向自我管理为首

组织管理范式与人的主体性内在固有的矛盾表明，只有基于人的主体性建构自我管理新范式，才能从根本上改善、调和管理工具性和主体性的矛盾。这种新范式建立的必要性和可行性在于：首先，自我管理既是人的主体性的自主、自为特性的内在逻辑要求，也是管理范式理论演进到现代的必然结果。德鲁克在《21世纪的管理挑战》中就提出了“自我管理”的思想。他认为，“越来越多的劳动者和大多数知识工作者将需要自我管理”，“他们必须学会选择适

① 马斯洛，等．人的潜能和价值[M]．林方，主译．北京：华夏出版社，1987：385．
② 罗珉．管理学范式的发展[M]．成都：西南财经大学出版社，2006：24-26．

当的方法和时机改变他们所做的工作、工作的方法和工作的时间”。其次，从管理的自身逻辑演化来看，人具有的自我反思特性决定了人也可以把自己作为管理对象。况且，管理执行的最后环节必须由个人的自我管理才能实现。所以，“自我管理学是一切管理学之根”，“自我管理是一切管理的根基，离开这个根本，一切管理都会流于肤浅”。①最后，从管理的环境和条件来看，知识工作者作为管理的主体在现代组织中日渐增多，“未来组织中管理者的人数将快速降低到现在的50%”，“在21世纪的公司中，可能‘管理者’的人数只有现在的20%~25%”。②信息技术的发展与辅助、组织自身的扁平化和未来学习型组织的普及都为自我管理创造条件。当然，最后的理由是每个人已经在平时的生活中进行自我管理，这是一个人成长和成熟的基本要求；否则，人们怎么会嘲笑那个带着妈妈（充当保姆）上大学的大学生呢？

从主体性的视角来看，自我管理就是组织首先在承认和确立人的主体性及特性——自主、自为、创造、超越性——的前提下，根据员工自身的个性、专长和发展需求，并结合组织的目标，最大限度地充分授权，使每个人从管理的对象转变为自己的管理者和组织管理的一员，从而让每个人自由自觉地通过自我学习、协调、激励、控制、评价来完成工作任务并承担相应的责任，最大限度地激发人的潜能，在个人自我实现的同时达到组织的目标，最终使管理工具性和主体性由对立走向统一。

自我管理新范式是由自我管理主导的新管理模式取代传统的组织主导的管理模式，组织管理将成为自我管理的平台和服务者。管理者和被管理者将共同首先成为自我管理的主体，并成为他人自我管理的支持者和服务者。组织的结构和功能以及管理者的角色、任务都将因此作出根本性变革。

（二）组织职能创新：从主导到服务

在微观层面上，组织管理职能的创新可以从以下几点入手：

一是组织管理战略与计划的制订应充分发扬民主，体现众人的意志、使命和愿景。战略与计划的本质是帮助人们建立统一的价值坐标，形成内在的工作动力系统。如果没有众人的参与，就无法使得大家用主人的心态来看待和对待这一切。

二是组织的职责、任务主要是建立外部支持性机制，由“命令-控制”型转变为“教练-服务”型：提供个人发展平台，做好协调、服务工作，增强人的自我管理能力，实现工作动力的“内置化”，最终实现个人与组织的共同发展。

三是领导和管理者角色应转变为关爱、合作、责任和服务，关心和帮助下属成功，而不是显示自己的地位和特权，更不是基于权力的控制。正如德鲁克所说的，“卓有成效的领导人希望与强者共事，并且对他们进行鼓励、提携，真正为他们感到自豪”，“会把同事和下属的成功看做是自己的成功，而不是对

---

① 郭海龙．国内自我管理研究存在的问题及出路探讨[J]．重庆社会科学，2005（1）．
② 杨世伟，吉布森．现代管理大师思想精粹[M]．北京：经济管理出版社，2002：153．

自己的威胁”。①

四是传统的控制职能应转变为“自我评价、反思和组织提升保障”。组织绩效管理的结果是承担责任而不是惩罚，重要的是共同研究和找到今后工作改进的方向，学会创造性工作的方式、方法，点燃内心自励的激情，实现人的潜能的最大开发，同时，确保行动的方向与组织目标一致。

五是实行新范式可以采用的具体技术手段和措施之一是建立“知识团队”。团队管理能够消除官僚等级和唯命是从，代之以平等、独立和合作，通过对话和协商充分发挥人的主体性以实现心灵沟通无碍、行动统一有力。“知识团队”是自我管理组织形式的突出代表。Berg和Carre等人的研究表明：知识型员工具有先天固有的抵制官僚层级控制的倾向，他们更倾向于选择具有分散化、灵活性和自主性特征的工作组织方式。②所以，组织应给予他们充分的自主权、话语权，大家共享决策的权力。此外，还应加大人力资源开发力度，建立学习型组织，加强员工的职业生涯管理，从而培育员工的主体性，以适应自我管理新范式对组织成员的要求。

第四节　企业利润和社会责任之间的矛盾

企业具有经济和社会的双重属性。企业作为经济组织，无疑会追求利润最大化；而作为社会大系统的一部分，企业又肩负一定的社会责任。很多短视的企业为了追求利润最大化而不愿承担社会责任，认为这样做会影响企业的发展，因此，很多企业将生产经营的负外部性转嫁给社会，如环境污染等。在现代市场经济条件下，“社会是企业的依托，企业是社会的细胞，社会也是企业最终的归宿”，企业的社会责任是构建企业与社会和谐关系的基础。基于这样的一种共生关系，随着企业在社会经济发展中的地位和作用日益增强，其能否履行社会责任，直接关系到企业和社会的可持续发展。在经济全球化和市场竞争日益加剧的形势下，如何处理好企业利润和社会责任的矛盾是每一个企业都必须面临和解决的重大课题。

《长江日报》2007年1月25日报道，武汉市检察院近日披露一起“黑砖窑”劳工案，包工头利诱、哄骗20余名智障、未成年流浪乞讨人员到砖厂劳动，用电棍实施控制。一智障者不服管教被打死埋尸。据悉，包工头与火车站周边店主或的士司机约定，每骗来1名工人，“奖励”100元。

三鹿毒奶粉案追踪：揭秘三鹿集团如何掩饰真相

明知奶粉有问题，三鹿仍肆意销售。“2008年10月到2009年3月，全国原奶供应出现严重紧张，企业还是能收到足够的原奶供给生产。大家都知道他们

① 德鲁克. 个人的管理[M]. 沈国华，译. 上海：上海财经大学出版社，2003：234.

② MAY，KORCZYNSKI，FRENKEL. Organizational and occupational commitment：knowledge worker in large corporations[J]. Journal of Management Studies，2002，(6)：776-803.

一定添加了不该加的东西，但还是默认了，因为确实符合检测标准。”三鹿集团奶粉事业部的一位工作人员对记者说。

据三鹿集团重大食品事故专案组介绍，根据三鹿集团有关负责人供述，2007年9月和10月，正值原奶市场淡季，各有关企业为争夺奶源，原奶收购价格一度攀升到每千克3.6元。当原奶价格涨到每千克3元时，三鹿集团不再提高收购价格。向其供奶的场（站）主要求涨价，三鹿高管中有人提出，为保障奶源，是否允许在原奶中加水。最后高层要求：加水后奶的含氮量不能降低，授意三鹿的一些奶牛养殖场在原奶中加水，但要保证每百克牛奶蛋白质含量不低于2.8克。

2007年12月以来，三鹿集团陆续收到消费者投诉，反映有部分婴幼儿食用该集团生产的婴幼儿系列奶粉后，尿液中出现红色沉淀物等症状。2008年5月17日，三鹿集团客户服务部书面向董事长田文华等集团领导班子成员通报此类投诉的有关情况。5月27日，三鹿集团召开领导班子会议，通报了投诉情况，决定调查原因，协调媒体，安抚患者。7月份，三鹿集团将其生产的16批次婴幼儿系列奶粉送河北出入境检验检疫局检验检疫技术中心检测，发现其中含有三聚氰胺。

2008年8月1日，田文华召开集团经营班子扩大会进行商议，会议决定：一要保密，二要封存库存的奶粉，但没有停止奶粉的生产、销售。8月13日，三鹿集团再次召开经营班子扩大会，会议决定：库存产品中三聚氰胺含量在每千克10毫克以下的可以出厂销售，三聚氰胺含量在每千克10毫克以上的暂时封存，调集三聚氰胺含量每千克20毫克左右的产品，换回三聚氰胺含量更大的产品，并逐步将含有三聚氰胺的产品通过调换撤出市场。9月12日，三鹿集团被政府勒令停止生产和销售。

潜规则害人害己，打破坚冰需共同努力。记者在采访三鹿问题奶粉系列刑事案件的审理过程中发现，无论是含有三聚氰胺的“蛋白粉”的生产者，还是往原奶中掺加“蛋白粉”的奶农，或者三鹿集团，都知道三聚氰胺是有害物质，但依然我行我素，理由竟然也惊人地相似：大家都在这么做。

“蛋白粉”生产者张玉军说他周围的很多人都生产这种东西。奶站负责人耿金平说他知道很多奶站都掺含有三聚氰胺的“蛋白粉”，甚至许多业内人士说这是乳品行业的“潜规则”，大多都掺了不该掺的东西。明明是一件坏事，做的人多了，似乎就成了理所应当的事。三鹿问题奶粉系列刑事案件中的很多被告人都在法庭上承认，自己和自己的孩子都喝三鹿奶制品，更像是一幕无奈的讽刺剧。如果按照这种思路，在我们的其他食品中，是否也有那些业界默认的“四聚氰胺”、“五聚氰胺”存在？而之前，苏丹红鸭蛋等食品安全风波早已为我们敲响了警钟。也许还有很多业界潜规则的坚冰需要打破，这种打破要靠企业的自律，要靠政府的监管，更要靠全社会民众的努力。

2008年5月12日的四川大地震，造成巨大的生命和经济损失，但同时也震醒了很多企业的社会责任意识。广东加多宝集团因捐款1亿元而一夜成名，相反，也有人却因为“10元论”而成为众矢之的。

一、企业利润和社会责任之间矛盾的根源

从哲学的观点看，愚蠢的人总是看到矛盾的对立，而智慧的人总是能在对立中看到统一。企业的利润与企业社会责任之间真的存在矛盾吗？这些矛盾是现象还是本质？

（一）源于企业自身具有经济和社会的双重属性

关于企业的社会责任，有两种极端的观点：一是古典的或纯粹经济学的观点，认为企业唯一的责任就是利润最大化；二是社会经济学的观点，主张企业的责任远不只是创造利润，还包括保护和增进社会福利。[①]

古典的或纯粹经济学的观点主张，企业唯一的社会责任就是追求企业的利润最大化。新古典经济学视企业为市场理性经济人，在技术和资源既定的前提下，企业就是要以最小投入取得最大产出，实现利润的最大化，持这一观点的代表人物是著名经济学家弗里德曼。他认为，经营者的主要责任就是从股东的最佳利益出发从事经营活动，这些利益就是财务方面的回报。弗里德曼还主张，不管何时，当经营者自作主张将组织资源用于“社会利益”时，都是在增加经营成本。这些成本要么通过高价转嫁给消费者，要么降低股息回报由股东所吸收。

基于社会对企业的期望，社会经济学观点已经发生了变化，认为经营者的社会责任不只是创造利润，还包括保护和增进社会福利。持这一观点的代表人物是卡罗尔。他认为，企业社会责任乃社会寄希望于企业履行之义务；社会不仅要求企业实现其经济上的使命，而且期望其能够“遵法度、重伦理、行公益”。因此，完整的企业社会责任具体的内涵包括：经济责任，即企业要致力于减少成本、创造利润、带动社会经济发展；法律责任，即遵守法律规定，包括环境保护、消费者保护、劳动法等相关规定，法律是社会对企业行为最低的要求；伦理责任，即除了法律规定之外，企业的行为还必须合乎公平、正义、避免伤害等原则；慈善责任，即贡献企业的资源以改善生活品质；服务责任，任何一个企业不仅要以自己合格的产品、诚信的态度服务社会公众，还要服务于自己部下的成长（能力成长、品德成长、心智成长、事业成长）。而这些责任之间，又是一个天然的联系，是一个互相促进的联系，绝不是企业的麻烦与负担。

（二）企业社会责任是内生的，而不是外部强加的

一般人认为，企业利润目标与社会责任是企业自身相互作用方向不同的两股力量，实际上，从长远和战略的角度来审视，二者的作用方向是一致的。之所以说社会责任是企业内生的，原因主要在于：

首先，企业必须是道德主体。企业作为团体像自然人一样有道德责任，它

① 罗宾斯. 管理学[M]. 黄卫伟，等，译. 4版. 北京：中国人民大学出版社，2003：115.

必须像自然人那样依据道德准则开展行动。其内涵的假设就是：企业的行为具有目的性、自愿性和故意性。如果一个企业的行为同时具有目的性、自愿性和故意性，企业就要承担道德责任。

其次，企业的不完全契约性质，要求企业必须对利益相关者承担相应的社会责任。人们不能完全预知将来会发生怎样的或然事件；即使能够预测，也很难找到一种语言在契约里加以清晰描述；即使双方明确了契约内容，一旦出现纠纷，外部权威也很难对双方的实际状况加以评判。正是由于契约的这种不完全性，才需要道德去发挥调节作用。完全竞争市场只不过是一种完美的假设，这种完美的市场环境常常会被外部性所打破。如果每个人都不对自己的行为进行约束，就会陷入"霍布斯丛林"。因此，企业作为组织具有道德主体，形成了企业承担社会责任的前提条件，企业的不完全契约性质则进一步说明社会责任是企业自身内在的要求。

由此可见，如果按照那种分裂式的思维进行思考，企业追求利润最大化的纯经济学观点和企业内生的社会责任观点预示了企业利润和社会责任这对矛盾是不可避免的。

二、企业利润和社会责任之间矛盾的表现

由于在利润追求和责任履行方面的分裂式思维作怪，企业在追求利润目标与履行社会责任之间，事实上存在一种紧张对立的矛盾状态，主要表现为：企业价值定位决策过程中市场价值与社会价值之间的冲突；效率与公平之间的矛盾。

（一）市场价值与社会价值的冲突

任何企业都有特定的使命与目标，当企业面临众多的选择时，就需要对价值作出判断。价值，意味着客体对于主体的有用性，即当一个客体可以满足主体的需要时，就说它是"有价值的"，这种经济学意义上的价值是用"得失"来衡量的。在这种情况下，市场价值与社会价值的冲突就出现了：一方面，企业会按照市场机制，即用最小的成本谋取最大的收益，根据市场价值进行决策，以追求企业利润最大化。这就造就了企业客观上只关注市场价值而漠视社会价值的思想倾向：①生产假冒伪劣甚至危害生命安全的产品，损害消费者利益，诸如"毒奶粉"事件就是典型的例子。②剥削和压榨员工，漠视员工培训、劳动保护和个人发展等，导致员工身心严重异化，成为企业赚钱的工具。③片面追求利润最大化，漠视环境污染等问题，威胁企业自身和社会可持续发展。④企业经营者为了谋求私利，实施"内部人控制"，损害投资者的利益。另一方面，企业因为其内生的道德主体性和契约不完备性又必须追求其社会价值，即义不容辞地履行其社会责任，主要包括"消费者、员工、环境、投资者、公益事业等"社会责任。

因此，对于一个从事正常经营活动的企业来说，在市场价值与社会价值的

追求中存在张力，对企业经营管理的考验就是能否找到这二者的平衡。

（二）企业利润和社会责任之间蕴涵的效率与公平张力

效率与公平是市场经济所追寻的基本价值。效率反映的是投入与产出之间的对比关系。一般而言，相对既定的产出，投入越小效率越高，企业利润越大，反之则相反。提高效率意味着节约了劳动时间，提高了生产力水平，从而增加了企业利润。无疑，企业利润与效率有着内在的逻辑正相关关系。

公平是伦理道德的范畴：第一是经济公平，是指人们应在外部条件相同的前提下相互竞争，以实现经济利益，以及按照投入要素的数量和质量进行收入分配。第二是社会公平，主要内容有：人们的社会地位平等，权利与义务对等，人们的收入差距合理等。企业社会责任与公平同样有着内在的逻辑关系：一是这种公平反映在对各主体的承认和尊重上。股东和非股东利益相关者均是平等的企业契约关系主体，这要求任何一方的行动都以重视和维护他方的利益为前提。二是企业社会责任公平要求在利益关系构建时的平等之外，还必须确保雇主和雇员在人格上的平等——一种与利益和个人能力无关的人道。三是企业社会责任的公平还体现在企业在生产经营中对待和处理外部效应问题的态度上。企业行为引起的某种负外部性问题，对于受害者是不公平的。企业社会责任作为一种道德宣示，倡导企业积极采取措施解决其所产生的负外部效应，以尽量消除外部不经济造成的不公平。[①]

企业利润与社会责任之间蕴涵的效率与公平关系曾被经济学家视为永恒的主题。随着现代经济的快速发展，效率与公平的矛盾日益尖锐，具体表现为效率与公平往往是对立的：要么强调公平将牺牲效率，要么提高效率将牺牲公平。经济自由主义各流派把与市场作用相联系的效率作为优先的目标，强调市场机制在配置资源中的重要性；而国家干预学派则将公平作为优先考虑的目标，他们认为，公平是一种“天赋权利”，不能完全听任市场机制发挥作用，应在政府的干预下抑制市场调节的缺陷，扩大社会福利的范围。

其实，公平与效率还具有一致性和互补性。一方面，效率决定公平，效率为公平的产生和发展提供物质基础。另一方面，公平反作用于效率，具体表现为：一是公平分配促进效率提高；二是分配不公阻碍效率提高。就企业管理领域而言，个人对分配公平与否的判断，将直接影响其生产和经营的积极性，影响其投入生产要素的数量和质量。因此，企业管理如何确保效率与公平的一致性和互补性将是一大考验。

三、企业利润和社会责任之间矛盾的解决对策

企业利润和社会责任之间矛盾的实质在于企业能否正确地理解二者的正面促动关系并自觉地履行社会责任。追求企业利润是企业生存和发展的原动力，

---

① 万莉，罗怡芬．企业社会责任的均衡模型[J]．中国工业经济，2006（9）．

企业正是凭借这一动力机制激发员工发挥主观能动性、积极从事经营管理活动、提高效益的。这是一般企业都能自觉做到的，问题是企业在获取利润的同时往往漠视了社会责任的履行，从而制造了二者的对立和冲突。换言之，解决企业利润和社会责任的矛盾实际上就是如何将对立和矛盾转化为相互促进的和谐关系。

（一）提升和强化对企业社会责任的认知

企业是否应履行社会责任，在历史上曾有不同的认知观点，尤其是纯经济学的观点对人们履行社会责任有消极的影响。因此，提升和强化对企业社会责任的认识是解决企业利润和社会责任矛盾的认知前提。从前面的论述可以看出，企业社会责任是内生性的，而不是外部强加的；企业的不完全契约性质内在规定了企业必须对利益相关者承担相应的社会责任。这表明企业在追逐利润的同时履行社会责任是建立在科学合理的逻辑基础之上的。从实践层面上看，**企业履行社会责任也是21世纪的铁律。**

在过去的半个多世纪中，企业已经成为地球上最强大的组织。人们越来越一致的看法是，在任何社会，有实力和能力的组织都需要为整个社会履行相应的责任。企业所作的每个决定、进行中的每个行为都必须放在这种责任的视角中加以审视。1999年，世界200家最大企业（大部分是跨国企业）的总销售额超过世界经济活动总额的1/3，这200家最大企业的经济力量是最贫穷的4/5人口的两倍，有1/3的世界贸易是同一企业不同国家经营单位间的交易。[①]现代企业日益增长的力量显示了其对人类社会极其广泛的影响力。因此，企业有义务回报社会和承担社会责任，这也经常被称为责任铁律，即那些不承担社会责任、滥用权力的人最终将遭到人们的唾弃。

（二）加强制度与标准建设，确保企业履行社会责任

一是通过立法，强化企业的社会责任，将企业的社会责任建设纳入法制化轨道。可通过具体的法律制度安排，使企业对员工、消费者、债权人、社区环境、社会弱势群体等的社会责任法律化。二是通过行业协会等非政府组织建立企业社会责任标准及可行的企业社会责任守则，使企业的经营管理活动有章可循。如长期研究社会责任及环境保护的非政府组织“经济优先权委员会”（Council Economic Priorities，CEP）负责制定SA8000社会责任国际标准，并于2001年12月12日发表了第一个修订版，即SA8000：2001。2008年5月发布了新标准SA8000：2008，即社会责任第三方认证标准。2014年7月，又颁布了最新的SA8000：2014标准。SA8000标准是根据国际劳工组织公约、联合国儿童权利公约及世界人权宣言制定的，主要内容包括童工、强迫劳动、安全卫生、结社自由和集体谈判权、歧视、惩罚性措施、工作时间、工资报酬及管理体系等9方面内容。SA8000标准是一个通用的标准，不仅适用于发展中国家，也适用于发达国家；不仅适用于各类工商企业，也适

① 张志强，王春香. 西方企业社会责任的演化及其体系[J]. 宏观经济研究，2005（9）.

用于公共机构。

通过推行SA8000企业社会责任评价和认证，进而推动企业社会责任建设。SA8000认证在欧美国家中已广泛施行，我国也有很多企业获此认证。在欧美市场上，针对发展中国家的出口产品及出口企业，逐渐通过推行SA8000标准来考察的越来越多，这有力地推动了企业的社会责任建设。

（三）建立健全各种机制，强化企业对社会责任的履行

将企业社会责任表现放进信息披露机制中，由企业主动报告自己在社会责任方面的表现和业绩。如果你登录世界各大公司的网站，就会发现一些公司在报告本企业的“企业社会责任”（CSR）信息。如索尼公司从1997年就开始公布“企业社会责任报告”，在网站的“关于索尼”项下可以查阅该报告。企业社会责任报告的形式从原先纯粹的环境报告变成了可持续发展报告，包括社会、环境和经济，并且已经成为报告的主流。除了发布独立的企业社会责任报告外，越来越多的企业也把社会责任的信息作为年报中的一部分对外发布。

此外，还可建立舆论监督机制，倡导消费者运动，企业设立或参与各种捐助基金等，利用各种社会力量来加强企业社会责任建设。

总之，企业利润和社会责任矛盾的主要方面在于企业要正确认识二者关系并积极主动地履行社会责任，这不仅是理论逻辑的内在规定，也是全球市场经济未来发展的必然趋势。同时，在我们倡导企业履行社会责任的同时，依然要将企业的发展和对利润的追求放在突出的地位，最终形成二者之间的良性互动关系，这才是企业发展的长久之计。

管理的出路在哪里？
在亚当·斯密的《国富论》中，
还是在德兰修女的爱中？
亚当·斯密的思想，
催生了汽车和导弹，
几分欢喜，
几分恐惧，
可怜的人类依然在“丛林法则”中挣扎！
如果我们都有德兰修女的智慧，
人类的“交易费用”就会骤然下降，
人类的天堂就在眼前。
若人类都开始奉行“天堂法则”，
管理的矛盾虽然不会消失，
但绝不是博弈和对抗，
而是和谐共生！

太月浮想

我们的头脑制造出了“矛盾”这个词汇，但仰望宇宙时，我们到处找不到矛盾。在人类之前，这个世界也没有什么叫做矛盾的东西。说起矛盾，很多人想到的是对立和冲突。你的和我的，喜欢的和厌恶的，成功与失败，收益与损失等，这一对对的概念似乎已经禁锢了我们很多人的灵性，让我们只能生活在矛盾与冲突中。管理也是如此，一对对的关系也就演变成了一对对的矛盾，一对对的矛盾又演变成了数不清的冲突和纠结。

人类很伟大吗？为什么解决不了自己的痛苦和矛盾？管理很强大吗？为什么在这么多矛盾与冲突中近乎束手无策？原来，我们把矛盾的本质看错了。实际上，矛盾是对立统一的，伟大领袖毛主席悟透了这一点，并以此指导现实的革命运动，于是带领中国人民走向了一个又一个胜利！

仰望星空，当大道的曙光照耀到管理丛林中的每一个角落时，当大道哲学的睿智穿透管理者自以为是的愚昧时，管理冲突的狼烟将会散尽，迎接我们的将是无限的光明！

小　结

管理中的基本矛盾是管理理论和实践不断演化和向前发展的内在动力，并贯穿于管理历史、现实和未来发展过程的始终。基于管理哲学主客体矛盾的视角，管理主要包含以下四大基本矛盾：一是基于人的主观认识所产生的管理意志与客观规律之间的矛盾；二是基于个人和组织目标追求不同所导致的“个人与组织”的矛盾；三是基于管理过程追求效率所导致的有关人的“工具性和主体性”的矛盾；四是基于组织的经济性和社会性而产生的“企业利润和社会责任”的矛盾。能否把握和处理好这四大基本矛盾将决定管理效率和效果的优劣。

管理哲学的使命就是追求管理主体与客体从对立走向统一。这些矛盾解决的根本之道，在于主体人的“心理革命”，在于培育人的健康人格，即实行科学的“精神管理”。精神管理的要旨就是让每个人承担自我管理的第一责任，让组织变成每个人成长与发展的平台，让制度变成众人的契约，让人人成为自我激励的主体，让工作变成成长的媒介，让劳动变成一种快乐。

当个体和组织均消除了“人格”缺陷，或者都在矛盾与冲突中反思自己的不足而追求更加完美的境界时，管理的矛盾自然就会变成一种积极的合力，推动组织以及整个社会的健康和可持续发展！

思考题

1. 从哲学视角如何理解管理的基本矛盾及其背后的本质?

2. 哲学视角下管理的基本矛盾的主要内涵和解决对策是什么?

3. 深刻认识和把握管理的基本矛盾的解决之道对管理理论和实践有何意义?

第八章

不言之教：道本管理的理论体系

摘　要

道本管理就是基于以“道”为本的管理哲学思想，以至善信仰作为价值方向，以主观合于客观的主体能动作为动力机制。尊道爱人，破除管理强势控制的枷锁，激活人性神圣的力量，使管理从外部控制转化为以服务自律性成长为核心的道本管理模式。以此为指导，建构相应的管理思想体系与管理行动系统，达成管理对人、对组织、对社会与自然系统，以及对管理自身的系统适应性动态秩序与有机效率，并使这一过程形成良性的自我优化与提升的智能化机制系统，保证所有行动有利于对终极目标的不断接近与终极价值的实现，真正实现管理文明对管理科学的统领，进而推动社会文明的进步。

本章逻辑框架图

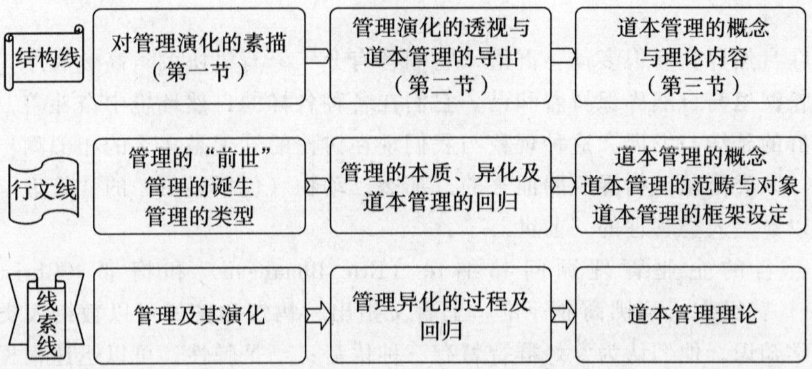

> 人们要想得到工作的胜利即得到预想的结果，一定要使自己的思想合于客观外界的规律性，如果不合就会在实践中失败。人们经过失败之后，也就从失败取得教训，改正自己的思想使之适合于外界的规律性，人们就能变失败为胜利，所谓“失败者成功之母”，“吃一堑，长一智”就是这个道理。
>
> ——毛泽东

本书前面章节分析了管理的困境、异化、矛盾以及人性、主体性等管理的基本问题。基于此，人们会发问：“管理应该是什么样子呢？”

任何事物的发展都不能与其历史和本质相隔绝。就像老子所讲的：“执古之道，以御今之有；能知古始，是谓道纪。”①要了解一个人，最好从了解并分析其过去开始；要了解一件事，最好从分析其历史开始。要回答“管理应该是什么”的问题，首先要思考管理到底是什么？它从哪里来？本章从管理的演化历史来透视管理的本质，探索管理的发展规律，进而建构新的管理理论体系。

第一节　对管理演化的素描

在管理的演化过程中，出现了不同的管理哲学与思想，也形成了不同的管理模式。下面，我们对这一过程进行一下全景式素描，以期发现管理的本质和演进规律。

① 《道德经》第十四章。

一、管理的“前世”

在自然界，有很多动物群落，它们各有分工，有机协调，高效有序，在时间的长河里与自然界保持着和谐。它们在各种各样的自然环境中奋斗着，以保持种群的延续与发展。这种现象与我们现在讨论的管理是多么的相似啊！众所周知，人类是从动物界脱胎而来的。那么，动物（包括昆虫）的“管理”行为就可以算是人类管理的“前世”了。

著名的企业管理顾问邦纳保（Eric Bonabeau）和梅耶（Christopher Meyer）曾经在《哈佛商业评论》上著文指出，蚂蚁和蜜蜂可以教给人类很多管理学知识。他们认为，蜂群智慧有三种优势：一是弹性，可以迅速根据环境变化进行调整；二是强韧，即使一个个体失败，整个群体仍然可以运作；三是自我组织，不需要太多自上而下的控制或管理，就能自我完成工作。这些不正是在现代这种复杂多变的环境中求生存、谋发展的企业最需要具备的特质，而且也是最稀缺的特质吗？如果从昆虫的“管理”开始考察，到鸟类、鱼类的管理，再关注羚羊群落、狼群、猿群等自然界的“管理”，还会发现越来越多的关于管理的神来之笔，也会有更多的惊叹！相比之下，我们不应该对人类自身的管理水准有所感慨吗？

这里，管理“前世”只是一个比喻的说法，因为动物的“管理”只是其本能的一部分，与人类的管理无法相比。要不然为什么人类进化到今天这样高级，而蜜蜂、蚂蚁还在那里忙忙碌碌做简单的劳动呢？蜜蜂和蚂蚁只不过在某一方面比我们人类“高明”，而善于学习的人类要怀着谦卑的心态汲取它们的长处，为人类所用。目前专有一门“仿生学”，就是把各种生物的“特长”都借鉴过来，变成人类自己的智慧和武器。但是，在人类的学习过程之中，我们发现，作为“万物之灵长”的高级的、有思想的、能创造工具的人类，在管理上竟然还有某些方面在形式上不比蜜蜂、蚂蚁高明多少！这提示我们，要对管理追本溯源，适当放下人为意志，还原管理本来面目，这样才能提高管理的绩效，达到管理的目的。

二、管理的诞生

我们来看看人类社会的管理是怎么产生的。

人类早期的发展受到自然环境的巨大影响。据历史学家考证，地球上最后一次大冰川时期约在公元前10000年到公元前9000年之间。冰川的北移使得大批身躯庞大的食草动物逐渐消失，而代之以一些较为分散和灵活的动物。相应地，人类进入石器时代，以狩猎、捕鱼和采集野果为生。人类组成氏族和部落，以便在狩猎中互相帮助并防御敌人。随着人类社会的进一步发展，出现了原始农业和家畜驯养业，人类开始定居生活并产生了村庄和部落联合，这时就出现了原始的管理，如征税、分配资源、劳动分工、战争与和平的决定等。

据《吕氏春秋·恃君览》记载："昔太古尝无君矣，其民聚生群处，知母不知父，无亲戚、兄弟、夫妻、男女之别，无上下长幼之道，无进退揖让之礼。"①这段史料扼要地说明了原始社会和阶级社会的不同之处。在极为遥远的远古时期，没有国家，自然也不会有君主，因而人与人之间是平等的关系，自然也不存在"伦常"和"礼教"。但是，人类要在比较恶劣的自然环境中得以生存和发展，就需要群居在一起，需要萌芽状态的、基于人类生存本能的管理。管理由此诞生了。

据《韩非子·五蠹》记载："上古之世，人民少而禽兽众，人民不胜禽兽虫蛇，有圣人作，构木为巢，以避群害，而民说之，使王天下，号之曰有巢氏。民食果蓏蜯蛤，腥臊恶臭，而伤害腹胃，民多疾病，有圣人作，钻燧取火，以化腥臊，而民说之，使王天下，号之曰燧人氏。"另据古书记载，古代黄河流域分布着不少的部落，如姬姓黄帝部落、姜姓炎帝部落、九黎部落以及太昊氏和少昊氏等部落。炎、黄部落曾和九黎部落发生过激烈的军事冲突，黄帝战胜了九黎，蚩尤被杀。黄帝发明衣服、舟、车；炎帝又称为神农氏，"木为相，揉木为耒，耒耨之利，以教天下。"②太昊氏又称为伏羲氏，发明网罟，又作八卦。八卦可能是一种比结绳更为进步的记事方法。据说蚩尤以金作兵器，是金属冶炼的最早发明者。

这表明管理者是在与自然力量抗争的过程中，作为自然权威通过劳动自然产生的。其后，到了传说中的唐虞时代，随着经济的发展，各部落已结成部落联盟，产生了尧、舜等军事首长，他们不但是军事统帅，还担任主祭。尧、舜等远古帝王的产生也带着十分突出的自然权威色彩。据《史记》记载：尧、舜祭祀天地、山川、百神。当时最高权力机关是"四岳十二牧"，也即部落酋长会议。唐尧时四岳举鲧治水，尧虽不同意，但仍服从四岳十二牧的决定。尧、舜时有"禅让"的故事，尧老传位于舜，舜老又传位于禹。可见，这种自然式管理是人类管理的本初状态。

三、管理演进及其类型

从自然式管理开始，人类的管理随着社会的发展而不断演进。从历史上看，管理在其演进过程中可分为以下七种类型。这些管理类型虽然在时间上有一个大概的先后顺序，但是并不意味着这些阶段此消彼长、前后接替，而是在一定时期内它们也会交织在一起。

（一）物本管理

在远古时期，随着生产力的提高，出现了剩余产品，漫长的田园诗一般的自给自足社会逐渐让位于私有制社会，随之出现了以物质控制为特点的管理。

---

① 吕氏春秋[M]. 张双棣，等，译注. 北京：中华书局，2007.
② 韩非子[M]. 陈秉才，译注. 北京：中华书局，2007.

大约在公元前4000至公元前3500年之间，埃及出现了私有制和阶级关系的萌芽。属于这个时期的一些墓穴都刻有统一的符号，而各个墓中陶器的符号又不相同。专家们认为，这大概是其私有权的记号。在这个时期之末，涅伽达地方1610号墓中的一个黑顶陶罐上，发现了作为王权标志之一的红冠形象（以眼镜蛇作为标志）。在另一个墓中发现的一块陶片上，画着一个象征王权符号的荷鲁斯鹰神的形象（这也是王权的标志之一）。这说明王权也已萌芽。在约公元前3500至公元前3100年的埃及，私有制逐步确立，阶级逐渐形成。从这一时期的墓葬情况可以看出，在一些地方，阶级分化十分激烈。在格伯林发现的一块纺织品残片上，画了一些船，一些人在划桨，还有一人端坐船上，此人显系贵族。在蝎王权标头上，国王头戴象征王权的白冠（以鹰为标志），腰系牛尾，其形象比普通人高大得多。这时留下来的象牙板上有被捆着双手的战俘的形象，这些战俘将沦为奴隶。在蝎王权标头上，就体现了奴隶劳动的情景。其后，随着私有制的确立和阶级的形成，埃及出现了国家。国王可能既是行政首脑，又是军事首领，并兼任祭司长。埃及从此开始了漫长的以王权控制为主的国家管理状态。

古代埃及社会显示，原始部落的首领在向阶级社会的统治者演化过程中，占有了更多的剩余产品，而普通百姓则在剩余产品的分配中处于劣势。于是，出于生存的压力，普通百姓不得不向各级首领妥协，用服从、归属与劳动来获得生存资料。这种现象在其他文明早期也有体现。

在古代欧洲的中心希腊，据《荷马史诗》记载，在公元前11世纪到公元前8世纪的“荷马时代”，部落管理实行军事民主制。当时国家还没有产生，氏族部落采取的是“一长两会制”，一长即军事首领，两会即长老会和民众会。军事首领是公举出来的部落领袖，平时管理宗教神务与裁决争论，在战时则是全体成年男子的统帅。长老会由部落各氏族的长老组成，拥有广泛的权力，其成员和军事首领一样出身于氏族贵族，他们的利益一致。每当需要作重大决定时，军事首领便召集长老们开会讨论。民众会由成年男子亦即全体参战战士组成，对重大问题如作战、媾和、迁移、推举领袖等进行表决，原则上拥有全部落的最高权力。但是由于贫富差距日益悬殊，军事首领和氏族长老的权力越来越大，由普通成员组成的民众会也就越来越失去其原先的作用，重大问题转变为由贵族事先决定，民众会的表决成为形式。

古巴比伦国王汉谟拉比（公元前1792—前1750年在位）在公元前18世纪初重新统一两河流域以后，建立起强大的中央集权国家，他任命各级官吏，管辖城市和各地区的行政、税收和水利灌溉等事务。国王总揽国家全部司法、行政和军事权力，官吏是贯彻国王政令的工具。为了巩固其统治，汉谟拉比编制了著名的法典，作为国家行为的准绳。法典分为三部分，即引言、法典本文和结语。法典本文共282条，内容涉及财产、借贷、租赁、转让、抵押、遗产和奴隶等各个方面，对各种职业、各个层面人员的责、权、利关系给予了明确的规定。

由上可见，**从原始部落向国家过渡的历史时期，就开始了人对人的控制，而物质利益分配权力在其中起到了关键性的作用。**而国家的出现，意味着这种物本管理模式被固定化、合法化了。

在中国，禹继承舜的帝位后，组建了军队，南征三苗，修建城池，制定刑法，年老时把王位传给了自己的儿子启。从此，禅让制被世袭制所取代，成为中国历史上王位世袭继承制的开端，也就是"公天下"变成了"家天下"，即所谓"普天之下，莫非王土；率土之滨，莫非王臣"①，这标志着漫长的原始社会被私有制社会所替代。奴隶制国家的出现，标志着物质控制型的管理正式登上中国历史舞台，因为整个国家的管理是以统治者占有物质资源为基础的。在物本管理之下，人民不但在物质分配上处于劣势，还在不同程度上丧失了人身自由。最初，人民把管理权力赋予部落首领（自然权威），以获得生命安全和物质保障，但这种权力最终被异化成为反人民的力量，成为剥夺人民物质资料、限制人身自由的工具！在这种管理模式下，尽管曾经出现了很多贤明仁慈的君主和官员，但更多的是昏君、暴君和大量奸佞残暴的官僚。例如，夏朝最后的君主桀只顾自己享乐，不顾民众疾苦，最终在公元前1600年被商部族首领汤剿灭。汤建立了商朝，残暴的商纣王失国，周朝取而代之。其后由更加残暴的秦王朝开始，中国社会进入了漫长的封建社会，人民随着王朝的周期性"打摆子"，生活也在风雨中飘摇。

（二）神本管理

几千年的管理演进史，也是人类用理性创造管理以便与自然界进行斗争的历史。其间，尽管人类的理性水平不断提升，但是在强大的自然力量面前，人类不得不一次次地屈服。人类对于宇宙、自然以及社会的某些强大力量无法理解和驾驭时，就神化之，创造出"上帝"与"鬼神"，让他们进入管理并发挥主导作用。同时，统治者也大力倡导"君权神授"的观念以借此巩固其世俗的管理权势。**管理的主宰权被献给了神，管理也就假借神的意志开始了控制人的进程。于是，"神本管理"出现了。**

据记载，中国夏代奴隶主已开始假借宗教、巫术进行统治。《尚书·召诰》说："有夏服（受）天命。"这是"君权神授"最早的记载。殷商统治者创造了一种"至上神"的观念，称之为"帝"或"上帝"，认为这是上天和人间的最高主宰，又是商王朝的宗祖神。西周时用"天"代替了"帝"或"上帝"，周王被赋予"天子"之称。因此，老百姓应该服从上帝的旨意，同时就应该服从王的统治。周代铜器"毛公鼎"铭文记载的"丕显文武，皇天宏厌厥德，配我有周，膺受天命"明确地宣传"君权天授"的思想。

西汉董仲舒使"君权天授"理论化、系统化了。他提出了"天意"和"天志"的概念，并且提出了"天人相与"的理论，认为天人相通，天有意志；天是最高的人格神，是自然界和人类社会的最高主宰，人应按天的意志来行动。

① 诗经[M]. 王秀梅，译注. 北京：中华书局，2006.

从“天人相与”的神学目的论出发，董仲舒提出“君权天授”的命题。他认为皇帝是天的儿子，是奉天之命来统治人世的，人民应该绝对服从他们，凡是君主喜欢的事，老百姓应该无条件地去做。君权天授的理论强调君权的天然合理性和神圣不可侵犯性。这种理论对中国产生了深远的影响，历代帝王甚至造反的农民领袖，无不假托天命，自称“奉天承运”，或者说“替天行道”，把自己的活动说成是受上天的指使，从而达到神化自己及其统治活动的目的。

欧洲中世纪时期，查士丁尼皇帝第一个提出君权神授思想，竭力将世俗君权和宗教神权结合起来，从而使东罗马帝国（拜占庭）逐渐发展成为一个神权君主国，实行专制主义的政治体制。奥古斯丁对上帝之城（the City of God）与地上之城（the City of Man）的描写，无疑是对当时混乱局面的反映。他说，只有“上帝的选民”才有资格成为上帝之城的居民，地上之城只能是“上帝的弃民”的居住之所，但两者都由上帝控制；地上之城的君主职位是上帝为实现自己的目的而设立的；由谁登基为王也受上帝的意志支配。奥古斯丁的论述奠定了中世纪西欧君权神授的理论基础。

在“敬鬼神而远之”的中国封建社会，神本管理还包括“祖本管理”的内容。中国人多聚族而居，城乡祠堂林立，重大的家族活动和个人大事必在祠堂。各大姓巨族，多建有宗族祠堂以祭祀远祖，富有者也多为高、曾、祖、父四代近祖修建祠堂。祠堂是施行宗族伦常、决断宗族大事的法地。祖宗生辰忌日以及年节的祭拜成为凝聚宗族的有力手段。中国传统的管理模式是从治心修身开始的，再经由家庭管理推广至国家治理。在家国同构的文化传统下，家庭管理的重要性十分突出，而且得到统治者和全社会的推崇。家庭或家族管理特别强调孝道，所以祖先的意志在对其后代的管理中往往起着重要作用。

（三）资本管理

钱是由人创造出来的，是为了方便人类的生产和生活而创造的。或者说，货币是作为一种管理工具进入人类历史的。但是在人类社会的发展过程中，这种方便的工具逐渐地成为权势的替代品或符号，并变得日益强大起来。特别是在资本主义社会，货币不但成为资本，还进而成为管理的主宰性力量，使得管理像服用了高强度的兴奋剂一样亢奋起来。于是，钱变成了人的主宰，人类沦为了金钱的奴隶！马克思对此评论道：

“资产阶级在它不到一百年的阶级统治中所创造的生产力，比过去一切世代创造的全部生产力还要多，还要大。自然力的征服、机器的采用、化学在工业和农业中的应用、轮船的行驶、铁路的通行、电报的使用、整个大陆的开垦、河川的通航、仿佛用法术从地下呼唤出来的大量人口……过去哪一个世纪料想到在社会劳动里蕴藏有这样的生产力呢？”①

客观地说，这种以资为本的管理模式在历史上曾经起过非常积极的、革命性的作用。马克思也曾入木三分地刻画了资本管理的另一面：

---

① 马克思，恩格斯．共产党宣言[M]．中共中央马克思恩格斯列宁斯大林著作编译局，译．北京：中央编译出版社，2005．

“资产阶级在它已经取得了统治的地方把一切封建的、宗法的和田园诗般的关系都破坏了。它无情地斩断了把人们束缚于天然尊长的形形色色的封建羁绊，它使人和人之间除了赤裸裸的利害关系，除了冷酷无情的‘现金交易’，就再也没有任何别的联系了。它把宗教虔诚、骑士热忱、小市民伤感这些情感的神圣发作，淹没在利己主义打算的冰水之中。它把人的尊严变成了交换价值，用一种没有良心的贸易自由代替了无数特许的和自力挣得的自由。总而言之，它用公开的、无耻的、直接的、露骨的剥削代替了由宗教幻想和政治幻想掩盖着的剥削。

“资产阶级抹去了一切向来受人尊崇和令人敬畏的职业的神圣光环。它把医生、律师、教士、诗人和学者变成了它出钱招雇的雇佣劳动者。

“资产阶级撕下了罩在家庭关系上的温情脉脉的面纱，把这种关系变成了纯粹的金钱关系。工人变成了机器的单纯的附属品，要求他做的只是极其简单、极其单调和极容易学会的操作。

“挤在工厂里的工人群众就像士兵一样被组织起来。他们是产业军的普通士兵，受着各级军士和军官的层层监视。他们不仅是资产阶级的、资产阶级国家的奴隶，并且每日每时都受机器，受监工，首先是受各个经营工厂的资产者本人的奴役。这种专制制度越是公开地把营利宣布为自己的最终目的，它就越是可鄙、可恨和可恶。”①

对于资本管理中血腥场面的描述有很多，即使在21世纪的中国，也还有它的幽灵在徘徊。从大量的关于“黑煤窑”与“血汗工厂”的报道中，我们不是还能看到这些幽灵狰狞的面目吗？

（四）科本管理

从18世纪最后30年起，西欧各主要资本主义国家先后通过产业革命，从工场手工业逐渐过渡到机器大工业。机器被普遍采用后，企业的劳动过程发生了重大变化。机器生产改变了劳动过程的技术条件，科技逐渐代替了人力，自然科学被自觉地应用于生产，使劳动生产率大大提高。同时，机器生产改变了社会劳动的组织和劳动协作的性质。原来劳动者之间互相协作，现在，人成了机器的辅助者。于是，随着大机器生产时代的来临，科本管理出现了。

科本管理指的是科学技术（如自动化生产线等）在企业中发挥主导作用的经营管理模式。尽管这种模式有上述积极的一面，但也导致了人在生产活动中的地位被边缘化。这种管理强调以机器与技术为核心，人则退居其次，管理者渐渐地开始忽视人性，将人等同于机械运转的零部件。例如，发明流水线生产模式的亨利·福特当年就曾经很生气地表示：

“我所需要的，只不过是一双能干的手。但不幸的是，我还必须接受和那双手连接着的人！”

这种管理似乎又回到了物本管理时代，只不过披着民主、自由的外衣而

① 马克思，恩格斯．共产党宣言[M]．中共中央马克思恩格斯列宁斯大林著作编译局，译．北京：中央编译出版社，2005．

已，在“管、卡、压”等方面甚至比奴隶制中的某些场景有过之而无不及。马克思主义政治经济学早就对此进行过深刻的分析，他指出：“在资本主义体系内部，一切提高社会劳动生产力的方法都是靠牺牲工人个人来实现的；一切发展生产的手段都变成统治和剥削生产者的手段。”①这也是科本管理的基本特征。

（五）知本管理

时间的列车驶入20世纪之后，美国企业出现了职业经理人。这些专门从事管理工作的职业经理人凭借自身的管理才干逐渐获得了对企业的控制权。职业经理人的管理才干从根本上看是源于管理科学的发展，因而不断推陈出新的管理科学知识成了管理的又一个“本”。

1932年，美国学者伯利与米恩斯在《现代公司与私有财产》中描绘道：

“随着公司财富的所有权变得更加分散，对这些财富的所有权与控制权已经变得越来越少地集中于同一个人之手。在公司制度下，对行业财富的控制可以而且正在被以最少的所有权利益来完成……财富所有权没有相应的控制权，而财富的控制权没有相应的所有权，这似乎是公司演进的逻辑结果。

“拥有公司财富的那些人……不再是享有公司巨额利润的所有者。控制典型现代公司命运的那些人所拥有公司股票的比例如此之小，以至于他们从有效管理公司中所应得的收益只是微不足道的一小部分。相反，得到公司利润的股东却把公司财产的全部处置权交给那些控制公司的人。”

职业经理人凭借其管理技能在管理中获得主动权的状况与管理成为专门的科学技能是分不开的。经过泰勒、法约尔等管理学家的不懈努力，管理成为一门可以学习的科学技能，相应的管理教育造就了大批的管理者后备军。在美国，管理专业毕业生特别是MBA对美国企业的快速成长发挥了巨大的推动作用，而这种状况在中国的晋商、徽商等商业组织中也有所体现。虽然中国没有发展出像西方那样的管理科学理论体系，但是其管理思想与技能的资源也是非常丰富的，结合学徒制或师徒制的职业教育，同样造就了很多以经营管理为职业的“掌柜”，他们与现代企业的职业经理人在性质上十分接近。

（六）人本管理

在管理演进中，几乎每一种管理理论的出现都离不开对人性的认知。20世纪的管理理论在经历了科学管理、行为科学等几大主流管理学派轮番表演之后，出现了“以人为本”的新型管理思想，并成为自20世纪80年代以来风靡全球的管理新模式。

什么是“以人为本”？中外学者有着不同的界定：

孔茨（Koontz）把人作为管理对象来建构他的理论体系。他认为，以人为中心的管理核心是设计和保持一种良好环境，使人在群体里高效率地实现目标。

① 马克思，恩格斯．马克思恩格斯全集：第23卷[M]．中共中央马克思恩格斯列宁斯大林著作编译局，编译．北京：人民出版社，1972：707．

西方企业管理中用“3P”理论对“以人为本”进行解释：企业为人（for people）的需要而存在、而生产；企业依靠人（by people）进行生产经营活动；企业最重要的资源是人和人才（of people）。

国内有的学者认为，“以人为本”的管理是指企业将人的全面发展作为企业发展的重要目标之一，并通过进行人性化管理来实现人和企业的共同发展。

在一般意义上，“以人为本”的管理模式主要包括三个要点：第一，把“人”（主要指员工）作为管理活动的核心和组织最重要的资源；第二，把“人”放在管理理念与文化的中心位置，承认“人”的主观能动性，倡导人性化管理；第三，充分利用和开发组织的人力资源，通过激励机制激发全员的潜能，服务于组织内外的利益相关者，从而实现组织目标和组织成员个人目标。

（七）“去中心化”管理

在当今，互联网的发展催生了一批优秀的新创企业。传统企业随着互联网的发展也纷纷谋求转型和升级，无论是从产品研发到企业日常管理等，都在以互联网思维来打造企业，其中，“去中心化”作为一个核心关键词被频频提及。在了解何谓“去中心化”之前，我们要对何谓“中心化”有所认知。

“中心化”原是Web2.0中的一个概念，后来被传播学引用。它的意思可以简单地解释为：淡化了传统信息传播金字塔中的“信息中心”，而让原来传播中的“受众”成为新的信源，人人都是中心。

举例来说，新华社、人民网、纽约时报、新浪网等都是传统意义上的“信息中心”。如今博客、微博、微信等一系列自媒体的崛起，让网友们自发维护的这些信息平台成为新的信息中心，网络上人人都是中心的格局已经基本形成，形成从“中心化”到“去中心化”的格局。

进入到管理领域，“去中心化”的意义就更加深远。企业的管理能通过业务管理模块的协同使企业内外的资源协调整合起来运作。在统一的平台上协作处理业务、信息同步共享、形成知识体系、共同面对竞争和变化，消除“信息孤岛”和“应用孤岛”，让企业能够在不放弃原有信息系统的基础上体验协同，并获得对“人员协同”、“流程协同”、“信息协同”、“应用协同”等需求的满足。

举例来说，一个完整的跨地域公司的组织架构，必须以某个区域中心作为总部，而且这个总部往往设立在经济发达地区及市场，然后再向各个分支机构发号施令，来协同开发市场和客户。现在在管理平台的支持下，管理体系能够通过淡化中心总部的作用，将各个业务部门、职能总部迁到与其资源相匹配的市场中，以真正发掘和利用各地区的优势资源。

再以海尔为例，近几年来正在积极通过“去中心化”升级自身传统制造行业。海尔现在实行员工创客化，把海尔做成一个创业平台型企业，实行自主经营体的运作；将传统的自上而下的管理模式转变成自下而上的管理模式；不再是最高领导者说了算，而是一个个创业团队说了算。

传统自上而下的中心化的管理确实存在不少问题，例如，员工的自主性和能动性不能被充分地调动起来，内生创新动力不足，不利于企业对新的变化及时作出反应，对长期稳定发展不利。

互联网背景下的企业“去中心化”管理，如果没有打造属于企业自己的“国家队”，没有自身的核心产品，那么也很容易在“去中心化”的过程中，失掉自身的竞争能力和优势，自身存在也将受到威胁。

有中心不“去中心化”，那就是独裁，也不能长久。没有中心“去中心化”，中心消失了，那就是“去中心化”的灾难。

我们可以看到，在当今互联网时代，企业转型升级到底如何“去中心化”以及如何进行“去中心化”，从而进行有效的管理，成为转型时期，企业领导者尚在寻求解答的议题。

第二节　管理的透视与道本管理的导出

如上所述，动物的“管理”是受本能的驱使，经过漫长的自然选择过程而形成的。人类的管理与动物的“管理”的不同之处是，人类把自身的智慧、知识与技能贯穿于管理之中，使管理具有了能动性和目的性。

那么，管理的目的是什么？

一、从管理的起源看管理的目的

且看与西方管理有着甚深渊源的一则典故——

距今3 400年前，古代犹太人的首领摩西带领民众逃离了埃及，他同时面临着两个巨大的困难：一是后有埃及法老的强悍追兵；二是他个人即使具有天才的领导才能，也难以有效地指挥上百万民众。于是摩西事必躬亲，一天从早忙到晚。据《圣经》中《出埃及记》一章记载：

摩西坐着审判百姓，百姓从早到晚都站在摩西的左右。摩西的岳父看见他所做的一切事，就问：“你向百姓做的是什么事呢，你为什么独自坐着，众百姓从早到晚都站在你的左右呢？”

摩西对岳父说：“这是因百姓到我这里来求问神。他们有事的时候就到我这里来，我便在两造之间施行审判，我又叫他们知道神的律例和法度。”

摩西的岳父说：“你这做得不好。你和这些百姓必都疲惫，因为这事太重，你独自一人办理不了。现在你要听我的话，我为你出个主意，愿神与你同在。你要替百姓到神面前，将案件奏告神，又要将律例和法度教训他们，指示他们当行的道、当做的事，并要从百姓中拣选有才能的人，就是敬畏神、诚实无妄、恨不义之财的人，派他们作千夫长、百夫长、五十夫长、十夫长，管理百姓。叫他们随时审判百姓，大事都要呈到你这里，小事他们自己可以审判。这样，你就轻省些，他们也可以同当此任。你若这样行，神也这样吩咐你，你就能受得住，百姓也都平平安安归回他们的住处。”

于是，摩西听从他岳父的话，按着他所说的行事。摩西从以色列人中拣选了有才能的人，立他们为百姓的首领，作千夫长、百夫长、五十夫长、十夫长。他们随时审判百姓，有难断的案件就呈到摩西那里，但各样小事他们自己审判。

结合上一节关于管理起源的描述，可以发现这则典故其实是人类管理起源的一个缩写。显然，摩西和他的岳父（杰思罗）留给人类的组织传统已经被后人广泛地接受。这是一种将一个人置于金字塔结构的最顶端，下面各层级分别由个人负责的组织管理模式，由此发展出几乎被现今所有组织机构——企业、政府、军队、大学以及各类社会团体都沿袭的管理形式。

很显然，在人类社会中，管理是为了解决人与人之间的合作与协调问题而自然产生的。在漫长的原始社会，自然产生的权威成为群体的领导，**管理的基本功能其实是服务**。这也是管理演化的出发点。

我们还能够从中发现，**管理的本质目的就是解决组织中人群冲突和建构目标效率秩序。换言之，管理是解放人的，而不是增加人的痛苦的。**

二、管理在演化中对其原点的背离

按照管理的上述本质目的，如果管理是正确的，那么管理就应该逐渐地解放自己——越做越轻松，而不是越做越累。可是，我们见过几个做管理的人是越做越轻松呢？我们看到的、听到的，多是管理中人的痛苦呻吟。这种痛苦一直伴随着管理的演化过程，这也是对管理最初的本质的背离。

在物本管理中，管理者以物质资料分配权力为主要手段，使管理得以进化，这是物本管理的积极作用。但是，从人类进行物本管理的漫长历史中可以发现，物质及其管理权力更多地被异化为统治者统治人民的主要工具！[①]

在物本管理模式之下，被控制的人逐渐地失去了对劳动和生活的乐趣，心中想的是逃离、反抗，进而是“彼可取而代也”。统治者暂时获得了甜头，但是从较长的时间段来看，这种甜头无不转化为悲惨凄凉的下场。

管理的痛苦开始了！

在古老的中国，人们曾唱起这样的歌，宣泄着在强权统治之下心中的愤恨：

大田鼠呀大田鼠，不许吃我种的黍！多年辛勤伺候你，你却对我不照顾。
发誓定要摆脱你，去那乐土有幸福。那乐土啊那乐土，才是我的好去处！
大田鼠呀大田鼠，不许吃我种的麦！多年辛勤伺候你，你却对我不优待。
发誓定要摆脱你，去那乐国有仁爱。那乐国啊那乐国，才是我的好所在！
大田鼠呀大田鼠，不许吃我种的苗！多年辛勤伺候你，你却对我不慰劳！

---

① 关于对管理异化的分析详见本书后续章节。

发誓定要摆脱你，去那乐郊有欢笑。那乐郊啊那乐郊，谁还悲叹长呼号！[1]

在中国长期的封建社会历史中，物本管理达到了极致，同时，这种管理也给人民带来了深重的苦难。差不多每一个王朝都是如此：当人民的痛苦积累到一定程度，以农民起义为主要形式的反抗就会爆发；战争之后建立起来的新王朝又开始或缓或急地积累人民的痛苦！于是，朝代在更迭中形成超稳定的物本管理模式。战争肆虐时，百姓苦不堪言！朝代更迭的历史不也是一部漫长的“吃人”与“杀人”的历史吗？

我们大多数人熟背过下面的诗——

唐尧虞舜夏商周，
春秋战国乱悠悠。
秦汉三国晋统一，
南朝北朝是对头。
隋唐五代又十国，
宋元明清帝王休。

从管理的角度看，除了远古时期的唐虞时代外，我们在王朝的分分合合历史之中，看到的更多的，是人民的血泪；听到的更多的，是百姓的呼号！为此，元朝散曲家张养浩写道——

峰峦如聚，
波涛如怒，
山河表里潼关路，
望西都，意踌躇，
伤心秦汉经行处，
宫阙万间都做了土。
兴，百姓苦；
亡，百姓苦。

此外，神本管理与物本管理长期交织在一起，如典型的“君权神授”和“政教合一”，它们在人类文明史上长期扮演着管理的主要角色。

神本管理有值得现代管理借鉴的地方，即这种管理模式能够满足人们精神或者心灵的需求。神本管理为当时的社会混乱作出了解释，给无奈中的人们提供了一种美好的向往和精神慰藉。但这种神本管理实际上是画饼充饥：上帝、天、神或者祖先看似无处不在、无所不能，实际上什么具体事情也不会做，现实管理还是要靠实力树立权威。这就为专制统治打开了方便之门。

资本管理如何呢？尽管它迅速地解放了生产力，提高了生产效率，但是，就像马克思一针见血地指出的：“资本来到人间，从头到脚，每个毛孔都流着鲜血和肮脏的东西。”自从资本登上管理的历史舞台，对物质的狂热与追求使

---

① 诗经[M]. 王秀梅，译注. 北京：中华书局，2006.

得管理的异化和痛苦愈演愈烈。很多现代西方学者对此也有深刻的揭露，如赫伯特·马尔库塞在《单向度的人》里指出，工业社会受最大利润原则的驱使，工厂不断地生产，人们受到广告和一些人为制造出来的“流行”观念的影响，疯狂消费，而忽略了人的本性。这种以资为本的管理导致人们民主却不自由、富裕而不幸福、有技术而无理性。资本管理与科本管理交织起来，管理的痛苦也就发展到了无以复加的程度。

管理，能否否极泰来？管理学家、企业家和员工们翘首盼望管理革新的曙光。

知本管理出现之后，管理科学似乎使得管理进入了科学与理性的轨道，并不断地、迅速地升级换代。各种管理理论与实践使得管理在20世纪成为万众瞩目的宠儿，而知本管理也确实在促进企业管理、提高经营绩效方面发挥了巨大的积极作用。

最先在管理中大行其道的是科学管理理论。科学管理理论的创始人泰勒在100年前发出了这样的声明：

“科学管理在实质上包含着要求在任何一个具体机构或工业中工作的工人进行一场全面的心理革命——要求他们在对待工作、同伴和雇主的义务上进行一场全面的心理革命。此外，科学管理也要求管理部门的人——工长、监工、企业所有人、董事会——同样进行一场全面的心理革命，要求他们在对管理部门的同事、对他们的工人和所有日常问题的责任上进行一场全面的心理革命。没有双方的这种全面的心理革命，科学管理就不能存在。”

这么“美好”的理论在实践中是如何贯彻的呢？

实际上，在管理实践中，科学管理被简化为一套获得效率的标准化的方法，还有人将这些技术方法当做科学管理的精髓，而泰勒所期望的“心理革命”却被搁置一旁。应当肯定，以泰勒为代表的科学管理学派所提出的制定并实施标准化的作业方法、改善工作条件和改革工资制度等，的确对提高劳动生产率发挥了巨大的作用，但由于当时历史条件的限制而形成的对科学管理本意的肢解，以及在实践中将科学管理工具化的误用，客观上加重了工人的“工具化”，加剧了工人的心理负担和“被剥削”程度。虽然工人们不再是奴隶主的奴隶，但是又变成了科学管理的奴隶。这种异化现象无疑也使科学管理的价值大打折扣。

接着，行为科学理论成为管理大舞台的主角。以梅奥为代表的行为科学理论根据霍桑实验的结果认为，生产效率的高低主要取决于工人的士气，而影响工人士气最重要的因素不是物质待遇和工作条件，而是工作中的人际关系。从历史的角度看，行为科学理论的确是管理思想上的一次飞跃，它提示管理者将关注焦点从人的外在物质因素转向人自身的心理和情感方面。然而，行为科学理论仍然是西方的管理学者们在当时的历史背景下寻找管理出路的一种技术，因为工人的社会需要的满足最终取决于管理者对待他们的方式，人在这里仍然是被动的，是被管理的对象。因此，行为科学理论对人的主动性、积极性、创造性的激发是有限的，也是难以长久的。在这里我们看到，一种异化被减轻了，另一种异化又出现了：人成了被关怀的对象，而人本身的主体性并未得到尊重和激发。

第二次世界大战之后，随着相关学科理论的发展和管理实践的需要，管理理论形成了学派林立的“管理理论丛林”。这反映了管理对其自身认识的不断深化、趋于全面的过程。在这个过程中，新的管理模式和思想一般都是为了解决已有的管理实践中的各种问题而出现的，但是至今很多管理理论与模式还在把组织中的人作为管理的客体，把人看做达到组织目标的手段和工具。在这些管理模式中，人自身并未被置于管理的主体地位来研究，人也未被作为组织管理目的的一部分来看待。

正因为如此，虽然新的管理思想不断涌现，管理名词不断翻新，但是管理实践中人的工作主动性和积极性问题始终没有得到有效的解决。这也说明，管理中的很多深层次问题并没有得到根本解决。

最后，再来分析人本管理，它能够解决管理的异化和困境吗？

实际上，人本管理仍然是分析思维和二元思维的产物。人本管理贯彻了德国哲学家海德格尔的名言：“人是目的。”在与中世纪的宗教神学和后来的“资”本管理所进行的斗争中，这种论断还是有其进步意义的，也就是说人不是工具，不是去实现某个主义或某个理想的工具，人活着就是要成为人。但是对这种思维方式如果不加反省，其必然后果之一就是把人的欲望和要求无限放大，最后成为危害自然和社会的罪魁祸首，成为到处树敌的孤家寡人。所以，以人为本容易在现实里变成“人类中心主义”和“民粹主义”——自恃强大而胡作非为，结果是必遭恶报。

当地球上就剩下人类的时候，即使“人本”再彻底，那还有什么意义？

当组织中“以人为本”论调盛行的时候，还有和谐的存在吗？况且，若是将“以人为本”作为操作性概念，那么将会出现这样的难题：

企业中有股东、管理者、员工、顾客、供应商和利益相关者等，都是一般意义上的人。那么，在一定的时空中，以人为本的重点对象是谁？

如果企业以股东为本，那么员工是不是“本”？管理者是不是“本”？顾客是不是“本”？

如果把企业所有成员作为“以人为本”的客体，那么谁又是“以人为本”的主体？也就是说，在企业中人与人之间怎样体现“以人为本”？

目前在谈及“以人为本”时，有的学者将股东作为本，有的将员工作为本，有的将管理者和职工互为本，有的将股东、员工、管理者、顾客、供应商以及其他利益相关者都当做“本”，在理解“以人为本”概念时出现不一致和混乱现象，因此，在操作层面，“以人为本”会遭遇到种种尴尬的局面。

从方法论上进行分析，若把企业中的所有人员都当做“本”，那么就无“本”可言，况且此时已经找不到主体了。我们认为，管理不能因为解决现实问题的需要而再去制造另外一些问题，甚至是更大的问题。

身处互联网竞争时代，对于企业的管理而言，“去中心化”意味着打破传统集权式的金字塔结构，企业的行政权威被削弱，企业资源被分散到各个自主的经营体中，最终可能产生两种结果：一种是资本配置得到充分的利用，加之外部的竞争环境良好，实现了创收；另一种是因为资源被配置在不同的平台小团体中，过于分散，加之外部环境的各种不确定因素等问题，不能保证业绩的稳定或者提升。

中心化的“去”与“不去”的背后，其实质不是非此即彼的选择题，而是“如何去做”的思考题，其目的是更好地帮助企业发挥其管理效力。

面对管理演进的各个阶段，未来的**管理将何去何从？**

三、管理的螺旋式发展与管理服务本质的回归

列宁在《卡尔·马克思》中曾经对事物的发展规律作了形象而又科学的概括：“发展是按所谓螺旋式而不是按直线式进行的。”毛泽东在他的许多重要著作中深刻地阐明和发挥了列宁这一光辉思想，他在《论持久战》中指出：“事物是往返曲折的，不是径情直遂的。”螺旋发展规律乃支配宇宙的自然法则之一。

宇宙运动的一条基本规律是混沌与有序、微观与宏观并存，运动方向相反相成。如电磁波、声波、水波的上行波和下行波的交替，黑夜与白昼的交替，生与死的交替，水与水蒸气的交替，人的觉醒与睡眠的交替。

方向相反的两种运动状态是由方向相反的力量决定的，如物质的聚合与离散、膨胀与收缩、吸引与排斥、熵增与熵减、化合与分解、运动与静止、上升与下降、组织与混沌、生与死等。那么，管理发展与演进过程中这两种方向相反的力量是什么？根据前述，**这两种力量是服务与控制！**

从管理诞生的本源来看，在人类文明产生之初，人类的劳动活动主要是通过集体行动代替个体活动来获取生存必要的资源，推举集体行动中拥有更多经验、能够为集体作出更大贡献的人，作为活动的领导者和主导力量，初步形成了基于集体信任和委托的管理雏形。此时，集体每一位成员在参与活动的过程中，自觉地发挥自主性和积极性，共同参与劳动、共同分享劳动成果，共同承担可能的风险，并以满足求生本能为集体诉求，此时的管理是有经验者对集体生存的帮助和服务。

从现实企业的实践观察，一方面，由于每一位成员自身的能力和可利用资源的有限性，他们需要在工作中寻求领导的帮助，为其提供智力支持、资源支持等，方能顺利完成工作；另一方面，领导总是在指责部下工作不到位，却不提供必要的帮助，同时，利用手中的权力控制部下，多重因素的碰撞，必然会产生领导和下属之间的恶性博弈，博弈的结果则是造成心智成本和管理成本的提高，这也是控制管理的必然结果。

所以，要实现有效的领导，就要变控制为服务，才不会让自己乱了阵脚。

在服务过程当中，没有对人的控制，只有对技术过程的控制，对技术过程的控制反过来是服务于人的成长这样一个目的。

从管理的诞生之初和对企业实践的现实观察不难发现，服务是管理的本质力量。正如本书第六章所论，主体性是人心的基本属性，服务是符合人的这一基本属性的。控制源于人类的贪嗔痴等欲望，正是这种欲望使得管理去遵从主体性的基本规律。控制的力量不断地使管理远离人类文明这一原点，而服务的力量又总是试图把管理拉回原点。两种力量此消彼长，便产生了各种管理实践与管理理论。最初的管理基本上就是自然状态下的服务，是天然地遵从管理的基本规律。然而，在漫长的阶级社会中，物本管理与神本管理受到控制力量的驱动，这就违背了人的主体性规律；而知本管理和人本管理则向着人性回归，只不过囿于历史的局限性，还不可能完成最后的高阶回归。

但是，在当今新的历史和文明条件下，当服务的力量再次把管理拽向原点时，这个原点已经不再是当初的原始状态的原点了，而是更高的文明层次的服务回归。

那么，**管理回归将诞生怎样的理论呢?**

四、从神奇的管理获得的启示

让我们先考察如下一些看起来有些另类的管理思想，从中也许会得到一些启迪。

这世上有两座房子——

第一座房子：在这里，建筑富丽堂皇，里面的人衣冠楚楚。在这里，有人给发工资、奖金，还有培训。离开这里，人们的生活就会受到严重影响；许多人在这里成就了自己的事业，展示了自己的人生价值。可是，这里的人们没有人嫌钱多，很多人都在抱怨工作、抱怨上司。没有工作时求人，有了工作怨人；能力低时恨人，能力高时烦人。等到有人求时，脾气就更大了。一个人或者一个机构，若是花了很多精力和财力帮助别人而人家却不领情，这算怎么回事?

这到底是什么地方呢?这就是我们很多人都熟悉的现代公司!

第二座房子：这里没有现代公司的高科技、贵重装备和成群的高学历人员，相反却是泥塑木雕、参天大树和传统建筑，但古朴中透着一种威严和庄重。这里也不做广告，但很多人会不由自主地来到这里；在这里，没有人给工资和奖金，相反人们会自觉拿出钱来。这里没有培训、没有监督、没有考核，可人们的行为却很懂规矩，似乎人进到这里就无师自通了。

这又是什么地方呢?这就是很多人经常去的寺庙或者道观。

两座房子的比较：

一个不断地加强管理，一个似乎没有管理。可没有管理的却达到了管理的目的，而一直在管理的却始终达不到满意的效果。

一个是给人钱财，另一个是人们主动拿钱财出来。给人钱财的，人们不满意；自愿拿出钱财的，却感到很高尚。

在不断加强管理的公司，人们的自觉性、主动性和责任心一直令管理层不满意；而在不做管理的寺庙，人们却自觉、主动而且有责任心。

遗憾的是，公司式的管理被普遍地推崇着、实践着……

再看其他一些神奇的管理——

（1）中国历史上的盛世，在国家管理上总的原则是“内用黄老，外示儒术”。其中，高层领导的“无为”达到了国家空前的“无所不为”。

（2）解放战争期间，中国共产党进行了“让耕者有其田”的土地改革。解放军战士为了保卫土地改革成果，焕发出无比威猛的战斗力，用“小米加步枪”打败了装备精良的国民党军队。

（3）在30多年前的中国农村改革中，“联产承包责任制”只是让农民获得了一点对土地的主人感和权责，就激发出了无穷的活力。

（4）优秀的幼儿园老师，没有打骂和诱惑，只有鼓励和引导。他们坚信，天才是鼓励出来的。于是，他们有了“点石成金”的管理。

这些管理就在我们身边，但似乎又不是我们所熟悉的现代管理，可其建构的秩序和激发的活力是有目共睹的啊，产生的效果也是很多现代管理望尘莫及的。这到底是为什么？发明这些方法的人也不是管理名家。用中国古人的话来说，“得人心者得天下”，正因为这些做法顺应了人心，合了人心之道，所以才产生了神奇的效果。

孟子曰：“得道多助，失道寡助。”可是，传统的管理常常忘记这个根本规律，千方百计地为资本家和管理者的利益而竭尽全力。这种力量越大，管理现实与管理的根本规律以及管理的初衷之间的距离岂不就会越拉越大？

至此，我们再回顾本章开篇提出的问题：管理，应该是什么样子？

答案，已经不言而喻了。

五、管理的回归——以道为本

人类漫长的历史实践证明：人类并不是这个世界的主宰，人类只不过是世界万千物种中的一个。人有灵性，不同于一般动物，但造化并没有因此给予人类太多的特权。那些所谓“人类要征服自然，主宰世界”的说法只不过是人类自己狂妄之心的产物而已。历史和现实已经证实，越来越多的现代人也相信，人类一狂妄，就必然受到自然规律的惩罚！因而有灵性的人类更应尊重自然规律、尊重人与自然的和谐规律、尊重人性的规律、尊重人类发展的科学规律，不能让自己超越客观的、整个自然界的规律之上。

道，是中国文化中自然力量和规律的代表，当把道的思想放到管理的基础和本质地位上的时候，一种新的管理哲学就产生了，这就是道本管理思想。

第三节　道本管理的概念与理论内容

道本管理，就是以道为本的管理。作为一个当前主流之外，又在历史文明演进必然逻辑之中的思想，我们尝试着给它一个较为规范的界定。

一、道本管理的概念

道本管理就是基于以“道”为本的管理哲学思想，以至善信仰作为价值方向，以主观合于客观的主体能动作为动力机制。尊道爱人，破除管理强势控制的枷锁，激活人性神圣的力量，使管理从外部控制转化为以服务自律性成长为核心的道本管理模式。以此为指导，建构相应的管理思想体系与管理行动系统，达成管理对人、对组织、对社会与自然系统，以及对管理自身的系统适应性动态秩序与有机效率，并使这一过程形成良性的自我优化与提升的智能化机制系统，保证所有行动有利于不断接近终极目标与实现终极价值，真正实现管理文明对管理科学的统领，进而推动社会文明的进步。

从哲学系统的视角来说，哲学、管理哲学原则与道本管理原理呈现以下的逻辑关系：

（一）在本体论基础上

哲学——就是要解决人与本体的分离与对立，使人重新回归本体的状态。

管理哲学原则——“以道为本”的管理哲学思想就是要解决因为人的管理意志所导致的人与本体的分离与对立，使人的管理意志回归到本体的客观规律之中。

道本管理原理——道本管理就是以人与宇宙本体的天然联系为基础，纠正和消除因世俗管理意志膨胀而与客观本体疏离对立的问题，在面对客观规律时，使人回归到客体性地位，以此来确定管理的第一理性——客体性与被管理性。

（二）在主体论基础上

哲学——就是要消除主观与客观的对立，让人的主观认识回归到客观真理的轨道上。

管理哲学原则——“以道为本”的管理哲学思想就是要消除管理与管理者的主观意志与客观规律，尤其是与管理对象的主体意志的对立，让管理与管理者的主观意志回归到客观真理与管理对象意志之中。

道本管理原理——道本管理就是基于天地间万物平等的原理，消除传统管理中单纯将管理职位上的人作为管理主体而将同样有着主体性本质的管理对象客体化的错误，在本体论之人的客体性基础上，进一步明确和确立在管理情境和管理的系统环境中的所有人的主体性，以此来确立管理的第二理性——管理情境和管理系统中的“五主体论”。

（三）在系统论基础上

哲学——就是要建构人自身的精神与肉体，人与人，人与群体或组织，群体或组织与社会、自然环境之间的良性互动关系。

管理哲学原则——“以道为本”的管理哲学思想就是要消除传统管理对人自身的精神与肉体，人与人，人与群体或组织，群体或组织与社会、自然环境之间互动关系的对立与分裂，达成以上要素之间的和谐、有机与良性互动关系。

道本管理原理——道本管理就是基于人、群体、组织、社会以及自然环境等系统要素相互之间的有机统一性，超越现实管理在价值、认知、行为和结果等方面所形成的现象分别、主客分立和价值分隔，以对客观规律和系统要素和谐运行的皈道思维主宰自己的主观运行，达成系统所有方面、所有层次和所有要素的辩证统一与整体和谐——这就是管理的第三理性。

（四）在认识论基础上

哲学——就是使人首先明确客观意志所决定的人的客体性，并通过皈依、修行法门获得一种洞穿现象见本质、看破对立达统一和“见果溯因，改因变果”的能力与智慧。

管理哲学原则——“以道为本”的管理哲学思想就是使管理中的人立足于客观意志，明确主观有限性，超越管理现象层面的对立思维，运用见果溯因的方法，呈现管理中人与事物完整的因果链条，以智慧的方式达成管理的目的与价值。

道本管理原理——道本管理就是使管理中的人立足于客观规律而自然衍生的人的客体性，进而通过皈依而完成管理的理性定位；明确主观有限性，进而通过管理实践中的修行开智而达到洞穿现象见本质；审视管理现象层面的对立思维，进而通过不二法门破除二元对立，完成由对立到统一的提升；透析现实管理表象思维中的就事论事，进而运用见果溯因的逻辑倒推在意识域中呈现管理中人与事物完整的因果链条，并通过改变原因与条件实现改变结果的目的。这就是道本管理的第四理性——智慧性。

（五）在价值论基础上

哲学——就是要将物质与精神、现实与未来、人与客观世界形成价值统一体，使人从对自身的异化中走出来，让一切行动不偏离客观真理和生命终极价值，并以至善信仰作为统整一切行为和关系的最高准则。

管理哲学原则——“以道为本”的管理哲学思想就是以至善信仰作为价值的方向和最高准则，消除管理将人的物质与精神、个人与集体、人与环境、现实与未来、手段与目的分裂与对立所形成的价值异化现象，将其回归到价值的统一体中，使管理走上共生、共存、幸福发展的终极价值大道。

道本管理原理——道本管理就是运用“以道为本”的管理哲学原理消除管理域中不同价值主体和价值形态之间、阶段价值目标与终极价值方向、信仰坚守与践行和外部能量吸收转化之间的分离、对立和异化现象，让管理中的精神提升物质的价值、物质支撑精神的价值；集体服务个人的价值、个人支撑集体的价值；合作体现互补价值、竞争促进相互价值；人类保护环境的价值、环境护佑人的价值；手段呈现目的性价值、目的决定手段价值；利己服从于利他、利他成就利己结果、利己结果投入利他的连续过程；现实呈现未来价值、未来引领现实价值；价值目标服从于价值方向、价值方向引领价值目标；正向价值行动意志与外部无涉性、外部有涉的镜像与自我意志的进化，一切服务于人类共同繁荣与幸福的终极价值。这就是道本管理的第五理性——至善价值性。

（六）在目的论基础上

哲学——就是要使人的一切主观意识与行为服从于终极目的。

管理哲学原则——“以道为本”的管理哲学思想就是要使管理中人的一切主观意识与行为服从于管理的终极目的，并以终极目的性作为裁定上述管理过程的价值标准。

道本管理原理——道本管理就是将道本管理的目的论思想设定为管理过程中方法与手段、阶段性目标与结果选择的依据，并运用目的论思想审视管理的全过程，破除目标对目的的背离和工具理性对终极目的的伤害，使所有的管理行动更有效地服从于管理终极目的的实现，并不断地修正、完善与提升。在这一过程中，信仰则是将现实阶段目标和终极目的合一的至高理性。这就是道本管理将所有行动与目标统一于目的的第六理性——目的理性。

（七）在方法论基础上

哲学——方法论就是基于本体论的外在决定性、认识论揭示的内在规律性、价值论的方向指引性、目的论所决定的工具性，在此边界内发挥主体能动性，并以系统地解决问题为目标导向的一套操作体系，涉及对问题本源、本质、变化规律、阶段性特点、指向目的的行动目标和符合终极价值标准的工具、方法的选择与运用的技巧与艺术。

管理哲学原则——“以道为本”的管理哲学思想方法论就是基于本体论对管理主体的外在决定性、价值论对管理的方向指引性、认识论所揭示的管理内在规律性、目的论所决定的管理工具的选择性，在此边界内发挥管理主体能动性，并以系统性和根本性解决管理中的实践问题为目标导向的一套操作体系，涉及对实践中的管理问题之本源、本质、变化规律、阶段性特点、指向管理目的的行动目标和符合管理终极价值标准的工具、方法的选择与运用的技巧与艺术。

道本管理原理——道本管理就是运用“一切管理事实皆有其客观必然性、内在规律性、目的合理性、价值贡献性”等基本哲学论断，作为现实管理中一切方法、手段和操作艺术选择的依据，破除主观意志独断性、就事论事的肤浅性、机械照搬的盲目性、只顾解决当下目标的短见性和将众人作为工具的非人道性，并借此建立“管理与服务、制度与契约、人心与效益、组织管理与自我管理、工作与生活、目标与使命、行动与信仰”的完美统一，形成人自身、人与客观对象之间的自动链接、智慧驱动、智能优化的有机管理系统。这就是道本管理的第七理性——方法合道性。

二、道本管理的范畴与对象

道本管理哲学研究的范畴与对象是针对管理相关要素进行的哲学关系的构建和管理的哲学性目的的设定，具体表现为以下九个方面：

第一，道本管理将人的有意识的、指向目标的活动锁定在管理的终极价值上，以至善目的达成管理中人的共同发展与幸福。

第二，道本管理是将管理中相关多主体意志和客观规律统一到信仰的模式，以工作和管理的行动作为践行信仰的载体，建设基于日常工作践行信仰的使命团队。

第三，道本管理是运用契约模式建构管理中多主体与相关客体的关系秩序，以群体共商的方式将多主体个人意志凝聚成集体共同价值与集体契约，最终使相关主体平等地成为集体契约的签约者、承诺者和践行者，并使之形成相互监督与促进的有机良性关系。

第四，道本管理将服务设定为管理的核心职能，建构管理中主体与相关客体的、有机促进的活力关系模式，形成对过程效率的支撑与终极价值实现的保障。

第五，道本管理将工作中连续学习、相互借鉴、不断突破、自我激励的自我管理作为每个人日常工作的基础管理模式，建构管理行动连续不断地适应、调整和动态优化的自动化机制，为以上三个方面目标与价值的优化与创新提供保障。

第六，道本管理以组织边界内外的相关利益主体和客体共同价值的实现、递进和优化，作为管理中目标、秩序、效率与效益及其模式设定的方向与标准。

第七，道本管理在以上价值互动和推进的过程中，建立多主体和组织内外系统的持续、良性和综合的价值协调模式。

第八，道本管理就是要建立在复杂系统中，实现多主体和综合价值最优的卓越效率及优越性模式。

第九，道本管理在完成上述管理活动的过程中，将自身建设成不断提升的具备系统性、有机性和自动智能化的活力系统。

三、道本管理的框架设定

道在中国传统文化中是指规律，规律是绝对客观的存在。换言之，道就是绝对客观的存在，不以人的意志为转移。人类的一切活动都首先要受到规律（道）的制约，管理作为人类的一项活动，自然也不例外。

道本管理就是基于以“道”为本的管理哲学思想。首先，明确道的客观存在性。其次，明确我们自身与道之间的从属关系，人承接于道，道是人的母体，人的本质属性自然是承接道的属性，简言之，人性即是道性。最后，人既然来自于道，是道这一客观存在的一部分，人的主观自然不能脱离道而独立存在，并且在遵循道的前提下，使自己的主观合于客观，进而在遵循道这一根本规律的前提下，去发挥自身的主观能动性，在实践中去创造具体事物中的具体规律，并加以运用；同时，又会运用自身的主观能动性对实践的结果进行反思，看其是否符合根本规律，对偏离根本规律的实践行动进行修正、调整，使其不致落人主观的陷阱当中，从而使自身始终不离大道。道本管理就是基于这样一个逻辑路线而导出的。

（一）道本管理的自然逻辑

1.道

（1）道先天地生，是纯客观的存在。道是道家哲学的最高范畴，老子《道德经》中就这样描述过：“道冲，而用之或不盈。渊兮，似万物之宗……湛兮，似或存。吾不知谁之子，象帝之先。”[①]

（2）从发生学的角度看，道是生育万物的母体，万物均是道的载体。万物的运行都离不开道的支撑。《道德经》中的“道生一，一生二，二生三，三生万物”[②]，就描述了道对于万物的生发功能。

（3）道是缔造天地间万物、支撑天地间万物运行并决定它们未来运动形态和方向的规律和力量。“有物混成，先天地生。寂兮寥兮，独立而不改，周行而不殆，可以为天下母。”[③]“道者，万物之奥。”[④]任何的人、事、物都来自于道这一客观母体，它是我们一切认识的基础、来源和依据。

（4）大道无名。《道德经》中有“吾不知其名，强字之曰道”。

2.人之道

（1）从源头上来说，人是宇宙、地球的一部分，万千物种中的一类，人同样来自于客观。从地球的演进和人的进化来看，恰恰是在地球上，许多因素的相互作用，造就了生命，也造就了人这样一种高级的生命体。人这样一种生命和外部的客观世界具有一种天然的血缘关系。因此，道是人之本，也是人类生命之本。“天地者，万物之父母也”[⑤]；“夫人生于地，悬命于天，天地合气，命之曰人”[⑥]，“与天地相似，故不违。知周乎万物，而道济天下，故不过。旁行而不流，乐天知命，故不忧”[⑦]，都在借天地来阐明人和道之间的关系。

（2）道造就万物，人是体现道的载体，人离不开道，并接受道的制约。道

---

① 《道德经》第四章。
② 《道德经》第四十二章。
③ 《道德经》第二十五章。
④ 《道德经》第六十二章。
⑤ 庄子[M]．孙通海，译注．北京：中华书局，2007．
⑥ 钱超尘．黄帝内经[M]．姚春鹏，评注．北京：中华书局，2011．
⑦ 周易[M]．郭彧，译注．北京：中华书局，2006．

是生成我们主观世界的来源，也是决定我们主观世界的本源。

（3）道的客观无限性决定了人的主观有限性只能合于道，而不能创造出道。“夫‘大人’者，与天地合其德，与日月合其明，与四时合其序，与鬼神合其吉凶，先天而天弗违，后天而奉天时。”①人只有客观地认识自身与道之间的关系，才能节制自己的主观，去顺应并合于客观规律。

3.人之道性

（1）绝对客观之谓道。绝对客观有其自身性质，谓之客观性，也即道性。

（2）人来自于客观世界，归属于客观世界，人自身首先是客观世界的一部分，因此，人本性之源也即客观性与道性。

（3）人无法独立于客观之外而存在，人就是大道造化的产物，人之性也必然承接于道性，故此，人性也即道性。

（4）道性之客观性，表现为客观中相关存在形态的自然和谐关系，人只能以客观存在的一种形态加入其中，而不能以独立的身份去改变整体。

（5）在人间，相对于每一个人的主观，每一个人的主观与客观存在都是客观的存在形态，每个人的主观只能改变自己的主观，并带动自身客观的有限改变，而不能用自己的主观全面地改变自己之外的他人的客观存在。

（6）在人群中，为了每个人高效地改善和提升自己的主观及相关的利益与生命价值，为了减少人和人之间、纯个体之间的主观冲突与生命能量的抵耗，人的主观能动性在进化过程中，找到了人群中的智慧理性模式：主动节制个人主观、充分尊重自己之外的他人和纯客观的存在必然性及合理性，以自己之外的（自己也包括其中）客观真相和客观真理作为信仰，并用至善的方式形成人群中思想与行为的高效、简约的协同模式。

（7）综上所述，人性、人的本质不是善恶的区别与选项，而是承接于自己主观之外（自己也作为客观存在其中）的客观必然性，最大限度地约束自己的主观有限性及其作用的发挥，以超越世俗善恶逻辑的至善作为基础、核心、内涵与根本，这就是人性即道性的基本逻辑原理。“佛性是人人先天具足的”，《六祖坛经》中也有过这样一段阐释：“何期自性，本自清净；何期自性，本不生灭；何期自性，本自具足；何期自性，本无动摇；何期自性，能生万法。”②生命形态这具皮囊不是生命的本质，其与大道本性的一体才是生命的真相。受尘埃蒙垢后的生命表相，也只有在修行的时时拂拭中，才可见得无树的菩提，才可照见非台的明镜。“无明不是佛性，无无明，亦无无明尽，究竟涅槃，即现佛性。”当人性真正呈现它的本然之性——道性之时，就能达到《道德经》中所呈现的“不出户，知天下；不窥牖，见天道；其出弥远，其知弥少”③的人生境界。

① 周易[M]. 郭彧，译注. 北京：中华书局，2006..
② 六祖坛经[M]. 净因法师，导读及译注. 北京：中信出版社，2013.
③ 《道德经》第四十七章。

4. 人之皈道

（1）客观和客观真理：客观，具有独立于主观的自在性和无限性；客观真理，也即真理的客观性，指在真理之中包含不以人和人的意志为转移的客观内容。人也是客观中的一部分，人在认识客观及其客观真理的过程中，自身也是客观及其客观真理的一部分。

（2）主观和主观真理：主观是基于客观的人的属性，具有客观依赖性、依赖于客观的自在性和自身的有限性；主观真理就是基于前述三性所形成的人的主观对客观世界的、暂时性的、达成一定共识或暂时无法证伪的有限认识。

（3）基于以上认识，人的个体主观也归属于整体的客观，人的具有相对性的主观真理也将在不断地自我否定、自我突破和连续不断地证伪中向着客观真理和绝对客观真相接近，这就是人类所有生活的全部景象。

（4）基于以上三点认识与判断，将自己与整体客观世界合一、连续不断地探究绝对的客观真相，充分认识主观的有限性，谨慎地坚持主观真理的正确性，让人在主观认识基础上形成的主观真理，在不断地自我否定过程中向着客观真理与客观真相接近，也是人的主观归于客观、人皈依道的客观必然性。《道德经》第五十二章“天下有始，以为天下母。既得其母，以知其子；既知其子，复守其母，没身不殆”，第五十三章“使我介然有知，行于大道，唯施是畏”，都体现了道家哲学主张将人的主观合于客观的皈道智慧。

5. 主体论

（1）人首先不是决定客观世界的，而是被客观世界决定的。这一点是宇宙产生与演化、人类出现与进化的历史客观事实所表明的。由此确定了人之主体的第一属性——客体性，也是主体人的第一理性，也是皈道与信仰的基础，也是主体精神能动性的第一附着点。基于此，客观规律和客观真理所构成的客观意志就成为天地人间的第一管理主体，而人和一切的客观存在就成为第一管理客体。

（2）每个人的主观世界与生命客观及周围人和物质世界的客观存在都是生命灵性进行审视的视域与对象，是每个生命进行自我建构的基本维度，也是每个生命与自己对话、与外部对接的第一接口，而生命灵性就是架通自我的身与心、自我与客观世界的桥梁。故此，能够对自己及相关外部进行审视与接通的生命灵性，自然就成为天地人间的第二管理主体，每个生命自己及相关外部也就相应地成为第二管理客体。

（3）天地间万物平等，人间人人平等，这是人类文明的基本设定。在现实中，个体生命是存在千差万别的，这是由遗传、后天成长环境及条件、生命成长的不同阶段性所决定的。因此，在人类群体中，具有品德、能力和经验优势的个体对在这些方面相对弱势的人们具有辅助、扶持的责任。具有相对优势的品德、能力与经验的个体经群体认证和推举之后，就将履行服务于委托人的责任、义务与权利，成为被委托人。他们就是在人间现实生活中的职能管理者，也是天地人间的第三管理主体，其服务对象和相关事务就成为第三管理客体。

(4) 既然人间的第三管理主体的确立来自于委托人（专指第三管理客体中的人），委托人也就具有监督、评价和重新选择受委托人的权力。而受委托人自觉接受委托人的监督、评价和选择，也就成了受委托人的基本理性。委托人与受委托人将这样的过程建构成组织的制度与机制——一种高于任何一个个体的集体意志，就是对这一过程提供法制化保障的组织理性。明确了这一点，在这一管理循环层次上，第三管理客体中的人将在这一过程中转化为第四管理主体，而相应的第三管理主体也将自然地转化为第四管理客体。

(5) 天地宇宙是一个巨大的系统，组织和每个人都是隶属于这个巨大系统中的分系统和子系统。因此，组织和每个人都无法独立于自己所隶属的系统而单独地存在与运行，保持自我小系统与外部大系统的开放与不间断地完美对接，是任何一个自我小系统维持自己生存与发展的能量源泉，也是任何一个自我小系统必须保有的“自知”理性。因此，要克服自我小系统的有限性并获取系统外部的能量，就必须建构与外部系统的能量传输关系。基于此，任何个体、群体、组织与社会，都必须主动地从外部系统吸收能量。尤其是作为正式的组织，更应该虔诚、谦卑、主动地向外部系统学习、请教，并接受其评价、指导与指引。此时，组织外部的这种功能就成为组织健康运行的第五管理主体，而组织自身也就成为第五管理客体。

(6) 人在天地万物之间自诩为高级灵性动物，在自然生物界中的优越性和在人类群体中借助于实践积累的经验、科学形成的知识以及在自我精神世界中形成的价值导向和由此形成的自我智慧，都会演变成个体、群体或组织的强大的精神能动力量，进一步会形成习惯、固执、自恋、自我中心、集体主义、民族主义、国家主义和人类中心主义。历史已经证明，这样的一种演进过程与结果，常常给人类文明的进程带来灾难，而上述五种主体论的确立将为人类主观精神的能动作用划定一个文明的边界。

6.合一论

(1) 任何事物和人、个体与个体之间，在客观的系统中，都各自是一个小的系统，又都是更大系统中的一个部分，这是系统观关于不同视域层面本体存在的基本认识。

(2) 人类主观有限的认识能力决定了人只能在特定的时间和方位上观察到本体的侧面、表象和部分；人类主观价值的偏好决定了人对自身和客观本体的选择性认知与行动偏好；人类主观为了认知事物的方便，深入事物内部，拆解其结构，了解其组成及相互关系，使组成整体的部分能够呈现在特定的视域中，这就是科学研究的基本认识方法。“万物本一体”，这是基于系统论对本体的基本认识；“万物负阴而抱阳”，这是基于认识论对本体的认知；“冲气以为和”，即是哲学智慧对科学认识结论的提升与对本体的归真。

(3) 基于以上道性思维，将主观世界运用的拆解与分立的认识及结果（如你我、是非善恶、舍与得、爱与恨、挫折与顺利、失败与成功等二分式对立思维），运用有机与系统的智慧思维统一到更高的价值与逻辑层面进行认知，将认识过程中的一分为二回归到本体的合二为一，从而解决人自身与外界因二元对立而产生的矛盾与冲突。此为不二法门。

（4）“大道之行也，天下为公。选贤与能，讲信修睦，故人不独亲其亲，不独子其子，使老有所终，壮有所用，幼有所长，矜寡孤独废疾者，皆有所养，男有分，女有归。货恶其弃于地也，不必藏于己；力恶其不出于身也，不必为己。是故谋闭而不兴，盗窃乱贼而不作，故外户而不闭，是谓大同。”[①]这就是儒家追求的最高境界——“天下大同”，也是天道精神的体现。著名社会学家费孝通先生曾经说过“各美其美，美人之美，美美与共，天下大同”这十六字“箴言”。《道德经》第四十九章中说：“圣人无常心，以百姓心为心。善者吾善之，不善者吾亦善之，德善。信者吾信之，不信者吾亦信之，德信。圣人在天下，歙歙焉为天下浑其心。百姓皆注其耳目，圣人皆孩之。”至真至善、大美大同即是超越二元对立的合一境界。

（5）道本管理基于合一思维，消除管理域中自身内部系统和自身系统与环境系统的分离与对立，用管理的服务置换管理的控制、用自我的管理置换外部的管理、用相互的学习促进和共同提升置换组织中人与人之间的恶斗、用共同发展的人文准则置换弱肉强食的生物法则、用合作共赢的高级模式置换血腥竞争的低级绞杀、用绿色健康发展置换破坏环境的自残式模式、用生命的身心成长与幸福置换世俗中对生命的压制和“快乐-痛苦交替”的模式。

（二）道本管理的核心理论命题

当我们明确了所有的生命、事物、所有的思维和行动都要在这样一个自然逻辑体系下发生、发展和存在，由此提炼出适用于人生、适用于生活，也适用于管理的五大核心理论命题，即人本道本论、道本道性论、道性皈道论、皈道主体论、主体合一论。

1.人本道本论

人之本在于道，人本来是客观世界的一部分，人本身也是这个客观世界创造的产物，人来于斯、存于斯、归于斯，这就是人与这个客观世界的关系。人类的一切主观活动都是以此为基础展开的，而无法让自己的主观独立于这个客观而存在；否则，脱离了客观世界的主观就一定是个错误，脱离了客观世界的任何思想都必将是荒谬的。按照错误和荒谬展开的一切活动都必将成为灾难。

2.道本道性论

人来自于客观，人承载着客观的信息、客观的规律，人本身就是客观，所以他与客观本来就是一体的。人又不是一个一般的客观，他不同于一般的生物和物质，他具有主观能动性，他不是被动地等待和接受客观规律的制约和制裁，不是简单地、完全地被客观决定，而是在客观的基础上，发挥主观能动性。这种来自于客观之规律和对这种规律的接受与臣服，既是人的道性。人的

① 礼记[M]．胡平生，陈美兰，译注．北京：中华书局，2007．

主观能动性对客观规律的领悟，并不能等同于客观规律本身，所以道性又是在领悟的基础上不断进行修正，使主观领悟能够最大限度地、连续不断地与客观接近的过程。这就是人之道性。

3. 道性皈道论

正因为人与客观规律的这种必然的关系，所以人的主观和生命的客观不能脱离客观世界和客观规律。作为人的主观能动性的表现，人能够主动地将自己的主观与生命的客观归于原本的客观世界和规律，即为人的最高理性。而在将自己归于客观的过程中还能够不断地去破除既有的状态，也就是破除既有的、主观的、有限的状态，使自己主观和生命能够连续不断地突破前期的皈依状态，使之连续不断地、无限地接近客观，此为真正的皈道。

4. 皈道主体论

人的主体性是建立在道本道性的基础上，并通过皈依来确立主体地位的一个连续不断的过程。对自我的确立，既有在领悟基础上的肯定，又有基于对领悟有限性认识的对肯定的否定，这就是一个主体真正的理性、自性、虔诚、谦卑与精进的有机结合。主体的能动作用在对总体规律领悟的基础上，在具体规律的表现层面，可以发挥主观能动作用，但同时又能够对主观能动作用进行反思、评价、修正与突破，这就是成熟的主体性。

5. 主体合一论

从人类与宇宙的关系而言，用人类意志的思维来说，第一主体是创造人类的世界，那个被我们视为客观的世界，那才是真正的第一主体。相对于第一主体而言，人首先是第一客体，但人又不是一个类似于普通生物或物理存在的个体。人类来源于客观，在主观连续不断地试图确立主观的独立和对客观的摆脱的过程中，用我们本体论与主体论结合的思维，将自己的作为第二主体的自我随时随地、时时处处、时时刻刻归于我们自己的客观，我们主观之外的客观，和包括我们自己主观和客观的宏观客观世界之中，让人心成为承载规律、表现规律、运用规律、创造规律，并合于天地大律的这样一个过程。使人道器的身份、主观能动的能力都与真正的客观本质规律完全相合，此为主体与客观世界及客观规律的真正合一。

（三）道本管理的实践命题

道本管理的实践命题是从其核心理论命题而来的，从正反两个角度对实践命题加以阐释。

1. 人本道本论之实践命题

绝对客体论：客观世界独立于人的主观而存在，不受人的主观制约；人是客观世界的一部分，人的主观受制于客观及其规律。

【正】道是万物的母体，具有客观无限性。道的运行有其自身的规律，不以任何力量为转移。人是道的产物和载体，必须认清自身的主观能动性与客观规律的从属关系，以遵循客观规律为前提条件，并在这一前提下，来发挥人的主观能动性，才能构建人与自身及其与自身之外一切存在的和谐关系。

【反】人如果不能认清客观规律对主观认识和主观能动性的制约，就会无限放大自身的主观意志和主观能动性，进而肆意妄为地认识和改造客观世界，这必将造成主观认识与客观规律之间的对立与冲突，也必然受到客观规律的惩罚。

2. 道本道性论之实践命题

(1) **人之道性论**：人来自并归属于客观，本无自性，人性即道性。

【正】人是自然的产物，犹如孩子带有父母的遗传基因一样，必然带着自然之属性。而天地自然属性即是道性，因此，道性也是人与生俱来的先天属性。它超越了一般世俗中的二元对立，并牵引着人的主观认知通过至善的价值方向和信仰回归到无限的客观。

【反】当人们不能从源头上，即人与自然的隶属关系来认识人性的时候，就很容易将人性的表象当做人性；或者将后天获得的一些习性作为人性的本质去理解。这两种对人性的错误认识使人们无法接近人性的真相，也就无法在生产活动中找到有效的方法来解放人性和服务人性的成长。

(2) **客体思维论**：正确的主观思维只能依赖于事实和规律，主观思维的能动作用皆依据于客观规律性。

【正】人的主观不可能创造或改变客观规律，只能发现和顺应规律，并且在遵循客观规律的基础上发挥其能动性。只有一切从实际出发，人们才能作出符合管理实际的正确判断，制订有效的管理行动方案；并通过实践和实践后的效果来检验主观认知与客观实际的差距，为下一步调整作准备。如此反复，才能使自己的主观认识不断接近客观规律。

【反】不尊重客观规律或者否认主观思维对客观的依赖性，就会在实践中夸大自身的主观能动性，造成脱离实际情况的肆意妄为，并最终导致结果的失败。

(3) **心性至善论**：对万物与万事的至善是接近规律性的正确路径。

【正】至善就是不以自己的喜好去判断或选择，而是无分别地对待世间的万事万物。至善之心，可以使人们消除世俗中的二元对立，放下自我的主观偏好，客观地看待人与天地万物之间自然的关系，才能接近客观真相。

【反】没有至善之心，人就会产生二元对立的判断，就会有分别地对待万事万物，就会把自我偏好放人对客观事物的价值判断中，自然会计算个人的利益、荣辱的得失。就会和别人发生冲突，失掉人心，自己也不会快乐，从而阻断了自身接近大道的通路。

3. 道性皈道论之实践命题

(1) **主体信仰论**：信仰客观规律是主体精神的立足点。

【正】人信什么，就会关注什么；人仰什么，就会让什么成长。以客观规律作为自己的信仰，就是让人们最大限度地放弃自己的主观，而用一种接近规律的程序去思考、评价外部的事物。它可以使人的精神不再被外物所奴役，真正成为自己灵魂的主人。

【反】不以客观规律为立足点，就会使人们失去判断外部事物的客观标准。就像没有尺子，我们就无法测量长度一样，只能依靠主观的猜测。这样一来就使人们陷入各说各理的精神混乱之中。

(2) **价值方向论**：一切行动和方法服从于生命与万物和谐的价值方向。

【正】天地与人同根，万物与人同体，人与万物的和谐是人自身一切活动的尺度。因此，利他不仅可以帮助他人解决问题，还可以通过这种人际关系的良性互动，使自己收获一份内心的幸福与精神的满足，进而构建人自身，人与他人、集体、组织、社会、环境的和谐共生关系。

【反】人如果不能将利他这样一个价值标准作为自身行动的发心，就会陷入自我与周围一切事物的矛盾对立之中。在为了自身利益而忽视他人利益的计算方法中，只重视短期利益，忽视长期收益；重视物质收益，忽视精神收益；重视人类一时的收益，忽视生态的持续收益，最终反过来会阻碍人自身的健康发展。

(3) **反观修行论**：借外反观自心，修正观念和行为，使之合于大道。

【正】人生就是借助外部人和事来反观认识自己的修行过程，自己心中有什么，就会看到外部的什么。借外修内，借假修真，勇敢地正视自己的错误，不断修正自己的言行和身心，才能减少下次犯错误的几率，才能不断接近客观真理。

【反】如果一个人不能连续不断地保持自我反省，就会以假当真，就会自以为是，就会不断地去挑剔别人的错误，就难以谦虚地接受他人意见，难以在日新月异的时代保持与时俱进，难以在错误发生后迅速作出修正，难以在失败后查找自因。如此下去，就会错上加错，就会堕入深渊。

(4) **学习精进论**：放下已知，学习先进，成就生命新我。

【正】学习是每一个人为自己的灵魂注入能量最为重要的生命活动。不断学习精进，会让人们以谦卑之心不断认识客观世界，更换陈旧的、已知的知识结构，突破认知局限；学习别人高于自己的优点和长处，武装自己的头脑，升级自己认识问题、思考问题和解决问题的心智程序，积攒自身无法衡量的价值，让旧我不断死去，让新我不断诞生。

【反】不学习的头脑，一定会涌出一大堆计较的、乱七八糟的想法，时间久了也会形成习惯，人的灵魂就会因此变得混乱不堪。不学习的人，就是在拒绝为自己积攒人生价值，拒绝了这份价值的人，就是在自我淘汰。

(5) **使命责任论**：投入生命，奉献价值，促进价值良性循环与连续放大。

【正】一个有使命的人会自觉自动地承担组织中别人不愿意承担的责任和义务，将个人的收益和名利放置一旁，将自己的全部生命能量投入组织当中，甘愿为他人和组织奉献自身的价值，帮助他人，并通过不断学习提升自身可贡献的价值，在潜移默化中就影响了他人的行为，帮助了组织的成长。他人和组织会因此赋予他更大的正面肯定，从而形成其自身价值提升与放大的良性循环。

【反】一个没有使命作为生命引擎的人，做任何事情都提不起正面的能量；工作就是生命的负担，人际关系一旦出现摩擦就会心生抱怨；贡献一分力量，就想获得十分利益。这样的生命，不仅找不到生命的出路，更会陷入世俗的利益算计当中，无法在工作中获得幸福感。工作如此，在生活中亦如此。

4. 皈道主体论之实践命题

（1）**管理服务论**：管理就是服务部下全面成长。

【正】帮助部下全面成长，使之业务精进、做人品质提升，就能把工作做好，就能在工作中提升自己。培养出这样的部下，管理者就能把工作持续地做好。当然，工作只是一个载体，事业只是人生的平台，借助于工作与事业来提升自己的生命品质，才是工作的真正目的。服务部下成长，是做好工作的根本。服务部下成长，也是管理的基本价值。

【反】不去服务部下成长，就难以做好工作。在此情况下，若是再用强制性的管理方法对待部下，就会让部下产生压抑和痛苦，时间久了就会产生反抗、对立、推诿、敷衍、奉迎乃至欺骗的行为，就会导致组织中的丑恶现象发生。

（2）**管理循环论**：组织内外、管理与被管理的良性互动是有效管理的机制。

【正】每个人只有管理好自己，才能保障自己的成长和未来的利益不断增长。任何个人只有主动地接受上级或者下级的监督和指导，才能成为组织中合格的一员。组织只有全心全意为成员服务、为客户服务，并自觉接受监督，才能把管理工作做好。任何一个组织只有将相互服务与相互监督建成一个良性互动的管理机制，才能推动组织的持续、良性、协调发展。一个组织只有自觉主动地接受社会各种机构和个人的监督，才能不断地改进工作和保障健康持续的发展。

【反】组织中管理者若是缺乏内外的有效监督，就会导致组织权力的滥用和腐败，就会导致管理者和组织的自我毁灭。

（3）**无为领导论**：以客观规律、众人智慧和使命价值作为领导的心性机制。

【正】无为领导论要求管理者一切从实际出发，实事求是，尊道而行，不让自己有限的主观意识肆意妄为。只有在管理活动中清楚地认识到自己主观想法的局限性，才不会夸大个人的能力和经验，不会以一己之见否定众人的智慧。不断提升自己对规律的认识和把握，并对违背规律的错误行为所导致的结果进行系统的反思和改进，可以激活每个人的主观能动性和积极性，尊重众人的智慧，让管理效力达到最优。

【反】在现实的管理活动中，管理者缺乏对“道”这一客观存在对自身制约的基本认识，缺乏对使命、对终极价值的追求，完全按照自己的主观想法来，忽视他人的主体性，就会因盲目自大而产生一些违背规律的妄为式管理行为，就会产生人际间的冲突和博弈，沟通成本会增加，阻碍管理效率的提升。

（4）**激励天梯论**：以个体、组织和社会的价值系统为依据，个体自我价值连续自动提升是管理的有效机制。

【正】激励天梯论就是帮助每个人激活对自我价值提升、自我成长与完善的需求，让每个人通过有效的自我管理、促进自身成长来提升自身价值，形成自我激励-自我提升的内循环，实现自我激励的效果。

【反】不以激发员工内在需求为目的的激励手段，容易造成被激励者陷入对外力刺激的依赖以及欲望的增长，无法启动自身对工作价值和意义的内在追求，因此不可能最大限度地调动人心的全部力量，既无法帮助每一个被激励者自身能力和自我价值的正向提升，更难以维持其持久的效果。

（5）**超越竞争论**：以自我价值提升替代竞争，以卓越价值达成不可争。

【正】不论个人还是企业，都只有通过练内功，提升自我的能力，才能提升自身的价值，最终以远远超过一般人的卓越水平取得无可比肩的竞争优势，即达到不可争的境界。

【反】如果上级嫉贤妒能，如果员工相互拆台，如果与同行进行恶性价格战，必将在红海中与众多竞争对手展开自残式的拼杀，结果也必然是"杀敌一千自损八百"，这种竞争模式只会荒废个人和企业内力的提升，从而削弱组织未来发展的能量。

（6）**智能系统论**：用自动化机制体系代替管理与领导的个人意志，最大化地实现组织的自动化运行。

【正】打造可循环的自动运行的管理机制体系，使各部门、各环节有机结合在一起，依据自动化的管理机制自发调节体系中各环节的运行，形成一个自适应的智能系统。

【反】若是管理体系中的各种具体事务必须等待相关领导的指令，推一推才能动一动，必然导致组织在解决冲突和矛盾方面的低效，必然导致管理者深陷事务而不能自拔，时间久了，必然导致组织的士气低落。

5. 主体合一论之实践命题

（1）**生命伙伴论**：工作中的同事即是人生中的生命伙伴，同事就是亲人。

【正】一个组织就是把不同姓氏、不同血缘的人们组合到一起，为了一个共同的使命、理想与目标而奋斗。此时，同事就是我们的亲人，组织就是一个人小家之外的大家。我们视同事为亲人，就想着能够一心为他做什么而不向他提要求，不要求他为自己做什么，为别人做了事情无怨无悔，这就是德行。这就是建立生命伙伴关系的基本原则。

【反】如果组织中的人无法认清自身系统与他系统之间能量和信息的相互依存性，不能将同事视为生命中的伙伴，没有认识到自身和他人之间微妙的情感连接，在工作中自说自话，不知道他人的心声和需求，必然就为人心之间的通路设置了屏障，会影响自身与外界进行信息和能量交换的频度和密度，阻碍自身的成长和进步。

（2）**工作生活论**：工作就是超越血缘的亲人们的集体生活。

【正】多数员工一天中的大部分时间是在企业中度过的，因此，和谐的上下级和同事关系就成为每个人健康工作和生活的关键。亲人般的同事关系，可以让员工将企业当做家庭，将同事看做异姓的亲人，将工作看成与亲人一起过集体生活。这有助于增强企业凝聚力，增加员工的幸福感，增进企业与员工以及员工之间的感情，降低人们的工作压力，提高人们的工作效率。

【反】在组织中，如果人与人之间、人与部门之间、部门与部门之间无法建立超越血缘的亲情关系，很难打通人心的桥梁，相互设防，难以真心相待，那么就会消耗巨大的心智成本和沟通成本，不仅人无法体验到工作中的快乐和幸福，形不成组织归属感；还会因为相互间沟通的不畅，影响工作效率的提高。长期来看，会影响整个组织的稳定及长久的发展。

（3）**使命团队论**：大家的工作就是完成共同的使命。

【正】使命是引领人们走向终极价值目标的引擎。一个有使命的团队，是一群人为一个共同的终极价值方向而共同奋斗。团队中的每个人在一个至高使命的驱动下，超越了个人利益诉求和算计，甘愿为整个团队奉献自己的全部力量和价值，将工作看做践行使命的自我修炼，将团队看做自己的家，将团队中的成员当做自己的家人，将管理看做服务团队成员的机会，将信任看做人与人之间关系的常态，将挑战看做提升自我的机遇，将对手看做帮助自己提高的贵人，将竞争看做共同进步追求美好的契机，将社会看做奉献和回报的对象，将国家民族的发展看做自己的责任与义务！

【反】在传统的组织中，由于思想意识的不统一，所谓的“团队”往往是由一群各自有着不同想法的人组成的。这样的“团体”通常只关注个人利益的得失，或者是以个人利益的多少来权衡自身对组织的贡献程度。没有共同使命牵引的团队，注定是一盘散沙，注定会沦入个人名利的竞赛和追逐当中。

（4）**法人人格论**：人格决定行为与结果，集体人格决定组织行为与价值。

【正】每个人都有自己的人格，人格决定人的行动方向与强度，而由人组成的组织也有组织人格（在法人实体中即是法人人格）。企业法人人格的确立，表现为一套共有的精神价值观体系和行为目标体系，通过集体的践行，使这种组织的文化成为每一个人的共同人格，将人们离散度很高的思想与行为整合成为一种企业法人人格。

【反】没有企业法人人格，企业中的人必然是各怀心腹事，必然是各行其是，最终只能是一群乌合之众。在这种状况下，企业中每个人的思想非但没有成为企业的“无形资本”，反而会成为企业的“负债”。

（5）**制度契约论**：真正的制度来自众人智慧、超越个体意志的集体契约。

【正】真正的制度应该是经集体中每一位成员认可的游戏规则，是众人意志的体现，是众人智慧的结晶。它是众人的契约，不是少数精英者强加给其他人的“枷锁”。这种制度将每个人视做主体，每个人都是制定这一集体契约的参与者、决定者和执行者。这样的制度一旦确立，就要求每个人对自己作出的承诺负有不可推卸的责任，没有人可以凌驾于制度之上。这体现了众人承诺、共同坚守的契约精神，也才能更好地发挥制度对众人行为的引导和规范作用。

【反】非契约的制度，就不是众人意志的体现，通常成为少数当权者“控制”多数员工的工具。这种制度没有充分尊重每一位参与者的意志和需求，体现的是少数精英的意志。其结果必然导致众人主体性的压抑以及上下级之间的恶性博弈。

（6）**利益一体论**：只有在个体与组织、组织与社会、社会与环境、自我与他人的互利中才能实现彼此的价值目标。

【正】企业内外部的利益相关者不仅有共同的利益追求，而且也只有在达成共同利益的认知并相互合作的基础上，才能实现这个共同的利益，也就是各类利益相关主体的各自利益。企业的利益相关者包括：员工、顾客、供应商、母公司或附属公司、合作伙伴、投资者或股东，政府、社区团体以及生态环境等，企业的发展依靠他们、也要造福他们。

【反】如果只追求企业自身的利益最大化，缺乏对企业内外部的利益相关者关系的正确认识，会打乱正常的企业价值循环过程，最终也难以实现自身利益最优。

（7）**综合价值论**：赋予物质以精神意义，让精神产生物质价值；让短期目标服务于长期目标，使长期目标引领、优化短期目标。

【正】企业的价值并不只是表面上的固定资产与产品价值，也不只是会计账簿上的账面价值，而是包括了企业的有形与无形的价值、精神与物质的价值、对员工与社会的价值、短期与长期的价值等多个维度在内的一个有机的综合价值系统。在企业组织中，建构起个人与集体、短期与长期价值追求之间的良性互动，并通过高尚的精神力量带动员工和企业的价值提升，使企业中无形的力量与有形力量进行有机结合，形成企业发展的“阴阳合力”，才能更有利于企业的长期健康发展，达到企业的综合价值收益的最优。

【反】如果企业只是强调物质利益，必然导致企业员工唯利是图；如果只是强调精神和觉悟，没有和物质利益有机关联，也必将让众人不再相信这些空洞的说教。只是强调集体利益，不能转化成个人利益，集体利益也将不被众人重视和接受。如果只重眼前利益，必然失去长远利益。

（8）**持续发展论**：在变化和竞争的外部形势下，立足于自我优化和资源整合，实现长期、健康、持续的生态型发展。

【正】随着社会的不断进步，民众的生态环保意识和社会法制意识越来越强，更多的公众希望企业承担起应有的社会与生态责任，这就要求企业在生产经营活动中对环境保护和资源节约负起责任来，走资源节约型、环境友好型的发展路径，实现生产过程和消费过程的物质和能量的可循环，这种循环利用的发展模式有利于实现企业自身和社会的双赢，有利于企业的长期、可持续发展。

【反】如果一味地过分强调企业个体本位和短期现实利益，而忽视或者干脆不考虑企业活动对于外部的社会、自然环境所造成的影响和产生的危害，就必然会带来企业与社区居民、政府关系的不和谐，会带来环境破坏与生态损失，并终将影响到企业的长期和持续的发展。

太月浮想

无处不在的管理，用一张张无形的罗网缠绕了每个人，从亘古一路走来，有谁了解她的过去？又有谁思考过她的未来？感谢历史学家、考古学家、社会学家、经济史学家、管理思想史学家的辛勤劳动，让我们驾驶着他们所建造的管理史料时光机回到远古，并循着管理进化的足迹一程程地回到现实。于是，物本、神本、资本、科本、知本、人本和“去中心化”管理，就像一座座连绵雄伟的山峦，让我们一步步地跨越。很辛苦，但也领略了途中的风景！

山重水复疑无路，柳暗花明又一村。看起来跌宕起伏，却指向一个光明的方向。在管理演进轨迹的指引下，我们又开始了对管理未来的探索，循着文明的亮光，我们来到了道本管理的“桃花源”……

小　结

18世纪伟大的哲学家孔多塞在《人类精神进步史表纲要》中对人类精神进步与对自然规律和社会规律的把握之间的关系进行了精确的描述。他认为，人类生来就有对各种知识感知和运用的能力，并会在这一过程中掌握知识的规律性。纵观管理的演进，其中任何一种进步的思想、理论与实践，无一例外都是人类对自然和社会规律努力寻求和精确把握的结果。

因此，管理理论的现实价值和管理实践的有效性，在很大程度上取决于我们对管理中的人类活动的基本规律及精髓的理解与把握，取决于结合具体情景的研究与应用，取决于对人类管理理论发展和具体组织中管理发展阶段相结合的高度认知。从21世纪世界管理理论的发展趋势看，上述问题正成为人们重新认识和解读管理问题的新的导向与热点。道本管理正是在这一方面作出了较为独特的贡献。

道本管理理论对构筑具有中国文化特色的新管理思想体系进行了探索。该理论站在中西管理哲学融合的历史视角，将中西管理哲学的共同核心“道”的思想引入现代管理，化解管理“控制”与人的主体性的矛盾与冲突。道本管理注重“用规律代替个人的主观意志”、“用无我心态对待众生”、“用和谐心灵塑造健康的精神”、“用造就别人来实现管理的目标”、“用‘道’的思想创新管理的思想体系”。

道本管理用中华优秀思想和发展的实践来振兴中华文化，用新的理论思想来提升国家软实力。它是将传统哲学思想“道”引入现代管理的一种尝试，在中华文化振兴的大趋势面前，这也是从管理学科角度发展中国特色管理的一个探索。

思考题

1. 道本管理能在哪些方面解决管理的异化问题？
2. 道本管理实践命题的逻辑体系是如何构建的？
3. 有人说“道本管理思想是管理学说史上一次新的革命”，为什么？

第九章

星光大道：道本管理实践指南

摘要

道本管理实践以道本管理的思想和理论体系为依据，确立了六项基本的原则：以道为基础、以道本思维为出发点、以主体性为切入点、以道本管理理论为操作依据、以古今中外优秀文明为借鉴、以促进人的文明进步和美好未来为方向。在中国文化中，“道”一般具体展开为“天道”和“人道”。天道，更多是指自然和宇宙的客观规律。人道，则主要是指依据天道而发生的与人、人的活动和人的社会组织等相关联社会活动的一般规律。在人道实践中，又从与自身和与他人两个层面细化为心道实践和众道实践。管理作为人类创造的一种有目的活动，取得某种成果是管理活动的最终诉求，我们将管理活动的这种追求以胜道实践来命名。这样，道本管理的实践体系就包括了天道实践、心道实践、众道实践和胜道实践四个部分。

本章逻辑框架图

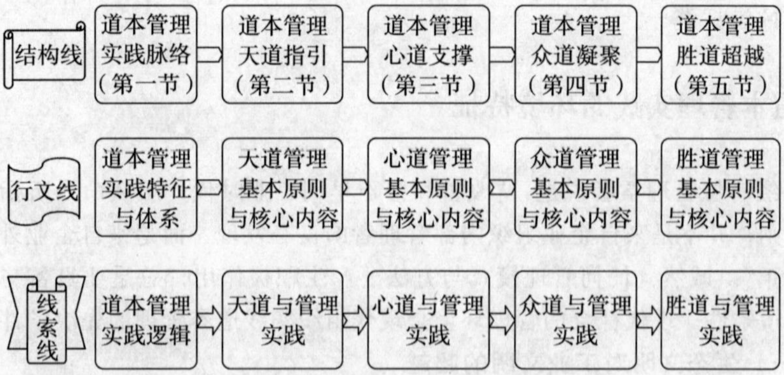

认识从实践始，经过实践得到了理论的认识，还须再回到实践去。

实践、认识、再实践、再认识，这种形式，循环往复以至无穷，而实践和认识之每一循环的内容，都比较地进到了高一级的程度。

这就是辩证唯物论的全部认识论。

——毛泽东

如前文所述，道本管理哲学的理论体系已经被构建出来了，那么，怎样把这种理论付诸实践呢？本章首先阐释道本管理实践的基本内容与特点，然后分别从天道实践、心道实践、众道实践、胜道实践四方面进行介绍。

第一节　道本管理的实践脉络

管理学是为管理服务的，因而管理研究必须直面管理实践！[①] 著名的管理学大师彼得·德鲁克先生认为，“管理是一种实践，其本质不在于‘知’而在于‘行’；其验证不在于逻辑，而在于成果；它的唯一权威则是实践成效。因此，管理学是一种使命、一种实践的综合”。[②]德鲁克强调“行”重于“知”，但我们必须说的是：“知”与“行”二者是相互统一，相辅相成的。“知”是“行”的前提，如果在“知”上是迷惑的，“行”的背后又是什么？这样的“行”的前景又是什么？况且，“知”也不是永恒不变的，它也会伴随着“行”而发生变化，“行”反过来又会检验“知”的合理性。由此看来，“知”是前

① 齐善鸿，白长虹，陈春花，等. 出路与展望：直面中国管理实践 [J]. 管理学报，2010 (11)：1685-1691.

② DRUCKER. Management：tasks，responsibilities，practices[M]. New York：Harper & Row Press，1973.

提，“行”是表现，在“知”与“行”的互动中，二者互相验证，彼此提升。中国传统文化中的“知行合一”，运用于管理哲学的研究中就体现了思想性和实践性的辩证统一。

一、道本管理实践的环境特征

曾经有位管理学者说过，“改善和修正早期工业时代‘服从命令听指挥’的管理原则，并不是来自企业组织内部管理者的良心发现，而是来自企业外部的社会性变革”。诚然，任何管理模式与方法要产生积极作用，总是要具备与之相契合的环境条件。现代社会的管理环境是现代组织实践道本管理的先决条件。

（一）生态文明对工业文明的超越

早在19世纪，恩格斯就根据美索不达米亚的教训警告人类：对大自然不恰当地索取将导致大自然对人类的惩罚。现在人们已经普遍认识到，工业文明所创造的巨大物质财富大多是建立在对自然资源掠夺式开发的基础之上，并且已使自然不堪重负。工业文明与自然规律的严重对立已经引起人们的广泛关注，生态意识和可持续发展思想逐渐被世界各国所接受，并向人类生活各个领域渗透，其结果是生态文明的出现。

生态文明与工业文明是两种性质不同却密切联系的文明。生态文明是对工业文明的超越，同时它也必须经过工业文明阶段发展而来。开放、和谐、生态是21世纪文明的基本准则，企业的生态文明气质与此完全一致：注重天人合一，注重和谐、开放、环保，注重全面履行社会伦理责任，注重人的全面发展，特别是敬畏并遵循客观规律。新的文明浪潮已经到来，企业必须适应新的文明规则才能在未来的市场竞争中立于不败之地。生态文明作为21世纪企业经营与管理的共同价值，已经被越来越多的企业所重视。

（二）企业管理模式的转变

整体而言，时空环境的变迁使得企业不得不对其运作模式和管理观念进行全面而深远的变革。企业传统管理模式建立于分工理论基础上，以科学管理为基础，实行职能管理，组织结构为自上而下的等级系统，这种模式在特定的社会历史环境中发挥过巨大的积极作用。

当今，知识、信息与互联网时代已经悄悄降临，“你雇用的是一个人，而不是雇用他的一双手”，正是这个“知识工作者”时代的真实写照，他们对工作中的个人自由空间的要求更为强烈。当越来越多的“知识工作者”成为企业的中坚力量之时，曾经发挥功效的、千篇一律的命令式管理，就失去了它的管理效力，或者说，假如我们使用传统金字塔式的管理方法，去管理知识与信息时代的知识工作者时，那将会是荒唐而无效的。

值得特别关注的还有，在知识经济中，通常是个人的知识贡献造就了组织成就。这完全不同于以往那种“组织成就个人”的模式。这在比尔·盖茨和微软的成功案例上可以得到很充分的体现。事实上，比尔·盖茨“财富神话”是一个极端的例子，我们真正要关心的问题是：在每一个现代企业里，都隐藏着大大小小的“比尔·盖茨们”，他们有着专业知识背景，有着创造奇迹的愿望，有着对财富的渴望，但同时他们也正在经历着以往任何时刻都不曾有过的痛苦。这些痛苦来自于企业因管理理念、组织目标、组织空间、组织结构等局限，不能为每一位“小比尔·盖茨们”的个体价值进行有效配置与支持。

（三）企业经营模式的转变

传统企业管理体系总是假设了一个错误定义：“企业是唯一输出产品的组织。”企业的利润来自于产品的销售额，在互联网时代，顾客对产品的参与程度与忠诚程度决定了其产品的购买意向。

目前的企业已经从“产品时代”过渡到了“顾客时代”，同时，企业效益的来源也发生了本质性的转变，即企业的利润来源，从组织内部生产能力转为了组织外部服务能力，这时，即使是传统的制造企业，也被迫“懂得”了这样一个道理：企业效益不再仅仅是来自产品本身，而是来自于“产品+服务”，顾客的愉悦体验仰赖于服务接触过程中的员工个体所提供的服务质量。

在这种背景下，个体的价值，尤其是基层员工的价值被逐渐凸显出来，因为仅仅是早期出现的“服务”概念就意味着态度、热情、个人服务技巧等原本纯粹的个人所属物，开始纳入管理的范畴之内，通俗地说，一个管理者可以使员工按时、按质、按量地完成生产任务，但是，他却无法使这些员工保持热情和良好的态度。这时，管理者的严厉命令与被管理者的严格执行，开始逐渐失效。

（四）以尊重主体性为基本特征的现代普世价值的普及

平等、民主、自由、爱、人权、法制等理念已经成为人类共同的价值观和普世价值，特别是法制化观念已经深入人心。一个组织，哪怕是个小企业，也不得不受到现代普世价值观念和法制社会的约束。除了政府、法院等正式组织之外，新闻界、网络以及各种维权组织都在强化和维护着这些普世价值，并使之渗透到社会各个层面。所以，现代员工已经是被现代化普世价值濡化的人，现代组织也已经成了现代价值的载体。这些普世价值有一个共同的特征，就是尊重、维护和张扬人的主体性。这些普世价值往往成为现代企业员工的核心思维程序，决定了他们的基本思维方式和行为方式。这种不同于以往任何时代的组织环境特征，必然对新的管理实践带来挑战，不适应这种环境要求的管理实践将不可避免地面临危机。

道本管理理论与实践，就是在这种环境下应运而生的，因而也必然具备与这种环境相一致的特征。

二、道本管理实践的基本原则

道本管理实践的基本原则主要有六个方面：

（一）以道为基础

道是中国传统文化中的核心概念，代表涵盖宇宙人生的自然规律。人生百年，在天地宇宙间只是一个可以忽略不计的极其短暂的过程。人存于天地之间，是天地自然的一部分，也必然受到自然规律（道）的制约。天地人间的一切，均是以“道”为本的。“以人为本”，只是人类对奴役自身的一种觉醒，但还不是彻底的觉醒。以“道”为本，才是人在天地间的根本理性。这个“本”若是错了，只能引发新一轮的错误。

在道本管理理论中，道是管理思想的思想、管理原则的原则。因而，道本管理的一切实践都必须以是否合道为准绳。

（二）以道本思维为出发点

从管理理论与实践的源头进行突破，是解决管理异化问题的根本性途径。越来越多的学者意识到中国管理学研究要从管理的“根目录”上进行反思和思考。①现实管理中的诸多异化问题，源于对管理的根本性认识出现了问题。因为管理思想与管理行为是管理思维的产物，管理思维的改变也就成为构建管理新理论的前提。

没有道的思维方式，就没有道本管理实践。如果仅仅掌握了大量管理知识（包括道本管理知识），而没有掌握道本管理的思维方式，就不可能取得管理实践的成效，这就像战士到战场上不会使用手中的武器一样。

道本思维不要求实践者有多么丰富的知识和多高的学历，而是要有一个哲学的头脑和一颗学道、重道、修道和用道的心。

（三）以主体性为切入点

管理的道本思维，用一句话来概括就是：管理中对象的主体性就是人间大道。管理只有尊重了管理中人的主体性，才能找到管理的妙门。

人的主体性是人类在长期劳动过程中发展起来的最有价值、最能体现人类本质力量的特性，它是人区别并超越其他动物的标志，也是人类向前发展、不断超越自身并获得社会成就、满怀憧憬奔向未来的条件和力量，是人为万物之灵之所在。但是，如前所述，主体性却在传统管理中被异化了，这也是导致一系列管理困境和管理异化出现的根本原因之一。

主体性作为道本管理理论大厦的基础，也是道本管理实践的基本维度之一。可以说，道本管理实践的各个方面一定是紧紧围绕着人的主体性而展开的。

（四）以道本管理理论为操作依据

道本管理实践以道本管理的基本思想和原则为操作依据。道本管理，不同于目前常见于一般管理学教科书或管理实践经验总结的那些惯常性的原则，她是基于道的、更具基础性和指导性的管理思想体系，是一门实践的哲学，是管理行动的思想指南和根本原则。

（五）以古今中外优秀文明为借鉴

管理的核心是人，人又是“灵与肉”的结合体。平时吃饭可以滋养肉体，

① 齐善鸿，白长虹，陈春花，等．出路与展望：直面中国管理实践[J]．管理学报，2010(11)：1688-1691．

那么，我们用什么滋养心灵？

历史不能被割断，传统无法被抛弃，时空难以被隔离。每一个人的灵肉之中流动着的是自己民族文化的血液，优秀的文化传统也构成了国民性的根基，也是滋养我们心灵的营养。因此，国学——一国之学，应当成为构筑现代管理文明的重要精神养料。正如列宁所说的，“解决社会科学上的问题，最可靠、最必需和最主要的就是不要忘记基本的历史联系”①。

道本管理哲学直接汲取人类古今中外的思想，特别是中国传统优秀文化，如运用儒家、道家和佛家的思想来阐释管理中的人心规律，打造更具解释性和预测性的管理理论。在实践中，道本管理包含了许多将中国的传统修身行为落地的具体操作方法。

（六）以促进人的文明进步和美好未来为方向

从管理的起源与演进历史看，管理的本质目的是解放人，而不是束缚人、控制人，是服务于人的全面成长，服务于社会的全面发展，服务于人与自然的和谐，为人类和社会创造更美好的生活。管理的文明性追求，是道本管理实践的大方向。道本管理，就是要在充分尊重人性的基础上把人们内心的追求力量引发出来，指向正常而健康的发展；尊重并引导人的追求，而不是压抑人的发展欲望；通过造就文明人、发展文明的管理，倡导以文明的精神做人、做事的新型人生模式，进而推动人类文明事业的进步。

在当今严峻的社会危机、生态危机、信仰危机的大背景下，道本管理实践以能否推进人类文明进步和创造美好未来作为对管理实践进行评判的标准。

走出书斋，投入到管理实践中去发现问题、解决问题、建构理论、接受实践检验、修正完善理论，始终是道本管理理论研究的循环逻辑。

三、道本管理实践的创新性

道本管理理论呼应了管理研究的思想性与实践性诉求，根植于以往的研究成果和丰富的人类文明思想，并且深深扎根于已经存在或正在发生的管理实践，在众多成功企业的实践中，把这些案例中金光闪闪的“微粒”搜集起来，加以提炼，就可以构建道本管理实践体系的大厦。换言之，道本管理理论既来自于以往思想的引申，也源自于管理的实践，来自于现实中卓越管理案例的归纳总结，并反过来指导实践中的管理，以实现人类管理的“理想国”、建造人类管理的心灵家园为使命。所以，从这个角度上讲，它不仅突破了传统管理的认知，从哲学和文化的层面提升现有管理实践并修正其部分错误，而且建立了新的基于管理实践的指导体系。它的突破与创新主要表现在以下五个方面：

① 列宁．列宁全集：第29卷[M]．中共中央马克思恩格斯列宁斯大林著作编译局，编译．北京：人民出版社，1956：430．

（一）基于“道”的“被管理”理性定位

人在天地间，是自然造化的产物，而不是自然的主宰。后天的主观能动性，也只是在天地根本规律之下的有限发挥。因此，人首先是自然规律的制约对象，人首先是“被管理”的。这一点，是人类理性的第一前提。离开了这一点，人类主观的一切思考都将成为“无源之水”和“无本之木”。

（二）以“道”为管理最高指导原则

道本管理以“宇宙万物之中最本质的共相，一种绝对的真知——道”[①]作为人类管理活动开展的最高指导原则。与我们所熟悉的常规管理实践明显不同的是，常规管理以目前人类有限认识到的部分规律为最高指导原则，而道本管理则以天地万物之真理为最高准则。很显然，管理实践最高指导原则不同，管理实践的内容也会不同，管理的结局也会大相径庭。

（三）以“自我管理”为管理的基础

道本管理实践是以每个人的自我管理为基础的管理实践，明显不同于现有管理实践中以管理者对被管理者的控制管理为基础。管理实践基础不同，管理实践的内容也会相应不同。

（四）以“服务”为管理的基本任务

道本管理实践以服务作为管理的基本任务，这与现实中以控制为核心的管理现状有着本质的不同。管理如果不能有效服务于部下的成长，就无法保障工作的完成。管理不能服务于客户的满意，就无法保证企业的生存。管理不能服务于众人的幸福，就失去了管理本身存在的价值。

（五）以“培育个体、和谐群体、推进全人类共同进步”为价值指向

道本管理实践以促进人性成熟发展、促进群体和谐发展和人类文明共同进步为指向和诉求。道本管理纠正了现实管理实践以自身利润最大化为目标的偏差，使得人的进步与经济进步互相促进。

四、道本管理实践的体系

道本管理实践的所有活动都基于“道”这一最具决定性的客观规律。在中国文化中，“道”一般具体展开为“天道”和“人道”。天道，更多的是指人在与自然、宇宙相处互动中应该秉持的客观规律。人道，则主要是指与人以及人的活动、人的社会组织等相关联的社会活动的一般规律。在人道实践中，又从与自身和与他人两个层面细化为心道实践和众道实践。管理作为人类创造的一种有目的活动，取得某种成果是管理活动的最终诉求，我们将管理活动的这种追求以胜道实践来命名。这样，道本管理的实践体系就包括了天道指引、心道支撑、众道凝聚和胜道超越四个部分，如图9-1所示。

① 胡孚琛. 道学通论[M]. 北京：社会科学文献出版社，2009.

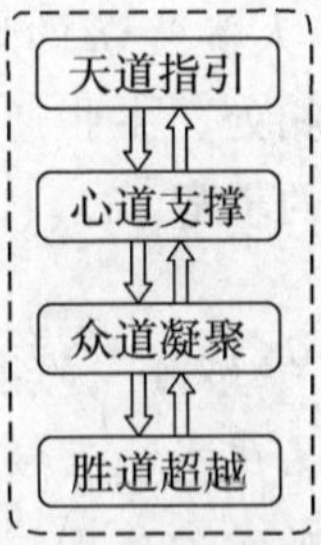

图 9-1　道本管理实践体系

第二节　道本管理的天道指引

道本管理将人与自然相处时应遵循的规律定义为管理天道，帮助管理中的人们明确人在天地自然秩序中的定位。毋庸置疑，人是自然的一部分，人的主体活动离不开与自然的互动交流。但人的主观认识是有限的，在与自然和自然系统的复杂交互中，不可能以有限主观全然把握无限客观世界，必然存在目前人类的主观认识能力无法认知和企及的自然规律，所以人的主体性活动不可能为所欲为、肆意妄为。

一、天道：道本管理实践的前提

从人类进化的初期看，个体的力量非常有限，只能通过集体合作的方式求得生存，生存所需的供给非常依赖于自然。那时的人类从依赖的视角看待天人关系，将天置于人之上，自然是人类依赖的对象，人敬畏天道。工业革命以后，人类的生产力迅速发展。科技的进步和力量开始冲昏了人类的头脑。此时的人类一方面无度地向自然索取资源，为了自身的利益大肆破坏自然生态环境，使得人类想获得清新的空气、健康的水质、放心的食品等都成了生活中的一种奢侈；另一方面，人类狂妄地认为可以成为自然的主人！此时人类看待天人关系的视角与先前已大不相同，自然成为人类征服的对象。正是因为人类的主观意识不断膨胀，漠视自然的力量和客观规律的制约，最终酿成了人间无数的悲剧。

面对自然给予人类的教训，我们应当清醒地认识到，虽然人类的科技发展使人类成为自然界中最具影响力的物种，但是人类依赖自然而生存的根本关系并没有改变。人在自然威力面前的无能为力与古人并没有本质区别，天道并没有因人类科技的发展和生产力的提高而受到影响和发生本质的改变！

道本管理，是人在认识和顺应天道的前提下来思考和认知管理问题的。人首先是天道的管理与制约对象，人不可能凌驾于天道之上，任何违背天道的人类活动最终都将自食恶果。按照以道为本的思维，我们反对单纯为了满足人类自身无限膨胀的主观私欲、为了人类经济的增长，而直接或间接破坏自然环境。我们极力倡导人与自然和谐相处，主张通过人类的努力促进自然环境与人类均衡和谐发展，实现天人合一的境界。

【案例】企业良心今何在?

云南省昆明市东川区惊现“牛奶河”的事件，成为2013年全国重大水污染事件之一。当地工矿业排放的尾矿水，直接注入这条河流中，污染已经持续了很多年，造成周边群众灌溉用水安全危机，引发各方关注。村民称直接用河水浇灌会导致西瓜减产，严重污染周边的农田。据了解，违法企业向小江排放的最主要污染物是黄原酸盐，直接排放或流失造成了水体和土壤污染，危害水生物，淤塞河流、湖泊。①

近年来，屡次曝光的食品安全问题打击了消费者的信心。还原曾轰动一时的台湾“塑化剂”事件，卫生部门发现岛内最大食品添加剂供应商昱伸香料有限公司在食品添加剂“起云剂”中非法添加可致癌的塑化剂DEHP。随后，另一家起云剂供应商宾汉香料化学公司也被曝光非法添加另一种塑化剂DINP。其后，塑化剂事件如滚雪球般愈演愈烈，演变成一次席卷全台、波及甚广的塑化剂风波，并对台湾食品业以及出口产生冲击②。

素有日本“经营之圣”之称的稻盛和夫先生认为，社会的发展离不开人的欲望，欲望的出现又是人的无知和愚昧导致的。人的无知和愚昧恰恰来自于对人的认知能力、思维能力和行动能力等人的力量的偏差认识，往往是放大了人的主观能动性对于客观世界的作用力，为了满足人类自身的私欲而肆意破坏生态，任意攫取资源，昧着良心做生意。上述的案例都体现了人违背天道的做法及其后果。

二、天道实践的基本原则

进化论认为，人从自然中进化而来，人需要从自然中获取资源才能生存。因此，自人类产生以来，人类欲望的无限和自然资源的供给能力及人的生产能力有限这对矛盾，始终是人类社会面临的主要矛盾。工业革命以前，人类的知识和生产能力（取得自然资源的能力）有限，相对于现在而言，人口的总量也还不是很大，自然资源基本可以满足人类生存的需要，上述矛盾相对并不突出；随着科技发展、人口增加、人的欲望的膨胀以及人类相互竞争的日益加剧，人类对自然资源的需求快速增长，上述矛盾也变得日益突出。在矛盾面前，人类一直坚持着对自然资源无度索取的做法。但已经显现的问题和潜在的危机始终在警告着人类：如此下去将导致人类走向毁灭！欲望无限而资源有限，解决问题的答案是明显的：只能控制人类的欲望，遵守天道——在人与自

① 李晓佳. 盘点：2013上半年重大水污染事件[EB/OL]. [2013-09-04]. http://news.h2o-china.com/html/2013/09/120640_1.shtml.

② 佚名. 台湾塑化剂案老板被判13年 55%民众担忧食品安全[EB/OL]. [2011-10-29]. http://news.39.net/shwx/20111029/1833830.html.

然和谐共处的条件下，合理开发利用自然资源，才是人类唯一正确的做法。

企业是为满足人类需求而进行生产的主要社会组织，企业的生产活动也主要是从自然获取资源的。因此，企业的管理实践必须遵守天道，因为这关乎人类未来的存亡。

（一）天人合一的天道原则

西方经济和管理理论将企业作为经济组织看待，认为其使命就是通过管理使经济利益最大化。很显然，这需要从自然中无限获取资源，但现实是自然资源不可能无限获得。越来越细的社会分工极大地提高了人类的生产效率，但也同时使人类专业的个体越来越局限于自己所处的局部，弱化了对整体的感知能力。这种情况使得大家都意识不到个体和单个组织的加合给整个人类带来的危害。

因此，企业在管理实践中除了要追求既定资源约束下的经济利益最大化，还要考虑到人类的长远生存和发展。也就是说，要考虑综合利益最优化的问题，在经济利益最大化与人类长远生存根本利益出现矛盾时，要首先且始终遵循天人合一的天道原则。

有些人可能会说，竞争之下为了企业生存我无法遵循天道，或者说我考虑不了那么长远，现在的成功最重要。我们想说的是：我们追求利润、追求成功的目的是什么？人的基本需求本十分有限，那些因拥有更多财富而带来的成功真的那么重要吗？

【案例】远大集团总裁张跃

空调虽然为人类的生活提供了诸多便利，但它却是一个消耗大量能源的行业，从某种意义上说，属于一个非环保型行业。

远大集团总裁张跃自1992年与弟弟在湖南长沙成立了远大公司开始，除了关注企业的空调业务发展以外，他考虑最多的就是空调的环保问题。电空调的冷媒氟利昂会破坏地球的臭氧层；而非电空调采用的是无污染冷媒，对环境无害。因此，张跃决心专注于非电空调。此外，他倡导开发非电空调还有一个重要原因：他痛恨燃煤发电带来的污染，重视空气品质对健康的影响。

如今的张跃，正在带领团队尝试构建节能建筑的方法。一方面，远大探索出几种简单的建筑隔热方式；另一方面，远大开发出一种工厂化的节能建筑技术。张跃内心认定了节能建筑是一个对人类和地球都具有极大价值的事业，他希望把远大的下一个20年用来“消灭空调”，在全国乃至全世界推广节能建筑。

张跃在建设自己的商业帝国之时，没有忘记遵循作为人与自然相处时的规律——天道，也正在用自身企业的实践，诠释人与大自然之间的关系。

（二）“万物一马”的平等准则

明白了企业管理实践中应当遵循天道的原因，在做法上就要以平等对待自然万物作为行为的准则。认知了遵循天道的道理，还需要有平等对待万物的具体行为；否则，遵循天道就只是一句空话。

平等对待自然万物是从哲学意义上来说的，不是机械地以同一个原则对待自然万物。人类应当以平等心尊重自然万物的存在和价值，而不是以人类的好恶去培养对人类“有利的”，消灭对人类“不利的”。自然万物经过亿万年的共处，已经形成了一个平衡和谐的生态体系，如果人类按自己的原则去改变，就违背了天道，最后人类也会因此而受到惩罚。

中国先秦时期的著名哲学家庄周在其著作《庄子》中专门用一篇《齐物论》来肯定人与一切物平等的独特意义及其价值。庄子用“万物一马”来表述人对待万物的准则。

【典故】万物一马[①]

天地一指也，万物一马也。

可乎可，不可乎不可。道行之而成，物谓之而然。恶乎然？然于然。恶乎不然？不然于不然。物固有所然，物固有所可。无物不然，无物不可。故为是举莛与楹，厉与西施，恢诡谲怪，道通为一。

陈鼓应先生解读这一段时指出，从事理相同的观点来看，天地就是“一指”，万物就是“一马”。也就是说，举凡小草和大木，丑癞的女人和美貌的西施，以及一切稀奇古怪的事物，从道的角度来看都可通而为一。万事有所分，必有所成；有所成，必有所毁。所以一切事物从通体来看就没有完成和毁坏，都是复归于一个整体。只有通达之士才能了解这个通而为一的道理，因此，他不用固执自己的成见而寄寓在各物的分工上。这就是因任自然的道理。顺着自然的路径行走而不知道它的所以然，这就叫做“道”。[②]

三、天道实践的核心内容

道本管理天道实践的核心内容，包括对管理目标重新认识基础上的企业新的追求和实践、对管理实践客体重新认识基础上的万物平等管理实践和对企业责任重新界定基础上的企业环境责任实践。

（一）管理活动的价值优先性

【案例】福特基金会的理念

强化民主价值观

减少贫困与不公

推动国际合作

促进人类的成就

福特基金会由美国“汽车大王”福特在1936年设立，基金成立于第二次世界大战前，但是真正起重要作用是在1953年改组之后，所以被列为20世纪后半期的基金会中的第一家。1936年老福特的长子埃兹尔·福特（Edsel Ford）捐资25万美元成立的福特基金会在底特律注册。基金会的宗旨是：接受和管理资金

---

① 庄子[M]．孙通海，译注．北京：中华书局，2007．

② 庄子今注今译[M]．陈鼓应，注译．北京：商务印书馆，2007：75，81．

以用于科学、教育与慈善目的，一切为了公众福利，此外无其他目的。

众多成功企业的实践证明，作为传统意义上的经济组织的企业必须将经济属性、社会属性和自然系统属性结合起来，在价值理念和目标上遵循天道。企业家不应该忘记，经济活动的终极目的是人类长期的发展。因而，企业在管理活动中应考虑其行为的价值优先性，然后在此基础上实现价值性与经济性的统一与和谐。

（二）担负应尽的环境和社会责任

人始终是自然的一部分，作为企业的领导者更要通过企业力量肩负起社会的责任。

【案例】阿拉善SEE的努力让城市的空气更加透明[①]

阿拉善位于内蒙古自治区西端，这个地方因沙尘暴而出名。它是北京漫天黄沙的源头。2004年6月5日，中国百名企业家穿越沙丘，聚会在内蒙古腾翻生格里沙漠深处的月亮湖畔。经过3个月的筹备，由近百位企业家会员共同发起的“阿拉善SEE生态协会”，在世界环境日正式宣告成立，并发表了《阿拉善宣言》。[②]

之所以成立这个生态协会并将地点选在阿拉善，是因为近50多年以来，当地植被遭遇了毁灭性破坏，沙漠面积高速扩张，使这里成为我国最大的沙尘暴源头。所以企业家们带着这样一个使命前来：沙尘暴防治与当地生态系统恢复。他们清醒地意识到：“我们过去所取得的经济成就中，有不少是建立在巨大的环境成本之上的。到今天，我们已不得不正视遍及全国的环境污染和生态破坏，它已对中国经济和社会的可持续发展构成了威胁。”

SEE生态协会的共同使命是[③]：

——通过调整社区内部、社区与外界的利益关系，以内生动力解决社区环境问题，实现社区可持续发展的目标；

——将环境教育、环境技术、环保科研等因素融入社区发展项目，促进社区的综合发展；

——通过社区试点项目，为政府提供环境治理方面可借鉴的有效途径，同时推动环境保护政策的完善；

——通过“SEE生态基金”的资助，支持不同类型的环保组织实施环境项目；

——通过每两年一届的“SEE生态奖”奖励环保项目，推动中国民间环保事业的发展；

这个非营利组织十年来为人称道的“业绩”体现在把沙漠每年蔓延的速度降低了近20公里。

阿拉善SEE生态协会的入门门槛对企业家来说很简单，每年缴纳10万元

---

① 黄永明，姜弘．阿拉善SEE的努力让城市的空气更加透明[EB/OL]．[2012-01-10]．http：//www．infzm．com/content/67220．

② 张哲诚．阿拉善SEE生态协会：让财富与道义相伴而行[J]．南风窗，2004（24）：83．

③ 朴抱一．阿拉善SEE：中国企业家的自主性组织实践[J]．中欧商业评论，2010(1)．

即可入会；连续缴纳10年，可成为终身会员。它从一开始就集中了一大批来自中国香港、中国台湾、新加坡等国家和地区的企业家。

滥用以至耗尽自然资源与破坏环境是21世纪企业面临的最紧迫的问题之一。企业界人士尽管不应为此承担全部责任，但肯定必须承担大部分责任。事实上，既然这些问题如此严重，那么，企业若拒不采取可行措施，不尽力缓解已经产生或即将产生的问题，就确实应当受到谴责①。

第三节　道本管理的心道支撑

如前文所述，心道实践是人道中的一个具体方面。道本管理中的心道实践，主要关注每个人如何处理与自身的关系，如何认识、反思、调适和改进自己，帮助自己更好地与自身相处，走向一个更好的、不断新生的新自我；与他人和谐，共同成就一番事业。很显然，什么样的思维方式，就会导致什么样的行为方式。这就涉及一个重要的概念，即心智模式。心智模式或者思维模式便是中国传统文化中常说的心性。心智模式（心性）决定着人的思维质量和行为质量。积极心理学的研究成果证实：改变世界的起点是改变自己的心智模式。

一、心道：道本管理实践的核心

消极的心智模式像月亮，初一、十五不一样；积极的心智模式像太阳，照到哪里，哪里亮。可见，心智模式决定我们的行动和结果。一个人有什么样的心智模式，就有什么样的行为和结果。

心智模式所遵循的规律就是心道。老子为我们指出了心道的价值方向——上善若水。

心性的优化是一切转变发生的基础，优化心性即是接近心道，是道本管理实践的核心支撑点。

如果每一个人都进行道本修炼，提升心性的质量，从心中发出灿烂的光芒，以积极的行动和语言来感染人，以精益求精的态度来工作，说话让人喜欢，做事让人感动，做人让人信赖，则人人成为人间的“菩萨”，职场成为人间乐土，人生的意义自然得以升华、得以实现。

【经典实验】伤痕实验

“伤痕实验”是美国某大学的科研人员进行的一项有趣的心理学实验。每位志愿者都被安排在没有镜子的小房间里，由好莱坞的专业化妆师在其左脸做出一道血肉模糊、触目惊心的伤痕。志愿者被允许用一面小镜子照照化妆的效果后，镜子就被拿走了。

---

① 蒂洛，克拉斯曼．伦理学与生活 [M]．程立显，刘建，译．9版．北京：世界图书出版公司，2008：333．

关键的是最后一步，化妆师表示需要在伤痕表面再涂一层粉末，以防止伤痕被不小心擦掉。实际上，化妆师用纸巾偷偷抹掉了化妆的痕迹。对此毫不知情的志愿者被派往各医院的候诊室，他们的任务就是观察人们对其面部伤痕的反应。

规定的时间到了，返回的志愿者竟无一例外地叙述了相同的感受——人们对他们比以往粗鲁无理、不友好，而且总是盯着他们的脸看！

可实际上，他们的脸上与往常并无二致，什么也没有。他们之所以得出那样的结论，正是错误的自我认知影响了判断。

这真是一个发人深省的实验。

有什么样的内心世界，就有什么样的外界眼光，这说明了一个人的心智模式（中国传统文化中称为心性）的重要性。台湾作家张德芬也曾说过："亲爱的，外面没有别人，只有你自己。"

一个人，若是长期抱怨自己的处境，冷漠、不公、缺少阳光，真正出问题的，是他自己的内心世界，是他对自我的认知出了偏差。这个时候，需要改变的，正是他自己的内心。我们往往花很多时间去了解别人、认识别人，却很少花精力去了解自己、认识自己。

在工作、生活和管理中，很多人会说：

"我的合伙人有问题……"

"我的下属有问题……"

"我的员工有问题……"

"我的配偶有问题……"

"我的孩子有问题……"

……

"伤痕实验"告诉我们：问题也许出在我们自己身上！

在伦敦闻名世界的威斯敏斯特大教堂地下室的墓碑林中，有一块外表极其普通却名气很大的碑石，让它变得非常有名气的原因恰恰是碑面上所印刻的一段文字：

当我年轻的时候，我的想象力从没有受到过限制，我梦想改变这个世界。

当我成熟以后，我发现我不能改变这个世界，我将目光缩短了些，决定只改变我的国家。

当我进入暮年后，我发现我不能改变我的国家，我的最后愿望仅仅是改变一下我的家庭。

但是，这也不可能。

当我躺在床上，行将就木时，我突然意识到：如果一开始我仅仅去改变我自己，然后作为一个榜样，我可能改变我的家庭；在家人的帮助和鼓励下，我可能为国家做一些事情。

然后谁知道呢？我甚至可能改变这个世界。

世界上的很多政治家都曾瞻仰过这块碑石的风姿，深受启发。

改变世界的起点就是改变自己的内心。

当人愿意从改变自己开始，遇到问题不问别人的责任，而是反问自己的本心和方法；遇到困境，开动脑筋，积极寻求解决之道，也就找到了心灵升级的路径。

内心的改变，就改变了人向外看世界的眼睛，于逆境中看到希望，于黑暗中看到光明，正如佛家讲“境随心转”，心转变了，外在境遇也就发生了质变。

道本管理实践是一门实践的哲学，是一个从个人心性（心智模式）优化开始的实践哲学。实施者的心性不改善，道本管理实践难于上青天。心性一改，道本管理实践就会自动地发挥神奇的作用。

二、心道实践的基本原则

（一）信仰牵引

人都是由肉体和灵魂构成的高级智能动物，但人们似乎一直在回避“精神的黑箱”。可是，任何人其行为背后都有一个类似的驱动系统——心智系统，这其中最核心的精神力量就是信仰。信仰的力量可以让人自觉自动，可以减少甚至不依赖世俗的外部管理。信仰，可以激活人心中无限的潜力。外部管理若是能够在现实中对信仰处在不同状态的人进行“信仰的管理”，就能够实现管理的目标——现实的和未来的。这恰恰是管理所追求的终极目标。

【案例】松下幸之助的信仰管理

对于将信仰和企业经营联系在一起，松下幸之助先生作了很好的实践。

他生于1894年，自幼家境贫困，体弱多病。30多岁时，他认识了天主教大师加藤先生，于1937年正式聘请加藤法师为他的终身顾问，从此，他们真正相伴了大半生，也自此，开启了松下先生将信仰融于企业经营的道路。

有一次，松下先生参观了一座正在翻修的宗教寺庙。在那里，他亲眼看到从全国各地自己带粮带钱来到寺庙工作的义工。他们都满身大汗，默默地将一砖一瓦砌起来，整个工地井然有序，竟没有一点声息。

这里的老师大多数是不取报酬的专家，他们是义务来兼职的，他们工作起来都勤勤恳恳、无怨无悔。这座宗教学校每年毕业一万多名信徒。

在那种环境中，任何人都会被一种崇高圣洁而伟大的气氛所感染，产生一种不知从哪里来的感动和力量，心灵也感到宁静安然。

这次参观给了松下先生极大的触动。

经过一段时间的学习、思考与沉淀，他决定把信仰的精神移植到他的企业中来，他不但要创造丰富的物质，安顿人们的身躯，他还要创建企业的精神，以安顿他们的心灵。

松下先生最终想出了一个企业信仰管理的框架：

第一，建立松下企业的远景，给每位员工一个梦想，幸福人生就在那里，松下显示整理了一份250年的企业规划蓝图。

第二，建立企业使命，消除贫穷，把生活物资变得像自来水一般的无限丰富。

第三，建立完成使命的方法和途径。

人是由身和心、肉体和灵魂两部分构成的有情感的高级动物，松下先生用信仰式的管理，安顿了员工的身心，用信仰给他们制造了一个精神寓所，让他们的心灵可以栖息于企业当中，快乐地工作与生活。

具有神圣美好的信仰是人区别于动物的重要因素之一。现实的管理者中因缺乏正确信仰而导致的问题已经比比皆是。人在信仰神圣性的引导下，就会有无穷的潜力，就会走正道，就会因此而远离恶性的思维与行为，就会解决管理制度和措施一直难以彻底解决的各种问题。

（二）去意破执

实际上，人生在世，不可能没有目的，也不可能没有意念，而且事业的成功常常来自于执着的精神。但执着又往往会把个别经验当成普遍真理，这就是经验主义。人也容易放大个人的意念，如此下去就会陷入幻想之中。如果固执地坚守一种意念，就如同背着一块石头远行，能走多远呢？

毛主席说过："人们要想得到工作的胜利即得到预想的结果，一定要使自己的思想合于客观外界的规律性，如果不合就会在实践中失败。人们经过失败之后，也就从失败取得教训，改正自己的思想使之适合于外界的规律性，人们就能变失败为胜利，所谓'失败者成功之母'、'吃一堑长一智'就是这个道理。"[①]使自己的思想合于客观规律就是去意破执，这也正是共产党人在实际工作中看待问题、解决问题的法宝。可见，去意破执在现实工作中是何等的重要啊！

【典故】外重者内拙

颜渊问仲尼曰："吾尝济乎觞深之渊，津人操舟若神。吾问焉曰：'操舟可学邪？'曰：'可。善游者数能。若乃夫没人，则未尝见舟而操之也。'吾问焉而不吾告，敢问何谓也？"仲尼曰："善游者数能，忘水也；若乃夫没人之未尝见而操之也，彼视渊若陵，视舟若履，犹其车却也。覆却万方陈乎前而不得入其舍，恶往而不暇！以瓦注者巧，以钩注者惮，以黄金注者殙。其巧一也，而有所矜，则重外也。凡外重者内拙。"[②]

译文：

颜渊（或称颜回）问仲尼（孔子）道："我有一次渡名叫觞深的深潭，船夫操纵船像神一样。我问他，说：'驾船可以学（会）吗？'（他）说：'可以。擅长游泳的人反复学习几次就会了，如果是会潜水的人，那么还没见到船就会驾船了。'我（再追）问为什么，（他）却不告诉我了，请问这是为什么呢？"仲尼说："擅长游泳的人反复学习几次就会了，是因为（他）忘记了水。如果是会潜水的人，还没见到船就会驾船，（那是）因为他把深渊当成山，把翻船

① 毛泽东．毛泽东选集：第一册[M]．北京：人民出版社，1991．
② 庄子[M]．孙通海，译注．北京：中华书局，2007．

当成是车子倒退。各种翻船如同倒车的例子呈现在他面前，而他的心里一点也不在乎，往哪里去会不感到轻松自如呢？用瓦片做赌注的一定轻松，用衣带钩（银子打造的）做赌注的会有所忌惮，用金子做赌注的一定神思昏乱。轻松就能专心一志，而有所顾忌，就会分心注意其他的事。凡是分心他顾的人思维必然迟钝。”

“外重者内拙”往往被后人使用。意思是人对外物的意念过重时，内在心性必然笨拙，其能力就会受到影响。

做事时，如果个人的意念太重，目标至上，心理压力过大，患得患失，这就往往把本来可以完成的事情搞糟了。医学上把这种现象称为“目的颤抖”：太想进球了，腿会抖；太想赢棋了，眼会抖；太想缝好针了，手会抖；太想胜利了，心会抖……

人们的一个基本经验是：心浮气躁时不能作决定，因为“冲动是魔鬼”，人心不稳就会使人被愚昧牵引。着急的事情放一放，可能会有更好的方案，不顺利的事情，也许是在昭示另外一种更好的途径，冷静下来才可能有更好的方案出现。小事不必着急，大事不能着急；着急的事需要冷静，出了事更需要沉着！总之，急躁就会把事情搞坏。上帝要让谁死亡，必要使他先疯狂！

老子说：“致虚极，守静笃。万物并作，吾以观复，夫物芸芸，各复归其根。归根曰静，静曰复命。”[①]静心才会悟道，着急必遭心魔。放下我执或者个人的主观意志，道自天降。去意才能破执，破执才能近道，这是心道管理的基本原则。

（三）反思自控

《左传》中有“人非圣贤，孰能无过。过而能改，善莫大焉”[②]的名句。人不可能不犯错误。因为对于很多事物，我们的感官是难以感觉到的，比如无线电波、地球的磁场、遥远的星系、过于微小的物质等等，加之素材的有限性，决定了依靠人的感官对这个世界的认知并不总是可靠，通过感性认知上升到理性思考的质量也会大打折扣。这就需要经常的反思和自控。

反思自身的言行，控制不合时宜的做法，在教训中提炼经验，在经验中总结学习。历史上的古圣先贤大多很善于反思自省，明代的袁了凡先生就自制“功过格”，记录每日言行的功与过，并把自己改变命运的故事写成了流传于后世的故事，影响了后世。稻盛和夫先生就将“每天反思”作为其著名的“六项精进”中的一项。

【经典实验】人的虚假同感偏差现象

1977年，斯坦福大学的社会心理学教授Lee Ross进行了两项简单而有效的实证研究，证明了虚假同感偏差是如何影响人们的知觉和决策的。

在第一项研究中，要求被试者阅读关于一起冲突的资料，并得知有两种对此冲突作出回应的方式。被试者需要做以下三件事情：（1）猜测其他人会选择

① 《道德经》第十六章。
② 左传译注[M]. 王珑燕，译注. 上海：上海三联书店，2013.

哪种方式；（2）说出自己的选择是什么；（3）分别描述选择这两种回应方式的人的特征属性。

实验结果显示，无论被试者选择了两种回应方式中的哪一种，更多的人认为别人会作出和自己同样的选择。这就证明了Ross和同事们的假设——我们每个人都觉得别人和自己想得一样，可是实际上并非如此。这就是普遍存在于人们思维中的虚假同感偏差。

当被试者描述和自己持不同意见者的特征时，Ross又发现了另一个有趣的现象，和与自己有相同选择的人相比，人们对于和自己有不同选择的人的人格，作出了更为极端的描述。也就是说，人们认为与自己的意见和观点不一致的人有点儿不正常！这其实也是一种偏见和偏差。

在第二项研究中，Ross和他的同事放弃了假想的情境和纸笔的测试，而选择了挂在身上的大广告牌作实证研究。

这次来的被试者是一批大学新生。实验者问他们是否愿意挂上写着"来Joe's饭店吃饭"的广告牌在校园里闲逛30分钟。实验之前，不告诉被试者这家饭店饭菜质量如何，以及他们看上去有多傻。只是告知他们可以从中学到"一些有用的东西"，以此作为这样做的唯一动机。不过如果被试者不愿意的话，他们完全可以拒绝这样做。

这项实验的结果证实了第一项研究的发现。在那些同意挂广告牌的人中，62%认为其他人也会同意这么做。在那些拒绝这么做的人中，只有33%的人认为别人会同意挂广告牌。

和上次一样，人们对于"持不同政见者"的人格同样有十分极端的看法。那些同意挂广告牌的人可能会说："那些拒绝的人是怎么回事？这有什么不好？假正经！"而那些拒绝挂广告牌的人会说："那些同意挂广告牌的人真是古怪至极！"

显然，他们的估计以及对别人人格的判断都不是正确的。这种偏差存在于许许多多的正常人身上。正是由于认为有很多人的信念、价值观与行为同自己一致，人们才坚信自己的判断及行为的正确性。例如，吸烟的女性普遍认为她身边的很多女性也同她一样吸烟。

我们通常都会依据自我的标准去判定他人的喜好：我们的爱好与大多数人是一样的，我们喜欢的别人一般也会喜欢，我们厌恶的别人一般也会厌恶。自己喜欢吃米线，于是就开了一家米线馆儿，发现生意并不怎么好；自己热衷于减肥，就认为像自己一样苦苦寻觅减肥之道的人比比皆是，开一家减肥餐厅一定会生意兴隆，可结果却完全不是这样。

人们常常会高估或夸大自己的认识、判断及行为的正确性与普遍性。当遇到与此相冲突的信息时，这种虚假同感偏差便会使人坚持自己的社会知觉。社会心理学家因此指出，很多因素可能导致虚假同感偏差的情境，这些情境可以帮助我们反省自己：（1）当前的行为或事件对自己非常重要的时候；（2）非常确信并坚定自己的观点或意见的时候；（3）当自己的地位和正常生活受到某种威胁的时候；（4）自己将其他人也看成是自己的时候。

老子讲“反者道之动”，这句话含义非常丰富：事物向相反的方向转化是“道”的运动规律；符合道的事物往往与平常人所认知的状况相反；更深层的含义是人不要妄动心念，妄动心念很有可能会反道，从而作出错误的决策。所以，我们要对自己的心进行管理，要及时地进行反思内省，就妄动的心念进行反思，就自己的心智模式进行反思，就自己的行为进行反思，也要就所取得的任何成就进行反思。反思，才可能近道。自胜者强，人最难把控和超越的是自己。及时进行反思，发现自己的不足，才能有效地进行自我把控，才有自我管理的可能。这种反思与自控是心道实践的核心原则之一。

在2001—2005年福耀玻璃对美国反倾销官司中，曹德旺先生带领福耀团队历时数年，花费一亿多元，打赢了这场举世闻名的官司，成为中国第一家状告美国商务部并赢得胜利的中国企业。2006年美国商务部部长访问中国时，点名约见曹德旺。他在事后总结经验时说，打反倾销官司给他最大的收获是反省。“我的成功告诉我，一件事情开始发生的时候，我会去跟他争，争赢了以后，我会反省自我，我有没有错，我错在哪里，我应该去改。如果争不赢，我认为更是要去看。”正是时时处处事事上的反思精神，让他成就了“玻璃大王”的封号。

管理者在日常工作中要处理大量的事务。很多时候会因没有充分的时间对事物的规律进行思考而犯这样或那样的错误。心道实践要求管理者每天都应安排时间对当天的工作进行反思和自省。通过反思和自省总结经验教训，准确掌握各种事务的规律，从而尽可能避免错误再次发生。

（四）心主

我们都要认识到：每个人都是自己的主人，人的主体性赋予每个人自我管理的义务，也构建了每个人的内在动力系统。如果用外在人为的控制或是强迫来规范、推动人的行为，就违背了人的主体性。

自己的心，自己做主。我们每一个人都是思维和行为的主体，为自身的行为及其结果负责。如果仅仅因为环境的变化、别人对我们不友好的态度就让我们乱了心思，产生了情绪，试问我们到底是自己的主人还是任人牵着鼻子走的奴隶？谁都不能做别人的主人，因为谁都不愿意做别人的仆人（特指世俗中的绝大部分人，修行者和信仰者例外，因为他们愿意做众人的仆人）。因此，作为组织中的上级，要给下属做自己心主的机会和条件。下级也要做好自己心灵的主人，如实关照好自己的想法、念头和情绪，用理性客观的心去应对工作的挑战。

【故事】为什么我要让他决定我的行为？

作家哈理斯和朋友在报摊上买报纸，那朋友礼貌地对报贩说了声谢谢，但报贩却冷口冷脸，没发一言。

“这家伙态度很差，是不是？”他们继续前行时，哈理斯问道。

“他每天晚上都是这样的。”朋友说。

"那么你为什么还是对他那么客气?"哈理斯问他。

朋友答道:"为什么我要让他决定我的行为?"

现实中能这样想的人很少,而不知不觉让他人左右了自己的情绪和行为的人比比皆是,往往也包括我们自己。比如,今天下雨,我们的心情就忧郁,此时我们是天气的奴隶;早上上班时同事见面没搭理我,我就半天不高兴,此时我变成了同事的奴隶;下属没有按时上班,领导马上暴跳如雷——此时领导多听话啊,通过降低自己的修养和风度来听从那位下属的"指令"。

我们知道,谁都不能做别人的主人,因为谁都不愿意做别人的仆人。做别人和环境的奴隶是个表面现象,其实质乃是做了自己这颗质量不高的心的奴隶。道本管理主张:自己的心自己修,自己的责任自己担。人必须做自己的主人,只能做自己的主人;否则,就是"弃儿"。

每位员工都是企业的主人吗?企业人多,都是主人岂不就乱套了?人人都只能做自己的主人!如果连自己的主人都做不了,如何为别人分担?

做自己的主人,就是要有主心骨,就是在方向正确时不怕对手的讽刺挖苦、不怕不怀好意者的嘲笑打击、不怕嫉妒者的孤立和中伤,不怕误解者说自己不正常,不怕世俗人、落后人的反对,不怕别人说自己傻,这就是一种心灵的大智慧。

《道德心经》中说:"天欲祸人,微福骄之,乃验其命贵贱;天欲福人,微祸警之,乃考其心智方圆。"做自己的主人,就是不以己之得而喜,不以己之失而悲。

做自己的主人,懂得成功时要照顾失败者的情绪,也就是认可自己成功背后有他人的恩情,把自己成功背后的那一个个推动的力量、那些恩情摆在前面,而不会自鸣得意,反而更加谦卑敬人。这就是老子所说的"玄德"啊!

(五)学习

道本管理实践强调,管理要不断学习和善于学习,要将学习建设成一种始终与工作同行的心智状态,要将对学习的管理建构成一个连续的系统,要将学习变成人生中的一种信仰。

管理中的学习,主要是向别人(包括下属和竞争对手)学习。这既展示了美德,又增进了自己的本领。

头脑中没有众人的经验和人类的知识,自己又怎么会有竞争力呢?

善学习者,不分敌我,不论喜好,只看优点。于是,学习不但可以促进进步和提高水平,同时还可以化解仇怨,这是多么神奇的效果啊!

善学习者,不要虚荣,只要尊严的基础——实力。

【案例】毛竹的生长规律与学习之道

毛竹在笋期,遇雨就长,但是等到长成竹时,它就几乎不长了。但在三五年之后,竹子会突然发力,以惊人的速度再次生长,如果在夜深人静的时候来到竹林里,你会听到竹子拔节成长的声音。据说,它的成长速度可以达到每天0.6米。

毛竹为什么在刚成竹后的三五年间不长？研究人员发现，在那几年间，它的根部在地下发疯似地生长，它的根系最长的可以铺开几里，在方圆几平方公里的土地上，竹子轻而易举获取自己需要的营养和雨水，为后来的再次发力成长打下了坚实的基础，做好了充足的准备。充分蓄能，以备后续发力成长。对于人而言，日常的蓄能就是用新知为自己的灵魂充电，以适应外界的日益变化和个体成长的需求。

曾经有位职业经理人就此谈道："以前光知道忙，以为把时间用在工作上，业绩一定会越来越好，根本没想过花费时间和精力去参加训练。后来参加了培训，才知道人不能瞎忙，才知道花点时间来提升自己的综合素质是多么的重要。以前谈业务遇到点挫折心情就非常不好，严重影响一天的工作心情；以前给自己制订的计划总是不能很好地完成，以前做事总是虎头蛇尾的。这些毛病在参加完培训后都没有了，我的计划完成率现在高达98%，现在我才体会到'学习是回报率最高的投资'这句话的真理所在。"

很多管理人员很忙，以为把时间都用在工作上，业绩一定会越来越好。可结果往往是越忙工作越没有成效，自身和业务的成长总是遇到瓶颈，长时间不能突破。对于任何一个人来说，每天若不能保持为自己的灵魂蓄能、提供心智成长的营养，就跟不上工作发展的需要。毛竹的生长规律启示我们，只有不断地学习才能不断地成长和突破。

知识经济时代，知识和市场需求的变化都非常快。市场竞争已由以前的"大鱼吃小鱼"变成了"快鱼吃慢鱼"。如果不想被吃掉，就要做"会学习的鱼"！

（六）超越

台湾学者型企业家石滋宜先生认为："领导者在不需要改变的时候就要改变，这是我们领导者最重要的。"在企业管理的实践中，以往成功的经验可能成为以后失败的主因。因此，道本管理强调在实践中对自身的不断超越。不迷恋于过去的任何成功经验，不断寻求对自身的突破，永不止息。也就是说，成长到某一个阶段的时候，必须要放弃过去成功的模式，而选择新的模式。

【故事】放归的狮子

某马戏团有只小狮子，它从小就在接受训练。最初的训练是要求它从铁笼的一边走20步到另一边的栏杆，然后再返回。于是它每天都走过去20步，再走回来20步……若干年之后，这只狮子被放回大自然。但是从笼子里出来之后，它还是和以前一样，走20步过去，再走20步回来……一直如此。它不知道还有其他的走路方式，因为已经习惯了。

人若不创新，没有超越昨日之己的决心和努力，就像这只放归的狮子一样，只能重复同样的日子，画地为牢，自然看不到与众不同的新风景和新世界。

马云曾经告诫年轻人："不要昨晚想想千万路，早上起来走老路。"超越昨日的自己不是一句空话，而是落实到行动上的箴言。只有把不断超越作为修正灵魂程序的指引，才有时时精进的动力。

三、心道实践的核心内容

道本管理心道实践的核心内容主要体现为以下五个方面：

（一）道德饮食

美国航母上有牧师，中国军队里有政委。可是在为数众多的企业中，却只有生产和营销等业务部门，只是一味强调利润、市场占有率和销售额。人们的思想和灵魂呢？又有谁管呢？于是，光有人喂肚子，很少有人喂脑袋。于是乎，个人身体营养过剩，心灵营养匮乏。我们的肉身要吃饭，我们的心灵（精神）呢？它要吃什么？

亚当·斯密以广为人知的《国富论》扬名于世。实际上，他还有一部名著《道德情操论》，但却长期被人们忽视。近些年来，《道德情操论》越来越引起人们的关注。因为，市场经济发展到一定的阶段，人们的心灵营养问题就被凸显出来了。人们越来越意识到，没有道德的市场经济是走不远的。道德，是心灵的基本食物！只是，在现实中我们看到更多的是：道德喊得多，做得少。在具体的工作中，人们的神圣性长期被压抑，兽性则疯长。管理若是促进这个过程，就只能制造越来越多的问题，直至把自己也搭进去。企业没有道德，就会出现“底洞效应”——获得再多，也会因为道德问题而功亏一篑。

很有趣的是，在现实中从来不缺乏注重道德的企业家，如中国的民营企业家卢作孚先生、日本的松下幸之助和稻盛和夫等等。

【故事】心中的两匹狼

一个夜晚，上了年纪的印第安长老对他的孙子讲述一个两匹狼战斗的故事。他说：“我的孩子，这场战斗是发生在我们每个人心里‘两匹狼’之间的。一匹是邪恶，他暴躁、多疑、悲观，爱妒忌，总是后悔，又贪婪傲慢，自艾自怜；他偏执而且不知足；他卑鄙，爱撒谎，充满虚荣心，喜欢摆架子并且刚愎自用。一匹是善良，他快乐、平和，充满爱心与希望；他真诚又幽默，亲切且慈悲，富于同情心又十分慷慨，有激情并且忠诚。”

小孙子想了一会儿，问他的爷爷：“哪匹狼赢了呢？”印第安长老给了一个简单的答复：“你自己喂养的那一匹。”

人人都比较在乎外貌的美丑，却很少考虑心灵的相貌；人人都在关照自己的身体是否年轻，却很少关照自己的灵魂是否已经衰老。人心就像一个容器，最后沉淀下的往往是你总是强化过的。正面的、道德的养分会滋养人心向着阳光的方向成长，负面的、违背道德的会让人心逐渐枯萎，经常游走在危险的边缘。

在现实中，对于员工道德的成长来说，一方面是企业帮助每个人输入的道德养分有多少，另一方面就是领导者个人的道德垂范做得如何。

道本管理哲学认为，领导的道德垂范非常重要，这也是道德管理的前提，更重要的是要将道德纳入管理系列中去，并使之机制化、制度化、可考核化，并能够进入一个不断累积的体系。为此，根据道本管理的思想，可采取这样的一些措施：实行业绩与道德的双积分制度，进行组织的业绩与道德的标定，进行双指标的外部效应管理等。

（二）呼唤成真

人的心灵有一种规律：你呼唤什么，什么就会增长。此时此处，没有是非，只有能量的相互作用。我们怎样对待世界，世界便怎样对待我们。

如果管理者总是批评和指责，那么，被批评的人就获得了一种负面能量……可悲的是，领导们还在纳闷：怎么被批评的东西反而越来越多？

【故事】女乞丐的心灯

在佛陀的时代，有一位年老的乞丐妇女，名叫“依赖喜悦”（Relying on Joy）。她常常看着国王、王子和人们供养佛陀和他的弟子，她最希望的莫过于能够像他们一般去供养。所以，她就出外行乞，但一天下来仅要到一个小铜板。她拿着这个铜板，向油商购油。油商告诉她，这么少的钱，什么东西也买不到。当油商听说她要以油来供佛时，对她产生了怜悯心，把她所要的油给她。她拿着这些油到僧院去，点了灯。她把灯放在佛前，许愿说：“除了这盏灯，我没有什么好供养的，但透过这种供养，希望我将来能获得智慧之灯，愿我能解除一切众生的黑暗，愿我能净化他们的一切业障，引导他们开悟。”

当天晚上，其他灯的油都烧光了。但是当佛陀的弟子目犍连前来汇集所有的灯时，那位乞丐妇女的灯却一直烧到破晓时分。当目犍连看到那盏灯还点燃着，油满满的，并且有新灯芯时，他想：“这盏灯为什么白天还点着，实在没有道理。”于是试着吹熄，但那盏灯仍然继续燃着。他试着以手指头掐掉烛花，但没有成功。他又试着以袈裟闷熄，但灯还是燃着。佛陀一直在看，就说：“目犍连，你要熄灭那盏灯吗？你是办不到的，你甚至无法移动它，何况熄灭！即使你把一切大海的水都浇到这盏灯上，它还是不会熄。世界上所有河流和湖泊的水都熄灭不了它，为什么呢？因为这盏灯是以诚心、清净心供养得来的，那种动机使得它拥有巨大的功德。”当佛陀说完这句话，那位乞丐妇女走向他，佛陀为她授记，名曰：“灯光佛”。

【经典实验】水知道答案

从1994年起，日本医学博士江本胜开始拍摄水结晶的照片，他将从世界各地采来的水样放入冰箱，在冰即将融化成水的临界点，用高速摄影技术留下了一张张水结晶的奇异面孔。

事先看过“爱和感谢”字样的水形成了华美庄严的结晶，看到“浑蛋”之类伤人的字眼的水则混沌一片、丑陋不堪，听到巴赫作品的水如同乐曲结晶成相互联结的奇妙结构，若是听到嘈杂愤怒的重金属音乐水结晶的效果则与骂它“浑蛋”类似……

122幅水结晶照片，都在试图说明，天然水总能形成美丽的结晶，而人工处理过的自来水和放置在电视、电脑、手机旁边的水都无法形成结晶。更有甚者，水对人类创造的语言、文字（包括日文、英文、法文、德文、中文等等）、图像都有所感应。水对善意的信号都报之以独具特色的美丽结晶，对恶意的诅咒则惊恐沮丧。

水竟然具有复制、记忆、感受、传达信息的能力！

人的身体重量大约70%是水！人每天跟自己说什么呢？自己的这70%的水又会作何反应呢？管理者每天对着自己和自己的部下说什么呢？自己和部下生命中的70%的水又会处在什么状态呢？

我们怎样对待世界，世界便会怎样对待我们！

（三）事事修行

俗话说，“人不为己，天诛地灭”，以往人们引用这句话的时候，理解是错误的。如果这个世界只是人人为自己私利的世界，还谈什么文明？

古人说这句话的本意是：每个人都好好提升自己的修为，才能赢得自我的发展和社会的和谐。此处的“为”不是为自己，而是谈人自己的修行。

试想，一切外部条件都好了，可就是自己不明白，就是自己无法觉悟，在这样的情况下，难道会天上掉馅饼吗？一切的一切，最终都将由自我的修为决定！只有把一切都作为修行的契机，灾难是包装后的礼物，困难是成长的阶梯，在绝望中能看到希望，在得意时能保持警惕，才真正是走在修行的路上。

【案例】德胜人的修行

在德胜公司，从老总到最基层的员工，每个人都必须经过洗马桶这项工作的锤炼，而且德胜公司对于马桶的清洁标准让很多人瞠目：要能够用里面的水漱口。这样一来，洗马桶就不只是一个不讨人喜欢的体力劳动，而成为一种“修行”。

洗马桶看似苦差事，真正能把这样一件小事做到如此极致，甚是不容易。当人能把一件并不起眼的小事，做到最完美的状态，那么，确实就是一种“修行”的状态。无论事大事小，都是修行的契机。

（四）罪己

现实中，遇到问题怨天尤人的多，能从自身找问题、找原因的少。很多人在遇到困难时，就抱怨不公；遇到挫折，就自暴自弃。这些表现，说明的都是缺乏“罪己”的精神。罪己，就是凡遇问题都要寻找自己的原因，不再外求他人或者归罪于其他客观原因。如果能够做到这一点，就会扭转人生的颓势。而固执地为自己辩护和归罪于别人的人，就会不断复制自己的错误，就会继续复制自己的灾难。

罪己，就是自省，就是自我纠错，就是让别人失去纠正我们的机会（通常，别人纠正我们时我们会痛苦，而能够自我纠错，就会减少痛苦），就是剥夺敌人利用我们的权利（敌人和对手总是利用着我们自身的错误而打败我们）。罪己，是对那些一味谴责别人的人的温柔提示，也是对部下自省的无声命令。罪己，就是自我修理，就是基本的修行，如此，可以避免被人“修理”。

不管你现在是否成功，只要你拥有了成功的归因模式——罪己，必将出类拔萃。不管一个人现在成功到何种程度，只要把问题归罪别人，前面等待他的就是失败！

道本管理哲学强调“万物皆为镜，万般皆为镜中我”，即每个人、每件事情都是一面帮助我们照自己的镜子，都是为我们觉醒而来的天使！管理者如果能够时刻观照自己，就会从中发现真实的自己，就能够发现错误背后的真相，就会走向不断的自我完善。

【故事】与其抱怨，不如顺变

一个朋友要装修新房，经人推荐，找了一位装修师傅。第一次见到他的时候，他就花很长时间和朋友沟通喜欢什么样的风格，还隔三差五地带他到建材城去选购喜欢的材料，不忘在预算和喜好之间寻找平衡点。

等到装修已经进行了一半，朋友觉得自己选的墙砖和地砖不是自己想要的效果，竟然后悔了。遇到雇主的反复，装修师傅们的反应通常会很强烈。但他竟然很平静，并安慰这个朋友说，“难得装修一次，要用好多年，别凑合。你不喜欢，没关系，我们改。满意是最高标准，只要满意，不怕麻烦”。最终，他实现了双赢，既没让我的朋友多花钱，又让他满意。

罪己是寻找人生突破口的捷径。当人把抱怨和自卑的精力转化成从自己身上找原因和寻求解决问题的方法时，往往就能够轻而易举地找到打开困局的钥匙。站在上了锁的门面前抱怨，只能在门前徘徊。把时间花在改进自身上，而不是抱怨和推卸责任上，这就是成功的秘诀。

（五）行不逾矩

人世间，有因必有果，有果必有因。当然，现实生活与工作中，任何结果都有其原因！很多人特别关注结果，却忘记了结果是由原因造成的。佛经言：“菩萨畏因，凡夫畏果。”若把注意力和精力转移到对原因的关注与探究上，结果也就是自然而成的了！

管理中时时刻刻面对的人和事，都有其自身的因果，而那些因果之间的联系最终决定着管理的质量。放下对结果的关注而转向对原因的探究，就能运用因果规律认识和更加有效地解决问题。每一个管理中人，都要对业因有时刻清醒的认识和警惕，要对恶因有惊惧的态度，同时，要善于处处、事事多种善因。因为，人间一切皆是因果关系，这是人类永远逃不出的规律。

【权威研究】神奇的因果链

进化论的创始人达尔文经过多次细心观察，发现了在猫、田鼠、土蜂、三叶草、羊之间存在的相生相克的联系。在猫少的地方，田鼠多，土蜂就相对减少（因为田鼠经常会破坏蜂窝），而蜂少也就使三叶草传粉机会减少，于是喂羊的草就随着减少，结果影响到羊的生长。所以在这个地方，为了多养羊，就需要多养一些猫。粗看起来，养羊和养猫是风马牛不相及的，但从生克制化的关系上来看，二者却不可分。

一根火柴棒价值不到一毛钱，一栋房子价值数百万元，但是一根火柴棒却可以摧毁一栋房子。可见微不足道的潜在破坏力，一旦发作起来，其攻坚灭顶的力量，无物能御。要叠一百万张骨牌，需费时一个月，但推倒骨牌却只要十几秒钟。要累积成功的实业，需耗时数十载，但要倒闭，却只需一个错误决策。要修养出被尊敬的人格，需经过长时间的诚信，但要人格破产，却只需要做错一件事就够了。

第四节 道本管理的众道凝聚

管理活动是上级与部下和相关业务单元之间的协同。道本管理众道实践，是管理者处理人与人之间关系的规律。道本管理众道实践强调发挥每个人的主体性，强调管理者对被管理者的尊重和站在对方立场上的换位思考，强调管理者对被管理者的服务，强调管理是通过造就优秀的下属进而保障生产出优秀产品（服务）的过程。当然，人的成长、人与人之间的和谐就是这个过程中最大的收益。

一、众道：道本管理实践的基础

李嘉诚先生说过："要成为一位成功的领导者，不单要努力，更要听取别人的意见，要有忍耐力，提出自己的意见前，更要考虑别人的意见，最重要的是创出新颖的意念……作为一个领袖，第一最重要的是责己以严，待人以宽；第二要令他人肯为自己办事，并有归属感。机构大必须依靠组织，在二三十人的企业，领袖走在最前端便最成功。当规模扩大至几百人，领袖还是要去参与工作，但不一定是走在前面的第一人。要大就要靠组织，否则，便迟早会撞板，这样的例子很多，百多年的银行也一朝崩溃。"

【案例】海底捞的创新机制

为了鼓励员工的创新精神和参与意识，现在海底捞已经形成了一个发布企业内部创意、创新的红黄蓝榜机制。在海底捞总部的办公室墙上，每个月的9号，成为企业创新日，各个片区的店经理在这一天，都要向总部提交一个创新的评估和报告，以店为单位进行创意统计。这些创新评估和报告中会详细排列各店员工最近的一些想法和创意，定期进行讨论、总结和评比，通过红、黄、蓝榜确定创新、创意项目的实行范围。

海底捞提供一次性将豆花分成35块的切割豆花工具、包丹袋、方便上菜的万能架、小酒精炉、给小孩使用的隔热碗等创意物品，在门口等座区安装插座、在擦鞋处准备502胶、为等待的顾客提供免费的美甲服务、为女顾客提供发圈以及在洗漱处准备一次性牙刷等让人出乎意料的创意服务，都是海底捞提倡创新行动的产物。

张勇先生一直倡导管理"不是管理员工的手脚，而是激发员工的大脑"，且在日常的工作中充分激发和尊重所有员工的主体性，领导者个人的意志和经验证位于一线基层的员工实践。海底捞这一创新激励机制的确立，让每一位员工都能参与到企业系统的优化当中，形成一股合力，一个共同创新的团队。员工通过日常的工作灵感提出实操性很强的创新想法，无论是否被采纳，都会在工作中获得乐趣，使工作变得更有价值。

从海底捞的创新实践中可以看到道本管理众道实践的影子。

二、众道实践的基本原则

企业众道实践的基本原则是管理者放弃控制的心态，放下自己的想法，去点燃下属和同事心中的激情，用信任去激发每个人心底的神圣性，帮助并和大家一道去实现企业的美好目标。

（一）会搭台

俗人为己，道者为人。

俗人为己，于是，许多人是敌人。

道者为人，于是，许多人是朋友。

公司为员工、上级为部下、企业为社会，借用众道之力，打造一个循环无穷的良性价值链。

得一时之利容易，得永久之利难；得眼前之利容易，得未来之利难。

人最不可抗拒的是自己的利益，人们最想的事情就是如何满足自己的利益。

管理就是要设计好轨道，让每个人为自己的梦想——不是为别人的梦想——去奋斗，去实现精神与物质的双丰收。

俗人为己，而领导和老板就是要反道而行之——专心为人，无欲则是大欲！大欲至天乃成霸业之道！

【案例】宜家的全球轮岗制

作为全球家居行业的领航企业，瑞典宜家非常重视人才培养，不仅有针对员工培训的“三级阶梯计划”，还有一个叫“背包客”的全球轮岗体系，目标就是赋予年轻员工们一个机会，到其他国家的宜家去工作，工作的岗位也会不同。他们有12个月的时间，分两期，参与两个不同的项目。这样做，就是为了开拓他们的眼界，让他们看到宜家全球是如何运转的。更是为他们提供一个全球的舞台，去绽放自己的活力与激情。

有这样一家公司，开会不是领导讲话，而是员工轮流讲话，每人三分钟。还有人专门负责点评和评分，个人评分累计会进入自己的能力等级，个体得分加起来还会进入部门总分，又会跟部门领导能力评估挂钩。员工们讲什么呢？基本上就是员工自己的“故事会”，要么将自己的创新成果，哪怕是一丁点的创新都会受到鼓励；要么就讲英雄和模范的故事以及自己的身体力行。想想看，员工进入了这样的状态，领导人还要讲什么呢？

领导让道，众人有道！领导为众人搭建了表演的平台，众人从观众变成了演员，角色变了，一切都会变。

（二）做样板

东芝公司原总经理土光敏夫先生指出："部下们所注视的，与其说是管理者的正面，毋宁说是他的背影。如果领导以身作则，那么，即使他不说话，部下也能跟上。"

领导者的一言一行无不在默默地影响着部下的行为。道本管理实践认为，管理的任务就是上级服务于下级的成长，为他们的发展当教练。

【案例】 卖了奔驰发工资

天津天狮集团在其创立之初遭遇了资金短缺问题，已经到了山穷水尽的地步。市场不买账、销售低迷、工人工资发不出、人人叫苦连天，企业创始人李金元先生看在眼里，更是急在心里。

他变卖了在家乡正在经营的面粉厂和蛋白粉厂，将全部资金投入"天狮"的运营当中，解决现实中的燃眉之急。同时，变卖了自己的奔驰车换成了夏利，给员工发出了工资，不让员工在危机中丧失对企业的信心。曾有员工看到自己的老板做出这样的举动，说道："每当看到我们李总开着一台破旧的小夏利，我就忍不住想哭。"可想而知，会有更多的员工被他的行为所感染，进而欣赏、感激与钦佩这样的领导，从此坚定地同他一道为企业的未来发展奉献自己。李金元先生用无言的行动给众人上了一堂人生课。

（三）成"菩萨"

人人为己，这不是什么秘密，但却是管理不愿意接受的事实。

管理一直希望人人为他人、人人为公，与俗人之道相悖，因而不得人心。

管理以成就每个人为使命，则人人归顺，也不再抵抗，抵抗者也会自动投诚。

在企业中煞有介事的经理们，平时可谓耍尽威风。他们手中有权，权可治人，人人惧之。若是将这些用惯了权力的经理们放到幼儿园小班去工作一个月，孩子们小，既不能打骂，也不能诱惑，讲道理孩子们又听不懂。总之，经理们的特长全部作废，他们又该如何管理呢？

当然，只有一条路，先放弃自我，关注孩子们的喜好，融入其中，再加以引导。

【案例】 一个领导者的修行

罗先生出生于20世纪50年代末，母亲一个人辛辛苦苦地拉扯他长大。罗先生成人后顶替母亲进了工厂。他对领导恭敬，对同龄同事随顺友爱，对老人照顾尊重，对工作一丝不苟。于是，领导很欣赏他，送他去攻读工农兵大学。

大学毕业后，罗先生曾在不同的公司工作，后来，他自己开了一家公司。他对雇员们谦虚有加，总是催促他们提早下班。如果他们加班，他也会一直陪伴他们，坚持到深夜，并且对他们怀有深深的内疚和感恩。他准备了各种新鲜果汁、饮料、茶点，让人送来给雇员做夜宵。他付给他们高薪，送各种礼物，了解他们孩子的情况，叮嘱他们关照父母、岳父母。雇员家里发生了纷争，他总是极力规劝他们让步，自己承担损失，并主动向他们提供各种帮助。

任何客户，只要和罗先生见过一次面，都会把生意交给他。他们相信他，他也没有辜负他们的信任。他们为遇到这样一位诚实、正直、能体恤他人的合作伙伴而惊讶、庆幸。

罗先生竭尽全力去满足客户对产品和相关服务的要求，精益求精，对他所耗费的昂贵的成本却从不提及。客户们和他成了朋友。他们珍惜这位可以信赖的、罕见的友人。他们希望和他建立更为亲密的私人关系。他令他们迷惑、不解，他们也渴望接近他，亲近他高尚的灵魂。

罗先生和大学里一位女同学结了婚，有了一个喜欢阅读的儿子。他不喝酒，不抽烟，不打牌，没有绯闻和不良嗜好。他的财富源源不断地流入，买了别墅，和妻子各开一辆车。

罗先生常说他不知道怎样才能表达对他家保姆的愧疚，他对她们特别尊重、信任，不挑剔她们的工作。每当听到友人的妻子抱怨他们的钟点工或保姆，罗先生总是情不自禁地赞叹自家的保姆。令友人不解的是，他家换过多个保姆，但每一个保姆到他嘴里都完美无缺，难知难遇。到友人家做客，他常常问候并感激他们的保姆，在他的朋友面前也一再称赞。

罗先生常常回到他度过童年和少年的弄堂，看望他昔日的邻居，特别是那些晒太阳的老人。他是他们弄堂的主题。他们谈论他的父母，他的童年、少年和青年，感叹命运不可思议。每年过年，罗先生母亲单位的领导都会收到他的邀请和年货，他们已经变成每天走倒计时的老人了，但他一直铭记他们的恩德。

罗先生长年不间断地做善事，他资助了越来越多的贫困学生和老人，他对这些事越来越着迷。他身边的友人也受到感染而行慈善之事。罗先生不分老幼、贵贱以及是否相识，对他们都一视同仁，尊重和珍爱他人的心。他出现在任何地方都如阳光倾泻，把光明注入他人心中；他清新自然，看不到尘俗习气；他声名远播，凡是接触过他的人，都情不自禁赞叹他，久久思念他。

因为他身影的闪现，与他接触的人们就放下了一念悭吝、狡诈和嗔怨，生起了惭愧和善意。人们希望自己能像他，像他那样卓尔不群，受人爱戴；像他那样慷慨、纯净无私、关心他人；像他那样相貌庄严、财富圆满、眷属和睦、智慧过人。他的一个微笑，一句问候，一个点头，仅仅是他的形象。他存在的本身，在周围人们心中留下永远的惊异和震动。

他净化了许多人的灵魂。

无疑，这则案例中的主人公取得了商业和家庭上的成功。他不但自己成功，还带动着周围的人走向成功。

（四）善“渡”人

公司中的制度可以分成几类：一是业务规范性制度；二是行为约束性制度；三是行为惩罚性制度；四是激励性制度。使用最多的制度是前三类。很显然，激励性不足，行为惩罚过多。被惩罚者，极少有感恩戴德者，相反生出恨的人却是多数，在令人绝望的制度面前，人们心怀恐惧，思量的是何处有漏洞可循？损公肥私如何不被发现？这也是导致制度失效的最重要的原因之一。

人心是潭清水，管理就是添加剂——颜色由管理自己添加决定。

如果一个人一直被上级和同事给予负面定义，这个人就可能走向绝望。

问题是：在公司里工作，人们经常得到的是上司的指责和批评。只是很多管理者似乎已经麻木不仁：公司制度不断完善，为什么坏事依然不断？

【故事】匪夷所思的企业制度

某企业出台了严格的制度，引来众人热议。企业中的一名员工称“在这里，有的规定让我们觉得十分费解，甚至可以说不近人情，我们连在自己的婚礼上宴请好友都要受到限制”。企业行为规定十分细化，哪怕是员工的婚丧嫁娶都有详细的规定。其中一条规定是：随份子不能超过50元，员工婚礼只能邀请公司本科室的员工参加，其他部门的员工即使关系再好也不能参加，并且人数不能超过50人，跨单位是坚决不允许的。

试问，这样严苛的制度究竟是把人和企业间的关系拉近了，还是推远了呢？

【案例】医院实施道本管理

某医院领导潜心推动道本管理的模式：他发现问题时自己作了检讨，却没有去批评当事人；发现班子成员做事出了错，就给他们讲故事，于是出错的人就会自己醒悟；他没有要求党员以身作则，而是跟党员一起回顾入党前的追求和入党时的誓言，党员们感受到了灵魂的温度，主动向群众作出了自我承诺；党员们的身份公开了，从工牌上的党徽、办公桌上的党旗和墙上的“党员日修自问”等，党员们的身份意识增强了，群众的眼睛都是监督的眼睛；他从来不要求部下如何工作，而是总在关心那些让部下分心、烦心的各种公私两方面的事情，自己又动手悄悄地帮助他们解决；他知道部下累了，就带他们出去散心；他知道有的部下做了伤害自己的事情，就向他陈明利害，帮他扭转不利的局面，等等。

想想看，管理是不需要着急的，是不需要训斥别人的，只要懂得人心就行了。

（五）做棋手

棋子和棋手是不同的，管理者或者领导当然应该是企业这盘棋中下棋的人，而不应该成为棋子。

【权威研究】优秀经理人下象棋

盖洛普咨询师、畅销书《现在，发现你的优势》的作者白金汉（Marcus Buckingham）对8万名经理人进行调研后发现：平庸的经理人下跳棋，伟大的经理人下象棋。跳棋的棋子都一样，行棋规则也完全相同，可以彼此替换；象棋的棋子各不相同，且走法规则各异。优秀的管理者会了解和重视员工的独特能力甚至是古怪之处，知道如何整合他们、协调作战。

企业中有各种各样的员工，每个员工都有不同的优点或不足，就像棋盘上的不同棋子。优秀的企业管理者应能对每个人的不同特点，在相应的情景下进行因地制宜的使用，就像下棋。

西方管理推荐标准化、制度化、统一化，希望人像机器一样整齐划一、分毫不差。但人不是机器，每个人都有不同的禀赋。老子说："圣人常善救人，故无弃人，常善救物，故无弃物。"①道本管理在对人的管理上倡导因人因时因地制宜。

现实中很多企业管理者经常视自己为"救火队员"，喜欢冲到一线，去做下属员工应该做的工作。甚至有人喜欢以此来炫耀自己的"权威"。在特殊情况下，管理人员处理一线业务只能是应急无奈之举。如果管理人员总去救火，就相当于下棋人只把自己当做一个具体的棋子，整盘棋必定失去统筹，混乱无比。管理人员去做下属的事，实质上是对下属的不信任，是对下属能力的否定，下属绝不会因此感恩，必定心理受挫甚至心生怨恨。

谁被俗事牵着走，谁就是俗事俗人的奴隶！领导的本质是影响力：谁能影响别人，谁才是真正的领导！

领导若是被别人牵着走，公司这盘棋就没有了真正下棋的人，大家就都变成了棋子。于是企业就没有人下棋了，没有棋手的棋动，岂不是怪动、盲动与乱动！

领导，应该是组织文化与工作规则的引导者，是棋手，是建立棋子之间良性运动的高手。这样的组织，才可能在竞争中胜出！

当然，由于下属的能力在很多情况下不如上级。这样，下属的工作可能会不尽如上级的意，甚至出现一些错误。此时，管理者要允许下属犯错误，通过犯错和改错的过程让下属成长。

三、众道实践的核心内容

根据管理者的主要工作内容和职责，我们将道本管理的众道实践总结为五个主要方面：

（一）正己

《论语》中讲到的"正己"已经成为中国管理思想的精华："其身正，不令而行；其身不正，虽令不从。"②

企业的管理者，行为举止发出的都是一种影响力。这种影响力，对企业内部的员工下属，可以是正面的，也可以是负面的，这主要看领导人自己的态度和举止所表现出的到底是好的一面，还是坏的一面。

管理者如果自己能够做到身正，起到好的表率模范作用，此时，再去要求下级、被管理人员做什么事情就常常不需要进行动员和说服，部下们就会有自觉性和主动性，就像"天不言，而万物化成"一样。

---

① 《道德经》第二十七章。
② 论语[M]. 张燕婴，译注. 北京：中华书局，2006.

【典故】齐桓公好服紫[1]

齐桓公好服紫，一国尽服紫。当是时也，五素不得一紫。桓公患之，谓管仲曰："寡人好服紫，紫贵甚，一国百姓好服紫不已，寡人奈何？"管仲曰："君欲止之，何不试勿衣紫也？谓左右曰：'吾甚恶紫之臭。'于是左右适有衣紫而进者，公必曰：'少却！吾恶紫臭。'"公曰："诺。"于是日，郎中莫衣紫；其明日，国中莫衣紫；三日，境内莫衣紫也。

译文：

齐桓公喜欢穿紫色的衣服，全城的人都穿紫色的衣服。在那时，5匹生绢也换不到一匹紫色的布。齐桓公对此十分忧虑，对管仲说："我喜欢穿紫色的衣服，所以紫色的衣料昂贵，但全国的百姓却喜欢穿紫色的衣服没个完，我该怎么办呢？"管仲说："您想制止这种情况，为什么不试一下您自己不穿紫衣服呢？您可以对身边的侍从说：'我非常厌恶紫色衣服的气味。'在这时，侍从中如果有穿紫衣来觐见的人，桓公就说：'稍微退后点，我厌恶紫色衣服的气味。'"齐桓公说："是。"就在这一天，没有侍卫近臣再穿紫色衣服了；第二天，城中也没人再穿紫色衣服了；到第三天，国境之内也没人再穿紫色衣服了。

台塑集团创始人王永庆指出："要培养人就必须先培养自己，然后再教人，这样才有人可用。"

正己才能安人。正己，是众道实践的重要内容。

（二）让路

一条自己的荣光之路，有谁能让给别人去走？

【故事】预留缺口的智慧

一位著名企业家在作报告，一位听众问："你在事业上取得了巨大的成功，请问，对你来说，最重要的是什么？"企业家没有直接回答，他拿起粉笔在黑板上画了一个圈，只是并没有画圆满，留下一个缺口。他反问道："这是什么？"

"零。"

"圈。"

"未完成的事业。"

"成功。"

台下的听众七嘴八舌地答道。

他对这些回答未置可否："其实，这只是一个未画完整的句号。你们问我为什么会取得辉煌的业绩，道理很简单：我不会把事情做得很圆满，就像这个句号，一定要留个缺口，让我的下属去填满它。"

留个缺口给他人，让路给别人，并不说明自己的能力不强。实际上，这是一种管理的智慧，是一种更高层次上的带有全局性的圆满。给猴子一棵树，让

① 韩非子[M]. 陈秉才，译注. 北京：中华书局，2007.

它不停地攀登；给老虎一座山，让它自由纵横。也许，这就是企业管理用人的最高境界。

可是，看看下列情境的对比，也许我们就明白了什么是以道为本了。

领导一讲话，部下就没话——领导只讲自己关心的，下级事没人问！

上级一说话，下级就顺话——如鹦鹉学舌，部下的思想就被禁锢了！

领导一讲话，下级就反话——领导台上讲，部下台下想的却是反的！

领导自己对，部下都是错——这是基本模式，所以部下烦了绝望了！

领导士气高，部下士气低——剃头挑子一头热，这能叫科学管理吗？

领导很积极，部下很消极——如此这般，难道所有事全靠领导来做？

领导让开道，部下就有道——领导做好服务，做好后勤，一旁鼓劲！

领导知人心，部下都奋勇——部下是最容易被感动，领导要懂冷暖！

领导少讲话，部下多上台——上了舞台的员工都会做出优秀的表演！

由此可见，领导当道，众人无道；领导让道，众人有道。

（三）标定

树活一张皮，人活一张脸。当然，人要是不要脸，也就没法管。

企业乱花钱，不懂给人脸。当然，花钱也是白花，得钱不要脸。

人心本自卑，就怕人抬人。当然，名誉高过金钱，士为知己死。

有人问，企业最丰富和免费的管理资源是什么？很多人回答不出来！

实际上，企业最丰富的免费的管理资源就是管理者对部下的积极标定！

说得通俗一点，你说员工是什么人，他们就会变成什么人！

如果管理者总说部下不好，部下就会不好！如果总说他们的好话，他们就会变得越来越好！如果将这种说好话变成制度和机制，众人都朝着积极正面方向发展，管理不就越来越成功了吗？只是在现实中，好像管理者们的头脑中装错了程序，他们似乎大部分时候都在说部下的不好。

智慧的管理，也是懂得人心规律的管理，着重点就是利用部下的一切优点、进步给予他们积极的标定，并将积极正面的事实进入积分累计，每个人就可能疯了一样改进自己、学习别人，再加上上级的指点和帮助，任何进步都给自己加分，人们还想什么呢？你说，这样的管理不神奇吗？若是再加上组织部门间的竞赛，还有集体荣誉感。若是组织能够肯定员工各方面的长处，让人人都有出路，各自都有发展，管理能不成功吗？

由此可见，基于人心的管理是简单的。而在现实中看到的员工的不作为，一定是组织中的管理者没有为他们设定好发展的道路。至于那些无事生非的人，很显然，是因为无正事便去生是非了。如果一个组织中的是非多了，一定是正道不畅，因此没有足够的正事占据人们的精力。人心也很简单，只有找到对自己有利的活动，人人都会积极地走向正道。人心的能量需要释放，管理者你找到合适的渠道了吗？

【故事】厂区里的一尊佛像

青岛双星集团的厂区里，立着一尊大佛。他们的董事长汪海说："我们把提高产品质量与积德行善结合起来。提出把好质量关是最大的积德行善。"在汪海看来，企业经营也存在着因果报应，"你产品质量不好，坑害消费者，报应企业的结果就是企业倒闭，无法生存"。激活人心向善的力量，人的行为就会向善的一面发挥和展现。

【故事】人间菩萨的故事

一个老板信佛，他知道菩萨都是人修行好了成就的。也就是说，只要人修好了自己，就能成为菩萨。于是，他突发奇想，在企业中设计了"菩萨道"：只要日行十善而无一恶或者有一恶而后多做十善，坚持三个月，即可为"一级菩萨"，坚持一年就是"四级菩萨"了。每一级菩萨都有特殊标志，都有体恤津贴。到了最高级别的"十级菩萨"，持续三年就可以做股东了。你看，管理这样做下去，能不成功吗？

（四）传人

人间最神奇、最能反映智慧、最具价值的事就是连续不断地累加和传承！

大家知道历史上传承最好的组织吗？

百年老字号？固然不错，但在人类历史中，还真的算不上什么。

有家教家规家训的家族，往往能够传承几百年乃至上千年！

有信仰的组织，多半都能传承上千年而不衰！

有师徒衣钵传承的事业，也往往能够发展几百年！

再回头看看当今企业的寿命之短，也许你就明白了我们在忙碌的事情几乎毫无疑义！

一个人有能力没什么了不起，关键要看他能否带出一个有能力的团队。

企业传承靠文化基础上的信仰而不是金钱和利益！

有战斗力的团队，一定是有思想的导师，并形成师徒制，再加上师徒共荣和竞赛，人间正气必蓬勃发展。

共产党之所以能够创立伟业，关键是有一位伟大的革命导师毛主席。他没有亲自上阵杀敌，但他的思想却武装了无数人的头脑，造就了无数的英雄和将军！

如果在思想传承的基础上还能让优秀者阶梯式升级，人间美好无限。

你的管理又是如何做的呢？

【案例】企业如何传帮带？

成都某企业自实行"一对一"传帮带的举措后，按月对传帮带的年轻员工，从德、能、勤、绩等方面进行实事求是的考核，并在年终将历次考核成绩加以汇总，呈报企业主要领导，提出年轻员工成长情况以及续聘理由和建议。传帮带年轻员工的年终绩效考核得分，将与其分管领导和所在部门及科室负责人的年终绩效考核挂钩，进行奖罚。这就明确了上级的责任，也充分调动了广大年轻员工工作的积极性，实现了真正意义上的励志作用。

（五）顺治

当我们遇到自己不喜欢或者反对的事情或者人时，你会顺着他往前走吗？

【故事】真正的生意人

有个人在火车站广场看到一位双腿残疾的人摆着卖铅笔的小摊位，便漫不经心地扔下一百元当做施舍。不久他又回来抱歉地对他说：“对不起，你是一位生意人，我竟然把你当成了乞丐！”

过了一年，他又经过那座车站，一个店家老板微笑着喊住他。

这位残疾人充满感激地说：“一直期待着你的出现，你是第一个把我当成生意人看待的人，你看，我现在是一个真正的生意人了！”

很多时候，你怎么看一个人、怎么说一个人，那人就会成为那种人。你说他是善的，他就会成为善的！

多么神奇：一份善意、爱心与谦卑，常会产生意想不到的善果！

用自己的思维和标准，指责别人容易。

学会运用圣哲的思维发现别人的长处难。

在别人的长处少时，在别人的缺点突出时，依然不指责别人更难。

但我们要指责的东西，不会因为指责而消失。相反，因为激起了反感进而导致变本加厉。

只有欣赏，可以得到我们期望的；指责，只能得到我们指责的。

【故事】跟孩子玩游戏的父亲

一位父亲很苦恼，因为他的孩子玩游戏上瘾了。打骂都不管用，于是请教高人。高人教他：跟孩子一块玩就行了。可这位父亲自己也不会玩游戏啊？于是，父亲就向孩子请教。最后，父子俩成了好朋友，无话不谈，谈话很投机。最终，父子俩一起学习、一起做家务、一起锻炼身体。

当管理者成为部下的朋友时，才可能真正地发挥影响力。

第五节　道本管理的胜道超越

道本管理的“胜道”实际上是遵循天道、心道和众道的必然结果。日本企业家松下幸之助可以说是循天道，遵心道、众道进而得胜道的经营管理大师。

一、胜道：道本管理实践的方向

松下幸之助在经营企业之时，就制定了公司纲领与公司信条，向全体员工公布施行，期望所有员工认识经营企业的使命，并实践每个人所应负的责任。

纲领考虑了公司营利和社会正义的协调，谋求国家工业的发达，并期望能使社会大众生活有所改善与进步。信条是事业发展扩大，非全体员工友爱团结，协力合作不可；希望每个人牺牲小我，以互助互让的精神，一致为公司的业务效力。

在日本国内经济萧条时期，几乎所有生产企业都陷入经营困难。松下电器制造厂由于销货减少，库存天天增加，当时正在养病的松下幸之助得到部属的报告后，为了解决紧迫问题，他拟定的方针和处置的方法，也与同时期的其他企业经营者不尽相同。松下幸之助为防止库存急剧增多，吩咐工厂制造部门减产，但同时又发布两道命令：（1）绝不裁减员工和减少薪水；（2）绝不降低产品售价。

减产与裁减员工，在当时的一般企业经营者来看，这是互相关联、顺理成章的事。可是松下幸之助决定的方针，却大异其趣。他暗想，如果应该裁减员工而不裁减，则这些人一定怀抱感激的心情，自会发奋工作。不过，员工照旧不动，只是减产，又要发生人员过剩的问题，为了解决这一难题，松下幸之助想出的办法是在工厂里工作的工人，全体半天工作。另一方面，坦白地告诉所有职员现在公司所遭遇的实际困难情形，盼望他们一齐努力推销公司产品。依照上述的方针处理，商品价格绝对不能降低。推销所采取的重要步骤，则为彻底地向客户提供服务。这一方法在短期间内即奏效，成果极为丰硕，出人预料。因全体人员干劲十足地到处推销，在仅仅两个月有余的时间里，便将仓库里堆积如山的商品全部卖光。

他曾经对新型收音机的代销商们诚恳地说："我认为一种商品的销售价格，应该是生产成本，加上适当利润。在市场上如能这样推销，才算是商人经商的正道。这样一来，可使制造厂家赚得相当利益，他的事业才会逐渐发展，增加生产设备，加强其生产能力，达到大量生产的目的，最后促成商品售价降低，供应世人以物美价廉的商品，提高国民生活水准。对于收音机的普及推广，希望大家携手合作。"

各代销店老板听了松下幸之助的陈述之后，都默默不语，谁也不再提出反对的意见。从此松下电器制造厂出售的新型收音机，一方面由于设计周密，性能优良，另一方面由于得到全体代销商积极协作，不久，其销售数量大幅度上升。

从松下幸之助的经营管理实践中，我们是不是可以体会到"天道"与"胜道"在成功企业所发挥的巨大作用呢？

二、胜道实践的基本原则

（一）善利万物

老子在《道德经》第八章中说："上善若水，水善利万物而不争。"这是说水善于滋润万物，普遍地施利于万物，却不为自己争取利益。这是一种只讲奉献、不讲索取的崇高精神。它在主观上虽不索取，但在客观上却能从万物那里获取丰厚的利益回报。

著名爱国华侨（印度尼西亚）张弼士，张裕酿酒公司创办人，清道光年间人，创办了近代第一个用科学方法生产、具有完整体系的葡萄酿酒企业。40年间，从一个小杂工到大实业家，经营领域涉及矿业、药材、航运和金融业，获得巨额利润，资金达8 000万两白银，还拥有相当多的不动产，成为南洋华侨首屈一指的巨富。但他富不忘爱国，“吾华人当为祖国效力”，把大量资金转移回国，发展实业，兴办教育，资助革命。

陈嘉庚“自二十岁时，对乡党祠堂私塾及社会义务诸事，颇具热心，出乎生性只自然，绝非被动勉强者”。曾宪梓曾经说过：“祖国有恩于我，我必须终生回报祖国。只要金利来不破产，曾宪梓不死，我对祖国的回报就不会停止。”曾宪梓先生国内捐资总额已逾4亿元人民币，并宣布保证家庭生活必须以外，将金利来所赚到的钱全部捐给中国。

企业的社会责任和对社会的回报就像水恩惠于万物，而万物也会反哺于河流。主观之舍，客观之得，客观之得又进一步推进主观之舍，才是“舍得”的真正逻辑。

（二）无为不争

老子讲道：“天之道，损有余而补不足。”[①]天道的特点是“高者抑之，下者举之，有余者损之，不足者补之”[②]。企业在处理与顾客和社会的关系时，要遵循这些基本规律，要讲“不敢为天下先”的“谦和”精神，最佳策略是“无为不争”。这里的“无为”可有二解：一是“不妄为”，二是“道为”。说到底，还是要去用道，道大则无不为。

松下幸之助，身体瘦弱多病，于是，天造柔性，求人相助，得成大道。松下幸之助之所以能在日本构建最为庞大的产品销售网络，是因为他给代理商以最为丰厚的商业利润，使之凝聚在松下的大旗下，即使在经济不景气之时，松下电器仍以代理商的利益为重，宁可降低自己的利润，也不牺牲合作者的利益。

闻名世界的日本“拉链大王”吉田忠雄毕生信奉“善的循环”。他说：“不为别人的利益着想，就不会有自己的繁荣。”因此，他一贯主张企业要赚钱，就必须多行善。利润是不可以独吞的，他将利润分成三份：一份让给消费者，一份留给供货商和经销商，还有一份留给自己。

老子在《道德经》第八十一章中说：“天之道，利而不害；圣人之道，为而不争。”

相反，我们也看到太多的家族企业内拼外争，富不过三代还是好的，常见的是风风光光三五年，就凄凄惨惨地收场了。

（三）勇猛精进

京瓷发展史上的一个最重要的里程碑是1966年在激烈的投标中夺得了向IBM提供2 500万副氧化铝陶瓷电路板（用于集成电路生产的基板）的合同。要成为当时在电子计算机行业占有80%以上销售份额和90%以上利润份额的

---

① 《道德经》第七十七章。
② 《道德经》第七十七章。

IBM公司的零件提供商，绝不是一件简单的事情。京瓷当时的精密陶瓷的精度是1.5丝（1.5%毫米），而IBM的要求是0.5丝。在产品批量如此之大的时候，这样的精度要求即使在今天都是一个非常严峻的挑战，能达到这个要求的企业不是很多，更不要说是40多年前，而且陶瓷产品是烧结成型的，本身精度控制就极为困难。当时稻盛和夫每天都吃住在车间，和其他员工一起解决这一技术问题，经过7个月的艰苦攻关作战，终于得到了IBM的合格通知，这份通知也就意味着京瓷成为世界一流的精密陶瓷企业。此后历经两年多时间，京瓷终于圆满完成订单的交付。这一事件由此被誉为“京瓷基板神话”。①

京瓷何以能够成就商业上的神话？稻盛和夫的回答是：“除了拼命工作之外，世界上不存在更高明的经营诀窍。”他在年轻时就提出了“六项精进”，即：付出不亚于任何人的努力；要谦虚，不要骄傲；要每天反省；活着，就要感谢；积善行、思利他；忘却感性的烦恼。

稻盛和夫先生十分迷恋中国文化，他的很多经营思想都出自对中国文化的感悟。永远精进、不断超越自我，就是胜道实践的基本准则。

三、胜道实践的核心内容

（一）本立而道生的制胜之道

影响管理者做什么或不能做什么的决定性因素，不是技术和商业模式，而是价值观。这也就是说：精神是企业的魂，经济成果是企业的肉。精神是企业的本，本正确了，企业实践才能在道上。

【案例】阿里巴巴的价值观

阿里巴巴最值钱的东西就是价值观，公司要有一个统一的价值观。阿里员工来自11个国家和地区，有着不同的文化。价值观让他们团结在一起，并奋斗到明天。进入阿里的员工，将坚持企业的价值观作为自身的使命去践行。阿里的价值观第一条就是团队精神，第二条是教学相长，然后是质量、简易、激情、开放、创新、专注、服务与尊重，这九条价值观正是阿里巴巴最值钱的东西。

使命、价值观、目标是任何一个企业，任何一个组织都必须具备的东西。如果没有这三样东西，企业一定走不长，走不远，长不大。

道本管理实践以企业精神为起点。之所以如此，是因为人类精神有一个进化的规律：吃什么，就长成什么！只吃物质，兽性变得越来越强；物质与精神一起吃，就会变得越来越像人。少吃物质多吃精神，就是圣贤。只吃精神，那就是神了。

道本管理实践中不仅仅用经济满足员工需求、激励员工成长，更重视

---

① 魏浩浩. 稻盛和夫的商业哲学 [J]. 走向世界，2011(35)：42-43.

用精神滋养员工心灵、激励员工人性的成长。让高尚的精神生出经济之果，让经济开出精神之花，从而形成精神和物质之间的和谐统一和良性循环。

（二）德生能，品生财

很多人重视能力，可能力又由什么决定呢？很多人想发财，可财会跟着谁跑呢？人有两条腿，财有四条腿，人去追财，累死拉倒。

【案例】亨利·福特的理念

福特汽车的创始人亨利·福特先生有着自己独到的经营理念。他常常思考企业存在的价值，除了赚钱获利以外，还不能忘掉社会价值的创造，推动社会进步。因为一种事业的存在，不知有多少人依靠它生活，有多少人由它而致富，提高生活水平，使整个社会得到进步、改善。亨利·福特屡次主动降低产品价格，让更多的人有汽车可坐，在助人的同时扩大了自己经营的事业。他的理念影响了很多后世的企业家。

松下幸之助先生十分赞同亨利·福特提出的企业与社会发展密切相关的观点，认为任何人的事业都与这个人存在的社会密切相关，无法分离。心怀大志的企业家，应该具有这种抱负，将这一想法顺应时代的实际情况。能做到什么程度，那就要看每个人的思想、人生观及对社会所抱的态度。同时，将这些理念写入自己公司新制定的纲领与公司信条中，期望所有员工认识经营企业的使命，并实践每个人所应承担的责任。

现实中的一个个案例都在告诉我们这样一个事实：

无德求胜则靠阴谋。

无品求财必生邪念。

助德者得胜，引胜者修德则可德能兼备。

助品者发财，引发者提品则防因财废品。

德能兼备，品财兼收，则人人可为圣贤。

（三）钱喜欢谁

企业人都追求利润，都喜欢钱。可是，我们要问的是：钱喜欢谁呢？

人们已经习惯了将企业视为一个经济组织，也习惯性地认定企业的直接目的就是赚取利润。“威尼斯商人”夏洛克的赚钱方式已经广为人知，当今最传统、最常见的获取利润的方式其实与夏洛克的方式大同小异，只不过是表现方式不同而已。

一个现实是，谁都想从别人那里赚钱，谁都想利润最大化，最起码是利润“满意化”，而同时，谁都不想有损失。问题是，在商业关系中，只有一方能达到这样的目标的关系能持久吗？难道经营管理只能是这样一个“零和游戏”？

【故事】重视每一个人的业务员

为了找到现实生活中使用频率最高的字，纽约电话公司曾就电话对话做过一项调查。结果发现，在500个电话对话中，“我”这个字使用了大约3950

次。这说明，众人在内心中都是非常重视自己的。

一位强生公司的业务员，每次到其客户公司的时候，总要先跟柜台的营业员寒暄几句，然后才去见店主。有一天，他到这家商店去，店主突然告诉他今后不用再来了，他的店不想再卖强生公司的产品了。这个业务员只好离开商店，他开着车子在镇子上转了好久，最后决定再回到店里，把情况问清楚。

走进店里的时候，他照常和柜台上的营业员打过招呼，然后再到里面去见店主，店主见到他很高兴，笑着欢迎他回来，并且比平常多订了一倍的货。这个业务员十分惊讶。店主指着柜台上一个卖饮料的男孩说："在你离开店铺以后，卖饮料的男孩走过来告诉我，说你是到店里来的推销员中，唯一会同他打招呼的人。他告诉我，如果有什么人值得做生意的话，就应该是你。"店主从此成了这个推销员最好的客户。

这个推销员说："我永远不会忘记，关心、重视每一个人是我们必须具备的品质。"

有几个管理者会真心诚意地去满足别人的利益呢？故事中的业务员就发现了这样做的秘密：钱喜欢对别人好的人（有德之人、利他之人）。**谁越是对别人好，钱就越爱谁！**

关心别人，重视别人，似乎与重视自己的本性相悖，似乎只有具备高尚的情操和磊落胸怀的人才能做到。可事实是，当你用诚挚的心灵，采取适当的方法，使对方在情感上感到温暖、愉悦，在精神上得到充实和满足，在生活中感到舒适与便利时，你不但会获得和体验到一种美好、和谐的人际关系，你还会拥有许多的朋友和生意。

这，就是钱之道。钱道就是人道，人道就是心道，心道就是利他——真心诚意而无求！

世界首富比尔·盖茨迄今为止的一切努力都是在造福人类。这里不去介绍他的慈善行动，而是剖析一下他的事业成功机理。盖茨主持的微软发明的Windows使电脑操作迈入了一个崭新的时代，其效率的提高以及由此产生的公众效益是不可估量的。以Windows为核心的Microsoft系列操作软件，将Internet的信息交流变得更为方便快捷，并为Internet在世界的迅速普及奠定了可靠的基础。因为有了Internet，远程医疗、远程教育、远程购物、远程办公等等才成为活生生的现实存在。

尤为值得重视的是，凭借着盖茨的软件，即使是未经过专业训练的普通百姓，也能随心所欲地在网上冲浪、在网上办公。这就创造了一个最惠及整个人类的奇迹：互联网的大众化。这使得无论是大国的总统还是弱国的小民，都可以平等地共享网上资源。

朱厚泽说，Internet从技术上摧毁了传统的纵向等级层次结构，形成网络式的横向自主连接结构，表现了对人的尊重和从技术上支持人的自主选择权利，实际上体现着人的主体地位的高扬，对于60多亿世界公民来说，还有什么比这种平等自由更可宝贵的呢？

可以说，盖茨的努力，功德无量。他领导的微软公司曾经发表过这样的宣言："以优秀的软件赋予人们力量，在任何地方，任何时候，任何设备上。"

钱喜欢谁呢？钱，只是人类创造出来的价值载体，它本身代表的就是价值。如果人赋予金钱人格的话，那么金钱也是有生命的。那么，有生命的金钱喜欢谁呢？他当然喜欢能够让它有价值的人。金钱如何才会有价值呢？那就只有一条路：用钱去造福人，用钱去完成金钱的价值使命。佛家讲"救人一命胜造七级浮屠"，因而倘若拿金钱来救人，金钱就会喜欢如此这般用它的人！

太月浮想

许多人对道本管理这片天空投以热切的目光，也在其中找到了自己实践的脚印。文明是众人创造的，尽管我们常常不敢承认自己对文明的贡献。前面的章节，如抽丝剥茧一样，一层层揭开了管理文明的神秘面纱。乌云绕日也是一道特殊的风景，我们经历磨难，但我们愈发坚强；我们经历迷惑，但我们愈发清醒。

在人类主观接近客观世界的进程中，我们难免走些弯路。但就像一个虔诚的朝圣者那样，不管遇到什么障碍，心中的方向不会改变，这就是人类的希望。管理也是如此，管理尽管会被红尘遮盖，但只要我们心中的追求和意志尚在，就一定能够还原管理的真相。

正如圣人老子所说"道法自然"，人的主观确实很强大，但最终的归宿却是自己的反面：不是人的意念，而是人所归属的自然与宇宙的本来意志！

小　结

《金刚经》讲："汝等比丘，知我说法，如筏喻者。法尚应舍，何况非法?"

道家讲："为学日益，为道日损。"

道本管理实践要求我们不仅放下自己的那些成见、偏见和执着，还要放下知识和经验，按照心道、人道、众道、天道的要求，把自己归于大道，全心全意地为别人着想，为客户着想，这是一个对俗心的挑战，背后却隐藏着一个巨大的机会。

思考题

1.信道、悟道、行道，在你知道的管理实践中，有你熟悉的这样的人吗？他们又是怎么做的？

2.怎样理解天道实践与心道、众道、胜道实践之间的关系？

3.静下心来想想，你自己有哪些想法做法是合乎大道的？很美妙吗？有没有一些让你难受的事情？想想看，如果换成合道的方式去做，是不是会“柳暗花明”呢？

第十章

顶天立地：信仰与中国人的信仰

摘　要

通过回溯信仰的源头、本质，理解、认识信仰之于人、之于社会的价值与功能，深刻剖析几类简单而片面的认知模式，发掘表面矛盾背后的统一与和谐。人人离不开信仰，因为信仰是灵魂的归宿。信仰，是对客观规律与真理的坚信，是对人类文明方向的正信。

中国文化源远流长，先祖圣贤们为我们留下了极其灿烂的文明财富。探索中国人的信仰，不仅要虔诚地继承，同时还要谨慎地发展与创新。中华道是在突破各种桎梏，总结、继承人类文明思想、智慧的基础上，提出的一套现实、可行的文化纲领。这套文化纲领，为信仰进入企业、为企业回归本质铺垫一条升级大道。

本章逻辑框架图

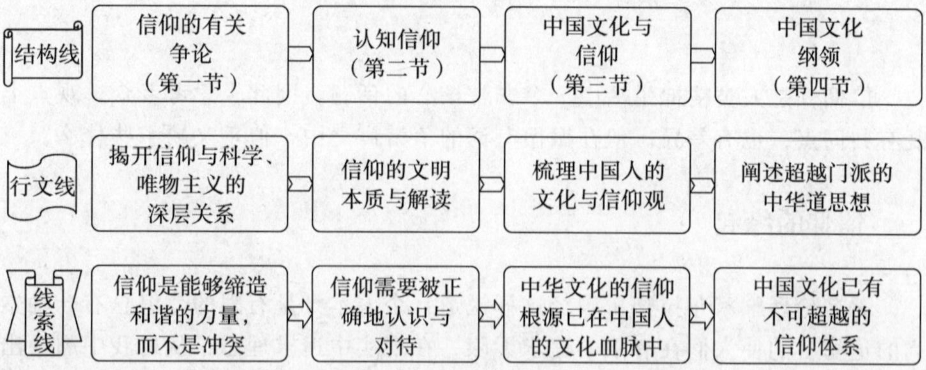

> 人类永久的幸福不在于获得任何东西，而在于把自己给予比自己更伟大的东西，给予比他的个人生命更伟大的观念，即祖国的观念、人类的观念、至高神圣的观念。这些观念能使人类更容易舍弃他所有的一切，连他的生命也不例外。在人类没有找到某些能真正索取他的一切的伟大的观念之前，他的存在可能是不幸的和可怜的，这种伟大的观念能使他从他所依附的全部财物中解放出来。

——泰戈尔

“信仰”这个词，并不是现实中人们经常谈论的主题。也许，这个词的内涵过于“高大上”或者有些高深。但对于人类这种高级的智能动物来说，信仰似乎又是不可或缺的。一般人会这样认为，各种各样的信仰在现实中是始终存在的。可这又犯了一个错误：难道不管信什么都算是有信仰吗？若是这样，信仰这个概念就被泛化了，其科学的内涵和价值的正面性就完全被湮没在各种看似信仰的不同表现形态中，进而使得人们对真正信仰的认识变得更加模糊。在人类的现实中，信仰确实有着各种不同的表现形态，但需要特别注意的是，不能将虚假的“信仰”和邪恶的“信仰”也放进信仰中来。区分这一点十分重要，这也是我们理解真正信仰的第一道门槛。就那些算得上真正信仰的不同门派来说，虽然其表述方式和表现形态有着明显的区别，但其背后的认知逻辑是类似的，他们的价值方向也是趋同的。

在当今的现实生活中，人们较为普遍地认为，很多人是没有信仰的。即使是那些说自己有信仰的人，其中很多也是没有真正信仰的。但毫无疑问，很多人都在寻找信仰，因为信仰是一个人成为真正的人和过上真正人的生活的重要前提：它决定着我们对世界、对人和事、对人生的价值与意义，对一切行动结果价值的认知和行为抉择。这是对与信仰有关的现实状况的一个基本判断。

第一节　信仰的有关争论

信仰，是人类精神生活中一个非常核心的话题，因此，思考者众，观点上既有共同点，也有差异。但在振振有词的争辩声之中，似乎又缺了些什么。

一、信仰的缘起

著名伦理学家布拉德雷曾经这样说道：个人本身是有限的，但总有一种崇高的道德目的使人们在有限中追求无限，在现实中追求理想，从自我中超脱出来，走向更大更高的“自我实现”。因此，所谓“实现你自己”，“并不仅仅意味着‘成为一个整体’，而是成为一个无限的整体”。[①]

首先，从人类历史上信仰的演变来看，个体和群体（包括各类组织和政府）对信仰的需求是一直存在着的。任何一个社会阶段对信仰都有需求，只不过需求的程度和方式略有不同而已。从整个人类社会发展的脉络上来讲，人类也一直没有放弃信仰。很多宗教和各种信仰形式经过几千年的发展，仍旧占据着人类社会思想与精神的核心。

人类一直活在一种不确定感当中：个体的知识、见识和能力相对于人类群体和自然及其规律而言，是十分有限的。在天地万物和人生的变幻中，我们的把控能力也是有限的。历史是漫长的，人生是短暂的，未来是充满变数的。在这样的一种不确定感中，重则惶惶不可终日，轻则时而产生莫名的困惑与恐惧。人类对信仰的追求，也就来自对这种不确定感的摆脱——寻找一种精神和生命的确定感。

作为个体的人，在其有限的生命中，为了人生的精神需要，为了个体有限生命活动效率的提高，为了避免在价值方向上误入歧途，为了短暂人生质量的保障，都在个体经验、体验、知识和人类社会文明积累的基础上，又在对个人判断有限性认识的基础上，尝试着给自己的生命确立一个最优的价值方向，并在个体认同与群体认知、在认知与行动和行动结果的自证方面，形成一个自己认同的合理的自洽逻辑。以此，让自己的精神生命能够有一种确定感。

寻找生命确定感的历程，也就是信仰形成的过程。我们一方面需要在个体体验层面进行某种必然性的确认，另一方面又面临着新的变化对个体形成的确定感的挑战。当个体的确定感得到自己所属群体的支撑，也就是有了群体共同的确定感时，我们个体的确定感就会得到加强和变得稳固。当这种稳固的认知指引着我们的行动并决定着对行动结果的自洽解释时，当我们的这种认知、行动和自洽解释有利于自己和群体，并与人类的文明方向相一致时，信仰就形

① BRADLEY F H. Ethical studies[M]. Oxford：The Clarendon Press，1927：74.

成了。

纵观人类历史，我们一方面在不断地更新着自己的认知，最终形成了较大规模的群体认知；另一方面，我们又在这种群体认知体系的基础上发展出一套不断强化和巩固的方法，如宗教的各种仪式和世俗社会中的宣誓、集体叩拜、结拜、节日祭祀等。通过各种方法的强化和巩固，这种认知就越来越强烈地引导着人们的价值认知和行为选择，并对发生的各种结果进行着自洽式的圆满辩护。

从个体信仰的形成来看，我们一方面用自己生活中的事实进行自我确认；另一方面，也从权威那里进行间接的确认，毕竟在短暂的人生中、在个体有限的经历中、在个人有限的认知能力下，我们无法将亲身验证所有事件作为自我确认的唯一路径。于是，间接确认也成为完善个体确认的一个必不可少的路径与渠道。同时，不管个体自身还是权威，仅仅有生命确定感的形成也还是不够的。于是，时间维度上的历史继承就成了一个必要的补充，毕竟，历史意味着无数人和反复无数次的确认，而历史的继承就是基于这一点而呈现合理性的。当然，除了继承，我们还必须加上一个发展的视角，因为历史是一个连续的过程，而不仅仅指向过去。我们的现实，就是历史的延续。未来，也在不断地转化成现实中成为历史。历史的根本规律也许是稳定的，但具体表现层面的规律却又随着历史的进展呈现出一些新的特点。遵循历史所呈现的根本规律是明智的，但简单地套用又可能是愚蠢的。

由以上论述可见，我们信仰的形成，需要个体亲自验证的事实，也需要间接的事实进行补充，还需要在历史积淀的基础上用发展的创新思维不断更新。在这里，对于每一个个体来说，既有个体亲历的客观，也有个体的主观参与其中；既有他人或者群体或者历史的客观进入个体认知的领域，也有许许多多人主观与客观的混杂和彼此之间的交流与交融。但不管怎样，只要是不断地在增强我们的确定感，只要是不断地有利于个体生命价值的提升，只要符合人类与自然和谐的价值方向，这种认知所沉淀下来的精神财富就会成为我们的信仰或者信仰的一部分。

因为个体与群体的共同认知和个体确定感的形成，个人生命、群体和组织，乃至于国家和整个人类，就有了一种精神秩序，而这恰恰就是人类个体、群体与组织、国家与整个人类生存与发展的基础，也是个体和群体生命效率最优、活动最经济和价值最大的基础。一旦这种信仰形成，就会形成集体的无意识，就会大大地节省每个个体的心智成本，从而提高个体生命效率和优化群体秩序。这就是信仰于人类的价值所在！

在一种非宗教的意义上，信仰和信念为人类生活提供了价值追求的动力和目标，具有一种精神家园的意义，失此，则人类很可能如海德格尔所言，成为无家可归的“存在者”。[①]

---

① 万俊人．信仰危机的“现代性”根源及其文化解释[J]．清华大学学报，2001（16）：27．

二、信仰与科学

科学，是基于人类物质与精神、生存与发展的需要，以人类的主观对未知客观世界与规律及其对人类的影响进行探索的结晶。对于信仰来说，不少人认为信仰与科学是完全不同的领域和主题，也无法在这样两个不同的领域中进行跨界的思考与融合。历史上，关于科学与信仰的争论也一直是个很有趣的话题。

实际上，信仰是一个和科学紧密相连、无法截然分割的主题。因为，科学与信仰都是人类主观的活动，都是人类主观认识客观的活动，都是通过认识规律服务于人类的活动，都是基于客观存在的客观规律和人类的关系，基于已有的认知，包括科学发现的规律和科学还没有证明的规律，基于个体的有限生命、有限能力，个体为了实现个体生命价值和效率的最大化，提升生命质量、效率，降低生命成本，避免价值方向上的偏差所作的一种主观上的设计，是主观建构与客观之间关系的一种认知行动。这些都是信仰生成的共同的科学基础。信仰始终没有脱离人类对客观世界科学或者科学般的探索。当然，科学探索也是基于某种信仰所进行的一种活动。可以这样说，割裂了这两者之间的关系，科学也不可能成为科学，信仰也无法成为信仰。

在科学对信仰的批判中，最为典型的就是信仰的证据不足。可是，任何科学的探索也存在着类似的问题。这不是科学与信仰自身的问题，而是人类主观能力有限性与客观无限性之间的一种必然的差距。正是因为如此，科学的根本精神和宗旨不是得出结论，而是不断地质疑和探索。其实，科学也要基于人的主观认识假设，对各种规律的假设，有可能是对的，也有可能是错的。科学家的怀疑主义、坚信事实、坚信事物有自身的规律，这是不是也是一种信仰？脱离开这些信仰，科学还存在吗？真正的科学，不是对科学结论的迷信，而是对客观规律的信仰。由此可见，信仰是决定科学探索的基本心智前提。另一方面，信仰作为服务于人类精神生活的一种心灵养料存在着，是基于科学和人类生活实践积累而对于那些能够满足人类价值认知与方向性指引的客观规律与真理的信仰。两者虽然有些不同，但又很难将它们截然分开。

从证明的模式上看，科学是基于对客观规律的信仰和人类已经拥有的经验与科学积累，由人主观地提出假定或者假设，再去寻求客观的证据加以证明的过程。并且，证明的结果又必须可以由他人运用同样的方法加以验证，才具有科学的价值。信仰则有所不同，一旦信仰确立，后续就是个体精神和价值方向选择、行为方式及其对结果的自洽式解释与辩护的连续统一体：因为信仰，所以选择；因为选择，所以作出相应行动；因为行动，就会产生一定的结果；又因为是信仰指导的行动，所以，结果也是信仰的表现方式。这是一种在自我的精神世界中完成的自我驱动和自我圆满。正因为如此，信仰在自证中不断得到加强和巩固。而科学则有些不同，因为科学是在否定中得以前进的。

一般来说，信仰的命题和逻辑模式虽然也有一定的科学基础和人类经验的自证作为支撑，但总的来说还是偏向于主观价值的选择，信仰侧重的是人类生活的可用价值。也正因为如此，在今天的科学模式下也就无法运用纯粹的科学方式进行研究，也只能在信仰自洽的逻辑链上由每个人进行自证。从这样一种意义上来说，信仰是基于科学和生活经验人为主观制造出来的，是人主观需求的产物，是为了满足主观的精神生活需求而存在的。因此，它也就不是纯粹的传统科学研究的对象和用传统科学研究的方法可以验证、证明的那个对象。

三、唯心和唯物的通道

虽然我们已经习惯了将信仰和科学看做两回事，但它们又都是在为了人类生存与发展这样一条路线上出现的人类行为事件。人类在面对大自然力量时感受到的自身的渺小，在人生复杂性面前对自身智慧匮乏的那种紧张感和压力，使人们对于那个超越个体知识、经验和能力，个体又隶属于的那样一个庞大的系统产生了敬畏和探索的欲望。

在信仰领域当中，以中国道家老子为代表的自然唯物主义哲学，在形式上否认了神灵的存在，但承认个体与个体所隶属的主观外部客观系统的一种有机联系，并倡导个人主观对客观系统和客观规律的遵从，这种观点可视为一种系统和辩证的唯物主义的信仰观。而另外一条路线则是将超越人的主观、人类无法通过自身的能力研究清楚而又寄托了人类最美好期望的那种力量，给予人格化的塑造、描述，并将其人格化和神化（如教主和最高的神），将人所期待拥有但又难以捉摸的那种力量予以价值信条化，作为教义的基本内容。在此基础上，将教主和信条作为个人、群体的价值和行为定位及行动方向的依据和标准。这几乎是所有宗教所遵循的基本的认知逻辑路线。

哲学界一般将宗教这种认知逻辑路线说成是唯心主义的信仰观。但当我们将唯心主义的信仰观看成个人主观或者人类主观对客观的一种主观描述的时候，当我们也明白了唯物主义的信仰观实际上也是一种主观对客观的描述时，我们也许就能找到唯心主义和唯物主义的一个连接通道。哲学对于唯心与唯物的区别是这样描述的：据《辞海》解释，两者之间最主要的区别是，唯心主义认为精神是第一性的，物质是第二性的；而唯物主义则认为物质是第一性的，精神是第二性的。实际上，从宇宙与人类出现及进化的事实来看，物质第一性是没有疑问的。那又为什么出现了唯心主义的精神第一性问题呢？回顾人类历史，我们不难发现，人类最初对自身与自然界和规律的认识呈现出两种形态：对于已知的则呈现为唯物主义的认识观，而对于未知的则更多呈现为唯心主义的认识观。到了近现代社会，唯物主义则主要用在科学探索和对已知结论的革命方面，而唯心主义则侧重于人类精神生活的满足方面。至此，我们也就不难理解唯物与唯心这两种观点为什么会在人类历史上如此纠缠不休。看看历朝历代的人们，科学家的活动是基于唯物主义的思维，但他们当中又有很多人是宗教信徒；很多官员和百姓，一方面用唯物主义的方式从事着世俗的思考和活动，但另一方面又在很多事情上使用着宗教般的态度和方式。也许，这一切告诉我们的就是一个道理：我们既要尊重无限的客观和规律的力量，另一方面还要用一些主观的认知和内容来满足我们现实的精神需求。

毫无疑问，科学发展到今天也不能说已经达到了真理的尽头。也就是说，今天的科学还只是处在主观认识向客观真理接近的过程中，任何科学的结论都有可能因为新的事实和规律的发现而被斥为狭隘的主观臆断。而信仰也在不断地吸纳科学成果，再加上主观的价值选择来满足我们现实的精神需求。由此可见，不管是科学还是信仰，它们都以客观为基础，以主观为起点，只是在是否将那种超越人类主观的力量人格化、神化方面出现了差异。而这种差异也只是在人类主观领域中的差异，并不是客观世界中客观存在的差异。理解这一点，也就找到了唯心与唯物的第一个连接通道。无论唯心还是唯物，又都是根据自己特定的价值认知逻辑所形成的那种信条来作为个体的生命价值标准和行动方向，这个共同的价值指向性可谓是第二个连接通道。无论唯心还是唯物，又都毫无例外地将客观功能属性化、信条化并指向人自身的身心之间、精神与行动之间，群体中的个体之间，人类与自然之间的一种善良的方向，这可谓是它们的第三个连接通道。最终，它们无一例外地在遵从那种超越个人力量方向的同时，使得个体通过外界对自身的认识来建构日益合理化的主观与客观世界之间的关系。换句话说，一方面都强调内因在建立主观与客观世界的关系中的主导作用，另一方面都强调在建立这种关系当中要反观主观作用的有限性，不断地去突破主观，从而建立更优的与客观世界之间的关系，而不是要么机械地将人放在一个无限世界面前，犹如待宰的羔羊，也不是将人置于那样一种可以跟无限力量进行搏斗的斗士或者妄以为能够主宰客观世界的地位。这一共同点，可谓是唯心与唯物的第四个连接通道。

第二节　信仰的认知、概念、属性与功能

之所以谈论这个问题，是因为对现实中各种信仰相关现象的认识与理解，直接影响着信仰的建立。换个角度说，若是不能正确理解现实中各种与信仰有关的现象，就不能证明自己拥有了正确和真正的信仰。明确对现实中各种各样困扰我们的信仰形态的认识，对信仰者的各种现实表现与真正信仰、信仰规律进行正确的区别，也有助于我们了解、认识信仰体系的核心及形成模式。

一、信仰的现实表现及认知

现实中一些人，因为见到宗教中某些人的信仰形态出现了问题，就去全面否定宗教原教义的内容及教义指向的价值目标，这种做法是错误的。我们必须

厘清一种错觉：在现实生活中，并不是什么人一旦进入宗教，就会马上成为信仰者，就应该立即成为“神圣的人”。实际上，皈依的人，只是因为拥有了一个信仰的初步了解和愿望才跨进信仰的门槛——此时的人一只脚在世俗，另一只脚在信仰。这是因为，一般人都是带着自己的积习甚至是恶习进入宗教信仰的，在修习的过程中仍然会有一些错误的想法和行为，这都是走向信仰的一个阶段。

如果从宗教建立的初衷和宗教中的信仰者在现实中的表现来看，宗教核心教义的内容以及教义所指向的对人类价值方向的引领，与现实中的信仰者对它的阐释和表现出来的行为，这两方面既有关联但又不完全是一回事。也就是说，不能从现实中人们所阐释的想法和具体的表现，对宗教本身的教义和价值指向目标进行推论或者反驳。因为宗教教义的创立者与后来的阐释者，他们的历史文化、个人境界以及对信仰的需求与自我理解都是不一样的。就如老子所著的《道德经》的本意与后人对《道德经》的各种讲解与解读不同一样，我们不能因为某个人的讲解出错而去否定老子和《道德经》的思想。

在宗教信仰群体当中，很多人认为信仰教主就是真正的信仰了。实际上，那只是信仰的片段，而不是真正信仰的全部。这样的人没有理解宗教都是教人自救的，比如“心外求法，皆是外道”（六祖慧能），基督教讲“神救自救者”，共产党人讲“内因与自我批评”。实际上，不管是什么样的信仰，只不过是给人的向往和追求提供了一个途径和渠道，最终还是要靠自身的努力来实现。缺乏正确引导的民间信仰，可能会接近宗教世俗化的状态。有这样信仰的人，相信一个超然的力量，但只是去祈祷、叩拜和等待，这类行为我们称之为迷信。因为这类貌似信仰的行为却失去了信仰的一个核心立足点，就是个人主观上要去努力，才能建立自身与客观规律和真理之间的联系，并在实践中连续不断地、有意识地去突破这种主观努力的局限性，这才是真正的信仰理性。

我们也必须明确，即使是在宗教信仰的现实表现中，也存在着两类典型的现象：一是放弃了人的主观能动作用，将人变成教主或者神灵面前一个可以随意支配的木偶或者待宰的羔羊，似乎个体只要虔诚地相信，就可以解决所有的问题。这当然也是迷信的一种。二是在现实的宗教信仰行动中，我们也必须区分信仰的成熟需要一个过程。刚刚走入信仰之门的人、在信仰过程中正在不断前进的人和已达到真正信仰的终极状态的人，他们之间是有本质区别的。前两者是信仰进程中的阶段，是信仰成熟的过程中不可逾越的阶段。因此，不能用这些还在过程中、还处在非成熟信仰状态中的人来断定信仰的性质和否定人们对信仰的追求，而是要反思信仰的引导方法和提高辅助手段的有效性。

二、信仰的理性认知与文明本质的回归

理性是信仰的先决条件，信仰则是理性的实现。作为终极关怀状态的信仰就是出神入化的理性。信仰的本性与理性的本性之间并无冲突，它们是互为包

容的。[①]

在现实中大量存在的是缺乏真正信仰引导的人们。许多人只是处于基于个人、群体的有限经验所形成的信条和基于个人生存现实、对个人生命价值的渴望所形成的各种形似信仰的状态。这其中，包含着很多错误的成分，比如“人不为己，天诛地灭”，“成者王侯败者寇”，对金钱的崇拜、对名利的崇拜等，这种失去价值方向的、纯粹的功利逻辑是一种错误的“信”和“仰”，而不是真正的信仰。究其原因，这些现象的存在基本上是由于缺乏信仰的正确引导。形似信仰的错误状态并不代表信仰本身的错误，而只是在认识信仰和践行信仰中个体或者群体出现的偏差。

在人类群体当中，拥有真正信仰的人，不能仅仅对这些形似信仰的错误状态进行指责，而是应该反思和承担起自己的责任。对所有有着信仰需求的人类个体和组织来说，如何建立一种引导人们走向正确信仰的方法和机制，是一个非常严肃的话题。若能够做到这一点，民众就可以从自己朴素的生活经验中进一步提升信仰理性，并且从迷信中走出来；宗教信徒也可以通过积极不断地反思与自我突破，从盲目的崇拜和个人消极的等待中走向正确的信仰方向。

在宗教信仰的发展历程中，因为宗教许多时候也是被俗人操作的，因此我们会经常见到宗教正信正念被世俗化和工具化的现象。当这一趋势走向极端时，就会导致对自己偏狭信念的固守和对其他信仰的排斥及伤害，这都是人类信仰中典型的悲剧。对于自我信仰的绝对化、表象化，对其他信仰的拒斥、排斥和反对，丧失了信仰最根本的文明性而导致反文明的悲剧产生，这种行为造成的结果和信仰的原教旨及价值方向是相违背的。

信仰的表达是主观的，是主观对主客观关系的一种表达形式，并不是真正的客观上的主观与客观关系。任何人所建构的通过信仰来完成的主观与客观世界的关系，都是主观行动的结果；即使是有客观性的基础，也是不完备的。因此，它具有由主观自身所决定的那种主观性和有限性，任何的绝对化都是错误的。

信仰是指向主观的价值方向的，是一种主观建构的主客观具体关系的形态，是需要不断突破的。在突破的过程当中，清醒地认识自身主观的有限性、坚持主观对客观的遵从，这是建构信仰当中最基础的理性。由这种基础理性演绎出来的，就是对自身信仰绝对性的破除和对他人信仰的包容、尊重和理解，对至善价值方向的坚守，面对他人的误解、攻击和伤害能够作出符合信仰精神的文明的反应。如此，人类就可以避免因此而发生的各种悲剧与彼此的伤害，甚至可以减少战争的发生。

信仰必须回归文明的本质，必须放弃对自我信仰的绝对化和排他性，保持对他人信仰的包容、接纳与学习，必须坚决放弃对其他信仰的恶意攻击；否则，信仰作为人类的一个主观认知体系、作为人类主观与客观建立联系的一种

---

① 张志刚. 走向神圣[M]. 北京：人民出版社，1995：74，88.

尝试和努力，就不会给人类带来福祉，相反还可能带来更大的灾难。

三、信仰的概念界定及其解读

一般认为，“信仰是主体超越现实、超越自我、追求最高价值的自我意识，是对具有最高价值的对象高度信服、景仰、向往、追求，并以之统摄自己精神生活，作为自己的精神寄托的思想倾向，是主体对终极价值的追求。信仰表现了主体对最高价值的追求，也表现了主体对真、善、美的追求、向往与对未来美好生活的期盼与憧憬。这就是超越现实，超越自我，而追求最高价值，正是主体高度自觉的自我意识”①。

瞿永玲认为，“所谓信仰就是从内心对一个观念、一种思想、一种主义等产生认同并将之内化，并以之作为自己行动的榜样或指南。其特性主要是明确的目的性、理想性和优位性。目的性是指，信仰为人类生活提供了追求价值的动力和目标，具有一种精神家园的意义；理想性是指通过信仰的形式超越短暂有限的人生，实现对无限永恒的价值追求，而且从中人可以得到激励、慰藉；优位性是指信仰的坚定性，即无论何时何地都按信仰的要求去做，在任何行为抉择中把信仰的因素放在第一位”。②

综上所述，信仰可以作这样的一个界定：人类基于自己的生活经验、知识的积累和对其人生价值的证明，加之对自己无法证明的人、人类社会以及自然规律的主观猜想所形成的，能够有效服务于人类文明方向选择、行为效率优化和自我与社会秩序的一种稳固的、引领性的信念与行动及对结果的认知的自洽系统。简单来说，信仰就是基于人类的历史和个人的历史所确定的人生价值方向与标准的合理性逻辑和信条，以及引领个人人生方向和提升未来个人价值的目标及信条的合理性逻辑。

首先，人类在自己的生活实践中有了各种知识的积累和对规律的有限认识，在此基础上形成了有利于自己和人类群体价值方向确定和行为优化的一套主观认知、行为和对结果的解释体系。这就形成了能够满足人基本生活需要的一系列的信条，于是，人们确立了基本的“信”。

其次，由于人类认识能力的有限性和知识经验的局限性，人们对于主宰着自己的客观规律和真理又始终抱着敬畏和遵从的态度。这就形成了“仰”的方向和内容。

科学家是有信仰的，这是指导其从事科学活动的基础。如果没有一定的“信”和对“信”的质疑，科学活动要么无从开展，要么无法创新与突破。

大部分普通人也是有信仰愿望的，这是其生活和生产实践的基础。只是由于个体认知能力的有限性和外部引导方面的问题，才会出现我们所熟悉的“朴素的良知坚守”、“虔诚的迷信”和“可笑的邪教”时常并存的现象。

---

① 王玉樑．论理想、信念、信仰和价值观[J]．东岳论丛，2001(4)：63．
② 瞿永玲．关于信仰危机问题研究综述[J]．伦理学研究，2004(4)：102-106．

宗教是一个典型的将客观真理人格化和神化的信仰体系。它的主要功能已经不再是服务于科学的探索，而更主要的是服务于现实生活中人们的精神需求，帮助人们建立自身的精神体系和群体秩序。

我们使用拆解概念的方法，将信仰分成“信”和“仰”两个方面对其进行解读：从内容上来说，“信”是已经在自己生活实践中得到确认的道理的信条化；“仰”是遵从与敬畏自己无法用个人能力和生活事实进行证明而又被一次次确信影响或者决定着人们的那种超越主观的客观力量。从作用方面来说，“信”主要用于一般性的生活实践，而“仰”则主要用在个人心灵的慰藉和精神的追求方面。从时间方面来说，“信”主要存在于现实的生活中，而“仰”则更多是对未来的一种渴求。从价值和文明性方面来说，“信”和“仰”若是符合客观规律和人类的文明性（利他、至善、博爱与和谐），则是正道；否则，就是邪道，也就不再成为真正的信仰，因为信仰必须是文明的。依此，可以将那种笼统的对文明性不加界定的“人人都有信仰”的判断排除到信仰之外。

四、信仰的属性

一般认为，信仰的基本要素有三个方面：一是其理想目的性；二是其意志承诺的坚定性和持久性；三是其执着唯一性或排他性。[①]

德国著名哲学家和伦理学家尼古拉·哈特曼曾经深刻地谈道，“一个人可以在其行动中追求并实现多种具体的价值，但他或她终生追求的价值方向和终极目的必须是统一的、一元的，一如人不可能同时迈步朝两个或多个不同的甚至是相反的方向行走一样”[②]。

我们认同信仰的理想目的性、意志承诺的坚定性和持久性，甚至也包括其执着性。但是，排他性这个方面，是值得商榷的。现实中存在的宗教信仰几乎都存在着排他性，这一点甚至成为宗教冲突的一个来源。但是，如果信仰具有文明性的特征，排他性这一点就应该被排除；否则，人类将自己的认知绝对化并排斥其他认知形式，这样的信仰在造福人类的同时，也隐藏着制造灾难的隐患。

通过以上对信仰概念的界定和对其内涵的解读，我们梳理出信仰具有以下几个方面的属性：

一是价值的文明性。只有符合客观规律或者能够造福人类，有利于人类文明发展与和谐生活秩序建立的信仰，才是真正的信仰。这一点，是信仰的方向性特征。

二是对信条的相信具有终生的坚定性和不可动摇性，这也是信仰的核心特

---

① 万俊人. 信仰危机的“现代性”根源及其文化解释[J]. 清华大学学报，2001（16）：22.

② HARTMAN N. Ethics[M]//HODGKINSON C. Towards a philosophy of administration. Oxford：Basil Blackwell Published Limited，1978.

征之一，是与自己生命始终相伴随的不可更改的。

三是信仰必须具有清晰的、逻辑自洽的一系列信条，而不能是模糊的和相互冲突的认识。之所以强调信条逻辑的自洽，是要借此解决自身认知的矛盾与冲突，并尽可能地覆盖生活所有的领域；之所以强调信条的清晰化，是因为只有清晰的信条才能够更加有力地指导行为，而模糊的认识则具有极强的不确定性和漂移性。

四是在自身生活实践的所有方面对信条进行持续的践行。信仰不能仅仅停留在口头上，也不能断断续续；否则，信仰就无法发挥指导行为的持续性和连续性的作用。

五是遇到问题作内部归因，对他人则采用宽容、感激和友善的态度。信仰的实践者，必须是自律者，必须是遇到问题做内部归因的人；否则，拿着信条去约束别人或者遇到问题就去指责别人，信仰也就失去了其文明作用。同时，信仰者又是体恤人生中各种生命形态的善者，他们既能够理解常人所不能理解的各种事件与现象的真相与必然性，也能够始终坚持以大爱的态度友善地对待不同的人，还会对各种人生事件抱着感恩的心态。

六是对自身信仰的虔诚和对不同形式信仰的尊重必须同时存在。对自身信仰若是不能保持虔诚，也就不再是真正的信仰者。但若在对自己信仰虔诚的同时却排斥、贬斥、诽谤和中伤其他形式的信仰，甚至诉诸暴力，则都是反文明的。不管这样的反文明行为是主动的和被动引发的，都是与信仰相背离的。

五、信仰的功能

可以这样说，人类所做的一切都是为了满足自身需要，科学也好，信仰也罢，都是为了满足人类自身的需要而出现的。那么，信仰对于人类来说，到底有哪些功能呢？

第一，信仰一旦确立，会解决人心理上的不确定感，给人心理上一种安全感。

第二，信仰是人生价值的方向，一旦信仰确立，人的价值方向也就明确了，可以消除因为价值方向上的迷惑和动摇所带来的痛苦。

第三，信仰又是从价值观到行为再到结果解读的自洽系统，一旦信仰确立，人们就会达成自我本身及与外界的统一性。

第四，信仰在建立了自我内外秩序的同时，也使得共同信仰者减少了信任和沟通的成本，从而有利于群体秩序的建立。

第五，信仰不仅仅指现实层面的，还包括对人生未来的向往。因此，一旦信仰确立，就会激发生命中的潜能，让人生充满活力和激情。

总之，信仰可以帮助人们确立人生价值方向、优化行为效率、提升生活和生命质量和激发潜能，并使人们生活在简单、坚定、清晰、至善和幸福的氛围中。相反，若是没有信仰，人生和生命就会在复杂中争执、在模糊中摇摆、在诱惑面前堕落、在错误中痛苦。

第三节　中国文化与中国人的信仰

中国人有着历史悠久的文化，更有伟大的文化导师为后代留下的灿烂文明和思想。历史不是虚无，而是无数人生命实践的成果积累。探索中国人的信仰问题，也需要继承和发扬传统优秀文化，这样，现实的信仰才不会成为"无根之草"和"无本之木"。

"人是这样一种存在物，他生存于'天'、'地'之间，向'下'看，是人所源出的'大地'即自然世界；向'上'看，是人类所想望的'天'即理想世界，人类世界则是存在于这'天'、'地'之间，'立地顶天'而'与天地参'。"①

冯天策把人类需要信仰归于人的本性，其来源包括三个方面：信仰的宇宙学、社会学和人类学。信仰的宇宙学揭示人具有回归自然的愿望；信仰的社会学揭示人具有追求确定、有序、合理的社会生活的愿望；信仰的人类学揭示人具有战胜死亡和自我超越的愿望。②

一、中国文化与中国人的信仰

中华文明绵延数千年，有其独特的价值体系。中华优秀传统文化已经成为中华民族的基因，植根于中国人内心，潜移默化影响着中国人的思维方式和行为方式。中华民族五千年的优秀传统文化，是我们进行社会主义建设的宝贵财富，是我们进行文化创新的珍稀资源。

——习近平

（一）中国文化的类型与层次

以往关于中国文化的类型有这样几种典型的分法：一是按照时间阶段进行划分，分为传统文化与近现代文化；二是按照门派进行划分，分为儒、释、道或者儒、墨、道、兵、法、禅等；三是按照地理环境特点划分，分为黄色文明、红色文明与蓝色文明。

自近代以来，对传统文化的反思一直是热点。但是，对传统文化的单纯礼赞和轻率拒斥，都不是科学、理性的态度，反而会妨碍人们对传统文化的理性反思。在国际文化交流日益频繁的今天，讨论文化问题，不仅要摒弃二元对峙思路，也要摆脱复古或现代的单一选择模式。因为，文化没有办法这样截然地分开，文化在交流中演进，在发展中整合。在这样的趋势和演进当中，只有具有哲学高度的文化才会成为主导这种演进的中坚力量。同时，我们要对现代派

① 陈晏清，王南湜，李淑梅．现代唯物主义导引[M]．天津：南开大学出版社，1996：16．
② 冯天策．信仰的本质与价值[J]．哲学研究，2006(8)：110-114．

的观点说：文化是割不断历史的渊源的，在我们拒绝和否定的同时，它就潜藏在我们的生命中对我们产生着影响，这不是我们个人的理性偏好所能主宰的。另外，我们也要对复古派的观点提出建议：历史和文化都是向前发展的，历史文化的原型不可能脱离其存在的历史前提而孤立地存在，如今历史发展到了21世纪，中国的传统文化必须为其内核寻找在当代土壤中成长的方式和内容。

中国文化也是一个动态发展的文化，中国文化中的哲学因子构成了中国文化的内核，这使得中国文化在当今世界依然保持着其独特的魅力。综合起来，中国文化具有这样的层次感和独特性：

首先，中国文化在两千多年前乃至五千年前和七千年前，就成功地将原始人的文化形态转化成了哲学形态，最具代表性的就是太极文化、周易文化、黄帝内经和道德经。这几部有代表性的经典，继承了先人观察世界的智慧，将阴阳哲学、事物联系与变化规律、生命与环境的复杂规律以及人群中相互作用和人与生活的互动规律作了非常精练和宏观的表述，至今依然指导着我们的人生实践。这个层次可以称为“天道文化”。

其次，中国文化借用上述的“天道文化”演绎人间的“人与天”的关系，将人纳入天地的范畴去思考。如儒家的“敬天爱人”思想、君权中“天子”传统、供奉“天地君亲师”牌位的传统、“天人合一”思想等。

再次，中国文化中有着非常丰富的世俗伦理思想，这包括寓于各种节日和民俗活动中的文化内涵，及其要彰显的价值等界定人与人之间秩序的一系列思想与方法，如建家族祠堂祭拜祖宗、遵行“三纲五常”等等。

最后，中国文化中最丰富的思想应该是做人的品格与内修的思想，也就是修炼个人品性，提高个人修养，学会为人处世之道的思想。如儒家的仁义礼智信、温良恭俭让、忠恕孝悌、礼义廉耻、慎独自省等；道家的谦卑、处下、不争、退让、柔顺等；佛家讲慈悲、忏悔、内观等。在民间，邻里和睦、仗义疏财、重情重义等伦理价值观也包含着类似的思想。

(二) 中国人的思维方法论

一方水土养一方人，中国文化中渗透着很典型的中国人的思维方法论。这种思维方法论既是“天人合一”思想的体现，也是中国人伦理道德的核心。其突出体现在以下几个方面：

1.“大道”方法论

“道”是中国文化最经典和最具代表性的文化符号，它不仅代表了一种至高无上的存在，还隐含了各种事物间那种人的主观还无法彻底认识的必然联系，以及人对自己终极世界的一种向往。于是，以“道”为核心的经典研究跨越了几千年，“道”成为中华文化的最高纲领，道之本体也成为中国文化的源头和决定力量。

“道”在中国文化中担负着西方人所说的“上帝”的角色。“有物混成，先天地生。寂兮寥兮，独立而不改，周行而不殆，可以为天地母。”“玄之又玄，众妙之门。”“吾不知谁之子，象帝之先。”这种衍生万物的大道在万物生长之前就存在了，这种本体道孕育、滋养了天地万物。“道”主宰了一切，天地万物都要依从这种“道”的客观规律，任何违背规律的意志和行为是徒劳的。这些《道德经》中的语句描写了天地大道的状态，道的生养万物的功能，更是万物生生不息的原动力，万物也都是道的产物，更是大道的载体。同时，道又是客观的，没有主观上的分别心，它平等地对待万物，并为万物设立了繁衍的机制。

大道无形，万物载道。大道至简，统领一切。中国文化中的“道”思想，也表现为一种人生的方法论，如“圣人抱一为天下式”，“圣人常善救人，故无弃人；常善救物，故无弃物”，“圣人自知不自见，自爱不自贵”等思想，都在告诉我们，人只要能唯“道”是从，生命就可以变得更加从容、更有价值。

2.“太极”方法论

根据太极方法论，事物一分为二又二合为一的。“分”是认识论，是为了认识事物的不同方面；“合”是本体论，因为人为认识是将事物整体拆解开来，在明白了事物的结构之后，还要还原事物的自然面貌。大家所熟悉的阴阳鱼太极图，就是这样一个思维方法论的代表：事物分成阴阳，阴中有阳，阳中有阴，你中有我，我中有你，互相推动，不断变换，永不分离。尤其不能忽视的是，在这个阴阳鱼的外面，还有八卦图，它们一起构成了太极图的整体架构。也就是说，事物的一切变化都是在天地自然的大环境下进行并与其保持一致的。

以太极图为标志的阴阳思想告诉人们：事物内部虽然都包含对立因素，但对立不一定就是你死我活的斗争。中华民族至晚在汉代已经认识到阴阳之间可以有四种关系，即“阴阳磨”、“阴阳争”、“阴阳和”、“阴阳合”。强弱盛衰都是会发生变化的，所以，人居安应该思危，绝处可以逢生；强者要谦虚谨慎，韬光养晦，弱者要奋发进取，自强不息。尤其是安富尊荣、处于强势的人，更应有忧患意识，严于律己，切不可骄奢淫逸，任性妄为。

3.“上善”方法论

上善或者至善，看起来是一种价值论范畴的话题。世间无论何者，举凡“善”的，几乎无有不爱者。观人一生所追求者，莫不希望是美好、是向上的，故《大学》云：“止于至善。”这是人生的最高境界。如何达到呢？“七善”即是现实中的行为准则：心善、念善、言善、行善、法善、果善、纳善。心善，思无邪。念善，对人和事皆起善念。言善，言之出口，皆为人好。行善，行之所动，皆于人益。法善，言行举止皆能让人乐于接受。果善，行为之结果皆能对人有助益。纳善，不管对方做何回馈，皆能接纳为善。此七善若能常保，并形成良性的循环，即达成“真善美慧”的最高境界了。老子在《道德经》中也讲了“七善”，即“居善地，心善渊，与善仁，言善信，政善治，事善能，动善时”，此七善又都统一在“上善若水”之下。

从“善”之结构演绎，古以“羊”“言”合而为“善”，其意深而感人。羊，草食、性温顺，于兽类中极为可贵。羊懂孝道，自幼每受母乳，必屈膝跪地吸吮，故谓羊有跪乳之恩。羊又温驯可人，人剪其毛时，毫无抗拒，任人采剪；受挤羊乳时亦无抵抗之意，完全配合；至其殁，全身无一不对人类献出，此温厚之性灵，可谓纯善至矣！故人怎不视为吉祥、美丽的动物呢？

善一直作为一个根本的和主流的价值准则得到提倡。当我们观察现实中人们所说的善时，却又会发现在人们心中存在着很复杂的动机，在行为过程之中和之后也会遭遇很多与自己期待有差距的结果。所以，现实中人们所行之善，也给人们带来了很多的纠结和困惑。比如“好心办坏事”、“好心不得好报”，就是很典型的价值论与方法论的逻辑困境。

实际上，在这样一个貌似价值论主题的背后，恰恰隐藏着一个极其高妙的方法论智慧。当把善当做一种纯粹的价值论主题进行讨论时，常常流于空洞，而将方法论纳入其中时，智慧的味道才会显现出来。老子在《道德经》中很精辟地阐释了善的方法论：“上善若水。水善利万物而不争，处众人之所恶，故几于道。居善地，心善渊，与善仁，言善信，政善治，事善能，动善时。夫唯不争，故无尤。”对其进行解读，老子所说的善的方法论包含了这样几个要素：(1) 善利万物；(2) 不争；(3) 处众人之所恶；(4) 行七善。

中国先人智慧地揭示了善的本质内涵和方法论的秘密，完成了哲学思维中“动机→手段或方法→行为→结果”的统一，使得价值论与方法论有了一个完美的结合。

4.“中庸”方法论

“天命之谓性，率性之谓道，修道之谓教。道也者，不可须臾离也，可离非道也。是故君子戒慎乎其所不睹，恐惧乎其所不闻。莫见乎隐，莫显乎微，故君子慎其独也。喜怒哀乐之未发，谓之中；发而皆中节，谓之和；中也者，天下之大本也；和也者，天下之达道也。致中和，天地位焉，万物育焉。”《中庸》开篇就是如此大气磅礴，构筑了中华传统文化所追求的一种理想境界，可谓儒家著作中哲学味道最为浓厚的一部经典。

“无过无不及”成了人生最高的处世艺术和境界。“中庸”的“执两用中”、“中庸之为德也，其至矣乎”、“礼之用，和为贵”成为古往今来圣贤庶民处事的原则和德行的至高标准。中庸是要求处理问题不偏不倚，恰如其分，恰到好处，也就是把握准确的度，既不要不到位，也不要太过分，“过犹不及”。

与孔子差不多处在同一个时代的古希腊哲学家亚里士多德认为，有德行的生活是选择的结果，那么应该如何选择呢？亚里士多德推荐的便是中庸之道。他认为，美德就是涉及激情和行动的，过度乃是一种失败，不足也是这样，中间则受称赞并且是一种成功的形式；受称赞和成功，都是美德的特性。因此，美德乃是一种中庸之道，正如我们所看到的，它乃是以适中为目的的。在我们的现实生活中，几乎每个人也能够深切地感受到走极端在大部分时候都是错误的。

5.“修己”方法论

中华传统文化非常强调修身、修心和克己。《大学》之开篇就言明了这一要义：“大学之道，在明明德，在亲民，在止于至善。知止而后有定，定而后能静，静而后能安，安而后能虑，虑而后能得。物有本末，事有终始。知所先后，则近道矣。古之欲明明德于天下者，先治其国；欲治其国者，先齐其家；欲齐其家者，先修其身；欲修其身者，先正其心；欲正其心者，先诚其意；欲诚其意者，先致其知。致知在格物。物格而后知至，知至而后意诚，意诚而后心正，心正而后身修，身修而后家齐，家齐而后国治，国治而后天下平。自天子以至于庶人，壹是皆以修身为本。其本乱而末治者否矣。其所厚者薄，而其所薄者厚，未之有也！”曾子曰：“吾日三省吾身，为人谋而不忠乎？与朋友交而不信乎？传不习乎？”（《论语·学而》）子曰：“君子求诸己，小人求诸人。”（《论语·卫灵公》）

禅宗智慧是佛学智慧与中国儒道结合的智慧之果，其思想核心就是“禅定”二字。禅定的本质是什么？禅定就是“心一境性”，让混乱的思绪平静下来，专注一境。禅定的特质有两个：（1）安住；（2）明显。安住就是心安定专注，不散乱，不攀缘其他的境相；明显则是指心所缘的境相清晰明了，心不昏沉。六祖对禅定作了这样的解读：“何名禅定？外离相为禅，内不乱为定。外若着相，内心即乱；外若离相，心即不乱。本性自净自定，只为见境思境即乱。若见诸境心不乱者，是真定也！”换句话说就是，破六根所感之幻相，见一切真相，此为禅；内心清净不随缘动，相是相，心是心，心不随境转，是为定。

道家的《清静经》将人的欲望导致人心不静、不净的问题说得更透彻：“众生所以不得真道者，为有妄心。既有妄心，即惊其神；既惊其神，即著万物；既著万物，即生贪求；既生贪求，即是烦恼；烦恼妄想，忧苦身心；但遭浊辱，流浪生死，常沉苦海，永失真道。真常之道，悟者自得，得悟道者，常清静矣。”

6.“合一”方法论

中国古人认为，人类社会在大自然中产生并发展，是大自然的一部分，所以人与自然相通相应，息息相关，是个统一体。由此得出结论，人与自然必须和谐相处。这个思想又叫“天人相应”、“天人和谐”、“天人合一”等等。在自然界中，天、地、人三者是相应的。《庄子·达生》曰：“天地者，万物之父母也。”《易经》中强调三才之道，将天、地、人并立起来，并将人放在中心地位，这就说明人的地位之重要。天有天之道，天之道在于“始万物”；地有地之道，地之道在于“生万物”。人不仅有人之道，而且人之道的作用就在于“成万物”。再具体地说：天道曰阴阳，地道曰柔刚，人道曰仁义。天、地、人三者虽各有其道，但又是相互对应、相互联系的。这不仅是一种“同与应”的关系，而且是一种内在的生成关系和实现原则。天地之道是生成原则，人之道是实现原则，两者缺一不可。

在禅宗来看，人性本来就是佛性，只缘人迷于世俗的观念、欲望而不自觉，一旦觉悟到这些观念、欲望都不是真实的，真如本性自然显现，也就达到了成佛的境界。因此，他们提出“凡夫即佛，烦恼即菩提”。真正达到觉悟后的境界，仍有点像道家的一切顺应自然之意：“人法地，地法天，天法道，道法自然。”故禅宗语录有言：“悟得来，担柴挑水，皆是妙道。”“禅便如这老牛，渴来喝水，饥来吃草。”

西方人认为大自然和万物是上帝创造的，既然创造出来了，人类如何对待它？在这方面，西方人经历了三个阶段：崇拜自然、征服自然、协调自然。中华传统文化不讲“征服自然”，相反地非常重视“顺应天时”，这正是“天人合一”、“天人相应”思想的突出表现。中华传统文化中的“天”有双重含义：一是有意志、人格化的“天”，类似于西方人所说的上帝，其意志即为“天命”；二是无意志、非人格化的天，其实就是大自然。在中华传统文化中，“天道自然”的观念的确占了相当重要的地位。

中国人的“天人合一”思想，不仅仅表现在对生命与天地上述关系的认知上，还体现在生死与天地的关系上。人来自天地，又回归天地，人生就是一个旅程，一切功名利禄，任何人所眷恋的世俗利益，生不带来，死不带去。唯有摆脱被外界奴役的状态，人生才可以得到真正的自由。“天人合一”是中国哲学的基本精神，也是中国哲学异于西方哲学最显著的特征，其意蕴广远。

二、中国人的信仰思想与道统

现实中不少的人是有各种信仰追求的，但要说起什么是信仰，人们给出的答案却又是千差万别的。信仰，不像我们在学校里学习知识那样概念清楚、体系明确。但人类几千年的信仰实践也渐渐地形成了关于信仰的基本认识。

（一）对信仰认识的梳理

纵观历史，信仰是一种巨大的心灵力量，可以将生命推至一个极致的境界与高度；信仰也是一个可凝聚汇合无数个生命为一处的载体；信仰更是心灵的净化器，在信仰中人们享受着心灵的安宁。有使命感的人，不仅用信仰中的至善价值净化自己的心灵，还能够影响和帮助他人。不管哪种宗派，虽然表述的方式不同，表达的内容也有很多差异，但归纳起来，基本上都涉及这样的内容：信仰人力无法企及的客观力量与规律的代表——“天地大道”；对生命、世界真相与价值的终极探求；突破物质欲望的桎梏，让人的心灵和精神得以升华，从而摆脱现实对心灵的桎梏；对现实中所遇人和事做内部归因，从自己内部寻找解脱方法；热爱生命，关爱其他生命，倡导无条件的博爱；树立全心全意利他的价值观，并用至善的方式去奉行。

宗教借助信仰的力量，利用教义、仪轨、教主打造影响力，使信徒相信生命所信奉的那些基本的信条和行为的准则并愿意从身心上约束自己，将人生一切皈依宗教的信念。宗教还通过宗教的戒律、教团的管理方式帮助信徒完成精神与行为、习惯的矫正与规范，使其满足于本教所倡导的生命理念与道德理想。“宗教成功地将这种超越人的力量与美德和现实中的人的本性相联系，鼓舞世俗中的人发现自我、发现真我和追求真理的勇气。”[①]

人类的社会实践是在不断积累经验和超越以往经验的过程中向前发展的，而信仰的本质也是继承人类历史实践活动经验的一种精神的最高表现。现实存在层面上的信仰，一方面表现为对经历史长期检验而被证明的经验知识的继承和坚信，即对已知的被反复证明有效的知识的坚信，另一方面表现为对未知的又极大影响或者决定着人类命运的那种力量的虔诚的敬畏。总之，就像人们平时所说的那样：人总是要信点什么的！即使有人坚定地说“我什么也不信”，也是因为他在另外的精神领域里坚信了一种力量或者信条，因此才排斥其他知识或者力量的，也就是说，即使嘴上说“什么也不信”，实际上也是信了的。概括起来，有关人类的信仰问题，可以划分为四个层次：第一层次，就是“什么都不信”的这种类型，他的“信”存在于所论话题的另外一个领域中，也就是说，正因为信了甲种信条，所以才会有不信乙种信条的说法。故而，“什么都不信”只是逻辑表达的错位所产生的结论。第二个层次就是信已知的、被反复证明的、得到验证的、众多人信奉的。第三层次就是对未知世界存在的客观规律的敬畏和仰视。我们知道客观世界有一种力量一直在影响着我们，我们有了一些认识，又不是很清晰、很确定。因为我们信了、遵从了，于是我们又一次次深切地感受到它的存在。第四层次就是一个真正觉悟了的境界，表现为“无信”，因为他已经觉知到了“未知”与自己的关系，找到了自己的生命与其关联的真相，从而消除了主观认知和自我的存在，将自己重新放回生命原本归属的系统中去，达到了无我无念的“涅槃”状态。

毫无疑问，人类不同的宗教（指正信、正教）在信仰的价值方向上基本上是统一的。各门各派都坚守着至善的方向，强调人类的一些共同的美德，如勤劳自立、宽容体谅、自省忏悔、慈悲利他、和解和平等等。因此，是否能够践行这样一些美德、是否对其他门派保持尊重、是否能从相信神灵救赎上升到按照导师教导去主动行动，也就成为区分正教和邪教的重要的标准。

很多人以为自己也是有信仰的，但也就是停留在赞同或者认可某些价值信条的层面上，而真正的信仰在表现形式上最起码应该具备这样几个条件：一是清晰、成体系的价值信条；二是对信念恪守的公开承诺；三是每日有专门体现这种信仰强化的仪式和做法；四是在自己的工作生活中普遍性地、没有例外地身体力行；五是相关人员形成一种集体性的活动，以互相激励和分享进步，并互相支持；六是为了所笃信的真理愿意付出、奉献和牺牲；七是保持对其他信仰的尊重和对自身信仰的开放性。不具备这些条件的信仰，因为其不清晰、不坚定和难以在集体中得以弘扬的力量，当然也就难以让信仰者持久坚持践行，也难以有效地让这样的信仰者不断超越自我，走向越来越高的境界。不具备这

① 齐善鸿．信仰到底信什么[N]．中国经营报，2013-08-26(D08)．

些条件的所谓信仰，因为缺乏至善、博爱、宽容与奉献的道德情怀，也就无法体现信仰的美德和力量。

（二）中国人的信仰观体系

人类发展至今，特别是近几百年科技迅速发展，人类能力的增长，也助长了人类的自大倾向。似乎只有在天灾袭来之时，人类才突然意识到自己力量的微不足道。实际上，科学也在不断地告诉人们，人所生存的世界与宇宙，远不只科技已经认识的那些内容。纵观科技发展的历史我们也会明白，科学本身就是在不断否定、提升自己的过程中，而这个过程是无限的，外部世界还有太多人所无法理解和人力无法触及的存在。能够认识到这些，人心中的狂妄自大才会有稍许收敛，生出些敬畏和谦卑。

从大道无边无形的规律到每个人能够感受到的身边的生活状态，中国人的信仰体系中已经有了从高到低、自外而内的秩序。

第一层：道神一体

对博大无边、力量无穷的天地自然及其运行规律的敬畏自古有之，这也是最先催生人类崇拜、信仰的力量。考察信仰的历史就会发现，信仰的萌芽最早产生于人对自己无法理解的大自然神奇力量的一种敬畏、向往以及对这种主宰性力量的崇拜与心灵的皈依。所以，世间一切都被认为是受一种隐约存在的力量激发而变得活跃，这种力量还会一直伴随世间的一切。宗教和神学，也就是在人类的社会实践活动的过程中，为了群体生活的秩序性和稳定性，将这种无法超越的力量“品格化”、“人格化”或“神圣化”。《道德经》中讲“人法地，地法天，天法道，道法自然”，清晰地阐明了人间力量来源于何处。“孔德之容，惟道是从”指出了“德”应是依从天道行为的方式。“天地之大德曰生”（《周易·系辞》）说的意思是，依天道衍生出来的“德”是一种能够在人世间“生”“长”的力量。

第二层：圣贤思想

人们信仰崇拜天道，并将其按自己的理解地描述出来。“天之道，利而不害；圣人之道，为而不争”，“上善若水，水善利万物而不争”，天道力量落在人道中，以“善”“利他”的方式展现、运行。“互惠利他行为在人类中可说是空前发达。它最初的契机也许源于人类从单纯的采集走向更多的狩猎活动。狩猎得到的动物需要分享，更不用说狩猎过程还需分工和合作。正是在这一过程中，人类学会了道德利他。”[①]而圣人因效法天地，得了天地“至善”之力，所以能成为圣人。

国家的最高统治者则更信奉“内圣外王”之道。“圣有所生，王有所成，皆原于一（道）。……以天为宗，以德为本，以道为门，兆于变化，谓之圣人。以仁为恩，以义为理，以礼为行，以乐为和，熏然慈仁，谓之君子。”（《庄子·天下》）这些对人性不同高度的概括，人心中渴望的完美人性的标

① 陈蓉霞. 道德的社会生物学起源[J]. 科技导报，2008 (21)：106.

准，影响了中国人几千年，而且相信也会一直影响下去。“神圣人格是从灵魂深处被带到意识的光明中来，拨动我们内心的生命，我们感到它后来完全渗透了我们，我们也希望做它的门徒，暂时把我们自己托付给这种人格。”

第三层：君祖父长师

到了生活中能够具体感受得到、看得见的，是由“君、祖、父、长、师”确立的一种人间秩序，这种秩序管理的是人与人之间上下关系。人间最高的统治者也是最有代表性的“上级”就是国君了。作为国君应明白，人心中承载的自然之力是不可泯灭的，所以，君主治国当信仰“自然法则”（《庄子·天下》），应“治大国若烹小鲜”（《道德经》）。而这种“不扰民”的治国原则，历史上的盛世之君都对其认可有加。而“四维张，则君令行。……四维不张，国乃灭亡。……国有四维，一维绝则倾，二维绝则危，三维绝则覆，四维绝则灭。……何谓四维？一曰礼，二曰义，三曰廉，四曰耻。礼不逾节，义不自进，廉不蔽恶，耻不从枉。故不逾节，则上位安；不自进，则民无巧诈；不蔽恶，则行自全；不从枉，则邪事不生。”（《管子·牧民》）直接给社会统治者设立了清晰的行动标准。

第四层：社会中平行关系的秩序

在社会关系中，除了上下的关系，还有很多的平行关系存在。朋友之间，邻里之间，与陌生人、有困难的人、比我们强的人的关系等。把这些关系秩序化、道德化，再落到每个人的内心——强调良知、慎独、自省、忏悔、因果等，这些规则不仅会沉淀在每个人的内心中，更会沉淀在文化和习俗中，影响着一代代的人的行为方式。

有了这些要求和标准，需要以一种什么样的状态去行为呢？“诚者自成也，而道自道也。诚者物之终始，不诚无物。是故君子诚之为贵。”（《中庸》）“诚”也正是信仰中最核心的“态度”要求。在现实社会生活的方方面面，也出现了更细化的评判标准和要求。“仁者以财发身，不仁者以身发财”（《礼记·大学》），前者是以发展为目的，后者是以满足为目的。“君子喻于义，小人喻于利”（《论语·里仁》），意思是君子看重的是道义，小人看重的是利益。儒家的“义利相生”道出了义与利之间的辩证关系。随着社会的发展，人的品格、德行也有了更细化的要求：“心能制义曰度，德正应和曰莫，照临四方曰明，勤施无私曰类，教诲不倦曰长，赏庆刑威曰君，慈和遍服曰顺，择善而从之曰比，经纬天地曰文。九德不愆，作事无悔，故袭天禄，子孙赖之。”（《左传·昭公二十八年》）“伦常乖舛，立见消亡；德不配位，必有灾殃。”（《朱子治家格言》）。针对生活中人与人之间各种关系的处理，出现了“父子有亲，长幼有序，夫妇有别，君臣有义，朋友有信”的五伦大道。虽然随着社会的进步，一些内容或许不再符合现代社会发展的需要，但是在处理人生中最基本的关系，维护家庭、社会的稳定中，这些道理至今仍发挥着其重要的作用。

总之，在中国人漫长的历史当中，由现实中的各种社会关系，产生了各个行业、生活的各个方面、生命中的各个阶段需要遵从的一系列至高的精神规范。就像孔德所说："大众智慧自然倾向于健全的哲学，真正的哲学精神与普遍良知直接地连在一起，而后者是前者必然的首要源泉。"①这些经过历史检验的人性深处的道德良知，以一种至高的精神规范——信仰，贯穿、渗透在几千年、无数代中国人的血脉中。

纵观中国文化的历史，我们可以发现中国人的朴素信仰，主要是继承人类历史经验，秉承对未知力量的敬畏，具体化为民间规则的民间朴素信仰。在这方面，有一些比较有代表性的表述，如"敬天爱人、敬天地畏鬼神、人在做天在看、不做亏心事不怕半夜鬼叫门"等俗语，再有就是历史上长期被民间和官方共同信奉的"三纲五常"和"天地君亲师"的信条。尽管现代人常常讥讽这些信条带有太多的封建色彩，但其深刻的内涵恐怕不是一两句批判就可以轻易推翻的，因为要彻底推翻一个旧的信条，必须找到一个行之有效的、更优的新的信念体系。从当前人类的困境来看，似乎并没有做到这一点。历史是向前发展的，复古是没有出路的，但几千年的人类历史迷尘中，我们似乎又可以见到一种文化、精神和人类命运的"轮回"现象。

几千年的中国文化发展至今，虽然难以梳理出一个完全公认的中国文化信念体系，但在"敬天爱人、克己奉公、自省罪己、安贫乐道、严己宽人、慈悲为怀、与时俱进、顺应变化、遵道无为、忠恕中庸、重情守义、宽容仁爱、自励自强"等方面还是可以达成最大限度的共识的，这也是中国人的实践奉献给人类的"普世价值"。如果企业能够继承中华文化的"普世价值"体系，如果让企业也能走上信仰之道，将这样的中国式的"普世价值"的位置放到欲望和物质利益的追求之前、贯穿于实现经济利益的过程中，并用此体系处理成败之后面临的变化，就一定能够滋养人们的心灵、激发人心中蕴藏的神圣力量，并使其在生命、生活和事业的所有方面进行全面的践行，从而走上人格与精神的飞腾之路。

（三）中华文化的道统

中国文化中所说的"道统"，顾名思义就是道的传统，也就是天地大道、人间道理、思想理论等的传承，通常指的是儒家传道的脉络和系统。孟子认为，孔子的学说是承接尧、舜、禹、汤、周文王等先代圣王的，并且自命继承了孔子思想的正统。唐代韩愈作《原道》，正式提出所谓"尧、舜、禹、汤、文、武、周公、孔、孟"关于道的传授系统的论说，称自己继承了真正的孔孟之道，是儒学的正宗。程颐在为程颢所作的《明道先生墓表》中谈到道统时认为，孟子以后，儒家的道统就失传了，直到程颢才接过这个传统。南宋朱熹将道统论进一步发展完善，他认为儒家的道统是周敦颐和程氏兄弟上接孟子的儒家道统，而自己又继承了周敦颐和程氏兄弟的儒家道统。

"道统"一词，首见于南宋大儒朱熹，他在《中庸章句·序》中写道："盖

① 孔德. 论实证精神[M]. 黄建华，译. 北京：商务印书馆，1996：60.

自上古圣神继天立极，而道统之传有自来矣。其见于经，则‘允执厥中’者，尧之所以授舜也；‘人心惟危，道心惟微，惟精惟一，允执厥中’者，舜之所以授禹也。”朱熹认为“道统”的传承来自上古帝王尧，尧传于舜，舜传于禹，禹是夏朝的第一代君王，所传的内容就是后世所说的儒家心法十六字：“人心惟危，道心惟微，惟精惟一，允执厥中。”

唐代的韩愈在《原道》里指出：“所谓道也，非向所谓老与佛之道也。尧以是传之舜，舜以是传之禹，禹以是传之汤，汤以是传之文、武、周公，文、武、周公传之孔子，孔子传之孟轲，轲之死，不得其传焉。”韩愈是唐代古文运动的倡导者，他鉴于当时道佛两教的兴盛，倡明儒家的“道统”观，目的是继承先秦儒家之道，以抗衡道教和佛教。

一般而论，道统的传播脉络，起源于黄帝。天道心法在古代是依靠心传，历经公元前两千年的心传后，只留心法不见心传，从老子分支形成了两个中国的古老的思想体系，即儒家思想和道家思想。儒家传道的脉络上接尧、舜、汤、文王、武王、周公，到了孔子形成儒家学派，传至子思、孟子。道家传道的脉络上接尧、舜、汤、文王、武王、周公、老子，到了庄子形成道家学派。

史学家钱穆对起于唐宋的儒家“道统”说法不以为然，他在《中国学术通义》里写道：“此种主观的单传孤立的易断的道统观，其实纰缪甚多。若真道统则须从历史文化大传统言，当知此一整个文化大传统即是道统。如此说来，则比较客观，而且亦绝不能只是一线单传，亦不能说它老有中断之虞。”

从历史上看，中华文化经历了从文化一统到百家争鸣，从百家争鸣到独尊儒家，再到一家为主三家并存的变化过程，因此早期儒家的“道统”往往也是别家的“道统”，而后期儒家的“道统”也会用别家的内容。如尧、舜、禹相传的“允执厥中”不仅是儒家的心法，也是先秦道家的心法。其实，宋明理学的建立就借鉴了佛道两家的思想。如此一来，儒家“道统”就扩展为中华“道统”，而确立中华“道统”的过程，不仅是合儒、道、佛三家为一体的过程，也是确立中华文化区别于西方文化的过程，还可能是为融合东西方文化、推进人类文明向前发展作准备的过程。可见，中华“道统”就是中华文化的核心，它贯穿中华文明的五千年历史长河，体现在儒、道、佛等各家先贤的实践和典籍记载之中。

可见，我们听说的道统，只是某些人所说的道统；我们看到的道统，也只是人的主观所表述的道统。老子说：“道可道，非常道；名可名，非常名。”中华文化不可能是只是哪一家的文化，中华文化乃至进入中国的其他文化，在融合中互相借鉴发展，本来就是一家。作为文化人的学者或者研究者或者偏好某一门派的人，有自己某个人生阶段所钟情的思想门派是正常的，但若是因为自己的偏好而去贬低或者诋毁自己并没有深入研究的思想，表现出的就必然是文化的肤浅和心胸的狭窄。到了这个地步，贡献也许是有的，但破坏性也是肯定存在的。这一点，尤其要引起文化爱好者的警惕。

第四节 超越门派的中国文化纲领——中华道

现实中有一种较为普遍的现象：门派中人钟情于自己的门派，而大量的门派之外的人对于门派中人的那种“痴情”般的虔诚往往不屑一顾。实际上，门派也只是诞生于特定历史时期、民族和地域的认识人类人文精神之真理的一个角度或者一种独特的表述方法。在这方面，佛学中的《金刚经》中的思想值得一赞，因为在这部经典中，佛和佛学的观点都被超越了。马克思主义经典思想来到中国后，与中国革命实践进行了有机融合，形成了中国特色的马克思主义。佛学来到中国也是一样，由一个外来宗教渐渐变成了中国佛教。其他的思想门派差不多也是如此：跟当地文化和现实进行了有机融合。如此看来，一方面我们要深入了解和学习各门各派的思想，同时，也要走出门派的局限，去追求那种表述方式之外的精髓和思想的灵魂。如此，我们也才会不辜负古往圣贤追求真理的那份真心与苦心。

一、“中华道”的文化血脉与缘由

在悠久的中华民族文化历史中，诞生了各具特色的各种文化门派。这些文化门派与国际上其他文化交往与碰撞，彼此吸纳，相互借鉴，形成了中华民族的文化的核心与主干。人为地去突出某一个门派的道统主宰地位，一方面不符合中国文化的历史事实，割断了文化之间天然的血缘联系，另一方面也容易引起门派之争，使得文化和文化人成为被嘲笑的对象。如此，刻意树立某个门派的尊崇地位，就会导致门派割裂与对立；门派各自强调自己的正统，就会有“王婆卖瓜”的“小文化人”之嫌；当门派陷入争端时，爱好文化的人们就会变得无所适从；门派中人对自己门派的偏好和对其他门派的排斥就可能阻碍文化的整合；文化的分裂就会影响文化的理性发展，这就会造成文化发展中的悲剧。正如一位哲人所说过的那样：真正能毁掉一种思想的，不是这种思想的反对者，恰恰是用愚蠢的方式极端拥护这种思想的狂热分子。因为他们的方式是反文化的，他们自己拥护和传承文化的资格受到怀疑，在争论中他们的态度和做法让很多人皱眉。当人们开始怀疑一个人的品格和胸怀的时候，常常就会殃及他所拥护的思想。

“人类不是世界的上帝，不能为所欲为，只能不断地认识世界，认识自然规律，并不断否定自己前期的主观认知。更为重要的是，在认识自身认识局限性的同时，要使自己获得‘理性的谦虚’——一种真正接近科学精神的理念和能力。”[①]文明是人类智慧的结晶，是人类认识客观世界及其规律的结果，因此，任何一种文明的形态都应该是合于道的，现代文明也不例外。人是万千物

① 齐善鸿. 道本管理：精神管理学说与操作模式[M]. 北京：中国经济出版社，2007：71.

种中的一部分，是自然天道的一部分，是“道”的产物，就像儿女携带着父母的基因一样，只有顺应其根本规律——“道”，才能够从中诞生出和谐持久的发展模式。达尔文曾给科学下过一个定义：“科学就是整理事实，从中发现规律，作出结论。”这里所说的“规律”，在中华文化中也就是“道”，指的是客观事物之间内在的、本质的、必然的联系。所以，科学也不过是人类运用自己的智慧和科技发现去认识“道”的过程。中国文化从传统的道家、儒家、佛家、兵家各家一直到近代的科学体系，还有中国共产党探索的新中国的发展道路，这一切，都是在尊重大道规律的基础上，从不同的角度，用不同的表现形式，在表达着一个共同的思想——中华大道思想那样一个体系的演变过程。这个“道”，是中国先贤对中国文化的定位，是一切文化归于文明的根本标尺。这样一个以道为出发点构筑的文化体系，就是中华文化的本质，简称“中华道”或“中华道统”。

二、“中华道”的逻辑体系

在中华文明发展的过程中，各门各派对“道”的诉求是共同的，追求的真谛也是相似的，甚至是相通的，只是不同思想门派对“道”的认识、诠释角度不同，因而形成了众多的思想门派。这些门派的教义、准则、思想，看起来浩如烟海、纷乱庞杂，实际上，其核心纲领和终极旨归却都是相同或类似的。对这些思想理论进行纲领性的提炼虽然难度很大，但可能性是存在的。

（一）中华道的缘起

《道德经》第四十二章中说：“道生一，一生二，二生三，三生万物。”其实，这些令人眼花缭乱的道理都是从“道”中衍生出来的。如果想让“道”这种人类的至高至深的文明便于让更多的人把握，就要用“道”的方式去认识道。这需要破除人们心中的隔阂、破除各个门派之间的偏见，用“道”衍万物的反向逻辑去寻找那个“根本”，也就是将各种对“道”的认识中共性的核心和灵魂提取出来。这种“打破界限”、“认识根本”的方法与真正的科学精神一脉相承，因科学探索的路程也是在追求终极真理的过程中不断认识自己、否定自己。如果人人各执一词，不愿吸纳不同的见解，势必会减缓这条文明探索之路的速度，这本身也是背“道”而行的行为。

对于广大普通民众来说，更没有可能将各门各派的思想弄懂吃透。即使是专业的学者，大多一生也只局限在自己所研究的范围之内，很多思想也只有研究同一门派的人聚集在一起才可以交流讨论。如此这般，普通人对思想智慧的渴望、对心灵滋养的渴求又如何得到满足呢？如果不能把复杂的思想理论转化为广大民众能够理解、愿意接受，并愿意在生活实践中应用的工具，文明的力量又如何发挥真正的作用？

（二）中华道的方法论起源

自古及今，人类在认识自己、认识世界的过程中不断探索着认知的方法和体系。人作为认识的主体，客体是人所要认知的对象，人类自己也是这个客体中的一部分。哲学认知的最根本的矛盾关系一直没有发生根本性的改变：认识主体之主观认知的局限性和认识客体的无限性。主观能够认识并顺应客观规律，主观就能够无限地突破自己，接近客观；否则，主观只能在痛苦和纠结中面对自己根本无力改变的客观结果。

客观世界是不断变化的，在这个不断变化的体系中，事物的运动和变化永远被相互之间因果关系的力量推动着，任何一个阶段的结果都是未来结果的原因。科学研究的基本范式是：当我们发现了一个事实时，就要去寻根溯源、查明因果关系。每一次科学的发现，也都是对世间万物之因果关系的一次证明。探索事物之间的因果关系、把握因果规律是人主观世界接近客观真相的途径与方法。但这个因果规律不是人主观意识所能够决定的因果，而是大道规律中的因果。把客观因果作为力行的原则还是执念于自我主观的因果判断，也是决定个体生命质量的关键。

价值判断完全是人主观意识的产物，所以客观事物对人的主观影响如何，每个人自己的判断标准在其中起着决定性的作用。从客观世界走进主观世界，当人的主观世界与客观世界发生联系时，人的主观性决定其生活中发生的各种事件的价值与意义，其内因是决定性的，外因是辅助性的。如果个体放弃了自我的内因决定性作用，而依赖于外因对自己的影响，那么生命就会如同水中浮萍。当然并不是说，个体就要把自己孤立于外界和群体。

在残酷的自然环境中，人类不懈地谋求着自身的生存和发展之路。在这个过程中，人类发现了群体、他人对自己生存和发展的重要性，并最终明确了自身存在和发展的价值起点——利他，并将其演化为人类社会价值归属与基本道德规范的核心及个体与集体的互动价值准则。可以说，“善”与“爱”几乎成了所有人类群体中最优的价值选择。这个价值不论古今、中外都是伟人、圣贤坚定不二的生命价值方向选择。方向重要，方法也同样不容忽视，从一般哲学原理中的行为逻辑来看，愿望、动机、方法最终都要在效果中体现，而效果须能积极正面地服务于目标、利于目标的实现。所以说，有机统一体系的形成要依赖于正确有效的方法，否则一切内在精神力量都如同空中楼阁。

好的方向和方法会提高成功的可能性，而成就的获取只是进阶的第一步。当一个人的成就积累到一定的程度，就会催动人生轨迹和自身生命系统发生变化。当主体的心性和精神力量足够强大，不仅能够预见这种变化的发生，而且能主动采取相应的措施调整自己、把控局势，就可使自己始终不偏离方向和目标。但，实现一个目标之后，主体仍然面临选择：要么从此不思进取，慢慢被社会淘汰；要么给自己设定一个更高的目标走向心灵的成长与升华，也就是说不为占有什么，只为提高自己，创造更新、更高级的生命形态，不断提升生命价值。

人的生命有限，生命所需有限，生命所能承载的更是有限，过多的物质和名利就变成了考验心性觉悟的一道道考题。在奋斗中得到的超出这些需求的部分，随着生命的消逝必然还要还回世间，不能永久拥有。所以，如何将超出的部分去滋养更多的生命、让更多的生命因此成长，实现所拥有价值的不断提升，考验的就是本体心性的力量。

当人的心性不再受外物的羁绊，当人的观念中不再有你我他的分别，当人的主观思考让位于客观世界永恒大道时，人的内执与外在的负累就消失了，自我与他人就实现了共通，内我与外在也就没有了边界，自我的小主体就可以回归到天地的大主体（客观）中，实现主客观的统一。

（三）中华道的内涵

基于以上认识，为了使纷繁复杂的“道”回归到“大道至简”的本质，让更多的人在人生中体悟“道”的妙用，我们将中华道顺着“道”的方向，沿着其演变的轨迹，追本溯源，运用哲学的方法论体系，对应着本体论、因果论、自因论、价值论、方法论、主体论、创新论、空灵论和目的论的逻辑，从“道”的本源中提炼出九个核心的思想，形成通俗易懂、便于人们接受和应用的“法门”。概括起来就是“九字箴言”：**真因本，善法定，进归一。**

1.“真”——求真

人依托自己的感官认识和感受周围的世界，都相信“眼见为实”，认为自己眼中所见就是确凿的事实，代表了一切。但人的感官能感知到的世界毕竟是有限的，即使运用最先进的科学仪器，仍难有实质性的突破。中华道中的“破幻归真”就是要人首先能够客观地认识自己所属的本体、回归本源，认识到自己是“天地大道”的一部分，不要让主观意识影响了对客观世界的认识，不要让有限的认知替代了无限世界的本质，让自己在“道本”的规律中谋求发展之道。“求真”也是辩证唯物主义和历史唯物主义一以贯之的科学精神。佛家的“破幻”、道家的“返本归真”都是要人突破因为自己的局限而造成的对这个世界真相的误解，而这恰恰是人类一切正确认识的基础和前提。

2.“因”——因果

万事万物都是相互联系的，许多事物之间都存在着复杂的因果关系。在人类自身生命和生活的空间里，所发生的事情、遇到的人，在看似偶然、没有关联的表象背后，隐藏着人的意识领域常常无法察觉的联系。这种联系的客观性容不得人用自己的主观喜好去选择：遇到的喜欢的人与事跟自身有关系；遇到的不喜欢的人和事，也与自身有关系。如果只想选择自己喜欢的，排除那些不喜欢的，最终会发现一切努力都是徒劳的。在人类的生命、生活空间里，所发生的一切都与其生命的状态紧密联系，理解了、明白了，就是拥有了一份觉悟。也就是说，相信好的、坏的所有的一切都是应因而得的果报，都是因果力量使然。

3.“本”——内因

人与人、人与外部事物的互动中，不论结果如何，对于要面对的结果，每个人都是自己的“内因”。即是说，“我”才是决定着一切关系的关键和支点。周围的人和事就像是一面面镜子，反照了主体的思维系统和能动模式。同样的世界、同样的事情，在不同的处理系统中加工后就会出现不同的反应。通过周围的“镜子”，人可以了解到自己的真实状态。人认识自己是最难的，通常人更容易看到别人身上的问题，总想去改变别人。其实，这是将自身的问题转嫁或者投射到他人身上，结果不仅改变不了别人，还会恶化局势。如人能够把自己当作一切结果的决定性始因，把改变自己作为改变局势的支点，让自己首先启动改变的程序，就一定会体验到“万物皆备于我”、“所遇皆是礼物”的惊喜。

4. “善”——向善

有了对人间万象的基本认识方法，我们就需要再去明确人类自身发展的方向。方向是决定人生结果的关键变量。没有人愿意庸庸碌碌如蝼蚁般度过自己的一生，但人生方向的价值选择又造就了众多生命最终不同的结果。在这方面，几乎所有的思想、教派都有一个共同的价值导向，都会不约而同地指向“至善和博爱”。时至今日，尽管不同的国家和组织存在着不同的价值观和行为方式，但在人类“善与爱”的方向上却没有本质的区别，尽管所表述使用的文字会有差异，但其核心内容和旨归却没有分别。

5. “法”——善法

方向决定归宿，方法决定结果。有了明确的目标，接下来的就是选择合适的方法。唯物主义中所说的“方法论”、佛家思想中的“中观”、道家思想中的“中道”、儒家思想中的“中庸”思想，对于处理事情过程中度、分寸的把握都有体现，而强调愿望、动机要通过合适的方法达成预期的效果与目标则是一切方法的最终指向。世上没有永恒不变的方法，变化是世界永恒不变的规律，随着事情的发展变化，“适中”的方法也需要随时调整，才能避免南辕北辙之类的情况发生。但需要明确的是，变化的是方法，而方法背后的主旨与方向却是不变的。

6. “定”——定力

“富贵不能淫，贫贱不能移，威武不能屈，此之谓大丈夫。”（《孟子·滕文公下》）。这是儒家所讲定力的体现。佛家故事中也说到释迦牟尼在修行的过程中面对许多困难和诱惑，终能保持自己的真心本色，最后修成正果。人在追求目标的过程中会遇到挫折和困难，取得成绩和进步后，也会有掌声和鲜花。当面对这些的时候，能够不为所扰、不为所迷，保持一份从容与淡定，仍旧不偏离自己的方向，才是生命重量的基本体现。

7. “进”——精进

“天行健，君子以自强不息。”（《周易》）“行健”，是天体的转动与运行，天体无休无止前进，发展。人也要效法这种勇往直前的精神，不断提升自己。佛家讲的“力行”，科学研究中的“执着探索”、“开放实践”都是这种精神的体现。要对自己的问题不隐瞒，敢于面对自己的缺点；对自己的成就不满足，不拘囿于已有的成就；时时刻刻磨砺和修炼自己，想着终极目标，不停止学习，始终保持前进的步伐；随时破“法执”，彻底地破除教条主义和本本主义；破“我执”，彻底地破除个人主义和经验主义，以一种无畏的精神向着终极真理迈进。

8. “归”——归零

随着突破一道道关口，人的成就会不断积累增大，自我也会随之膨胀。只要有“我”的主体意识存在，就必然会产生与客体的对抗与冲突。“我有、我执、我痴”都会给人带来各种烦恼和痛苦。无“我”让自己“客体化”，破掉“主体”与“客体”之间的障碍，将自己的心放空，去体会客观世界的规律和别人心中的想法。将客观的规律和他人的状态放进自己心中，摒除自己主观的意愿和想法，顺应客观规律去做事，才能够与天地大道相连接，才能够具备感受真正的世界、感受万物的能力。各家各派的教义中谈及修行的法门，如“空”“无”之说，都是“破我归零”的方法。

9. “一”——合一

违背天地规律去行事，必然会产生反噬。人本身就是天地造化、自然孕育的物种之一。因为人类自身的愚痴和自以为是，割裂了自己与“母体”天地大道的联系，让自己的发展最终走向了追求的反面，生存环境的持续恶化就是天地大道给人类敲响的警钟。所以，人类当前最迫切的任务就是认清个体与整体的分裂，纠偏调适，重新回归到“道”的本体中，认识到“天地之道”对于人类生存与发展的意义，回归到人类与天地自然的一体关系之中去，达到“天人合一”才是人的终极归宿。

中华道，不仅揭示了人与天地之间的关系，还为人类指出了如何顺应天地之道构建人与自身、人与天地之间的和谐系统。中华道，同时也是对几千年来不断与各种文明碰撞并吸纳各种文明有益成分的中华文明的进一步概括。中华文明，正是因为有了吸纳和不断自我完善的能力，方能在历史的时空中，在各种文化交融的过程中成就一个生生不息的文明典范。作为中华文明灵魂的“中华道”将汇集人类文明、智慧，并遵循“大道至简”的法则，将繁杂的各种思想理论凝炼成简单实用的思想与方法，以利于大部分人学习理解、领悟提升，并引领人类心灵走向终极的幸福大道。

文明的发展与延续、文化的传承与创新，这些问题都与人类自身的发展息息相关。“中华道”不仅是中华民族的文明精粹，也代表着人类文明的最高智慧。它展开的这幅画卷，不仅描绘了中华民族未来发展的蓝图，也是对人类社会健康文明发展之路的探索；它的超越性和包容性不仅能够指引中华民族精神文明的提升，为国民的精神发展开辟光明之道，为中国社会的发展开辟和谐之道，更可以在世界文明交汇中为人类文明的发展开创一条可持续发展的坦途大道。

众多思想门派，各有各的忠实信徒和“粉丝”，我们这项研究所作的努力，就是想打破门派争斗的怪圈，以大家共同追求的文明精神与旨归作为纲领，汇集智慧的精髓，找到中华民族最大的文化同类项——中华道，作为我们华夏子孙的共同信仰。

这只是一次尝试和探索，远不是最终的结果。也许结果根本不存在，也许结果早已经存在!

太月浮想

人类仰望星空，那一片遥远无法触及的世界，让人心生出无限的畅想；人类俯瞰大地，生生不息的万物让人慨叹造物主的神奇。而当各种灾难降临，瞬间各种生灵在自然的力量面前覆灭……

昨天、今天、明天；时间、空间、宇宙。人类在这些存在和力量面前，即使用尽了头脑、用尽了力气，也无法突破那个神奇的“边界”，任何的对抗，最终都会以生命的消逝作为结尾，万年、千年过去，人类依旧对这个身边存在的世界有一种无奈与乏力的感觉。

人，从哪里来，到哪里去？为什么而来，为什么而去？

或许，在人有限的生命中，只有皈依这些无上的存在与力量，在开放和无我的状态中，也才能够触摸到这个世界的脉动。

信仰，就是人们在万千年的生存、发展的过程中用自己的生命、心灵构建的与这个神奇世界的通道!

小　结

哲学是终极之学，信仰是引领一个人、一个企业的终极之力。

中国人信什么？仰什么？

中国悠久的历史文化为中国人提供了丰富的信仰内容。

提取各个思想门派的思想精髓，形成了可以解释各个门派思想的“中华道”。

只有信仰的力量才能够点燃人心中美好与希望的明灯，让有限的生命活出无限的可能。

思考题

1.信仰的概念界定包含了哪几个关键要素？

2.伪信仰的错误有哪些方面的表现？

3.如果你有信仰，信仰给你的生活带来了什么变化？

4.你看到的有信仰的人哪些方面值得你仰慕和学习？

第十一章

道妙无穷：信仰型企业创建

摘　要

我们发现，在世俗组织中，只有真正有信仰的人，对外部管理的依赖才是最小的。而管理的使命又是通过管理消灭管理，最终实现“没有管理的管理”这样的境界。因此，将信仰的主题引入企业，就显得尤其必要。

本章在承继、提炼中华文化中的优秀信仰思想的基础上，在中华文化纲领的指引下，透析企业环境中人“信”的初衷与“果”的扭曲，揭示背后的悖论、逻辑与规律。通过对企业现有信仰体系雏形的发掘，信仰体系的路径、模式的引入，架通信仰与企业的桥梁，为信仰体系在企业的落地、升级指出了一套可行的思路，为信仰型企业的构建指出了方向、原则和目标。

本章逻辑框架图

结构线	企业现实中的信仰辨析（第一节）	企业信仰的问题与纠错（第二节）	企业信仰体系构建中的参照（第三节）	信仰型企业创建的目标、原则与信条（第四节）
行文线	同样的人不同表现，深层的决定因素	企业员工与管理者的错信与正信	“导师”、“文化”搭建信仰的桥梁	信仰型企业的创建框架及路径
线索线	揭开企业现实中信仰的无知与扭曲	错信导致痛苦失败，正信才是大道	每个企业都可以被打造升级成信仰型企业	信仰体系在企业的落地需要注意的原则、方法

真正激励人们百分百投入的动力，不是金钱等组织提供的外部条件，使人们忘记痛苦不断前行的，是其内在的组织信仰。

——松下幸之助

第一节 企业现实中的信仰辨析

企业需要信仰吗？那要看企业是由什么组成的。毫无疑问，在组成企业的各要素中，人是主导其他一切要素的。因此，企业需要信仰就不再是个问题了，因为凡是人，不管在哪里，都是需要信仰的。

企业不能通过管理和文化来做好管理吗？对于这一问题，很难作一个简单的回答。如果管理和企业文化是基于正确信仰的，那就可以做好管理。如果企业中的管理与企业文化不是基于正确信仰的，那就无法依靠这种管理和企业文化做好管理。

企业管理一定要依靠信仰吗？回答是肯定的。因为信仰是最高层次的管理和企业文化，因为现实中只有具备了正确信仰的人才能自我管理，才能最大限度地减少对外部管理的依赖，才能实现管理的至高目标：用管理消灭管理，实现没有管理的管理！

从上面的论述可知，信仰不仅仅是人们现实行为中要遵循的价值准则，还必须找到它的源头和合理性，形成一个客观与主观有机联系的系统。信仰，也不仅仅是规范现实中人的行为，而更应该是激发人们对未来美好前景和美好生命状态的憧憬，吸引人们去追求和实现的力量。在企业中，这样一个信仰体系，不仅仅是指导企业现实行为的规则，更应该体现人的精神心灵的规则与外在行为规则的一致性，体现个体生命所追求的那种理想状态与企业所追求的现实与未来目标的一致性。

几十年来，中国经济的发展速度令世人为之惊叹，继GDP跃升到世界第二位之后，中国股市市值又超过日本，跃居全球第二（截至2015年5月）。围绕经济的核心目标，市场化、科技化、信息化、效率化催生了中国众多的企业和庞大的企业劳动群体。在资本的推动下，工业化、现代化的城市迅速替代了曾经的耕地、山林、草场。无数的人住进了曾经梦寐以求的高楼大厦，民众的物质生活水平普遍有了很大的改善。但是，欣喜之余，人们发现，在经济迅猛发展的同时，幸福感却没有随之提高，反而活得更累，更没有安全感。

2008年的毒奶粉事件，原本以为是个例外，随之人们发现，这只是拉开黑暗帷幕的一角。几年过去，从食品行业开始，“黑心企业”制造的“黑心产品”已经充斥了人们的生活，即使如肯德基、麦当劳这样的“放心企业”也让人不放心了。2014年7月，麦当劳、肯德基等洋快餐供应商上海福喜食品公司被曝使用过期劣质肉。《中国食品安全发展报告（2015）》显示，2005—2014年，全国发生的食品安全事件数量达到227 386起，平均每天发生约62.3起，处于高发期。[①]有“黑心企业”的带领，越来越多的企业纷纷走进这个肮脏的“黑暗世界”，肆无忌惮地赚着“黑心钱”。不仅如此，更让人心惊胆战的还有环境。湖南石门河水砷超标1 000多倍，157名村民患癌死亡；河北省无极县皮革厂十多年渗坑排污的伤天害理自肥式发展……看着这些触目惊心的报道及照片，不得不问，企业，你们都在干些什么？企业，你因何存在？

当然，企业在整个国家、国计民生中的重要作用是毋庸置疑的。企业作为市场经济的主体、社会经济运行的关键要素，不仅是国家经济发展的重要支柱，也是社会发展的动力来源之一，对社会经济的发展乃至对国家政治的稳定和文明的进步都发挥着重要作用。因为，企业作为社会资源的支配和转化者，也是个体生存和发展的重要平台。

在企业工作的人们，自进入企业之后，主要的时间和精力都花在了企业中。因此，企业的价值观和环境，都会对企业中的人产生影响。毫无疑问，环境对人的影响是潜移默化的，好的企业环境就会起到正向激励作用；反之，不好的企业环境则会影响甚至破坏人的价值理念和行为习惯。企业中的人，工作之余还有家庭生活、朋友聚会等其他社会活动，企业中人所信奉的价值观、理念会直接通过个人的社会活动影响群体中的其他人。可见，一方面企业可以成为影响人一生命运的平台，另一方面企业也生产着带有企业个性和价值观属性的“人和物”，并向社会传递着更大的影响，故而“企业不仅是一个充满个人能量的集合，也融合了社会的特点”[②]。企业和企业中的人，他们信仰什么就会产生什么样的行为和结果。在不同信仰的物理空间，即使同样的人也会有差

① 潘福达. 食品安全事件十年来每天60多起 超七成系人为[N]. 中国妇女报，2015-12-02.

② 明茨伯格. 管理至简：以实践为根基实现简单、自然、有效的管理[M]. 冯云霞，范锐，译. 北京：机械工业出版社，2014：150.

异非常大的表现。当然，对于价值方向与目标已经很明确的组织或领导人来说，其关注的核心是什么样的“物理空间”决定我们想要的行为和结果。

企业信仰具有以下特征：一是企业对自身价值的认可；二是企业信仰具有类似宗教的功能，具有强烈的驱动能力；三是企业信仰对企业的发展具有长期影响力。①

钟殿舟认为，成功的企业信仰能增强员工的凝聚力，能够营造良好的企业发展环境，它能体现社会等利益相关体对其的要求，同时，也能体现组织存在的目的性。汤明也认为，企业信仰是企业最深层的发展动力源。②

一、人在企业和宗教场所的比较

说起信仰，似乎距离很多人很遥远，但实际上却是很多人离不开的。说信仰高深，其实又存在于我们生活的各个方面。对于不熟悉信仰的人们来说，信仰也许重要，但依然难以触摸，于是大量的人选择了非信仰的方法与道路。尽管如此，人群中依然不乏一些人，用自己的生命走出了一条信仰之路。人这种生命，有无信仰似乎会表现为完全不同的动物，让我们来看看现实中两座房子里发生的完全不同的故事。

第一座房子，就是我们所说的企业。

当我们去想象一个企业的时候，脑海中自然会出现这样的场景：装饰得富丽堂皇的高楼大厦、宽敞的办公室、舒适而高效的办公设备。在里面工作的人，个个衣着光鲜、气质不凡。在这里，有人给发工资、奖金，还有专门的培训。许多人在这里成就了自己的事业，展示了自己的人生价值。可这里的人实际上是什么状态呢？处在这里的人，总是觉得企业给的工资少、待遇低、办公环境不理想。他们抱怨环境，抱怨工作，抱怨上司，抱怨几乎能接触到的一切。这似乎是绝大部分企业的状况，也是众多企业中人的状况。处在其中的人并不幸福，但似乎又找不到其他的出路，企业真的没有别的选择的吗？

第二座房子，就是我们所说的宗教场所，如寺庙、道观和教堂。

在这里，没有企业那么现代、富丽堂皇的建筑，多的是庄重、古朴和自然。这里似乎从来也不用做广告，但年复一年来到这里寻找精神寄托或者心灵慰藉的人却络绎不绝。这里，没有人给他们发工资、也没有什么奖金、红包、分红。相反，来这里的人，会自觉自愿地拿出很多钱。这里没有强硬的制度，没有监督、考核，也没有培训，但是来这里的人却自动地就懂了很多规矩，自愿地遵守着这些规则，似乎来到这里就无师自通了。

在第一座房子里的人，被给予了那么多，却没有任何感恩之心，反倒多了贪婪和怨气。在第二座房子里的人，全心全意地奉献出自己的金钱，心中却充满着喜乐和满足。在企业工作的人，很多人都进过宗教场所。但他们在企业和宗教场所这两个不同的地方，却有了“魔鬼”与“天使”般的完全不同的表

① 李敏．论企业信仰的形成与构建机制[J]．当代财经，2009（6）：78．
② 汤明，裘劲松．论信仰在企业成长中的作用[J]．技术经济，2005（5）：65-68．

现，这到底是为什么呢？

也许你已经察觉到了，第一座房子与第二座房子唯一的区别就是，后者是个“信仰”之地，是个能够激发、培养人心中信仰的神圣之地。尽管到宗教场所去的人未必个个都是虔诚的信徒，但只是在里面走一趟也已经可以让人的心安宁片刻。自然，真正信徒的所思所言所行，肯定是跟非信徒有着天壤之别的，信徒们的至善虔诚、心灵的干净、对名利的淡泊、对人的博爱和行动中的奉献及自觉自愿精神，都充满了如天使般温暖和神圣的力量。相对比，企业里却有那么多“魔鬼”。由此可见，当今社会上多了一些不像人的人，他们很多人就存在于企业当中，于是，出现没有良知的“黑心企业”也就可以解释了。“皮之不存，毛将焉附”，某些企业和个人为了私欲干着害人的勾当，当这样的企业和个人足够多，而且以他人的错作为自己错的理由，而社会道德显得无力，法律又难以处理这样众多的组织和个人时，社会就会陷入恶性循环，每个人终将成为“受难者”。

照此下去，我们所说的所谓“科学管理”，还能够在一群像是着了魔的人们身上发挥作用并达成预期的结果吗？若是不能打破这个逻辑链环，仅仅加强管理或改善一下某些管理做法能够达成科学管理的目标吗？企业管理能够消除人们的“魔鬼”心态和行为吗？企业有可能像“第二座房子”那样让人成为天使吗？若真的能够实现，企业管理才能算得上是真正的成功。

二、现实企业中的信仰探索

也许，很多人一方面羡慕和向往宗教场所塑造出来的人的状态，另一方面又满腹狐疑：企业是个世俗组织，真的有可能在企业中让人出现宗教般的状态吗？实际上，这种疑问已经被一些信仰型企业家的成功实践解答了。

罗伯特·欧文是一位英国的空想社会主义者，也是一位企业家、慈善家，“现代人事管理之父”，人本管理的先驱。罗伯特·欧文是19世纪初最有成就的实业家之一，是一位杰出的管理先驱者。欧文于1800—1828年间在苏格兰自己的几个纺织厂内进行了空前的实验，人们有充分理由把他称为“现代人事管理之父”。他也是历史上第一个创立学前教育机构（托儿所、幼儿园）的教育理论家和实践者。

欧文的管理思想基于“人是环境的产物”这一法国唯物主义学者的观点，他在新拉纳克所进行的一切实验都是为了证明：“用优良的环境代替不良的环境，是否可以使人由此洗心革面，摈除邪恶，变成明智的、有理性的、善良的人；从出生到死亡，始终苦难重重，是否能够使其一生仅为善良和优良的环境所包围，从而把苦难变成幸福的优越生活。”正是基于这样一个充满希望和想象的伟大理念，才形成了他超越当时现实生活的管理思想。欧文在新拉纳克的管理独具特色，在他的工厂内推行了一种新的管理制度，其核心是废除惩罚制度，强调人性化管理。

欧文对当时很多资本家过分注重机器而轻视人的做法提出了强烈批评，并采用多种办法致力于改善工人的工作环境和生活环境。在工厂里，欧文通过改善工厂设备的摆设和搞好清洁卫生等方法，为工人创造出一个在当时看来尽可能舒适的工作场所。他还主动把工人的工作时间从13~14小时缩短到10.5小时。在新拉纳克厂区，人们看到的是一排排整齐的工人宿舍，每个家庭为两居室。欧文很注重绿化环境，在工人住宅的周围，树木成荫，花草成行，这对工人的身心健康有着十分积极的效应。为了使工人的闲暇时间有正当向上的娱乐和学习，消除酗酒、斗殴等不良风气，欧文还专门为工人建造了供他们娱乐的地方——晚间文娱中心。这种娱乐中心，就是现在俱乐部、夜总会的雏形。欧文的管理思想中，教育制度占有很大比重。为了普及教育，他主张建立教育制度，实行教育立法。欧文认为，“教育下一代是最最重大的课题”，“是每一个国家的最高利益所在”，“是世界各国政府的一项压倒一切的紧要任务”。

他的教育理念是：“人们在幼儿时期和儿童时期被培养成什么样的人，成年后也就是什么样的人。现在如此，将来也是如此。”欧文非常重视儿童教育。他禁止他的工厂雇用十岁以下的童工，并于1816年耗资一万英镑在他的厂区建立了第一所相当接近现代标准的公共学校——“性格陶冶馆”，这所学校是新拉纳克的中心建筑，为2~14岁的少年儿童提供良好的教育，另外还设有成人教育班。欧文制订的教学计划，侧重于儿童性格的培养以及儿童职业能力的提高。新拉纳克由此成为英国的模范社区，没有流浪汉，没有小偷小摸，几乎是资本主义“罪恶泛滥”中冒出来的一方净土。欧文的管理思想和教育思想，都是为了他的最高目标——建立新的和谐社会而作准备的。他在新拉纳克取得的巨大成就，赢得了当时许多国家上层人士的关注和尊重，每年都会有成千上万的人来参观欧文的工厂和他的“性格陶冶馆”。就连当时的俄国沙皇尼古拉大公也专程来拜访欧文的工厂。他的四篇讨论性格的形成的文章和《新社会观》一书在社会上广为流传，同时也得到了一些社会名流的推崇。

在中国近代至当代的企业家中，也不乏信仰型企业家的成功实践。他们看起来与我们大部分人并没有什么不同，但他们的实践表明，在我们肉眼不及之处，似乎又有一种特殊的力量，让他们成就了与大部分人不同的人生。

卢作孚（1893—1952年），一个重庆合川的小学文化的商人，却在并不长的一生中建立了不朽的事业：办船运，能让军阀心甘情愿把自己的船交到他的手上，而成为中国船王；抗战最危急时刻，他几乎以一己之力完成了中国的敦刻尔克式壮举——宜昌撤退；办教育，把北碚建设成一片世外桃源；他多次被军阀和国民政府任命为高官，却大多坚辞而去，即便赴任也很快离职；他是中国大实业家，却在自己的公司内拥有极少的股份（还是军阀和股东强赠送给他的），生活上安贫乐道……卢作孚先生白手起家创办航运，当初筹资极为困难，幸亏得到友人支持，筹得8 000元资本，亲赴上海订购载重70.6吨的浅水铁壳小船一艘，于1926年秋驶回重庆，取名“民生”，开辟嘉陵江渝合航线。卢先生竭尽全力改善经营管理，除了总揽岸上事务外，卢先生还亲自上船接待旅客，并提出“一切为了顾客”的口号。他的民生公司上自经理下至水手都兼服务工作，接待热情、周到，伙食亦好，很快就得到了社会好评，班班客满，应接不暇，第一年就获利20 000余元。

对于企业的价值，卢作孚先生曾说：民生公司“不是一个自私自利的组织，绝对是一个帮助社会的事业”，“民生公司最后的意义绝不是帮助本身，而是帮助社会”。在他的眼中，依靠“群”的力量“服务社会，便利人群，开发产业，富强国家”才是创办公司的目的。这一思想后来被概括为民生精神，成为民生公司育人用人、开发产业的指导思想。

卢作孚的《建设中国的困难及其必循的道路》中写道：“我们的预备是每个人可以依赖着事业工作到老，不至于有职业的恐慌；如其老到不能工作了，则退休后有养老金；任何时候死亡有抚恤金。公司要决定住宅区域，无论无家庭的、有家庭的职工，都可以住居。里面要有美丽的花园，简单而艺术的家具，有小学校，有医院，有运动场，有电影院和戏院，有图书馆和博物馆，有极周到的消费品的供给，有极良好的公共秩序和公共习惯……”①

苏州固锝电子股份有限公司从创业之初就把员工的幸福作为第一要务，并以此确立了公司核心价值观：**企业的价值在于员工的幸福和客户的感动。**2009年年底，固锝启动了用中国传统的“家”文化构建幸福企业典范的尝试，探索出幸福企业八大模块系统化的推进模式。通过四年多的实践，固锝把中华传统文化的精髓——“家”文化融入企业经营管理中，在人文关怀与人文教育并重的同时倡导绿色低碳并积极践行慈善公益、承担社会责任，实现了企业经营的良性循环，2013年年底，进而开始了完善“家”文化的中国式管理。

固锝董事长吴念博，是一位温文尔雅、从容笃定的儒商，他以中国传统优秀文化为根基创建幸福企业，也是打造信仰型企业的成功范例。他说：“企业利润不是考核企业是否做得好的唯一指标，企业的价值在于员工的幸福和客户的感动，国家的强盛来自百姓的幸福和生态的文明。而把传统文化导入企业，让员工读经典习文化，有效地提高了员工的幸福指数。”“我希望每一个到固锝来工作的孩子，不仅仅只是来到这里领一份薪水报酬。我希望每一个孩子都能够都懂得孝顺父母、尊敬长辈，懂得正确教育下一代的方式，懂得关爱社会和服务他人，懂得绿色环保、疼惜地球，懂得真正做到敦伦尽分，能够开启大家生命中的另一扇窗，让大家懂得生命的真正意义。”

固锝集团内举办有圣贤教育、礼仪讲座、孝亲电话、好话一句分享、读书会、生日会等人文教育活动，丰富了职工的业余生活，更提升了大家的传统文化素养。员工更爱父母了，更爱家了，也更爱企业了，员工的依附度高、离职率低，真正地把企业当成了自己的家。固锝坚信：如果这个社会有更多的企业和企业家能够把员工的幸福和企业的社会责任放在第一位，不仅能够做到利润

① 佚名．爱国实业家卢作孚：近似完人的中国船王[EB/OL]．[2015-11-03]．http：//news．ifeng.com/history/zhongguojindaishi/special/luzuofu/．

最大化，社会也将更加和谐。[1]

海底捞创始人张勇通过自己别出心裁的企业实践使得海底捞得以成为中国餐饮业的新生力量，令很多企业羡慕不已。2009年黄铁鹰主笔的《海底捞的管理智慧》成为《哈佛商业评论》中文版进入中国八年来影响最大的案例。黄铁鹰先生是做过商人的学者，或者说他本来就是学者式商人。他总能抓住管理学中的本质东西，善于把管理学所有技巧性的理论一直追溯到人性本质的深度来追问。在北京，一个寒风刺骨的夜晚，那幢楼里其他餐厅都冷冷清清，只有海底捞需要排队一小时候餐，那里让人感受到的是一群态度不同的员工，他们乐观、主动，还带着强烈的自豪感，他们笑着的眼神中传达出诚恳和欢迎你来的意思，走起来很快像小跑，想让你满意的意图很强。

企业中有样看不见但处处能感受到的东西，可以叫它理念、文化或信仰，也有人叫它“企业宗教”。海底捞就是在它的员工中建立了一种让人人痴迷的“企业宗教”。海底捞因为重新定义了员工与企业的关系、老板与雇员的关系，当然也改变了企业与顾客的关系，原来可能有矛盾的三方成为一体的了。这样一个新的信仰和信任的关系就形成了，你把每个人当作好人，每个人就真变成了好人，每个人都希望世界变得更美好，世界就真的更美好了。

以上现实中成功的案例说明，人其实就是一个已具备“神圣”性的容器，“道德，是人类的自然能力”。[2]用佛学的话说就是“人人生来就是佛性具足的”，剩下的就是看在红尘中的“机缘”了。而以上这些信仰型企业家的成功实践告诉我们，这些企业恰恰就是基于这样的一种人性假设，又用企业的机制为众人创造了这样一种机缘。我们很熟悉这样一个事实：儿女来自父母，是以儿女长得像父母，这叫遗传。同理，人来自天地自然，就一定带着自然之性。自然之性谓之道，老子在《道德经》第二十五章中说：“人法地，地法天，天法道，道法自然。”人性中的“道性”是不会随着主观的意愿而改变的，任何人都脱离不了自然和规律，这就是道对人性的客观规定性。

人是天地大道的衍生之物，生长之初，最先被装入的是“大道之性”。《道德经》第八十一章中说“天之道，利而不害”，正是因为人的心中存着这样的至善之性，所以人在做了坏事之后，心中都会充满愧疚和自责，而做了善事、好事之后，心中都会充满喜悦。但因为人在成长过程中会受到各种各样的影响，这些力量汇集起来就有可能压制人心中这种“至善”的天道力量。

今天，在物质丰富社会阶段成长起来的“新人类”，他们在物质层面的需求就没有那么强烈，反而是自我存在、自我价值实现等精神、心灵层面的需求占据了主导。所以，当企业无法在精神上对这些群体以足够关注的时候，失去心灵航向的孩子们，在工作中要么变得无聊，要么变得应付了事，甚至有的人宁愿早早结束自己宝贵的生命。

---

① 佚名. 苏州固锝电子股份有限公司2013年度社会责任报告[EB/OL]. [2015-11-03]. http://quotes.money.163.com/f10/ggmx_002079_1331184.html.

② 孔德. 论实证精神[M]. 黄建华，译. 北京：商务印书馆，1996：44.

“经营管理之神”松下幸之助说：“企业的使命是克服贫穷，把整个社会从穷困中解脱出来，并给社会带来财富。”他在1929年形成的“基本管理目标”中写道：“认识到我作为工业家应承担的责任，我们就会通过我们的企业活动，将自己贡献给社会的进步与发展和人民的生活改善，这将提高全世界的生活质量。”“企业管理就是解放生产力，提高劳动生产率，促进人的发展和提高人的尊严。仅有解放生产力是不够的，还首先要‘解放思想’，更为重要的是要‘解放和激发人的神圣性’。”[①]而“信仰使命是引导我们前进的目标，是使得我们能够在周围一切发生变化时用以定位的北极星，这就是为什么使命是我们创建具有适应能力的组织所需要的关键规则”。[②]信仰不仅决定了企业的定位、未来发展的方向和目标，而且，它也决定了企业中人的命运。

如果企业能打造成为一个“造人”与“成圣”的场所，通过改善人的心性，综合提升人的能力及精神境界，使企业中的人都能成为有信仰的人，那么企业不仅可以为社会提供最基本的经济贡献，更可以把自己从满足于人类最基本的生存发展功能进化到服务于人的高层次的追求上。通过激发人的精神性，并将精神性引导向人的信仰性上，这才是企业的光明之路，也是企业能够带给社会的光明。但是，今天却有太多的企业迷失在自己错误定位的困局中。他们最初也许只是为了自己的生活，也许违规时带着无奈和良心的战栗。他们本有着一种美好的追求，可在一连串无数次的无奈和战栗之后，他们恢复了那种绝望的平静。不理解人们内心的焦灼和一步步走向绝望的历程，就无法找到走出困境的道路。

三、企业价值信念扭曲的逻辑

一个不懂音乐的人，无法体会音乐的流畅感和音符的悦动。而一个爱好明白音乐的人，就能够享受音符如水一样的舒缓与美妙，任何一个音符的跳动都能够激起心灵的感觉和反应。现实中的人如同欣赏一场音乐会，当破坏了音符的衔接和流畅性，音乐就不会美好，也不会带来身心美好的回应。企业中的人，如果割裂了企业中有形与无形、抽象与具象、价值与工具、目标与目的、工作与人生、我与他、眼前与未来等这样一系列要素的顺畅连接，企业行为就会遭遇诸多困难。做企业的人，不可避免也会陷入痛苦与绝望中。

（一）理论与现实的错误驱动

很多企业盲目相信了“企业是一个经济组织”的荒谬断言，把自己变成了在社会中不择手段攫取利益的工具。“经济性”只是经济学中部分学者对企业性质的认识，但企业是社会组织中的一个，是整个社会中的一个组织，是人的组织，是为人服务的组织。因此企业的性质，不可能只有经济性，而必然还是基于人性的社会性组织。管理学的理论也部分地继承了“经济人”的假设，现实中的大部分管理者也因为部下对经济收益的偏好而将人定位为只是为了挣钱

① 齐善鸿. 新管理哲学：道本管理[M]. 大连：东北财经大学出版社，2011：15.
② 哈默，布林. 管理的未来[M]. 陈劲，译. 北京：中信出版社，2012：165.

而工作。也许，管理者自身也是这样认为。或者，管理者在看重经济收益的同时，忽略了其他工作收益，如可以促进个人成长和使员工愉悦相处的环境氛围。亚当·斯密在《国富论》中提出了企业“经济人”的设定，但他又在《道德情操论》中强调：“自爱、自律、劳动习惯、诚实、公平、正义感、勇气、谦逊、公共精神以及公共道德规范等，所有这些都是人们在前往市场之前就必须拥有的。”也就是说，“经济”化是有其前提条件的。

于是，在错误逻辑驱动之下，企业整体性地选择了经济性导向为核心的信念与行动模式；管理者选择了以物质刺激为手段的经济利益导向模式；普通员工在个人经济压力和上级实施的经济性诱导之下，也选择了只管挣钱不顾其他的偏狭模式。最为关键的是一环是，企业中的人们互相观察对方的行为，又进一步确认了自己先前的判断，环顾四周发现其他组织中的人也是如此，于是，一个“预判—行动—验证”的逻辑就在人们心中形成了：核心就是挣钱，其他都是“虚”的。不仅如此，这样的人还将落入另外一个圈套：我很努力，我已经做得够多，也做得够好，都是别人对不起我。于是，开始很理直气壮地抱怨，渐渐地进入憎恨，直至失望和绝望。随着人生阶段的变换，人们渐渐地对此模式表现出了厌倦，加之周围也不断地有反面教材来启迪人们。

最终，在人生一个特殊机缘到来之后，人们会突然明白：金钱并不是一切，情义更重要，健康和生命更重要，觉悟的心才是幸福的真谛。可是，很多人一生也没有等到这样一个特殊机缘的到来，他们就在唯利是图中消耗着人生、损害着健康、背叛着情义、违背着法律、丧失着人格，到头来劳苦一生、纠结一生、孤独一生，直至终老。企业里若都是这样的员工，是不可能给企业带来更多发展的动力和激情的。

人的低级生存本能决定了在不同的环境中会进行自我调整来适应环境的变化，久而久之就会成为习惯，进而影响到身心。当企业和管理者因对企业和人性的错误定位而选择了“非人之工具化”的管理时，企业和管理者最终也就成了企业中唯利是图、尔虞我诈之“魔性”的推动者。“现代企业从某种程度上剥夺了人类的适应性和创造力。”[①]到了这个地步，企业管理显然就不是在解决问题，而是在制造问题。“美国的汽车企业花了近20年才明白丰田公司的优势。与西方企业不同，丰田公司坚信，第一线的工人在冷冰冰的制造机器面前并不是无足轻重之辈，相反，他们才是主导企业未来的支柱，只有员工的智慧才能够使企业保持长盛不衰。”智慧不是我们想要什么，而是我们正在做的和自以为合理的，与我们真正追求的形成了一种什么样的关系：是和谐还是对立。这是一切智慧的起点，企业经营与管理也不例外。

（二）价值信仰上的无知

说到信仰，很多没有信仰的人会想到宗教和宗教的信徒。世俗中的人也似乎习惯了自己没有信仰的状态，并对周围有信仰的人产生无法理解的偏见：不

① 哈默，布林. 管理的未来[M]. 陈劲，译. 北京：中信出版社，2012：52.

太正常，有些神神道道，神经出了毛病吧！

实际上，人这个生命，是灵魂与肉体的统一体，谁能在肉体和灵魂两项中选择其一而活呢？于是很容易得出这样的结论：单纯的物质利益是无法满足人的需求的，人的精神世界也需要营养。“我们每个人都有灵魂，它比肉体更精致。”既然如此，那人们就要寻找自己精神生活的方式并完成与物质生活的统一。通俗一点来说，人住在漂亮的房子里并不一定就是幸福的，人的幸福感无法由漂亮的房子来决定。也许有人会说，如果有漂亮房子还有人爱呢，人是不是就幸福了？看起来，这样的模式很不错。现实中虽然存在这样的案例，但可能也不是普遍现象。有些看起来平静祥和的生活，实际上可能暗流涌动，有的人也许是迫于无奈而“凑合”地过着。

既然人性中有如此必然的精神需求，即便出于企业现实利益的考虑，我们也应该了解，企业的任何行为都是由每个人的内在精神系统整体驱动的，要想解决人的行为质量问题，就必须解决行为方向和行为方向背后的精神动力模式问题。反观现实，我们会发现两类典型的现象。一类是那些高尚神圣的人，他们吸引了巨大的社会资源，他们的人格成了社会和商场上的信用通行证，他们的产品代表着他们的人格，他们的行为和态度形成了个人的魅力，他们营造的企业环境为人们所向往，这样的企业怎么可能做不好呢？另外一类，是那些唯利是图的人，他们一切向钱看、从不吃亏，他们见便宜就占，他们时常损人利己，甚至还做出损人不利己的事情，他们只想着利用他人为自己谋利，却很少愿意奉献自己成就群体。“个体生命的存在，取决于社会群体的存在。意味着生命是井然有序、分工明确的成员之间的合作与协作，也就是意味着社会群体性是生命的基石。”[①]试想，这样的人，在行动上已经脱离群体，他是无法生存的。若是这样的企业，脱离和伤害了社会，又如何赢得长久的发展。

由上述的分析可以得出结论：不管是从人们的生活、人生质量的角度考虑，还是从企业运营的角度考虑，管理永远绕不开人的精神心灵的问题，正是人行为背后的价值和信念系统决定着人们精神心灵的方向和行为的方式。

既然如此，人们又为何不去建设自己高质量的精神体系呢？原因可能有几个方面：一是人们在经济上没有达到富裕的时候还顾不上关注精神问题；二是觉得精神的内容不好把握，而物质的则更加实在；三是缺乏高端的精神体验，因而无法感受精神的巨大价值；四是社会现实中某些跟信仰有关的负面现象误导了人们；五是缺乏信仰的直接引导和持续影响；六是在其现实生活中精神的困境还可以承受，也就是说还没有达到无法承受的地步；七是在其生活的环境中缺乏关于信仰的启蒙，对信仰根本不了解。

正是在以上几个方面的作用之下，加上企业和管理者不断地运用物质利益诱惑那些物质和精神处在双重贫穷状态的人们，进而诱惑出了无法满足的魔鬼般的欲望，而企业又不可能完全满足那么多人无节制的贪欲，于是，员工和管

① 柏格森. 道德与宗教的两个来源[M]. 王作虹，成穷，译. 贵阳：贵州人民出版社，2007：90，131.

理者都陷入了难以自拔的困境。明茨伯格在他的新书中明确强调：“企业管理的有效性要通过价值判断来进行而不仅仅是通过绩效评估来决定。”①

价值信仰是个人主观价值体系，它直接决定了人的思维模式和行动方式。而企业作为一群人的组织，如人一样，也有它的价值选择和价值信条，这些决定了企业的行为倾向性与最终的影响。当企业的价值信仰出现问题时，企业行为也必然出现问题。近些年来出现的违背企业商业道德的各种现象，皆可以归结到这一点上。一个信奉经济利润至上的企业，当企业的利益和环境利益相冲突的时候，它会选择牺牲环境成全其收益。更可怕的是，在企业做出伤害性的结果之后，还会创造一系列的理由，为自己的错误行为辩护，并将其合理化。企业的价值信仰不仅体现在企业中，也会对辐射到整个社会的价值取向上。一个有信仰的企业，其在社会中的榜样作用会对社会的信仰有积极的建设作用；而没有信仰的企业，伤害的不仅有企业内部的员工，也会给企业价值链系统中的利益相关者造成负面的影响和伤害。

信仰问题已经不仅仅是个别企业的问题，而是关系到越来越多的人的利益和发展，更对社会的稳定和发展有着至关重要的意义。企业作为人类社会环境中的一部分，也必然受到背后规律的制约及引导。人类的历史已经证明，违背规律的、破坏发展的终究会被淘汰，只有那些能够顺应规律的，才能够在前进的洪流中生存。

第二节　企业信仰的问题与纠错

“信”，人人都有，这是每个人思维和行动的内在起点和基本驱动力量。只是这个“信”里面到底有什么内容？也就是说，人人有“信”，只是“信”的内涵不同，于是，就有了不同的人生和不同的命运。伟人周恩来总理，年轻做学生时“信”的是“为中华崛起而读书！”我们现在的人呢？

一、企业中员工“信”之困境

作为员工的你，心中相信了这些，在日常的生活和工作中去践行，真的会给自己带来好处吗？

（1）你相信，工作是给别人干的，于是，凑合着过得去就行了。可你错了，因为一切都是给自己干的！

（2）你相信，一切都应该按照自己的道理进行。可是，你发现很多事不是这样，于是你受到挫折了，于是你开始抱怨了，心散了，心乱了，精力不集中了。可你错了，你的道理不是真理，挫折也只是让你接近真理。

① 明茨伯格．管理至简：以实践为根基实现简单、自然、有效的管理[M]．冯云霞，范锐，译．北京：机械工业出版社，2014：155．

(3) 你相信，我尽职尽力就可以了，于是，只是满足于做好该做的。可你又错了，因为你若是仅仅满足于低标准而别人却给自己提高了标准，一定要卓越、完善，给人惊喜，和别人的一念之差你就被落下了。

(4) 你相信，“好人有好报”，又确定自己是好人，所以一直做好事。可又发现，自己做了好事，别人不一定看得见也未必领情，而且周围有的人在做一些小坏事，好像也无伤大雅，于是你渐渐地不想做好人了，开始做一些小坏事。可你又错了，做坏事就是出卖自己，你已经自动开始堕落了。犯罪学研究发现，很少有人一开始就做大坏事，都是从做小坏事开始。做着小坏事，没有被发现就做中等坏事；中等坏事也没有被发现，就开始做大坏事；大坏事做着做着……俗语说，“没有不透风的墙”，突然所有的事情都会败露，自己也就把自己“做进去”了。“勿以恶小而为之，勿以善小而不为。”做坏事会出卖自己，做坏事会让人堕落，堕落的人没有前途。凡是不走正道的，再有势力也不会有好的下场，当势力到了顶峰的时候也最接近灭亡。所以这辈子要坚信好人有好报，真好人不求报，否则就是在做交易。

(5) 你相信，“善有善报恶有恶报”，所以不敢做坏事。可渐渐地你发现坏人比你占了更多便宜，于是你开始动摇。看来，你的信是不清晰和不坚定的，也不懂善报与恶报的隐性与显性规律。如果做了善事你心里面不高兴，那你的善一定是不纯的；如果做了恶事你心里还不发抖，那你“功力”太强了（实际上是不可能的），做坏事让你心抖、神经错乱、内分泌失调的身体反应就是报应，尽管此时法律制裁可能还没有到来。那些坏人表面上活得风风光光，实际有几个真正活得舒坦的？要么晚上失眠，要么心惊肉跳、坐卧不安的。所以，善报和恶报的问题不像我们想得那么简单，有好多表现形式，很多时候报应已经启动，只是你不知道。

(6) 你相信，努力就能成功，可努力了这么长时间好像也没有成功，于是，你开始迷茫。实际上，你搞错了，成功离不开努力，可成功还需要不断学习和运用智慧，成功的支点是至善的人品和友善的行动。只要你在做好事，只要你在进步，你就在成功路上。须知，成功没有终极标准，成功只是进步而没有终点。

(7) 你相信，自己努力了，可似乎没有得到公平的对待，不如自己的人反而受到了重视，于是，你开始心怀不满，于是，让别人看见了你气哼哼的样子。实际上，你又错了，比你更受重视的一定有你看不见的优势，只是你的视野不及。“比我强者，必比我优。”人家把事情办得很好，工作做得让人心服口服。这些你可能都看不见，你只是看到了人家被重用的结果。当然这是个自我错觉。

(8) 你相信，自己做得已经够好了，可得到的待遇有点不公平，于是，你心中又摆不平自己了。实际上，你又错了，不是你做得够好，而是你所作所为的价值大小和优势大小。大部分人都会有一种错觉：自己做得还可以。实际上，自己如何觉得不是决定性的，别人如何看待你的价值才是关键。只要你总比别人做得多还做得好，就会得到肯定。

(9) 你相信，偷懒就是自己占到便宜了，于是，你经常动心眼干这种事。实际上，偷懒只是在消耗自己。勤奋负责才是对自己最大的爱！

(10) 你相信，你无助时可以求助神灵保佑。但你觉得灵验吗？实际上，神灵就是觉悟的自己，一切外求皆是虚妄和外道。别走那条路了，多少贪官拜佛烧香也没躲得过法律的惩罚，古代帝王养的“神仙高人”又有哪个避免了王朝的覆灭？要相信，自己的努力、自己的勤奋、自己的善良和觉悟，才是决定自己未来的关键。信佛没有错，但要把佛祖当作老师，学习他的思想，去实践他的思想。现在很多人没有弄明白这个道理，一些相信的人走入了迷信之途，另一些人又声称什么也不信。实际上，这是两种不同形式的愚昧。

(11) 你相信，只要搞好关系就能发展，却忽视了提高自身修养和能力。实际上，你自己是什么样的人永远是最重要的，这是别人看待你和对待你的依据。

(12) 你被利用是因为你有被利用的价值，你希望被重视必须有被重用的价值，一切都要看自己对别人有什么样的价值，这才是决定我们人生的关键。如何提升价值？坚持信仰，行善不求报，积极奋进等。

二、企业员工应该“信”什么

(1) 要相信自知自主：一切都是给自己干的！工作是用老版的平台，进步来自管理人员的指导，成绩来自同事的合作。自己的能力要靠良好的心态、勤奋与学习来提高。偷懒，只是在浪费自己的生命。总之，一切都是给自己干的。

(2) 要相信自理非道。那些总是说自己有理的人，反而可能不懂人间的理，自己越是觉得有理，反而越是无道。

(3) 要感恩无怨：挫折就是历练，过坎就近真理！让你受挫折就是在历练你，给你制造困难，就是在帮助你提升能力。明白了这些，你就会有正常的心态：给你过坎的机会，给你挫折，给你历练的机会，就要去感恩，而不能怨恨。

(4) 要相信“对自己狠一点，生活就会对自己好一点”，高标准做事方能主宰自己的未来！你用什么标准要求自己，你未来就能成为什么样的人。

(5) 要见贤思齐：做“不学坏、不动摇、永精进”的好人。成为好人也不要自满，要永远做更好的人。坚决不能有“分内事不愿做，好事不想做，坏事想试试，非分事动了心”这样的自残心态。

(6) 要相信至善不求：专心做事，诚信做人，相信公道。专心做事做到极致，诚信做人做到让人感动，相信公道从不怨天尤人，只努力学习而不去刻意外求，只要不管什么结果都坚持善心做事，只要遇到问题不断地检讨自己，你的命运就会出现转机。

(7) 要相信因果关系和因果报应是天地人间的根本大律，有因必有果，有果必有因。心念守善，多种善因，不去刻意求报，因为一切都在自己的人生账上。报应在随时，报应在自心，报应在无形，报应在生命里。

(8) 要相信吃亏是福：不义之财是负债，吃亏就是消灾，主动吃亏就是智慧，乐于吃亏就是觉悟，这就是“吃亏是福”的道理。一般人不明白这个道理，吃了亏之后觉得也没什么办法，于是就很无奈地说：“算了，吃亏是福。”实际上，这是很消极的看法，“吃亏是福”背后有非常深刻的道理。

(9) 要相信成功在心：心里踏实，不断进步，一心向善就是人生的成功。成功在心，现在心里面没有烦恼，不会提心吊胆，感觉幸福就是成功。今天学习进步了，今天就是成功的。成功就是每个当下的美好感受，就是自己的一点一滴的进步，就是心中始终恪守善念。成功不是拿一个标准去和别人比较，因为每个人都有自己体会人生的方法，用自己的智慧去感受成功，世界上没有成功的统一标准。

(10) 要相信君子比周：比我强者，必比我优；比我差者，必多不幸。君子也比，但君子比周。不要说“可怜之人必有可恨之处”这种狠话，可怜的人一定比我们多了很多艰辛，我们应该感恩生活的给予，体谅、同情他人的不幸并尽我所能给予帮助，尽量宽容他人的错误，千万不能将“恨”合理化，恨别人如果合理了，也就给自己安装了一个自毁的程序。

(11) 要相信价值兑换：奉献的价值决定着自己收获的价值。这是人类把利他、奉献等一直作为高尚美德的原因。奉献不是简单地给别人什么，你奉献出去的也都在自己的人生账户上，别人只是帮你存着你奉献的价值。当然，你做的好事别人为你存着，你做的坏事别人也为你存着，这就是我们不敢、不能去做坏事的原因。

(12) 要相信勤奋成就自己，偷懒“报废”自己。谁做事下功夫，谁最终就有功夫。凡事得过且过的人，实际上就是损失最大的人。

(13) 要相信自强即神：神救自救者，自救者即是神灵！当你能自救时，基督教说“上帝与你同在”，“同在”是说你在哪儿他在哪儿，和你的生命融合在一起，能够自救就是“上帝”。求神不如自救，若是求神灵验到可以解决所有问题，我们现在还忙这忙那干什么呢？

三、管理者、领导者的“信”之困境

(1) 你相信，自己比部下聪明，部下只要听话就可以了。可是，部下的积极性得不到发挥，你一人聪明能干好所有事吗？

(2) 你相信，你手中有指挥部下的权力，于是你总是喜欢发号施令！可是，部下不成长，你的号令如何执行？但你又是如何帮助员工成长的？

(3) 你相信，用金钱刺激就能调动积极性。可是，你能给多少钱，你给的钱能永远满足部下的欲望吗？

(4) 你相信，靠制度就能做好管理，可有人喜欢强制的制度吗？制度多多，为何屡屡被突破？你知道真正的制度是什么吗？等你知道了你就会发现我们现在的制度根本就不是真正的制度。

(5) 你相信，员工都是为你打工赚钱的，可员工们的生活有哪个领导在关心吗？员工带着心事工作会把工作干好吗？如果你要利用员工为你挣钱，却又不关心他，那你能够挣多少钱、挣多久的钱呢？再说，压榨别人的血汗来赚钱会给你带来恶名。创业的人很多，有的甚至全家身家性命押在里面，但是不仅能生存，还能发展的毕竟只是很少的一部分。过了这个坎的老板都知道一个道理，如天狮集团董事长李金元所说："企业小的时候是我的，做大了就是大家的，再大就是国家的，破产了还是我的。"一个企业做起来不容易，做不好都是自己的。企业是谁的？上市后就是社会的。想想看，老板自己能用多少钱？真正的老板，考虑的都是客户、员工喜欢什么和需要什么。员工不要以为是给领导打工的，领导也不要以为员工只是给你赚钱的工具，实际是大家带着不同的价值、不同的资本走到了一起。

(6) 你相信，奖优罚劣是基本的管理手段。可是，人们喜欢奖励，若被惩罚，就会不舒服、不愉快，甚至产生仇恨。时间久了，被管理者处罚的人多了，也就积攒了许多的怨恨。此时此刻，你又如何去化解呢？

(7) 你相信，自己所做的工作对企业非常重要，可你了解别人工作的重要性吗？只认为自己重要的人，如何跟别人相处和协作？企业吸引了很多人才，每个人可能都觉得自己有才干，但如果我们还沉溺于自己觉得自己不错，不知道别人的长处是什么，不知道把别人的长处和自己的长处结合起来，就是人进了企业，但心还没进入，工作肯定做不好。

(8) 你相信你做了很多重要的工作，你是企业的功臣，你有点自傲。可是，你看到企业对你的培养、为你提供的机会和在你不知不觉犯错误时对你错误的补救和宽容了吗？我们经常讲德才兼备、重视人才，这些话每个人应该从自身开始建设，不能只是能力和成绩的提升，自身品质的提升更加重要，现实中各企业都有这样居功自傲的人，这样做的后果很可能就是断送了自己的前程。

(9) 你相信，自己是企业的管理者，是管别人的。可是，你是如何管自己的？管不好自己的人又如何管别人？

(10) 你相信，企业的一切工作就是为了赚钱。可是，赚钱靠什么呢？赚了钱干什么呢？

(11) 你相信，自己做的工作没有得到公平的待遇，那就请你看员工篇中的内容吧！如果你作为管理者，想得最多的还是自己的私利，而不是企业的发展、员工的幸福，那么，本质上你和一个普通的、没有觉悟的员工差不多。

(12) 你相信，只要总是忙于工作就没有过错。实际上，总是不看效果忙忙碌碌而不改进和完善，就是在混日子。你不应该只是忙碌，而应该追求成效。

(13) 你相信，有了工作经验就能把工作做好。实际上，思想上不求进步、不学习先进的思想，不仅耽误了自己的成长，还会贻误部下和企业的前程。

（14）你相信，人心险恶。实际上，没有人想做坏人、恶人，只是那些人成长的环境中多了很多不幸、心中积累了太多的痛苦，又缺乏正确的引导，才会变成那个样子。作为他们的管理者、领导者，你是否应该考虑如何帮助、引导他们呢?

四、管理者、领导者应该"信"什么

（1）知人者智：发挥别人的聪明才智才是智慧的管理者。

（2）助人者慧：服务部下成长才是称职的管理者。

（3）德能双收：以德养能，以能证德。做一切事情都是你德行的表现，要看你做了什么、做了多少好事。因为是不是好人不是说出来的，是要用实际做了多少好事来证明的。所以，德行是养人的能力，还要用自己的能力反过来证明自己的德行。

（4）制度契约：集体意志成制度，集体签署为承诺，遵守制度是践诺，违反制度须自罚。真正的制度是大家共同协商制定的，反映了集体的意志。制度不仅仅是领导签署执行，是大家共同签署、做出承诺并上下同心一力执行，这才是真正的制度。就像签合同一样，集体签署为承诺，遵守制度是践诺，违反制度须自罚，不自罚上级要对他加倍惩罚，同时上级自罚以示承担管理责任。

（5）奖积自罚：奖励是自己的利润，自罚是个人的觉悟。很多企业奖励都是一次性的，与前后的都没有联系，也没法形成积累。2014年和天狮集团合作时，有机会了解了他们的营销模式，发现天狮集团的直销模式非常人性、非常智慧：努力、成绩上升，自己的级别就会提高，带领的团队和服务的人越多，自己的成就就会越大。系统会给你加分，加分到一定程度你就会升级，做得越好，服务的人越多，级别就越高。

（6）关心包干：真心关心，赢得真心；真心相交，上下同心；快乐工作，幸福生活。谁的下属谁关心，管理者考核内容包括抽查对其下属最近有什么烦恼事、难处和想法是否了解，以及如何解决的，以此促进上级关心下级。这是每一个管理者都要明白的道理，而且组织要有考核管理者这方面工作的机制。

（7）敬人自谦：敬人者人恒敬之，自谦者人恒益之。当领导、管理者的人通常都有自己的能耐，和相关部门的同事共事一定要充分尊重对方，不能认为自己部门的事才重要，别人的不重要。抬高别人放低自己，才能获得别人的尊重。大家都能这么做，既谦虚又友善包容，相处合作起来，每个人就都会很舒服。

（8）感恩报恩：感恩报恩是人伦，忘恩负义是畜生。我们在现实中有一个重要的经验：不知道感恩的人和忘恩负义的人不会有好结果。我们不能心里只记得别人对自己的不好、天天念叨某某对不起我，反而把对方曾经对自己的恩情忽视和忘记了。人只要忘了恩，就容易做负义的事。所以，做人就要既随时随地帮助别人，又要随时随地感恩别人。

（9）垂范为本：行动是无言的命令，垂范是做好管理者的基本功。任何一个精英都应该知道，行动是无言的命令，垂范是做好管理工作的基础。自己不会做就没法指挥别人，只有自己首先学会并做得好，才能令人服气，才可以指挥别人。

（10）义利结合：义利相生，以义生利，以利彰义，义利互助，利义互证。很多人都觉得企业谋利是天经地义的事，但一个企业重义，这才是天经地义之前的事情。儒家讲：义利相生，以义生利，以利彰义，义利互助，利义互证。这就是一个组织中“义”和“利”两者之间的良性循环。有人会说，企业天生不就是追求利润的吗？其实，利润不是求来的，是满意的客户给予我们的恩赐。有人还会说：“不管怎么说，你还是挣了很多钱！”那我们挣了钱去干什么？我们挣了钱就要去爱更多的人、去帮助更多的人，这就是爱和利之间的良性循环。如果我们没有把握好这个良性循环，弃义逐利，就会唯利是图，这样挣来的钱可能就是不义之财，就是自己的人生负债。

（11）事事精进：领导带头，事事进步，天天更新。领导就是“火车头”，决定着团队的进步速度。领导不能只是满足于完成日常工作，更要随时随地关注改进和创新。只满足于例行公事做简单重复的工作而不求进步的上级，是带不出好的部下和团队的。

（12）莫要自贱：做管理者是承担了众人的信任和委托，做管理者也是自己的光荣，帮助他人就是自己的使命，损公肥私就是自绝于人民。爱占小便宜的人，一定是在做人生亏本的买卖。

五、管理者与领导者的目标：领袖

人心中所仰慕的，引领着人前进的方向！

我们生活在现实中，我们的命运被未来牵引着。你相信什么？你仰慕什么？你想成为什么样的人？**当未来的那个“你”变得越来越清晰的时候，你才会更有进取的动力。**

伟大的领袖们，心中所想都是同胞的苦难、人民的疾苦。他们放弃了自己舒适的生活，把自己的生命投入到无限的为人民服务的事业中，于是，他们用自己有限的生命成就了千古不朽。

历史上，那些悟得了大智慧的人，想的都是要帮助别人摆脱痛苦，他们救助了无数迷茫的灵魂，于是得到了人们的顶礼膜拜。善良的人一心为人，无怨无悔行善奉献，也修得此生菩萨果。所以，只要愿意把圣贤和领袖的那种“为众生”的情怀放在内心，愿意把菩萨的慈悲放在自己的内心，你就会实现自己生命的飞跃，就会脱离一般俗人的痛苦，当然，也就超越了一般俗人的价值。

如此这般，救助他人脱离苦海的人，就会成为人们心中的领导者，成为领袖。

真正的领袖如同修行者，只是他们没有出家。其实，修行也不是一定要出家，他们在世俗的生活中用自己的生命帮助了别人。真正的领袖都是天道的践行者，真正的领袖都是为人民服务的，真正的领袖心中装着的都是别人的疾苦和梦想，真正的领袖自己都是部下的楷模，“其身正，不令而行”。真正的领袖们，都是有信仰的领导者，他们不为自己，只想奉献。

第三节　企业信仰体系构建中的参照

人类在历史和现实的实践中，始终不渝地进行着信仰的探索。我们要创建信仰型企业，也不是“空穴来风”，更不能建成“空中楼阁”。汲取实践的经验，对于创建信仰型企业同样是十分重要的。

一、信仰体系建立的通路与“导师”模式

宗教中的信仰更多的是一种纵向的、架通人的主观世界和客观世界的一架梯子。它的核心功能是解决人类主观和客观之间的关系。而现实中的社会信仰体系则着重在于协调解决现实和未来的关系，是架通现状与未来美好追求的一架桥梁。宗教的特点常常是既有教主又有导师，基督教有上帝和耶稣，伊斯兰教有真主和先知穆罕默德，中国道教有老子和张道陵，而佛教则尊重每个人的佛性，释迦牟尼佛也是扮演导师角色的。

共产主义信仰不是宗教信仰，它有导师但无教主，它信仰真理但不相信神灵。有共产主义信仰的人到底要向哪个方向努力呢？马克思、恩格斯、列宁、毛泽东，在中国革命历史上被确立为共产主义信仰的导师，引领着共产党员这些信仰的实践者。“科学发展观”、“三个代表”、“人民公仆理论”、“全心全意为人民服务”的价值信条，也都旨在构建人类的发展与环境及客观规律之间的和谐秩序。

对于中国人来讲，孔子提出了如何看待人和人之间的关系和人的价值方向，老子提出了现实中人的价值方向和客观规律之间的关系，他们确立了中国人信仰的方向和内容，他们都属于中国民众信仰的导师。当然，随着历史发展，许多人又对这套思想体系进行了发展和创新，但其根本性的价值信条是相当稳定的。

宗教以宗教团体的方式传播宗教思想和进行自我管理，共产党有各级组织机构负责传播共产主义的信仰和进行自我管理；对于民众来讲，则是在他的家庭、家族和所在社会工作群体中来建设和体验信仰。在中国历史上，家庭和家族在信仰文化的建设与践行方面都扮演了重要的角色，其他类型的组织也发挥了重要的功能，但因为缺乏一个普遍性的信仰主题和方向，所以其内容和形态

往往都不是十分清晰和系统。

宗教团体中有主教，如禅宗中的教授师、方丈都是掌控这套信仰体系，并对这套体系中的人出现的认知和行为偏差进行引导和纠正的。实际上，这些宗教中的“掌门人”，就是由“第一导师”培养了一批最优秀的弟子，他们代代传承，发展成为了教授师、主教、牧师和信仰传播的使者。在中国，先圣老子和孔子这样的“第一导师”是存在的，但是因为缺乏代代相传的机制，因此在传播方面没有形成组织化的体系。

在现实的企业组织中建立信仰，也需要确立“第一导师”和后续的代代相传的传承机制。在企业缺乏信仰启蒙的情况下，就需要一个鲜活的外部力量，将企业引入这样一个信仰的轨道，从而建立起一个代代相传的体系和机制。

企业要建构成一个信仰组织，在本企业信仰导师缺失的情况下，就需要通过**外部专家力量**的介入来培育企业中承担这种导师角色的人。当然，外部专家应该首先是这种信仰的一个坚定的践行者，并且能够指导别人成为践行者和具备指导他人践行信仰的能力。企业一旦启动这种信仰组织的建设，领导人和信仰建设与管理的主要职能部门就要承担起这种责任，并将此制定成具体的制度。

外部专家力量只是企业在建设信仰体系过程中的一个“拐棍儿”，用意是帮助大家、引领大家建立一个人人都可以皈依到其中的信仰体系。一旦这种体系建成，每个人也就变成了管理自己的行为和践行信仰的第一责任人。

在企业信仰体系的建立中，选择和确立“第一导师”，外部专家力量介入来培养合格的企业内部信仰导师，建立代代相传的机制，是把企业建设成信仰型企业的关键。

二、企业信仰模式的雏形

当今，虽然很多企业还不是信仰型企业，企业文化机构也没有认真彻底地研究过企业的信仰系统，但很多企业的领导者和管理者已经感受到了信仰对于企业发展的重要性，也意识到了这等重要的事情需要有专门的人员甚至是专门的机构来负责规划、管理和落实。

现实中，有的企业已经出现了类似信仰组织的一些要素，如企业制定了自己的核心价值观，老板在企业文化的建设中扮演了“信仰导师”这种角色。但是，还不能将企业的核心价值观那样简单的表述视为企业的信仰信条。老板们在扮演“信仰导师”角色上还不具备非常强烈的意识，在帮助众人形成共同信仰方面，方法上还存在着很多具体的问题。当然，我们也欣喜地看到，一些企业组织设立了专门负责企业文化的首席文化官和专业部门，可以说，这都是可以转化提升成信仰型企业中类似角色的雏形。最关键的问题是，这些角色和职能的设定以及体系的建设，还不是很清晰地向着信仰型企业的方向。话说回来，在普遍缺乏信仰启蒙的时代，虽然这样一些企业还缺乏建设信仰型企业的体系，可是它毕竟已具备了一些雏形，这都是未来建设信仰型企业的可用条件。

对于那些大型的企业来说，仅仅依靠老板自身来扮演“信仰导师”角色是不够的。作为一个坚定不移信仰者的最高领导人，可以发挥领导作用，但还需要在企业中任命一个专门的高层管理者来具体负责信仰体系的规划、建设与完善，同时对于具体的活动也需要专门的职能部门来具体落实和操作，类似于共产党的组织和信仰的管理，国家领导人是领导者，是最高的“信仰导师”，但各级党委书记理所当然地也应该是“信仰导师”，党委则是信仰管理的专门机构。

在中国，老子、孔子、释迦牟尼、马克思和毛泽东以及其他宗教的导师，是理所当然的“第一导师”。在企业的实践中，除了根据自己的需要选定“第一导师”之外，更要把“第一导师”的思想跟企业实践相结合，形成基于“第一导师”思想的、适合企业发展的、企业独特的思想价值体系和行为体系。也就是说，需要将“第一导师”的理论具体化为一个企业的现实可操作的系统，犹如中国共产党人将马克思理论与中国的实践相结合。

共产党人经历过将马克思主义教条化所导致的中国革命的灾难，而将马克思主义基本原理与中国革命具体实践结合所形成的毛泽东思想拯救了中国革命。在新中国成立之后国家建设过程当中，在毛泽东思想的基础上，“三个代表”、“科学发展观”和目前“复兴中华文化”的号召，都是一种马克思主义和中国传统优秀文化结合起来，又与中国革命与建设的具体实际相结合形成的丰硕成果。上述这种有机融合，成为中国社会构建民族与国家信仰的主流信仰体系建设的一个方向。

三、企业信仰体系的文化建设

一般的企业文化，更多的是作为对员工的一种价值约束，还不是在全员共同参与基础上形成的集体契约。这样的企业文化，在其形成之初就丧失了合理性的法理基础。缺乏合理性的基础，其认同度和员工自动认可与践行的力度就会下降。

企业文化要上升到信仰体系，就必须走出将绝大部分员工作为文化制约工具、文化管理对象的误区。**信仰型的企业文化，应该是企业中每个人都参与建设，都是这套信仰体系建设的主体，并最终形成一个基于大家共同价值观、共同利益的契约集体。**

企业信仰体系的建立，不能仅仅是根据现实中具备某些经验的人群的有限认知，而应该以历史文化中具有足够高度的“第一导师”的思想作为基础，在将这种基础现实化、具体化到企业中。企业的领导者与管理者都不能凌驾于这个信仰体系之上，而应该首先成为这套价值体系的践行者、践行的模范和践行的导师。

企业信仰文化要协调信仰体系的行动与现实功利目标之间的关系。这种协调不是一种消极的调和，而是在这种价值方向的指引下，优化、完善、提升现实功利目标，并形成有机的上升循环系统。

企业信仰在具体化过程当中，要避免对其他企业和组织信仰的排斥，而应该保持一种对其他信仰文化的有机吸纳和尊重。

总之，对于企业信仰体系的打造，一定要对目前已有的状况有一个清醒的认识和清楚的了解，不能简单地一概否定，也不能简单地将原来的文化内容换成信仰的名字。要首先学习信仰的知识，甄别出现实文化中可用的要素，抓住信仰的苗头进行拓展和系统化，瞄准未来的趋势进行连续不断的优化提升，将零散和朴素的信仰内容提升和系统化成信仰体系的内容，并使其成为永续发展、不断进化的体系。

企业信仰体系建设、运行和发展的基本要点可以概括为：将基本信仰思想与企业现实相结合。在结合的过程当中，根据组织和人员的状况设置成不同的层次、个性化的内涵和创造性的表现方式，并明确具体的责任人和传承的关系，以及根据变化不断丰富、突破、创新和提升的良性机制。

第四节　信仰企业创建的目标、原则与文化信条

若能借几千年中华文明之力、借人心至善信仰之力，将企业打造成为一个不仅能为社会贡献经济价值，更能够为社会输送“天使”的平台，那么信仰型企业在和谐社会建设中的积极作用是不可估量的。纵观理论与现实，离开文化和信仰的理论家，就无法为企业管理提供真正具有指导作用的科学理论。作为企业家与管理者，离开了自己的文化与信仰，就只能在技术层面上解决一时一事的问题，同时又给未来制造出更多、更复杂的问题。唯有拥有信仰的领导人、企业家和管理者，才能运用信仰体系实现管理的终极目标，达到管理的最高境界——用管理消灭管理，实现没有管理的管理，也就是中国文化中管理的最高境界——无为而治。

一、信仰型企业创建的目标

信仰型企业：以中国传统优秀文化为根本，吸纳国内外优秀文化因子，打造信仰型企业，制定基于信仰的企业战略、目标、处事准则，并形成内部的习惯化模式和外部的品牌化效应。

信仰型个人：用中国传统优秀文化的力量去武装人们的思想，进而去影响人们的行为，造就有信仰的领导者和员工。将信仰行动具体化、持续化，形成塑造心智模式和行为习惯的系统。

信仰型领导与管理：在信仰的基础上，按照人人恪守自然大道、人人首要责任的原则进行自我管理，管理者在做好自我管理的基础上服务于自己的部下成长。个人和上级的自我管理和服务，都将进入常规指标核定、交流、竞争的体系中。让管理的一些制度流程，能够成为文化的载体，打通人心、振奋人心、凝聚人心、引领人心、觉悟人心。

信仰型管理系统：将中国传统优秀文化因子植入西方管理工具中，让制度回归其本质，变成众人的集体契约，让责任变成良知，让管理变成服务，让领导变成公仆，让工作变成生活，让同事变成亲人，让企业变成道场，让做事变成成长，让日常充满创新，让谋生上升到觉悟。

二、信仰型企业创建的原则

在信仰型企业创建过程中，需要明确以下原则，以确保在遇到疑惑时能够找到一把衡量的标尺。这些原则就是四个“一切”：**一切以信仰之信条为行动指针；一切以服务人类和谐为方向；一切以人类长远生存为底线；一切以众人共同发展为诉求。**

坚持这些原则，我们就能够在遇到与信仰信条冲突的诱惑时，保持自己“禅定”的状态；能够在为利益和思想而发生争端时，放下自我去理解、包容和协商；能够在眼前利益与长期利益冲突时，毫不犹豫地放弃眼前利益；能够在个人的追求不能与众人的发展协调时，果断地停下来去寻找协同的方法。

三、信仰型企业创建的思路

信仰问题，不是一般的工作问题，因此，也不能用一般的行政手段来操作信仰的建设；否则，信仰就变成了一种外部的强迫。信仰，是每一个生命都需要的精神生活和灵魂归宿，组织和社会应该做些正面的引导，而不能完全放任自流。在强迫与放任之间，就是智慧发挥作用的空间。

企业信仰体系建设的操作应该按照这样一些准则来进行：

（1）全员参与性：企业信仰不能源自少数人的认识，更不能将少数人的认识强加于大多数人。要展开充分的全员讨论，众人奉献自己的智慧，在此基础上再由专门人员进行总结提炼，反复多次直至达成全员共识。

（2）共性加特色：人类的一些共同的价值准则和文明行为方式，是各个企业都可以借鉴的。在此基础上，还要在突出本企业的一些特点。

（3）信仰系统性：信仰不能只是几个价值信条的罗列，信仰必须从价值观、思维方式、言语行为、实际效果、反省改进几个方面进行系统建构。

（4）信仰落地性：信仰的体系一旦建立，就要变成每个人每天、每件事的行动标准，要防止“说一套，做一套”的“两张皮”现象。

(5) 信仰平等性：领导的个人理念和行为方式不能强加于员工和部下，领导是企业信仰建设的倡导者、平等的参与者、率先的践行者。

(6) 信仰动态性：信仰体系也要随着人们认识的不断提高，去更新内容和做法，可以在不同时期形成不同的版本。

(7) 信仰文明性：企业成员个人也许已经有自己的信仰偏好，但企业一般不宜以某个门派作为自己信仰建设的特殊偏好，应该超越门派以文明性为标准来建设自己的信仰。

四、信仰型企业的价值脉络

依据“中华道”的“九字箴言”，信仰型企业的任何思想都可以依托于此思想体系进行发挥和演绎。

(1) 真：求真务实，真诚诚信，深入实际，调查研究，不偏听偏信，实事求是，破除官僚主义，与员工打成一片。

(2) 因：凡事都有原因，见到结果前溯原因，从原因入手解决问题，不能治标不治本。

(3) 本：摈除指责习惯，遇事查找自身原因。你不能改变外界，只能改变自己。你所见一切都是自己心性的投射，做好自己，就会改变周围的人和事。

(4) 善：善心不思邪，善言不是非，善行不求报，善果不居功，善恶皆有报，一切回问本心。

(5) 法：善心尚需善法，好心需要好法，善法决定对象感受，根据对象决定方法。

(6) 定：坚持目标不被诱惑，坚定方向不走邪路，坚信理想不予摇摆。

(7) 进：事事精进，时时突破，处处进步，绝不自满，绝不骄傲。

(8) 归：荣誉归于过去，成绩归于众人；财富奉献社会，智慧造福众生；保持心态平和，有成绩不骄傲，有挫折不气馁。

(9) 一：心中守住一个善念，言行恪守一个善心；看人多看长处，说人多念恩情；行为坚守良知，凡事彰显自己品格，万事归于使命；做人一心一意，做事全心全意；保持心态空灵。

五、信仰型企业践行的文化信条

(1) 方向文化：恪守天道人道作为永恒的、绝不动摇的方向。

(2) 效率文化：效率不是单纯的速度，也不是眼前的结果，而是速度与结果的统一。

(3) 责任文化：任何生命的基本层面都是承担自己应该承担的责任，不能为自己不履行责任寻找借口并使之合理化。

(4) 机制文化：用体制端正立场，而不是自利的同时却要给别人讲什么道理。合道不需讲理；不合道，讲理也是废话。集体要做的事，务必进入“PDCA+S”模式，即有规划和目标（plan），有责任分解并且落实（do），有过程中的检查指导和帮助（check），有对结果的考核、总结与处置（action），更为重要的是，这个过程本身要有专人负责监控（supervise）。

(5) 对接文化：组织中的活动都是众人协同工作，不等不靠，积极主动，向前多接一点，向后多延一点，永远是集体协同的基本逻辑。

(6) 服务文化：管理就是服务，上级就是要服务于下级的进步。下级不进步就是上级的过错。下级也要服务于上级，企业全员要服务于客户和社会。只是监督和训斥，不是管理，这是管理者无能的表现。

(7) 平等文化：工作中有分工，人格上没高下，必须尊重每一个人，不能因为任何理由去侮辱一个人。上级要下基层，领导要进百姓家，指挥者要进现场，贵以贱为本，高以下为基，无分别地贴近生命。

(8) 学习文化：人生就是学习，每个人的首要和核心任务就是学习。在干中学，在学中干，人人是老师，处处是课堂，事事是教材，时时是考试。学习的每一步目标就是进步，学习的终极目标就是觉悟。

(9) 创新文化：肉体一天天衰老，精神一天天进步，日日精进，事事完善，处处改良，就是生命活力和价值的体现。

(10) 天梯文化：组织必须设计衡量每个人进步和升级的制度，让人人看到自己和他人的进步，彼此砥砺，相互激励，不断升级，形成向上的勃勃生机。

(11) 使命文化：人人都有使命，眼前所做皆为使命，小事做成精品，平凡见不凡，珍惜当下，缔造未来。

(12) 归因文化：每个生命必须立足于自身的认知，不断地自省自进，不能到外部去寻找借口并使自己消极的行为合理化。

(13) 廉耻文化：生命的历程中，越不过去的就是摸索，“试错”常常成为人们进步的一个台阶，但必须做到的是，有错必改，内心做深刻的忏悔，行为上坚决地改过。

(14) 孝道文化：善待长辈是每一个生命必备的品德，不应以能力、地位和财富等原因漠视长者的存在，并且要尽力去帮助他们。

(15) 感恩文化：人活着就要心怀感恩之心，感恩父母亲人，感恩圣贤，感恩一切生命的陪伴，感恩人生一切事件的启迪与度化。

(16) 行善文化：人活着的责任和发展的机会都来自内心与行为的“至善”，将行善作为行为的核心准则与方向，不外求、不分别、不逐利、不怨人。

(17) 和睦文化：“以和为贵”，争取一切可能和机会，利用一切方法，达成众人的和睦与发展。

（18）慈悲文化：善待弱者，帮助弱者，体恤不幸，帮扶危难，学习强者，追求神圣境界。

（19）谦卑文化：尊重每一个生命的长处，体谅每一个生命的无奈；有了成绩找差距，有了问题找原因；成功了多找自己的不足，落后了多学别人的长处。

（20）理性文化：做事先定规矩后讲感情，生活多讲感情少谈道理。他人美言需谨慎，他人直言需敬听。身处高处躬身走，位在第一寻高人。

太月浮想

一个有信仰的企业，企业信仰的明灯也照亮、温暖着每个人的心灵。

一个有使命感的企业，企业中的人也都是有使命感、有责任感、有担当的人。

如果社会中都是这样的企业，
如果社会中的产品都是这样的企业所生产，
如果社会中的人都在这样的组织中工作……
很多人会说这不可能，但并不代表人们就不向往，
就像是一个美好的，似乎不可能成真的梦想！
从自我做起，从一个企业做起，从一个个企业做起……
梦想就会慢慢地在现实中变得清晰，
而且，追求梦想的路，总是令人激动而美好的！

小　结

在人类历史的时间长河中，企业奇迹般地出现了，它带给人类奇迹般的发展速度的同时，似乎也急速地摧毁着地球上的美好环境，摧毁着人心灵中的美好畅想。

企业是一个天使，企业也是一个魔鬼。

人类用什么方法才能够净化企业的灵魂，让企业真正成为一个推动人类文明发展、让人类与这个星球和谐共生、让企业中无数的人都能够体会到“人之为人”的幸运与幸福？

人心中最美好、最具潜能的力量——信仰，也许能够成为一个支点，去撬动这个伟大的梦想！

信仰体系在企业中的植入，信仰型企业的打造也许会给这个梦想插上翅膀。

思考题

1. 同一个人，在家庭生活中、企业工作中和宗教场所可能会有不同的表现，为什么？

2. 能够突破企业健康、持续发展困境的力量是什么？

3. 如何把企业中员工、管理者、领导者的“信”上升到信仰的高度？

4. 信仰型企业对个人、对社会和国家会有哪些价值贡献？

第十二章

星火燎原：实践中的道本管理

摘　要

道本管理理论根植于以往的研究成果和丰富的人类文明思想，并且深深扎根于已经存在或正在发生的管理实践。换言之，道本管理理论既来自于以往思想的引申，也源自于管理的实践，来自于现实中卓越管理案例的归纳总结。我们需要做的是加强对卓越管理案例的关注与研究力度，为管理研究增添更多光彩，促进管理理论创新。

本章逻辑框架图

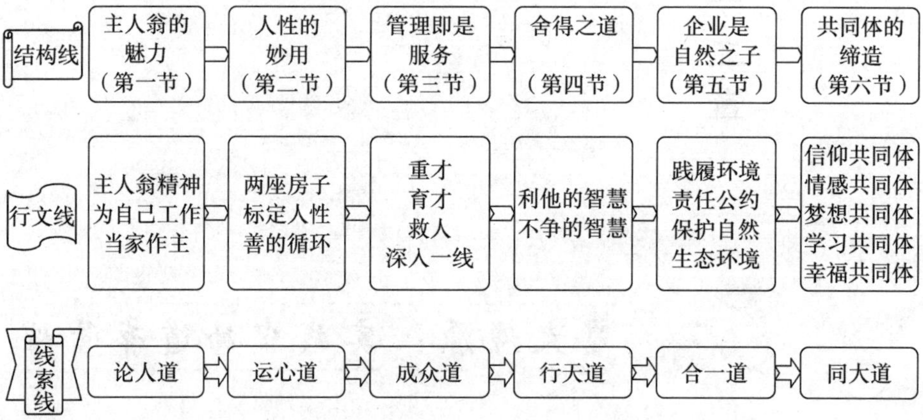

真理只有一个，而究竟谁发现了真理，不依靠主观的夸张，而依靠客观的实践。只有千百万人民的革命实践，才是检验真理的尺度。

真理的标准只能是社会的实践。

——毛泽东

当我们收集现实企业管理的案例时，不难发现这样一条基本规律：用于企业管理的方法越来越多，但企业中的问题也越来越多；员工对企业的抱怨之声常常高于赞誉之声，怨恨之心常常大于感恩之心。我们不禁要反问，难道这就是企业管理想要得到的结果吗？

值得庆幸的是，当我们把目光再一次聚焦时，我们会发现一些不同于这种规律的管理案例，这些做法背后蕴含的管理思想给了我们很多意外的惊喜和启示。

本书在这一章中，通过整理各种案例，进一步提炼了现实中已有的道本管理现象背后的思想与理论。案例的范围包括古今中外的企业管理、公共管理，部分还涉及非营利性组织、社会企业等。本章将对这些理论用各种案例、故事予以回应与解读，其中大部分解读的逻辑按照“案例描述—理论解读—管理提升”的逻辑展开。

道本管理理论根植于以往的研究成果和丰富的人类文明思想，并且深深扎根于已经存在或正在发生的管理实践。换言之，道本管理理论既来自于以往思想的引申，也源自于管理的实践，来自于现实中卓越管理案例的归纳总结。我们需要做的是加强对卓越管理案例的关注与研究力度，就可以为管理研究增添更多光彩，促进管理理论创新。

第一节　主人翁的魅力

一、主人翁精神

（一）海底捞的基层授权

四川海底捞餐饮股份有限公司（以下简称“海底捞”）成立于1994年，是一家以经营川味火锅为主的大型民营餐饮企业。在过去几年中，海底捞成为中国餐饮界的一个热点现象[①]。1994年，它只是四川简阳的一家只有4张桌子的麻辣烫小店。到如今，它已发展成为拥有员工1.9万多人的大型连锁餐饮企业。海底捞正在通过独特的企业文化成就着自身的商业版图。

海底捞的员工大多来自农村，受教育程度有限。正是这样一个团队，成就了中国餐饮行业的服务神话。毋庸置疑，物超所值的服务是它制胜的法宝，也成为其他企业争相学习和效仿的优秀示范。海底捞这支服务精锐部队的出色，得益于董事长张勇对于人的理解。

董事长张勇先生把人看做生意的基石，在他的眼中，员工才是企业制胜的关键。留住员工的关键就是让员工有了成为企业主人的意识和权利。

在海底捞，从副总、大区经理、小区经理到店长，都拥有与自身的行政职位相应的资金签字权，这种大胆的授权方式对于民营企业实属罕见。更为出乎意料的是，海底捞还将权力下放给每一位基层的服务员，不论出于什么原因，只要员工认为有必要，都可以给客人免一个菜或加一个菜，甚至免一餐。走进海底捞的店面，人们看到的是挂在员工脸上的真诚笑容和一路小跑式的服务，让每一位来到店内的消费者都感受到他们的热情。

海底捞对基层员工的授权，让万科的王石先生都甚为惊讶，他曾经撰文指出，海底捞的独特之处在于放权给基层员工，让员工“有台可上，有戏可演”。张勇先生一直倡导管理“不是管理员工的手脚，而是激发员工的大脑”，让每一位员工参与其中，在工作中获得乐趣，使工作变得更有价值。通过授权，尊重了所有员工的主体性，让员工接收到企业对自己的信任，激活了工作的主动性和积极性。每一位员工都用一次次高品质的对客服务，来回应着企业对自己的信任，企业自然不难成功。

正如先贤孟子所云，“君之视臣如手足，则臣视君如腹心；君之视臣如犬马，则臣视君如国人；君之视臣如土芥，则臣视君如寇仇”[②]。你想让员工成为企业的主人，就要把他们当做主人一样看待。海底捞的授权背后，激活的是员工的主体意识和主动意识，调动的是员工“以企业为家”的主人翁精神。

---

① 黄铁鹰，梁钧平，潘洋．“海底捞”的管理智慧[J]．商业评论，2009（4）：82-91．
② 万丽华，蓝旭．孟子[M]．北京：中华书局，2006．

只要人心的开关被打开，人们会自动地焕发出生命的能量，根本不需要外在强加任何多余的管理。就像打开房间的电灯开关一样，只要按动人心的开关，光明就会照进人心。

（二）“鞍钢宪法”

1960年3月，毛泽东在中共中央批转《鞍山市委关于工业战线上的技术革新和技术革命运动开展情况的报告》的批示中，以苏联经济为鉴戒，对我国的社会主义企业的管理工作作了科学的总结，强调要实行民主管理，实行干部参加劳动、工人参加管理，改革不合理的规章制度，工人群众、领导干部和技术员三结合，即“两参一改三结合”的制度。1961年制定的“工业七十条”，正式确认这个管理制度，并建立党委领导下的职工代表大会制度，使之成为扩大企业民主，吸引广大职工参加管理、监督行政，克服官僚主义形式。当时，毛泽东把“两参一改三结合”的管理制度称之为“鞍钢宪法”。①

“两参一改三结合”用眼下流行术语来说，“两参”就是管理者与工人进行轮岗制度，让管理者能保证有一定时间待在一线，并对可能存在的问题保持敏感性；又可以让管理者与工人彼此体会各自工作的差异，进行角色互换，有利于推进双方的关系改善。“一改”就是流程改造，不断升级创新。“三结合”，即废除“一厂制”，代之以书记、厂长、工会主席的“三人制”，再加一个技术人员、一个工人的“五人领导小组”②，这就是集聚众人的智慧的“团队合作”。简言之，“鞍钢宪法”充分发挥了广大职工的主人翁精神，体现了职工们的“爱厂如家”的职业忠诚度。欧美和日本管理学家认为，“鞍钢宪法”的精神实质是“后福特主义”，即对福特式僵化、以垂直命令为核心的企业内分工理论的挑战。崔之元先生更是明确指出，“鞍钢宪法”对经济与政治关系综合考量是毛泽东思想的精髓之一，它弘扬的“经济民主”恰是增进企业效率的关键之一③。中国学者龙斧先生在2008年的一次学术演讲中就提到，通过测算发现，当时国企的效益大于现在企业的效益。“鞍钢宪法”是对劳动分工、责任分割、等级化控制等西方主流管理理论中片面弘扬工具理性导致人性在生产中的异化问题的批判和超越，这些批判与解放意蕴正是其不同于其他管理模式的独到之处，也是构建中国特色企业管理理论的重要思想资源。④

很可惜的是，我们已经把“鞍钢宪法”的精神抛弃的差不多的时候，而国外的管理学界却正在部分地吸纳仿效这套模式。比如，西方企业鼓励员工参与管理、管理者下一线等的做法，就是“鞍钢宪法”的现代写照。不过不无讽刺的是，现在中国的企业在扔掉“鞍钢宪法”之后，却又正在向西方企业学习这些做法，却似乎不知这些方法是西方企业曾经向我们学习的“鞍钢宪法”

① 王春贵．鞍钢宪法的产生及其影响[M]．北京：中共党史出版社，2001．
② 韩毓海．天下[M]．北京：九州出版社，2011：142-143．
③ 崔之元．鞍钢宪法与后福特主义[J]．读书，1996（1）：11-21．
④ 高良谋，郭英，胡国栋．鞍钢宪法的批判与解放意蕴[J]．中国工业经济，2010（10）：148-158．

模式。

二、为自己工作

（一）海尔的自主经营体

海尔集团创立于1984年，从单一生产冰箱开始起步，后拓展到家电、通讯、IT数码产品、家居、物流、金融、房地产、生物制药等多个领域，成为全球领先的美好生活解决方案提供商。据欧睿国际数据发布显示：2014年，海尔大型家用电器品牌零售量占全球市场的10.2%，连续六次蝉联全球第一[①]。面对互联网时代的到来，作为“砸冰箱”的变革先锋派，张瑞敏先生已经为海尔找到了转型的药方：人人创客。

张瑞敏先生在2005年就提出了“人单合一”的双赢模式，可以说“人人创客”正是这一模式的进一步演绎。“人”即员工，“单”不是狭义的订单，而是用户需求。“人单合一”即是让员工成为自主创新的主体，去倾听用户的心声，根据市场的变化自主决策，做到即时判断，快速反应，通过为用户创造价值，来实现自身价值。

海尔的创新突破了曾经严密的科层制组织架构，进一步扁平为以自主经营体为基本创新单元的动态网状组织，鼓励员工主动做创客、成为自主创业创新的创新者，推进员工在激烈的红海竞争中探索出一片崭新的蓝海。例如，海尔的三个“80后”小伙儿：李艳兵、李宁、李欣，从普通的质检员工，摇身一变，开发出了具有市场潜力的“雷神”游戏本，成为海尔自主经营体中的优秀创客，正是海尔自主经营体运行的结果。

企业重要的任务除了经营好外部用户外，更为重要的是经营好员工。海尔打造自主经营体，利用“人单合一”模式，帮助员工成为创客英雄等做法，体现了一个大企业以人为本、尊重和发挥员工主体性的格局和情怀。

大千世界里，茫茫宇宙中，每个人就是一粒微尘，每个人都微不足道。但是，每个人又都是独一无二的，都有不可限量的潜力，正所谓“破一微尘出大千经卷”，问题在于管理者能不能将舞台搭好，发掘出埋藏在员工身上的无限潜力，尽情起舞。

（二）华为的内部创业

有研究发现，中国人是一个偏爱创业的民族。作为企业而言，高层员工辞职创业不见得是一件受欢迎的事。首先，员工创业导致企业流失了人才；其次，中国人喜欢抱团、搞派系，一辞职就带走一帮人，导致整个部门的崩溃；最后，不少员工辞职后创业干的大多数是老本行，基本上成为以前公司的竞争对手，其结果自然是双方竞争，甚至恶斗一番，造成了彼此的实力损耗。所以，企业怎样才能在避免高层员工流失的同时，又能满足其创业的梦想呢？我

---

① 海尔集团官网，http：//www. haier. net/cn/.

们来看看深圳华为集团的早期案例。

1996年1月，深圳华为集团发生了一件被内部人称为“惊天地、泣鬼神”的大事——市场部集体辞职。经过四年的思考与酝酿，到2000年的下半年，华为出台了《关于内部创业的管理规定》，规定凡是在公司工作满两年以上的员工，都可以申请离职创业，成为华为的代理商。公司为创业员工提供优惠扶持的政策，除了给予相当于员工所持股票价值70%的华为设备之外，还有半年的保护扶持期，员工在半年之内创业失败，可以回公司重新安排工作。从此，华为采取内部创业的方式，将华为非核心业务与服务业务，如生产、公交、餐饮业以内部创业方式社会化，先后成立了广州市鼎兴通讯技术有限公司，深圳市华创通公司等，相对解决了机构庞大和老员工发展问题。这些内创公司依托华为强大的经济实力与市场占有率为其产品提供相关技术服务，同时也成就了企业内部优秀员工的创业梦。[①]

通过上述华为集团的案例分析，我们发现，企业与有创业意愿的员工之间通过内部创业，实现了双方利益的共赢，为企业的发展与员工的成长都提供了很好的渠道。越来越多的企业通过内部创业的方式来激发创新，并且在提升企业竞争能力的同时，实现企业与员工的双赢。其成功的根本原因就在于内部创业为员工提供了更好地发挥自己潜力的空间，满足了员工自己当老板、做股东的意愿，实现了为自己工作的目的。

三、当家做主

通过海底捞、“鞍钢宪法”、海尔、华为等案例的总结，我们发现了人的主体性在管理中发挥的巨大作用。

现实中的人，有谁不想为自己好？答案不言自明，绝大部分人都希望为自己好。可是管理者中却没有几个勇于鼓励自己的职员为自己的利益而奋斗的。我们应该鼓励职员在不伤害他人利益的情况下，为自己好。如果大家都做到了，大家就可能都好起来。我们不能阻止职员为自己好，也不希望职员只为自己好，我们需要的是设计一套职员为自己好的合理流程机制，实现大家都好起来的局面。

这个世界上的人，人们是愿意自己当家做主呢，还是喜欢别人替他做主呢？答案不言自明，绝大部分的人都喜欢自己当家做主。可是现实中的管理，却存在很多阻止人们自己当家做主的行为，其结果当然是引起了人们的激烈反抗，因为人的主体性是无法剥夺的。我们需要做的是，承认所有人都有当家做主的权利，都有主体性的地位，发挥他们主人翁的精神，实现其人生的价值。这就是顺道而为，顺势而成，大家共赢！比如，美国微软、日本服饰企业优衣库等公司就是充分地发挥了其员工的主人翁精神，激发了员工的创新能力，也

① 吴建国. 集体辞职与内部创业——华为如何解决新老接替问题[J]. 企业家信息，2004（4）：67-69.

营造了公司良好的创新气氛，为公司与员工的发展提供了很好的平台。

第二节 人性的妙用

一、松下先生从寺庙里领悟到的

与上一章提及的关于两座房子的故事类似，素有日本“经营之神”之称的松下幸之助先生也从寺庙里得到了关于经营企业的启示。[①]

有一次，松下幸之助先生应邀参观了一座正在翻修中的宗教寺庙。

在那里，他亲眼看到从全国各地自己带粮带钱来到寺庙工作的义工。他们都满身大汗，默默地将一砖一瓦砌起来，整个工地井然有序，竟没有一点声息。虽然没有人指挥，但每一位参与者都非常积极、主动；虽然每个人都很累，但每个人的神情却很愉悦。这里的老师大多数是不取报酬的专家，是义务来兼职的，他们都勤勤恳恳、无怨无悔。在这样的环境里，任何人都会被一种崇高圣洁而伟大的气氛所感染，产生一种不知哪里来的感动和力量，心灵也感到宁静和安然。

这次参观给松下先生留下了深刻的印象和无尽的思考。

他苦苦思索为什么那些信仰佛教的人可以分文不取而能安静尽情的无怨无悔的自觉的工作，而工厂的工人领着报酬还牢骚满腹呢?

经过一段时间的学习、思考与沉淀，松下先生终于想明白了。因为人是由身和心、肉体和灵魂构成的生命体，工人在工厂劳动挣钱，满足了自身及家庭的物质需求，只是安顿了他们的身躯，而他们的精神需求却远远没有在工厂中得到重视和满足，工厂的领导者总是指责他们的缺点和短处，很难发现他们的进步和长处，他们的心无法在工作之中找到栖息、安放之地。所以，他们总是烦躁不安，而且牢骚满腹。他们内心神圣美好的一面总是被压抑在黑暗之中。

松下先生恍然大悟，决定将人性中的神圣力量复活到企业当中，经过反复斟酌，他提出了松下企业的发展愿景，用最大的善意包容每一个员工的不足，用最大的回报给每个员工一个富足的人生，并用企业使命牵引每一个员工“比学赶超”，不怠惰，去实现一个幸福的人生。松下先生是理解了人性之中的神圣性，从而激活了潜藏在每一个人心里的那份追求人生终极价值和意义的力量，去践行使命，让他们的心灵在企业中找到了栖息之所，快乐地工作与生活。

松下先生正是通过寺庙这样一座房子，得到了如何经营企业这样一座房子的重要启示。在公司和寺庙两个不同的环境下，人怎么会有这么大的差别呢?

---

① 松下幸之助．让信仰支撑起企业经营[EB/OL]．[2015-04-15]．http：//bodhi．takungpao．com/sspt/sraddha/2015-04/2972127．html．

为什么会有如此鲜明的对比呢？人到底是什么呢？这不禁让人联想起了西方人有句名言：人是神的儿子！意思是说：人们心灵中先天就有一种神圣性的基因，渴望着在世俗中表现自己的神圣性。而现代的公司管理，却一直认为人的神圣性与科学管理不相容，并且用世俗的手段一直管理着人们，与神圣性相对立。现代的公司管理思想应该深刻反省自己，重新理解管理中的人性。

二、标定人性

（一）鞋厂的佛像

南方有一个鞋厂，曾经发现员工经常偷鞋。工厂用了各种方法，请了各色专家，还是屡禁不止，为此这位台商老板非常苦恼。偶然一次，他碰巧遇到当地的一位得道高人，请教他有何良策。因为当地普遍信奉佛教，这位高人就建议在工厂门口适当位置放一座菩萨像，员工在上下班的时候见到菩萨像都会拜一拜，当然，大家感觉菩萨也在看着大家呢，你做了好事菩萨记着，你做了坏事菩萨也记着。结果，从此之后，鞋厂几乎再没有出现过偷鞋事件了。[①]

看到上面的实例，也许有人会不屑一顾：这算什么管理？如果用苏联著名管理学家勒波夫的话说，这是神奇的管理；用德鲁克的话说，这是有效的管理；工厂的老板会说：这是能解决实际问题的管理！

另外，也许有人会觉得管理要是这样就太简单了，可我们管理的目的是要把事情搞复杂吗？简单的管理，出好的效益，这样的管理思想不是太多，而是太少。圣者老子说过："吾言甚易知，甚易行。天下莫能知，莫能行！"[②]为什么"易知""易行"的管理方法，我们却做不好呢？因为我们没有抓住管理的人心之道，我们的管理还没有做到能管到人心的境界！

人心之道告诉我们：人性中的神圣性被压抑，兽性则成长。管理若是压抑人性中的神圣性，就只能制造越来越多的问题，直至把自己也搭进去。身为管理者，我们可以试着反问自己：我们清楚员工每天在心灵深处运行的程序是什么吗？如果不清楚，我们如何点中员工心理的穴道呢？没有点中穴道，又怎么能做好管理呢？

管理者以神圣之心待人，则可激活人性中的神圣性，于是，管理则可创造人间的奇迹。只有把物质与精神合在一起，让高尚的品德得到物质，让得到的物质拥有精神的品性，管理则无往而不胜。底线道德，让我们可以脱离兽性和回避风险；卓越道德，却可以让我们超越世俗、走向神圣，创造奇迹。

（二）两匹狼的较量

有这样一个寓言，一位年迈的北美彻罗基人正在教导他的子孙。[③]

他说："在我的内心深处，一直在进行着一场鏖战。交战是在两只狼之间

---

① 作者整理。
② 《道德经》第七十章。
③ 作者整理。

展开的。一只狼是恶的——它代表贪婪、傲慢、妄自尊大、自私、谎言、不忠、恐惧、自卑、怨恨、生气和悲伤；另外一只狼是善的——它代表仁慈、宽容、友谊、同情、慷慨、真理、忠贞、喜悦、和平、爱、承担责任、宁静和谦逊。同样，交战也发生在你们的内心深处，在所有人的内心深处。”

听完他的话，孩子们静默不语，若有所思。

过了片刻，其中一个孩子问：“那么，哪一只狼能获胜呢？”

饱经世事的老者回答道：“你喂给它食物的那一只。”

通过上面故事的启示，简单地说人性善或者人性恶都是难以服众的，我们需要对善恶理论提出新的见解，即善恶一家，同居一间，此消彼长，皆为心能。我们多给善输送养分，恶就会随之减少。所以恶的克星不是更恶，而是善，因为只有善才能化解恶。惩恶不一定能扬善，只有至善才足以化恶。

我们的至善之心，发出的至善之行，就是在不断地给对方贴上正面的标签，而不管对方作出什么样的反应，正面的能量依然源源不断地涌向对方，对方的善就被激发，恶就随之消减，直到被至善完全同化。此可谓仁者无敌，至善通天。这就是老子在《道德经》第四十九章中所说：“圣人无常心，以百姓心为心。善者，吾善之；不善者，吾亦善之，德善。信者，吾信之；不信者，吾亦信之，德信。”

在现实的管理中，我们给自己的职员贴了什么标签呢？我们给他贴的是善的标签还是恶的标签呢？如果贴的是恶的标签，职员的行为就像野兽一般邪恶，我们又如何去管理一群不正常的“野兽”呢？多给自己的部下贴上正面的鼓励的善的标签，给予他们正面能量的暗示，他们就会慢慢自我归类，做最好的自己。否则，给他们贴上过多负面的标签，就可能会走向反面。理解人性、标定人性、培育善性，这就是实践中人性对道本管理理论的启示。

三、善的循环

（一）德胜报销制度的背后

德胜洋楼有限公司（以下简称“德胜公司”）于1997年在苏州成立，是迄今为止国内唯一具有现代轻型木结构住宅施工资质的企业，专门从事美制现代木（钢）结构住宅的研究、开发设计及建造。它的企业目标在于打造建筑界的“瑞士名表”，也正是对品质的精益追求，让它成为行业的标杆被人们所熟知。在早期发展时，它在行业外的知名度并不高，但随着一本《德胜员工守则》的不断再版流通，一时间“德胜管理”成为行业内外的管理范本，产生了极大的社会效应。

在德胜公司，一切都遵行精简高效原则，偌大的公司财务部只有3个人。每个员工自己都有在一定额度内的签单权，只要填好报销单据，不需高管签字，就可以拿到财务部报销。在一般人看来，这样的流程显得十分不可思议。或许有人会说，没有管理者签字环节的报账流程，就不怕员工中饱私囊，损害企业的利益吗?

作为德胜公司的员工，在去财务报销前，都要遵循一个严肃的仪式，那就是必须认真听财务人员宣读《严肃提示——报销前的声明》。这份声明的内容如下："您现在所报销的凭据必须真实及符合《财务报销规则》，否则都将成为您欺诈、违规甚至违法的证据，必将受到严厉的惩罚，并付出相应的代价，这个污点将伴随你一生。如果因记忆模糊自己不能确认报销凭据的真实性，请再一次认真回忆并确认凭据无误，然后开始报销，这是极其严肃的问题。"[①]

德胜公司相应地建立了一套个人信用计算机辅助系统，该系统可以从员工的报销单据中分析出单据的真实性和此笔费用的必要性，也可以通过归纳法分析出职工的报销习惯，从大量的数据分析中对异常情况进行预警。

每一次报销时，财务人员都要不厌其烦地履行这样一种宣读声明的仪式，以教育和提醒员工务必对自己的行为负责，对自己的信用负责。通过宣读声明的方式，一次次地置换员工的心智模式，从自己的心底里面唤醒出守信的意识，再通过科技手段为员工的行为提供一个监督、防护的外部系统，通过内外的双重机制激励和培养员工的诚实品德。

（二）利园酒店"善的循环"

2014年12月4日，世界知名OTA——Priceline旗下的Agoda（雅高达）向一家名不见经传的酒店颁发了"金圈奖"，在强手如林、奢华酒店比比皆是的竞争中，得此奖项实属难得。这家酒店以服务取胜，颇有"海底捞"式的待客特色，越来越引起业界和消费者的关注，这家被誉为"沪上最具人情味"的酒店正是上海利园国际大酒店[②]。

在商品经济日趋发达的今天，人情味日益淡薄，为构建"人情味酒店"，感动宾客，上海利园国际大酒店建立了一整套"亲情服务，用心做事"的机制，要求员工每天必须做一件感动宾客的事，并把自己做的"感动宾客"事例总结上交，经过相关部门的审核，参与评定优秀案例。在每月举办的"利园大学堂"上，总经理等高层亲自对选出的优秀案例进行讲评，并当场对这些优秀员工颁发证书和奖金。

从每日一善，到每日一结，再到每月一评，利园酒店将督促员工每日一善的行动转化成行之有效的制度，通过不断强化"对他人好"的程序，让每个人都成为参与者，也让每个人从身边的优秀案例中学习，在做中学，在学中做。让善的因子植入每一个参与者心底，自然会形成一个"善的循环"链条，最终带动大家都进入这个良性循环链条当中，推动每一个

① 周志友．德胜员工守则[M]．北京：机械工业出版社，2013．
② 佚名．上海利园酒店名至实归荣获Agoda金圈奖[EB/OL]．[2015-11-04]．http：//www．ititv．cn/play/1695．htm．

人的成长。

第三节 管理即是服务

一、重才

（一）小米的人才观

2010年4月6日北京小米科技有限责任公司（以下简称“小米科技”）横空出世，成为一家专注于高端智能手机自主研发的移动互联网公司。据市场调研机构IDC最新发布报告显示，小米科技以12.5%的占有率位列2014年中国智能手机占有率第一名，三星以12.1%位列第二，联想则是11.2%位列第三。小米科技涨幅达到了186.5%[①]，以其累累战果成为移动互联网创业大军中的一匹黑马。其创始人雷军先生认为小米科技的成功，不仅仅在于商业模式、创新营销方式，更在于吸引了一批优秀的人才。

一切唯“人”造。雷军认为，人力资源部门80%的时间应该用在找人上，要找最聪明的人，跟最聪明的人合作，只有超一流人才才能做出超一流产品，把产品推到极致。过去我们一直讲企业不一定要找最聪明的人，而是要找最合适的人，但小米科技颠覆了我们人力资源的理念。当初为了组建超强的团队，雷军前半年至少花了80%时间找人。小米科技创始人战队（7人）就是其重视人才的现实缩影。

有一次，一位非常资深和出色的硬件工程师被请来小米科技面试，他没有创业的决心，对小米科技的前途也有些怀疑。几个合伙人轮流和他交流，整整12个小时，最后将其收入麾下。这位工程师最终被小米科技这种求贤若渴的真诚态度打动了。

小米科技团队从最初的14人发展到400人，整个团队平均年龄33岁，几乎每个员工都来自最优秀的公司，如谷歌、微软、金山、摩托罗拉。雷军说：“如果你招不到人才，只是因为你投入的精力不够多。我每天都要花费一半以上的时间用来招募人才，前100名员工入职时，我同每名员工都亲自见面并沟通。”

简约、极致、令人尖叫的小米手机的成功，让我们从中管窥到互联网时代优秀人才的重要价值。

历史上，历任朝代的君主大多非常看中人才的重要性，秦孝公、汉武帝、唐太宗……不胜枚举。只要组织重视人才，不断吸收新鲜血液到组织中去，给组织提供活力，组织的生命力就会越来越强大。但是真正重视人才的领导者却并不多，他们更多的是嘴上说说，实际上却没有作出什么举措。不过也有一些

---

① 佚名．小米位列2014年中国智能手机占有率第一名[EB/OL]．[2015-02-20]．http：//yynews．cnnb．com．cn/system/2015/02/20/011147899．shtml．

企业家曾经作过一些意外的举措，比如新东方教育集团当年在选择老师时，就不考虑老师的学历、出身、经验等表面因素，只考虑老师的实际教学能力、学生的满意度等实际因素，尽量让老师过上在物质上和精神上相对有尊严的生活，结果自然是吸引了很多的优秀人才的加盟。

（二）伟创力的誓约

富士康员工跳楼事件曾经引起媒体的很大关注，但好像并没有在学界引起深刻的反思，也似乎没有在实践中产生大的调整，其悲剧性令人遗憾。而同样为代工厂的伟创力集团，2011年销售额达300亿元，共有员工20万名，其中在中国大陆就有员工10万名。在2012年春节民工荒时，其返岗率达99.67%。当记者访谈员工寻问返岗原因时，发现“像家、对人好、稳定、踏实、发展机会”成为主要原因。[①]具体分析如下：

1.权益有保障

上班安全无虞。必须佩戴安全帽，机器安全。

下班食宿无虑。免费住宿，卫生间比机场更干净；如果员工谈恋爱去外面住，公司有住房补贴；食堂无VIP餐区，大家一起就餐，但是却有准妈妈餐区。

精神无忧。专职员工（Buddy）主动关心入职三个月新员工；三个月后24小时心理热线，形成“员工辅导员工、员工支持员工”的良性机制；员工展品DIY展示；国学免费课堂海报通知。

2.人格受尊重

公司经过长时间设计相互尊重课程，并建立机制，保障人格受到尊重。

建立沟通机制，比如“与我交谈”项目，10~12名员工定期向经理谈最关心的问题或自己的难处，以获取解答。设立“我有话要说”项目，方便员工投递信箱。

建立反馈机制，包括商业道德问题投诉热线，以及商业道德问题内部网络。

3.工作有前途

培养员工的积极性与创造性，促进员工和企业共同成长。

时代日新月异，一切都在快速变化，企业在新竞争时代，无论进攻还是防卫，能够对战局即时判断、快速反应的人才，是企业首要的依靠和指望。管理者放低自己的身价，重视人才，人才就会汇聚在管理者的左右，如同管理者的左膀右臂，与管理者并肩作战。给人才平台、机会和关注，才是组织前途的所在、事业生生不息的所在。

二、育才

（一）固锝的圣贤教育

苏州固锝电子股份有限公司成立于1990年，是全球最大的二极管生产商之一。正是这样一家快速成长中的高新技术企业，在创业之初就把员工的幸福

① 刘雪慰．伟创力誓约：不只解决用工荒[J]．商业评论，2012（8）：138-154．

作为第一要务，成为幸福企业建设的先行者，并成为其他企业竞相学习的幸福典范。2009年年底，固锝公司启动了用中国传统的“家”文化构建幸福企业典范的尝试，探索出了幸福企业八大模块系统化的推进模式，而圣贤文化的教育正是八大模块中的重要一环。

固锝公司所实行的圣贤教育，有这样几个途径①：

(1) 增加员工休息时间，带薪学习圣贤教育，让员工懂得生命的价值和意义。

(2)“定期读书会”，从典籍的阅读和分享中汲取精神食粮。使员工感受到个体对公司对社会的价值，激发他们敦伦尽分，回馈社会的信念。

(3) 晨读《弟子规》，每天不间断的好话一句分享，每天增加正能量。

(4) 设立“孝亲话吧”，定期开展孝道的教育和践行，倡导员工感念父母恩德，及时尽孝道。

(5) 通过个人的改变，影响到自己的家庭和朋友，最终带动社会的孝亲尊师、尊老爱幼的良善。

我们可以看到这种以提升员工学习为主线的活动，正是如毛竹一样夯实每一位员工实力的学习之道；直接向最高级的心性程序借力，读《弟子规》等古典圣贤典籍，提高员工心性质量，这就是“正己”的不二法门；“定期读书会”“孝亲话吧”等活动则使这种个人的修行提升成为组织的集体性行为，互相带动，产生了一种持续性的集体超越力量，更好更持久地把这项举措落实到底。

(二) 民生公司的朝会

无独有偶，民国时期也有这样一家企业，重视人才的教育，那就是民生轮船公司。由著名实业家卢作孚先生发起筹办，后来成长为近代中国最大的一家私营航运企业，卢先生也博得了毛主席“运输航运业不能忘了卢作孚”的赞誉。

卢先生在筹办企业之初，就确立了“服务社会，便利人群，开发产业，富强国家”的公司目的，立志将其打造成“绝对是一个帮助社会的事业”，这一思想后来被概括为“民生精神”，成为民生公司育人用人、开发产业的指导思想和行动。

卢先生为了提高员工，特别是总公司员工的文化素质，从1932年10月起，创立了“朝会制度”。所谓“朝会制度”，就是在每周规定的日子上班前，总公司全体员工聚集在礼堂，举行学习报告会。其内容丰富多彩：或由部门领导报告工作，或由一般职工报告自己的读书心得体会，也可以让职工自由发言，对公司工作提出批评建议，甚至让新加入公司的新员工进行自我介绍，借此机会与大家见面相识。在抗战期间，朝会开始时，还要全体起立，齐唱抗日救亡歌曲。朝会结束时，全体起立再唱抗日救亡歌

① 佚名．固锝幸福企业介绍[EB/OL]．[2015-11-04]．http://www.goodark.com/zh_cn/happy_company/happy_introduce/.

曲，使朝会成为爱国教育的课堂。卢作孚不管多么忙，只要他在重庆，总要参加朝会。

在卢先生的倡导下，民生公司读书学习、钻研技术蔚然成风，特别是总公司，更起了带头作用。不少人参观民生公司，都有耳目一新之感。1935年年底，著名女作家陈衡哲参观了民生公司后感慨不已。她说，民生公司“是办事与教育的合组机关的一个好例子。公司中的办事人员，在晚上都聚集在一个大礼堂里，不是听讲，便是自修”。她感到民生公司的大礼堂“充满了学校的空气”，“真可说是做到机关学校化的地步了”。①

三、救人

（一）“玻璃大王”的身教

提到汽车玻璃这一专业细分市场，不得不提到福耀玻璃工业集团股份有限公司。这家企业的掌门人，正是被媒体称之为“玻璃大王”的曹德旺先生。他带领企业经过二十多年的发展，将其打造为中国第一、世界第二的汽车玻璃的龙头企业，并在该领域持续深耕与创新，在国际上赢得了极佳的声誉和信任。2009年具有“世界企业奥斯卡”之誉的“安永全球企业家大奖”将橄榄枝抛向了曹德旺先生，在众多的竞争者中脱颖而出，表彰其在这一专业领域的卓越贡献，成为首位获得该项殊荣的华人企业家。

曹先生曾经说过，“（企业）小成靠智，大成靠德，企业能做大，无德肯定不行”。作为一名虔诚的佛教徒，他更是将“德”看得比名利更重要，并融入日常的点滴当中。一位刚试工没几天的年轻员工在检查身体时，被发现患了白血病，让原本拮据的家庭更是雪上加霜。按照一般的做法，公司可以直接让这个员工一走了之，因为这位员工还没有正式被公司录用。但是，他听说了这件事情之后，非但没有那么处理这件事情，而是由自己拿出一百万，让这位患病的“准员工”安心地去治病，其医疗费用他个人也全包了，不需要患者个人承担一分钱。②

这件事让很多人都想不明白，认为这是在犯傻。

实际上，很多人只看到了曹先生花钱的表现，却没有看到这背后人心的变化。当公司员工听说曹先生这样对待这位“准员工”后，大家都极为感动。员工们会想：自己的老板对一个新员工都能这么好，那对我们这些老员工还能差吗？员工们又想：老板做人这么好，我们跟着他干，难道害怕没有出路吗？退一万步想：如果我们以后遇到了大的困难，老板会置之不理吗？所以，我们要跟着他，好好干，准没错！

在这件事情发生后，公司的员工积极主动地捐款，一起来帮助这位陌生的“准员工”，公司内部形成了一种互帮互助的良性气场！通过这样一件事情，曹

① 刘重来．卢作孚画传[M]．重庆：重庆出版社，2007．
② 作者整理。

先生用自己无言的行动给大家上了一堂生动的人生课，公司员工也都经历了一场心灵的洗礼，内心得到了极大的净化。很多员工和干部都说：这比一般的培训课程还管用呢！从这个角度来说，曹先生用一次不动声色的身教，赢得一场价值连城的人心之战。

曹先生能够把钱花在救人上，救了一个人的身体，也拯救了很多人的灵魂。像他这样的人，即使自己遇到了困难，也会有成群的人站出来一起帮忙解决。这又一次证明了一个真理：**救人就是救己，管理就是服务。**

（二）渡人的企业家

有一位企业家，深夜回家时遇到一个歹徒抢劫，他的司机想挺身而出与歹徒搏斗，保护这位企业家。这位企业家制止了他的司机，并爽快地拿出了钱包，走近歹徒，把钱递给了歹徒。歹徒吃了一惊。企业家靠近歹徒时，发现他没穿鞋子，就把自己的鞋子脱下来，跟歹徒说："天气太冷了，你穿着我的鞋吧，我回家后反正还有鞋子穿。"歹徒更吃惊了，慌乱地穿上了鞋。歹徒在穿鞋时，企业家又发现他的衣服很单薄，又马上脱下自己大衣，跟歹徒说："你的衣服穿得太少了，小心别冻着，我的大衣你也穿上吧，反正回家我还有别的大衣穿。"此时，歹徒惊呆了，接过衣服后的那一刻扑通一声跪在企业家的面前，眼睛里闪着泪花。

从此之后，这个歹徒再也没去抢劫，因为他成了这位企业家的贴身保镖，一名忠诚的贴身保镖。[①]

上面案例中的两位老板，救了别人的身体，也拯救了很多人的灵魂。懂得在危机时主动伸手的人，即使自己遇到了困难，也会有成群的人站出来一起帮忙解决，应了一句颠扑不破的真理：**爱出者爱返，福往者福来。**这又一次证明了一个真理：**救人就是救己，管理就是服务。**

通过管理，服务别人、帮助别人，成就别人与自己，管理实现了自己的突围，你说，这样的管理不好吗？你不希望自己的管理者是这样的吗？这就是道本管理提出的管理服务论。

四、深入一线

（一）德胜的"代岗制度"

德胜公司总部所在地——波特兰小街每年都要接待很多慕名前来参观或取经的企业代表，其优美整洁的环境、完备的设施仿佛置身于19世纪罗伯特·欧文所创立的新拉纳克社区。德胜公司拥有一个精简高效的组织结构，不设置总裁办公室，也没有副总裁，只有几个部门总监和经理，1 000多人的公司只有13个脱产的管理者，办公地点就设在总部所在地——波特兰小街里面的一间咖啡屋里。在德胜公司，管理者和员工只是因工作职能的不同而分工不同，

① 作者整理。

不存在人格上的高低，极力反对企业内部存在只“管人”、不“理事”的所谓“管理贵族”，并通过“代岗制”的确立加以破除。

所谓“代岗制”，就是公司的所有管理干部每个月至少要有一天到一线去顶岗，当工人。这一天的工作，干部要暂停职务，什么权力也没有，工作都交给助手，作为一名普通的员工参加劳动，或者接待客人，或者打扫房间，或者在建筑工地上做一天泥瓦工。在德胜公司，如果你看到一位正在清扫街道或者擦玻璃的中年人，那很可能是他们的人力资源总监，也可能是副总经理。

在德胜公司，“官僚”作风是被明令禁止的，通过每月“代岗制”的形式反复提醒管理人员，始终不要忘记自己首先是一名员工，并且必须是一名优秀员工，而并非管理者，不会给“官僚主义”的思想作风提供土壤和空气；通过“一线顶岗”的方式，便于管理干部了解基层的实际状况，遵守具体情境下的工作安排和工作要求，一切以现场的实际情况为依据，而不是以自己的个人意志和经验为判断和做事的依据，使管理干部破除“我的权力、我的地位、我的道理”这样一种思维方式，去除这样一种管理通病。管理者在员工心目中的地位是依靠其**“工人身上有多少泥，干部身上就有多少泥”**的并肩工作获得的。[①]

（二）东芝的“走动管理”

株式会社东芝成立于1875年，是一家历史超过百年的日本老牌企业，第二次世界大战后，其发展一度遭遇困境，已不再享有“电器业摇篮”的美称，生产每况愈下，举步维艰。1965年，士光敏夫任东芝电气公司的总经理，1972年任该公司董事长，并最终使这家百年企业公司“起死回生”，持续经营。士光敏夫后来在总结经验时，将其成功的秘诀归结为两个字——“走动”。士光敏夫上任以后，每天巡视工厂，遍访了东芝设在日本的工厂和企业，与员工一起吃饭，闲话家常。清晨，他总比别人早到半个钟头，站在厂门口，向工人问好，率先示范。员工受此气氛的感染，促进了相互间的沟通，士气大振。不久，东芝的生产恢复正常，并有很大发展。[②]

“走动管理”是让企业的管理者深入一线基层，以获得更丰富、更直接的员工工作问题，并及时了解员工工作困境的一种方式。**“走动管理”让管理者走出自己的权力、经验和知识框架，从实际情况出发，具体问题具体分析，更好地了解员工的真实工作情况和难题，更具针对性地予以协助。**

① 周志友．德胜员工守则[M]．北京：机械工业出版社，2013．
② 作者整理。

第四节　舍得之道

一、利他的智慧

（一）授人以渔

2013年6月，在全球知名品牌价值评估机构——世界品牌实验室（WBL）发布的2013年“中国500最具价值品牌”排行榜中，天狮集团品牌价值达到186.65亿元人民币。在天狮集团的百亿品牌中，有1万多名管理人员的汗水，更有3 000多万个家庭的稳定消费群体和事业伙伴的支持。

在天狮“航母”的掌舵人李金元先生眼里，每一个天狮人“都是天狮品牌不可或缺的一部分”。李金元董事长深深地懂得这一点，他感慨道：“每一个天狮人并起肩来，天狮品牌将因你们而伟大。”

这位中国直销教父级的人物，用了短短20年打造飞天雄狮，秉持的就是利他的取予之道。天狮直销事业伙伴的返利之高令其他行业感到咂舌，不但如此，在让别人享受公司产品的同时，还为他人送去了一份收入颇丰的职业，这是其他销售方式无法做到的。正因为如此，许许多多来自世界各地的天狮事业伙伴才能改变命运，实现人生自我价值的超越。

来自俄罗斯的拉林·弗拉基米尔，他成长于一个普通的家庭，从小学习成绩优异，并考入了一所理想的大学。当他大学毕业后因为众所周知的国家变革而找不到工作，连房租和孩子的奶粉钱都要找别人借，生活一度窘困无比。

当天狮事业发展到俄罗斯之后，他被天狮企业的文化魅力和健康事业深深吸引，在21世纪初作出了人生重大选择而加入天狮，开始了他的健康与事业梦想，并成为享誉全球的天狮国际级讲师，让家人过上了幸福的生活。

从一个“月光族”到受人尊敬的成功人士和健康使者，拉林先生的蜕变是天狮健康事业魅力的缩影，他也通过自己人生轨迹的变化，向人们诠释了“**天狮让生活更美好**”的真谛和意义。①

全球各地的“拉林”还有很多很多，人们说天狮改变了自己的命运，人们说天狮让自己的生命开始有了意义，人们说天狮就是一种生活方式，它用产品让健康重新来到人们身边；它用事业平台让财富奔向人们的身旁；它用大爱让追随的人们找到了生命价值的方向。授人以鱼不如授人以渔，天狮集团用利益他人的情怀，融入天地之间，使这头雄狮得以腾空翱翔。

（二）小额贷款的魔力

1940年，穆罕默德·尤努斯出生于孟加拉吉大港一个富庶的穆斯林家

① 佚名．拥抱天狮，我爱你[EB/OL]．[2015-11-04]．http：//www．tinescc．com/tsr-wz-4931．html．

庭，经过多年教育，成为一位知名学者。后因为目睹社会中的极端贫困和不公，决心帮助穷人改善生活乃至改变命运。不久，他有了向这些没房没产的穷人提供借贷的想法。

在1976—1979年间，他在村里开始了试验，以自己为担保人向穷人们提供小额贷款，这个试验成功地改变了大约500位借款人的生活。他还不断地去游说孟加拉中央银行和商业银行采纳他的试验。1979年，孟加拉央行终于答应开展这个名为“格拉明”的项目，一开始由7家国有银行支行在一个省份进行试运作，1981年则增加到5个省份。这个项目的每一次扩张都证实了小额贷款的有效性：到1983年止，格拉明银行86个支行使5.9万名客户摆脱了贫困。2011年，“格拉明银行”已成为孟加拉国最大的农村银行，越来越多的贫困者受益于该银行的小额贷款而脱离贫困。①

无论是来自中国的民营企业家还是来自孟加拉的社会企业家，在这两个人物及其他们致力于发展的事业，都在以一种纯粹利他的思维方式运行，一个搭建了没有任何门槛的事业平台，凡是有梦想、敢圆梦的人都可以在这里找到舞台；一个为生活贫困者提供小额贷款，凡是期望改变生活局面的人都可以来这里得到帮助。从某种意义上说，他们都以心怀天下人的情怀，为在黑暗中挣扎者送去改变命运的光明。

天下皆知取之为取，而莫知予之为取。合众之道，唯一心为人，岂有他哉！

二、不争的智慧

(一) 把生意让给别人

李嘉诚先生在艰难的创业阶段，一位朋友介绍给他一个国外的订单，这个订单已经大大超出了他当时的生产能力。但如果找个合作伙伴，还是能勉强完成的，最重要的是这笔订单可以给他带来丰厚的利润，解决他正面临着的资金问题。但是，与别人合作，最大的风险是无法保证质量。认真权衡之后，李嘉诚拒绝了这笔订单，推荐了比自己强很多的另外一家竞争对手来做。外商非常不理解，问明缘由之后非常感动，主动提出由买方投资，帮助他扩大生产规模，然后再投产制造②。

李嘉诚先生的举措在很多人眼中无疑是不可思议的。这么好的单子争都很难争来，怎么还能放弃？而且还让自己的竞争对手去做，这不是傻到家了吗？但就是凭着这样一股不争的“傻”劲儿，李嘉诚先生结识了一大批可以信赖的朋友，以及事业上忠诚的伙伴，最终成就了他的名声和地位。

不必争得头破血流，却可以拥有更多的资源，获取了更多的收益。这是老子思想中的不争之道，其中含有深刻的辩证思想，**实则是一种大争，是不争**

① 作者整理。
② 齐善鸿，李彦敏. 大道说管理[M]. 武汉：长江文艺出版社，2012.

俗，不与俗争，不用俗的方法争俗利。

（二）把利益让给别人

李嘉诚召开董事会，让两个儿子坐在专门设置的小椅子上列席会议。有一次李嘉诚主持董事会讨论公司应拿多少股份的问题，他说："我们公司拿百分之十的股份是公正的，拿百分之十一也可以，但是我主张只拿百分之九的股份。"

董事们有的赞成，有的反对，争论不休。这时大儿子李泽钜站在椅子上说："爸爸，我反对您的意见，我认为应拿百分之十一的股份，能多赚钱啊。"弟弟李泽楷也急忙说："对，只有傻瓜才拿百分之九的股份呢！"

"哈哈，"父亲和同事们忍俊不禁，他说，"孩子，这经商之道学问深着呢，不是1+1那么简单，你想拿百分之十一发大财反而发不了，你只拿百分之九，财源才能滚滚而来。"①

实践证明李嘉诚的决策是英明的。公司虽然只拿了百分之九的股份，但生意兴隆，财源广进。

李嘉诚，华人首富，让所有跟他做生意的人能够占到便宜，他不用招商，因为所有的生意伙伴都免费为他招商，这样世界上很多人都争着跟他做生意，李先生的生意就会越做越大，赚的钱也会越来越多。他又把更多的钱捐给整个社会，回报社会，在合作伙伴之间的利益分配上做到了良性的循环。他曾说过："人要去求生意就比较难，生意跑来找你，你就容易做，那如何才能让生意来找你？那就要靠朋友。如何结交朋友？那就要善待他人，充分考虑到对方的利益。"

反过来，如果我们对生意伙伴百般算计，从当时来看，自己占了便宜，可结果是引起了生意伙伴的防范与警惕，可能导致后面的生意无以为继。同时，生意伙伴会把这种负面的口碑传给其他人，导致我们自己的生存空间越来越小，从长远来看，却吃了大亏。

第五节　企业是自然之子

一、践履环境责任公约

瑞典宜家公司由英格瓦尔·卡姆普拉德于1943年创立，是家居业的国际巨头，在24个国家拥有300多家零售店，拥有约13万名雇员。作为一家大型私营跨国公司，宜家拥有很强的家居产品研发和营销能力，因其行业属性对全

① 作者整理。

球环境状况产生深刻影响。[①]

（一）制定"IWAY"环保标准体系

作为一家具有社会责任的公司，宜家公司自20世纪80年代就开始投入巨资，用于环境保护，并在国际通行的ISO标准的基础上制定了更为严格、更加符合自身经营行为的名为"IWAY"的环保标准体系。这不仅关乎自身的环保行动，也是对其所有潜在的供货商提出要求。主要内容包括：必须减少废物排放，用更安全的方式处理化学有毒物质，致力于使用可回收材料和产品，以及使用已知的、可合法开采的木材。同时，要求不得使用被列入化合物质黑名单的材料，不得使用国家公园、自然保护区、原始森林，以及一切经官方认可保护的林木资源。此外，提出了包括大气、水资源、噪声、有毒物质和无毒废弃物等在内的污染物最低排放标准。宜家公司所提出的环保标准体系及其执行由自身的检测部门或者第三方审计机构负责和后续跟进。

一方面，当供货商由于某些原因无法满足宜家公司的要求但却有改进意愿时，宜家公司不会马上中断与之合作关系，而是创造条件帮助供货商达到宜家公司的规定标准。最近的例子是宜家公司出资在巴基斯坦建造了一座污水处理设施。另一方面，如果违反宜家公司规定的行为反复出现或者供货商无意改善其行为，宜家公司将会立即终止与之合作。

（二）参与欧盟"REACH"项目计划

自2007年开始，宜家公司参与由欧盟创建、旨在加强企业对危险化学品的有效管理并降低使用风险的"REACH"项目计划，这一项目恰与宜家公司"以更安全的可替代材料减少或完全摒弃使用可对人体和环境造成危害的化学品"的理念不谋而合。此外，宜家公司还在减少二氧化碳排放、使用可再生能源、提升能源利用率等环保举措上加足马力，以身作则。宜家公司正在用切身行动将一张"绿色企业"的名片送至全球。

二、保护自然生态环境

21世纪，经济的高速发展带来了物质生活的极大丰富，但也制造了一系列现实的问题。环境污染、资源枯竭、食品安全、生命亚健康等，都成为摆在人们面前的难题。企业作为社会责任的践行者，更是扮演着重要的角色。雏鹰农牧集团股份有限公司作为其中的优秀代表，更是致力于打造绿色经济全产业链条，实现产业发展同生态环境保护的有机协调与和谐发展。

雏鹰农牧集团由侯建芳先生创立于1988年，2010年在深圳挂牌上市，侯先生个人也荣膺2015年"全国劳动模范"荣誉称号。经过20多年的辛勤耕耘和商业模式的不断完善，他不断总结、摸索出了独具特色的"雏鹰模式"：以**"各担其责、优势互补、风险共担、成果共享"**为理念，改变农民传统经营的

---

① 佚名．宜家公司环境保护与可持续发展管理[EB/OL]．[2015-11-30]．http：//www．recende．com/Item/Show．asp?m=1&d=46．

不利地位，从各个层面提升了养殖的标准化、规范化水平，开创了一条在实现企业自身发展的同时，带动广大农民增收致富的特色之路。

目前雏鹰农牧集团已发展成为以生猪养殖为主导，拥有粮食贸易、饲料生产、生猪养殖、肉类加工、冷链物流、连锁专卖、电子商务等完整产业链体系的现代化大型农牧企业集团。被业界誉为“中国养猪第一股”，是国家农业产业化进程中的重点龙头企业。[①]

（一）致力生态养殖保发展

雏鹰农牧集团经过20多年的发展，已经打造成以生态养殖为核心，实现从源头到终端安全完整的产业链生产体系，始终肩负着为人类的食物安全、生命健康贡献力量的历史使命。雏鹰农牧集团通过专家科学论证，最终选择国家级森林城市河南省三门峡地区和“西藏江南”林芝地区，投资建设生态养殖生产基地，并通过甄选优质猪种，将轮牧放羊与科学饲喂相结合，为雏鹰农牧集团生产健康、生态、安全的产品奠定了坚实基础。其生态养殖主要体现在以下几方面：

——安全源头。使用安全放心的专用饲料、纯天然无污染的水源和青绿饲料，充分保障了雏鹰生态猪的健康成长。2014年9月，世界农场动物福利协会为三门峡雏鹰公司颁发了“福利养殖金猪奖”，是对雏鹰农牧集团生态养殖方式的极大认可。

——安全养殖。采取轮牧放养与科学饲喂相结合的方式，在轮牧放养的同时，通过科学饲喂方式保证生猪的健康成长。为了保证专用饲料的安全、营养，雏鹰农牧集团采取了“统一供料”的方式。从东北三省粮食基地购进玉米、豆粕、麸皮等原料，自主加工饲料，经过多道检验程序，杜绝违禁添加品。

——安全加工。雏鹰农牧集团针对加工流程，建立了规范的质量管控和检测体系。按照HACCP和ISO22000建设了标准化加工工厂，生产过程严格按照SSOP和GMP进行标准化、规范化作业。引进美国、德国、瑞士、荷兰、日本、西班牙等国家和中国国内知名品牌检测设备用于产品检测，达到了产品批批检验、严禁不合格品进入流通环节的高标准要求。

——安全配送。雏鹰农牧集团为实现产品“最后一公里”新鲜，建立了科学、现代化的全程冷链物流配送体系，现已覆盖华北、华东、华中、华南地区，最终实现安全终端的“五个环节”全产业链生态呈现。

特别值得一提的是，三门峡生态养殖基地在建设之初，就以遵循绿色环保为基本原则，并根据当地畜牧局的要求，结合实际情况，制定了生态猪的防疫、消毒、疾病控制、养殖等一系列规章制度，制定了疫情报告流程、活畜禽出入场流程、免疫接种流程、消毒流程、病死动物无害化处理流程，规范了生态养殖工作，避免对环境造成污染。

---

① 雏鹰农牧集团官网，http://www. chu-ying. com.

（二）打造绿色经济循环链条

雏鹰农牧集团在生态养殖的同时，采用科学手段建立了与之相配套的废污利用装备。生猪养殖所产生的粪便，通过沼气发酵将畜禽粪便固水分离，推广“生物养殖降解”技术，利用高温和有益菌发酵处理粪便，将其生产成农作物易吸收、肥效长的有机肥，供应给周边农业生态园或农户滋养农作物等，可以减少使用农药、化肥等，从而实现粪污还田、固体干粪统一集中加工生成有机肥，粪水经过处理生产沼气，沼气通过发电装备满足养殖小区的照明、取暖需求。产生的沼液、沼渣经处理后用于种植蔬菜和苗木。蔬菜及青绿植物又反过来成为猪的饲料，形成一条真正意义上生态农业链，既降低了养殖成本，又避免了破坏生态环境，实现了生态环境保护与产业经济协调可持续发展目标。

此外，雏鹰农牧集团还通过与河南省环保厅及河南省内知名大学合作，积极开展水质净化与生态修复技术研究，提高水体功能恢复和水质保持的能力，并成功入选为河南省国家重大水专项课题研究示范单位，实现良性发展。雏鹰农牧集团积极倡导绿色办公（如双面打印、及时关灯等），鼓励节约用纸、用电、用水等。由公司自觉发起成立的低碳活动小组——“雏鹰单车联盟”，共有会员20名，通过单车出行的形式向人们号召和倡导节能减排的理念。

雏鹰农牧集团从成立之初，始终坚持绿色环保、健康安全观念，严格按照畜牧养殖生产要求，步步为营，坚实走好发展的每一步，从企业全产业链体系的构建到企业整个生态有机系统的发展，雏鹰农牧集团用真诚的态度和积极的行动，践行着“企业与环境共生”的环保责任。

第六节　共同体的缔造

一、打造信仰共同体

人都是由肉体和灵魂构成的高级智能动物，但人们似乎一直在回避“精神的黑箱”。可是，任何人其行为背后都有一个类似的驱动系统——心智系统，这其中最核心的精神力量就是信仰。信仰的力量可以让人自觉自动，而可以不依赖世俗的外部管理。

信仰管理，就是帮助大家认识这一切，并且在自己的生命、生活和工作及交往中自觉地践行这些准则。企业领导者只有调动起了全员心智中的信仰力量，才能够帮助企业进入自动化系统运行的状态，才能解放管理，才能完成管理的终极使命——没有管理的管理。

石家庄高新区供水排水公司成立于1994年，以职工自筹的57万元起家，经过20年的发展现已成为拥有5亿元固定资产的现代化水务企业。在全国同行业大多数企业亏损的情况下，这家企业实现连年盈利，职工工资连续10年增长，被誉为在改革中诞生的“新型国企”，它独具一格的“新”，“新”在发展模式上，“新”在企业性质上，“新”在资本运营上，更“新”在民主管理上，而这一切创新模式的成功皆源于企业人的信仰。正如总经理林自强所说：**“信仰是最好的企业文化。”**①

企业在初创伊始就施行全员“晾薪”，从公司班子成员到普通员工的薪资水平，都“晾晒”出来让大家监督，一人不落全部公开，每位员工和外来参观人士都可以随便翻阅、查找。

2004年至今，这个公司已经连续10年为员工加薪，其工资构成、“五险一金”都是走的政策上限，从而保证了员工无论在职还是退休，收入都高于同行业普通职工水平。

与一般国企领导层实行年薪制度不同，企业领导层坚持20年不拿年薪。总经理林自强认为，改革开放“让一部分人先富起来”，不是让国企领导人先富起来，“而是让你带着职工富起来”。如果一个企业内部薪酬差距过大，也会让人感觉到分配不公，挫伤职工的积极性，也容易造成国企领导人“轮流坐庄”现象，并将国企负责人年收入不超过职工平均年收入的12倍下调至4倍以下。

公司还建立了民主评议监督“打分制”，是公司将领导者权力套上笼头的关键一步。在每年年终的职代会上，职工代表逐一给中层以上领导干部“打分”，被打分者所得总分达不到75分的，将受到降薪、降职等惩处。此外，还有总经理信任度考评机制，规定由职工代表无记名投票决定对总经理的信任度，若低于80%，职代会即可要求罢免总经理，并可启动民主选举程序选举新的总经理。

学习是人对自我投资回报率最高的灵魂活动。不武装人的头脑，只雇佣人的双手是不能产生多大价值的。自2009年开始，公司编印了《员工综合素质提升训练手册》，推荐《社会主义就是普遍幸福主义》《没有任何借口》等日常学习读物。要求公司所有员工每天抄一段箴言，一周写一篇学习体会。

有什么样的理想，有什么样的信念，就会有什么样的企业文化、企业精神。企业的点点滴滴都在践行着自己的精神信仰。如今，这样的信仰的基因已经深入这家公司每一代人的骨髓，成为他们共同的文化基因，砥砺着其中的每一个人秉持坚定的信念，为实现理想进行不屈不挠的奋斗。

在德胜公司总部所在地——波特兰小街里，落座了一座德胜人自己的教堂——德胜堂，一所能容纳50人左右的迷你型教堂，这座教堂就成为每一位德胜人心中的信仰坐标。正如创始人聂圣哲所言：“公司要想长寿和健康发展，必须要有自己的教育和再教育的体系。‘德胜体系’很大一部分就是再教育体系，是价值观和信仰再造体系。”

德胜公司希望通过信仰的力量，把员工打造成“精神贵族”，成为一个

① 艾广德．探访河北"最美国企"：信仰是最好的企业文化[EB/OL]．[2015-11-30]．http：//finance．chinanews．com/cj/2014/03-11/5938053．shtml．

"有质量的人"——活得有素质、有思想、有品质，成为真正的"绅士"和"淑女"[①]，**让信仰在每个人心中生根、发芽，让每一位德胜人都真正成为比从前更好更优秀的人。**

二、打造梦想共同体

梦想是人心底涌动的力量，帮助人们去创造未来。世界上总有人不相信梦想，于是，被世俗的各种小事纠缠。失去了梦想，也就失去了未来，而没有未来的人就会陷入绝望！

梦想是连接现实与未来的桥梁，对未来的梦想可以换来浪子回头，可以给无望者希望。

让梦想引领员工的行为，让梦想矫正员工的心态和行为，这时的梦想就是"还魂的仙草"；让美好的梦想温暖每一位员工，让梦想的一步步实现使人们相信美好，这时的梦想就是呵护众人的"慈爱母亲"！

谈到马云先生，有人说他是个商业天才，也有人说他是个造梦者。翻开马云先生的人生经历，恰是一段段造梦、圆梦、又为他人搭建梦想舞台的历程。

在当英文教师期间，他创办了杭州第一个英语角，期间，他还做外国人的导游，在夜校兼职讲课，做翻译更是忙得不亦乐乎，并于1992年创办经济实体——海博翻译社；当翻译社刚刚扭亏为盈的时候，又对互联网产生了兴趣，1995年凑了两万块钱成立网络公司做"中国黄页"，在不到三年的时间里便赚了500万元。在颠覆的路上永不止歇的马云远远没有满足于此。1999年马云瞄准企业与企业间电子商务（B2B）成立了阿里巴巴网站，此后的故事大家都很熟悉了：从阿里巴巴到淘宝网、支付宝，再到天猫、一淘网、余额宝等，马云自我颠覆、创新的脚步从未止歇，用"不安分"这三个字来形容马云的人生经历再恰当不过。

在2014年世界互联网大会上，马云谈到小米公司时的一番谈话，让人突然间发现马云成功背后的力道所在。马云这样说："我看到雷军在畅想未来，我自己觉得我的职责就是帮不能畅想未来的人，或者想畅想未来的人建立生态系统，帮他们起来。"

再回首马云的人生历程，我们发现与那些只会抱怨而不会检视自身的"不安分"的跳槽者相比，马云一直是在努力提升自身价值，建立生态系统以帮助不能畅想未来的人，这才是马云成功的关键！

当教师只能帮助有限的学生学习知识技能，而马云创立的英语角则搭建了一个互相交流的生态系统，在更大范围内帮助需要学习英语的人。

创办翻译社只能帮助有限的人解决外文翻译问题，而马云创立的企业网站制作公司则面向全国来帮助有需要的企业。

---

① 周志友. 德胜员工守则[M]. 北京：机械工业出版社，2013.

仅仅制作企业网页无法帮助企业与其上下游进行交互沟通，于是有了阿里巴巴网站。

仅仅是企业对企业，这样的平台似乎忽视了广大的消费者，忽视了众多希望成就自己创业梦的人，于是淘宝网出现了，它将众多的消费者和网络零售商家拉进来形成了互联网消费的庞大的生态系统。

当我们都觉得在互联网交易中诚信会是我们的障碍的时候，支付宝的出现又帮助大家放心地进行网上采购，商家放心地进行线上业务的拓展。

当我们都觉得存钱存在银行里利息越来越低的时候，马云告诉我们，闲钱可以放在余额宝里进行理财，随用随取，但利息是银行的许多倍！

某个意义上来讲，马云就像人们的心灵捕手，他能提前洞察我们想要的一切。当我们需要"食物"的时候，马云早早地就搭建了一个市场，把卖"食物"的小贩给搬了进来；当我们需要出行的时候，马云早早地就搭建了一个车站，把拥有车辆的客车车主都请了过来。

总而言之，马云时刻在创新，但他似乎又什么都没做，他只是一个生态系统的搭建者，把有需要的双方都请过来，是一种双向的梦想众筹，提供一个场地让大家畅想并创造未来。在这个生态系统中，有你所需要的客户，有你所需要的商家，有你所需要的产品，有你所需要的市场，有你所需要的生活，有你所需要的梦想，来不来？

三、打造情感共同体

一个企业把不同姓氏、不同血缘和不同背景的人集合到一起，在相互学习中共同提高；在相互监督中不断修理个人自身的毛病，提供相互促进的动力；在相互交流中互换每个人内心的想法、心路历程等；在相互学习、相互监督、相互交流的基础上相互支持，结成一个亲密的情感共同体，在舒适的情况下进步，不断超越自己，在"比学赶帮"中为他人积极创造价值，实现自身价值。每个人都是这个超越血缘的情感共同体中的一分子。

Zappos是一家美国卖鞋的B2C网站，于1999年开站，如今已成长为网上卖鞋的最大网站。Zappos的员工总是充满了激情和快乐，同事之间的关系更像是自家的兄弟姐妹，也许大家都会好奇，是什么样的原因让它成为这样一个令人艳羡的情感共同体，也许我们可以从Zappos的一些举措中找到答案。[①]

（1）同事奖金计划

这个计划授予每个员工每月50美元的奖金额度，他们可以把这笔奖金发给那些令自己刮目相看的同事。比如，一位同事帮助另一位同事完成了工作等。

（2）"愿望助力"计划

① 佚名．Zappos的员工为什么敬业？[EB/OL]．[2015-11-30]．http：//www．hrnewspaper．com/html/2014/04/04/24326．html．

这个计划允许员工提交并帮助他人实现愿望（如学习弹吉他、骑摩托车等）。这是在公司中构建团队精神和家庭精神的一个妙招。除了员工会齐心协力相互帮助实现这些愿望外，Zappos也会从公司层面助力这些愿望的实现。比如，一名员工想成为美国公民，但其无法负担公民计划中昂贵的费用，在“愿望助力”计划的帮助下，这名员工如愿以偿。

（3）“影随”计划

允许一位员工“如影随形”另一位员工几个小时，借以了解对方的日常工作，这是Zappos最具有代表性的建立公司内部关系的方法。这不仅让员工更了解公司事务的来龙去脉，还能帮助他们建立与其他部门同事的工作关系。

（4）新员工“寻宝”游戏

在Zappos，所有员工都必须经过为期一个月的新员工培训。培训结束时，他们需要完成“寻找员工”的挑战。例如，找到某个穿着Zappos衬衫的人，然后了解他们在Zappos工作了多久，或者找到安排培训课程的人，并和他们合影，以及找到财务部任职时间最长的员工等。

Zappos正是通过这一系列新奇、有趣的制度，连接起每一位走入其中的员工，通过相互真诚的互动，打通心与心之间的通路，凝结成一个超越血亲关系的情感体。沟通成本下降，沟通效率提升，心智成本会降低，让工作更流畅地开展。这也是Zappos之所以能够快速成长为美国最大的在线售鞋电商的秘诀。

四、打造学习共同体

学习是每一个人为自己的灵魂注入能量最为重要的生命活动。对学习的投入，就是对自身价值增值的投入，就是在积攒自身无法衡量的价值产出。不学习的头脑，一定会涌出一大堆计较的、乱七八糟的想法，时间久了也会形成习惯，人的灵魂就会变得混乱不堪。很多企业只知道让员工工作，从不组织员工学习，试问一个从不学习的人，能做好工作吗？

日本的京瓷公司成立于20世纪50年代，由素有日本企业“经营之圣”的稻盛和夫先生创立。京瓷公司的发展离不开创始人的学习精神，并将其化作每一位京瓷人都必须如此的功课。京瓷公司每天早课，内容主要是学习和讨论经营哲学。利用早课上的朗读或者领读，让员工实际上进入一种静心的状态。京瓷公司内部还设立了被称作“京瓷特产”的联谊会，稻盛和夫先生会亲临现场或委派公司董事或各部部长参加，询问工作和现实问题，并说出看法和观点，提示解决问题的方法。利用早课，让基层员工学习起来；利用联谊会，让管理层也学习起来，从而形成一个不断学习、不断发现问题、不断解决问题的良性学习机制。[①]

Zappos有一个学徒计划。员工可以申请成为一个领域的“Z学徒”，即使

---

① 容和．稻盛和夫的三招[J]．企业管理，2014（8）：118．

他们在这个领域没有什么经验。它允许员工了解新的职业道路和接触招聘经理，以评估自己是否有潜力来适合该新职位和新团队。一旦被选拔成为“Z学徒”，就有90天的任期。在90天之后，大家会共同决定该学徒是否适合该职位。如果答案是肯定的，学徒就会转成正式的团队成员。否则，他们可以回到以前的职位和部门。①

作为全球家居行业的领航企业，瑞典宜家非常重视人才培养，不仅有针对员工培训的“三级阶梯计划”，还有一个叫“背包客”的全球轮岗体系②。目标就是赋予年轻员工们一个机会，到其他国家的宜家去工作，工作的岗位也会不同。他们有12个月的时间，分两期，参与两个不同的项目。这样做就是为了开阔他们的眼界，让他们看到宜家在全球是如何运转的。

一个人学习的积极性和态度决定了他未来的高度。一个组织学习的持续性、同步性决定了这个组织未来能够抵达的高度。

五、打造幸福共同体

喜马拉雅崇山峻岭中的小国不丹在20世纪80年提出用“国民幸福总值”来替代“国民生产总值”作为社会发展的目标。一时，如何获得幸福成为国家治理、企业管理、家庭生活等一切人类活动的价值方向。

在中国企业界，更是掀起了打造幸福企业的热潮，出现了许多颇具代表性的样本企业，苏州固锝电子股份有限公司就是其中之一，它推出了打造幸福企业的八大模块。③

模块之一：人文关怀

固锝公司内部倡导“家”的氛围，用家文化打造幸福共同体。从新员工人职第一天起，即有专人对其给予爱的呵护，不仅在工作、学习和生活上给予他们最大的帮助，更通过“陪伴志工”的言传身教，在思想、行动和情感上帮助他们尽早融入公司的大家庭。他们对困难员工和需要特别照顾的员工家庭给予特别照顾，把离职员工也当做自己的家人。

除此之外，员工的父母、子女和家庭等也是公司关注的对象。公司特设“黄金老人关爱计划”和”幸福宝宝关爱计划”，照顾员工年迈的父母公婆，并让员工带薪回原籍地照顾自己的孩子，解决留守儿童的健康成长问题。

模块之二：人文教育

人文教育是幸福企业之根本，在人文关怀的基础上提升员工的道德理念，让每一个固锝人都能够扮演好自己在家庭、社会和工作中的不同角色。具体的

① 佚名. Zappos的员工为什么敬业？[EB/OL]. [2015-11-30]. http://www.hrnewspaper.com/html/2014/04/04/24326.html.

② 佚名. 不容忽视：从宜家管理看独生子女教育观[EB/OL]. [2015-11-30]. http://blog.sina.com.cn/s/blog_b98e150c0101bh8v.html.

③ 固锝幸福企业介绍官网，http://www.goodark.com/zh_cn/happy_company/happy_introduce.

落实措施包括带薪学习圣贤教育，定期举办读书会，每日晨读、好话一句分享，定期开展孝道教育等。

模块之三：绿色环保

固锝公司秉持“绿色采购、绿色设计、绿色制造、绿色销售”的理念，将生产过程中的能耗降低，列入各部门的年度计划，践行绿色低碳，通过工艺改善和技术创新，节约和保护资源，注重生态环境保护。专辟土地，种植幸福林场、农场、果园，为地球增绿，让员工吃到无污染的绿色蔬菜；每周3天健康低碳餐，引领全体“家人”体验绿色低碳饮食观念，减少厨余。

模块之四：健康促进

固锝公司重视每一位“家人”的健康，视其为巩固幸福的基石。定期开展各种主题的健康讲座；设立幸福医务室，建立员工健康档案；美化厂区环境，逐步改善工作环境；定期开展对特殊岗位和特殊人群的健康检查等。

模块之五：志工拓展

固锝公司倡导人人都是志工，积极培养公司志愿工作者和幸福推广志工，协助更多的企业、社区和学校等创建幸福典范，同时知道如何去落实。精心设计志工培训课程，透过内求、利他的志工精神，让所有志工得到心灵上的成长；数百位志工，活跃在各个岗位、活跃在每项志愿活动当中，以身示教带动内求、利他的志工精神，以身体力行的方式让企业内外的人们真正感受和参与到幸福文化的建设中。

模块之六：慈善公益

作为一家上市企业，固锝公司非常重视企业的社会责任，通过公司幸福志工的活动带动整个企业、社区乃至社会的公益行动。持续开展净山、净街、净社区活动，树立市民的环保理念；定期到敬老院、儿童福利院进行关怀陪伴；关爱社区残疾人及弱势群体等；影响周边越来越多的人走上公益之路。

模块之七：人文记录

设立专门的采编、主题、宣传和企划等中心，透过人文志工进行文字、照片和影像的记录，为全面传播和帮助更多的企业打造幸福共同体做好文档及相关资料的储备，将各项资源加以整合与运用。

模块之八：敦伦尽分

作为幸福企业中的成员，每个人把自己对公司的一份热爱化作实际行动去完成好每一项工作。恭敬爱护天地万物，对周遭的一切人、事、物抱持一份恭敬心，精益管理，我爱我设备，答案在现场，工匠精神，付出不亚于任何人的努力等，成为每一位固锝人行动的标尺。

董事长吴念博先生，经过20多年深入调研思考和长期企业实践沉淀，将员工的幸福和客户的感动共同作为企业的利润之源，成功地打造了一个现实版的幸福共同体。只有企业服务好员工，让员工幸福了，才能制造出优质的产品，才能为顾客提供优质的服务，才能让顾客也体会到幸福和感动，让幸福成为可能。韩国著名政治家、企业界领袖文国现先生认为："固锝这一幸福企业的建设经验不仅可以解决现实问题，更可以解决未来的危机。"

企业中的每一个人只要敞开自己的胸怀，接纳周围的人，放下固执己见，倾听他人的心声，保持自己的激情，精进未知的领地，保持好奇心，追求未竟的梦想，只要人人共同参与、共同遵守、互相关怀、互相学习，就有可能在组织中形成人与人之间生命的共同体。**这一切取决于"共同"二字，"共同"的威力可以成就一个使命必达的信仰团队，一个永葆活力的梦想团队，一个相互砥砺的情感团队，一个求知若渴的学习团队，一个共生共荣的幸福团队！**

在现实的管理实践中，闪烁着道本管理思想的精彩案例，还有很多很多，只是限于篇幅，本章难以继续描述，以待后文再述。本章对案例的描述只是挂一漏万，笔者仍然想申明一下本章的目的：**道本管理理论来自现实中卓越管理案例的归纳总结，而非来自理想化的空中楼阁；道本管理理论基本符合"出乎意料之外，尽在情理之中"的演绎逻辑，既令管理者惊讶，又令管理者醒悟，并提高他们的管理境界；道本管理理论来自实践，并反过来指导实践中的管理，以实现人类管理的"理想国"、建造人类管理的心灵家园为使命！**

太月浮想

在历史和现实中，很多优秀的领导者都以信仰者之姿追求着心中的那一方圣土，把企业变成了服务于众人成长的舞台，缔造了一个个传奇的故事。信仰开启了人心智慧之门，在追求信仰的道路上，人变得智慧、勇敢和坚毅。

信仰如黑暗中的灯塔，如夜空中的启明星，在我们心灵迷茫的时候将智慧之光照进我们的生命里，让我们破除心中自认为正确的道理，去触摸人类智慧的温度和真理的永恒。当我们坚定地与信仰一路同行，像一位虔诚的朝圣者一样，不管遭遇怎样的困顿、磨难，心中的航帆都不会改变方向，这是信仰赐予我们的力量。管理也是如此，即便被现实迷雾笼罩了未来，即便被眼前风沙遮住了视线，只要我们心中的信仰依然存活，就一定能够走向管理未来的光明。

小　结

道本管理的实践向我们证实了这样一个道理，只要我们放下自己的道理去合于别人的道理，开启人心的按钮，聚众人的力量，践行利他的使命，接受信仰的牵引，全心全意为他人服务，就一定能够抵达人生价值的最高峰。

思考题

1.通过案例启示，思考如何结合自身实际运用道本管理加以实践？

2.搜集企业经营管理实践中体现道本管理思想的具体做法，进行自我提炼。

第十三章

天赋使命：创建中国管理学派

摘 要

改革开放三十多年来，中国一直在引进吸收以西方发达国家为代表的管理学理论，更多的是把西方管理理论作为一般性理论，对西方管理理论在中国适用的情境方面进行验证、修补和拓展。虽然在管理的实践形态上中国已经走出了自己独具特色的管理之路，但是中国本土管理理论研究却远远落后于管理实践，甚至已经严重地与管理实践脱节，这就给中国管理学者提出了时代课题与使命——创建中国管理学派。中国的管理实践需要符合中国自身实际的管理理论作为指引。

本章逻辑框架图

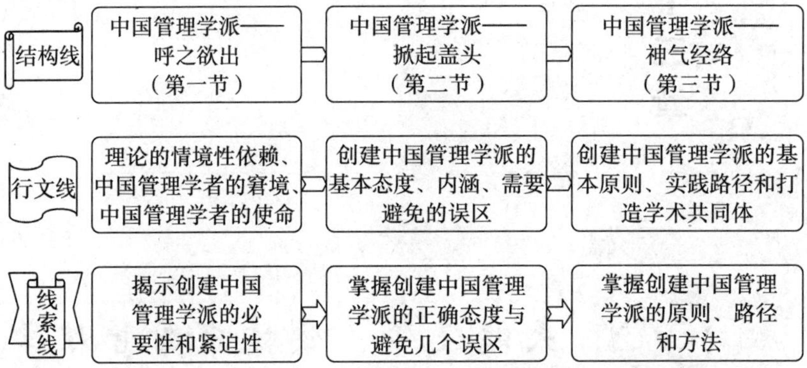

一个民族要想站在科学的最高峰，就一刻也不能没有理论思维。

——恩格斯

在前面的章节中，在对组织和管理的诸多重要问题进行反思的基础上，我们从哲学高度揭示了管理的本质与核心规律，系统地提出了道本管理理论。道本管理理论是基于中国历史与社会文化情境及现实管理实践的管理科学研究成果，也是对创建中国管理学派这一理论与实践命题的实际探索。

大家也许要问：什么是中国管理学派？为什么要创建中国管理学派？如何创建中国管理学派？在本章中，我们基于道本管理理论研究历程中的实际体悟，就创建中国管理学派的问题进行系统的梳理，以期对全球关注中国管理实践和研究的管理学者有所裨益。

第一节　中国管理学派——呼之欲出

自20世纪80年代以来，我国率先在经济领域执行改革开放政策，历经三十余年的渐进式改革与发展，至今已经进入了经济建设、政治建设、文化建设、社会建设和生态文明建设的“五位一体”的全方位改革与发展局面。在这个宏伟的历史过程中，为促进我国管理水平的不断提高，我们引进了一批以西方发达国家为代表的先进管理理论和方法，对我国经济社会的发展产生了重要影响。然而，中国与西方社会之间的历史与社会文化情境差别却是不容置疑的，所引进的大量西方管理理论在中国都陆续出现了“水土不服”的情况。与此同时，中国在各个领域展开的丰富而又独具特色的管理实践活动中，基于中国特色的历史与社会文化土壤，一边对现代西方管理理论进行消化、吸收和改造利用，一边探索总结中国特色的管理理论，在世界上创造了独具特色的中国高速发展现象。

相应地，对于适合中国国情的管理理论的需求也越发强烈，特别是进入21世纪后，倡导“基于中国管理实践，服务中国管理实践，创建中国管理学派”的呼声越来越高，并已经在中外管理学界逐渐形成共识。

一、理论的情境性依赖

《晏子春秋·内篇杂下》曰：“橘生淮南则为橘，生于淮北则为枳，叶徒相似，其实味不同。所以然者何？水土异也。”意思是南方之橘移植淮河之北就会变成枳，比喻同一物种因环境条件不同而发生变异。现代汉语中用“南橘北枳”形容某种事物因为环境的变化而“异化”或者“变质”。一些在西方社会产生的人文理念或理论引入中国后，脱离了其产生的地域、国情和民族文化心理情境，出现“水土不服”的现象，就是“南橘北枳”的表现。正是人文社会科学理论的“文化情境依赖性”，管理理论的情境适用性就成为管理研究者和实践者必须搞清楚的前提。

理论的情境化包含两个方面的含义：一方面，对于任何理论，必须要搞清楚其产生的具体历史情境（时间、地点和条件），明确其可以拓展（跨时空、跨文化）的适用性边界条件；另一方面，如利用现有理论解释新情境中的现象，就必须结合新情境，服从新情境，也就是“理论必须结合实际，理论必须服从实际”。理论源于实践，理论是在人的头脑中对实践进行的抽象概括。当理论与具体实际不相符合时，只能依据具体实际而修正理论，甚至创造新的具备更高解释力和预测力的理论。

任何理论总是与一定情境相联系的，两者是一体两面的不可分割的关系，不能简单地把在一个具体历史情境下总结的理论变成普遍适用于一切地方的理论。如1877年马克思在《给〈祖国纪事〉杂志编辑部的信》中所表达的那样：“他[1]一定要把我关于西欧资本主义起源的历史概述彻底变成一般发展道路的历史哲学理论，一切民族，不管它们所处的历史环境如何，都注定要走这条道路——以便最后都达到在保证社会劳动生产力高度发展的同时又保证每个生产者个人最全面的发展的这样一种经济形态。但是我要请他原谅。（他这样做，会给我过多的荣誉，同时也会给我过多的侮辱）。”[2]同理，把在西方特定国家历史与社会文化条件下产生并在特定历史发展阶段中形成的管理理论，作为普适性的管理理论而全盘采取“拿来主义”的做法，既是对西方理论的侮辱，也是对我国自身管理实践的不负责任。

美国管理学会前主席美籍华人学者徐淑英也早在2004年就撰文鼓励在北

① 指俄国民粹思想家尼·康·米海洛夫斯基。

② 马克思，恩格斯．马克思恩格斯文集：第3卷[M]．中共中央马克思恩格斯列宁斯大林著作编译局，编译．北京：人民出版社，1960：466．

美和欧洲情境以外的研究者们基于本土情境中有意义的问题而发展能够用来解释这些本土难题的理论，强调研究者在运用现有的西方理论时，必须确保这些理论在新的情境下是目的明确的、有意义的和有依据的。[①]

实际上，对于以欧美发达国家为代表的西方管理理论，我们只学了其中的一半，因为西方教科书上的理论仅是西方文化土壤上长出来的文化之苗，而它的“文化土壤”是搬不过来的。西方的文化不等同于中国的文化，西方的学者也不等同于中国的学者。真正全面的管理体系只能是理论与特定区域的文化背景下的实践的统一。这使得我们探索中国文化情境下的管理理论不仅是可行的，而且是必须的。

理论的情境性，要求创建基于中国社会历史与文化情境和基于中国特色管理实践的中国管理学派。

二、中国管理学者面临的窘境

在过去的三十余年的改革与发展中，尽管中国已经成为世界最大的经济体之一，然而基于中国特色管理实践的原创性管理理论却非常少。当然，这并不意味着中国管理学理论研究没有进步。中国本土管理研究取得的成果大体可以分为两种类型：一是从中国传统文化中汲取管理哲学思想，建立了具有中国本土特色的管理理论。例如，成中英的C理论、苏东水的东方管理理论、席酉民的和谐理论、曾仕强的M理论，以及本书作者所提出的道本管理理论等；二是基于中国现当代企业管理实践而展开深入剖析，进行了理论的提炼与总结。例如，陈春花等撰写的《领先之道》、王育琨撰写的《强者：企业家的梦想与痴醉》、苏小和撰写的《局限：发现中国本土企业的命运》、曾鸣撰写的《龙行天下》，以及曹仰峰撰写的《海尔转型：人人都是CEO》等中国管理书籍。[②]

尽管如此，近年来中国管理学者却发现自己越来越处于一个窘境之中：国际同行认为缺乏来自中国本土研究的有价值贡献，中国管理实践者认为管理学理论离管理现实很远，中国管理学者也质疑自身的工作价值。

首先，国际同行认为缺乏来自中国本土研究的有价值贡献。正如美国管理学会前主席徐淑英2009年在《组织管理研究》主编论坛“中国管理研究的展望”中所指出的：“过去二十年来，中国管理学研究追随西方学术界的领导，关注西方情境的研究课题，验证西方发展出来的理论和构念，借用西方研究方法论。而旨在解决中国企业面临的问题和针对中国管理现象提出有意义解释的理论的探索性研究却迟滞不前。”[③]南京大学贾良定对于近30年来发表于7份国

① 徐淑英，吕力．中国本土管理研究的理论与实践问题——对徐淑英的访谈[J]．管理学报，2015（3）：314-321．

② 陈春花，宋一晓，曹洲涛．中国本土管理研究的回顾与展望[J]．管理学报，2014（3）：321-328．

③ TSUI A S． Autonomy of inquiry：shaping the future of emerging scientific communities[J]．Management and Organization Review，2009，5（1）：1-14．

际顶级刊物上的270篇关于中国情境的管理与组织论文的研究也显示，中国学者只贡献了三个概念：市场转型、关系资本主义和关系。①

其次，中国管理实践者认为管理学理论离管理现实很远，没有实际应用价值。在追求学术研究的严谨性和实践相关性之间，中国管理学者片面追求西方实证研究的方法严谨性而忽视了科学研究为实践服务的相关性。管理实践者普遍反映根本看不懂现在发表的管理论文，更不知道这些研究有什么实际应用价值，还发现现在大多数管理理论研究都是脱离管理实际的书斋式研究。对于科学研究的实践相关性，作为管理学者，我们应该牢记爱因斯坦的这句名言："让普通人生活得更美好必须是科学的主要目标。当你深思图表和方程式的时候，永远不要忘记这一点！"

最后，中国管理学者也质疑自身的工作价值。不夸张地说，很多管理学者不知道自己作研究的价值是什么？更不知道自己应该为谁而作研究！由于缺乏对中国管理实践的足够关注和观察，以及缺乏学术研究与管理实践之间的紧密结合，越来越多的中国管理学者正在脱离实践的土壤而做着从理论到理论的所谓"纯理论研究"——从理论中寻找理论。要知道，毕竟管理学是一门应用型的学科，管理理论需要为管理实践服务！

突破中国管理学者自身面临的窘境，要求中国管理学者必须创建基于中国管理实践的中国管理学派。

三、中国管理学者的时代使命

实践需要理论的指引，没有理论的实践就是盲目的实践。一个好的理论首先表现在对过去和现在实践的解释力，其次更重要的是表现在对未来实践的预测力。理论源于实践，也就是源于对过去和现在实践的总结和概括。就中国本土管理实践来说，一方面指导管理实践的管理理论可以来自对于中国本土管理实践的总结和概括，例如，中国企业在实践中创造出了许多行之有效的管理思想和方法——联想的"搭班子、定战略、带队伍"，海尔的"日清日高管理法、人人都是CEO、无边界组织"等；另一方面管理理论也可以来自基于西方发达国家管理实践的总结和概括，把西方管理理论作为一般性管理理论应用于中国管理实践，这也正是过去三十余年来中国改革与发展中借鉴、引进和吸收西方管理理论的主流做法。然而，后者这种不顾理论情境性的运用，已经出现了种种"水土不服"的现象。例如，无视中国历史与现实的国情，而一味地用基于自由市场经济的各种西方管理理论来解释和预测中国的管理现实。如果现实与理论不相符，不是基于现实而导出变革现实的合适的理论，而是要求用理论来改造现实，如此就犯了一厢情愿的主观主义错误。

① JIA L D, YOB S Y, DU Y Z. Chinese context and theoretical contributions to management and organization research: a thress-decade review[J]. Management and Organization Review, 2012, 8 (1): 173-209.

另外，互联网信息技术时代出现了很多新的管理现象和管理问题，也正在改变甚至颠覆以往的管理理论和管理范式，管理的实践在形态上已经远远走在了理论的前面，过去的理论似乎不能解释新的现象，亟待基于中国本土管理实践的管理理论创新。立足中国管理实践和社会文化现实，超越西方情境，继承与发展中国传统哲学思想，借鉴和吸收人类一切智慧、知识和经验，创建一个基于中国本土管理实践的中国管理理论体系，服务于管理实践，已经成为中国管理学者的时代使命。

再者，自2008年世界金融危机以来，中国的经济发展已经成为深陷经济泥潭之中的其他诸多经济体的发展引擎。欧美管理方式也暴露其自身管理的诸多无奈，世界各国都在研究借鉴“中国模式”，凡是中国的主题都备受世界关注。创建中国管理学派不是要在理论上为中国特色的管理实践“锦上添花”、自我标榜，而是让我们在实践上能够始终保持清醒的头脑，以对人类价值关怀为导向，以自然大道作为管理实践与理论研究的哲学指引，实现历史与现实、目的与手段、工具理性与价值理性的统一，在“实践、认识、再实践、再认识”的循环往复式的认识中不断自我突破与提升发展，同时向世界贡献管理的中国经验和智慧。从这个意义上说，“中国的，就是世界的”。

毫无疑问，创建出一个基于中国本土情境的开放的自我发展的管理理论体系，并借鉴、吸收与融合西方发达经济体的管理理论，最终构建出“熔铸古今、汇通中西”的中国管理学派，也向世界贡献中国管理智慧，是海内外中国管理学者的时代使命与责任！

第二节　中国管理学派——掀起盖头

创建中国管理学派，首先要有正确的态度。唯其如此，才能正确地理解中国管理学派的内涵。同时，我们也要规避几个误区。

一、对于创建中国管理学派的基本态度

第一，中国管理学派是一个基于中国管理实践而形成的“中国管理思想群落”，区别于其他国家的管理思想群落，比如美国管理学派、德国管理学派、日本管理学派等。

第二，中国管理学派不是学术上的“山头主义”。要把重视中国文化传统的、重视管理实践的、重视学术研究的各个领域的管理思想、观点和方法都包含到这个概念中来。从不同的视角、不同的思想出发点，来解释、解读对实践问题的认识并提出解决方案的，都是中国管理学派的有机组成部分。坚持“百花齐放，百家争鸣”。

第三，既不要搞“复古主义”，也不要搞“历史虚无主义”。实际上，无论

东方和西方，都存在着继承与发展的现实问题，必须在继承的基础上发展。完全继承，就是复古主义；只谈发展，不继承，就是历史虚无主义。

第四，既要坚持理论研究的严谨性，也要坚持理论研究的实践相关性。既不能忽视实践，也不能贬低理论，而是要彼此借鉴，理论研究者要善于与管理实践者对话。

第五，必须以人类文明进化中积累的先进文化为基础，基于中国情境而又不限于中国情境，基于中国文化的表述而又不限于这种表述形态。要以管理哲学作为指引，具体化为指导现实管理实践活动的原理和原则，进一步转化为策略、规划和计划，直至落实为解决具体问题的行动。

二、中国管理学派的内涵

中国管理学派是以中华文化的核心纲领——自然大道——为哲学基础，以对人类价值关怀为理性导向，以世界的、接纳融合与成长的眼光对待不同的文化作为基本态度，以哲学的视角和高度审视中国的管理实践作为基本的方针，以管理实践与管理理论的有机统一作为建构理论的基本路径。概括起来说，中国管理学派的内涵包括以下五个要素：

（一）以自然大道为哲学基础

自然大道，就是我们主观之外的所有客观存在的规律，它是超越任何时间与空间的，是存在于人的意识之外的，是不以人的主观意志为转移的。人，是自然之子。人类的一切活动，首先要顺应宇宙自然的客观规律。自欧洲14世纪中期至16世纪末文艺复兴运动以来，认识自然和改造自然的科学认识活动蓬勃发展，极大地提升了人类对于自身所处的生存环境的控制能力，以至于近百年来越来越发展成为一种“人类中心主义”倾向，把人置于宇宙自然之上。在科学认识飞速满足和扩展人的欲望的同时，人类也在承受着无止境地损耗自然所带来的后果，特别是人类赖以生存的地球生态系统已经遭到很大的破坏。因此，古今中外一切具有划时代影响力的哲学家、思想家和科学家无不是始终倡导把自然大道作为人类认识活动的源头与归宗，并身体力行。

（二）以对人类价值关怀为理性导向

管理本来是人类集体性活动的客观需要，是众人集体协作战胜自然困难和获得更加有保障的生存的有效手段。但是，这一看起来再正常不过的事情，却在人类历史上被不断地扭曲着，以至于今天的很多人已经忘记了管理的原貌和本意，管理越来越成为人类自我异化的工具。理解这一点是非常重要的，因为如果不理解管理的历史，也就很难认识管理的现状，更难预知管理的未来。因为，促进每一个人的自由健康发展，才是人类一切社会实践的根本目的和价值所在。

（三）以世界的、接纳融合与成长的眼光对待不同的文化

文化，是各民族文明不同发展阶段的一种表现形态。我们只有采取学习借鉴、开放融合、整合成长的态度面对世界文化，中华文化才具有生生不息的力

量。纵观历史我们会发现，所谓的中华文化，也是不同历史阶段本土文化与外来文化融合的结果。这是中华文化保持生命力的关键，对待现代管理文化也是如此。我们只有从文化的表现形态中找到文明的因子和在现实条件下对应的作用机制，才能真正理解外来的各种文化，也才能在接纳和融合中，通过不断改造与发展每个人的思维能力和实践能力，促进中华文化的丰富与发展。

管理作为一种人类文化现象，在其具体表现形式上又因地域环境的不同而各具实践特色，呈现出"情境性"。如历史学家吕思勉先生所言："文化本是人类控制环境的工具，环境不同，文化自因之而异。及其兴起以后，因其能改造环境之故，愈使环境不同。人类遂在更不相同的环境中进化。其文化，自然也更不相同了……而人类的本性，原是相同的。"①基于不同实践的文化特色共同构成了世界文化的图景。由此可知，中国特色的管理实践和由此而出的管理理论也成为世界管理知识体系的重要组成部分。

（四）以哲学的视角和高度来审视中国的管理实践

实践是人们有意识的主体性活动，管理实践也是在尊重客观规律的基础上发挥人的主观能动性的活动。基于此，我们不仅行动着，同时也思考着。中国改革开放三十多年来，管理实践中积累了大量经验和教训。如何整理提炼中国企业管理实践中的成果，是当今管理学研究者和企业实践者刻不容缓的任务，否则，我们的成功经验不能上升到理论高度，我们的教训也无法在管理系统思维层次上得到纠正，那我们的管理就难以向前发展。从哲学的高度来审视中国的管理实践，有利于我们提炼出具有中国文化情境基础的管理学理论。

管理理论是管理科学研究的成果，是基于管理实践的经验概括的进一步抽象，是通过揭示影响管理活动的各个变量之间的因果关系而对管理实践的本质性规律的抽象概括。如著名科学家爱因斯坦所说的："科学的目的，一方面是尽可能完备地理解全部感觉经验之间的关系，另一方面是通过最少个数的原始概念和原始关系的使用来达到这个目的。"理论的一般价值在于解释，其最高价值在于对未来实践活动的预言。现代管理理论体系不仅要能够对现实的管理现象具备强的解释力，更要具备为未来管理实践提供方向的理论指引能力。缺乏预言能力的管理理论是没有实践生命力的。

（五）以管理实践与管理理论的有机统一作为建构理论的基本路径

真正的理论不是理论家们头脑中想出来的思想，它一定是植根于管理实践活动中的，一定是以管理实践或现实为内容的，真正的科学命题也是从实践中提炼出来的！即使高度抽象的相对论也是以光速不变的现实和引力作用的实践为内容的。理论来源于实践，也要服务于实践，并在这个过程中接受检验、吸纳新的信息，从而促进理论的更新和发展。管理作为一项实践性的社会创造活动，必然是管理实践与管理理论的有机统一体，不能把两者割裂

① 吕思勉．中国通史[M]．北京：中国画报出版社，2012．

开来。

三、需要规避的几个认识误区

误区一：把中国管理的某些想法和做法，变成了完全特殊情境下的理论，把特殊性与一般性分裂，把两者对立起来。片面强调中国本土理论，对于西方管理理论一概排斥。

对策：一般性寓于特殊性之中，特殊性不离一般性，两者是一个整体。在中国管理的具体思想观念上，有中国特色的特殊性，但是在中西方各自特色管理理论的比较中也有一般性，即一般管理理论。

误区二：拿来主义，把西方理论奉为经典，认为已经有西方管理理论了，我们自己没有必要再搞一套中国自己的管理理论，直接拿过来用就可以了。对此，学者李平举例认为："是否世界上其他国家都应该把美国资本主义制度作为最佳选择？难道在实验西方所有理论之前日本学者没有权力建构他们自己的理论？如果他们真那样做了，就不可能有日本后来的成功。"[①]

对策：基于中国改革开放三十多年来丰富的企业管理实践和中国情境，提炼和创建中国管理理论，回答中国自身企业管理中面临的挑战和问题，同时向世界贡献中国管理智慧，创建中国管理学派；否则，就是"削足适履"，无视中国现实状况，而以西方理论来改造中国的现实，让客观适应主观，就会让中国的社会发展产生动荡和混乱。

误区三：把自然科学的方法机械地应用于人文社会科学研究。自然科学研究强调可测量、可观察、可重复，基本可以通过实验手段尽可能排除人的主观因素影响。但是人文社会科学则不同，在社会组织和企业组织这样"活的"试验环境中，由于人的主观因素多变，机械地套用自然科学的研究方法则会得出"精致的谬误"。

对策：采用质性研究和定量研究相结合的混合研究方法，避免过度实证研究的误区，要强化理论的构建，而不仅仅是对自变量、因变量、中介变量和调节变量等变量之间关系的逻辑实证。须知，理论才是主人，证明只是奴隶。

误区四：管理学者关起门来搞研究，与国内和国际的学术同行进行"圈子内交流"，而不与管理实践者进行有效的对话与互动。

对策：实践是理论的源泉。必须始终把管理实践者作为核心的对话与互动对象，同时与国内和国际学术同行进行学术交流。离开了与管理实践者的互动，管理学理论研究就成为无源之水。离开了对中国本土组织管理问题的关注，就无法承担起一个中国学者的历史责任。没有中国本土特色的管理理论，也不会有中西方管理理论的比较。

① 李平. 中国管理本土研究：理念定义及范式设计[J]. 管理学报，2010（5）：633-648.

第三节　中国管理学派——神气经络

那么，如何创建中国管理学派呢？基于我们创建道本管理理论和其他中国管理学者创建中国本土管理理论的实践，我们总结出一些可以遵循的原则、路径和方法。

一、创建中国管理学派的原则

越来越多的中国管理者逐渐地发现在中国管理学研究中，需要在借鉴西方研究成果和实践经验的同时，继承中国的传统管理思想和管理实践经验，结合中国的社会历史与文化情境，实事求是地研究和解决中国的特有问题。

早在20世纪80年代，我国现代管理学创始人之一、已故南开大学商学院教授陈炳富先生就提出了中国管理学理论研究的“四个结合”的原则，即“理论与实践结合、古今结合、中外结合，以及定性与定量结合”。至今，这“四个结合”仍然对创建中国管理学派具有重要的指导意义。此外，在此基础上，为了管理思想与理论的“顶天立地”，我们又补充了“哲学与科学结合”的原则。具体阐释如下：

第一，理论与实践结合的原则。管理是人的实践活动，管理理论则是对人的实践活动的总结与概括。管理理论反过来又可以预测和指导管理实践，并接受管理实践的检验。脱离实践的理论是无本之木，是没有任何现实意义的。因而，管理学研究者必须扎根管理实践，深入观察管理实践中的种种现象和过程，开展与管理实践者的有效对话和深度互动，把管理理论研究与管理实践有机地结合起来，避免理论研究的空中楼阁。

第二，古今结合的原则。中国漫长的历史创造了灿烂的优秀传统文化，而中国传统哲学思想贯穿其中，成为中国传统文化的血脉。可以说，中国自古以来的管理文化，就是在继承与发展传统哲学思想的基础上与管理实践相结合的产物。中国传统文化强调以人为本的人文精神和以道为本的辩证思维，在当今全球化的时代愈发显示出其强大的价值生命力。在对待中国传统文化上，既要防止“以古代今”盲目继承，也要防止“以今代古”对传统文化一味排斥。

第三，中外结合的原则。在科学领域，不存在中外的严格分界。特别是西方发达国家近百年来对管理学理论的建设已经形成了完整的科学理论体系，我们完全可以借鉴采用。历史学家何兆武先生曾尖锐地指出：“从近代中西思想文化接触的一开始，中国方面就陷入了一个形而上学的思想误区而不能自拔，即她给学术思想划定了一条截然不可逾越的分界线，认定了有所谓中学、西学之分。应该承认学术与思想可以有高下之分，优劣之分，正确与错误之分，但在本质上并无所谓中西之分。假如说有所谓的中学、西学，那只能是指某种学术思想是在某个特定的时间、地点和历史条件之下形成的，而在任何意义上都绝不意味着它在本质上是专属于某一个民族的文化所独有的。”虽然这一看法针对的是历史学，但对于中国本土管理学研究者来说是值得考虑的，要吸收人类文明的一切成果来建设中国管理学。

第四，定性与定量结合的原则。近十年来，中国管理学研究遵从北美实证研究的主流范式，以定量研究为主，导致了管理学研究多为对西方理论的验证、修补、拓展，而缺乏基于中国本土实践的理论提炼和理论创建，没有思想性。之前，中国管理学理论的定性研究多于定量研究，虽然涌现了一些本土的管理理论学说，有一定的思想性，但是缺乏严格的科学实证检验，缺乏科学性。经过近十年的定量研究范式发展，目前完全可以把定性研究与定量研究很好地结合起来。

第五，哲学与科学结合的原则。科学理论的研究，要接受哲学原理的指导，更应该将中国古老哲学中的管理智慧做充分的吸纳。只有哲学与科学相结合，管理科学理论才能真正地“顶天”。与此同时，中国管理理论研究还要根植并服务于中国管理实践，解决中国各个领域的管理问题，做好中国自己在管理实践中的理论探索和实践样板。“立地”不仅仅是理论服务于实践，还要在服务于实践的过程中接受实践的检验，并通过实践检验，进一步提升、完善和创新理论，形成管理理论与实践的良性有机互动。发展基于中国社会历史文化和管理实践的中国管理理论，促进中国管理实践和管理能力的提升，并将其提升到哲学的高度，使在中国管理实践中检验和证明的管理理论具有管理规律的一般性，这也是中国管理理论在世界管理中的立足点。

二、创建中国管理学派的路径

管理实践与管理理论是管理的一体两面，两者的行动都是向着管理真相与管理真理接近的。从技术层面上来说，创建中国管理学派至少需要从以下路径开始，并最终合流成为一个整体的理论逻辑有机系统：一是对管理思想与实践成果及其存在问题的哲学反思。可以说，没有哲学的深刻反思，就无法找到管理思想与理论和实践所存在问题的根源。二是要从中国传统文化智慧中汲取营养，将历经两千多年人类实践检验过的管理智慧引入到当代管理中来。三是必须明确将思想理论化为方法论，如果仅仅停留在一般思想的论述和智慧亮点的堆砌上，就无法形成理论，更无法形成理论学派。四是管理思想与理论的研究者要与管理的实践者组成研究的共同体，让思想与实践形成即时的有机的碰撞，走出学者与实践者“各唱各的戏”和“隔空喊话”的困境。五是将共同的研究成果付诸实践进行检验，总结在企业试验或者试点中的经验教训，再进行提炼、提高，直至在实践中得到较为圆满的支持和验证。尤其要明确的是，理论创新常常不是通过大规模的调查数据完成的，而是通过深入实践的案例研究、典型研究和试验研究来开始的。当前普遍存在的用一般调研数据支撑一般假设命题的做法，是无法完成真正的理论创新的。欧美管理学派最初的发展，也许可以给我们一些有益启示。

首先，让我们看看基于管理学研究者本人，作为管理实践者而进行的案例性总结是如何对管理理论的产生作出重大贡献的。100年前，在美国有这样一个人：他自已有100多项发明，1875—1901年，他主要从事实际的操作和管理工作，做过学徒工，当过工人、车间管理员、工长和总工程师等，正是在这个时期，奠定了其思想的基础，并且使得他的思想有了可以实践的场所。他被后人敬仰是因为创立了科学管理。这个人就是被誉为“科学管理之父”的泰勒(1856—1915)。类似的，还有法国的亨利·法约尔（1841—1925），一位欧洲极为杰出的经营管理思想家。法约尔在一个煤矿公司当了30多年的总经理，创办过一个管理研究中心。他于1916年出版的《工业管理和一般管理》，是其最重要的代表作，标志着一般管理理论的形成。他也因此被后人尊称为“现代经营管理之父”。再如，中华民国时期的民营企业家卢作孚先生于1925年创办民生公司，他把民生公司定位为“不是一个自私自利的组织，绝对是一个帮助社会的事业”，“民生公司最后的意义绝不是帮助本身，而是帮助社会”。在他的眼中，依靠“群”的力量“服务社会，便利人群，开发产业，富强国家”才是创办公司的目的。这一思想后来被概括为民生精神，成为民生公司育人用人、开发产业的指导思想和行动。当然，现实中还有很多类似的案例，不胜枚举。这些都是管理实践者通过管理实践的理论性总结而建立管理理论的经典案例，值得我们借鉴。“面对中国特定的文化、社会、制度和组织情境，以及构建中国特色管理理论的强劲呼声，案例和质性研究学者们正处于大显身手的历史时刻”。[1]基于实践的案例研究是创建中国管理学派的一条重要路径。

其次，让我们看看西方知名管理研究者作为管理实践的旁观者是如何基于管理实践而开展科学研究的。那些提出新思想和新理论的西方管理学家，大多跟实践走得很近，有的人长期跟踪企业的发展，有的人自己就是企业的管理者。即使是今天的美国，很多管理学者还身兼着公司的职务，他们深知管理研究是给谁做的，他们很清楚地知道，真正的管理理论是来自实践中的思考的，也是必须回到实践中去接受检验的。

当然，美国的文化没有像中国五千年文明这样的历史支撑，所以，他们将更多的注意力投向了现实的管理实践，而难以从历史的沿革和哲学的高度去审视现实。中国自然科学基金会管理科学部在支持项目研究中的原则与方向很值得我们重视。“复旦管理学杰出贡献奖”得主汪寿阳先生倡导管理科学要“顶天立地”。汪先生认为，中国的管理学科要走向通往国际先进之路必须做到“顶天立地”：“顶天，就是要有国际影响，要做国际最前沿的课题；立地，就是要立足中国发展的实际，解决中国发展过程中涌现的大量新问题，这是管理学研究的最好素材”。对此，我们也给汪先生作一个补充：在中国文化情境下

① 毛基业，李高勇. 案例研究的“术”与“道”的反思[J]. 管理世界，2014（2）：111-117.

创建管理学派，“顶天立地”的原则也可以作这样的解读：所谓“顶天”就是要充分汲取人类管理文明的成果，对中国五千年管理智慧和世界上其他文明中的管理智慧作认真的哲学吸纳和科学提炼，从行为价值性和人类终极价值的高度思考和提出管理的哲学核心命题，而不仅仅是从现实和个体经验及其已有的专业理论中寻找现实问题的具体解决方法。当代国际的认同度和国际刊物，最多算是“通国际管理理论之天”的一个阶梯，而不能将其视为就是管理的“天”。当然，不少人说的所谓“国际”，实际上就是指国外，或者说就是指西方，在很大程度上是没有将中国纳入其中的。这种潜意识的思维，可能来自我国过去落后局面所导致的自卑和不自信。实际上，即使是西方的学者，也不会把自己的思想与理论看成是最高的“天”的。如果这个说法还有些道理，我们就更有理由去链接历史和哲学的能量，如此，人类的管理思想才可以真正找到要“顶”的那个“天”。所谓“立地”，核心就是要能够解决现实问题，并且通过智慧地解决现实问题，避免同样或者类似问题的发生，尤其是不能有违背人类价值方向的问题连续重复发生。也就是说，解决问题是个表象，还要通过解决现实问题，进一步解决理论上隐藏着的深层和管理系统问题，形成解决问题与提升理论的有机互动。这才是理论与实践结合的哲学方法论原理。同时，解决中国管理面临的问题固然重要，但中国管理学派要想真正屹立于世界，就必须提出适应于、适用于不同的情境和在不同的情境下变通外部条件但保持内核稳定的管理理论命题。否则，中国人能用而外国人不能用的理论，是无法真正走向世界的，也就无法成其为世界的管理理论。也许一代人无法完成这样的使命，但我们有责任提出和明确这样的方向。如此这般，“天”不仅仅是中国这片“天”，“地”也不仅仅是中国这片“地”，而是人类的“天”和“地”。果能如此，也许才是真正的“顶天立地”！我们现在进行的研究，就是试图为以往常见的管理科学研究提供一个哲学视角的补充，以期为中国乃至世界上的管理学研究者们提供一个思考管理“元命题”的方向和启示。

我们之所以强调历史文化智慧与哲学的作用，是因为哲学的核心使命就是要解决人类有限的主观认识能力与客观规律的背离。毫无疑问，管理的思想也是人类主观认识客观的产物。而管理思想要接近管理的客观真理，自然要借助于哲学的反思；否则，脱离了哲学思考的科学，可能一直在一个科学的平面上旋转——“平面旋转现象”。这一点，尤其值得我们深思和高度重视。由此可见，哲学是在一个思维的“纵向上”改变我们思考问题的方法，而这一点对于管理理论的创新与突破是极为关键的。只是当代教育专业化所固有的缺陷，使得很多高级专业人才难以跨越学科的边界，真正实现科学与哲学的贯通。被西方哲学家们公认为东方第一位哲学家的中国老子在《道德经》中说过：“道可道，非常道”“知人者智，自知者明；胜人者有力，自胜者强”。实际上，也许圣哲老子在《道德经》中所言的“道”“无为”“不争”“自胜”“玄德”等思想已经为我们达到“没有管理的管理”的最高境界给出了最原始的管理理论命题。

在当今的美国，管理变革继《公司再造》之后正如火如荼地进行着。曾经撰写过《第五项修炼》的美国麻省理工学院（MIT）斯隆管理学院资深讲师彼得·圣吉曾经专门来到中国学习中国文化，他撰写的《第五项修炼》在1990年出版后，连续3年高居全美畅销书榜榜首，被《哈佛商业评论》评为75年来影响最深远的管理书籍之一。五项修炼可以概括为：自我超越、改善心智模式、建立共同愿景、团队学习、系统思考。他于2009年出版的又一部力作《必要的革命》，总结过去200年主导发达国家的“攫取、制造、废弃”的思想方式正如工业时代的泡沫般走向破裂，背景多样的众多组织和机构，如可口可乐和好市多、杜邦和谷歌、美国铝业和耐克、乐施会、世界自然基金会和美国绿色建筑委员会，正在领导一场改变我们从事工商业的根本方式和方法的攻坚战。我们所面对的环境和社会问题的挑战，如气候变化、自然资源的枯竭、消费主义泛滥的副作用和经济贫富差距的扩大，为变革提供了一个史无前例的契机。这只能来自扎根管理实践的管理学研究者对现实的深刻观察和对人类价值关怀的使命感！以旁观者的视角对管理实践进行哲学性深度反思，也是创建中国管理学派的一条重要路径。

可见，西方管理学者对中国文化的重视与学习，已经开始改变他们某些思维方式。但西方学者对中华文化的理解与领悟也不是几年时间就能做到的。彼得·圣吉的思想视角，也许给我们中国的学者提供的最重要的不是他的结论，而是他对中国传统文化的关注。明白了这一点，中国的管理研究者们，应该有一种紧迫感，一种将中国传统优秀文化引入现代管理研究，赋予它人文价值方向和哲学智慧的急切的冲动！

三、打造中国管理学派学术共同体

创建中国管理学派离不开学术共同体的构建与高质量的对话互动。一方面，要建设好支持中国管理学发展的学术共同体平台；另一方面，要以管理实践中的问题为核心展开多层次多维度的对话互动、合作研究，共同推进中国管理学理论的发展。

对于学术共同体支持平台的建设，关键是核心中文期刊。事实上，应用型理论的核心期刊更能满足中国的需要，可以在目前国内主要的一、二级管理核心期刊上增加理论类板块，走出过度追求实证性研究的误区。同时要更好地构建、打造出中国式的《哈佛商业评论》或《斯隆管理评论》。[①]

高质量的对话互动是理论形成的必备环节。管理实践中的问题应该成为学术共同体对话互动的核心，而不是就理论谈理论的管理学者们之间的“自娱自乐”。因而，高质量对话互动应以管理学者与管理实践者的对话互动为中心，然后向外拓展到国内管理学者之间的“国内学术圈子对话”，再进一步向外拓展到与国际上关注中国管理学研究的学者进行“国际圈子对话”。例如，自

---

① 陆亚东. 中国管理学研究的窘境与未来[J]. 外国经济与管理，2015（3）：3-15.

2008年3月首届“管理学在中国”学术研讨会在西安交通大学举办以来，至今已经六届，已经成为管理学者与管理实践者共同对话交流的园地，探索中国管理实践问题，推动着中国本土管理理论的发展。

概言之，创建中国管理学派需要全球所有关注中国管理实践和理论研究的管理学者的共同努力！

太月浮想

中国，原意是“中央之国”，是位于天地中央之地。在当今的中国，几乎可以找到世界上所有的文化。中国是世界的，世界也是中国的。也许，这就是中华民族生生不息的根本——吸纳和融合，越是吸纳融合就越是强大。在世界历史上，中国曾经很强大。许多国家和民族来到中国学习。后来，我们自大了、封闭了，于是就落后了，于是就受尽了屈辱。屈辱，总是奋进的力量！如今，中国开放了，又回到了吸纳和融合的轨道上，我们不去计较与他国的差异，我们讲究“求同存异，共同发展”，于是中国又屹立于世界，成了人人不可忽视的强国。

管理，在本质上追求的就是秩序与效率。中国古人早就观察领悟到了天地本身就存在的这样的一个规律。因此，管理的思想也早在七千年前被中国的古人发现，又在两千五百年前达到世界和人类文明的巅峰。近代，随着科学主义的盛行，管理也被定义成了一个学科。但管理更多地被限制在一个人群活动的狭窄空间里，割断了与天地万物的联系。于是，管理的思想和理论变得似乎越来越丰富，可就是无法解决管理所面临的根本问题。在我们落后了百年之后，我们开始向西方学习。如今，我们学习了几十年，可我们学习之后的答卷又是如何写的呢？

管理的人文性是不言而喻的。由此，我们可以进行这样一个基本的判断：西方的管理理论是基于西方历史与社会文化情境的，我们搬不来西方的历史与社会文化情境，只能搬过来西方教科书上的“理论”（如果承认人文社科领域理论的文化情境依赖性，我们就只能将我们所学的教科书理论叫作“半理论”——一种没有和历史与社会文化情境紧密捆绑的书本理论）。中国是五千年文明古国，现当代的社会实践又极大地丰富了中国文化的内涵，在这样一种背景下，中国管理学派的诞生已经具备了充分的条件。尤其是中国古典哲学的思想享誉世界，在哲学思想引领下的管理理论，才有可能找到管理的根本，触摸到“管理之道”。

如果说20世纪是欧美发达国家（特别是美国）管理理论的世纪，那么21世纪必定是中国管理思想与理论的世纪，中国经济建设、政治建设、文化建设、社会建设和生态文明建设的“五位一体”的全方位改革与发展的成功，必将逐步证明中国管理理论的价值和对世界管理智慧的贡献。

小　结

任何理论都只有与具体的情境相结合，才有生命力。那种直接把西方管理理论“拿来”的理论是脱离中国管理实践情境的“半理论”。中国管理学者和管理学理论研究，只有扎根于中国管理实践，才有“源头活水”。以中华文化的核心纲领——自然大道——为哲学基础，以对人类价值关怀为理性导向，以世界的、接纳融合与成长的眼光对待不同的文化作为基本态度，以哲学的视角和高度审视中国的管理实践作为基本方针，以管理实践与管理理论的有机统一作为构建理论的基本路径，创建中国管理学派是中国管理学者的时代使命与责任！作为创建中国管理学派的尝试之一，道本管理理论在这方面进行了卓有成效的探索。

思考题

1.如何处理西方管理理论的一般适用性与中国本土管理实践的特殊情境之间的关系？

2.什么是中国管理学派的内涵？应该避免哪些误区？

3.基于创建中国管理学派的态度和原则，你可以列出哪些具体的研究路径与方法？

主要参考文献

[1]徐渊．公司再造[M]．上海：上海译文出版社，1997．

[2]雷恩．管理思想的演变[M]．赵睿，等，译．北京：中国社会科学出版社，1992．

[3]帕拉斯克 J．企业革命[M]．台北：远流出版公司，1992．

[4]孙耀君．管理学名著选读[M]．北京：中国对外翻译出版公司，1988．

[5]郭咸纲．西方管理思想史[M]．北京：经济管理出版社，2010．

[6]柏拉图．理想国[M]．郭斌和，张竹明，译．北京：商务印书馆，1986．

[7]冯友兰．中国哲学简史[M]．北京：北京大学出版社，2013．

[8]司马迁．史记[M]．长沙：岳麓书社，2004．

[9]管仲．管子[M]．沈阳：沈阳出版社，1997．

[10]葛荣晋．中国管理哲学导论[M]．2版．北京：中国人民大学出版社，2013．

[11]曹磊，陈灿，郭勤贵，等．互联网+：跨界与融合[M]．北京：机械工业出版社，2015．

[12]班固．汉书[M]．颜师古，注．北京：中华书局，2000．

[13]刘敬鲁，等．西方管理哲学[M]．北京：人民出版社，2010．

[14]芙丽特．管理学的先知[M]．向桢，译．北京：经济日报出版社，1998．

[15]马仁杰，王荣科，左雪梅．管理学原理[M]．北京：人民邮电出版社，2013．

[16]巴纳德．经理人员的职能[M]．北京：中国社会科学出版社，1997．

[17]沙因．组织文化与领导力[M]．章凯，罗文豪，朱超威，等，译．4版．

北京：中国人民大学出版社，2014.
[18]沙因．组织心理学[M]．余凯成，等，译．北京：经济管理出版社，1987.
[19]谢尔登．管理哲学[M]．刘敬鲁，译．北京：商务局印书馆，2013.
[20]李培挺，张守莲．破“科学管理”，立“管理哲学”——“科学管理”背景下谢尔登管理哲学基本定位初探[J]．管理学报，2011（10）.
[21]周可真，张薇．论管理哲学的产生及其学科性质[J]．江海学刊，2010（1）.
[22]王建斌．管理哲学的学科属性探析[J]．玉溪师范学院学报，2013（1）.
[23]崔绪治，徐厚德．现代管理哲学概论[M]．合肥：安徽人民出版社，1986.
[24]张尚仁．管理、管理学与管理哲学[M]．昆明：云南人民出版社，1987.
[25]齐振海．管理哲学[M]．北京：中国社会科学出版社，1988.
[26]张龙治，等．企业管理哲学[M]．沈阳：辽宁人民出版社，1988.
[27]刘云柏．管理哲学导论[M]．天津：南开大学出版社，1988.
[28]肖明，等．管理哲学纲要[M]．桂林：广西师范大学出版社，1987.
[29]张正霖，等．管理哲学[M]．北京：企业管理出版社，1993.
[30]官鸣．管理哲学[M]．北京：知识出版社，1993.
[31]崔绪治，徐厚德．现代管理哲学[M]．合肥：安徽人民出版社，1991.
[32]黎红雷．儒家管理哲学[M]．广州：广东高等教育出版社，1993.
[33]谭晓军．构建中国管理哲学的若干问题与反思[J]．湖北行政学院学报，2009（2）.
[34]程宇宏．“管理哲学”何为[J]．科学学研究，2006（S2）.
[35]曾仕强．中国管理哲学[M]．台北：台湾东大图书有限公司，1981.
[36]成中英．C理论：中国管理哲学[M]．上海：东方出版社，2011.
[37]曾仕强．中国管理哲学[M]．北京：商务印书馆国际有限公司，2013.
[38]当年明月．明朝那些事：朱元璋卷[M]．北京：中国友谊出版公司出版，2006.
[39]伊索．伊索寓言[M]．万亨，等，译．北京：中国戏剧出版社，2007.
[40]马克思，恩格斯．马克思恩格斯全集：4卷[M]．中共中央马克思恩格斯列宁斯大林著作编译局，编译．北京：人民出版社，1958.
[41]郭咸纲．西方管理思想史[M]．2版．北京：经济管理出版社，2002.
[42]齐善鸿．道本管理：中国企业文化纲领[M]．北京：中国经济出版社，2007.
[43]泰罗．科学管理原理[M]．胡隆昶，等，译．北京：中国社会科学出版社，1984.
[44]尼采．快乐的知识[M]．黄明嘉，译．北京：中央编译出版社，1999.
[45]陈鼓应．尼采新论[M]．上海：上海人民出版社，2006.
[46]周国平．尼采：在世纪的转折点上[M]．上海：上海人民出版社，1986.

[47]宗萨蒋扬钦哲仁波切．佛教的见地与修道[J]．马君美，杨忆祖，陈冠中，译．北京：新星出版社，2010．

[48]张健鹏，等．心里的锁[M]．北京：当代世界出版社，2001．

[49]西蒙．管理行为[M]．詹正茂，译．4版．北京：机械工业出版社，2004．

[50]谢庆绵．西方古典管理哲学评析[J]．管理与效益，1998（1）．

[51]明茨伯格．战略历程：纵览战略管理学派[M]．北京：机械工业出版社，2002．

[52]康德．实践理性批判[M]．韩永法，译．北京：商务印书馆，1999．

[53]齐善鸿，白长虹，陈春花，等．出路与展望：直面中国管理实践[J]．管理学报，2010（11）．

[54]圣吉．第五项修炼：学习型组织的艺术与实践[M]．张成林，译．北京：中信出版社，2009．

[55]曾仕强，刘君政．管理思维[M]．上海：东方出版社，2005．

[56]王毅．管理思维的理论与应用[M]．昆明：云南科技出版社，2009．

[57]德鲁克．21世纪的管理挑战[M]．朱彦斌，译．北京：机械工业出版社，2006．

[58]亚里士多德．形而上学[M]．吴寿彭，译．北京：商务印书馆，1981．

[59]卡西尔．人论[M]．甘阳，译．上海：上海译文出版社，1985．

[60]王海明．人性论[M]．北京：商务印书馆，2006．

[61]阿德勒．理解人性[M]．陈太胜，译．北京：国际文化出版公司，2000．

[62]所罗门．大问题：简明哲学导论[M]．张卜天，译．桂林：广西师范大学出版社，2008．

[63]皮珀．闲暇：文化的基础[M]．刘森尧，译．北京：新星出版社，2005．

[64]马克思．1844年经济学哲学手稿[M]．中共中央马克思恩格斯列宁斯大林著作编译局，编译．北京：人民出版社，2002．

[65]弗洛姆．健全的社会[M]．蒋重跃，等，译．北京：国际文化出版公司，2003．

[66]摩尔根．古代社会[M]．杨东，等，译：北京：商务印书馆，1977．

[67]施韦泽．敬畏生命：五十年来的基本论述[M]．陈泽环，译．上海：上海社会科学院出版社，2003．

[68]施韦泽．对生命的敬畏：阿尔贝特·施韦泽自述[M]．陈泽环，译．上海：上海人民出版社，2007．

[69]华姿．德兰修女传——在爱中行走[M]．济南：山东画报出版社，2005．

[70]丹尼什．精神心理学[M]．陈一筠，译．北京：社会科学文献出版社，1996．

[71]何清涟．我们仍然在仰望星空[M]．桂林：漓江出版社，2001．

[72]李里．论语讲义[M]．桂林：广西师范大学出版社，2007．

[73]冯友兰. 哲学的精神[M]. 西安：陕西师范大学出版社，2008.
[74]克尔凯郭尔. 非此即彼[M]. 陈俊松，黄德先，译. 北京：光明日报出版社，2007.
[75]朱鲁子. 人的宣言——人，要认识你自己[M]. 北京：清华大学出版社，北京交通大学出版社，2007.
[76]缪勒. 宗教学导论[M]. 陈观胜，等，译，上海：上海人民出版社，2010.
[77]冯友兰. 中国哲学史[M]. 北京：中华书局，1961.
[78]麦格雷戈. 企业的人性面[M]. 台北：台湾中华企业管理发展中心，1979.
[79]老子今注今译[M]. 陈鼓应，注译.北京：商务印书馆，2007.
[80]李. 剑桥家训[M]. 南京：江苏文艺出版社，2008.
[81]曾知寒. 世界名人家教智慧[M]. 北京：新世界出版社，2005.
[82]马克思，恩格斯. 马克思恩格斯选集：4卷 [M]. 中共中央马克思恩格斯列宁斯大林著作编译局，编译. 北京：人民出版社，1972.
[83]列宁. 列宁选集：4卷 [M]. 中共中央马克思恩格斯列宁斯大林著作编译局，编译. 北京：人民出版社，1995.
[84]齐善鸿. 道本管理：精神管理学说与操作模式[M]. 北京：中国经济出版社，2007.
[85]于成龙. 比尔·盖茨全传[M]. 北京：新世界出版社，2008.
[86]艾施. 玫琳凯谈人的管理[M]. 陈淑琴，范丽娟，译. 北京：中信出版社，2006.
[87]高清海. 高清海哲学文存[M]. 长春：吉林人民出版社，1996.
[88]王丽芳，闻华. 人本管理的先驱：罗伯特·欧文[J]. 管理学家，2007 (3).
[89]阿基里斯. 个性与组织[M]. 郭旭力，鲜红霞，译. 北京：中国人民大学出版社，2007.
[90]吉布森. 现代管理大师思想精粹[M]. 杨世伟，译. 北京：经济管理出版社，2002.
[91]摩根. 组织[M]. 金马，译. 北京：清华大学出版社，2005.
[92]郎咸平. 谁在谋杀中国经济：附身中国人的文化魔咒[M]. 北京：东方出版社，2009.
[93]齐善鸿. 精神管理[M]. 北京：中国经济出版社，2007.
[94]王佑. 富士康员工，机器罚你站12小时[N]. 第一财经日报，2006-06-15.
[95]席西民，等. 和谐管理双规则机制的探索性分析与验证[J]. 管理学报，2006 (5).
[96]齐善鸿，王鉴忠. 从组织管理到自我管理——主体性视角的管理范式演化趋向[J]. 科技管理研究，2008 (7).

[97]张永青，等．浅析工具理性和价值理性的分野与整合[J]．东南大学学报：哲学社会科学版，2008（S2）．

[98]李玉刚．战略管理研究[M]．上海：华东理工大学出版社，2005．

[99]马斯洛，等．人的潜能和价值[M]．林方，主译．北京：华夏出版社，1987．

[100]罗珉．管理学范式的发展[M]．成都：西南财经大学出版社，2006．

[101]郭海龙．国内自我管理研究存在的问题及出路探讨[J]．重庆社会科学，2005（1）．

[102]德鲁克．个人的管理[M]．沈国华，译．上海：上海财经大学出版社，2003．

[103]罗宾斯．管理学[M]．黄卫伟，等，译．北京：中国人民大学出版社，2003．

[104]万莉，罗怡芬．企业社会责任的均衡模型[J]．中国工业经济，2006（9）．

[105]张志强，王春香．西方企业社会责任的演化及其体系[J]．宏观经济研究，2005（9）．

[106]吕氏春秋[M]．张双棣，等，译注．北京：中华书局，2007．

[107]韩非子[M]．陈秉才，译注．北京：中华书局，2007．

[108]诗经[M]．王秀梅，译注．北京：中华书局，2006．

[109]马克思，恩格斯．共产党宣言[M]．中共中央马克思恩格斯列宁斯大林著作编译局，译．北京：中央编译出版社，2005．

[110]庄子[M]．孙通海，译注．北京：中华书局，2007．

[111]钱超尘．黄帝内经[M]．姚春鹏，评注．北京：中华书局，2011．

[112]周易[M]．郭彧，译注．北京：中华书局，2006．

[113]六祖坛经[M]．净因法师，导读及译注．北京：中信出版社，2013．

[114]礼记[M]．胡平生，陈美兰，译注．北京：中华书局，2007．

[115]列宁．列宁全集：29卷 [M]．中共中央马克思恩格斯列宁斯大林著作编译局，编译．北京：人民出版社，1956．

[116]胡孚琛．道学通论[M]．北京：社会科学文献出版社，2009．

[117]庄子今注今译[M]．陈鼓应，注译．最新修订版．北京：商务印书馆，2007．

[118]张哲诚．阿拉善SEE生态协会：让财富与道义相伴而行[J]．南风窗，2004（24）．

[119]朴抱一．阿拉善SEE：中国企业家的自主性组织实践[J]．中欧商业评论，2010（1）．

[120]蒂洛，克拉斯曼．伦理学与生活 [M]．程立显，刘建，等，译．9版．北京：世界图书出版公司，2008．

[121]毛泽东．毛泽东选集：1卷[M]．北京：人民出版社，1991．

[122]左传译注[M]．王珑燕，译注．上海：上海三联书店，2013．

[123]论语[M]. 张燕婴，译注. 北京：中华书局，2006.

[124]魏浩浩. 稻盛和夫的商业哲学[J]. 走向世界，2011（35）.

[125]万俊人. 信仰危机的“现代性”根源及其文化解释[J]. 清华大学学报：哲学社会科学版，2001（1）.

[126]陈晏清. 现代唯物主义导引[M]. 天津：南开大学出版社，1996.

[127]刘晓凯. 信仰的一般本质与马克思主义信仰的树立[J]. 人文杂志，2000（6）.

[128]张曙光.“信仰”之思[J] 学术研究，2000（12）.

[129]泰戈尔. 人生的亲证[M]. 宫静，译. 北京：商务印书馆，1992.

[130]张志刚. 走向神圣[M]. 北京：人民出版社，1995.

[131]王玉樑. 论理想、信念、信仰和价值观[J]. 东岳论丛，2001（4）.

[132]冯天策. 信仰的本质与价值[J]. 哲学研究，2006（8）.

[133]韦伯. 新教伦理与资本主义精神[M]. 于晓，陈维纲，等，译. 北京：生活·读书·新知三联书店，1987.

[134]瞿永玲. 关于信仰危机问题研究综述[J]. 伦理学研究，2004（4）.

[135]李敏. 论企业信仰的形成与构建机制[J]. 当代财经，2009（6）.

[136]齐善鸿. 信仰到底信什么[N]. 中国经营报，2013-08-24.

[137]陈蓉霞. 道德的社会生物学起源[J]. 科技导报，2008（21）.

[138]孔德. 论实证精神[M]. 黄建华，译. 北京：商务印书馆，1996。

[139]明茨伯格. 管理至简：以实践为根基实现简单、自然、有效的管理[M]. 冯云霞，范锐，译. 北京：机械工业出版社，2014.

[140]汤明，裴劲松. 论信仰在企业成长中的作用[J]. 技术经济，2005（9）.

[141]齐善鸿. 新管理哲学：道本管理[M]. 大连：东北财经大学出版社，2011.

[142]哈默，布林. 管理的未来. [M]. 陈劲，译. 北京：中信出版社，2012.

[143]柏格森. 道德与宗教的两个来源[M]. 王作虹，成穷，译. 贵阳：贵州人民出版社，2007.

[144]黄铁鹰，梁钧平，潘洋.“海底捞”的管理智慧[J]. 商业评论，2009（4）.

[145]万丽华，蓝旭. 孟子[M]. 北京：中华书局，2010.

[146]王春贵. 鞍钢宪法的产生及其影响[M]. 北京：中共党史出版社，2001.

[147]韩毓海. 天下[M]. 北京：九州出版社，2011.

[148]崔之元. 鞍钢宪法与后福特主义[J]. 读书，1996（3）.

[149]高良谋. 鞍钢宪法的批判与解放意蕴[J]. 比较管理，2011（1）.

[150]吴建国. 集体辞职与内部创业——华为如何解决新老接替问题[J]. IT经理世界，2004（4）.

[151]齐善鸿. 精神管理[M]. 北京：中国经济出版社，2002.

[152]周志友．德胜员工守则[M]．北京：机械工业出版社，2013．

[153]刘雪慰．伟创力誓约：不只解决用工荒[J]．商业评论，2012（8）．

[154]刘重来．卢作孚画传[M]．重庆：重庆出版社，2007．

[155]齐善鸿，李彦敏．大道说管理[M]．武汉：长江文艺出版社，2012．

[156]容和．稻盛和夫的三招[J]．企业管理，2014（8）．

[157]徐淑英，吕力．中国本土管理研究的理论与实践问题——对徐淑英的访谈[J]．管理学报，2015（3）．

[158]马基雅维里．君主论[M]．潘汉典，译．北京：商务印书馆，1985．

[159]陈春花，宋一晓，曹洲涛．中国本土管理研究的回顾与展望[J]．管理学报，2014（3）．

[160]吕思勉．中国通史：精装插图本[M]．北京：中国画报出版社，2012．

[161]李平．中国管理本土研究：理念定义及范式设计[J]．管理学报，2010（5）．

[162]毛基业，李高勇．案例研究的“术”与“道”的反思[J]．管理世界，2014（2）．

[163]陆亚东．中国管理学理论研究的窘境与未来[J]．外国经济与管理，2015（3）．

[164]DRUCKER P．The practice of management[M]．New York：Harper & Row，1954．

[165]FILLEY A C，HOUSE R J．Managerial process and organizational behavior [M]．Glenview，IL：Scott，Foresman & Co．，1969．

[166]HARTMAN C N．Ethics[M]．In HODGKINSON C（ed）．Towards a philosophy of administration．Oxford：Basil Blackwell Published Limited，1978．

[167]MCGREGOR D．The human side of enterprise[M]．Middlesex：Penguin Books Ltd，1987．

[168]BRADLEY F H．Ethical studies [M]．Oxford：The Clarendon Press，1927．

[169]TAYLOR F W．Scientific management：comprising shop management，the principles of scientific management and testimony before the special house committee[M]．New York：Harper & Row，1911．

[170]JIA L D，YOB S Y，DU Y Z．Chinese context and theoretical contributions to management and organization research：a thress-decade review[J]．Management and Organization Review，2012，8（1）．

[171]JOHNS G．The Essential Impact of context on organizational behavior[J]．Academy of Management Review，2006，31（2）．

[172]KIRKEBY O F．Management philosophy：a radical-normative perspective [M]．Berlin：Springer-Verlag，2000．

[173]DRUCKER P F．Management：tasks，responsibilities，practices[M]．New York：Harper & Row Press，1973．

[174]SHELDON O. The philosophy of management[M]. London: Isaac Pitman & Sons, 1923.

[175]MAY T Y, KORCZYNSKI M. Organizational and occupational commitment: knowledge worker in large corporations[J]. Journal of Management Studies, 2002, 39 (6).

[176]TSUI A S. Autonomy of inquiry: shaping the future of emerging scientific communities [J]. Management and Organization Review, 2009, 5 (1).

[177]WREN D. The evolution of management thought[M]. New York: John Wiley, 1994.

20世纪80年代以来国内出版的管理哲学著作

年份	人物	代表作	主要贡献或观点	备注
1980	台湾哈佛企业管理顾问公司	《企业管理百科全书》	所谓“管理哲学”是指事业最高主管为人处世之基本信仰、观念、及价值偏好。从广义抽象层方面来说，它是激发企业家“信仰”、“观念”、“原则”、“价值”的动力；就狭义实务层来说，它是选择行为典型的成本，促进效益评估的决策体系（第87、89页）	台湾哈佛企业管理顾问公司
1981	曾仕强	《中国管理哲学》	简言之，管理哲学是对管理经验作反省的活动（第30页）	台湾东大图书有限公司
1986、1990	崔绪治	《现代管理哲学概论》《现代管理哲学纲要》	系统地阐述了对建设与发展马克思主义管理哲学的意见与观点，在学术界产生了较大影响	苏州大学出版社
1987	韩修山、阎守寅	《管理哲学纲要》	阐述了管理哲学的历史与现状，管理关系与管理意识，信息哲学与信息方法，激励哲学与激励方法，思想管理哲学与思想管理方法等问题	农村读物出版社

续表

年份	人物	代表作	主要贡献或观点	备注
1987	肖明	《管理哲学》	认为"研究管理活动的性质、一般规律及其与自然和社会的本质关系的科学，就是管理哲学"（第10页）	红旗出版社
1988	齐振海等	《管理哲学》	简明扼要地论述了管理哲学的对象、意义和研究方法，从哲学上分析了作为人类的一种基本活动的管理；全书理论叙述的逻辑起点是作为哲学范畴的管理，既是由具体到抽象的认识结果，又是哲学分析由抽象到具体的开端	中国社会科学出版社
1988	刘云柏	《管理哲学导论》	所谓管理哲学系指事业最高主管为人处世之基本信仰、观念、及价值偏好"（第1页）	南开大学出版社
1990	赵秀臣	《管理哲学》	本书对管理哲学的基本理论原理和方法、管理系统的运动规律、管理哲学在管理实践中的应用作了系统的阐述和分析	中国经济出版社
1993	张正霖、帅重庆、张靖若	《管理哲学》	论证了管理的实践本质、主要功能、基本类型和管理主客观之间的辩证关系、矛盾运动及其调适机制	企业管理出版社
1993	官鸣	《管理哲学》	所谓"管理哲学"是科学管理的理论基础，是管理中具有普遍意义的必须遵循的一些主要原则或原理，而且这些原则或原理具有方法论的意义	知识出版社
2002	葛荣晋	《孙子兵法与企业经营谋略》	包含三部分内容：元典篇——《孙子兵法》的今注今译；理论篇——《孙子兵法》的军事思想体系；实践篇——《孙子兵法》与企业经营谋略	香港道教学院
2003、2011	杨伍栓	《管理哲学新论》(第1、2版)	管理哲学是研究管理领域中具有世界观和方法论意义的基本理论、基本方法的学问。本书以马克思主义哲学为指导，从宏观与微观、整体与局部、内容与形式、人与物、人与人等角度，论述了矛盾统一体中的管理主体、管理客体、科学的思维方式和现代管理、管理决策中的哲学问题、管理运动过程中的哲学问题、管理协调中的哲学问题、管理伦理问题、管理价值观等基本观点，说明了管理中的矛盾共性	北京大学出版社

续表

年份	人物	代表作	主要贡献或观点	备注
2006	葛荣晋	《中国哲学智慧与现代企业管理》	本书是一部系统阐述中国管理哲学思想体系的学术论著。从体用结合的高度，将中国管理哲学的本质规定为以人为本的"修己治人之学"，把中国管理哲学概括为"无为而治"与"有为而治"两种基本模式。由于对"无为"内涵的不同理解，又可分为道家、儒家、法家和黄老学派；由于对"有为"内涵的不同解读，又可分为儒家、法家和兵家等派。本书不但对儒商内涵、人格塑造及其精神境界作出了全新的诠释，而且也详细地阐述了各家的管理思想及其特质，且有独到的创新之处，既具有重要的理论价值，也富有强烈的现实意义	中国人民大学出版社
2007、2013	葛荣晋	《中国管理哲学导论》（第1、2版）	本书在深入研究中国哲学和广泛占有管理经验的基础上，构建了海内外第一个中国管理哲学思想体系。它全面地揭示和阐述了中国管理哲学的基本特征、管理模式、理论架构及现代价值。本书认为，中国管理哲学是一门以人为本的"正己正人之学"，其理论架构由人性假定、管理主体、立身行事、管理模式和管理境界五个部分构成，在管理模式和手段上，分为"有为而治"和"无为而治"	中国人民大学出版社
2010	刘敬鲁等	《西方管理哲学》	国内第一本西方管理哲学思想的著作和教材。全书以对西方社会的整体历史演进的把握为前提，以理论与实践的统一为基本研究方法，系统深入地阐明了西方管理哲学思想的发展历程	人民出版社
2011	任多伦	《哲学智慧与企业管理》	探索中国哲学思想在企业管理中的应用	商务印书馆

续表

年份	人物	代表作	主要贡献或观点	备注
2011	葛荣晋	《老子的商道》	一、“赚钱”不是“争私利”。所谓水“善利万物而不争”，是说水虽是生命之源，施利于宇宙万物，即水普遍地滋润宇宙万物，但从不为私利而争取回报 二、“道”对于万物虽不索取，但是也能从宇宙万物那里获取最丰厚的回报。由于水以善行恩惠于广袤土地上的花草树木，从而造就了万物共生共荣的优美自然环境，使天空能够及时地降雨，汇聚于河流、湖泊之中，及时地弥补了因空气蒸发和土地渗透而流失的水分，才使得江河之水不会变成沙漠和戈壁上的“内陆河”，甚至干涸、枯竭。由此可见，利他即是利己，施舍即是获得。小舍小得，大舍大得，不舍不得。这就是老子所说的“圣人不积，既以为人己愈有，既以与人己愈多”的哲学道理	辽宁人民出版社
2011	齐善鸿	《新管理哲学：道本管理》	从管理的“根目录”上对管理进行认真的反思，对人性、管理的本质、管理的矛盾、管理的思维和管理思想演进的内在逻辑等管理根本问题进行深入思考，以期提出有见地的能够解决根本问题的管理理论	东北财经大学出版社
2011	成中英	《中国管理哲学：C理论》	“自20世纪70年代后期开始，我就在思考如何以中国哲学文化为基础，结合东西方两大管理思想体系的长处，发展出一套能够为现代人（包括东方人和两方人）所接受的新的管理哲学，它既能够包含两方科学管理的精神，又能够汲取中国哲学管理的智慧，更能够洞察当代西方管理科学的局限性而加以改进。这套新的管理哲学，我命名为C理论。”	东方出版社

续表

年份	人物	代表作	主要贡献或观点	备注
2012	葛荣晋	《中国管理哲学通论》	从中国人对中国管理哲学本质的特殊认识出发，按照“修己治人之学”的原则，将中国管理哲学的理论架构分成五个层次：人性假设、理想人格、人生价值、管理模式和管理境界。这是一个由主体向客体的逐步推展过程。所谓人性假设，主要是指中国管理哲学的人性论基础	中国人民大学出版社
2012	齐善鸿	《精神管理：道本管理的基本命题》	本书是作者自1983年学习西方管理思想开始，经历了近30年的实践、研究、学习和思考的历程之后的心得，是在对西方管理思想的崇尚和实践之后反复遭遇瓶颈时的一次对管理思想和实践的重新思考和突破，是对许多企业管理思想和理论的重新定位	东北财经大学出版社
2012	齐善鸿	《大道说管理》	源于《名家论坛》系列讲座，从《道德经》悟管理智慧，主张“以道为本”，客观质疑“以人为本”、“以制度为本”。首创“道本管理”，认为最高管理是灵魂管理、解决心灵问题才能取得成功。提供了做好管理的四条捷径、四种策略、四个终极目标。针对中国企业管理的人困之因，提供了切实可行的解困之道	长江文艺出版社
2013	齐善鸿、李彦敏	人生密码：心解《道德经》	在注解《道德经》81章内容的基础上，结合作者20多年研究《道德经》的心得和感悟，通过“本章主旨”、“品道”和“悟道口诀”呈现老子思想的精髓，对个人的发展、国学经典的传承和社会的进步都有促进意义	东北财经大学出版社
2013	冯友兰	《中国哲学简史》	阐述了中国哲学的精神、背景，以及中国古代各家主要哲学思想	北京大学出版社

作者的几句心里话

“衙斋卧听萧萧竹，疑是民间疾苦声。些小吾曹州县吏，一枝一叶总关情。”每当想起郑板桥先生的这首诗，我都会情不自禁地问自己：管理实践面临那么多问题，我能做些什么？我是学者，也是管理的实践者，面对那些在现代文明中痛苦挣扎的管理者和遭受折磨的员工，我难以平静。我常对我的学生们说，也不断地跟自己说：“我们是吃皇粮的人，是人民的血汗养育了我们，我们能以什么来回报？人起码的道德是要懂得感恩报恩，这是一个学人必须坚守的良知底线!”

管理科学发展到现在，已经有百年的历史，无数的管理学者和实践者在用生命探寻着管理学的真谛，他们无论是在理论上还是在实践上作出的贡献都极大地推动了管理文明的发展。然而，令我们不安的是：现实中很多管理者还在重复着那些早已落伍的“胡萝卜加大棒”式的管理，将工作中的人们变成工业链条上的一个个工具，变成强制制度束缚下的“奴隶”，人们的身心和价值观在慢慢地扭曲。工作中的人不快乐，更说不上幸福。工作之外，被管理扭曲了心灵的人们，又在到处发泄着不满，从而又激化了很多社会矛盾。个人和家庭的管理，似乎不属于传统管理的范畴，正统的管理似乎只关心能够带来效益的组织管理。可是，如果每个人不懂得自我管理、家庭中的父母也不懂得管理孩子的学问，那我们组织的管理必将面对一个个被错误的管理扭曲了灵魂的生命。到了这个地步，组织中的管理者还能够借助西方教科书上的管理思想管好自己的员工吗？假如这些问题不能够得到重视，假如这些问题找不到根本的解决方法，人类的幸福和社会的文明又从何说起呢？我们忙碌奋斗的经济和物质成果真的能够给人类带来幸福吗？

令人欣慰的是，自行为科学时代开始，人类便在探索解决这些问题的办法，并取得了一定的成效。一些实践者也在用更加文明的管理方式和近乎信仰的社会责任引领着时代进步。尤其是近些年来，中国企业中出现了一批有着坚定信仰的企业家，尽管他们似乎还不是企业家中的多数，但他们已经在物欲横流、唯利是图的现代商业圈里举起了文明的大旗。他们呕心沥血地奉献着自己，他们矢志不移地创造着良心产品，他们苦口婆心地教化着年轻的员工，他们用健康状况不断恶化的身体支撑着中国的经济、民众的生活和强大的国家，他们已经成为中国良知企业的脊梁。我们要对他们表达我们的敬意！我们要向他们学习，"要当好先生，就要先当好学生"。我们要当好学生，就必须放下拥有专业知识的优越感，能够真正弯下腰去向实践学习，向在实践中不懈探索的英雄们学习。这才是当代管理学研究者应该有的理性与风度！

再回头看看我们从事学术研究的人。近些年来，不少学者开始走向实践，在向实践学习的同时，提升着自己、奉献着自己的智慧。中国的学者也开始渐渐地觉醒：仅仅靠发表那些对管理实践没有什么价值的所谓的学术论文，是不能安抚自己的良知的，也是无法让自己赢得尊严的。回想十几年前，中国的部分商学院刚刚开始开办面向企业领导人的EMBA班时，听说一些院校只有极少数几个教授愿意去授课。为什么会是这样？后来，听学员描绘了一个上课的情景也就明白了：个别老师上课时，学员出于照顾老师的面子，就轮流值班去听课。为什么呢？因为学员在课堂上实在找不到对自己解决问题有用的思想和方法。这就是中国的商学教育吗？当然不是，因为这等严重的情况毕竟是少数。但话说回来，中国大学商学院研究企业管理的学者中，真正将实际企业当做自己研究实验室的人还是不多的。可大学里集中了我们国家那么多的优秀人才啊！像商学院和管理这样贴近实践的领域，不去实践中学习和体会，又如何能够找到理论研究的灵感和真正的科学问题呢？找不到灵感和科学问题，我们又在不断地研究，难道我们不应该研究一下自己吗？不应该研究一下自己这种研究方式的价值吗？理工科的学生是一定要进实验室作实验的，管理学科的实验室在哪里？首选的当然就是企业！

在当今大学管理学的课堂上，讲授的内容还基本上以西方教科书上的内容为主，毕竟，我们过去乃至于现在，许多人对管理还是缺乏了解的。可是，管理教科书中讲的企业管理或者组织管理，就是管理的全部吗？个人、家庭、社会和国家，哪里能够离开管理呢？尤其在我们了解了西方管理的真相之后，我们终于明白，教科书上的管理知识只是西方管理的一部分，而另一部分我们就没法学得过来——他们的信仰、他们的文化和他们的思维。从文化角度上说，任何人文领域的理论都有着强烈和明显的文化情境依赖性，不同文化情境下的人就是不同的人，不同的人就有不同的做法。当然，这个文化跟我们熟悉的企业文化是不一样的，我们在这里说的文化，是在人成长过程中对人格具有塑型功能的文化。明白了这一点，我们自然就会想起中国的“国学”——中国古老历史中圣贤伟人和领袖们的管理智慧。难怪近十年国学在社会上盛行，难怪很多企业家花上几十万去学习传统文化。是啊，我们的大学，我们商学院的学生，或者也包括老师，有几个人在学习以西方管理为主导的教科书的同时，还能够有时间、有精力、有愿望去熟读“四书五经”、中共党史（典型的、经历波折和磨难的创业教科书啊）和《毛泽东选集》呢？试想一下，学校的专家写的教材能够有这些圣贤和伟人的高度及说服力吗？况且，人格塑型的知识如果出了错，管理者和被管理者又如何运用管理知识呢？人格出了错的人又怎么管理呢？若是管理者和被管理者的人格都出了问题，他们在一起所从事的管理活动能有什么样的结果呢？

通过对管理科学演进历史的逻辑的反思，我们发现，在管理丛林时代，虽然无数管理者和实践者已经创造了大量的管理理论，并在各自的领域发挥了积极的作用，但是却少有人从管理的“根目录”（哲学思考的起点和落脚点——起源与目的）上对管理进行认真的反思，然后提出有见地的能够解决管理根本问题的理论来。这恰恰是多年来很多管理问题始终无法得到有效解决的根本原因。带着这样的思考，我和我的博士研究生开始了对道文化、人性、管理的本质、管理的矛盾、管理的思维和管理思想演进的内在逻辑等管理根本问题的深入思考。追溯历史、查阅典籍、反观现实、叩问心灵、展望未来，无数个日日夜夜的苦苦思索和思维碰撞，才形成了这本管理哲学拙著。

记得在开始酝酿撰写这部管理哲学作品时，正值2008年盛夏，在我们的讨论和迸发出的灵感让我们兴奋不已之时，突然窗外下起了瓢泼大雨，一声声惊雷伴随着豆大的雨点敲打着这个婆娑世界，又仿佛在叩击着我们每一个人精神的窗棂。我们都会心地笑了，看来我们对管理学未来的这份担忧，这份期望找出解决办法的追求与渴望，已经开始感动我们博大的自然之母。

接下来，我和我的学生就开始了对管理学基本问题的哲学思考和追问，历经几千个日日夜夜的思索，除了白天，我们还加上了夜晚和周末及假期，几百次课程的集中讨论，一次次哲学的追问，一次次对自己的否定，一次次向着真理的接近，几乎每次夜晚的讨论都会让我们成为商学院大楼里最后离开的一群人。人是离开了教室，但回到宿舍和家里，很多人的头脑还继续兴奋着，一种无形的力量激励着自己，让我们整个身心都沉浸在兴奋和幸福之中。要知道，在我们这个时代，写我们这样的哲学书籍是赚不到钱的，也就是说，要做这个事，就要首先把自己的名利搁置一旁，心无旁骛地去深入到历史、现实实践、人心深处去思考解决问题的答案。我们不是圣贤、伟人和英雄，可我们一直跟随、追随圣贤、伟人和英雄，因为我们明白了一个道理：人只能活一次，我们不想碌碌无为，不想平庸地只顾吃喝，我们要首先解放自己，我们要做和平时期的英雄，我们要对得起养育自己的父母、母校、恩师、朋友和政府与国家。

我们是一群知道感恩和报恩的人！

我们在这样的“自我折磨”中一次次新生，我们为自己的新我一次次地欢呼！此生与哲学结缘，我们很幸运！此生追随圣贤伟人与英雄，我们很幸福！

南开大学商学院教授　齐善鸿博士

2015年5月1日

于南开园

跋

2015年的“五一”劳动节，我和我的团队是在劳动中度过的！

“五一”劳动节是歌颂劳动者的，因为劳动是光荣的。我们的团队似乎找到了一种自己的生活方式。我们不是工作狂，我们的生活很丰富。但工作带给我们的不是疲惫，而是一次次的兴奋——发自灵魂深处的一种振奋！因为我们的团队有一个不同凡响的名字：南开博士使命团队！我们有一个属于自己的灵魂程序——核心价值观——“天赋使命，舍我其谁，勇猛精进，一往直前”。我们在为自己的使命而忙碌，所以我们是幸福的！

人在找不到意义的活动中是无聊的，在简单重复的劳动中是没有乐趣的，在心中愤愤不满时做什么都是痛苦的。“南开博士使命团队” 恰恰与那些情景不同，我们一方面在研究着这方面的课题，同时也在自己身上实践着自己的研究成果。

仔细想想，人类所作的一切努力，无非就是为了两件事：一是为了生存和生存的持续保障；二是为了进步、快乐、尊严、求真和人生的价值。但很多人将这两者割裂开、对立起来了：要么空谈理想，要么漫无目的地忙碌。于是，人生就变成了苦旅！实际上，在这两者中，后者决定着前者。也许，这就是人类的特点。如同有人说的那样，不是去追求幸福，而是幸福地追求着！不是去追求财富，而是很富足地追求着……

东北财经大学出版社的朋友们，从社长到编辑，都给予了我们很多指导和鼓励。我们在一起，因为“书缘”而成为知己，因为一个共同的梦想，而让我们不断地奋发努力！

按说，我们这个时代也没有多少人还有闲情逸致去读哲学书。但是，似乎愿意读哲学的人又渐渐多起来了。也许，仅仅靠自己的经验和科学知识是没法解决人生中所有问题的，尤其是价值方向性的一些关键问题。在这样一种背景下，我们团队这样一群思考者——与名利拉开了一段距离的人们，开始了自己的哲学之旅。也许是恰好符合了当代人的精神需求吧，《新管理哲学——道本管理》第一版这样一本被英国人拿去之后感觉很难翻译过去的哲学著作，在中国竟然有不少的人在读。我们很欣慰，因为那么多人开始喜欢哲学，让我们也看到了人生的希望。毕竟，哲学是智慧的呈现，学好了哲学，人生就会充满幸福。我们团队写这样的书，也是想为大家奉献一点哲学的思考和智慧，因为我们在实践中看到太多的人因为缺乏哲学的思考而理直气壮地犯错误。大家喜欢读哲学，我们就犹如找到了知音，内心已经充满喜悦。

本来这本书的修订版去年就应该交稿了，可是，思绪如脱缰的野马，进入哲学智慧的天地之后，让我们自己一直向前，不断地突破，一次次令人惊喜的发现，让我们难以自制，于是就有了不断地修改、不断地突破、不断地感到欣喜和接通天地之后的灵悦。

这一版的内容有了较大的变化，章节增加了不少，关键是在思想与理论体系上我们找到了贯通后的美妙之处。至于比我们水平高的读者们感觉如何，也只能等到本书出版后再向读者请教了。

本书的核心思想是我多年学习和实践管理的思考、历经十几年的研究以及与学生们集体讨论的结果。书稿整体由我和我的博士生们共同商量，第一版各章的具体执笔则是我和我的学生们共同完成的，他（她）们包括王鉴忠、王寿鹏、焦彦、曹振杰、邢宝学、程江、孟奕爽。2007级博士生盖玉妍，2009级博士生李亮、张党珠和2010级博士生肖华、李亚楠都参加了书稿的讨论，对书稿的修改和完善奉献了很多智慧和精力。还有商学院的博士生瞿颖、李曦、王京传、刘丽娟、吕兴洋也参加了书稿的讨论，并提出了很多有价值的建议。我的博士生邢宝学、肖华、张党珠、李亚楠和2010级硕士生唐赵等，协助我做了书稿的组织和校稿工作，为书稿的出版作出了无私的奉献。在本次修订过程中，又组成了新的博士生团队，他（她）们成为这次修订工作的主力：孙继哲、李宽、肖华、赵良勇、马晓宇、魏向辉、徐明、程江和张党珠。哲学系李杨博士一直参加我们的团队研究，提供了十分宝贵的帮助。我们是一个团队，是一个将共同使命和价值观作为我们自己灵魂的巨大生命共同体。尽管博士生们有的已经毕业，尽管我们没有能力组织一个长期稳定的团队持续从事一个重大方向的研究，尽管我们认为这是一份极大的遗憾，但我们依然竭尽全力，只是不想辜负生命的机缘，只是想在自己承受了许多人的恩情时要去报恩，只是希望能为国家社会、企业管理者、学习管理的学生们作出一点真情的奉献！

我的学生，就是我的亲人，也是我事业的伙伴，更是我服务的对象。他们父母将他们委托给我，一双双期盼的眼睛时常看着我，我唯有将他们视作我生命的一部分。也因此，我多了很多家人和亲人，我们因为共同的理想与心灵的同频共振而成为超越血缘关系的亲人，他们陪伴我走在人生中最为光彩和充实的道路上，因此我个人渺小的生命得以放大，我们共同的研究和奋斗也变成我们共同的丰富多彩的生活。我相信，我们夜以继日的奋战，定会奏响他们和我的生命中一篇辉煌的乐章！

我的学生，也是激发我灵感的贵人。哲学讲究拷问，学生们尊重我，但他（她）们无数次地、不懈地追问，让我深层的思考得以呈现。如果我的泥土里还隐藏着“金粒”，那他们就是“淘金者”。正因为如此，我们才可以将金光闪闪的中国式智慧呈献给朋友们。也许，哲学就是如此吧，一次次追问，一次次辩论，一次次自我否定，最终提升了我们大家的智慧。

这本书仿佛是多年孕育而生的孩子，尽管我们不遗余力地为她投入了精力和心血，但哲学和智慧是没有止境的，而我们这些人自身的局限也必然会留下一些不足和错误，希望管理学界、哲学界的朋友们不吝赐教，以共同促进管理哲学的发展。我们真诚地希望能够服务于管理科学和管理实践中的朋友，希望能够带给读者一个全新的思考管理根本问题的视角，让我们能够对未来的管理文明进行一番新的探索。书稿的修订工作虽然完成了，但一切都不能算是结论，因为哲学告诉我们人类主观的一切都只能在不断的反思、探索和自我否定中接近真理，这次的修订也只能算是一次我们自己对自己的主观的自我超越。我们从习近平同志提出的“一带一路”的战略得到了一点重要的启发：中国五千年文化的积淀，圣贤、伟人、英雄们的智慧，现实中在生死线上挣扎和探索的企业家和管理者们鲜活的智慧之光，加上我们这群虔诚的哲学与智慧的信徒，我们中国人的管理哲学应该为人类管理智慧作出贡献，中国人的智慧应该站在世界智慧的巅峰，这才是中国人和中国文化的自信。基于此，我们已经开始筹建由管理中智慧的学者与研究者、实践中智慧的企业家以及愿意投身中国管理智慧研究与弘扬的有缘人组成的“管理哲学‘亚投行’”——国际管理哲学学会，因为我们相信，只有凝聚心灵同频的人的力量于一体，才能够担负起人类管理哲学复兴与繁荣的责任！这就是我们的未来和使命。

感谢我的团队成员不辞劳苦地对书稿不厌其烦地修改完善。这一版的定稿恰恰又赶上了“五一”劳动节，他们没有出外旅游，而是在进行着自己的灵魂之旅。我很愧疚，占用了他们周末、假期的时间和无数个夜晚。他们告诉我，这样做并不辛苦，因为心中充满自豪和兴奋。

感谢道祖老子英灵智慧引领我们，使得我们这样一群平凡的人能够在道的智慧天空中翱翔。感谢我的恩师陈炳富教授和朱镕基教授给予我的智慧启迪和正能量，是他们引领我走进智慧的殿堂，重造了我的生命，是他们的伟大精神与情怀一直在激励着我前行，是他们对理想的不懈追求激励着我一次次地自我突破！感恩哈尔滨医科大学的恩师徐维廉教授对我的谆谆教诲和将我视同他的精神与思想“产品”的厚重情义，并给予我事业的重托。感恩中国科学院心理研究所徐联仓恩师、陈龙恩师等在我处于幼小的年纪、幼稚的状态时给予我如父兄般的爱护。感恩刘成杰老师、王效道老师以他们高贵无私的情怀不懈地引领我这样一个身无分文的穷孩子走进心理学的智慧疆域。感恩恩师凌文辁老师，在我这个不懂事的学生十几年后再想起见老师时，他竟然从住院治疗的医院里赶来与我相会，当我远远地看到老师的身影，走近看到老师过去满头的黑发已经斑白，眼中满含热泪冲向老师的怀抱时，除了紧紧地相拥，已经再也说不出话来。之后，我与恩师一同坐下来，老师一直用眼睛看着我这个学生，询问了多年来他惦念的一切，眼睛却始终没有离开我。我本愚痴，何德何能得恩师此般宠爱?! 我又如何能够停下或者懈怠?!

感谢我所在的全国高校管理哲学学会的朋友们给予我鼓励和帮助，黎兄红雷教授、吴兄言生教授、刘兄敬鲁教授，用他们渊博的哲学智慧支撑了我的思考。还有道学前辈胡孚琛先生一直给予我呵护、勇气和智慧。感谢天津文联主席、南开大学陈洪教授点滴之处给予我指点，我内心深处一直有他智慧的身影和奇迹般人生的引领。感谢如兄长般关爱我的天津财经大学校长李维安教授。感谢我的师兄弟南开大学商学院院长张玉利教授、南开大学旅游与服务学院白长虹教授给予我理解与真挚的支持。感谢南开大学商学院申光龙教授在与我合开博士生管理哲学课程中给予我启迪。感谢南开大学商学院德高望重的著名教授韩经纶先生、张金成先生一直对我给予鼓励和呵护。感谢南开大学哲学系的老师们用两年的时间让我这个门外汉体会到哲学的美妙，也感谢车铭洲先生关于人性问题对我的追问，那竟成为我将人性锁定为思考哲学之根本的机缘。

感谢企业界我那些智慧的朋友们，他们虽然没有我们写书的能力，但他们用自己的善良和智慧写就了幸福企业、信仰企业美丽的篇章。在此特别感谢天狮集团董事长李金元先生、总裁白萍女士，雏鹰农牧董事长侯建芳先生、总裁李花女士和执委会的亲人们，聚成集团董事长陈永亮先生、CEO郭林生先生，江苏固锝电子吴念博先生，广东省中小企业促进会谢泓先生，江门地尔石华山先生，四川旅游集团董事长曹兰剑先生，知名太极拳大师何俊龙先生，他们的实践智慧，给予我众多的启迪，甚至书中的很多思想就直接来自于他们智慧的实践。还有十年来跟我一起学习国学智慧的华商书院的五千名企业家朋友们，华商校友总会的黎远会长、总会常委们，各地华商校友会的朋友们，还要特别感谢不仅学习国学，还在自己生活和企业实践中与我一同修行的徒弟们、亲人们，正是这么多朋友的实践体会激发了我们的理论思考，也为我们的理论研究提供了重要的素材，更为我们的研究提供了精神支持。感谢青城山“道文化产业研究院”的同事、朋友和亲人们，在青城山那样一方宝地和道文化的圣地，每次相聚都会产生奇妙的智慧火花，也帮助我一次次在智慧的滋养中成长和提升。

我在南开大学医院做院长将近八年了，感谢南开大学党委书记薛进文教授，是他和党委的决定让我有机会将学校医院变成实践道本管理和无为而治管理的“试验田”，是他们的一个决定将我与中国文化和养生智慧紧紧相连。感谢南开大学校长龚克教授时常给予我关怀和指点。特别感谢学校医院我的同事们，赵学锋书记、董瑞玲和姚颖副院长、林小志主任等给予我帮助和信任，是他们为我承担了众多的工作，才使我有精力从事管理哲学的思考和实践。

山东寿山集团的李寿山先生是我多年的好友，更是在多年前就开始进行道本管理实践的先行者，是道本管理的同路人，与我们可谓是志同道合，更为我们的研究慷慨地提供了经费支持。我们也将这份成果献给他，表达我们由衷的感激。

感谢先父一身正气给予我不折的“硬骨头”，正是先父的基因以及为国家和民族奋斗的使命感，使我在现实中不迷茫、在挫折面前不退缩、在打击面前不低头、在面临人生灾难时能够挺起不屈的头颅。感谢满怀慈悲的母亲给予我善良的本性。感谢我的家人李彦敏、齐治平、齐麟和彭华民给予我的宽容、照顾和精神支持。都说哲学家是“疯子”（他们有不同于常人的思维和生活方式），可在我还没有成为哲学家时，自己的卑劣性情还会伤到我最亲近的人。我虽然是个修行者，但是个还没有修好的人，一直在努力、在自观、在反思、在精进。抱歉了，亲人们，谢谢你们！我只能用研究的成果来回报了！

有朋友问：你这些年关注什么？我想到了两个词：正义与神奇！我做过司法鉴定工作，接触过众多的罪犯和犯罪嫌疑人，我从他们那里知道了一个道理：个人再有委屈也不能去犯罪！邪恶的路充满诱惑，走上邪恶之路也有很多自己的道理，但那是死路，是绝路！先父、恩师、圣贤和朋友们，让我看到了人间光明的路。于是，我此生只关注正义的坚守和弘扬。人生几十年，别人能做的，我要学习借鉴。我会做了，就会放下，我自嘲这是“狗熊掰棒子”。我关注神奇背后的规律，关注常规之外的神奇，于是走上了学道、悟道、行道的人生之路！

还有朋友问我：你到底是什么人？我领悟到了，我是天地造化之人，我是父母生养的一个生命，我是国家造就的一个小小的人才，我是自豪的中华人民共和国的“股东”，我是伟大的中国共产党成员，我是愿意为每一个生命奉献自己的使者，因为，国家是我的国家、民族是我的民族、党是我的党，我是他们，他们是我！万般皆我，我即万般！

本书自发行以来，得到很多学者和企业家朋友的青睐，他们感受到了哲学智慧的力量，也感受到了本书“通天庭”“接地气”的力道。他们的支持给了我更大的信心，现将此修订版献给在企业管理研究和实践中辛勤探索的人们！依此感恩报恩！

南开大学教授齐善鸿携弟子们感谢朋友们的支持！

齐善鸿
2015年5月1日
于南开园